中学数学解题方法

ZHONGXUE
SHUXUE
JIETI
FANGFA

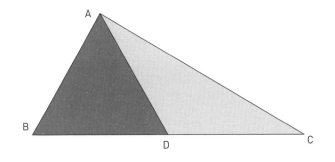

胡峰成　韩祥临

徐　锋　王星鑫

欧阳成◆　王生飞

编　著　李　瑾

ZHEJIANG UNIVERSITY PRESS

浙江大学出版社

·杭州·

图书在版编目(CIP)数据

中学数学解题方法/韩祥临等编著. —杭州:浙江大学出版社,2024.4

ISBN 978-7-308-24566-1

Ⅰ.①中… Ⅱ.①韩… Ⅲ.①中学数学课—教学研究—高等学校—教材 Ⅳ.①G633.602

中国国家版本馆 CIP 数据核字(2024)第 017002 号

中学数学解题方法

韩祥临　王星鑫　王生飞　李　璜　胡峰成　徐　锋　欧阳成　编著

责任编辑	王元新
责任校对	阮海潮
封面设计	周　灵
出版发行	浙江大学出版社
	(杭州市天目山路 148 号　邮政编码 310007)
	(网址:http://www.zjupress.com)
排　　版	杭州星云光电图文制作有限公司
印　　刷	杭州宏雅印刷有限公司
开　　本	787mm×1092mm　1/16
印　　张	22
字　　数	508 千
版 印 次	2024 年 4 月第 1 版　2024 年 4 月第 1 次印刷
书　　号	ISBN 978-7-308-24566-1
定　　价	69.00 元

内容提要

　　本书紧扣中学数学课程标准和当前中学生数学学习的实际需求,以解题方法为统领,分 10 章论述了在中学数学中如何解题的问题。第 1 章是数学问题与数学解题概论,主要讲述什么是数学问题、数学问题的分类、数学解题的步骤、程序及其信息过程,从宏观上阐明如何解题,并通过典型实例进行了分析和说明。第 2 章讲述数学解题的核心方法——化归法,将数学思想方法进行了分类提炼,重点通过典型实例讲明了什么是化归以及化归的策略,分析了化归法中一般与特殊的关系、分解与组合的关系,以及如何处理好归纳与联想的关系。第 3 章是数学解题的具体方法,包括分析法与综合法,直接法与间接法,归纳法与演绎法,以及数学归纳法、RMI 法、换元法、参数法、待定系数法、构造法、递推法、赋值法、主元法、面积法和检验法,并以各种数学方法为线索,通过典型的实例分析,来引导读者解题。第 4 章至第 10 章(5 至 10 章分别由王生飞、王星鑫、胡峰成、李璜、徐锋、欧阳成执笔)按照中学数学内容以及高考的重点与难点,进行了解题分析,进一步深化和提升解题的方法与技巧。附录 1 是每章的配套习题,附录 2 是对应习题的参考答案。书中的每道例题或习题的解题过程由三部分组成:分析(理清解题思路)、解答(规范的求解过程)和说明(问题的拓展或总结)。本书可作为学科教学(数学)专业的硕士研究生(重点学习 1—3 章)和数学(师范)专业的大学生(重点学习 3—10 章)的学习用书、高中生(重点学习 4—10 章)的高考复习用书和中学数学教师的教学参考书。

名人名言

观察会导致发现。
掌握数学就意味着善于解题。
一个技巧经过多次使用就可成为一种方法。
学生只有通过模仿和实践才能学到数学技巧。
如果你想成为解题能手,你就必须解题。
——波利亚(George Polya,美籍匈牙利人,1887—1985)

数缺形时少直观;形少数时难入微。
新的数学方法和概念常常比解决问题本身更重要。
——华罗庚(中国,1910—1985)

在数学中,例子有时比定律更为重要。
——牛顿(Isaac Newton,英国,1643—1727)

由于某种意外的成功而得到的优美真理,实际上是借助于归纳而发现的。
——高斯(Gauss,德国,1777—1855)

数学中达到真理的主要方法是归纳和类比。
——拉普拉斯(Pierre-Simon Laplace,法国,1749—1827)

学习数学要多做习题,边做边思考,先知其然,然后知其所以然。

——苏步青(中国,1902—2003)

数学发明创造的动力不是推理,而是想象力的发挥。

——德·摩根(Augustus de Morgan,英国,1806—1871)

在数学领域中,提出问题的艺术比解决问题的艺术更重要。

——康托尔(Cantor,德国,1845—1918)

在数学的天地里,重要的不是我们知道什么,而是我们怎么知道什么。

——毕达哥拉斯(Pythagoras,希腊,约公元前580—前500)

事类相推,各有攸归,故枝条虽分而同本干者,知发其一端而已。

——刘徽(中国,约3世纪)

数学好玩。

——陈省身(美籍华人,1911—2004)

目 录

1

第1章
数学问题与数学解题概论

1.1　什么是数学问题

问题是数学的心脏。数学研究是围绕数学问题展开的。在数学研究过程中遇到的问题,往往是指要求回答或解释的题目,是需要用数学工具去研究或解决的数学矛盾,是具有智力挑战特征的、没有现成方法的、有待解决的数学情境。数学家常把结论已知的称为定理或公式,把结论未知的称为数学问题,并把数学问题分为两类:一是非常规数学情境问题;二是数学的应用问题。

在数学教学中,则把结论已知的常规数学问题也称为数学问题,这就是人们常说的"题"。因为它对学生而言,如何求解(或证明)还是未知的,与数学家面临的困难和情境是相似的,其性质是相同的。如果说数学家解题是一个创造和发现的过程,那么学生解题则是一个再创造和再发现的过程。在问题情境下,要对学生本人构成数学问题,必须满足三个条件。

(1)可接受性:学生能够理解这个问题,同时还表现出对该问题的兴趣;

(2)障碍性:学生暂时不能看出问题的求解思路、求解程序和答案,表现出其对问题的反应和处理问题的习惯模式是失败的;

(3)探索性:该问题又能使学生深入研究和进一步思考,激发学生展开各种探究活动,寻求新的解题途径,探索新的处理方法。

从结构上看,数学教学中的数学问题一般包括以下四点。

(1)条件:数学问题中已知或给定的东西。它可以是数据,可以是关系(指对已知的限制,可以分为已知与已知之间的关系、已知与未知的关系、数量关系和位置关系等),也可以是问题的状态(指在问题所涉及的范围内以及解决问题的过程中的某一时刻或某一点的表达形式)。

(2)目标:数学问题的结论。它包括目标完全给定(如证明题)、目标不完全给定(如填空题、选择题)和前两种状态都具备的情形(如某些综合题)。

(3)运算:数学解题的过程。它是允许对条件采取的行动,可以是逻辑运算、数学变换、数学推导、数学计算,也可以是具体的操作。通过运算,改变问题的状态,逐步向目标过渡。

(4)依据:数学解题的基础。它是允许采取的运算。这包括在证题过程中允许使用的推理规则、定义、定理;在解题过程中允许使用的运算公式、法则;在作图过程中允许使用的作图工具和作图规则等。

从数学题目的设计来看,一道题目应遵循如下四个原则。

(1)准确性原则:题目中的叙述必须清楚、准确,涉及的概念和记号必须是教材中已被定义的,已知数据和结论数据必须合乎实际。

(2)相容性原则:题目的条件与条件之间,条件与结论之间,条件与定义、公理、定理之间不能相互矛盾。

(3)完备性原则:题目的条件必须充分,在给定的知识范围内足以保证结论成立或问题可解。

(4)独立性原则:题目的条件不能互相推出,也不能含有多余的条件。

1.2 数学问题的分类

数学问题按照不同的分类方式可分为以下多种类型。

(1)按照问题的内容分类,可分为算术题、代数题、平面几何题、立体几何题、解析几何题和三角题等。每一类题目又可以在不同层次上进行分类。例如代数题中的方程问题可分为整式方程问题、分式方程问题、根式方程问题和超越方程问题。

若一个问题的内容超出了一个单元或学科则称为综合题、双科综合题或多科综合题。

(2)按照解题的形式即题目的外部特征分类,可分为求解题、证明题、填空题、选择题、判断题、变换题(或称化简题)等。

(3)按照判断解答是客观的还是主观的进行分类,可分为客观题(有唯一正确答案,无论谁来评判只能给出一个分数,适合计算机阅卷,如判断题、选择题、填空题等)和主观题(答案可用多种形式表达,评判者凭主观经验给分,如证明题、求解题等)。

(4)按照思维的规范程度分类,可分为常规题(也可称为标准题,是指能够直接运用数学模式或数学思维模式加以解决的问题)和非常规题(也称非标准题,是一类形式独特、类型不规范、数学关系比较隐蔽或数学推理方法比较间接和困难的问题,需要灵活运用思维策略进行分析,使之转化为常规问题并加以解决)。

(5)按照思维的发展程度分类,可分为封闭题(是指有完备的条件和固定的答案的问题)和开放题(是一类条件不完备或答案不固定的问题,主要包括条件开放题、推理/方法开放题和结论开放题)。

这一节只举非常规题或开放题的例子,其他类型的例子将在其他章节研究。

例 1-1 已知展览馆的入场票价是每人 2 元;25 人以上的团体票享 8 折优惠。现欲买 22 张票,问怎么买最省钱?(非常规题)

解:先求多少人时的个人总票价不少于 25 人的团体票价。设个人票从 x 人时的总票价不少于 25 人的团体票价,则 $2x \geqslant 25 \times 2 \times 80\%$,解之得 $x \geqslant 20$。

于是,可以先用 40 元买 25 张团体票,再卖掉 3 张。从支出中再减去收入,就是花费。这样,花费多少是不确定的,但从总体上看,是比较省钱的。

例 1-2　如图,有两个全等三角形,其中某些边的长度和角的度数已知。问:x 是多少?（非常规题）

解:本题既可用旋转重叠来求解,也可用三角形全等来求解。左边的图称为常规图,则右边的图称为非常规图,主要考查学生的观察能力和图觉。易求得 $x=55°$。

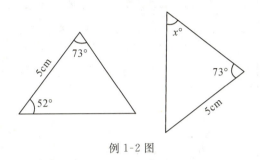

例 1-2 图

例 1-3　在已知线段 AB 上取一点 P,再分别以 AP 和 BP 为边作正方形,请确定 P 的位置,使作出的两个正方形的面积之和为最小。

试写出此问题的一个解法,并仿照上面问题的形式,尽可能多地构造各种类似的问题,但不必解答。（条件开放）

解:这是一个问题的变式构造题,引导学生联想,培养学生的发散思维能力,学生不仅要会解题,还要会编题。

设 $AB=a$,$AP=x$,则所作正方形面积之和为

$$S=x^2+(a-x)^2=2x^2-2ax+a^2=2\left(x-\frac{a}{2}\right)^2+\frac{a^2}{2},$$

当 $x=\dfrac{a}{2}$ 时,S 取最小值 $\dfrac{a^2}{2}$。所以,点 P 的位置应确定在 AB 的中点。

除此之外,在已知线段 AB 上取一点 P,分别以 AP 和 BP 为边作正三角形,请确定 P 的位置,使作出的两个正三角形的面积之和为最小。

在以上条件中"分别以 AP 和 BP 为边作正三角形"改为"分别以 AP 和 BP 为直径画圆",使作出的两个圆的面积之和为最小。

在已知线段 AB 上取一点 P,请确定 P 的位置,使 AP 和 BP 的乘积为最大。

在已知线段 AB 上取一点 P,请确定 P 的位置,使点 P 到 AB 同侧两定点 M,N 的距离之和为最小。

例 1-4　为了使下列两个式子 $x^2+ax-18$,x^2+7x+b 可以在整数范围内因式分解,a,b 分别可取哪些数?（条件开放）

解:开放型题目可以作为探究性题目,让学生先自己分析和讨论,然后根据学生的情况去讲解。由分析可知,由于 -18 有六种分解方法:-18×1,$18\times(-1)$,-9×2,$9\times(-2)$,-6×3,$6\times(-3)$,所以 a 可取 ±17,±7,±3。又由于满足 $7=m+n$ 的 (m,n) 有无限个,所以 $b=mn$ 可取无限个。

由此,可以总结出:对于一般式 x^2+ax+b,当 b 为已知数时,它表示为两数的乘积,其方法有有限个;当 a 为已知数时,它表示为两个数的和,其方法有无限个。

例 1-5　有一块长 4 米、宽 3 米的园地,现要在园地上辟一个花坛,使花坛的面积是

原来园地面积的一半,问如何设计(请尽可能使图形漂亮一些)?（条件开放）

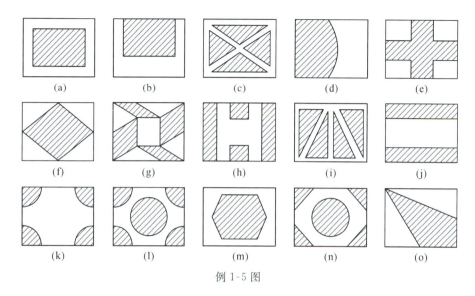

例 1-5 图

解:开放性问题对于开发思维,培养兴趣,提高能力是十分重要的。图(a)的解为:设花坛的边与园地的边相距 x 米,由题意得 $(3-2x)(4-2x)=\dfrac{1}{2}\times 3\times 4$,即 $2x^2-7x+3=0$,解之得 $x=0.5$ 或 $x=3$(舍)。

图(k)的解为:设四分之一圆的半径为 r,由题意得 $\pi r^2=\dfrac{1}{2}\times 3\times 4$,解之得 $r=\sqrt{\dfrac{6}{\pi}}$。

还有其他解法,从这些方法中可以看出学生的参与度、思维的积极性和动手动脑能力。

例 1-6　求 a,b 的值,使不等式 $ax+2<3x+b$ 对一切 $x\in(-\infty,0)$ 都成立。（条件开放）

解:这里有 3 个未知数,不是常见的不等式类型。要对不等式重新组合,分离出参数 x:$(a-3)x<b-2$,再将此不等式与 $mx<0$ 比较。后者当 $x\in(-\infty,0)$ 且 $m>0$ 时成立。由此可得 $a-3>0$ 且 $b-2\geqslant 0$,所以有 $a>3,b\geqslant 2$ 或 $a\geqslant 3,b>2$。

说明:这个问题可以按照 $a-3$ 的符号进行讨论;也可以利用直线 $y=(a-3)x-(b-2)$ 的图象进行分析。

例 1-7　不改变 3,7,5 这三个数字的顺序,也不能再添加任何其他数字,只能使用数学符号,使三个数字的运算结果分别等于 1,2,3,4,5,6,7,8,9,10。（条件开放）

解:这个问题看似是小学低年级甚至是幼儿园题目,但却极具开放性,能使人开动脑筋,其关键在于你的思维开放程度。参考答案如下:

$3-7+5=1$,$3-(7-5)=1$,$-[\sqrt{3\times 7}]+5=1$（$[x]$ 表示不超过 x 的最大整数）,$[\sqrt{37}]-5=1$;

$(3+7)\div 5=2$,$3-[7\div 5]=2$,$[3\div 7\times 5]=2$,$-[\sqrt{3+7}]+5=2$,$3-\operatorname{sgn}(7+5)=2$;

$\sqrt{-3+7+5}=3$,$-\sqrt{-3+7}+5=3$,$3!\div(7-5)=3$,$3+(7+5)'=3$;

$\sqrt{3\times7-5}=4,3!\ -7+5=4,3+[7\div5]=4,[\sqrt{(-3+7)\times5}]=4,[3\times7\div5]=4,$

$3+[7\div5]=4;$

$3+7-5=5,[3\div7]+5=5,[3!\ \div7]+5=5,-3+[\sqrt{75}]=5,(3+7)'+5=5;$

$3\times(7-5)=6,\sqrt{3}\times\sqrt{7+5}=6,\sqrt{(3!)^{7-5}}=6,[\sqrt{37+5}]=6,[\sqrt{37}]!\ \div5!\ =6,$

$\lg(3+7)+5=6;$

$\sqrt{-3+7}+5=7,[37\div5]=7,3!\ +[7\div5]=7,\sqrt{\sqrt{3\times7}}+5=7,(3)'+7+(5)'=7;$

$3!\ +(7-5)=8,[\sqrt{-3+75}]=8,[3!\ \times7\div5]=8,3+[\sqrt{7\times5}]=8,3+[\lg7]+5=8,$

$[\sqrt{-3!\ \times7+5!}]=8,[\sqrt{-3!\ +75}]=8,[\sqrt{-3+75}]=8;$

$-3+7+5=9,|3-7|+5=9,3^{7-5}=9,\sqrt{3!\ +75}=9,[\sqrt{3\times7}]+5=9,$

$[\sqrt{-37+5!}]=9;$

$\sqrt{-3+7}\times5=10,[\sqrt{-3-7+5!}]=10,[\sqrt{3-7+5!}]=10,[\sqrt{(-3+7)!\ \times5}]=$

$10[\sqrt{-(-3+7)!\ +5!}]=10,3+7+[\lg5]=10,3+[\sqrt{7}]+5=10。$

例 1-8　试用四则运算以及符号 $1,2,3,4,(\ )$,.(小数点),$-$(负号或减号),创造出尽可能大的数(有些符号或数字可以不用)。(结论开放)

解:给出如下数字供参考:$(.1)^{-432}$(433 位),$(.1)^{-4^{32}}=10^{4^{32}}$。(注:$4^{32}\approx10^{19}$)

例 1-9　A,B,C 三人做投掷石子游戏,每人投 5 颗石子,结果如图所示,这个游戏是以石子散落的距离小者为优胜。为确定谁是优胜者,试给出五种及以上判别方法。(结论开放)

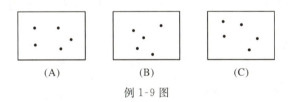

(A)　　　　(B)　　　　(C)

例 1-9 图

解:(1)含五个点且以某些点为顶点的凸多边形面积;

(2)含五个点且以某些点为顶点的凸多边形周长;

(3)连接任意两点的线段长度中的最大者;

(4)五点间连线长度的总和;

(5)从任意一点向其余点所引线段的长度之和的最小者;

(6)含五个点的最小圆的半径;

(7)引入坐标系,求出各点坐标的平均差。

例 1-10　如图,AB 与 $\odot O$ 相切于 A,OB 与 $\odot O$ 相交于 C,AD 是 $\triangle OAB$ 的高。试尽可能多地找出其中图形的形状和大小之间的各种关系。(结论开放)

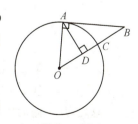

例 1-10 图

解:(1)线段的垂直:$OA\perp AB$,$AD\perp OB$。

(2)角的相等:$\angle B=\angle OAD$;$\angle OCA=\angle OAC$;$\angle O=\angle DAB$;

$\angle DAO=\angle CAB$。

（3）角的互余：$\angle O+\angle OAD=90°$；$\angle O+\angle B=90°$；$\angle DAC+\angle DCA=90°$；等等。

（4）角的其他等量关系：$\angle B=45°-\dfrac{1}{2}\angle DAC$；$\angle O=2\angle CAB$；等等。

（5）三角形的相似：$\triangle OAB\backsim\triangle ODA\backsim\triangle ADB$。

（6）线段的比例关系或乘积关系：$OA:OD=AB:AD$；$OA^2=OD\times OB$（三角形相似）；等等。

如图，延长 BO 交圆 O 于 E，连接 EA，可以进一步得到：

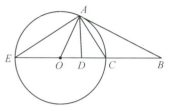

（7）线段的垂直：$EA\perp AC$。

（8）角的相等：$\angle E=\angle OAE=\angle BAC$。

（9）三角形的相似：$\triangle EDA\backsim\triangle EAC\backsim\triangle ADC$；$\triangle BAC\backsim\triangle BEA$。

例 1-10 答图

（10）线段的比例关系或乘积关系：$AD^2=ED\times DC$；$AE^2=ED\times EC$；$AC^2=CD\times EC$；$AB^2=BC\times BE$；$BC:BD=BO:BE$；$CD:CO=BD:BE$；等等。

说明：本题的结论很多，容易眼花缭乱。必要时可以提出以下问题：（1）有哪些角相等？（2）哪些线段是另外两个线段的比例中项？（3）在 $BCDO$ 上可以找到哪些比例线段？

例 1-11 如图，在等腰 $\triangle ABC$ 中，AB，AC 分别与底角的平分线交于 D，E，且 $\angle ABC$ 的平分线与 $\angle ACH$ 的平分线交于 F。请从各个角度观察图形，并写出符合题意的所有关系。（结论开放）

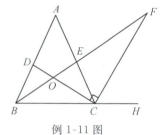

例 1-11 图

解：（1）线段相等：$AB=AC$；$BE=CD$；$BO=CO$；$AD=AE$；$BD=CE$。

（2）角的相等：$\angle ABC=\angle ACB$；$\angle ABE=\angle ACD$；$\angle EBC=\angle DCB$；$\angle BDC=\angle CEB$；$\angle DOB=\angle EOC$；$\angle DOE=\angle BOC$；$\angle ECF=\angle HCF$。

（3）角的和差关系：$\angle ACH=\angle A+\angle ABC$；$\angle OCF=\angle FOC+\angle OFC$；$\angle ADC=\angle ABC+\angle BCD$；$\angle AEB=\angle EBC+\angle ECB$。

（4）三角形的全等关系：$\triangle ABE\cong\triangle ACD$；$\triangle OBD\cong\triangle OCE$；$\triangle BCD\cong\triangle CBE$。

（5）线段的比例关系：$AD:DB=AE:EC$。

例 1-12 两个两位数的差是 56，它们的平方的个位数字相同，十位数字也相同。求这两个数。（思维开放）

解：设小的数为 x，则大的数为 $x+56$，由题意 $(x+56)^2-x^2=56(56+2x)=7\times 8\times(56+2x)$ 是 100 的倍数，从而 $56+2x$ 是 25 的倍数。（接下来要改变思维定式，不能按照常规做法求解）因为 $x+56$ 是两位数，所以 $x+56<100$，即 $x<100-56=44$，进而 $56+2x<150$。

又 $56+2x$ 是 25 的倍数，从而是 50 的倍数。但 $56+2x>50$，所以必有 $56+2x=100$。于是，$x=22$，$56+x=78$。即所求的两个数分别为 22 与 78。

总之，从不同的角度可以把数学问题分成很多类型。那么，怎样才算一个好的数学问题呢？一个好数学问题应以问题解决（从心理学上讲，问题解决是指由一定的情景引起的,按照一定的目标,应用各种认知活动、技能等,经过一系列的思维操作,使问题得以解决的过程)为中心,并集中体现数学观和数学思想。一般来说,它的"标准"应体现在以下三个方面。

(1)具有较强的探究性。一个好的数学问题的探究性是指能启迪学生的思维,激发和调动学生的探究意识,问题的最终解决需要一个比较复杂的思维过程。正如波利亚所指出的:"我们这里所指的问题,不仅是寻常的,它们还要求人们具有某种程度的独立见解、判断力、能动性和创造精神。"因此,对于大多数学生而言,具有探索性或创造性的问题,正是数学上"普遍的高标准",这又并非"高不可及"的,而是可以通过努力而解决的,应当是与学生的实际水平相适应的。从这个意义上来说,我们这里说的好问题并不是指问题应有较高的难度,这一点与现在数学奥林匹克竞赛中所选用的大部分试题是有区别的。在竞赛中,问题解决在很大程度上所发挥的只是一种"筛子"的作用,这与以问题解决作为数学教育的中心环节和根本目标是有区别的。

(2)具有一定的启发性和可发展空间。一个好问题的启发性是指在问题的解答过程中包含着相对深刻的数学原理,能激发学生的好奇心,引导学生去积极思考、寻找解决问题的数学模式或途径。同时,通过解决问题还能够促进和加深学生对于数学基本知识和技能的掌握,有利于学生领悟有关的数学理论和思想方法。这就与所谓的"偏题""怪题"划清了界限。一个好问题的可发展空间是说问题并不一定在找到解答时就会结束,所寻求的解答可能暗示着对原问题的各部分作种种变化,可以引出新的问题和进一步的结论,把问题延伸、拓宽、扩充到一般情形或其他特殊情形。它将给学生一个充分自由思考、充分展现自己思维的空间。

(3)具有一定的开放性。问题的开放性,首先表现在问题来源的开放。问题应具有一定的现实意义,即与现实社会、生活实际有着直接关系,这种对社会、生活的开放,能够体现出数学的价值和开展问题解决的意义。同时,问题的开放性,还包括问题的条件或结论是不完善的,或者问题具有多种不同的解法,或者多种可能的解答,打破"每一问题都有唯一的标准解答""问题中所给的信息都有用"的传统观念,这对于学生的思想解放和创新能力的发挥具有极为重要的意义。

1.3　数学解题

数学解题就是以数学思考为内涵,以数学问题的目标为定向的思维过程,简称"解题"。解题是从题目的含义出发,通过信息(包括条件信息、目标信息、运算信息和依据信息)加工与题目结构转化,完成从未知到已知的过渡,最后转化为标准性的问题(已解决的问题或用固定模式可以解决的问题),从而获解。解题是数学活动的中心,也是数学教学的重要内容。学生通过解题来巩固数学知识和数学技能,提高数学理解能力;通过解题来改善数学思维品质,掌握数学思想方法。老师是通过学生的解题情况来了解学生的数学学习情况,评价数学教学的效果。可见,数学解题对于数学的学习和教学都非常重要。数学解题可分为三个层次:①一般性解决,即一般逻辑水平上的解决,它力求明确解题所用的大体方向;②功能性解决,即基本数学水平上的解决,它力求明确解题所用的基本方法;③特殊性解决,即具体解决,它力求明确解题的具体方法、技巧和程序。

波利亚在《数学的发现》(第一卷)中,提炼出了几个解题模式:①交规式。先把问题归结为要确定的一个"点",再把条件分成若干部分,使每一部分变成未知点的一个"轨迹",则这几个"轨迹"的"交点"就是所求的"点"。②笛卡尔式。把问题归结为"如何确定几个未知量";设想问题已经解决,根据条件列出已知量与未知量之间的关系式;把关系式转化为方程,得到一个方程组;解方程组得到未知量的值。③递归式。将所求的量归结为依次排列的某序列的一项;确定序列的第一项或前几项;找出递归关系,把序列的一般项与前几项联系起来,最后,就能逐个地求出各项,从而求出未知量。④叠加式。先处理特殊情况,这一情况不仅易于解决,而且还特别有用,可以导出一般情况的解(称为导引款);用代数运算把导引款结合起来(即叠加),从而得到一般情况的解。

在数学解题过程中,既要运用抽象、归纳、类比、演绎等逻辑思维形式,又要运用直觉、顿悟等非逻辑思维形式。一个数学问题的解决往往包括如下四个部分:①对已知条件的完整认识,即给出问题的完整初始状态,从这一状态出发,经过一系列运算,可以推出目标;②说明所用的运算,即公式、法则、定义、定理等理论依据;③从初始状态到目标状态按程序安排好一个问题状态顺序,使得每一个状态都能在对前面的状态应用适当的运算得到;④完整说明目标,即对问题的结论进行完整描述。举例如下。

例 1-13 已知 $x=\sqrt{x-\dfrac{1}{x}}+\sqrt{1-\dfrac{1}{x}}$,求实数 x。

解法一:这既是一个根式方程,又是一个分式方程。若直接用两边平方的方式,会使表达式非常复杂。所以,我们来构造新的表达式,简化运算。

设 $y=\sqrt{x-\dfrac{1}{x}}-\sqrt{1-\dfrac{1}{x}}$(结合已知条件,便于运算),与 $x=\sqrt{x-\dfrac{1}{x}}+\sqrt{1-\dfrac{1}{x}}$ 两边分别相乘得(利用平方差公式):$xy=x-1$(表达式简洁了很多),即 $y=\dfrac{x-1}{x}=1-\dfrac{1}{x}$(有两个未知数,所以还需一个方程)。

把 $y=\sqrt{x-\dfrac{1}{x}}-\sqrt{1-\dfrac{1}{x}}$ 与 $x=\sqrt{x-\dfrac{1}{x}}+\sqrt{1-\dfrac{1}{x}}$ 两边分别相加得:$x+y=2\sqrt{x-\dfrac{1}{x}}$,把 y 代入即得 $x+1-\dfrac{1}{x}=2\sqrt{x-\dfrac{1}{x}}$(看起来还是很复杂,但结构很和谐)。

故 $\left(\sqrt{x-\dfrac{1}{x}}-1\right)^2=0$,从而 $x-\dfrac{1}{x}=1$,解之得 $x=\dfrac{1\pm\sqrt{5}}{2}$。又因 $x>0$(题目中的隐含条件),所以 $x=\dfrac{1+\sqrt{5}}{2}$(完整说明目标)。

解法二:把已知条件简化(去分母),原方程可化为 $\sqrt{x^2-1}+\sqrt{x-1}=x\sqrt{x}$。

如图(通过图形建立未知与已知之间的联系),构造 $\triangle ABC$,使 $AB=x,AC=\sqrt{x}$,BC 边上的高 $AH=1$,则 $BH=\sqrt{x^2-1},CH=\sqrt{x-1}$。

因为 $\dfrac{AC}{BC}=\dfrac{\sqrt{x}}{\sqrt{x^2-1}+\sqrt{x-1}}=\dfrac{\sqrt{x}}{x\sqrt{x}}=\dfrac{1}{x}=\dfrac{AH}{AB}$,$\angle ABH=\angle ABC$,所以 $\triangle ABH\backsim\triangle ABC$,从而有 $\angle BAC=$

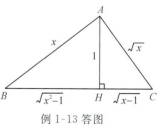

例 1-13 答图

$\angle AHB = 90°$。

在 $\triangle ABC$ 中，$AB^2 + AC^2 = BC^2$，即 $x^3 - x^2 - x = 0$（数形结合，得到简洁的表达式）。

因为 $x > 0$，所以 $x = \dfrac{1+\sqrt{5}}{2}$（完整说明目标）。

说明：若用两边平方法，则移项后得到 $x - \sqrt{1 - \dfrac{1}{x}} = \sqrt{x - \dfrac{1}{x}}$。两边平方：$x^2 - x - 2\sqrt{x^2 - x} + 1 = 0$，即 $(\sqrt{x^2 - x} - 1)^2 = 0$，可以得到答案。

例 1-14　在 $\triangle ABC$ 中，若 $\cos A : \cos B = b : a$，试判断三角形的形状。

解：题目的条件中既有角又有边，先统一化为边（这就是求同思维，中国古代称为"齐同"）。因为 $\cos A : \cos B = b : a$，由余弦定理得 $\dfrac{b^2 + c^2 - a^2}{2bc} : \dfrac{a^2 + c^2 - b^2}{2ac} = b : a$（能看到求解思路了）。整理得 $(a^2 - b^2)c^2 = a^4 - b^4$，即 $(a^2 - b^2)(a^2 + b^2 - c^2) = 0$。

所以，当 $a^2 - b^2 = 0$ 时，则 $a = b$，三角形为等腰三角形；当 $a^2 + b^2 - c^2 = 0$，则 $a^2 + b^2 = c^2$，三角形为直角三角形（完整说明目标）。

说明：数学问题可以是纯数学题，也可以是应用题，下面重点举应用题的例子。

例 1-15　A, B 两个内河码头相距 60 千米，轮船在静水中航行速度为每小时 20 千米。由于航道等条件的限制，轮船必须利用白天（以 12 小时计算）在 A, B 间来回往返一次并完成上客和下客的操作。试绘制可用于上客和下客操作的时间 T 和河水的速度 v（千米/时）之间的关系图，并讨论航班能航行或航班必须取消的条件。

解：由题意可得 $\dfrac{60}{20+v} + \dfrac{60}{20-v} = 12 - T$，即 $T = 12 - \dfrac{2400}{400 - v^2}$（$0 \leqslant v < 20$）。由此可列表表示 T 和 v 关系如下：

v	0	2	4	6	8	10	12	13	14	14.14
T	6	5.9	5.7	5.4	4.9	4	2.6	1.6	0.2	0

用描点法画出 T 和 v 的函数关系如下：

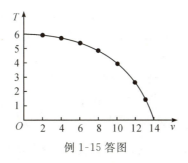

例 1-15 答图

具体讨论如下：

(1) 当 $v \geqslant 14.14$ 时，轮船往返航行一次已用 12 小时或 12 小时以上，必须停船。

(2) 当 v 虽然不到 14.14 千米/时，但接近 14.14 千米/时时，T 很小，几乎没有时间进行上客和下客操作,也只好停船。

（3）如果 A,B 两个码头各需 1 小时进行操作,即 $T=2$ 小时,那么必须在水速 $v\leqslant 12$（千米/时）时才能开船。

（4）如果 A,B 两个码头各需 2 小时进行操作,即 $T=4$ 小时,那么必须在水速 $v\leqslant 10$（千米/时）时才能开船。

（5）轮船在静水中往返航行一次需 6 小时,所以如果 $T\geqslant 6$ 小时,那么就必须进行技术革新,提高轮船的航行速度,或增强轮船的夜航能力,或提高上客与下客的速度,只有这样才能开船。

说明:这类问题是非常贴近实际的问题,只用到一点函数的知识,但实际中必不可少。它对于提高学生运用数学解决实际问题的能力很有帮助。

例 1-16　一批人决定乘几辆汽车去旅游,希望每辆车乘坐的人数都相同。已知每辆汽车最多容纳 32 人。若每辆车乘坐 22 人,则多出 1 人;若开走一辆空车,则人数恰好能被余下的车辆数整除。试问原来有几辆车,去旅游的有多少人?

解:先把问题数学化或形式化。设原先有 k 辆车,开走一辆车后,每辆车乘坐 n 人。容易知道,$k\geqslant 2$,$n\leqslant 32$。因为旅游者总数为 $22k+1$,所以有 $22k+1=n(k-1)$。由此得到:

$$n=\frac{22k+1}{k-1}=\frac{22(k-1)+22+1}{k-1}=22+\frac{23}{k-1}（得到数学表达式），$$

从而得 $\frac{23}{k-1}$ 是整数,又因 23 是素数,所以 $k-1=1$ 或 $k-1=23$（$k\geqslant 2$）,得到 $k=2$ 或 $k=24$（接近目标）。

当 $k=2$ 时,$n=45$,不满足题目条件;当 $k=24$ 时,$n=23$,满足题目条件。此时共有 24 辆汽车,有 $n\times(k-1)=23\times 23=529$ 位旅客（完整说明目标）。

例 1-17　一些学生去采蘑菇,第一次其中一人采到 6 只,其余的人每人都采到 13 只。第二次又有一些学生去采蘑菇（人数不同）,其中一人采到 5 只,其余的人每人都采到 10 只。已知两次采到的蘑菇总数相等,而且每次采到的蘑菇总数大于 100 只,但不超过 200 只。问两次各有多少学生去采蘑菇?

解:设第一次有 $n+1$ 个同学,第二次有 $m+1$ 个同学。则他们分别采了 $6+13n$ 和 $5+10m$ 个蘑菇。由题意 $7<n<15$,$9<m<20$（这是对已知条件的认识并数学化）。

由 $6+13n=5+10m$ 得 $13n+1=10m$（得到基本等量关系）。而在区间 $[8,14]$ 中存在唯一的数 $n=13$ 使得 $13n+1$ 能被 10 整除。因此,第一次有 14 位同学,第二次有 18 位同学（完整说明目标）。

例 1-18　已知小王的家距上班地点 18 千米。由于公交车是专用道路,所以不拥堵,速度比较快。他用乘公交车的方式平均每小时行驶的路程是他用自驾的方式平均每小时行驶的路程 2 倍还多 9 千米;他从家出发到达上班地点,乘公交车所用时间是自驾所用时间的 $\frac{3}{7}$。小王用自驾的方式平均每小时行驶多少千米?

分析:这是常见的方程的应用问题,主要考查分式方程的应用。

解:设小王用自驾的方式平均每小时行驶 x 千米,由题意可列方程（把问题数学化）

$$\frac{18}{2x+9}=\frac{3}{7}\cdot\frac{18}{x}（得到等量关系），$$ 解之得 $x=27$（初步获得目标）。

经检验，$x=27$ 是原方程的解，并且符合实际意义（验证目标）。

所以，小王用自驾的方式平均每小时行驶 27 千米（完整说明目标）。

例 1-19　某工厂设计了一款产品，每件成本价为 20 元。投放市场进行销售，得到如下数据：

售价 x（元/件）	...	30	40	50	60	...
日销售量 y（件）	...	500	400	300	200	...

（1）若日销售量 y（件）是售价 x（元/件）的一次函数，求这个一次函数的解析式。

（2）设这个厂试销该产品每天获得的利润（单个产品利润＝销售价－成本价）为 w 元，试问销售价定为多少元时，工厂每天获得的利润最大，最大利润是多少？

分析：这是有关生产决策的应用问题，也是常见的函数的应用问题，难点是建立相应的模型，构建函数解析式。关键点是弄清各个变量之间的关系。

解：（1）设这个一次函数解析式为 $y=kx+b(k\neq0)$，由题意可列方程（把问题数学化）$\begin{cases}30k+b=500 \\ 40k+b=400\end{cases}$（得到等量关系），解之得 $k=-10, b=800$。所以 $y=-10x+800$（初步获得目标）。

（2）$w=y(x-20)=(x-20)(-10x+800)=-10(x-50)^2+9000$（技巧）。所以，当销售价定为 50 元时，工厂每天获得的利润最大；最大利润是 9000 元。（完整说明目标）

例 1-20　王老师将 6 份奖品放在 6 个完全相同的不透明盒子中，准备奖给小明等 6 位同学。这些奖品中 3 份是学习文具，2 份是科普读物，1 份是科技馆门票。问小明随机抽取一份奖品，恰好抽到科普读物的概率是多少？

分析：这是等可能随机事件的概率问题。关键是找出全部情况的总数和符合条件的情况数目。

解：$p=\dfrac{2}{6}=\dfrac{1}{3}$。

说明：对有些等可能随机事件的概率问题，一下不容易求得全部情况的总数和符合条件的情况数目，可用列表法（或树状图法）。例如，袋子中装有 2 个红球和 2 个白球，它们除了颜色之外都一样，随机从袋子中摸出一球，记下颜色后再放回袋子中；再随机摸出一球，则两次都摸到红球的概率是多少？

例 1-20 说明答图

如图，共有 $4\times4=16$ 种可能，两次摸到红球的有 4 种，所以所求的概率为 $4\div16=\dfrac{1}{4}$。

1.4　数学解题的程序

数学解题程序就是一个完整的解题过程应遵循的基本步骤。波利亚在《怎样解题》中给出了一张"怎样解题"表,据此我们把解题程序分为四个步骤。

(1)仔细审题,理解题意,即明确已知与目标,发掘题设内涵;

(2)思索解法,拟订计划,即探求解题途径,设计解题方案;

(3)实施计划,表述解法,即进行推理计算,清晰表达;

(4)回顾检查,讨论提高,即及时反思与查漏补缺,提高解题能力总结解题经验。

我们把每一步解题与思维的关系列表如下。接下来,我们再通过具体例子来进行说明。

步骤	审题	探索	表达	回顾
思维方式	直觉思维	直觉思维为主	逻辑思维	发散(求异)思维为主
思维要素	观察、抽象、概括	选择、判断、探索	推理、判断	探索、判断
着重培养思维品质	敏锐性、深刻性、目的性	灵活性、独创性	条理性、论证性	批判性、概括性、广阔性
思维实质	理解	转换	转换	反思

例 1-21　在△ABC中,∠A,∠B,∠C所对的边分别是a,b,c,且$c=10,\dfrac{\cos A}{\cos B}=\dfrac{b}{a}=\dfrac{4}{3}$,P为△ABC内切圆上的动点。求P到顶点A,B,C的距离的平方和的最大值和最小值。

第一步:仔细审题,理解题意。审题就是观察。所谓观察,就是人们通过感官或借助于仪器,对数学对象在自然条件下,有目的、有计划、有步骤地进行考察和描述。在观察的同时,会逐步了解"已知什么""要我做什么",在分析推理和归纳猜想的基础上,把条件和结论联系起来。

本题的条件是(i)$c=10$;(ii)$\dfrac{\cos A}{\cos B}=\dfrac{b}{a}=\dfrac{4}{3}$;(iii)P为△ABC内切圆上的动点。(ii)中含有两个条件。所求的结论是P到顶点A,B,C的距离的平方和的最大值和最小值。

总之,这是一道有关图形中距离的最值问题。

第二步:思索解法,拟订计划。在这一步,往往需要一定的尝试或试验,通过对问题进行观察、联想,从整体上把握问题,形成初步的策略意向,并试探这样是否可行,是否有进展,是否接近目标等。

设想以前没有遇到过这个问题,但曾见过也解过与它密切相关的两类问题。第一,已知三角形中某些边角之间的关系,判断三角形的形状或解这个三角形。第二,在确定的三角形中的某些曲线上有一动点,求点到三角形顶点或三边的距离的平方和的最值。

于是,试探着把原问题分解为如下两个简单的问题:(1)a,b,c为三角形的三边,且$c=10,\dfrac{\cos A}{\cos B}=\dfrac{b}{a}=\dfrac{4}{3}$,试确定三角形的形状及各边长的大小;(2)在确定的△ABC内切

圆上有动点 P，试求 $PA^2 + PB^2 + PC^2$ 的最大值和最小值。

对于(1)，$\triangle ABC$ 已具备条件，根据以前的经验，只要对表达式进行适当的推算，即可解决。对于(2)，在确定了三角形的形状后，因涉及圆上的动点，拟引进平面直角坐标系，即利用解析法列出目标函数，其最值也可以通过代数方法顺利解出。至此，一个比较完整的解题计划已经拟订完毕。

第三步：实施计划，表述解法。

解：由 $\dfrac{\cos A}{\cos B} = \dfrac{b}{a}$ 及正弦定理得 $\dfrac{\cos A}{\cos B} = \dfrac{\sin B}{\sin A}$，即 $\sin 2A = \sin 2B$。

又 $\dfrac{\cos A}{\cos B} = \dfrac{4}{3}$，可知 $A \neq B$。又 A, B 是三角形的内角，所以 $2A = \pi - 2B$，即 $A + B = \dfrac{\pi}{2}$，故该三角形为直角三角形。

再由 $c = 10, \dfrac{b}{a} = \dfrac{4}{3}$ 及 $a^2 + b^2 = c^2$ 可得 $a = 6, b = 8$。

如图，建立直角坐标系，直角三角形的三个顶点坐标分别为 $A(8,0), B(0,6), C(0,0)$。因为在直角三角形中，$a + b = c + 2r$，所以 $r = 2$。从而内切圆圆心的坐标为 $O'(2,2)$。设圆上任一点的坐标为 (x,y)，则圆的方程为 $(x-2)^2 + (y-2)^2 = 4$。从而

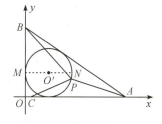

例 1-21 答图

$$
\begin{aligned}
S &= |PA|^2 + |PB|^2 + |PC|^2 \\
&= (x-8)^2 + y^2 + x^2 + (y-6)^2 + x^2 + y^2 \\
&= 3\left[(x-2)^2 + (y-2)^2\right] - 4x + 76 \\
&= 3 \times 4 - 4x + 76 = 88 - 4x,
\end{aligned}
$$

又因动点 P 是内切圆上的点，故 $0 \leqslant x \leqslant 4$，于是当 $x = 4$ 时有最小值 72，当 $x = 0$ 时有最大值 88。

第四步：回顾检查，讨论提高。

对上面的解题过程进行检验。检查无误后，可以分析最大值与最小值的几何意义：当 $x = 0$ 时点 P 运动到 BC 边上的切点 M，此时平方和最大值是 88；当 $x = 4$ 时点 P 运动到过 M 的直径的另一端点 N，此时平方和最小值为 72。

此外，能否用别的方法来求解这个问题？

对于(1)也可以在一开始就用余弦定理代换。对于(2)可以选择不同的位置建立坐标系，同时动点 P 也可以用参数表示，这样就有了不同的解法。

通过解决这个题目，我们也可以得到一些经验：首先，如果本题前半部分不用正弦定理或余弦定理，后半部分不用解析法，虽然也能推出目标函数，但解题过程的复杂程度会上升。这说明，对于同样的问题，采用不同的解题方法，其难易程度是不一样的。其次，由图形可知，最值往往在某些特殊位置产生。最后，注意数形结合，可能会使计算或推演大大简化，并且能更好地揭示问题的本质。

我们还可以把这一问题进一步升华。看看我们在解题过程中是否使用了全部前提；仅仅保持前提的一部分，舍去其余部分，命题的结论是否成立；能否从前提出发导出某些更深入的结果；能否给出更容易导出此结论的前提；能否改变前提或改变结论或两者都

改变,使得在新前提下得到新的结论。如此等等,可以提出顺乎自然又趣味盎然的问题,使解题进一步深化。

可见,在解题时观察或审题是基础,联想或尝试是关键,化归或转化是手段。当然,在具体解题过程中,不一定完全拘泥于上述步骤,要根据题目的特点或难易程度有所取舍与侧重。

例 1-22 若 a,b,c 是三角形的三条边长,S 是三角形的面积,求证 $a^2+b^2+c^2 \geqslant 4\sqrt{3}S$。

分析:不必生搬硬套上述四步,可以灵活运用。

(1)理解题意,拟订计划。

已知条件只告诉我们 a,b,c 是三角形的三条边长,S 是三角形的面积,没有其他条件,那么这里也很难有新的条件可以挖掘。结论是 $a^2+b^2+c^2 \geqslant 4\sqrt{3}S$,所以只能从结论入手。

把 $a^2+b^2+c^2 \geqslant 4\sqrt{3}S$ 变形为 $S \leqslant \dfrac{1}{4\sqrt{3}}(a^2+b^2+c^2)$。先从特殊情况入手,当 $a=b=c$ 时,$S=\dfrac{1}{2}ab\sin60° = \dfrac{\sqrt{3}}{4}a^2 = \dfrac{1}{4\sqrt{3}}(a^2+b^2+c^2)$。所以,对于正三角形,命题成立。

那么,怎样才能将一般三角形转化为正三角形呢?我们会联想到结论:当三角形的周长一定时,以等边三角形的面积为最大(取焦距为 $\dfrac{a+b+c}{3}$,利用椭圆的定义:到两定点的距离之和等于定长 $\dfrac{2(a+b+c)}{3}$ 的点的轨迹,数形结合很容易得到结论),最大面积为 $T=\dfrac{1}{2}\left(\dfrac{a+b+c}{3}\right)^2 \cdot \sin60°$。如果能证明 $T \leqslant \dfrac{1}{4\sqrt{3}}(a^2+b^2+c^2)$,则问题获证。

(2)按照计划,实施证明。

证明:当三角形的周长 $a+b+c$ 一定时,以等边三角形的面积为最大,则

$$S \leqslant T = \dfrac{1}{2}\left(\dfrac{a+b+c}{3}\right)^2 \cdot \sin60° = \dfrac{1}{4\sqrt{3}}\left(\dfrac{a^2+b^2+c^2+2ab+2bc+2ca}{3}\right)$$

$$\leqslant \dfrac{1}{4\sqrt{3}}\left(\dfrac{a^2+b^2+c^2+a^2+b^2+b^2+c^2+c^2+a^2}{3}\right) = \dfrac{1}{4\sqrt{3}}(a^2+b^2+c^2),$$

故有 $a^2+b^2+c^2 \geqslant 4\sqrt{3}S$。

(3)回顾总结,拓展思路。

本题用到几何极值定理(当三角形的周长一定时,以等边三角形的面积为最大)和基本不等式 $a^2+b^2 \geqslant 2ab$。由此可知,综合问题往往是基本问题的糅合或基本方法的综合运用。该问题还可以用其他方法证明吗?试作分析如下。

证法一:利用基本不等式 $x,y,z \in \mathbf{R}^+$,$3\sqrt[3]{xyz} \leqslant x+y+z$ 和海伦公式 $S = \sqrt{s(s-a)(s-b)(s-c)}$,其中 $s = \dfrac{a+b+c}{2}$。

因为 $(a+b-c)(c+a-b)(b+c-a) \leqslant \left[\dfrac{1}{3}(a+b-c)+(c+a-b)+(b+c-a)\right]^3$

$$= \dfrac{1}{27}(a+b+c)^3,$$

所以 $S = \sqrt{s(s-a)(s-b)(s-c)} = \frac{1}{4}\sqrt{(a+b+c)(a+b-c)(c+a-b)(b+c-a)}$

$$\leq \frac{1}{4}\sqrt{(a+b+c)\frac{1}{27}(a+b+c)^3} = \frac{1}{4} \cdot \frac{1}{3\sqrt{3}}(a+b+c)^2,$$

故有 $(a+b+c)^2 \geq 12\sqrt{3}S$，当且仅当 $a+b-c=c+a-b=b+c-a$ 时，即当 $a=b=c$ 时，也就是三角形为正三角形时等号成立。这个不等式就是等周不等式：在周长相等的三角形中，正三角形的面积最大。

又因为 $3(a^2+b^2+c^2)-(a+b+c)^2 = (a-b)^2+(b-c)^2+(c-a)^2 \geq 0$，所以

$$a^2+b^2+c^2 \geq \frac{(a+b+c)^2}{3} \geq 4\sqrt{3}S.$$

证法二：利用余弦定理和三角形面积公式（两边及其夹角正弦的一半）。

由 $a^2+b^2+c^2-4\sqrt{3}S = a^2+b^2+(a^2+b^2-2ab\cos C)-4\sqrt{3} \cdot \frac{1}{2}ab\sin C$

$$= 2\left[a^2+b^2-2ab\cos\left(\frac{\pi}{3}-C\right)\right] \geq 2(a^2+b^2-2ab)$$

$$= 2(a-b)^2 \geq 0,$$

所以 $a^2+b^2+c^2 \geq 4\sqrt{3}S$。

证法三：利用余弦定理、三角形面积公式（两边及其夹角正弦的一半）和基本不等式。

由 $a^2+b^2+c^2 = a^2+b^2+(a^2+b^2-2ab\cos C)$

$$= 2(a^2+b^2-ab\cos C) \geq 2(2ab-ab\cos C) \geq 2ab(2-\cos C)$$

$$= 4S \cdot \frac{2-\cos C}{\sin C},$$

又 $\cos\left(\frac{\pi}{3}-C\right) = \frac{1}{2}\cos C + \frac{\sqrt{3}}{2}\sin C \leq 1$，所以 $\frac{2-\cos C}{\sin C} \geq \sqrt{3}$。从而有

$$a^2+b^2+c^2 \geq 4\sqrt{3}S.$$

证法四：利用余弦定理、三角形面积公式（两边及其夹角正弦的一半）和基本不等式。

因为 $(s-a)(s-b) \leq \left[\frac{(s-a)+(s-b)}{2}\right]^2 = \frac{1}{4}c^2$，其中 $s = \frac{a+b+c}{2}$，同理有

$$(s-c)(s-b) \leq \left[\frac{(s-c)+(s-b)}{2}\right]^2 = \frac{1}{4}a^2,$$

$$(s-a)(s-c) \leq \left[\frac{(s-a)+(s-c)}{2}\right]^2 = \frac{1}{4}b^2,$$

三式相加得：$a^2+b^2+c^2 \geq 4[(s-a)(s-b)+(s-a)(s-c)+(s-c)(s-b)]$

$$\geq 12[(s-a)(s-b)(s-c)]^{\frac{2}{3}},$$

即 $(a^2+b^2+c^2)^3 \geq 12^3[(s-a)(s-b)(s-c)]^2$，又 $a^2+b^2+c^2 \geq \frac{(a+b+c)^2}{3} = \frac{4s^2}{3}$，上

面两式相乘并利用海伦公式得 $(a^2+b^2+c^2)^4 \geq \frac{4 \cdot 12^3 S^4}{3}$，两边开四次方得

$$a^2+b^2+c^2 \geq 4\sqrt{3}S.$$

（4）提炼提升，推广深化

先从三角形的个数方面去推广，由一个推广为两个。

命题 1　已知两个三角形三边长和面积分别为 a,b,c,S 和 a',b',c',S'，则 $a^2a'^2+b^2b'^2+c^2c'^2\geqslant16SS'$。

分析：当 $a'=b'=c'=1$ 时，$S'=\dfrac{\sqrt{3}}{4}$，则 $a^2a'^2+b^2b'^2+c^2c'^2\geqslant16SS'$ 可化为 $a^2+b^2+c^2\geqslant4\sqrt{3}S$。

因此，命题的结论是原问题的推广。

证明：利用三角形面积公式（两边及其夹角正弦的一半），因为

$$a^2a'^2+b^2b'^2+c^2c'^2\geqslant3\sqrt[3]{a^2a'^2b^2b'^2c^2c'^2}=12SS'\sqrt[3]{\dfrac{1}{(\sin A\sin B\sin C)(\sin A'\sin B'\sin C')}},$$

再由 $\sin A\sin B\sin C\leqslant\dfrac{3}{8}\sqrt{3}$（该结论的证明可参见第 3 章 3.13 主元法，例 3-119）和

$\sin A'\sin B'\sin C'\leqslant\dfrac{3}{8}\sqrt{3}$ 得 $a^2a'^2+b^2b'^2+c^2c'^2\geqslant16SS'$。

由此再从图形的边数方面去推广，由三角形推广为一般的凸多边形。

命题 2　设 $a_1,a_2,\cdots,a_n$ 为凸 n 边形的边，其面积为 S，则 $a_1^2+a_2^2+\cdots+a_n^2\geqslant4\tan\dfrac{\pi}{n}\cdot S$。

分析：当 $n=3$ 时，$\tan\dfrac{\pi}{3}=\sqrt{3}$，则 $a_1^2+a_2^2+\cdots+a_n^2\geqslant4\tan\dfrac{\pi}{n}\cdot S$ 可化为

$a^2+b^2+c^2\geqslant4\sqrt{3}S$。

因此，命题的结论是原问题的推广。

证明：边长为 $\dfrac{a_1+a_2+\cdots+a_n}{n}$ 的正 n 边形的面积为 $\dfrac{n}{4}\left(\dfrac{a_1+a_2+\cdots+a_n}{n}\right)^2\cot\dfrac{\pi}{n}$，又

$S\leqslant\dfrac{n}{4}\left(\dfrac{a_1+a_2+\cdots+a_n}{n}\right)^2\cot\dfrac{\pi}{n}$，即 $4\tan\dfrac{\pi}{n}\cdot S\leqslant n\left(\dfrac{a_1+a_2+\cdots+a_n}{n}\right)^2$。

把 $(a_1+a_2+\cdots+a_n)^2$ 展开，并利用 $a_i^2+b_i^2\geqslant2a_ib_i,i=1,2,\cdots,n$ 得

$a_1^2+a_2^2+\cdots+a_n^2\geqslant4\tan\dfrac{\pi}{n}\cdot S$。

说明：在数学解题过程中，有经验的中学数学教师也把解题分为六个步骤，它与波利亚的解题四部曲有异曲同工之妙。

①做标记（即认真审题，弄清题目的条件：已知什么，把重要的信息画线标记）；②找目标（即弄清要我干什么）；③先翻译（即把问题用精确的数学语言表达出来）；④搭梯子（即把问题化归为已知的问题或更加简单的问题，寻找解决问题的突破口）；⑤解答检查；⑥归纳总结。

1.5　数学解题的信息过程

从信息论来看，解题就是这样一个过程。

首先是有用信息的捕捉。通过观察，从理解题意中捕捉有用的信息，即把题目的信息通过感官输送到大脑皮层，感知题目的内涵，它既包含信息的输入，又包含信息加工的初步过程。主要是弄清已知条件是什么，需要我们做什么，并设法建立条件和结论（已知

与未知)之间的逻辑关系。在这个过程中,已有的知识和经验是捕捉有用信息、进行合理建构的重要基础。

其次是有关信息的提取。在"有用捕捉"的前提下,通过联想,从记忆的信息库中提取出有关信息,主要是解题的依据和解题的方法。在这个过程中,良好的认知建构和灵活的策略选择是正确提取有关信息的基础。

最后是有效结合。将上述两组信息资源,加工成一个和谐的逻辑结构。在这个过程中,逻辑思维能力是有效结合的基础。

例 1-23　证明等腰三角形的两个底角相等,其信息过程如下图所示。

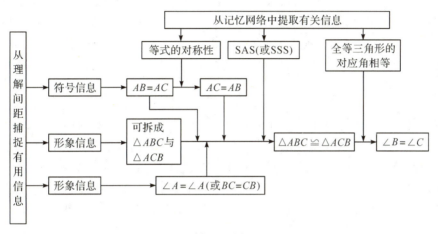

例 1-23 图

这个过程的心理表征是:将等腰三角形作空中翻转,使 AB 与 AC 重合,AC 与 AB 重合,$\angle A$ 与 $\angle A$ 重合(或 BC 与 BC 重合),即等腰三角形作空中翻转后,与原来的三角形重合。从而 $\angle B$ 与 $\angle C$ 重合,即 $\angle B = \angle C$。三角形的重合正是三角形全等的定义,角的重合正是角相等的定义。

记等腰三角形的腰和底边长分别为 a,b,要证明等腰三角形的两个底角相等,也可以用"三角形的面积是两边及其夹角正弦的一半"来证明,因为 $S_{\triangle ABC} = \dfrac{1}{2}ab\sin C = \dfrac{1}{2}ab\sin B$,所以 $\sin C = \sin B$。又因 $\angle B$,$\angle C$ 都是锐角,所以 $\angle B = \angle C$。这又是一个新的信息过程。

例 1-24　已知方程 $x^2 + bx + 2 = 0$ 的两根是 x_1,x_2,试给出以 $\dfrac{1}{x_1}$,$\dfrac{1}{x_2}$ 为两根的一元二次方程。

分析:若你头脑中的信息是求根公式,你可能会先解出 x_1,x_2,再算出 $\dfrac{1}{x_1}$,$\dfrac{1}{x_2}$,利用 $\left(x - \dfrac{1}{x_1}\right)\left(x - \dfrac{1}{x_2}\right) = 0$ 展开,得到所求方程。

也有人想到韦达定理,因为 $\dfrac{1}{x_1} + \dfrac{1}{x_2} = \dfrac{x_1 + x_2}{x_1 x_2} = \dfrac{-b}{2} = -\dfrac{b}{2}$,$\dfrac{1}{x_1} \cdot \dfrac{1}{x_2} = \dfrac{1}{x_1 x_2} = \dfrac{1}{2}$,所以

所求方程为 $2x^2+bx+1=0$。

若你头脑中的信息是代换,可令 $x=\dfrac{1}{y}$,代入原方程得 $2y^2+by+1=0$ 即为所求。可见,用代换法比较简单。具体求解略。

说明: 若再进一步,求一个一元二次方程,使得它的两根是 $x^2+bx+2=0$ 两根的平方,该如何求呢?你可按照前面的思路,设 $x=\pm\sqrt{y}$,再代入原方程即得。但这样就出现了根式,比较麻烦。我们可以用新的信息:变换。因为 $x^2+2=-bx$(技巧),两边平方得 $(x^2)^2+2x^2+4=b^2x^2$,把 $x^2=y$ 代入可得 $y^2+2y+4=b^2y$,这样就比较简单了。

若更进一步,求一个一元二次方程,使得它的两根是 $x^2+bx+2=0$ 两根的立方,该如何求呢?你可借助前面的技巧,因为 $x^2=-bx-2$,两边都乘以 x 得 $x^3=-bx^2-2x$(设法构造出 x^3),把该表达式中的 x^2 代换得 $x^3=-b(-bx-2)-2x=(b^2-2)x+2b$(技巧)。

令 $y=(b^2-2)x+2b$,则 $x=\dfrac{y-2b}{b^2-2}$,代入原方程即得所求方程。

有了这些知识和技巧,也就会求方程的根满足其他条件时方程的形式了。

例 1-25 已知在三阶幻方(如下(0)个图中),每行每列每条对角线上数字之和分别都等于中心数 e 的 3 倍;对角线上的三个数字成等差数列:$2e=a+i=c+g$;定义 afh,cdh,ibd,gbf 分别对应的三个格子称为黄金三角,其第一个字母称为顶角,其他两个称为底角,则黄金三角满足两底角数字之和等于顶角数字的 2 倍。试补全三阶幻方(1)至(6)。

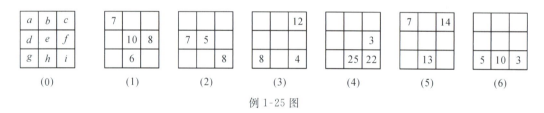

例 1-25 图

解:(1)先充分理解题目的信息,再观察图的结构,将已知条件的信息与图形的结构特点信息结合起来。一种方法是可以先考虑对角线上的三个数字成等差数列,于是找到突破口,即 $i=2\times10-7=13$。有了这个结果,再利用每行每列每条对角线上数字之和分别都等于中心数 e 的 3 倍,就可逐步求出其他数字。另一种方法是抓住中心数 10,直接利用每行每列每条对角线上数字之和分别都等于中心数 e 的 3 倍,先求每行或每列,就可逐步得到其他数字。(2)利用每行数字之和都等于中心数 e 的 3 倍,求得 $f=2\times5-7=3$,逐次求出其他数。(3)先考虑对角线上的三个数字成等差数列,得到中心数 $e=(12+8)\div2=10$,逐次求出其他数。(4)先考虑黄金铁三角 afh,得到 $a=(25+3)\div2=14$,再考虑对角线上的三个数字成等差数列,即可求得。(5)先考虑黄金三角 afh,cdh,求得 $f=1$,$d=15$,进而中心数 $e=(15+1)\div2=8$,可逐次求得结果。(6)先利用每行数字之和分别都等于中心数 e 的 3 倍得到 $e=(5+10+3)\div3=6$,再逐步求得结果。具体结果如下。

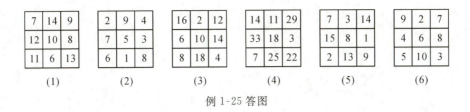

例 1-25 答图

说明: 在中国历史上有"河图洛书",它是把 1 至 9 这 9 个数字组成三阶幻方。根据例 1-25 的相关结论,我们就可以比较容易地构造出这个幻方。首先,根据"每行每列每条对角线上数字之和分别都等于中心数 e 的 3 倍",而幻方的三行数字之和为 $1+2+\cdots+9=45$,所以每行每列以及对角线上三个数字之和均为 15,且中心数 $e=5$。从而每行每列的其他两个数字之和为 10,即 1 与 9,2 与 8,3 与 7,4 与 6。经过适当调整可得下图。

4	9	2
3	5	7
8	1	6

例 1-25 说明图

可见,数学解题的心理机制是一个"激活—扩散"的拓展过程。在问题的条件和结论的引导下,激活记忆信息库中的知识点,然后沿着相关知识点向外扩散,依次激活新的相关知识。在这个过程中,还会对被激活的知识进行筛选、组织、评价、转换、再认识,通过逻辑结构的重组,使之逐步协调,直到把条件与结论连接起来。

对于学生而言,解题能力的提升一般要经历四个阶段:(1)简单模仿。模仿教科书或老师的示范去解决一些识记性的问题。这是一个信息储存的过程。(2)变式习题。在简单模仿的基础上,迈出主动实践的第一步,能够做一定量的形式变化的习题。这是一个信息深化的过程。(3)自发领悟。在模仿和习题的基础上产生理解,能在解题的过程中领悟到知识的深层结构。这是一个信息再深化的过程。(4)自觉分析。能够比较自然地理解题目的知识基础、逻辑结构、信息流程,弄清解题中会用到哪些知识和方法,这些知识和方法又是怎样组成一个和谐结构的。这是一个信息升华的过程。

2 第 2 章
数学解题的化归法

2.1 数学思想方法与化归法

数学家罗莎(Rozsa Peter,匈牙利,1905—1977)在《无穷的玩艺——数学的探索与旅行》中提出了这样一个问题:"假设在你面前有煤气灶、水龙头、水壶和火柴,要得到开水你应该怎么做?"她写道,正确的答案是:"在水壶中盛适当的水,点燃煤气灶,把水壶放在煤气灶上烧。"紧接着,她又提出了第二个问题:"假设所有的条件都不变,只是水壶中已经有足够的水,要得到开水你又应该怎么做?"对此,人们往往回答:"这更简单。点燃煤气灶,把水壶放在煤气灶上烧就行了。"但罗莎认为,这不是最好的答案,因为物理学家才会这样做。数学家则会把壶中水倒空,化归到第一个问题的条件状态,然后方法同理。数学家罗莎在这里强调的就是数学解题的思想方法。

什么是数学的思想方法呢? 数学思想方法可分为数学思想与数学方法。数学思想是从数学的具体内容中提炼出来,对数学本质和数学规律的理性认识和抽象概括。它在认识数学的过程中可以反复被使用,具有普遍的指导意义。数学思想具有较高的抽象层次,一般只是提示思考的方向,没有指导具体的操作步骤,其应用更广泛。例如等价转换思想、数形结合思想、分类思想、极限思想、函数思想、模型思想等。数学方法是从数学角度提出,用于解决数学问题的方式、手段和途径。数学方法应有确定的内涵,它是一种可操作的步骤和做法。通俗地说,数学方法就是数学解题过程中的技巧,其核心是如何进行数学变换,使之成为我们需要的形式或达到解决数学问题的目的。数学方法包括逻辑的方法和数学的方法。例如中学数学中逻辑的方法有分析法、综合法、归纳法、穷举法、反证法、同一法等,数学的方法有构造函数法、换元法、待定系数法、因式分解法、数学模型法、数学归纳法等。数学思想与数学方法在具体使用中往往不加区分,因为它们是密切联系在一起的,例如"数形结合"既可以说是数学思想也可以说是数学方法。所以,在这里,我们只提数学方法。在具体解题的过程中,数学方法常常可分为三个层次。

第一层次是数学解题中的思考原则与策略。在思维过程中,总的原则是熟悉化、简单化和灵活性,总的策略是化归。这往往要经过观察、联想、转化的过程,把实际问题化为纯数学问题,再化为标准数学问题,最后去求解。

第二层次是数学解题中的通法,例如归纳法、反证法、分析法、综合法等。这些方法是数学家在长期的数学研究过程中总结和提炼出来的,并且是行之有效的解题方法。

第三层次是具体的数学方法与技巧,例如换元法、配方法、待定系数法、参数法、一元二次方程的公式法、几何中的添加辅助线法等。这三个层次又有所交叉。

数学方法的核心是化归。化归是转化和归结的简称,它将一个问题由难化易、由繁化简、由未知化已知的方法。也就是说,在研究和解决有关数学问题时,通过某种手段或方法,将问题进行变换使之转化,进而达到解决数学问题的一种思想方法或称解题方法。

这里的转化包括一般与特殊的转化,正与反的转化,常量与变量的转化,数与形的转化,相等与不等的转化,实际问题与数学模型的转化,数学各分支之间的转化,数学与其他学科之间的转化。而转化的手段与方法通常有待定系数法、配方法、整体代入法、由抽象到具体以及化动为静等。

在解题过程中最关键的是如何经过观察、联想、转化,把未知问题化归为已知问题,或把难度大的问题化归为简单问题。著名数学家波利亚在《怎样解题》中给出了解题四部曲,其就十分强调和重视观察、联想、转化的作用。他在该书中的最后还讲了一个心理学实验:

在三面都有篱笆的场地上放一只饥饿的鸡,隔着篱笆放着一盆鸡食。鸡见了食物就企图去啄,但隔着篱笆鸡啄不到食物。于是,鸡就拼命地钻篱笆。如果篱笆很牢固且空隙很小,这只鸡就一直在钻,直到精疲力尽。

在人们看来,这只鸡是多么愚蠢可笑,为什么不绕过去呢?其实,波利亚是在用一个故事提醒我们,数学解题不能拘泥于一种方法。在解题过程中遇到较大困难不能解决问题时,不应当像那只愚蠢的鸡一样钻牛角尖,而应当广开思路,另辟蹊径,从不同角度去观察和分析问题。也就是说,数学解题有一定的灵活性,要学会转化,并根据题目的特点选择适合的数学方法。所以说,数学方法没有好坏之分,只有适合与不适合之别。具体来看下面的例子。

例 2-1 解方程 $\sqrt{x^2+6x+10}+\sqrt{x^2-6x+10}=10$。

分析:这类根式方程通常用两边平方的方法求解,但对这个题目来说太繁杂。通过观察可以发现,两个根号恰好表示一个动点到两个定点的距离之和,所以可以绕过"篱笆",用数形结合法回到定义中去,借助椭圆的定义来求解。

解:方程可化为 $\sqrt{(x+3)^2+1}+\sqrt{(x-3)^2+1}=10$。联想到椭圆的定义,令 $1=y^2$(灵活变换),则 $\sqrt{(x+3)^2+y^2}+\sqrt{(x-3)^2+y^2}=10$,这是以 $F_1(-3,0)$,$F_2(3,0)$ 为焦点,长轴长为 10(短轴长为 8)的椭圆方程,即 $\dfrac{x^2}{25}+\dfrac{y^2}{16}=1$,当 $y^2=1$ 时,有 $x=\pm\dfrac{5}{4}\sqrt{15}$。

例 2-2 二次方程 $(1-i)x^2+(\lambda+i)x+(1+i\lambda)=0$($i$ 为虚数单位,$\lambda\in\mathbf{R}$)没有实根的充分必要条件是 λ 的取值范围为_____。

分析:正面求解很困难,直接从"篱笆"钻过去几乎不可能,可以绕过去,转化为从反面考虑(这就是解题策略中的灵活性),选取另外的方法。

解:设方程有实根 t,将它代入原方程并整理得:$(t^2+\lambda t+1)+i(-t^2+t+\lambda)=0$,于是 $t^2+\lambda t+1=0$,$-t^2+t+\lambda=0$,两式相加得 $(\lambda+1)(t+1)=0$,即 $\lambda=-1$,$t=-1$。分别代入 $t^2+\lambda t+1=0$ 得 $\begin{cases}\lambda=-1\\t^2-t+1=0\end{cases}$ 或 $\begin{cases}t=-1\\\lambda=2\end{cases}$,第一组无实根。故仅当 $\lambda=2$ 时方程有实根。于是原方程没有实根的充要条件是 $\lambda\neq2$。

说明：对于题目中有"至少"的问题，从反面着手，也往往比较简单。例如，"设三个方程 $x^2+4mx+4m^2+2m+3=0$，$x^2+(2m+1)x+m^2=0$，$(m-1)x^2+2mx+m-1=0$ 中至少有一个方程有实根，求 m 的取值范围。"从反面着手，先求三个方程都没有实根时 m 的取值范围为 $-\frac{3}{2}<m<-\frac{1}{4}$。故所求的 m 的取值范围为 $m\geq -\frac{1}{4}$ 或 $m\leq -\frac{3}{2}$。

例 2-3 在 $\triangle ABC$ 中，$\sin A\cdot\cos^2\frac{C}{2}+\sin C\cdot\cos^2\frac{A}{2}=\frac{3}{2}\sin B$，且最大角与最小角之差为 $90°$，求证三角形的三边之比是 $(\sqrt{7}-1):\sqrt{7}:(\sqrt{7}+1)$。

分析：已知条件有点复杂，拿到这个题目我与那只愚蠢的鸡有同感。怎么办呢？看到题目的条件中有二次幂，就联想到降幂的一种常规方法，就是从正面的篱笆撞一撞，说不定有某个篱笆不够牢固。即先从三角化简开始，逐步把问题化归到比较简单的情形。

证明：三角等式左端降幂得 $\sin A\cdot\frac{1+\cos C}{2}+\sin C\cdot\frac{1+\cos A}{2}=\frac{3}{2}\sin B$，即

$\sin A+\sin C+\sin(A+C)=3\sin B$，所以 $\sin A+\sin C=2\sin B$。（即三边 a,b,c 成等差数列）

这样，原命题就转化为等价命题：在 $\triangle ABC$ 中，三边 a,b,c 成等差数列，且最大角与最小角之差为 $90°$，求证它的三边之比是 $(\sqrt{7}-1):\sqrt{7}:(\sqrt{7}+1)$。

阻止我们的"篱笆"好像有点松动，现在看起来题目比原来简洁一些。既然第一个条件转化成了边的等量关系，接下来若把条件"且最大角与最小角之差为 $90°$"转化成更明确的等量关系，题目或许更容易求解。设最小角为 α，则三个内角依次为：α，$90°-2\alpha$，$90°+\alpha$。由于 $0<\alpha<90°-2\alpha$，所以 $0<\alpha<30°$。由正弦定理，相应的三边之长的比为：

$\sin\alpha:\sin(90°-2\alpha):\sin(90°+\alpha)=\sin\alpha:\cos2\alpha:\cos\alpha$。

这样，上面的命题又转化为等价命题：若 $0<\alpha<30°$，且满足 $\sin\alpha+\cos\alpha=2\cos2\alpha$，求证 $\sin\alpha:\cos2\alpha:\cos\alpha=(\sqrt{7}-1):\sqrt{7}:(\sqrt{7}+1)$。至此，"篱笆"彻底松动了，问题已经很明朗了。证明如下：

因为 $0<\alpha<30°$，$\sin\alpha+\cos\alpha=2\cos2\alpha$，所以 $\sin\alpha+\cos\alpha=2(\cos^2\alpha-\sin^2\alpha)$，可得 $\cos\alpha-\sin\alpha=\frac{1}{2}$，将 $\sin\alpha+\cos\alpha=2\cos2\alpha$ 与 $\cos\alpha-\sin\alpha=\frac{1}{2}$ 两边平方并整理得 $\cos\alpha\cdot(-\sin\alpha)=-\frac{3}{8}$。

由此可知 $\cos\alpha$，$-\sin\alpha$ 是一元二次方程 $x^2-\frac{1}{2}x-\frac{3}{8}=0$ 的两个根，容易求得 $\sin\alpha=\frac{\sqrt{7}-1}{4}$，$\cos\alpha=\frac{\sqrt{7}+1}{4}$，$\cos2\alpha=\frac{\sqrt{7}}{4}$。

所以 $\sin\alpha:\cos2\alpha:\cos\alpha=(\sqrt{7}-1):\sqrt{7}:(\sqrt{7}+1)$。

说明：上述解题策略是：先从"可知"推导"未知"，由"未知"寻觅"需知"，然后在"可知"和"需知"之间寻找结合点，或在新的"可知"和新的"需知"之间铺设桥梁。

通过上面的例子可以看到，数学解题中的变换、变形、转化是多么重要！许多数学问题如果不进行变形，我们几乎没有解决的办法。每当拿到一个数学问题，我们可以先凭经验用某种方法试一试，当问题不好处理时，我们应当迂回绕过障碍，想出某个适当的辅助问题，更自觉地变更问题。通过变换，改变问题的叙述和形式，改换观察和理解问题的

角度,突出问题的本质,使问题逐步转化为我们熟知的形式,以便于解决。而要做好变换,就必须掌握化归策略。

2.2　数学解题中的化归策略

在中学数学中,除了通用的观察实验、归纳类比、分析综合、抽象概括、逻辑推理、演绎证明、化归递推、等价转化等数学思想方法外,还有一些特定的数学思想方法,例如用字母代替数、集合、对应、对称、面积变换、数形结合、最优化、统计、极限、分类、参数、模型等思想方法。这里,重点举例说明数学的核心方法——化归法(简称化归),因为化归不仅是一种重要的解题方法,也是一种最基本的数学思维策略,更是一种有效的数学思维方式。但对于一个具体数学问题如何去实现转化,以及能否依靠化归来解决问题,还需要掌握一些化归的技巧和原则。

2.2.1　把握“由特殊到一般”和“由一般到特殊”的规律

由于共性存在于个性之中,而对于一般问题而言,因为特殊的情况或问题往往比较简单、直观和具体,所以可以从考虑特殊情况或极端情况入手,来逐步寻找突破口或线索,进而发现解决问题的方法。

例 2-4　求二项式 $(2x-y)^{10}$ 展开式中各项系数之和。

解:对于这个问题,不必逐项展开,只需取特殊值 $x=1$,$y=1$,可得各项系数之和为 1。

例 2-5　对任意的 $\theta \in [0, 2\pi]$,证明方程 $x^2+y^2+2(2-\cos^2\theta)x-2(1+\sin^2\theta)y-4\cos^2\theta+2\sin^2\theta+5=0$ 有两个定解 (x,y),并求出这两个解。

分析:由于对于任意的 θ,方程都有两个定解 (x,y),所以取特殊值代入即可。

解:分别取 $\theta=0,\dfrac{\pi}{2}$,得到方程组 $\begin{cases} x^2+y^2+2x-2y+1=0 \\ x^2+y^2+4x-4y+7=0 \end{cases}$,解之得 $x=-1,y=2$ 或 $x=-2,y=1$。

把这两个点的坐标代入原方程验证可知,该两点都满足方程,从而问题得到解决。

另一方面,由于一般包括了特殊,一般比特殊更能反映事物的本质。所以,对有些带有特殊情形或具体数据的数学问题,可以先解决更一般的数学问题,再去处理问题本身。

例 2-6　试比较 1011^{2021} 与 $2021!$ 的大小。

分析:这个问题可以直接证明(有一定难度),但如果先考虑一般情况,再去证明问题本身更简单。先把问题一般化:比较 $\left(\dfrac{n+1}{2}\right)^n$ 与 $n!$ $(n \geqslant 3,n$ 为奇数$)$ 的大小。对于这个一般性结论,可先取 $n=3,5,7$ 代入比较,以便确定不等号的开口方向,这样目标就明确了。

证明:由 $\dfrac{n+1}{2}=\dfrac{1+2+3+\cdots+n}{n} > \sqrt[n]{1 \cdot 2 \cdot 3 \cdot \cdots \cdot n}=\sqrt[n]{n!}$ 可得 $\left(\dfrac{n+1}{2}\right)^n > n!$。取 $n=2021$ 即得结论。

说明:对于问题求证 $2021^{2022} > 2022^{2021}$,也可先证一般化问题:$n^{n+1} > (n+1)^n$ $(n>2)$,即 $n > \left(1+\dfrac{1}{n}\right)^n$ $(n>2)$。参见习题 5.1 第 10 题。

2.2.2　处理好"分解与组合"的关系

由于我们并不能总会把一个复杂问题或陌生问题,一下就转化为一个简单或熟悉的问题,所以我们常常根据问题的情况进行分解(包括对问题本身的分解,对题目条件的分解,对问题外延的分解等),在分解中降低难度,并寻找解题方法。

当一个数学问题比较复杂时,往往通过分析,把问题分解成几个比较简单的部分(包括分类讨论),或通过分析分清主要矛盾与次要矛盾,弄清问题的内涵与外延,从而知道从哪里入手可以把各个分问题解决,然后再把结果组合起来。

例 2-7　设 $a,n,k \in \mathbf{N}_+$, $n>4k$, 证明 $10 \mid (a^n - a^{n-4k})$。

分析:乍一看有三个变量,太复杂了。可先进行等价转化,问题等价于证明 $a^n - a^{n-4k}$ 的个位数是 0。由于 $a^n - a^{n-4k} = a^{n-4k}(a^{4k}-1)$,所以可以从考察 a 的个位数入手,把问题分情况讨论即可。

解:(1)当 a 的个位数为 $0,1,5,6$,从而 $a^n - a^{n-4k}$ 的个位数是 0;(2)当 a 的个位数为 $2,4,8$,此时 $a^{4k}=(a^4)^k$ 个位数是 6, $a^{4k}-1$ 的个位数是 5,而 a^{n-4k} 的个位数是偶数,从而 $a^n - a^{n-4k} = a^{n-4k}(a^{4k}-1)$ 的个位数是 0;(3)当 a 的个位数为 $3,7,9$,则 a^{4k} 的个位数是 1,从而 $a^{4k}-1$ 的个位数是 0。

例 2-8　如图,在 $\triangle ABC$ 中,P 为 BC 上任一点,$PE \parallel BA$,$PF \parallel CA$,若 $S_{\triangle ABC}=1$,求证 $S_{\triangle BPF}$,$S_{\triangle PCE}$,$S_{\square AFPE}$ 中至少有一个不小于 $\dfrac{4}{9}$。

分析:将线段 BC 三等分,使 $BM=MN=NC$。把一个大问题分成三个小问题,分别讨论。(1)当 $P \in BM$ 时,$S_{\triangle PCE} \geqslant \dfrac{4}{9}$。(2)当

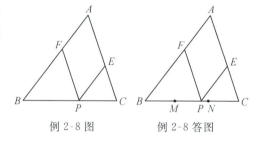

例 2-8 图　　　　例 2-8 答图

$P \in MN$ 时,$S_{\square AFPE} \geqslant \dfrac{4}{9}$。(3)当 $P \in NC$ 时,$S_{\triangle BPF} \geqslant \dfrac{4}{9}$。具体证明从略。

例 2-9　今有 1 元币、2 元币、5 元币各 1 张,10 元币 5 张,50 元币 2 张,问可组成多少种不同款额(非零)的币值?

分析:将可能的币值分成两类:小于 100 元和大于或等于 100 元,分别求出每一种情况下可能的币值种数,最后相加即可。

解:对于币值小于 100 元的,将会在 1 元、2 元、5 元、10 元的 4 张、50 元 1 张的组合中产生,每张币可取可不取,有两种取法,故小于 100 元的币值共有 $2 \times 2 \times 2 \times 2 \times 5 - 1 = 79$ 种。(各张均不取时币值为零,应减去)

对于大于或等于 100 元的,只需 2 张 50 元均取,其余各张可取可不取,故共有 $2 \times 2 \times 2 \times 6 = 48$ 种。

两项合计共有 $79 + 48 = 127$ 种。

说明:(1)该题可将币值以 10 元为分界线分成两组:(a)10 元以下包括 1 元、2 元、5 元;(b)10 元及 10 元以上包括 10 元 5 张、50 元 2 张。

只用(a)组成小于 10 元的货币,可组成 1 元、2 元、3 元、5 元、6 元、7 元、8 元,共 7 种。

只用(b)组成大于或等于 10 元的货币,可组成从 10 元到 150 元的以 10 元为等差的

币值共 15 种。

若既用(a)同时又用(b)可组成币值 $C_7^1 \times C_{15}^1 = 7 \times 15 = 105$ 种。于是,共计有币值 $7+15+105=127$ 种。

(2)用同样的思路还可以求解如下问题:小王有若干人民币,一元 3 张,二角 4 张,五分 3 张,一分 4 张。证明此人购买 4 元以内的商品总可以不用找补。

因为由这些人民币可组成的不同币值的总数就等于组合总数,根据不尽相异元素的组合总数公式,能组成的不同币值有 $(3+1)(4+1)(3+1)(4+1)-1=399$ 种,而在 4 元以内恰有 399 种不同的币值。所以,此人购买 4 元以内的商品总可以不用找补。

例 2-10 已知方程 $2x^2-(3a+1)x+a^2-\dfrac{1}{2}=0$ 至少有一个根在区间 $(-1,5)$ 内,求 a 的取值范围。

解:把问题分解为三种情况:(1)两根(包括重根)均在 $(-1,5)$ 内;(2)一根在 $(-1,5)$ 内,另一根大于等于 5;(3)一根在 $(-1,5)$ 内,另一根小于等于 -1。

设 $f(x)=2x^2-(3a+1)x+a^2-\dfrac{1}{2}$,则 $f(-1)=a^2+3a+\dfrac{5}{2}$,$f(5)=a^2-15a+\dfrac{89}{2}$,判别式 $\Delta=(a+5)(a+1)$,图象的对称轴 $x=\dfrac{3a+1}{4}$,对于(1)可由数形结合得到其充要条件为 $\begin{cases} f(-1)>0 \\ f(5)>0 \\ \Delta \geq 0 \\ -1<\dfrac{3a+1}{4}<5 \end{cases}$,解之得 $-1 \leq a < \dfrac{15-\sqrt{47}}{2}$。

对于(2)其充要条件为 $\begin{cases} f(-1)>0 \\ f(5) \leq 0 \\ \Delta \geq 0 \end{cases}$ (5 为较大根时取等号),解之得 $\dfrac{15-\sqrt{47}}{2} \leq a < \dfrac{15+\sqrt{47}}{2}$。

对于(3)其充要条件为 $\begin{cases} f(-1) \leq 0 \\ f(5)>0 \\ \Delta \geq 0 \end{cases}$,此时 a 无解。

综上所述,a 的取值范围是 $-1 \leq a < \dfrac{15+\sqrt{47}}{2}$。

2.2.3 善于用"归纳、联想"促进化归

虽然数学理论大多是用演绎法建立起来的,但是归纳、联想对于发现数学事实,促进化归,有极其重要的作用。

归纳是从特殊到一般的推理方法,它是在观察、试验与实践的基础上通过联想建立起来的。例如,勾股定理、前 n 个自然数立方和公式、二项式定理等,都是观察实践的结果。归纳法包括完全归纳法和不完全归纳法,前者是严格的逻辑方法,后者不是严格的逻辑方法。

不完全归纳法是对一类事物的部分对象的考察,并在联想的基础上,作出有关这一类事物的一般性结论的方法。它大致分为观察实践、推广、猜测一般性结论这几个阶段。不完全归纳法又包括枚举归纳法和因果归纳法。枚举归纳法是通过对某个对象多次重复作出判断的方法,因此用这种方法得出的结论只是一种猜测,可靠性比较弱。下面举例说明枚举归纳。

例 2-11 法国数学家费马曾对形如 $F_n=2^{2^n}+1$ 的数(今天称之为费马数)作出如下猜测:当 $n\in\mathbf{N}$ 时,$F_n=2^{2^n}+1$ 必为素数。这个结论是否正确?

分析:费马只验证了 $F_0=3,F_1=5,F_2=17,F_3=257,F_4=65537$,这些都正确。于是他就猜测,对于一般的非负整数都成立。事实上,这个结论是错误的。1732 年,数学家欧拉给出反例:$F_5=6700417\times641$,从而否定了费马的猜测,故费马的结论是错误的。

说明:许多探索性问题往往要经过一个归纳猜想的过程,但给出的结论不一定正确。

例 2-12 问数列 $7,9,13,19,27,37,49,\cdots$ 中的哪些数是平方数?

解:这个问题要先通过枚举归纳,发现规律 $a_{n+1}=a_n+2n$,其中 a_n 表示数列的第 n 项。由此求出 $a_{n+1}=7+(2+4+\cdots+2n)=n^2+n+7$。

因为 n^2 之后的下一个平方数是 $(n+1)^2=n^2+2n+1$,如果 n^2+n+7 是一个平方数,我们必须有 $n+7\geqslant2n+1$,因而 $n\leqslant6$。由此推出,数列中可能的平方数在前七项中。这前七项已经列出,由分析可知只有 9 和 49 是平方数。

例 2-13 关于正整数的立方和问题,我们可以观察到如下事实:

$1^3=1=1^2,1^3+2^3=9=3^2=(1+2)^2$,

$1^3+2^3+3^3=36=6^2=(1+2+3)^2,1^3+2^3+3^3+4^3=100=10^2=(1+2+3+4)^2$,

$1^3+2^3+3^3+4^3+5^3=225=15^2=(1+2+3+4+5)^2,\cdots$,请给出一般性结论。

分析:人们会用枚举归纳猜测:$1^3+2^3+3^3+\cdots+n^3=(1+2+3+\cdots+n)^2=\left[\dfrac{n(n+1)}{2}\right]^2$。这个结论是正确的,可以用数学归纳法严格证明。具体证明从略。

说明:可以把它与平方和公式联系起来,先求 $1+2+3+\cdots+n$ 的和:

$(1+1)^2=1^2+2\cdot1+1^2,(1+2)^2=1^2+2\cdot2+2^2,(1+3)^2=1^2+2\cdot3+3^2,\cdots$,

$(1+n)^2=1^2+2\cdot n+n^2$。

把上述 n 个式子加起来得到:$2^2+3^2+4^2+5^2+\cdots+n^2+(n+1)^2=$

$n+2(1+2+3+\cdots+n)+1^2+2^2+3^2+4^2+5^2+\cdots+n^2$,

即 $(n+1)^2=(n+1)+2(1+2+3+\cdots+n)$,所以 $1+2+3+\cdots+n=\dfrac{n(n+1)}{2}$。

再用归纳联想求 $1^2+2^2+3^2+\cdots+n^2$ 的和。类似地,$(1+1)^3=1^3+3\cdot1+3\cdot1^2+1^3$,

$(1+2)^3=1^3+3\cdot2+3\cdot2^2+2^3,(1+3)^3=1^3+3\cdot1+3\cdot1^2+1^3,(1+4)^3=1^3+3\cdot4+3\cdot4^2+4^3,\cdots,(1+n)^3=1^3+3\cdot n+3\cdot n^2+n^3$,把上述 n 个式子加起来得到:$2^3+3^3+\cdots+n^3+(n+1)^3=n+3(1+2+3+\cdots+n)+3(1^2+2^2+3^2+4^2+5^2+\cdots+n^2)+(1^3+2^3+3^3+\cdots+n^3)$,即 $(n+1)^3=n+3(1+2+3+\cdots+n)+3(1^2+2^2+3^2+4^2+5^2+\cdots+n^2)+1$,再把前面得到的 $1+2+3+\cdots+n$ 的和代入得

$1^2+2^2+3^2+\cdots+n^2=\dfrac{n(n+1)(2n+1)}{6}$。

类似地可以得到 $1^3+2^3+3^3+\cdots+n^3=\left[\dfrac{n(n+1)}{2}\right]^2$，用枚举归纳可求一般的 k 次幂之和。

再看因果归纳。因果归纳是把一类事物中部分对象的因果关系作为判断的前提而作出的一般性猜测的推理方法。例如高中数学中要讲等比数列的通项公式，通常是这样得到的。如果等比数列 $a_1,a_2,\cdots,a_n$ 的公比是 q，那么 $a_2=a_1q,a_3=a_1q^2,\cdots,$ 由此可得 $a_n=a_1q^{n-1}$。根据因果归纳所得出猜测的可靠程度，主要取决于所揭示的因果关系是否揭示于事物的本质，而不是重复次数的多少。我们再举一个用因果归纳不成功的例子。

例 2-14　求下列函数 $y=\dfrac{x}{x^2-x+1}$ 的值域，并探求有理分式函数值域的一般方法。

分析：把函数变形，化为 x 的方程 $yx^2-(y+1)x+y=0$，由于 x,y 都是实数，所以有 $\Delta=(y+1)^2-4y^2\geqslant0$，解这个不等式得到：$-\dfrac{1}{3}\leqslant y\leqslant1$。这个结果与用其他方法得到的结果一致，是正确的。我们不妨把它叫作判别式法。

接下来，我们想再用这个方法来探求有理分式函数值域的一般方法，即作为分式有理函数的通法，是否可以呢？人们通常会再举几个函数的例子，发现往往是正确的，于是就确立了一个信念：猜想正确。

但遗憾的是，这个猜想是错误的！例如求 $y=\dfrac{x^2-x}{x-1}$ 的值域时，若用此方法可得到值域为 $(-\infty,+\infty)$，但事实上 $y\neq1$。为什么会这样呢？这里主要是由函数化为方程时，不是恒等变形，函数所隐含的本质还没有被完全揭露出来。

一般来说，用不完全归纳法猜测问题的结论有两种形式：一是由特殊事物直接猜测结论；二是根据规律先猜测一个递推关系，然后凭递推关系去发现结论。最后，对于给出的结论还要用严格的数学方法予以证明。举例说明如下。

例 2-15　已知数列 $\{a_n\}$，$a_n=1+2+3+\cdots+n$，数列 $\{b_n\}$ 是 $\{a_n\}$ 中那些 3 的倍数的项由小到大排列而成的数列。(1)试用 k 表示 b_{2k-1} 与 b_{2k}；(2)求 b_n 的前 $2m$ 项之和 S_{2m}。

分析：一下难以求得 b_{2k-1} 与 b_{2k}，我们就用不完全归纳法猜测结论，再有目的地寻找化归途径。

把 $\{a_n\}$ 的项具体算出来：$a_1=1,a_2=3(=b_1),a_3=6(=b_2),a_4=10,a_5=15(=b_3),a_6=21(=b_4),a_7=28,a_8=36(=b_5),\cdots,$ 如果上述不够，就再算更多的项。我们会发现 b_n 的偶数项恰好是 a_n 序号中 3 的倍数项，而奇数项则是 a_n 序号中比 3 的倍数少 1 的项。于是猜测：$b_{2k}=a_{3k},b_{2k-1}=a_{3k-1}$，即有

$$b_{2k}=1+2+3+\cdots+3k=\frac{3k(3k+1)}{2},b_{2k-1}=1+2+3+\cdots+(3k-1)=\frac{3k(3k-1)}{2}。$$

证明：(1)因为 $a_{3k-2}=1+2+3+\cdots+(3k-2)=\dfrac{(3k-1)(3k-2)}{2}$，3 是素数且与 $3k-1,3k-2$ 均互素，即 $(3k-1)(3k-2)$ 不能被 3 整除，所以 a_{3k-2} 不可能是 b_n 中的项。

又因为 $a_{3k-1}=1+2+3+\cdots+(3k-1)=\dfrac{3k(3k-1)}{2}$，所以 a_{3k-1} 是 3 的倍数。从而 a_{3k-1} 是 b_n 中的项。同理可证 a_{3k} 是 b_n 中的项。又因为 b_n 是递增数列，$a_{3k-1}<a_{3k}$，所以 $b_{2k-1}=a_{3k-1}=\dfrac{3k(3k-1)}{2},b_{2k}=a_{3k}=\dfrac{3k(3k+1)}{2}$。(2)略。

例 2-16　已知 $a_i \geqslant 0 (i=1,2,\cdots,n)$ 且 $a_1 + a_2 + \cdots + a_n = 1$。求证 $1 \leqslant \sqrt{a_1} + \sqrt{a_2} + \cdots + \sqrt{a_n} \leqslant \sqrt{n}$。

分析：这是一个一般性问题，直接入手比较难。可以先从特殊情况开始证明，即从特殊情况的证明中寻找方法或思路。当 $n=1$ 时命题显然成立，所以可以从 $n=2$ 时开始考察，发现规律，再归纳出一般情况。

已知 $a_i \geqslant 0 (i=1,2)$ 且 $a_1 + a_2 = 1$。求证 $1 \leqslant \sqrt{a_1} + \sqrt{a_2} \leqslant \sqrt{2}$。

用分析法：欲证 $1 \leqslant \sqrt{a_1} + \sqrt{a_2} \leqslant \sqrt{2}$，只需证 $1 \leqslant a_1 + a_2 + 2\sqrt{a_1 a_2} \leqslant 2$，即证 $1 - (a_1 + a_2) \leqslant 2\sqrt{a_1 a_2} \leqslant 2 - (a_1 + a_2)$，也就是证 $0 \leqslant 2\sqrt{a_1 a_2} \leqslant 1$。

由平均值不等式 $0 \leqslant 2\sqrt{a_1 a_2} \leqslant a_1 + a_2 = 1$，即上式成立，从而命题得证。

我们把上述证明思想方法用于一般命题的证明。

证明：$1 \leqslant \sqrt{a_1} + \sqrt{a_2} + \cdots + \sqrt{a_n} \leqslant \sqrt{n}$ 等价于 $1 \leqslant (\sqrt{a_1} + \sqrt{a_2} + \cdots + \sqrt{a_n})^2 \leqslant n$，即 $1 - (a_1 + a_2 + \cdots + a_n) \leqslant 2 \sum\limits_{1 \leqslant i < j \leqslant n} \sqrt{a_i a_j} \leqslant n - (a_1 + a_2 + \cdots + a_n)$，由于 $a_1 + a_2 + \cdots + a_n = 1$，所以只需证明 $0 \leqslant 2 \sum\limits_{1 \leqslant i < j \leqslant n} \sqrt{a_i a_j} \leqslant (n-1)(a_1 + a_2 + \cdots + a_n)$。

上式左端显然成立。右端只要利用基本不等式 $2\sqrt{a_i a_j} \leqslant a_i + a_j, 1 \leqslant i < j \leqslant n$，将不等式两边分别相加即得。

我们再来看联想推理。联想推理是根据两个不同对象在某些方面的类同之处，进而产生联想，猜测它们在其他方面也可能有类同之处，并作出某种判断的推理方法。在化归的过程中，我们也常常使用联想推理，并且还与归纳推理联合使用。由联想产生的结论还需要用严格的数学方法证明。

用联想的方式来寻找未知目标从而实现化归的过程，大致是：先寻找联系对象，进行关联，再通过猜测、联想来预测未知目标，最后按照目标确定解题的途径或方法，常见的联想方式有以下几种：

(1)接近联想：它是由概念、原理、法则的接近而产生的联想，即由命题的已知条件和结论的外部特征和结构特征，联想到相关的、相似的或相近的定义、定理、公式和图形。这是一种由此及彼、由表及里的联想。例如，看到一元二次方程就会联想到韦达定理和判别式，看到直角三角形就会联想到 $a^2 + b^2 = c^2$。在中学数学教材中，学习了定理、公式和法则后，往往会安排习题来巩固这些定理、公式和法则，这样的习题大多是借助于接近联想来求解的。

(2)类比联想：它是根据问题的具体情况，以两个对象在某些方面具有类似和相似特点的数、式、图形以及相近的性质和内容，从而联想在其他方面也类似和相似的推理方法。例如由平面上的某些性质联想空间中是否也有某些性质，由长方形的性质联想到长方体的性质等。

(3)关系联想：它是根据知识之间的关系(从属关系、一般关系、因果关系)以及内容之间的联系而进行的联想。例如，由一般问题会联想到特殊问题，由一个命题会联想到它的推论等。

(4)逆向联想：它是从问题的正面联想到反面。当从正面入手比较困难时，往往会联想到从问题的反面入手，在解题上常常表现为倒推法、反证法、同一法等。

(5)横向联想:它是指数学各分支之间以及数学与其他学科之间的联想。例如数形结合,用物理上的重心解题等。

例 2-17 求方程组 $\begin{cases} x+y+z=3 & (1) \\ x^2+y^2+z^2=3 & (2) \\ x^{15}+y^{15}+z^{15}=3 & (3) \end{cases}$ 的所有实根。

分析一:由(1)和(2)容易得到 $x+y,xy$(把它们用 z 来表示),由此联想到 x,y 是某一元二次方程的两个实根,再利用它有实根的充要条件来求解。

解法一:由(1)和(2)得 $x+y=3-z$, (4)

$x^2+y^2=3-z^2$,   (5)

将(4)和(5)代入 $xy=\frac{1}{4}\left[(x+y)^2-(x-y)^2\right]=\frac{1}{4}\left[(x+y)^2+2xy-(x^2+y^2)\right]$ 得

$xy=z^2-3z+3$,   (6)

由(4)和(6)知,x,y 是方程 $t^2-(3-z)t+z^2-3z+3=0$ 的两个根。x,y 是实数当且仅当判别式 $\Delta=(3-z)^2-4(z^2-3z+3)\geqslant 0$,解之得 $(z-1)^2\leqslant 0$,即 $z=1$,从而 $x=y=1$。代入(3)也成立。故原方程有唯一实数解 $(1,1,1)$。

分析二:由(4)和(5)两式的左端 $x+y$ 与 x^2+y^2,联想到不等式 $\left(\frac{x+y}{2}\right)^2\leqslant\frac{1}{2}(x^2+y^2)$,于是考虑用不等式来求解。

解法二:因为 x,y 是实数,得到不等式 $\left(\frac{x+y}{2}\right)^2\leqslant\frac{1}{2}(x^2+y^2)$。将(4)和(5)代入此不等式得 $\left(\frac{3-z}{2}\right)^2\leqslant\frac{1}{2}(3-z^2)$,故有 $(z-1)^2\leqslant 0$。以下从略。

分析三:由(4)和(5)联想到直线和圆的方程,用直线和圆的位置关系来求解。

解法三:(4)和(5)有解的几何意义是直线(4)和圆(5)有公共点,即圆心 $(0,0)$ 到直线(4)的距离不大于半径,故 $\frac{|3-z|}{\sqrt{2}}\leqslant\sqrt{3-z^2}$,即 $(z-1)^2\leqslant 0$。以下从略。

分析四:(5)左端是平方和,可变形为 $\left(\frac{x}{\sqrt{3-z^2}}\right)^2+\left(\frac{y}{\sqrt{3-z^2}}\right)^2=1$,联想到 $\sin^2\theta+\cos^2\theta=1$,于是联想到用三角代换来求解。

解法四:设 $x=\sqrt{3-z^2}\cos\theta,y=\sqrt{3-z^2}\sin\theta$,代入(4)后化为 $\sin\left(\theta+\frac{\pi}{4}\right)=\frac{3-z}{\sqrt{6-2z^2}}$,由 $\left|\frac{3-z}{\sqrt{6-2z^2}}\right|\leqslant 1$,得 $(z-1)^2\leqslant 0$。以下从略。

分析五:由于 $\sqrt{x^2+y^2}$ 是复数 $x+yi$ 和 $y+xi$ 的模,而这两个复数和的模为 $\sqrt{(x+y)^2+(y+x)^2}=\sqrt{2(x+y)^2}$,于是联想到用复数来求解。

解法五:设 $m=x+yi,n=y+xi,x,y\in\mathbf{R}$,由 $|m+n|\leqslant|m|+|n|$ 得 $\sqrt{(x+y)^2+(y+x)^2}\leqslant\sqrt{x^2+y^2}+\sqrt{y^2+x^2}$。将(4)和(5)代入上式得 $\sqrt{2(3-z)^2}\leqslant 2\sqrt{3-z^2}$,即 $(z-1)^2\leqslant 0$。以下从略。

分析六:由于 $x^2+y^2+z^2=\frac{1}{3}(x^2+y^2+z^2)(1^2+1^2+1^2)$,于是联想到柯西不等式。

解法六：由(1)和(2)及柯西不等式得

$3=x^2+y^2+z^2=\dfrac{1}{3}(x^2+y^2+z^2)(1^2+1^2+1^2)\geqslant\dfrac{1}{3}(1\cdot x+1\cdot y+1\cdot z)^2=$ $\dfrac{1}{3}(x+y+z)^2=\dfrac{1}{3}\cdot 3^2=3$，等号成立的条件是 $\dfrac{1}{x}=\dfrac{1}{y}=\dfrac{1}{z}$。再由(1)得 $x=y=z=1$，它也适合(3)。故原方程组有唯一实数解。

分析七：联想到求满足一个等式的多个元素和的非负数方法，直接求解。

解法七：(2)$-$(1)$\times 2$ 得 $(x-1)^2+(y-1)^2+(z-1)^2=0$，解之得 $x=y=z=1$，它也适合(3)。故原方程组有唯一实数解。

例 2-18　求联立方程组 $x+2y+3z+4w=30$，$x^2+y^2+z^2+w^2=30$ 的所有实数解，并说明不再存在其他实数解。

分析：这是一个四元二次方程组，只有两个方程，按照传统方法求解有一定难度。由方程组要联想到一个实数的完全平方为零，则这个实数必为零。

解：$x+2y+3z+4w=30$ 两边都乘以 -2 并与 $x^2+y^2+z^2+w^2=30$ 相加得：$(x-1)^2+(y-2)^2+(z-3)^2+(w-4)^2=0$，从而方程组只有一组解 $x=1$，$y=2$，$z=3$，$w=4$。

例 2-19　求证 $\lg 20\lg 50<\dfrac{9}{4}$。

解法一：联想到常见命题"已知 $x,y\in\mathbf{R}^+$（正实数），$x+y=s$，$xy=t$，若 s 是定值，则当且仅当 $x=y$ 时，t 有最大值 $\dfrac{s^2}{4}$。"由 $\lg 20+\lg 50=\lg 1000=3=s$ 得

$\lg 20\lg 50<\dfrac{s^2}{4}=\dfrac{9}{4}$（$\lg 20\neq\lg 50$）。

解法二：由 $\lg 20+\lg 50=3$ 联想到韦达定理，因而构造一元二次方程。

设 $\lg 20\lg 50=m$，因此 $\lg 20$，$\lg 50$ 是一元二次方程 $x^2-3x+m=0$ 的两个根，所以有 $\Delta=(-3)^2-4m>0$，即 $m<\dfrac{9}{4}$。故 $\lg 20\lg 50<\dfrac{9}{4}$。

解法三：由 $\lg 20\lg 50<\dfrac{9}{4}\Leftrightarrow 3^2-4\lg 20\lg 50>0$。

于是，联想到一元二次方程的判别式，因而构造一元二次方程 $(\lg 20)x^2-3x+\lg 50=0$。易知，$x=1$ 是方程的根但不是重根，所以 $3^2-4\lg 20\lg 50>0$，故 $\lg 20\lg 50<\dfrac{9}{4}$。

解法四：因为 $\lg 20>0$，$\lg 50>0$ 且 $\lg 20+\lg 50=3$，由此联想到不等式 $ab\leqslant\left(\dfrac{a+b}{2}\right)^2$（当且仅当 $a=b$ 时等号成立）。于是有 $\lg 20\lg 50<\left(\dfrac{\lg 20+\lg 50}{2}\right)^2=\dfrac{9}{4}$。

例 2-20　平面上三条直线 $l_1:x\cos 3\alpha+y\cos\alpha=a$，$l_2:x\cos 3\beta+y\cos\beta=a$，$l_3:x\cos 3\gamma+y\cos\gamma=a$ 相交于不在坐标轴上的一点，求证 $\cos\alpha+\cos\beta+\cos\gamma=0$。

证明：设三条直线过点 $P(x,y)$，$x\neq 0$，$y\neq 0$，根据化归原则，我们先把三倍角三角函数化为单角三角函数，则有 $x(4\cos^3\alpha-3\cos\alpha)+y\cos\alpha=a$，$x(4\cos^3\beta-3\cos\beta)+y\cos\beta=a$，$x(4\cos^3\gamma-3\cos\gamma)+y\cos\gamma=a$，由观察可知，三个表达式的结构完全相同，只是角 α,β,γ 不同。这样就很容易联想到一元三次方程 $x(4t^3-3t)+yt=a$，而 $\cos\alpha,\cos\beta,\cos\gamma$ 是方程

的三个根。把方程整理得：$4xt^3-(3x-y)t-a=0$，因为方程的二次项系数为零，于是由一元三次方程根与系数的关系得到：$\cos\alpha+\cos\beta+\cos\gamma=0$。

例 2-21 观察下列两个等式：$2+2=2\times2,1+2+3=1\times2\times3$，通过联想，是否有一般性结论？若有，试给出并证明之；若没有，请说明理由。

解：这两个等式的含义是两个正整数的和等于这两个正整数的积，三个正整数的和等于这三个正整数的积。一般性的结论是：是否对每个正整数 $n\geqslant2$，恒存在 n 个正整数 $a_1,a_2,\cdots,a_n$，使得 $a_1+a_2+\cdots+a_n=a_1a_2\cdots a_n$？

$n=2,3$ 时答案是已知的且是肯定的。当 $n\geqslant4$ 时，只要找到正整数 $a_1,a_2,\cdots,a_{n-1}$，使得 $a_n=\dfrac{a_1+a_2+\cdots+a_{n-1}}{a_1a_2\cdots a_{n-1}-1}$ 是正整数即可。为此，只要使上式的分母为 1 就行。取 $a_1=a_2=\cdots=a_{n-2}=1,a_{n-1}=2$，则 $a_n=n$，故 $a_1+a_2+\cdots+a_n=2n=a_1a_2\cdots a_n$。答案：有。

说明：在用化归法解题时，通常要遵循以下几个原则：(1)明确的目的性原则。如何实现题目的要求？这是解题策略的核心。(2)熟悉化原则。想办法把陌生的问题定向转化为与之相关的熟悉的问题。(3)简单化原则。应设法把复杂的问题转化为简单的问题。(4)具体化原则。尽可能使问题中各种概念以及概念之间的联系具体明确，把一般原理、一般规律应用到问题中去，把抽象的形式用具体的形式表示出来，以便揭示问题的本质。(5)和谐化原则。利用数学的特有性质，例如正与反、内与外、分与合等的和谐统一，进行恰当的调节，并建立必要的联系，以便问题的转化和解决。(6)分析问题的多面性原则。从多个侧面、多个角度对问题进行分析和思考，运用多方面的知识，得出多种方案，从中选择最佳的解题方法。

在具体解题过程中，还要注意以下几个方面：(1)抓住解题关键。每一个题目都有自己的解题关键，例如列方程解应用题关键在于寻找等量关系，正确布列方程；平面几何问题的关键在于添加辅助线，把已知条件与待证结论联系起来；立体几何问题的关键在于把空间问题转化为平面问题，用平面几何或平面向量去处理；结构灵活或题目抽象的问题的关键在于发掘并利用题目的隐含条件等。(2)总结解题规律。有些数学问题有相似的结构，这些问题的求解往往有规律可循，及时总结这些规律，将有助于活跃思维，丰富联想，增强自我意识，提高解题能力。例如选择题中的单选题，已经告诉我们只有一个正确答案，对于题干比较复杂的问题来说，直接求解往往费时费力，这时用排除法和赋值法是很有效的。(3)研究解题依据。数学中的定理、公式、性质、法则是解题的重要依据，有计划地研究这些依据的使用方法和应用范围，了解它们所解答的数学问题的特点，往往可以从寻找解题依据的角度，帮助我们发现解题的线索或思路。例如韦达定理就是一个重要的定理，它在代数、三角、几何中都有广泛的应用。在解题时，看到方程或方程组就设法把它(们)化为一元二次方程。(4)运用多种方法。同一道数学题往往可以从不同角度、通过不同途径去求解，从而得到不同的解题方法。这就需要充分运用学过的基础知识，调动一切解题手段，从各个不同侧面去探索解题途径。在这个过程中，会研究哪些途径可行，哪些方法简便，哪些方面具有普遍价值、值得推广等。这样，有助于激发求知欲，培养刻苦精神，进一步把握数学知识的内部联系，提高解题能力。(5)检验解题结果。一是检验有无不合题意的解，二是检验有无错解或漏解。熟悉检验方法，养成检验习惯，对于提高解题效果很有意义。

3 第3章
数学解题的典型方法

从宏观上说,数学的思想方法可划分为五个层次:一是从哲学层面来说,那些在数学发展史上起到重大作用的数学方法,如微积分方法、概率统计方法、计算方法等,它们决定一个学科的发展方向,是整个数学的基石,这部分数学方法可称为重大数学方法或宏观数学方法。二是与一般科学方法相对应的数学方法,如分析综合、归纳演绎、类比联想等,它们具有数学的特色,在数学问题的求解或证明的规范表达中起到重要作用。三是数学特有的方法,如数形结合、数学表示、关系映射反演等,它们在数学中广泛使用(也可以迁移到其他学科中),受到人们的高度重视。四是中学数学解题技巧,如简单化、形式化、等价变换等。这部分内容极其丰富,变化无穷,对中学数学教学和中学生的数学学习有重要的意义。五是中学数学中局部有用的特殊数学技巧,如因式分解的十字相乘法、解一元二次方程的配方法、直线方程的点斜式等。这部分方法往往与某一特定的数学内容相联系,没有广泛的意义。

第一种数学方法应该属于数学史和数学哲学的范畴,这里不谈这些,重点谈第二、第三和第四种数学方法。第五种数学方法会在具体的解题过程中体现,不单独讲解。

3.1 演绎法与归纳法

3.1.1 演绎法

演绎本意是推演铺陈,这里指从前提出发必然地得出结论的推理(推理是从一个或几个已知命题,得出另一个新命题的思维形式)。而演绎法是指从一般性的前提出发,通过推导(即演绎),得出具体陈述或个别结论的方法。它是由一般到特殊的推理方法,并与"归纳法"相对。用演绎法进行数学的逻辑推理或逻辑证明(根据某个或某些真实命题和已知概念,断定另一个命题的真实性的推理过程就称为证明)时,一般要有三步。第一步是凭直觉和经验设计问题解决的一般思路。例如,拿到一个数学问题,就会思考:从哪里寻找突破口?是用反证法还是用数学归纳法?第二步是将原问题化归为比较容易解决或者已经解决的新问题,找出化归的逻辑线索。这两步要靠数学直觉和数学创造,特别是化归,因此要掌握化归的策略与原则。第三步是运用逻辑,将问题解决的过程用规范的数学语言表达出来。这一步使用的是纯粹的逻辑方法。中学数学中的演绎逻辑推理主要包括如下九种:

(1)假言推理:若 p 真,且若 p 则 q,则 q 真。

(2)传递推理:若 p 则 q,且若 q 则 r,则若 p 则 r。

(3)否定肯定式:"若 p 则 q"真,且"若非 q"真,则"非 p"真。

(4)演绎定理:若由假设 p 及真语句 $q_1,q_2,\cdots,q_n$ 的集合,可推出 r,则由 $q_1,q_2,\cdots,q_n$ 可推出若 p 则 r。

(5)逆否命题法:若非 q 则非 p,则若 p 则 q。

(6)列举法:若 p_1 则 q,若 p_2 则 q,$\cdots$,若 p_n 则 q,那么若 $p_1\bigcup p_2\bigcup\cdots\bigcup p_n$,则 q。

(7)数学归纳法:若对自然数 1 有性质 p,且对每个自然数 k,若 k 有性质 p,则可推出 $k+1$ 有性质 p。

(8)举反例法:猜测 S 中所有元素都有性质 p,但是找到 S 中的元素 a 没有性质 p,则并非 S 中所有元素都有性质 p,即可以证明猜测是错误的。

(9)间接证明法:为了证明"若 p 则 q",假设由"p,非 q 真",能推出矛盾(r 与非 r 皆真),于是间接推出若 p 则 q。

演绎法用于数学问题求解或证明中的逻辑推理,常用"因为""所以","如果""那么","若""则"等词语。3.2 节和 3.3 节讲到的综合法、分析法、反证法等都是演绎法。这里仅举两个例子予以示范。

例 3-1 集合 $\left\{(x,y)\ \middle|\ \lg\left(x^3+\dfrac{y^3}{3}+\dfrac{1}{9}\right)=\lg x+\lg y\right\}$ 中的元素个数为多少个?

解:根据题意先确定 x,y 的取值范围:$x>0,y>0$。

因为 $\lg\left(x^3+\dfrac{y^3}{3}+\dfrac{1}{9}\right)=\lg x+\lg y$,所以 $x^3+\dfrac{y^3}{3}+\dfrac{1}{9}=xy$(演绎推理)。

由基本不等式 $a+b+c\geqslant 3\sqrt[3]{abc}$,$a>0,b>0,c>0$ 得 $x^3+\dfrac{y^3}{3}+\dfrac{1}{9}\geqslant 3\sqrt[3]{x^3\times\dfrac{y^3}{3}\times\dfrac{1}{9}}=xy$(演绎推理),

等号成立的条件是 $x^3=\dfrac{y^3}{3}=\dfrac{1}{9}$,即 $x=\sqrt[3]{\dfrac{1}{9}}$,$y=\sqrt[3]{\dfrac{1}{3}}$。故该集合有一个元素。

说明:用演绎法进行推理就好比顺水推舟,在"因为"与"所以"中把问题解决。

例 3-2 已知函数 $f(x)=x^2+ax+b(a,b\in\mathbf{R})$,且 $A=\{x\,|\,x=f(x),x\in\mathbf{R}\}$,$B=\{x\,|\,x=f(f(x)),x\in\mathbf{R}\}$。(1)当 $A=\{-1,3\}$ 时,求 B;(2)试分析 A 与 B 的关系。

解:(1)根据题意 $A=\{-1,3\}$,所以 $x^2+(a-1)x+b=(x+1)(x-3)$,比较 x 的同次幂系数得 $a=-1,b=-3$,于是 $f(x)=x^2-x-3$。

从而 $x=f(f(x))=f^2(x)-f(x)-3=(x^2-x-3)^2-(x^2-x-3)-3$(演绎推理),即 $x^4-2x^3-6x^2+6x+9=0$,因式分解得(解题技巧)$(x+1)(x-3)(x^2-3)=0$,解之得到 $x=-1,3,-\sqrt{3},\sqrt{3}$。故 $B=\{-1,3,-\sqrt{3},\sqrt{3}\}$。

(2)因为 $x=f(f(x))=f^2(x)+af(x)+b$,所以 $f^2(x)+af(x)+b-x=0$,把上式转化为(解题技巧)$[f(x)-x][f(x)+x]+a[f(x)-x]+x^2+(a-1)x+b=0$,即 $[f(x)-x][f(x)+x+a+1]=0$。

所以,由 $x=f(x)$,即 $f(x)-x=0$,一定可以得到 $x=f(f(x))$(演绎推理),从而有 $A\subseteq B$。

说明：用演绎法进行推理，要对已知条件和每一步推出的新结论有足够的把握，有时在进行演绎推理时，就像绕圈，在不断变换中寻找需要的结论，自己要能绕出来。

3.1.2　归纳法

归纳法是根据一类事物的部分对象具有某种性质，推出这类事物的所有对象都具有这种性质的推理方法。归纳法是从特殊到一般的方法，它属于合情推理，包括完全归纳法和不完全归纳法。

完全归纳法是通过考察适合论题条件的一切可能情形（分类讨论），从而确定论题真实性的证明方法或解题方法。在用完全归纳法证明时，要注意不遗漏、不重复。例如，当证明圆周角的度数等于它所对弧的度数的一半时，通常是考察圆心在圆周角的一条边上、在圆周角的内部、在圆周角的外部三种特殊情况而推出一般性结论的，这三种情况包括了所有可能的情况。

不完全归纳法是通过考察适合论题条件的部分情形或特殊情形，从而探索论题真实性的证明方法或解题方法。它不能作为严格的数学方法，但可以通过特殊情形或部分情形的分析，为我们探索解题线索、未知问题的结果（猜想）或证题思路。例如，我们可能碰巧发现 $1^3 = 1 = 1^2$，$1^3 + 2^3 = 9 = (1+2)^2$，$1^3 + 2^3 + 3^3 = (1+2+3)^2$，…，于是，会用不完全归纳法得出一般性结论：$1^3 + 2^3 + \cdots + n^3 = (1+2+\cdots+n)^2 = \left[\dfrac{n(n+1)}{2}\right]^2$。这个一般性结论正确与否还必须用严格的数学方法（例如数学归纳法）来证明。归纳法在 2.2.3 节已详细讲述，这里不再举例。

3.2　分析法与综合法

分析法是指从要证明（或求解）的结论出发，逐步寻求使它成立的充分条件，直到归结为判定一个显然成立的条件（包括已知、定义、公理、定理、性质、法则等）为止，从而证明论点的正确性、合理性的论证方法，也称为因果分析法、逆推法或执果索因法。其常用"要证""只需证"作为连接词。

综合法是从条件出发，逐步经过逻辑推理（实际上是寻找它成立的必要条件），最后达到待求或待证结论的方法。其特点或思路是执因索果。常用"因为""所以"作为连接词。

分析法的优点是便于思考，方向明确，思路自然。但书写表达时往往叙述繁琐、文辞冗长，初学者不易于掌握。综合法则正好相反，由"已知"推"未知"，一下找到思路有点难度，其推演过程枝节横生，不易奏效。但一旦有了思路，表达简便清晰。因此，分析法与综合法常常被联合使用，即用分析法找思路，用综合法写证明。当然，两种方法都可以单独使用。我们举例如下。

例 3-3　设 $a, b \in \mathbf{R}^+$ 且 $a \neq b$，求证 $a^3 + b^3 > a^2 b + ab^2$。

证法一：用分析法。

要证 $a^3 + b^3 > a^2 b + ab^2$ 成立，只需证 $(a+b)(a^2 - ab + b^2) > ab(a+b)$ 成立，即证 $a^2 - ab + b^2 > ab$ 成立（因为 $a+b > 0$），只需证 $a^2 - 2ab + b^2 > 0$ 成立，即证 $(a-b)^2 > 0$。因为 $a \neq b$，所以 $(a-b)^2 > 0$ 显然成立。由此命题得证。

证法二:用综合法。

因为 $a\neq b$,所以 $a-b\neq 0$。又因为 $(a-b)^2>0$,即 $a^2-2ab+b^2>0$,亦即 $a^2-ab+b^2>ab$。又 $a,b\in\mathbf{R}^+$,从而 $a+b>0$,所以 $(a+b)(a^2-ab+b^2)>ab(a+b)$,即 $a^3+b^3>a^2b+ab^2$。

说明:在实际解题的过程中,往往习惯于用分析法找思路,用综合法写证明,甚至交叉使用,融合在一起。

例 3-4　设 $a\in\mathbf{R}$,且一元二次方程 $4x^2-2ax+2a-3=0$ 没有实根,求证 $\sqrt{a^2+4a+4}+\sqrt{a^2-12a+36}=8$。

分析:先从结论出发进行化归(分析的思路),因为 $\sqrt{a^2+4a+4}+\sqrt{a^2-12a+36}=|a+2|+|a-6|$。于是,找到解题的关键是确定 a 的范围,去掉绝对值。

再从条件出发(综合的思路),因为 $a\in\mathbf{R}$,且一元二次方程 $4x^2-2ax+2a-3=0$ 没有实根,所以其判别式小于零,由此可探明 a 的范围。这样,与上面的分析结合起来,就可以证该题。

证明:因为方程 $4x^2-2ax+2a-3=0$ 没有实根,所以 $\Delta=(-2a)^2-4\cdot 4(2a-3)<0$,即 $a^2-8a+12<0$,解之得 $2<a<6$。

从而 $\sqrt{a^2+4a+4}+\sqrt{a^2-12a+36}=|a+2|+|a-6|=(a+2)+(6-a)=8$。

例 3-5　若 $\triangle ABC$ 的内角度数 A,B,C 成等差数列,求证 $\dfrac{1}{\sin A+\sin B}+\dfrac{1}{\sin B+\sin C}=\dfrac{3}{\sin A+\sin B+\sin C}$。

证明:由条件知道 $B=60°$(综合法思路),再由正弦定理,要证

$$\frac{1}{\sin A+\sin B}+\frac{1}{\sin B+\sin C}=\frac{3}{\sin A+\sin B+\sin C},$$

只需证(分析的思路)$\dfrac{1}{a+b}+\dfrac{1}{b+c}=\dfrac{3}{a+b+c}$,即证 $\dfrac{a+b+c}{a+b}+\dfrac{a+b+c}{b+c}=3$,亦即 $\dfrac{c}{a+b}+\dfrac{a}{b+c}=1$。

通分去分母得 $a^2+c^2+ab+bc=ab+b^2+ac+bc$,即只需证 $b^2=a^2+c^2-ac$(分析法思路)。由余弦定理 $b^2=a^2+c^2-2ac\cos 60°$(综合法思路),所以 $b^2=a^2+c^2-ac$ 成立,故命题得证。

3.3　直接法与间接法

直接法是从命题的条件出发,根据已知的公理、定义、定理或命题,直接推断命题真实性的证明方法。如演绎法、归纳法、综合法都是直接法。这里不再举例。

间接法是指不是从正面推断命题的真实性,而是证明它的反命题为假或证明它的等价命题为真,间接地达到证明目的的方法,它包括反证法和同一法。

3.3.1　反证法

反证法就是肯定题设而否定结论,经过推理导出矛盾,从而证明原命题正确的证明方法。一般分为如下几个步骤:(1)分清命题"若 p 则 q"的条件与结论;(2)作出与命题结论 q 相矛盾的假设 $\bar{q}$(非 q);(3)由条件 p 和假定 $\bar{q}$ 出发,应用正确的推理方法,推出矛盾的

结果;(4)判断产生矛盾结果的原因在于假定$\bar{q}$不正确,于是得出结论:原命题结论正确。

通常在下列三种情况下比较适合使用反证法:(1)某些起始命题。由于最初建立的仅仅是数量不多的公理和定义,所以对于某些起始的性质和定理,常常难以用直接法找到证明的论据。此时,可以考虑用反证法。(2)否定性命题。命题的结论以没有、不是、不能、不存在等否定形式出现的,直接法不容易入手,可以考虑用反证法。(3)唯一性命题。命题的结论以只有一个、唯一存在等形式出现的,可以尝试用反证法,假设有两个,进而推出矛盾。(4)存在性命题。命题的结论以至少存在、至多等形式出现的,直接证明也不方便,可以考虑用反证法。

反证法主要是设法推出矛盾,这里所说的矛盾有很多类型,分别举例如下。

例 3-6　(推出的结果与已知事实矛盾)证明任何三个实数都不可能同时满足下列三个不等式:$|x|<|y-z|$,$|y|<|z-x|$,$|z|<|x-y|$。

证明:用反证法。假定存在三个实数 x,y,z 同时满足上述三个不等式,两端平方并整理得$(x-y+z)(x+y-z)<0$,$(y-z+x)(y+z-x)<0$,$(z-x+y)(z+x-y)<0$,把上面三个表达式相乘得$(x-y+z)^2(x+y-z)^2(y+z-x)^2<0$,矛盾。故原命题成立。

例 3-7　(推出的结果与已知公理矛盾)两条直线相交,只有一个交点。

已知 a,b 为相交两直线,求证 a,b 只有一个交点。

证明:用反证法。假定直线 a,b 不只有一个交点,则至少交于两点。设这两个交点为 A,B,则直线 a,b 都通过 A,B 两点,即经过 A,B 两点可以作两条直线 a,b。这与已知公理"过两点有且只有一条直线"相矛盾。故原命题成立。

例 3-8　(推出的结果与已知定义矛盾)已知 a,b 是两异面直线,点 A_1,A_2 在直线 a 上,点 B_1,B_2 在直线 b 上,求证 A_1B_1,A_2B_2 也是异面直线。

证明:用反证法。假定 A_1B_1,A_2B_2 不是异面直线,则它们必然位于同一个平面 α 上。从而,$A_1,A_2\in\alpha,B_1,B_2\in\alpha$,即 $a,b\in\alpha$。

也就是说,异面直线 a,b 在同一个平面内。这与异面直线的定义矛盾。故 A_1B_1,A_2B_2 也是异面直线。

例 3-9　(推出的结果与已知定理矛盾)在△ABC 的三边 AB,BC,CA 上,分别取三点 D,E,F(不与顶点重合),d_0,d_1,d_2,d_3 分别表示△DEF,△ADF,△BDE,△CFE 的最长边的长。求证 $d_0\geqslant\dfrac{\sqrt{3}}{2}\min(d_1,d_2,d_3)$。

证明:用反证法。假定在△ABC 的三边 AB,BC,CA 上,分别存在三点 D,E,F(不与顶点重合),使得下列不等式成立:$d_0<\dfrac{\sqrt{3}}{2}\min(d_1,d_2,d_3)$。

如图,考察△ADF,因为 $d_0<\dfrac{\sqrt{3}}{2}d_1<d_1$,于是 DF 不是△ADF 的最长边长,因此∠A 是锐角。为确定起见,不妨设 AD 是△ADF 的最长边,记 DH 是由△ADF 的顶点 D 所作的高,则有 $DH=AD\sin A=d_1\sin A$。

因为 $DH\leqslant DF\leqslant d_0<\dfrac{\sqrt{3}}{2}d_1$,所以 $d_1\sin A<\dfrac{\sqrt{3}}{2}d_1$,从而

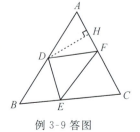

例 3-9 答图

$\sin A < \frac{\sqrt{3}}{2}$。又 $\angle A$ 是锐角,所以 $A < 60°$。

同理可证,$B < 60°$,$C < 60°$,于是有 $A + B + C < 180°$。这与三角形内角和定理矛盾。

所以,在 $\triangle ABC$ 的三边 AB,BC,CA 上,分别取三点 D,E,F(不与顶点重合),总有 $d_0 \geqslant \frac{\sqrt{3}}{2} \min(d_1, d_2, d_3)$。

例 3-10　(推出的结果与已知条件矛盾)证明单调函数 $y = x^3$ 的反函数 $y = \sqrt[3]{x}$ 也是单调函数。

证明: 用反证法。假定存在 $x_1, x_2 \in \mathbf{R}$,$x_1 > x_2$,有 $\sqrt[3]{x_1} = \sqrt[3]{x_2}$ 或 $\sqrt[3]{x_1} < \sqrt[3]{x_2}$。若 $\sqrt[3]{x_1} = \sqrt[3]{x_2}$,则有 $(\sqrt[3]{x_1})^3 = (\sqrt[3]{x_2})^3$,即 $x_1 = x_2$。这与假设 $x_1 > x_2$ 矛盾。若 $\sqrt[3]{x_1} < \sqrt[3]{x_2}$,则有 $(\sqrt[3]{x_1})^3 < (\sqrt[3]{x_2})^3$,即 $x_1 < x_2$。这也与假设 $x_1 > x_2$ 矛盾。

所以对任意的 $x_1, x_2 \in \mathbf{R}$,$x_1 > x_2$,有 $\sqrt[3]{x_1} > \sqrt[3]{x_2}$ 成立,即单调函数 $y = x^3$ 的反函数 $y = \sqrt[3]{x}$ 也是单调函数。

例 3-11　(推出的结果与临时假设矛盾)证明不可能找到三个相异的复数,使其中任意一个的平方都等于其他两数的和。

证明: 用反证法。假定存在三个相异的复数 a_1, a_2, a_3 满足

$$\begin{cases} a_1^2 = a_2 + a_3 & (1) \\ a_2^2 = a_3 + a_1, & (2) \\ a_3^2 = a_1 + a_2 & (3) \end{cases}$$

(1)减(3)得:$a_1^2 - a_3^2 + a_1 - a_3 = 0$,即 $(a_1 - a_3)(a_1 + a_3 + 1) = 0$。

因为 $a_1 \neq a_3$,所以 $a_1 + a_3 = -1$。将这个关系代入(2)得到 $a_2^2 = -1$,从而 $a_2 = \pm \mathrm{i}$。

当 $a_2 = \mathrm{i}$ 时,代入(1)和(2)得 $\begin{cases} a_1^2 = \mathrm{i} + a_3 & (4) \\ -1 = a_3 + a_1, & (5) \end{cases}$

(4)减(5)得 $a_1^2 + a_1 + 1 - \mathrm{i} = 0$。解之得 $a_1 = \mathrm{i}$(舍),$a_1 = -1 - \mathrm{i}$。把 a_1 代入(5)得到 $a_3 = \mathrm{i} = a_2$,此与假设矛盾。当 $a_2 = -\mathrm{i}$ 时,同理可证,也与假设矛盾。

因此,假设不成立,从而原命题成立。

例 3-12　(推出两个互相矛盾的结果)如果一个三角形的两个内角的平分线相等,那么这个三角形是等腰三角形。

已知在 $\triangle ABC$ 中,内角平分线 $BF = CE$。求证 $AB = AC$。

证明: 用反证法。假定 $AB \neq AC$,那么 $AB > AC$ 或 $AB < AC$。

若 $AB > AC$。如图,过 E,F 分别引直线 $EG \parallel BF$,$FG \parallel BA$,两直线相交于点 G。

则四边形 $BFGE$ 为平行四边形,所以 $BE = FG$,$\angle EBF = \angle EGF$,$EG = BF = EC$。

分别用 α,β 表示 $\angle ABC$,$\angle ACB$ 的一半,分别用 α',β' 表示 $\angle FGC$,$\angle FCG$,则有

$\alpha + \alpha' = \beta + \beta'$。

由假设 $AB > AC$,所以 $\alpha < \beta$,从而 $\alpha' > \beta'$。于是,在 $\triangle GFC$

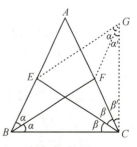

例 3-12 答图

中,$FG<CF$。但是,在 $\triangle CBE$ 与 $\triangle BCF$ 中,$BC=CB$,$BF=CE$,$\alpha<\beta$,所以 $BE>CF$,矛盾。从而 $AB>AC$ 的假定是错误的。

同理可证 $AB<AC$ 的假定是错误的。故 $AB=AC$。

说明:在前面的例子反证中,与原命题结论相矛盾的情况只有一种,只需把这种情况否定即可。有的例子的反证中,与原命题结论相矛盾的情况不止一种,需要把它们逐一否定,命题才能得证。通常把前一种方法叫简单归谬法,后一种方法称为穷举归谬法。反证法与直接法是密切联系的,它们常常结合在一起使用。

3.3.2 同一法

如果一个命题的题设和结论都是唯一存在时,那么它和它的逆命题是等价的。这一原理称为同一原理。例如,等腰三角形顶角平分线是底边上的高。该命题是真命题。其逆命题为等腰三角形底边上的高是顶角平分线,也是真命题。因为在等腰三角形这一前提下,顶角平分线和底边上的高都是唯一的,所以互逆的两个命题是等效的。

同一法就是对于符合同一原理的命题,当直接证明有困难时,可以改证与它等效的逆命题,只要它的逆命题正确,这个命题就正确。这种证题方法称为同一法。它常在几何命题的证明中使用。

用同一法证明几何问题的一般步骤是:(1)不从已知条件入手,而是作出符合结论特性的图形(假设命题的结论成立);(2)证明所作的图形符合已知条件(证明它符合原题设);(3)推证出所作图形与已知图形为同一图形(通过证明逆命题成立来间接证明原命题成立)。

例 3-13 三角形两边中点的连线平行第三边。

已知在 $\triangle ABC$ 中,$AD=DB$,$AE=EC$,求证 $DE \parallel BC$。

分析:DE 是 $\triangle ABC$ 的中位线,它是唯一存在的。过 D 平行于 BC 的直线也是唯一存在的。符合同一原理,可以用同一法。

证明:过 D 作 BC 的平行线,交 AC 与点 E'。因为 $AD=DB$,$DE' \parallel BC$。

于是,$AE'=E'C$,即 E' 是 AC 的中点。由线段中点的唯一性知,E' 与 E 必重合,从而 $DE'=DE$,即 $DE \parallel BC$。

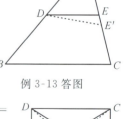

例 3-13 答图

例 3-14 已知 E 是正方形 $ABCD$ 内部的一点,$\angle ECD=\angle EDC=15°$。求证 $\triangle EAB$ 是等边三角形。

分析:正方形 $ABCD$ 内部使 $\angle ECD=\angle EDC=15°$ 的一点是唯一存在的。同样,正方形 $ABCD$ 内部以 AB 为边的正三角形也是唯一存在的。符合同一原理,可以用同一法。

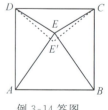

例 3-14 答图

证明:以 AB 为边在正方形 $ABCD$ 内部作正三角形 $E'AB$,连接 $E'C$,$E'D$。

因为 $E'A=E'B=AB=DA=CB$,所以 $\angle CBE'=90°-60°=30°$,$\angle BCE'=(180°-30°)/2=75°$。

所以,$\angle E'CD=90°-75°=15°$。同理可证 $\angle E'DC=90°-75°=15°$,即 E' 与 E 为同一点。故 $\triangle EAB$ 是等边三角形。

说明：同一法与反证法都属于间接证明方法，但它们的使用范围是不同的。同一法只适用于符合同一原理的命题，反证法使用范围则更广。能够用同一法证明的命题，都可以用反证法来证明（只是表述方式不同而已），反之不成立。

3.4　数学归纳法

数学归纳法有多种形式，包括第一数学归纳法、第二数学归纳法、反向归纳法和二重归纳法等。中学范围内常用第一数学归纳法，偶尔也用到第二数学归纳法。

数学归纳法虽然有归纳两字，但它不是归纳法，它是一种严格的逻辑证明方法，属于递归推理。一般来说，凡与自然数有关的命题，原则上都可以尝试用数学归纳法证明。

3.4.1　第一数学归纳法

设 $p(n)$ 是一个含有自然数 n 的命题。(1)如果 $p(n)$ 当 $n=1$ 时成立；(2)在假设 $p(k)$，$k \geqslant 1$，$k \in \mathbf{N}_+$ 成立的情况下，可以证明 $p(k+1)$ 成立。那么，$p(n)$ 对所有自然数 $n \in \mathbf{N}_+$ 都成立。

第一数学归纳法的依据是数学家皮亚诺(Giuseppe Peano,意大利,1858—1932)的归纳公理：(1)存在自然数 $0 \in \mathbf{N}$；(2)每个自然数 a 都有一个后继元素 a'，如果 a' 是 a 的后继元素，那么 a 叫作 a' 的生成元素；(3)自然数 0 没有生成元素；(4)如果 $a'=b'$，则 $a=b$；(5)对于自然数集 N 的一个子集 M，如果 M 含有元素 0，并且 M 内含有每个元素的后继元素，则 $M=N$。

数学归纳法第一步是基础（归纳奠基），第二步是关键（归纳递推），两者缺一不可。在具体解题过程中，有时 n 不一定从 1 开始，有的是从 0 开始，有的是从 2 开始，都是可以的。数学归纳法的难点都在递推这一步，有时技巧性很强。为了比较好地理解数学归纳法，有人把它比作攀登天梯，"$p(n)$ 当 $n=1$ 时成立"表示登上了天梯的第一级，而"由成立 $p(k)$ 就可推出成立 $p(k+1)$"相当于有能力从梯子的任何一级登上更高的一级。同时具备这两条，我们当然就能够达到天梯的任何一级。

说明：(1)数学归纳法的两步，缺一不可。例如，设 $f(n)=(n^2-5n+5)^2$，$n \in \mathbf{N}_+$，容易变形为 $f(n)=(n^2-5n+5)^2=(n-1)(n-2)(n-3)(n-4)+1$，所以 $f(1)=1$，如果没有第二步，我们可以下结论 $f(n)=1$，$n \in \mathbf{N}_+$。但 $f(5) \neq 1$，这个结论是错误的。出现错误的原因就在于缺乏归纳递推这一步。

再如，证明 $2+4+6+\cdots+2n=n^2+n+1$。如果没有归纳奠基这一步，我们直接假设 $n=k$ 时，命题成立，即 $2+4+6+\cdots+2k=k^2+k+1$，则当 $n=k+1$ 时，因为

$2+4+6+\cdots+2k+2(k+1)=k^2+k+1+2(k+1)=(k+1)^2+(k+1)+1$，

即当 $n=k+1$ 时命题成立，所以，对所有 $n \in \mathbf{N}_+$，命题成立。

事实上，容易计算 $2+4+6+\cdots+2n=n^2+n \neq n^2+n+1$。出错的原因就在于忽略了归纳奠基。

(2)数学归纳法必须用于明确的数学概念，不能用于日常生活的模糊概念。譬如"高""矮""胖""瘦"等模糊概念。这里举一个例子，看看数学归纳法用于模糊概念时，会得出什么荒谬的结论。（只是说明问题，没有取笑别人的意思，请不要误会）

试证：每个人都是秃子。（此时，会有人下意识地摸摸自己的头，感觉到自己不是秃子。但数学归纳法可以证明你就是秃子！）

证明：用数学归纳法，对头发的根数进行数学归纳。

$n=1$ 时，命题显然成立（只长着一根头发的人肯定是秃子）。

假设 $n=k$ 时，命题成立。即假设一个人已经有 k 根头发，被称为秃子。则当 $n=k+1$ 时，也就是在刚才有 k 根头发的秃子头上，再长出一根头发，显然还是秃子！（否则，秃头太好治了），即 $n=k+1$ 时命题成立。从而对任意的 $n\in\mathbf{N}_+$，命题都成立。

由于每个人头上的头发根数都是有限的，所以每个人都是秃子。

出现上述错误的原因在于"秃子"是个模糊概念，到底有 3 根头发叫秃子，还是 100 根头发叫秃子，没有明确定义。下面我们举例来说明如何用数学归纳法证题。

例 3-15 数列 $\{a_n\}$ 满足 $a_1=\dfrac{1}{2}$，$\sum\limits_{k=1}^{n}a_k=n^2a_n(n\geqslant 1)$，试探索 a_n 的通项公式并证之。

分析：因为 $a_1=\dfrac{1}{2}$，又 $a_1+a_2=4a_2$，所以 $a_2=\dfrac{1}{6}$。再由 $a_1+a_2+a_3=9a_3$ 得，$a_3=\dfrac{1}{12}$。猜测 $a_n=\dfrac{1}{n(n+1)}$。

证明：用数学归纳法。$n=1$ 时，命题显然成立。

假设 $n=k$ 时，命题成立，即 $a_k=\dfrac{1}{k(k+1)}$，$k\in\mathbf{N}_+$，则当 $n=k+1$ 时，因为 $\sum\limits_{i=1}^{k}a_i=k^2a_k$，$\sum\limits_{i=1}^{k+1}a_i=(k+1)^2a_{k+1}$，两式相减得 $a_{k+1}=(k+1)^2a_{k+1}-k^2a_k$。

由归纳假设 $a_k=\dfrac{1}{k(k+1)}$，$k\in\mathbf{N}_+$，所以 $a_{k+1}=\dfrac{1}{(k+1)(k+2)}$，$k\in\mathbf{N}_+$，即当 $n=k+1$ 时命题成立。故原命题成立。

例 3-16 已知 $a_1,a_2,\cdots,a_n$ 为实数，如果它们中任意两数之和为非负数，那么对于任意非负实数 $x_1,x_2,\cdots,x_n$ 满足 $x_1+x_2+\cdots+x_n=1$，不等式 $a_1x_1+a_2x_2+\cdots+a_nx_n\geqslant a_1x_1^2+a_2x_2^2+\cdots+a_nx_n^2$ 成立。

证明：用数学归纳法。$n=1$ 时，命题显然成立。

假设 $n=k$ 时，命题成立，即如果 $a_1,a_2,\cdots,a_k$ 为实数，$a_i+a_j\geqslant 0(1\leqslant i<j\leqslant k)$，对任意非负实数 $x_1,x_2,\cdots,x_k$ 满足 $x_1+x_2+\cdots+x_k=1$，那么不等式 $a_1x_1+a_2x_2+\cdots+a_kx_k\geqslant a_1x_1^2+a_2x_2^2+\cdots+a_kx_k^2$ 成立。

则当 $n=k+1$ 时，与 $n=k$ 时相比，条件和结论都发生了变化，关键是把 $n=k+1$ 时的情形化归为 $n=k$ 时的情形。

因为非负实数 $x_1,x_2,\cdots,x_k$ 满足 $x_1+x_2+\cdots+x_k=1$，令 $x'_k=x_k+x_{k+1}\geqslant 0$，$a'_k=\dfrac{a_kx_k+a_{k+1}x_{k+1}}{x_k+x_{k+1}}$（技巧，当 $x'_k=x_k+x_{k+1}=0$ 时的情形很简单，就统一用上述表达式，不再分开说明）则非负实数 $x_1,x_2,\cdots,x_{k-1},x'_k$ 满足 $x_1+x_2+\cdots+x_{k-1}+x'_k=1$，且 $a_i+a'_k=a_i+\dfrac{a_kx_k+a_{k+1}x_{k+1}}{x_k+x_{k+1}}=\dfrac{(a_i+a_k)x_k+(a_i+a_{k+1})x_{k+1}}{x_k+x_{k+1}}\geqslant 0(1\leqslant i\leqslant k)$，这样，实数 $a_1,a_2,\cdots,a'_k$ 满足任意两数之和为非负数，由归纳假设可得

$$a_1x_1+a_2x_2+\cdots+a'_kx'_k \geqslant a_1x_1^2+a_2x_2^2+\cdots+a'_kx'^2_k$$

$$=a_1x_1^2+a_2x_2^2+\cdots+\frac{a_kx_k+a_{k+1}x_{k+1}}{x_k+x_{k+1}}(x_k+x_{k+1})^2$$

$$=a_1x_1^2+a_2x_2^2+\cdots+a_kx_k^2+a_{k+1}x_{k+1}^2+(a_k+a_{k+1})x_kx_{k+1},$$

又 $(a_k+a_{k+1})x_kx_{k+1}\geqslant0$，而 $a_1x_1+a_2x_2+\cdots+a'_kx'_k=a_1x_1+a_2x_2+\cdots+a_kx_k+a_{k+1}x_{k+1}$，所以 $a_1x_1+a_2x_2+\cdots+a_kx_k+a_{k+1}x_{k+1}\geqslant a_1x_1^2+a_2x_2^2+\cdots+a_kx_k^2+a_{k+1}x_{k+1}^2$，即当 $n=k+1$ 时命题成立。故原命题成立。

例 3-17　若 $a>0,a\neq1,n\in\mathbf{N}_+$，求证 $\dfrac{a^{2n+2}-1}{a^{2n+1}-a}>\dfrac{n+1}{n}$。

证明：用数学归纳法。记 $A_n=\dfrac{a^{2n+2}-1}{a^{2n+1}-a}$。

$n=1$ 时，因为 $a>0,a\neq1$，所以 $A_1=\dfrac{a^4-1}{a^3-a}=a+\dfrac{1}{a}>2\sqrt{a\cdot\dfrac{1}{a}}=2$ 命题显然成立。

假设 $n=k(k\geqslant1)$ 时，命题成立，即 $A_k=\dfrac{a^{2k+2}-1}{a^{2k+1}-a}>\dfrac{k+1}{k}$。则当 $n=k+1$ 时，由于

$A_{k+1}=\dfrac{a^{2k+4}-1}{a^{2k+3}-a}=\dfrac{a^{2k+4}-1}{a(a^{2k+2}-1)}$ 的分母与 A_k 的分子非常接近，我们把归纳假设写成

$\dfrac{a(a^{2k}-1)}{a^{2k+2}-1}<\dfrac{k}{k+1}$，即 $-\dfrac{a(a^{2k}-1)}{a^{2k+2}-1}>-\dfrac{k}{k+1}$，

于是 $A_{k+1}=\dfrac{a^{2k+4}-1}{a^{2k+3}-a}=\dfrac{a^2\cdot a^{2k+2}-1}{a(a^{2k+2}-1)}=\dfrac{a^2\cdot(a^{2k+2}-1)+(a^{2k+2}-1)+(a^2-a^{2k+2})}{a(a^{2k+2}-1)}$

$$=a+\dfrac{1}{a}-\dfrac{a(a^{2k}-1)}{a^{2k+2}-1}>2-\dfrac{k}{k+1}=\dfrac{k+2}{k+1}=\dfrac{(k+1)+1}{k+1},$$

即 $n=k+1$ 时命题成立。故命题得证。

例 3-18　试证 $(3n+1)\cdot7^n-1$ 能被 9 整除，$n\in\mathbf{N}_+$。

证明：用数学归纳法。记 $f(n)=(3n+1)\cdot7^n-1$。$n=1$ 时，命题显然成立。

假设 $n=k$ 时，命题成立，即 $f(k)=(3k+1)\cdot7^k-1$ 能被 9 整除。则当 $n=k+1$ 时 $f(k+1)=(3k+4)\cdot7^{k+1}-1=7[(3k+1)\cdot7^k-1]+3(7^{k+1}+2)=7f(k)+3(7^{k+1}+2)$，由归纳假设知，要证明 $9\,|\,f(k)$，只需证明 $9\,|\,3(7^{k+1}+2)$，即 $3\,|\,(7^{k+1}+2)$。

下面再用数学归纳法证明 $3\,|\,(7^{k+1}+2)$，$k\in\mathbf{N}_+$。$k=1$ 时，命题显然成立。

假设 $k=s$ 时，命题成立，即 $3\,|\,(7^{s+1}+2)$，$s\in\mathbf{N}_+$ 能被 3 整除。则当 $k=s+1$ 时，因为 $7^{s+2}+2=6\cdot7^{s+1}+(7^{s+1}+2)$，利用归纳假设知 $k=s+1$ 命题成立。所以 $3\,|\,(7^{k+1}+2)$。从而当 $n=k+1$ 时，命题成立。故原命题成立。

说明：本题用了归纳法中套归纳法的方法。在证明 $n=k+1$ 时，可用 $f(k+1)-f(k)=9(2k+3)\cdot7^k$，显然能被 3 整除；还可以用二项式定理，$7^{s+1}+2=(6+1)^{k+1}+2=6t+3$，$t\in\mathbf{N}$，从而能被 3 整除。

例 3-19　若 $n\in\mathbf{Z}$，求证 $p(n)=\dfrac{n^5}{5}+\dfrac{n^4}{2}+\dfrac{n^3}{3}-\dfrac{n}{30}\in\mathbf{Z}$。

证明：用（双向递推）数学归纳法。(1) 当 $n\in\mathbf{N}_+$ 时，用数学归纳法。（顺向递推）$n=1$ 时，$p(1)=\dfrac{1}{5}+\dfrac{1}{2}+\dfrac{1}{3}-\dfrac{1}{30}=1\in\mathbf{Z}$。

假设 $n=k(k\geqslant1)$ 时，命题成立，即 $p(k)=\dfrac{k^5}{5}+\dfrac{k^4}{2}+\dfrac{k^3}{3}-\dfrac{k}{30}\in\mathbf{Z}$。则当 $n=k+1$ 时有，

$$p(k+1) = \frac{(k+1)^5}{5} + \frac{(k+1)^4}{2} + \frac{(k+1)^3}{3} - \frac{k+1}{30}$$

$$= \frac{k^5 + 5k^4 + 10k^3 + 10k^2 + 5k + 1}{5} + \frac{k^4 + 4k^3 + 6k^2 + 4k + 1}{2} + \frac{k^3 + 3k^2 + 3k + 1}{3} - \frac{k+1}{30}$$

$$= \left(\frac{k^5}{5} + \frac{k^4}{2} + \frac{k^3}{3} - \frac{k}{30} \right) + (k^4 + 4k^3 + 6k^2 + 4k) + \left(\frac{1}{5} + \frac{1}{2} + \frac{1}{3} - \frac{1}{30} \right)$$

$$= p(k) + (k^4 + 4k^3 + 6k^2 + 4k) + 1 \in \mathbf{Z},$$

即 $n = k+1$ 时命题成立。故对于一切正整数命题成立。

(2)当 n 是非负整数时，用数学归纳法。（逆向递推）$n = 0$ 时，$p(0) = 0 \in \mathbf{Z}$。

假设 $n = k (k \leqslant 0)$ 时，命题成立，即 $p(k) = \frac{k^5}{5} + \frac{k^4}{2} + \frac{k^3}{3} - \frac{k}{30} \in \mathbf{Z}$，则 $n = k-1$ 时有，

$$p(k-1) = \frac{(k-1)^5}{5} + \frac{(k-1)^4}{2} + \frac{(k-1)^3}{3} - \frac{k-1}{30}$$

$$= \frac{k^5}{5} + \frac{k^4}{2} + \frac{k^3}{3} - \frac{k}{30} - k^4 = p(k) - k^4 \in \mathbf{Z},$$

即当 n 是非负整数时命题成立。由(1)和(2)知，命题对所有整数都成立。

说明：对于(2)也可令 $f(n) = p(-n) = -\frac{n^5}{5} + \frac{n^4}{2} - \frac{n^3}{3} + \frac{n}{30}$，$n \in \mathbf{N}$，然后证之。

例 3-20　已知 $a \in \mathbf{N}_+$，函数 $f(a, n)$ 定义如下：

$$f(a, 1) = \begin{cases} 1, a = 1 \\ 0, a > 1 \end{cases}; \quad f(a, n+1) = \begin{cases} f(a, n) + 1, a = 1 \\ f(a, n) + f(a-1, n), a > 1 \end{cases},$$

求证 $f(a, n) = \dfrac{n(n-1) \cdots (n-a+1)}{a!}$。

证明：用（参数）数学归纳法。$n = 1$ 时，分两种情形。

当 $a = 1$ 时，左边 $= f(1, 1) = 1$，右边 $= \frac{1}{1!} = 1$，相等。

当 $a > 1$ 时，左边 $= f(a, 1) = 0$，右边 $= \frac{1 \cdot (1-1) \cdots (1-a+1)}{a!} = 0$，相等。故 $n = 1$ 时命题成立。

假设 $n = k (k \geqslant 1)$ 时，命题成立，即 $f(a, k) = \dfrac{k(k-1) \cdots (k-a+1)}{a!}$，则当 $n = k+1$ 时，分两种情形。

当 $a = 1$ 时，左边 $= f(a, k+1) = f(a, k) + 1 = \frac{k}{1!} + 1 = k+1 = \frac{k+1}{1!} = $ 右边。

当 $a > 1$ 时，左边 $= f(a, k+1) = f(a, k) + f(a-1, k)$，根据归纳假设，对于 $f(a, k)$ 和 $f(a-1, k)$ 都成立，容易验证 $a = 2$ 且当 $n = k+1$ 时命题成立。当 $a > 2$ 时，有

$$f(a, k) + f(a-1, k) = \frac{k(k-1) \cdots (k-a+1)}{a!} + \frac{k(k-1) \cdots (k-a+2)}{(a-1)!}$$

$$= \frac{k(k-1) \cdots (k-a+2)}{a!} [(k-a+1) + a]$$

$$= \frac{(k+1)k(k-1) \cdots (k-a+2)}{a!}$$

$$= 右边,$$

即 $n = k+1$ 时命题成立。故对于一切正整数命题成立。

例 3-21　已知 $0<a<1, a_1=1+a, a_{n+1}=\dfrac{1}{a_n}+a(n\geqslant 1)$，求证 $a_n>1, n\in \mathbf{N}_+$。

分析：显然 $a_1>1$。但根据归纳假设，$a_k>1$ 很难由递推式 $a_{k+1}=\dfrac{1}{a_k}+a$ 得出 $a_{k+1}>1$，因为 a_k 出现在分母上，我们必须知道 a_k 小于某个数值。

要使 $a_{k+1}=\dfrac{1}{a_k}+a>1$，只需 $\dfrac{1}{a_k}>1-a$。因为 $0<a<1$，就需要有 $1<a_k<\dfrac{1}{1-a}$，因此，需要证明加强了的结论：$1<a_n<\dfrac{1}{1-a}, n\in \mathbf{N}_+$。

证明：用（加强）数学归纳法。因为 $0<a<1, a_1=1+a$，易知 $a_1>1$，且 $a_1=1+a=\dfrac{1-a^2}{1-a}<\dfrac{1}{1-a}$，所以 $1<a_1<\dfrac{1}{1-a}$。即 $n=1$ 时，命题成立。

假设 $n=k$ 时，命题成立，即 $1<a_k<\dfrac{1}{1-a}$，于是

$$a_{k+1}=\frac{1}{a_k}+a>\frac{1}{\dfrac{1}{1-a}}+a=1-a+a=1, a_{k+1}=\frac{1}{a_k}+a<1+a=\frac{1-a^2}{1-a}<\frac{1}{1-a},$$

所以 $1<a_{k+1}<\dfrac{1}{1-a}$，即当 $n=k+1$ 时命题成立。故加强了的结论成立。当然有 $a_n>1, n\in \mathbf{N}_+$。

说明：有的命题在假设 $p(k)$ 成立的前提下，只能推出 $p(k+l), l\geqslant 2$ 成立，而原命题要证明对于 $n\geqslant 1$ 的一切自然数都成立。这时，在第一步应当验证从 1 到 l 的所有自然数。也称这种归纳法为跳跃数学归纳法。

例 3-22　证明对于任何正整数 n，方程 $x^2+y^2=z^n$ 都有正整数解。

证明：用跳跃数学归纳法。

$n=1$ 时，任取正整数 x_0, y_0，并取 $z_0=x_0^2+y_0^2$，则 x_0, y_0, z_0 即为方程的一组解。

$n=2$ 时，取一组勾股数即可，例如 $x=3, y=4, z=5$。由此可见 $n=1,2$ 时命题成立。

假设 $n=k$ 时，命题成立，即存在 x_0, y_0, z_0 是方程 $x^2+y^2=z^k$ 的一组解。取 $x_1=x_0 z_0$，$y_1=y_0 z_0, z_1=z_0$，则有 $x_1^2+y_1^2=z_0^2(x_0^2+y_0^2)=z_1^{k+2}$，从而 x_1, y_1, z_1 是方程 $x^2+y^2=z^{k+2}$ 的一组正整数解，即 $n=k+2$ 时命题成立。故对于一切正整数命题成立。

3.4.2　第二数学归纳法

设 $p(n)$ 是一个含有自然数 n 的命题，$n\in \mathbf{N}_+$。（1）如果 $p(n)$ 当 $n=1$ 时成立；（2）在假设 $p(m), 1\leqslant m\leqslant k, k\in \mathbf{N}_+$ 成立的情况下，可以证明 $p(k+1)$ 成立，那么 $p(n)$ 对所有自然数 $n\in \mathbf{N}_+$ 都成立。

第二数学归纳法的依据是最小自然原理（与归纳公理等价），即自然数的良序原理：自然数的非空集合 A 一定有最小者。

例 3-23　证明大于 7 的自然数都能表示为若干 3 与 5 的和。

证明：用数学归纳法。记大于 7 的自然数为 n，对 n 进行数学归纳。

$n=8$ 时，$8=3+5$，命题显然成立。

假设 $8\leqslant n\leqslant k, k\in \mathbf{N}$ 时，命题成立，即此时 n 都能表示为若干 3 与 5 的和，则当

$n=k+1$ 时,考虑 $(k+1)-3$。

(1)若 $(k+1)-3 \geqslant 8$,则 $(k+1)-3=k-2<k$,所以由归纳假设,必存在非负整数 λ,μ,使得 $(k+1)-3=3\lambda+5\mu$。从而 $k+1=3(\lambda+1)+5\mu=3\lambda_1+5\mu$,其中 $\lambda_1=\lambda+1$。即此时 $n=k+1$ 命题成立。

(2)若 $(k+1)-3<8$,即 $k+1<11$,注意到 $k \geqslant 8$,则 $k+1=9$ 或 $k+1=10$。当 $k+1=9$ 时,有 $9=3 \times 3+5 \times 0$;当 $k+1=10$ 时,有 $10=3 \times 0+5 \times 2$。即此时 $n=k+1$ 命题成立。综上所述,原命题成立。

3.5 数学模型法

数学模型是研究者依据研究目的,将所研究事物或现象的主要特征和主要关系,采用形式化的数学语言概括出来或近似表达出来的一种结构。按照建立模型所使用的数学工具可分为几何模型、概率模型、经济模型、随机模型、离散模型等;按照研究对象所在的领域可分为人口模型、交通模型、传染病模型等;按照模型的来源可分为理论模型和经验模型;按照模型的变换情况可分为动态模型、静态模型等。数学模型方法是借助数学模型来研究原型的功能特征及其内在规律,并应用于实际的一种数学方法,是数学抽象方法的直接应用和体现。

所谓形式化,是将数学对象(数、字母、图形等)进行符号化操作(运算、变换、比较等),使之形成关系和结构(方程、函数等),并从一定的公理出发,用逻辑方法进行演绎推理,最终形成一个知识体系。符号化、结构化和公理化是形式化的主要特征。

中学数学范围内的形式化主要分为三个层次:(1)某形式系统内的操作规则。例如,方程的等价变换,三角恒等变换,式的运算等基础性符号表示及其运算。熟练掌握这些规则,使学生能应用这个形式系统去解决实际问题。(2)运用形式化的数学手段把实际问题表达为抽象的符号形式,运用形式系统内的操作规则,把实际问题形式化。(3)对一个已经形式化了的形式系统,变化各种形式,使之在另一个形式系统中,用另外的形式符号来表达,凸显问题的本质或使问题得以简化,并加以解决。

常见的形式化主要包括如下几种形式:数量及其关系的形式化、概念定义的形式化、命题及其证明的形式化、命题系统的形式化和理论的形式化。

在中学范围内常常把问题形式化为几何模型、代数模型和概率模型,它们是把抽象问题具体化或把复杂问题简单化的媒介。例如,数轴是实数的几何模型,复平面是复数的几何模型,自然数是刻画离散数量的代数模型,有理数是刻画具有相反意义的量的代数模型,实数是描述连续量的代数模型,$S=\pi r^2$ 是计算圆形物体的代数模型,$y=kx+b$,$k \neq 0$ 是处理线性问题的代数模型,二次函数是抛物、高炮射击等许多实际问题的代数模型等。事实上,数学概念、数学定理和数学关系本身都可以看作是数学模型。

例 3-24 在六个人的集会上,总有三个人互相认识或三个人互不认识。

证明:这个问题可以通过构造几何模型来解决。我们只需考虑如下三种情况:其中某个人与其他五人都认识,其中某个人与其他四人都认识,其中某个人与其他三人都认识。用图表示如下

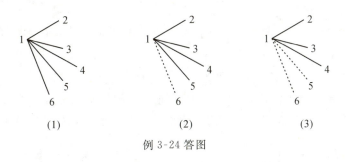

例 3-24 答图

在情况(1)中,若 2,3,4,5,6 之间互不认识,则结论成立;如果 2,3,4,5,6 之间至少有两人认识,则结论也成立。

在情况(2)中,若 2,3,4,5 之间互不认识,则结论成立;如果 2,3,4,5 之间至少有两人认识,则结论也成立。

在情况(3)中,若 2,3,4 之间互不认识,则结论成立;如果 2,3,4 之间至少有两人认识,则结论也成立。

例 3-25 设 x,y,z 为正实数,求证 $\sqrt{x^2+y^2+xy}+\sqrt{z^2+x^2+zx}>\sqrt{y^2+z^2+yz}$。

证明:建立几何模型。在 $\triangle ABC$ 内,取长分别为 x,y,z 的三条线段 OA,OB,OC,使 $\angle AOB=\angle BOC=\angle COA=120°$,则 $\triangle ABC$ 的三边长分别计算如下:

$$AB=\sqrt{x^2+y^2-2xy\cos120°}=\sqrt{x^2+y^2+xy}。$$

同理,$CA=\sqrt{z^2+x^2+zx}$,$BC=\sqrt{y^2+z^2+yz}$。

因为 $AB+AC>BC$,所以 $\sqrt{x^2+y^2+xy}+\sqrt{z^2+x^2+zx}>\sqrt{y^2+z^2+yz}$。

例 3-26 设 a,b,c 为 $\triangle ABC$ 的三边长,三边所对内角的弧度值分别为 α,β,γ,求证 $\dfrac{a\alpha+b\beta+c\gamma}{a+b+c}<\dfrac{\pi}{2}$。

证明:因为 a,b,c 为 $\triangle ABC$ 的三边长,所以建立不等式模型:$a<b+c,b<a+c,c<b+a$。从而 $2a<a+b+c$,即 $\dfrac{a}{a+b+c}<\dfrac{1}{2}$。同理有 $\dfrac{b}{a+b+c}<\dfrac{1}{2}$,$\dfrac{c}{a+b+c}<\dfrac{1}{2}$。

所以 $\dfrac{a\alpha+b\beta+c\gamma}{a+b+c}<\dfrac{\alpha}{2}+\dfrac{\beta}{2}+\dfrac{\gamma}{2}=\dfrac{\pi}{2}$。

例 3-27 要从 7 个班中选 10 人参加数学竞赛,每班至少 1 人,共有多少种不同的选法?

解:建立隔板模型:△△△△△△△△△△,每个三角形代表一个人,共 10 人。不计两端,人与人之间共有 9 个空,从中任选 6 个空放入隔板,就把 10 人分成 7 个部分,有 C_9^6 种放法,即共有 84 种选法。

说明:这个题目本身又可以作为另一个问题的模型。例如,问方程 $\sum\limits_{i=1}^{5}x_i=8$ 的正整数解有多少组?可以将其转化为如下问题:从 5 个班中选 8 人参加数学竞赛,每班至少 1 人,共有多少种不同的选法?由隔板模型可知(把 8 个人分成 5 组,每组至少 1 人,就相当于在 △△△△△△△△ 的 7 个空隙中选 4 个空隙,从而分成 5 组),有 C_7^4 种放法,即共有 35 组解。

这个问题还可以用如下模型:有 8 本书全部分给 5 位同学,每人至少 1 本,问有多少种分法?

另外,"方程 $\sum\limits_{i=1}^{5} x_i = 8$ 的正整数解有多少组?"这个问题还可以推广为一般问题:方程 $\sum\limits_{i=1}^{n} x_i = m, m \geqslant n$ 有多少组正整数解?答案是 C_{m-1}^{n-1} 组。

《九章算术》第七章为"盈不足"。盈不足问题可表述为下面的数学模式:"今有许多人凑钱买一件东西,每人出 a_1,多 b_1;每人出 a_2,不足 b_2。问人数 x、物价 y 各是多少?"

《九章算术》列筹式为 $\begin{bmatrix} a_1 & a_2 \\ b_1 & b_2 \end{bmatrix} \rightarrow \begin{bmatrix} a_1 b_2 & a_2 b_1 \\ b_1 b_2 & b_1 b_2 \end{bmatrix}$,给出答案:$x = \dfrac{b_1 + b_2}{a_1 - a_2}, y = \dfrac{a_1 b_2 + a_2 b_1}{a_1 - a_2}$,从而得出每人出钱数为 $\dfrac{a_1 b_2 + a_2 b_1}{b_1 + b_2}(a_1 > a_2)$。

盈亏类问题不仅有"盈、不足",还有"两盈""两不足""盈、适足""不足、适足",《九章算术》都给出了详细的解答。有了它,我们就可以通过两次假设将一般应用问题化为特定的盈亏类数学模式:代数模型,从而用固定的演算程序求解,体现了中国传统数学的算法化与程序化思想。

例 3-28 已知漆 3 升可换油 4 升,油 4 升可和(huó)漆 5 升。现在有漆 30 升,想从中拿出一部分漆换油,使得换得的油正好和余下的漆。问出漆、得油、和漆各多少?

分析:按现在的解法是用三元(或二元)一次线性方程组求解,其过程还是较复杂的。但用盈不足术则方便许多。

解:不妨设出漆 $a_1 = 9$(升),则可得油 $\dfrac{4 \times 9}{3} = 12$(升),和漆 $\dfrac{5 \times 12}{4} = 15$(升),可知不足 $b_1 = 30 - 9 - 15 = 6$(升);若设出漆 $a_2 = 12$(升),则可得油 $\dfrac{4 \times 12}{3} = 16$(升),和漆 $\dfrac{5 \times 16}{4} = 20$(升),可知盈 $12 + 20 - 30 = 2$(升)。由盈不足术,得出漆 $\dfrac{9 \times 2 + 12 \times 6}{6 + 2} = \dfrac{90}{8} = 11\dfrac{1}{4}$(升)。从而得油 15 升,和漆 $18\dfrac{3}{4}$(升)。

说明:盈不足术实事上相当于现代求方程实根近似值的"弦位法"(或称"双假设法")。设 $f(x)$ 是区间 $[x_1, x_2]$ 上的单调连续函数,$f(x_1) \cdot f(x_2) < 0$,那么方程 $f(x) = 0$ 在 $[x_1, x_2]$ 内的根的近似值为:$x_0 = \dfrac{x_2 f(x_1) - x_1(x_2)}{f(x_1) - f(x_2)} = x_2 + \dfrac{(x_2 - x_1) f(x_2)}{f(x_1) - f(x_2)} = x_1 + \dfrac{(x_2 - x_1) f(x_1)}{f(x_1) - f(x_2)}$。当 $f(x)$ 为一次函数时 x_0 为精确解,否则为近似解。所以,$f(x)$ 的值要受 x_1, x_2 的影响。在求解实际问题时,可根据实际情况和实际需求适当调整。另外,概率模型可参见第 7 章,这里不再举例。

3.6 RMI 法

RMI 是关系(relation)、映射(mapping)、反演(inversion)的英文首字母缩写。为了弄清这一方法,我们先讲一个形象的生活故事:当男士刮胡子(女士梳头打扮也是一样)时,为了处理好刀与胡子的关系,通常借助镜子,使刀与胡子以及它们的关系映射到镜子中,然后在镜子中调节刀与胡子的映像关系。当映像中刀与胡子之间的关系处理好了,根据生活经验,可以知道实际中刀与胡子的关系也就处理好了。

用 RMI 法处理数学问题也是如此。如果在一个系统 A 中的目标 x 不易确定,我们可以通过映射将 A 转化为 A',并在 A' 中确定目标 x',再将 x' 反演从而确定 x。这种方法就称为 RMI 法。其实质是利用两个系统之间的联系、对应与相似性来解决问题。

这里的"映射"就是一个数学变换,通常实施的是一种等价变换。什么是等价变换呢?我们先讲等价关系。设 R 是 A 上的一个关系,它具有如下特征,便称为一种等价关系:(1)反身性:对任何 $a \in A$,必有 aRa;(2)对称性:对任何 $a \in A, b \in A$,若 aRb,必有 bRa;(3)传递性:设 a,b,c 均在 A 中,若 aRb,bRc,必有 aRc。

例如,实数的相等、三角形的相似、直线的平行、方程的同解等都是等价关系。满足等价关系的变换,就是等价变换,即在实施变换的过程中,问题的某些要素(数值、解、函数式、面积等)或性质保持不变的一种变换。

用 RMI 法解决数学问题通常有四个步骤:(1)找到另一个合适的系统(关系或结构);(2)通过系统之间的对应,建立起两个系统的某类问题间的对应(映射);(3)在另一个系统中建立起对应问题的一个模型,用这个系统的运算法则解决该问题;(4)反演到原系统,同时注意映射与反演是否留下缺陷(看看是否是等价变换)。

RMI 法包括很多具体方法,如函数法、坐标法、复数法、数形结合法等,我们之所以这样区分,只是为了说明问题方便,事实上它们都有一些交叉、相似或相近之处。我们分别举例说明如下。

3.6.1　函数法

中学数学中的许多问题都可以统一在函数的概念中。所以,一个关系(或结构或系统)映射为有关函数的关系(或结构或系统),就成了处理中学数学问题的一个重要手段。我们把这种映射反演法称为函数法。用好函数法的关键是找到合适的函数变换。

例 3-29　已知 $a,b \in \mathbf{R}^+$ 且 $e < a < b (e = 2.71828 \cdots)$,试证 $a^b > b^a$。

证明:用分析法。要证 $a^b > b^a$,只需证(第一次映射)$b \ln a > a \ln b$,即证 $\dfrac{\ln a}{a} > \dfrac{\ln b}{b}$。

(第二次映射)令 $f(x) = \dfrac{\ln x}{x} (x > e)$。(映射目标是证明该函数是减函数)因为 $f(x)' = \left(\dfrac{\ln x}{x} \right)' = \dfrac{1 - \ln x}{x^2} < 0$,所以 $f(x)$ 是减函数。

又因为 $a < b$,所以 $\dfrac{\ln a}{a} > \dfrac{\ln b}{b}$。(反演)从而原命题成立。

例 3-30　求函数 $y = \dfrac{3 \sin x - 5}{5 \cos x - 3}$ 的最大值与最小值。

分析:把函数 y 看作点 $(3,5)$ 与椭圆 $\begin{cases} x = 5 \cos \theta \\ y = 3 \sin \theta \end{cases}$ 上点 $(5 \cos \theta, 3 \sin \theta)$ 连线的斜率,因此 y 必在点 $(3,5)$ 与椭圆 $\begin{cases} x = 5 \cos \theta \\ y = 3 \sin \theta \end{cases}$ 切线的斜率之间,由此可得到最大值与最小值。

解:作映射 $\begin{cases} x = 5 \cos \theta \\ y = 3 \sin \theta \end{cases}$,得到椭圆 $\dfrac{x^2}{25} + \dfrac{y^2}{9} = 1$。设过点 $(3,5)$ 与椭圆相切的直线斜率为

k，则由 $y-5=k(x-3)$ 和 $\dfrac{x^2}{25}+\dfrac{y^2}{9}=1$ 联立，令判别式为零得 $8k^2+15k-8=0$，解之得

$k=\dfrac{-15\pm\sqrt{481}}{16}$。故 $y_{\min}=\dfrac{-15-\sqrt{481}}{16}$，$y_{\max}=\dfrac{-15\pm\sqrt{481}}{16}$。

例 3-31　已知关于 θ 的方程 $\sqrt{3}\cos\theta+\sin\theta+a=0$ 在区间 $(0,2\pi)$ 上有两个不相等的实根 α,β。（1）求 a 的取值范围；（2）求 $\alpha+\beta$ 的值。

解：作映射 $\begin{cases}x=\cos\theta\\y=\sin\theta\end{cases}$，把原方程转化为直线系方程 $\sqrt{3}x+y+a=0$

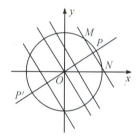

（把代数问题映射为几何问题）。由题意，直线 $\sqrt{3}x+y+a=0$ 与单位圆 $x^2+y^2=1$ 有两个不同交点，但点除 $(1,0)$ 外。如图，不妨设这两个交点为 M，N。（$\angle xOM=\alpha$，$\angle xON=\beta$，即方程 $\sqrt{3}\cos\theta+\sin\theta+a=0$ 在区间 $(0,2\pi)$ 上有两个不相等的实根）

又直线 $\sqrt{3}x+y+a=0$ 与单位圆 $x^2+y^2=1$ 有两个不同交点的充分必要条件是

例 3-31 答图

$$\dfrac{|\sqrt{3}\cdot0+0+a|}{2}<1 \text{ 且 } \sqrt{3}\cdot1+0+a\neq0。$$

所以 $|a|<2$ 且 $a\neq-\sqrt{3}$，故 $a\in(-2,-\sqrt{3})\bigcup(-\sqrt{3},2)$。

设与 $\sqrt{3}x+y+a=0$ 垂直的直线交圆 O 于点 P，因为 $\dfrac{\alpha+\beta}{2}=\angle NOP+\angle xON=\angle xOP=\dfrac{7\pi}{6}$ 或 $\dfrac{\pi}{6}$，所以 $\alpha+\beta=\dfrac{\pi}{3}$ 或 $\dfrac{7\pi}{3}$。

说明：此题也可以作映射 $\begin{cases}x=\sqrt{3}\cos\theta\\y=\sin\theta\end{cases}$，把原方程转化为直线系方程 $x+y+a=0$（把代数问题映射为几何问题），由椭圆 $\dfrac{x^2}{3}+\dfrac{y^2}{1}=1$ 与直线系方程 $x+y+a=0$ 联立，利用判别式大于零进行求解。

例 3-32　已知 a,b,c,d 均为不大于 1 的正数，求证在 $4a(1-b)$，$4b(1-c)$，$4c(1-d)$，$4d(1-a)$ 中至少有一个不大于 1。

证明：因为均为 a,b,c,d 不大于 1 的正数，所以作映射 $a=\sin^2\alpha$，$b=\sin^2\beta$，$c=\sin^2\gamma$，$d=\sin^2\delta$，则 $4a(1-b)\cdot4b(1-c)\cdot4c(1-d)\cdot4d(1-a)$

$=4\sin^2\alpha(1-\sin^2\beta)\cdot4\sin^2\beta(1-\sin^2\gamma)\cdot4\sin^2\gamma(1-\sin^2\delta)\cdot4\sin^2\delta(1-\sin^2\alpha)$

$=4\sin^2\alpha\cos^2\beta\cdot4\sin^2\beta\cos^2\gamma\cdot4\sin^2\gamma\cos^2\delta\cdot4\sin^2\delta\cos^2\alpha$

$=(\sin2\alpha\sin2\beta\sin2\gamma\sin2\delta)^2\leqslant1$。

若 $4a(1-b)$，$4b(1-c)$，$4c(1-d)$，$4d(1-a)$ 四个数均大于 1，则它们的乘积必大于 1，与上式矛盾。所以，$4a(1-b)$，$4b(1-c)$，$4c(1-d)$，$4d(1-a)$ 中至少有一个不大于 1。

说明：对于题目中有变量的绝对值不大于 1 的，可尝试将变量映射到三角函数，以达到化难为易的目的。例如，已知 $0<|x|<1$，$n>1$，求证 $(1-x)^n+(1+x)^n<2^n$。

对于这个问题，由于 $|x|<1$，结合结论的特点，所以可作映射 $x=\cos2\alpha$，$\alpha\in\left(0,\dfrac{\pi}{2}\right)$，

则 $(1-x)^n+(1+x)^n=(2\sin^2\alpha)^n+(2\cos^2\alpha)^n<2^n(\sin^2\alpha+\cos^2\alpha)=2^n$。

例 3-33　设实数 x,y 满足 $5x^2-8xy+5y^2=9$，试求 λ,d 的最大值与最小值，其中 $\lambda=x+y,d=\sqrt{x^2+y^2}$。

解：把 $\lambda=x+y$ 看作直线方程（二元函数）。因为 $x+y=\lambda$ 为平行直线系，λ 为此直线在 x,y 轴上的截距，所以当直线与曲线 $5x^2-8xy+5y^2=9$ 相切时，λ 取最大值与最小值。设直线与曲线相切于 (x_1,y_1)，则切线方程为 $5x_1x-4(y_1x+x_1y)+5y_1y=9$，与 $\lambda=x+y$ 比较，所以有 $\dfrac{5x_1-4y_1}{1}=\dfrac{-4x_1+5y_1}{1}=\dfrac{9}{\lambda}$，从而 $x_1=y_1$，$\lambda=\dfrac{9}{x_1}$。

又 (x_1,y_1) 在曲线上，所以 $5x_1^2-8x_1y_1+5y_1^2=9$。将 $x_1=y_1$ 代入此式得，$x_1=\pm\dfrac{3\sqrt{2}}{2}$，故 $\lambda_{\max}=3\sqrt{2}$，$\lambda_{\min}=-3\sqrt{2}$。

再作三角变换。令 $x=d\cos\theta,y=d\sin\theta,\theta\in[0,2\pi]$，代入曲线方程得，

$$d^2(5\cos^2\theta-8\sin\theta\cos\theta+5\sin^2\theta)=9,d^2=\dfrac{9}{5-4\sin2\theta}。$$

故当 $\theta=\dfrac{\pi}{4}$ 时，d 取最大值 3；当 $\theta=\dfrac{3\pi}{4}$ 时，d 取最小值 1。

例 3-34　如图，在平面直角坐标系中，y 轴的正半轴上有两定点 A,B，试在 x 轴上求一点 C，使 $\angle ACB$ 取最大值。

分析：先弄清原像关系与原像目标，并给出数学表达式。

解：设 $A(0,a),B(0,b),C(x,0),a,b,x\in\mathbf{R}^+$。不失一般性，可设 $a>b$，则

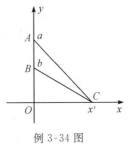

例 3-34 图

$$\angle ACB=\angle ACO-\angle BCO=\arctan\dfrac{a}{x}-\arctan\dfrac{b}{x}。$$

（再用两边取正切的方法，把原像关系映射为正切函数关系，同时考虑反演的可行性）由于正切函数在 $\left(0,\dfrac{\pi}{2}\right)$ 内是增函数，所以正切函数的最大值反演为 $\angle ACB$ 的最大值，$\tan\angle ACB=\tan\left(\arctan\dfrac{a}{x}-\arctan\dfrac{b}{x}\right)=\dfrac{\dfrac{a}{x}-\dfrac{b}{x}}{1+\dfrac{a}{x}\cdot\dfrac{b}{x}}$。

（在映像关系内运用函数处理方法，确定映像目标：$\angle ACB$ 的最大值所对应的 x 的值）

$$\dfrac{\dfrac{a}{x}-\dfrac{b}{x}}{1+\dfrac{a}{x}\cdot\dfrac{b}{x}}=\dfrac{a-b}{x+\dfrac{ab}{x}}\leqslant\dfrac{a-b}{2\sqrt{x\cdot\dfrac{ab}{x}}}=\dfrac{a-b}{2\sqrt{ab}},$$

当且仅当 $x=\dfrac{ab}{x}$ 即 $x=\sqrt{ab}$ 时等号成立。（再利用正切函数在 $\left(0,\dfrac{\pi}{2}\right)$ 内是增函数进行反演）从而确定点 $C(\sqrt{ab},0)$ 就是所求的使 $\angle ACB$ 取最大值的点。

说明：此题的另一解法参见习题 1.3 第 5 题。

例 3-35　定义：对于平面直角坐标系 xOy 中的线段 PQ 和点 M，在 $\triangle MPQ$ 中，当 PQ 边上的高为 2 时，则称 M 为 PQ 的"等高点"，此时又称 $MP+MQ$ 为 PQ 的"等高距

离"。(1)若 $P(1,2)$,$Q(4,2)$,则在点 $A(1,0)$,$B\left(\dfrac{5}{2},4\right)$,$C(0,3)$ 中,PQ 的"等高点"是哪个点?(2)若 $M(t,0)$ 为 PQ 的"等高点",求 PQ"等高距离"的最小值及此时 t 的值;(3)若 $P(0,0)$,$PQ=2$,当 PQ 的"等高点"在 y 轴正半轴上且"等高距离"最小时,直接写出 Q 的坐标。

解:(1)A,B。

(2)如图,作 P 关于 x 轴的对称点 P',连接 $P'Q$,则 $P'Q$ 与 x 轴的交点即为"等高点"M,此时"等高距离"的最小,最小值为线段 $P'Q$ 的长。

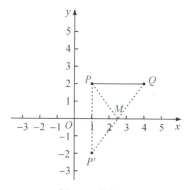

例 3-35 答图

由 $P(1,2)$ 知,$P'(1,-2)$。设直线 $P'Q$ 的表达式为 $y=kx+b$,由题意得:$\begin{cases}k+b=-2\\4k+b=2\end{cases}$,所以得到直线方程为 $y=\dfrac{4}{3}x-\dfrac{10}{3}$。当 $y=0$ 时,$x=\dfrac{5}{2}$,即 $t=\dfrac{5}{2}$。

根据题意,所以 $P'Q=\sqrt{PP'^2+PQ^2}=5$,故"等高距离"的最小值为 5。

(3)$Q\left(\dfrac{4\sqrt{5}}{5},\dfrac{2\sqrt{5}}{5}\right)$ 或 $Q\left(-\dfrac{4\sqrt{5}}{5},\dfrac{2\sqrt{5}}{5}\right)$。

例 3-36 已知直线 $l:\begin{cases}x=-5+\dfrac{t}{\sqrt{2}}\\y=4+\dfrac{t}{\sqrt{2}}\end{cases}$($t$ 为参数)和椭圆 $E:\begin{cases}x=2\sqrt{3}\cos\theta\\y=\sqrt{3}\sin\theta\end{cases}$($\theta$ 为参数),试求与椭圆 E 有共焦点 F_1,F_2,且与直线 l 有公共点 M 的椭圆中长轴最短的椭圆 C 的方程,并求此时点 M 的坐标。

分析:与椭圆 E 有共焦点的椭圆系为 $\dfrac{x^2}{a^2}+\dfrac{y^2}{a^2-9}=1$。根据题意,椭圆 C 是椭圆系中与直线 l 有公共点 M 且椭圆中长轴最短的,为此可根据椭圆系与直线 l 有公共点的充要条件,建立含 a 的不等式,由此确定 a 的最小值。这个充要条件又可通过将椭圆转化为圆来研究。

解:消去参数得椭圆 E 的方程为 $\dfrac{x^2}{12}+\dfrac{y^2}{3}=1$;直线 l 的方程为 $y=x+9$。又与椭圆 E 有共焦点的椭圆系为 $\dfrac{x^2}{a^2}+\dfrac{y^2}{a^2-9}=1$。作伸缩变换 $\begin{cases}x=aX\\y=\sqrt{a^2-9}Y\end{cases}$,则 $\dfrac{x^2}{a^2}+\dfrac{y^2}{a^2-9}=1$ 化为圆 $X^2+Y^2=1$,直线 l 化为 $\sqrt{a^2-9}Y=aX+9$。

圆与直线有公共点的充要条件是 $\dfrac{|a\cdot 0-\sqrt{a^2-9}\cdot 0+9|}{\sqrt{a^2+a^2-9}}\leqslant 1$,即 $2a^2-9\geqslant 81$,$a^2\geqslant 45$。

故 a^2 的最小值为 45,椭圆系中的这一椭圆即为 $C:\dfrac{x^2}{45}+\dfrac{y^2}{36}=1$。此时,直线与椭圆 C 相切,切点 M 的坐标为 $x=-3\sqrt{5}\times\dfrac{\sqrt{5}}{5}=-5$,$y=6\times\dfrac{2}{3}=4$。

说明：中学数学中的初等变换主要包括对称、平移、旋转、伸缩和相似等变换，有时不用写出函数变换的表达式，重点用于研究几何，接下来举例说明。由于相似变换比较常见，这里不再举例，旋转变换见本节习题。

例 3-37　求椭圆 $\dfrac{x^2}{a^2}+\dfrac{y^2}{b^2}=1$ 内接三角形面积的最大值。

解：对椭圆 $\dfrac{x^2}{a^2}+\dfrac{y^2}{b^2}=1$ 作伸缩变换 $x'=x$，$y'=\dfrac{a}{b}y$，则椭圆化为 $x'^2+y'^2=a^2$，称它为椭圆的辅助圆。设椭圆内接 $\triangle ABC$ 三个顶点的坐标为 $A(x_1,y_1)$，$B(x_2,y_2)$，$C(x_3,y_3)$，经过伸缩变换得到辅助圆的内接 $\triangle A'B'C'$，其顶点的坐标为 $A'\left(x_1,\dfrac{a}{b}y_1\right)$，$B'\left(x_2,\dfrac{a}{b}y_2\right)$，$C'\left(x_3,\dfrac{a}{b}y_3\right)$，根据三角形面积公式：

$$S_{\triangle A'B'C'}=\frac{1}{2}\begin{vmatrix} x_1 & \dfrac{a}{b}y_1 & 1 \\ x_2 & \dfrac{a}{b}y_2 & 1 \\ x_3 & \dfrac{a}{b}y_3 & 1 \end{vmatrix}\text{的绝对值}=\frac{a}{b}\cdot\frac{1}{2}\begin{vmatrix} x_1 & y_1 & 1 \\ x_2 & y_2 & 1 \\ x_3 & y_3 & 1 \end{vmatrix}\text{的绝对值}=\frac{a}{b}\cdot S_{\triangle ABC}。$$

又半径为 a 的圆内接三角形以正三角形的面积最大，其最大面积为 $\dfrac{3\sqrt{3}}{4}a^2$，所以椭圆内接三角形面积的最大值为 $S_{\max}=\dfrac{b}{a}\cdot\dfrac{3\sqrt{3}}{4}a^2=\dfrac{3\sqrt{3}}{4}ab$。

说明：如果对行列式形式的三角形的面积公式不熟悉，可以利用点到直线的距离公式和两点间的距离公式求解。

例 3-38　已知 $\triangle ABC$ 的面积为 3，且 $AB=AC$，现将 $\triangle ABC$ 沿 CA 方向平移 CA 长度，得到 $\triangle EFA$。（1）求 $\triangle ABC$ 所扫过的图形的面积；（2）试判断 AF 与 BE 的位置关系，并说明理由；（3）若 $\angle BEC=15°$，求 AC 的长。

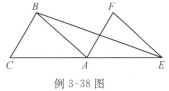

例 3-38 图

解：（1）连接 BF，由平移的性质得 $AF\ /\!/\ BC$，且 $AF=BC$，$\triangle ABC\cong\triangle EFA$，所以四边形 $AFBC$ 为平行四边形，$S_{\triangle EFA}=S_{\triangle BAF}=S_{\triangle ABC}=3$，$\triangle ABC$ 所扫过的图形的面积即为四边形 $EFBC$ 的面积，其面积等于 9。

（2）容易知道四边形 $EFBA$ 为平行四边形，又 $AB=AC$，所以 $AB=AE$，从而四边形 $EFBA$ 为菱形，所以 $AF\perp BE$。

（3）如图，作 $BD\perp AC$ 于 D，因为 $\angle BEC=15°$，$AB=AE$，所以 $\angle EBA=\angle BEA=15°$，进而 $\angle BAC=30°$。

设 $BD=x>0$，则 $AB=AC=2x$。又 $3=S_{\triangle ABC}=\dfrac{1}{2}AC\cdot BD=x^2$，所以 $x=\sqrt{3}$。故 $AC=2\sqrt{3}$。

例 3-38 答图

说明：这里通过数形结合，综合运用了平移变换、全等以及平行四边形和菱形的性质。

例 3-39　正三角形 ABC 内部一点 P 在三边 BC，CA，AB 的射影分别为 D，E，F，求证 $BD+CE+AF$ 为定值。

分析：如图,记正三角形的边长为 a。

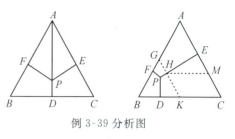

例 3-39 分析图

（先从特殊点找到定值）如果点 P 在边 BC 的射影为 BC 的中点 D,则 A,P,D 在一条直线上,且 AD 为 $\angle A$ 的平分线、底边中线和高,从而 $BD=\dfrac{a}{2}$ 且 $CE+AF=a$,所以 $BD+CE+AF=\dfrac{3a}{2}$ 为定值。

如果 D 不是 BC 的中点,不妨设 $BD=x\left(x<\dfrac{a}{2}\right)$,可将 AC 平移,构成一个新的正三角形 BKG,使点 P 在边 BK 的射影为 BK 的中点。设 PE 与 GK 交于点 H,由此可得

$$BD+KH+GF=\frac{3}{2}\cdot 2x=3x。$$

过 H 作 $HM\parallel BC$,交 AC 于 M,从而 $KCMH$ 是平行四边形,故有 $CE=HK+ME=HK+\dfrac{1}{2}HM$,但 $HM=KC=a-2x=AG$。所以,$BD+CE+AF=BD+HK+\dfrac{1}{2}(a-2x)+a-2x+GF=3x+\dfrac{a}{2}-x+a-2x=\dfrac{3}{2}a$。

证明：略。

说明：这里利用了平移变换,把一般情况转化为特殊情况。这种变换在代数、几何中有广泛应用。例如,对于一元三次方程 $ax^3+bx^2+cx+d=0$,可以作平移变换 $y=x+\dfrac{b}{3a}$,将方程化为不含二次项的方程 $y^3+py+q=0$。令 $p=-3\alpha\beta,q=\alpha^3+\beta^3$,则方程化为 $y^3-3\alpha\beta y+\alpha^3+\beta^3=0$。利用

$$x^3+y^3+z^3-3xyz=(x+y+z)(x+\omega y+\omega^2 z)(x+\omega^2 y+\omega z),$$

其中 $\omega=-\dfrac{1}{2}+\dfrac{\sqrt{3}}{2}\mathrm{i}$,可得 $(y+\alpha+\beta)(y+\omega\alpha+\omega^2\beta)(y+\omega^2\alpha+\omega\beta)=0$,而 α^3,β^3 是一元二次方程 $\lambda^2-q\lambda-\dfrac{p^3}{27}=0$ 的根。由此可导出一元三次方程的求根公式,即卡丹公式。

例 3-40　在 x 轴上有点 A,直线 $y=x$ 上有点 $B,C(2,1)$ 为定点。若三角形 ABC 的周长最小,求 A,B 两点的坐标。

解：$C(2,1)$ 关于 x 轴的对称点为 $C_1(2,-1)$,$C(2,1)$ 关于直线 $y=x$ 的对称点为 $C_2(1,2)$,直线 C_1C_2 的方程为 $3x+y-5=0$,由此可得 A,B 两点的坐标分别为 $\left(\dfrac{5}{3},0\right)$,$\left(\dfrac{5}{4},\dfrac{5}{4}\right)$。

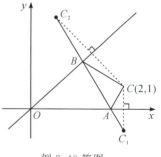

例 3-40 答图

说明：这里通过对称变换,将折线化为直线,本节习题主要训练几何变换。

3.6.2　坐标法

坐标系的确立是中学数学的一个转折点,从此中学数学便从孤立地研究数与形,进

入数形结合阶段，一是可以把几何问题映射为代数问题，通过代数结论获得几何结论；二是可以把代数问题映射为几何问题，通过几何结论获得代数结论。我们把这两种映射反演方法统称为坐标法。

例 3-41　在平行四边形 $ABCD$ 中，$\angle A=\dfrac{\pi}{3}$，$AB=2$，$AD=1$，M,N 分别是 BC,CD 上的点，且满足 $\dfrac{|\overrightarrow{BM}|}{|\overrightarrow{BC}|}=\dfrac{|\overrightarrow{CN}|}{|\overrightarrow{CD}|}$，求 $\overrightarrow{AM}\cdot\overrightarrow{AN}$ 的取值范围。

解：以 A 为坐标原点，以 AB 所在直线为 x 轴建立平面直角坐标系（将所有关系映射到平面直角坐标系上），则 $B(2,0)$，$C\left(\dfrac{5}{2},\dfrac{\sqrt{3}}{2}\right)$，$D\left(\dfrac{1}{2},\dfrac{\sqrt{3}}{2}\right)$。设 $M(x_1,\sqrt{3}\,(x_1-2))$，$N\left(x_2,\dfrac{\sqrt{3}}{2}\right)$，由已知条件可得 $2|\overrightarrow{BM}|=|\overrightarrow{CN}|$，代入坐标化简得 $4x_1+x_2=\dfrac{21}{2}$，即 $x_2=\dfrac{21}{2}-4x_1$，从而

$$\overrightarrow{AM}\cdot\overrightarrow{AN}=(x_1,\sqrt{3}\,(x_1-2))\cdot\left(x_2,\dfrac{\sqrt{3}}{2}\right)=-4x_1^2+12x_1-3,$$

$x_1\in\left[2,\dfrac{5}{2}\right]$。（向量问题转化为二次函数问题）

由二次函数的图象知 $y=-4x_1^2+12x_1-3$，$x_1\in\left[2,\dfrac{5}{2}\right]$ 是减函数。所以 $\overrightarrow{AM}\cdot\overrightarrow{AN}$ 的取值范围是 $[2,5]$。

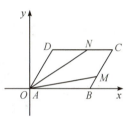

例 3-41 答图

例 3-42　过任意二次曲线的弦 PQ 中点 O，作两弦 AB,CD，设过 A,B,C,D 四点的二次曲线（包括退化二次曲线）与直线 PQ 交于 R,S 两点，求证 $|OR|=|OS|$。

证明：以 O 为坐标原点，以 PQ 所在直线为 y 轴建立平面直角坐标系（将所有关系映射到平面直角坐标系上），设 $OP=OQ=a$，则 P,Q 两点的坐标分别为 $(0,a),(0,-a)$，故过 P,Q 两点的任意二次曲线为 $\alpha x^2+\beta xy+y^2+\gamma x-a^2=0$。（因为当 $x=0$ 时，$y=\pm a$）过 O 的任意两弦 AB,CD（不与 PQ 重合）所在直线的方程为 $y=k_1x,y=k_2x$，过 A,B,C,D 四点的二次曲线系的方程为

$$F(x,y)=\alpha x^2+\beta xy+y^2+\gamma x-a^2+\lambda(y-k_1x)(y-k_2x)=0，\quad(1)$$

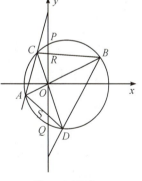

例 3-42 答图

（1）在 y 轴上的截距 OR,OS 为下列方程的根：$F(0,y)=(1+\lambda)y^2-a^2=0$，$\quad(2)$

因为曲线（1）与 y 轴（即直线 PQ）有两个交点，故方程（2）有两个实根，且 $OR+OS=0$，即 $OR=-OS$，所以 $|OR|=|OS|$。

3.6.3　复数法

复数法是指把一个问题映射为复数或向量的关系，并据复数与点和向量的一一对应关系，进行映射和反演的数学方法，也称向量法。它包括复数、向量和点的轨迹这三个关系的相互映射、反演。

例 3-43 已知 $A(3,0)$，又点 B 在焦点分别为 $(-1,0)$ 和 $(1,0)$、长轴长为 4 的椭圆上运动。以 AB 为边作正 $\triangle ABP$（A,B,P 按顺时针方向排列），求点 P 的轨迹。

解：考虑到 AB 可以由 AP 递时针旋转而得，所以把它映射为向量问题，进而映射为复数问题予以求解。

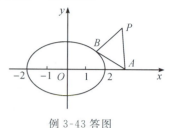

例 3-43 答图

设点 P 对应的复数为 z，点 B 对应的复数为 z_0。先写出椭圆的复数方程 $|z_0+1|+|z_0-1|=4$。

又向量 $\overrightarrow{AP}$ 对应的复数是 $z-3$，$\overrightarrow{AB}$ 对应的复数是 z_0-3，这就把原问题的关系映射为复数与向量的关系了，然后进行向量的运算。

因为 $\overrightarrow{AB}=\overrightarrow{AP}\cdot(\cos60°+\mathrm{i}\sin60°)$，即 $z_0-3=(z-3)\cdot(\cos60°+\mathrm{i}\sin60°)$，所以

$$z_0=(z-3)\cdot\left(\frac{1}{2}+\frac{\sqrt{3}}{2}\mathrm{i}\right)+3。$$

由于 z_0 满足方程 $|z_0+1|+|z_0-1|=4$（z_0 为复数），所以

$$\left|(z-3)\cdot\left(\frac{1}{2}+\frac{\sqrt{3}}{2}\mathrm{i}\right)+4\right|+\left|(z-3)\cdot\left(\frac{1}{2}+\frac{\sqrt{3}}{2}\mathrm{i}\right)+2\right|=4。$$

整理得 $|z-(1+2\sqrt{3}\mathrm{i})|+|z-(2+\sqrt{3}\mathrm{i})|=4$。

最后，根据复数模的几何意义反演为几何结论。点 P 的轨迹是以点 $(1,2\sqrt{3})$ 与点 $(2,\sqrt{3})$ 为焦点，长轴为 4 的椭圆。

例 3-44 已知在直角三角形 ABC 中，$\angle C=90°$，延长 BC 到 E，使 $CE=CA$。又在线段 CA 或其延长线上取一点 F，使 $CF=CB$。求证 $EF\perp AB$。

证明：寻找全等或相似有点困难，因而把平面几何问题映射为向量、复数问题予以求解。

如图，建立复平面。设点 B 对应复数 $-a$，点 A 对应复数 $b\mathrm{i}$（$b>0$），则点 E 对应复数 b，点 F 对应复数 $a\mathrm{i}$，从而 $\overrightarrow{EF}=a\mathrm{i}-b=-b+a\mathrm{i}$，$\overrightarrow{BA}=b\mathrm{i}-(-a)=a+b\mathrm{i}$。进行复数运算，$\dfrac{\overrightarrow{EF}}{\overrightarrow{BA}}=\dfrac{-b+a\mathrm{i}}{a+b\mathrm{i}}=\mathrm{i}$。

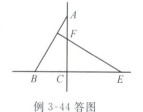

例 3-44 答图

反演：向量 $\overrightarrow{EF}$ 与向量 $\overrightarrow{BA}$ 的辐角之差为 $2k\pi+\dfrac{\pi}{2}$，即 $EF\perp AB$。

说明：用 $\overrightarrow{EF}\cdot\overrightarrow{BA}=(-b,a)\cdot(a,b)=-ab+ab=0$ 更简洁。这个题目也可以先证明 $\triangle ABC\cong\triangle EFC$，如图，再在 $\triangle ADF$，$\triangle FCE$ 中证明 $\angle ADF=90°$。

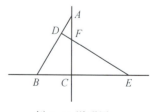

例 3-44 说明图

3.6.4 数形结合法

数形结合法是把抽象的数学语言、数量关系与直观的几何图形、位置关系结合起来，通过"以形助数"或"以数解形"，即抽象思维与形象思维的结合，使复杂问题简单化，抽象问题具体化，从而实现优化解题途径的目的。它与构造法、坐标法和复数法有些相似或交叉之处。

用数形结合法求解数学问题时,常与以下内容有关:(1)实数与数轴上的点的对应关系,例如 $|a-b|$ 表示数轴上两点间的距离;(2)函数与图象的对应关系,例如函数的极大值就是找出它的图象中那些局部的最高点,函数 $y=f(ax+b)+c$ 的图象可由 $y=f(x)$ 的图象经过几个简单的变换得到;(3)曲线与方程的对应关系,例如方程 $f(x)=0$ 的解就是曲线 $y=f(x)$ 与 x 轴的交点,三元一次方程组的解就是空间三个平面的交点坐标;(4)以几何元素和几何条件为背景建立起来的概念,例如复数、三角函数、单位圆等;(5)所给的等式或代数式的结构含有几何意义,例如长度、面积、体积。

例 3-45　用数形结合法证明(1) $(a+b)(c+d)=ac+bc+ad+bd$;(2) $(x+y)^2=x^2+2xy+y^2$;(3) $x^2-y^2=(x-y)(x+y)$;(4) $(x+y)^2=4xy+(x-y)^2$。

证明:(1)如图(a);(2)如图(b)。由出入相补原理,见图自明。

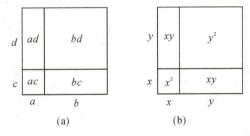

(a)　　　　　(b)

(3)如图(c),从大正方形 x^2 中割去小正方形 y^2,剩下两个梯形 $ABCD$、$ABEF$,每个梯形的面积都是 $\frac{1}{2}(x-y)(x+y)$,于是有 $x^2-y^2=(x-y)(x+y)$。

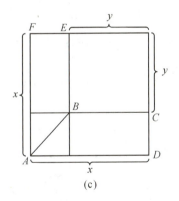

(c)

(4)如图(d),由出入相补原理,见图自明。并由此可以证明 $(x+y)^2\geqslant 4xy$,当且仅当 $x=y$ 时等号成立。

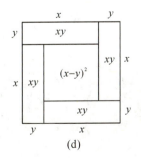

(d)

例 3-46 用数形结合法证明

(1)$\sin2\alpha=2\sin\alpha\cos\alpha$;(2)$\sin(\alpha+\beta)=\sin\alpha\cos\beta+\cos\alpha\sin\beta$。

证明:(1)**证法一:** 如图(a),等腰三角形的顶角为 2α,腰长为 a,则三角形的面积 $s=\dfrac{1}{2}a^2\sin2\alpha$。如图(b),将等腰三角形分成两个直角三角形,则 $s=2\times\dfrac{1}{2}\times a\sin\alpha\times a\cos\alpha$,

所以有 $\sin2\alpha=2\sin\alpha\cos\alpha$。

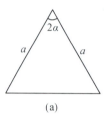 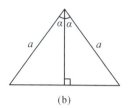

(a)　　　　　　(b)

证法二: 如图(c),由阴影部分的三角形面积的两种算法即得结论。

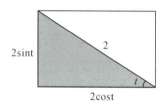 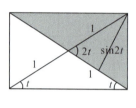

(c)

(2)如图(d),因为 $S_{\triangle ABC}=S_{\triangle ADC}+S_{\triangle BDC}$,即 $\dfrac{1}{2}ab\sin(\alpha+\beta)=\dfrac{1}{2}bh\sin\alpha+\dfrac{1}{2}ah\sin\beta=$

$\dfrac{1}{2}ab\dfrac{h}{a}\sin\alpha+\dfrac{1}{2}ab\dfrac{h}{b}\sin\beta=\dfrac{1}{2}ab(\sin\alpha\cos\beta+\cos\alpha\sin\beta)$,所以

$\sin(\alpha+\beta)=\sin\alpha\cos\beta+\cos\alpha\sin\beta$。

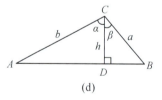

(d)

例 3-47 已知 P 为 $\triangle ABC$ 内部一点,连接 AP 交 BC 于 D。求证(1)$\dfrac{PD}{AD}+\dfrac{PE}{BE}+\dfrac{PF}{CF}=1$;(2)$\dfrac{AE}{CE}\cdot\dfrac{BF}{AF}\cdot\dfrac{CD}{BD}=1$。

证明:(1)因为 $S_{\triangle ABC}=S_{\triangle PBC}+S_{\triangle PAC}+S_{\triangle PAB}$,所以

$\dfrac{S_{\triangle PBC}}{S_{\triangle ABC}}+\dfrac{S_{\triangle PAC}}{S_{\triangle ABC}}+\dfrac{S_{\triangle PAB}}{S_{\triangle ABC}}=1$。

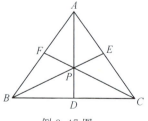

例 3-47 图

又 $\dfrac{S_{\triangle PBC}}{S_{\triangle ABC}}=\dfrac{PD}{AD},\dfrac{S_{\triangle PAC}}{S_{\triangle ABC}}=\dfrac{PE}{BE},\dfrac{S_{\triangle PAB}}{S_{\triangle ABC}}=\dfrac{PF}{CF}$,所以 $\dfrac{PD}{AD}+\dfrac{PE}{BE}+$

$\dfrac{PF}{CF}=1$。

(2) $\dfrac{S_{\triangle ADC}}{S_{\triangle ADB}}=\dfrac{S_{\triangle PDC}}{S_{\triangle PDB}}=\dfrac{DC}{DB}$，利用分比定理：$\dfrac{S_{\triangle PAC}}{S_{\triangle PAB}}=\dfrac{DC}{DB}$。同理，$\dfrac{S_{\triangle PAB}}{S_{\triangle PBC}}=\dfrac{EA}{EC}$，$\dfrac{S_{\triangle PBC}}{S_{\triangle PAC}}=\dfrac{FB}{FA}$，

所以 $\dfrac{AE}{CE}\cdot\dfrac{BF}{AF}\cdot\dfrac{CD}{BD}=1$。

例 3-48　已知 $\triangle ABC$ 为直角三角形，$\angle C=90°$，$AC=x$，$BC=y$，$AB=z$，求证 $x^2+y^2=z^2$。

证明： 如图，连接图中四个矩形的对角线使之构成一个边长是 z 的正方形，则有

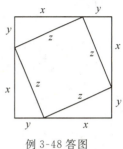

$$(x+y)^2=2xy+z^2$$，又 $(x+y)^2=2xy+x^2+y^2$（也可以用图形表示），所以有 $x^2+y^2=z^2$。

例 3-49　已知 $\triangle ABC$ 为直角三角形，$\angle C=90°$，$AC=a$，$BC=b$，$AB=c$，斜边上的高为 $CD=h$，求证 $\dfrac{1}{a^2}+\dfrac{1}{b^2}=\dfrac{1}{h^2}$。

例 3-48 答图

证明： 易知 $AB\cdot CD=2S_{\triangle ABC}=AC\cdot BC$，所以 $AB=\dfrac{AC\cdot BC}{CD}$。

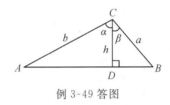

例 3-49 答图

又 $S_{\triangle ABC}=S_{\triangle ADC}+S_{\triangle DBC}$，$\angle\alpha=\angle B$，$\angle\beta=\angle A$，所以 $1=\dfrac{S_{\triangle ADC}+S_{\triangle DBC}}{S_{\triangle ABC}}=$

$\dfrac{\dfrac{1}{2}AC\cdot DC\cdot\sin\alpha}{\dfrac{1}{2}AB\cdot BC\cdot\sin B}+\dfrac{\dfrac{1}{2}CD\cdot BC\cdot\sin\beta}{\dfrac{1}{2}AB\cdot AC\cdot\sin A}=\dfrac{AC\cdot DC}{AB\cdot BC}+\dfrac{CD\cdot BC}{AB\cdot AC}=\dfrac{DC^2}{BC^2}+\dfrac{CD^2}{AC^2}$，

即 $\dfrac{1}{a^2}+\dfrac{1}{b^2}=\dfrac{1}{h^2}$。

例 3-50　已知 $P(x,y)$ 满足 $x^2-2x+y^2+\dfrac{1}{4}=0$，求 $\dfrac{y}{x}$ 的最大值。

解： 因为 $\dfrac{y}{x}$ 表示过原点的直线的斜率，所以当直线与圆相切时斜率最大，即 $\dfrac{y}{x}=\sqrt{3}$。

例 3-51　设 a_i 是满足条件 $0<a_i<1$ 的实数，$i=1,2,\cdots,n$，当 $n>1$ 时，求证 $a_1a_2\cdots a_n>a_1+a_2+\cdots+a_n-(n-1)$。

证明： 当 $n=2$ 时，将 $1-a_1a_2$ 看作单位正方形中挖去 $a_1\times a_2$ 的矩形所剩图形的面积。

所剩图形的面积又可以看出是由矩形 $(1-a_1)\times1$ 和矩形 $(1-a_2)\times a_1$ 组成的，所以有 $1-a_1a_2=(1-a_1)\times1+(1-a_2)\times a_1$。又因为 $0<a_i<1$，所以 $1-a_1a_2<(1-a_1)+(1-a_2)=2-(a_1+a_2)$，即 $a_1a_2>a_1+a_2-1$。

当 $n=3$ 时，将 $1-a_1a_2a_3$ 看作单位正方形中挖去 $a_1\times a_2\times a_3$ 的长方体所剩图形的体积。得到 $1-a_1a_2a_3<(1-a_1)+(1-a_2)+(1-a_3)=3-(a_1+a_2+a_3)$，即 $a_1a_2a_3>a_1+$

a_2+a_3-2。

当 $n>3$ 时,分析上面的规律,有 $1-a_1=1-a_1,(1-a_2)\times a_1<1-a_2,(1-a_3)a_1a_2<$ $1-a_3,(1-a_n)a_1a_2\cdots a_{n-1}<1-a_n$,上面 n 个不等式两边分别相加可得 $1-a_1a_2\cdots a_n<$ $(1-a_1)+(1-a_2)+\cdots+(1-a_n)=(a_1+a_2+\cdots+a_n)-(n-1)$。

例 3-52 如图,在 $\triangle ABC$ 中,$\angle ACB=90°$,$\angle ABC=30°$,$BC=2\sqrt{3}$,以 AC 为边在 $\triangle ABC$ 的外部作等边三角形 $\triangle ACD$,连接 BD。(1)求四边形 $ABCD$ 的面积;(2)求 BD 的长。

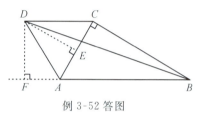

例 3-52 图

解:(1)因为在 $\triangle ABC$ 中,$\angle ACB=90°$,$\angle ABC=30°$,$BC=2\sqrt{3}$,所以 $AB=\dfrac{BC}{\cos\angle ABC}=\dfrac{2\sqrt{3}}{\cos 30°}=4$,$AC=\dfrac{1}{2}AB=2$。

过 D 作 $DE\perp AC$ 于 E,则 $DE=\sqrt{3}$。从而 $S_{\square ABCD}=S_{\triangle ABC}+S_{\triangle ACD}=\dfrac{1}{2}AC\cdot BC+\dfrac{1}{2}AC\cdot DE=3\sqrt{3}$。

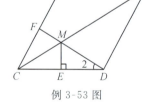

例 3-52 答图

(2)过 D 作 $DF\perp AB$ 于 F,则 $\angle DAF=60°$,$DF=\sqrt{3}$,$AF=1$,故 $BD=\sqrt{DF^2+BF^2}=\sqrt{(\sqrt{3})^2+5^2}=2\sqrt{7}$。

说明:这类问题要求学生有识图能力,注意图形分割的方法与分析,学会标图,符合逻辑地画图。然后,利用三角形特别是特殊三角形的性质,数形结合,就能解决问题。

例 3-53 如图,在菱形 $ABCD$ 中,F 为 BC 边上的中点,DF 与对角线 AC 交于 M,过 M 作 $ME\perp CD$ 于点 E,$\angle 1=\angle 2$。(1)若 $CE=1$,求 BC 的长;(2)求证 $AM=DF+ME$。

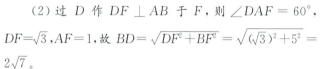

例 3-53 图

(1)**解**:因为 $ABCD$ 是菱形,所以 $AB/\!/CD$。又 $\angle 1=\angle 2$,所以 $\angle ACD=\angle 2$,即 $MC=MD$。因为 $ME\perp CD$,所以 $CD=2CE$,$CE=1$,从而 $BC=CD=2$。

(2)**证明**:如图,因为 F 为 BC 边上的中点,所以 $CF=CE$。在菱形 $ABCD$ 中,$\angle ACB=\angle ACD$。易证 $\triangle CEM\cong\triangle CFM$,所以 $ME=MF$。

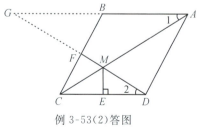

例 3-53(2)答图

延长 AB 交 DF 于点 G,因为 $AB/\!/CD$,所以 $\angle G=\angle 2$,从而 $\angle G=\angle 1$,进而 $AM=MG$。

易证 $\triangle CDF\cong\triangle BGF$,所以 $GF=DF$。又由图形可知,$GM=GF+MF$,所以 $AM=DF+ME$。

说明:作出辅助线构造出全等三角形,利用数形结合,是解决问题的关键。本题用到了菱形的性质,全等三角形的判断与性质,等角对等边的性质以及等腰三角形的性质。

例 3-54　如图,已知 P 是 ⊙O 外一点,PO 交 ⊙O 于点 C,$OC = CP = 2$,弦 $AB \perp OC$,劣弧 AB 的度数为 $120°$,连接 PB。(1)求 BC 的长;(2)求证 PB 是 ⊙O 的切线。

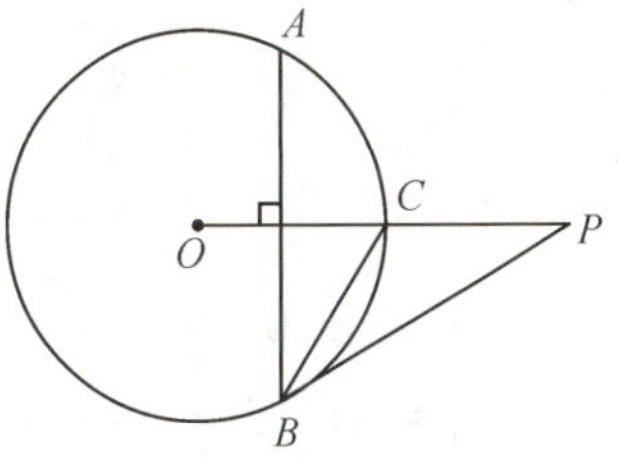

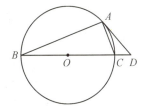

例 3-54 图

(1)**解**:连接 OB,因为弦 $AB \perp OC$,劣弧 AB 的度数为 $120°$,所以劣弧 BC 与劣弧 AC 的度数为 $60°$,从而 $\angle BOC = 60°$。又 $OB = OC$,所以 $\triangle BOC$ 是等边三角形,$BC = OC = 2$。

(2)**证明**:因为 $OC = CP$,$BC = OC$,所以 $BC = CP$,进而 $\angle CBP = \angle CPB$。又因为 $\triangle BOC$ 是等边三角形,所以 $\angle OBC = \angle OCB = 60°$,故 $\angle OBP = \angle CBP + \angle OBC = 90°$,即 $OB \perp BP$,从而 PB 是 ⊙O 的切线。

说明:本题主要考查直线与圆的位置关系,综合运用了切线的判断、等边三角形的判断与性质以及等腰三角形的性质。

例 3-55　如图,⊙O 是 $\triangle ABC$ 的外接圆,BC 是 ⊙O 的直径,作 $\angle CAD = \angle B$,且点 D 在 BC 的延长线上。(1)求证 AD 是 ⊙O 的切线;(2)若 $\sin \angle CAD = \dfrac{\sqrt{2}}{4}$,⊙$O$ 的半径为 8,求 CD 的长。

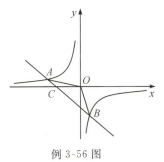

例 3-55 图

(1)**证明**:连接 OA,因为 BC 为 ⊙O 的直径,所以 $\angle BAC = 90°$,从而 $\angle B + \angle BCA = 90°$。又 $\angle OAC = \angle OCA$,$\angle CAD = \angle B$,所以 $\angle CAD + \angle OAC = 90°$,即 $\angle OAD = 90°$,所以 AD 是 ⊙O 的切线。

(2)**解**:在 $\triangle AOD$ 中,$\angle AOD = 2\angle B = 2\angle CAD$,所以 $\angle D = 90° - 2\angle CAD$,于是 $\dfrac{AO}{OC + CD} = \sin \angle D$,即 $\dfrac{8}{8 + CD} = \sin(90° - 2\angle CAD) = \cos 2\angle CAD = 1 - 2\sin^2 \angle CAD = 1 - 2 \times \dfrac{2}{16}$,所以 $CD = \dfrac{8}{3}$。

例 3-56　如图,一次函数 $y = kx + b$ 的图形与反比例函数 $y = \dfrac{m}{x}$ 的图象交于 $A(-2,1)$,$B(1,n)$ 两点。(1)试确定反比例函数和一次函数的解析式;(2)求 $\triangle ABO$ 的面积;(3)当一次函数的值大于反比例函数的值时,根据图形写出 x 的取值范围。

分析:这是初中一次函数与反比例函数问题,主要利用数形结合,确定函数解析式,探求同一坐标系中函数的性质,以及利用函数的性质求函数的值和其他相关内容。

例 3-56 图

解:(1)将 $A(-2,1)$ 代入反比例函数 $y = \dfrac{m}{x}$ 得,$m = -2$,即 $y = -\dfrac{2}{x}$。又 $B(1,n)$ 在反比例函数图象上,所以 $n = -2$,即 $B(1,-2)$。将 $A(-2,1)$ 和 $B(1,-2)$ 代入一次函数 $y = kx + b$ 得 $\begin{cases} -2k + b = 1 \\ k + b = -2 \end{cases}$,解之得 $\begin{cases} k = -1 \\ b = -1 \end{cases}$。所以,一次函数的表达式为 $y = -x - 1$。

（2）$y=-x-1$ 与 y 轴的交点为 $C(-1,0)$，于是 $S_{\triangle ABO}=S_{\triangle ACO}+S_{\triangle BCO}=\dfrac{1}{2}\times2\times1+\dfrac{1}{2}\times1\times1=\dfrac{3}{2}$。

（3）由图形可知，当 $x<-2$ 或 $0<x<1$ 时，一次函数的值大于反比例函数的值。

例 3-57 已知 x 是实数，求函数 $f(x)=\sqrt{x^2-2x+2}+\sqrt{x^2-10x+34}$ 的最小值。

解：把函数变形为 $f(x)=\sqrt{(x-1)^2+1^2}+\sqrt{(x-5)^2+3^2}$，此式看作平面直角坐标系中的动点 $P(x,0)$ 到 $A(1,1)$ 与 $B(5,3)$ 的距离之和。作出 A 关于 x 轴的对称点 $A'(1,-1)$，则 $A'B$ 与 x 轴的交点 $C(2,0)$ 到 A,B 的距离最小，最小距离为 $4\sqrt{2}$（图形略）。

说明：在使用数形结合法时，观察和联想很重要。例如，求函数 $f(m,n)=(m-n)^2+\left(\sqrt{2-m^2}-\dfrac{9}{n}\right)^2$ 的最小值。通过观察可以看到，函数的表达式可解释为两个动点 $A(m,\sqrt{2-m^2})$，$B\left(n,\dfrac{9}{n}\right)$ 距离的平方。由此可构造几何模型，显然直线 $m=n$ 与半圆 $m^2+n^2=2(m>0)$ 和双曲线 $mn=9$ 的交点 A,B 之间的距离平方即为所求，最小值为 8。数形结合法在圆锥曲线的求解中常用，参见第 8 章。

例 3-58 已知 $0<\alpha<\dfrac{\pi}{2}$，$0<\beta<\dfrac{\pi}{2}$，求函数 $z=(\sqrt{6}\sin\alpha-3\tan\beta)^2+(\sqrt{6}\cos\alpha-3\cot\beta)^2$ 的最小值。

解：设 $x=\sqrt{6}\sin\alpha$，$y=\sqrt{6}\cos\alpha$，得到圆弧 $C_1:x^2+y^2=6(x>0,y>0)$。又设 $x=3\tan\beta$，$y=3\cot\beta$，得到等轴双曲线 $C_2:xy=9(x>0,y>0)$。因此，z 的几何意义是曲线 C_1 与 C_2 上点之间距离的平方。设过圆心 O 的直线 $y=x$ 与 C_1,C_2 交于 A,B，则 $(AB)^2$ 即为 z 的最小值，即 $z_{\min}=(OB-OA)^2=(3\sqrt{2}-\sqrt{6})^2=12(2-\sqrt{3})$。

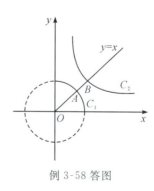

例 3-58 答图

例 3-59 求使方程 $|x-1|-|x-2|+2|x-3|=c$ 恰有两个解的所有 c。

解：令 $f(x)=|x-1|-|x-2|+2|x-3|$，则 $f(x)=\begin{cases}2x-5,x\geqslant3\\-2x+7,2\leqslant x\leqslant3\\3,1\leqslant x\leqslant2\\-2x+5,x\leqslant1\end{cases}$，

在平面直角坐标系中画出相应图形，作出相应区间上的线段，得到分段点 $(1,3)$，

$(2,3)$，$(3,1)$。

由图形知，方程恰有两个解就是图象与 $y=c$ 恰好有两个交点，容易得到 $1<c<3$ 或 $c>3$。

3.7　换元法

把某个表达式看成一个整体，用一个变量去代替它，从而使问题得到简化，这种解题方法叫换元法。换元的实质是转化，关键是构造新元和设元；其理论依据是等量代换，目的是变换研究对象，将原问题映射到新对象的知识背景中去研究，从而使非标准型问题标准化、复杂问题简单化。新问题解决后，再反演到原来的问题。

换元法又称辅助元素法、变量代换法。通过引进新的变量，就可以把分散的条件联系起来，隐含的条件显露出来，或者把条件与结论联系起来，或者变为熟悉的形式，把复杂的计算和推证简化。它可以化高次为低次、化分式为整式、化无理式为有理式、化超越式为代数式，在研究方程、不等式、函数、数列、三角等问题中有广泛的应用。

例 3-60　解方程 (1) $\sqrt{x^2+1}+x^2=1$；(2) $4^x+9^x+25^x=6^x+10^x+15^x$；

(3) $(16x^2-9)^2+(16x^2-9)(9x^2-16)+(9x^2-16)^2=(25x^2-25)^2$；

(4) $(2x+7)^4+(2x+3)^4=82$；

(5) $6x^4+5x^3-38x^2+5x+6=0$；

(6) $\sqrt[3]{(8-x)^2}+\sqrt[3]{(27+x)^2}=\sqrt[3]{(8-x)(27+x)}+7$；

(7) $x+\dfrac{x}{\sqrt{x^2-1}}=\dfrac{35}{12}$；

(8) $\sqrt{x+1}+\sqrt{x-1}-\sqrt{x^2-1}=x$。

解：(1) 令 $\sqrt{x^2+1}=t\,(t>0)$（把无理方程映射到有理方程。若两边平方，则方程的次数会变得很高，不易求解），则 $x^2=t^2-1$，从而原方程化为 $t^2+t-2=0$。解之得 $t=1$，$t=-2$（舍）。（再反演）由 $\sqrt{x^2+1}=1$ 得 $x=0$。

(2) 先变形转化，方程可化为 $(2^x)^2+(3^x)^2+(5^x)^2=2^x3^x+2^x5^x+3^x5^x$，再换元（把指数方程映射到代数方程）令 $2^x=a$，$3^x=b$，$5^x=c$，则问题简化为 $a^2+b^2+c^2=ab+ac+cb$，即 $(a-b)^2+(b-c)^2+(c-a)^2=0$。从而有 $a=b=c$。即 $2^x=3^x=5^x$，或 $x\ln2=x\ln3=x\ln5$，故 $x=0$。

(3) 令 $16x^2-9=a$，$9x^2-16=b$，可得 $ab=0$，$x_{1,2}=\pm\dfrac{3}{4}$，$x_{3,4}=\pm\dfrac{4}{3}$。

(4) 令 $\dfrac{(2x+7)+(2x+3)}{2}=2x+5=y$，方程可化为 $(y^2+25)(y^2-1)=0$，$y=\pm5\mathrm{i}$，$y=\pm1$。可得 $x=-2,-3,\dfrac{-5\pm5\mathrm{i}}{2}$。

(5) 为了求解 $ax^4+bx^3+cx^2+bx+a=0\,(a\neq0)$，我们集中系数相同的项得 $a(x^4+1)+b(x^3+x)+cx^2=0$。

由于 $x\neq0$，两边同除以 x^2 得 $a\left(x^2+\dfrac{1}{x^2}\right)+b\left(x+\dfrac{1}{x}\right)+c=0$；然后设 $x+\dfrac{1}{x}=y$，则 $x^2+\dfrac{1}{x^2}=y^2-2$，从而原方程化为关于 y 的一元二次方程。对于本题，代入原方程可得

$6y^2+5y-50=0$,解之得 $y=\dfrac{5}{2}$,$-\dfrac{10}{3}$,从而 $x=2$,$\dfrac{1}{2}$,-3,$-\dfrac{1}{3}$。

说明:上述方法可用于求解如下方程:$ax^4+bx^3+cx^2+bx+a=0$ 和 $ax^4+bx^3+cx^2+bqx+aq^2=0$。

而对于方程 $2x^5+5x^4-13x^3-13x^2+5x+2=0$,因为奇次项与偶次项系数相等,必有根 $x=-1$。方程两边消去因子 $x+1$,则可化为上述方程。解得 $x=-1$,$2\pm\sqrt{3}$,-2,$\dfrac{1}{2}$。

(6)因为 $\sqrt[3]{8-x}$ 与 $\sqrt[3]{27+x}$ 的立方和是常数 35,令 $\sqrt[3]{8-x}=u$,$\sqrt[3]{27+x}=v$,则 $\begin{cases}u^2+v^2-uv=7\\u^3+v^3=35\end{cases}$,解之得 $u=2,3$,从而 $x=0,-19$。经检验 $x=0,-19$ 是原方程的根。

(7)注意到 $x>1$,令 $x=\sec t$,$t\in\left(0,\dfrac{\pi}{2}\right)$,得 $1225\sin^2 2t-576\sin 2t-576=0$,$\sin 2t=\dfrac{24}{25}$,进而 $\cos 2t=\pm\dfrac{7}{25}$,利用二倍角公式得 $\cos t=\dfrac{4}{5}$,$\dfrac{3}{5}$,从而 $x=\dfrac{5}{4}$,$\dfrac{5}{3}$。经检验 $x=\dfrac{5}{4}$,$\dfrac{5}{3}$ 是原方程的根。

(8)注意到 $\sqrt{x+1}\cdot\sqrt{x-1}=\sqrt{x^2-1}$,且 $\dfrac{1}{2}((\sqrt{x+1})^2+(\sqrt{x-1})^2)=x$,设 $\sqrt{x+1}=s>0$,$\sqrt{x-1}=t>0$,则 $s+t-st=\dfrac{1}{2}(s^2+t^2)$,即 $(s+t)(s+t-2)=0$,得到 $s+t=2$。又 $s^2-t^2=2$,所以 $s-t=1$,从而 $s=\dfrac{3}{2}$,进而 $x=\dfrac{5}{4}$。经检验 $x=\dfrac{5}{4}$ 是原方程的根。

例 3-61 解不等式 $\sqrt{4-\log_{0.3}x}<\log_{0.3}x-2$。

解:把对数 $\log_{0.3}x$ 看成一个整体,令 $\log_{0.3}x=t$(超越代换),则原不等式等价于不等式组 $\begin{cases}4-t\geqslant 0\\t-2\geqslant 0\\4-t<(t-2)^2\end{cases}$,解关于 t 的不等式组得 $3\leqslant t\leqslant 4$。(再进行反演)于是有:$3\leqslant\log_{0.3}x\leqslant 4$,即 $\left(\dfrac{3}{10}\right)^4\leqslant x\leqslant\left(\dfrac{3}{10}\right)^3$。

说明:对超越方程,我们常常是令带对数或指数的函数项为一个新的变量换元。

例 3-62 如果函数 $f(x)$ 满足 $f(x^2-3)=\lg\dfrac{x^2}{6-x^2}$,那么 $f(x)$ 的定义域是多少。

解:先换元,求出 $f(x)$。令 $t=x^2-3$(有理式的代换),则有 $f(t)=\lg\dfrac{t+3}{3-t}$,即 $f(x)=\lg\dfrac{x+3}{3-x}$。于是,由 $\dfrac{x+3}{3-x}>0$ 得,$-3<x<3$。

说明:在进行换元时,要采取灵活的方式。例如,求函数 $y=\sin x\cos x+\sin x+\cos x$ 的最大值。要联想到 $\sin x\cos x$ 与 $\sin x+\cos x$ 的关系,可令 $\sin x+\cos x=t$,则 $|t|\leqslant\sqrt{2}$,且 $\sin x\cos x=\dfrac{1}{2}(t^2-1)$,从而 $y=\dfrac{1}{2}(t^2-1)+t=\dfrac{1}{2}(t+1)^2-1$。当 $t=\sqrt{2}$ 时,$y_{\max}=\sqrt{2}+\dfrac{1}{2}$。

例 3-63　求圆 $x^2+y^2=1$ 的圆心到直线系 $f(x,y)=ax+y+3a^2+15=0(a\in\mathbf{R},a$ 是参数)距离的最小值。

解：圆心 $(0,0)$ 到直线的距离为 $d=\dfrac{3a^2+15}{\sqrt{a^2+1}}$。令 $\sqrt{a^2+1}=t(t>0)$（无理式的代换）

则 $d=\dfrac{3a^2+15}{\sqrt{a^2+1}}=\dfrac{3t^2+12}{t}=3t+\dfrac{12}{t}\geqslant12$，当且仅当 $3t=\dfrac{12}{t}$，即 $t=2$ 时等号成立。（再反

演）从而当 $\sqrt{a^2+1}=2,a=\pm\sqrt{3}$ 时，圆心到直线的距离最小，其最小值为 12。

例 3-64　求函数 $y=\sqrt{x}+\sqrt{1-x}$ 的最大值。

解：函数的定义域是 $x\in[0,1]$，所以把问题映射到三角函数中，令 $x=\sin^2\alpha$，$\alpha\in\left[0,\dfrac{\pi}{2}\right]$（三角代换），则 $1-x=\cos^2\alpha$。于是，原函数化为 $y=\sin\alpha+\cos\alpha=\sqrt{2}\times$

$\sin\left(\alpha+\dfrac{\pi}{4}\right)\leqslant\sqrt{2}$，所以 y 的最大值为 $\sqrt{2}$，当 $\alpha=\dfrac{\pi}{4}$，即 $x=\dfrac{1}{2}$ 时取最大值。

例 3-65　求函数 $y=\dfrac{2+x}{1+\sqrt{1-x^2}}+\dfrac{1-\sqrt{1-x^2}}{x}$ 的值域。

解：由题意 $-1\leqslant x\leqslant1,x\neq0$，则可令 $x=\sin t,t\in\left[-\dfrac{\pi}{2},\dfrac{\pi}{2}\right]$，且 $t\neq0$，于是 $y=$

$\dfrac{2(1+x)}{1+\sqrt{1-x^2}}=\dfrac{2(1+\sin t)}{1+\cos t}$，即 $\dfrac{y}{2}=\dfrac{1+\sin t}{1+\cos t}$。

$\dfrac{y}{2}$ 的值可以看成是点 $(-1,-1)$ 与点 $(\cos t,\sin t)$ 连线的斜率，那么由几何性质得 $\dfrac{y}{2}\in$

$\left[0,\dfrac{1}{2}\right)\cup\left(\dfrac{1}{2},2\right]$，即 $y\in[0,1)\cup(1,4]$。

说明：在用换元法求函数的值域时，一定要根据函数的特点灵活变化。例如，求 $y=$

$\dfrac{a+2b}{4a+3b},a,b\in\mathbf{N}_+$ 的值域。这是一个二元函数问题，要设法化为一元函数问题。因为 $y=$

$\dfrac{a+2b}{4a+3b}=\dfrac{1}{4}\cdot\dfrac{(4a+3b)+5b}{4a+3b}=\dfrac{1}{4}+\dfrac{5}{4}\cdot\dfrac{b}{4a+3b}=\dfrac{1}{4}+\dfrac{5}{4}\cdot\dfrac{1}{4\dfrac{a}{b}+3}$。令 $\dfrac{a}{b}=x$，因为 a，

$b\in\mathbf{N}_+$，所以 $0<x<+\infty,x\in\mathbf{Q}$（有理数）。从而 $3<4x+3<+\infty,0<\dfrac{1}{4x+3}<\dfrac{1}{3},\dfrac{1}{4x+3}\in\mathbf{Q}$，

进而 $\dfrac{1}{4}<y<\dfrac{1}{4}+\dfrac{5}{4}\cdot\dfrac{1}{3}=\dfrac{2}{3},y\in\mathbf{Q}$。

例 3-66　已知 $\cos\left(x-\dfrac{\pi}{4}\right)=\dfrac{\sqrt{2}}{10},x\in\left(\dfrac{\pi}{2},\dfrac{3\pi}{4}\right)$，求 $\sin x$ 的值。

解：如果将 $\cos\left(x-\dfrac{\pi}{4}\right)$ 展开，计算比较繁琐。所以把 $x-\dfrac{\pi}{4}$ 看成一个整体，令 $x-\dfrac{\pi}{4}=y$，

则 $x=\left(x-\dfrac{\pi}{4}\right)+\dfrac{\pi}{4}=y+\dfrac{\pi}{4}$。于是，由 $\cos\left(x-\dfrac{\pi}{4}\right)=\dfrac{\sqrt{2}}{10},x\in\left(\dfrac{\pi}{2},\dfrac{3\pi}{4}\right)$ 得 $\cos y=\dfrac{\sqrt{2}}{10}$，

$y\in\left(\dfrac{\pi}{4},\dfrac{\pi}{2}\right),\sin y=\sqrt{1-\cos^2 y}=\dfrac{7\sqrt{2}}{10}$。

从而，$\sin x = \sin\left(y + \dfrac{\pi}{4}\right) = \sin y \cos\dfrac{\pi}{4} + \cos y \sin\dfrac{\pi}{4} = \dfrac{7\sqrt{2}}{10}\dfrac{\sqrt{2}}{2} + \dfrac{\sqrt{2}}{10}\dfrac{\sqrt{2}}{2} = \dfrac{4}{5}$。

例 3-67 是否存在常数 a，使函数 $y = \sin^2 x + a\cos x + \dfrac{5}{8}a - \dfrac{3}{2}$ 在闭区间 $\left[0, \dfrac{\pi}{2}\right]$ 上的最大值是 1。若存在，求出 a 的值；若不存在，请说明理由。

解：由 $y = \sin^2 x + a\cos x + \dfrac{5}{8}a - \dfrac{3}{2} = 1 - \cos^2 x + a\cos x + \dfrac{5}{8}a - \dfrac{3}{2} = -\left(\cos x - \dfrac{a}{2}\right)^2 + \dfrac{a^2}{4} + \dfrac{5}{8}a - \dfrac{1}{2}$，令 $t = \cos x$（三角代换），把原问题转化为二次函数在定区间上（动轴）求最值的问题，则有 $y = -\left(t - \dfrac{a}{2}\right)^2 + \dfrac{a^2}{4} + \dfrac{5}{8}a - \dfrac{1}{2}$，$t \in [0, 1]$。

(1) 当 $\dfrac{a}{2} > 1$，即 $a > 2$ 时，抛物线开口向下，t 在对称轴左侧，故 $t = 1$ 时 $y_{\max} = a + \dfrac{5}{8}a - \dfrac{1}{2} = 1$，从而 $a = \dfrac{20}{13} < 2$（舍）。

(2) $0 \leqslant \dfrac{a}{2} \leqslant 1$，即 $0 \leqslant a \leqslant 2$ 时，抛物线开口向下，$t = \dfrac{a}{2}$ 时，$y_{\max} = \dfrac{a^2}{4} + \dfrac{5}{8}a - \dfrac{1}{2} = 1$，从而 $a = \dfrac{3}{2}$ 或 $a = -4$（舍）。

(3) 当 $\dfrac{a}{2} < 0$，即 $a < 0$ 时，抛物线开口向下，t 在对称轴右侧，故 $t = 0$ 时 $y_{\max} = \dfrac{5}{8}a - \dfrac{1}{2} = 1$，从而 $a = \dfrac{12}{5} > 0$（舍）。

综上所述，当 $a = \dfrac{3}{2}$ 时，y 可取最大值 1。

例 3-68 问当 x 为何值时，函数 $y = \dfrac{x - x^3}{1 + 2x^2 + x^4}$ 有最值，并求出这个最值。

分析：此题用代数法或求导法比较麻烦。注意到 $y = \dfrac{x(1 - x^2)}{(1 + x^2)^2} = \dfrac{x}{1 + x^2} \cdot \dfrac{1 - x^2}{1 + x^2}$，可考虑用万能公式。

解：设 $x = \tan u$，$-\dfrac{\pi}{2} < u < \dfrac{\pi}{2}$（三角代换）代入已知函数得 $y = \dfrac{\tan u}{1 + \tan^2 u} \cdot \dfrac{1 - \tan^2 u}{1 + \tan^2 u} = \dfrac{1}{2}\sin 2u \cdot \cos 2u = \dfrac{1}{4}\sin 4u$，即 $y = \dfrac{1}{4}\sin 4u$，$-2\pi < 4u < 2\pi$。

当 $\sin 4u = 1$ 时，$u = \dfrac{\pi}{8}$，$-\dfrac{3}{8}\pi$，即当 $x = \pm\sqrt{2} - 1$ 时，$y_{\max} = \dfrac{1}{4}$。

当 $\sin 4u = -1$ 时，$u = \dfrac{3}{8}\pi$，$-\dfrac{\pi}{8}$，即当 $x = \pm\sqrt{2} + 1$ 时，$y_{\min} = -\dfrac{1}{4}$。

例 3-69 已知 $x + 2y + 3z + 4u + 5v = 30$，求 $w = x^2 + 2y^2 + 3z^2 + 4u^2 + 5v^2$ 的最小值。

分析：注意题目的结构，可考虑用加权平均的思想。

解：因为 $30 \div (1 + 2 + 3 + 4 + 5) = 2$，可设 $x = a + 2$，$y = b + 2$，$z = c + 2$，$u = d + 2$，$v = e + 2$（技巧），代入已知等式得 $a + 2b + 3c + 4d + 5e = 0$。

又 $w=x^2+2y^2+3z^2+4u^2+5v^2$

$=(a+2)^2+2(b+2)^2+3(c+2)^2+4(d+2)^2+5(e+2)^2$

$=60+4(a+2b+3c+4d+5e)+a^2+2b^2+3c^2+4d^2+5e^2$

$=60+a^2+2b^2+3c^2+4d^2+5e^2\geqslant 60$,

当且仅当 $a=b=c=d=e=0$ 时等号成立,即 $x=y=z=u=v=2$ 时,w 取最小值 60。

说明:换元法可处理极值问题。设 $x>0,y>0$,求 $z=\dfrac{\sqrt{x}+\sqrt{y}}{\sqrt{x+y}}$ 的极值。这是个二元

函数,处理起来有些困难。考虑到 $(\sqrt{x})^2+(\sqrt{y})^2=(\sqrt{x+y})^2$,所以分别以 $\sqrt{x}$,$\sqrt{y}$,

$\sqrt{x+y}$ 为边可构成直角三角形。设 $\dfrac{\sqrt{x}}{\sqrt{x+y}}=\sin\alpha,\dfrac{\sqrt{y}}{\sqrt{x+y}}=\cos\alpha\left(0<\alpha<\dfrac{\pi}{2}\right)$,所以

$\dfrac{\sqrt{x}+\sqrt{y}}{\sqrt{x+y}}=\sin\alpha+\cos\alpha=\sqrt{2}\sin\left(\alpha+\dfrac{\pi}{4}\right)\leqslant\sqrt{2}$,即当 $\alpha=\dfrac{\pi}{4}$ 时,z 取极大值 $\sqrt{2}$。

例 3-70　设 x_1,x_2,x_3 是方程 $\tan(\alpha+\beta-x)\tan(x+\beta-\alpha)\tan(\alpha+x-\beta)=1$ 的一组

实根,求证 $x_1+x_2+x_3=n\pi+\left(\alpha+\beta+\dfrac{\pi}{4}\right),n\in\mathbf{Z}$。

证明:设 $\tan x=t,\tan(\alpha+\beta)=a,\tan(\alpha-\beta)=b$,则 $\dfrac{a-t}{1+at}\cdot\dfrac{t-b}{1+bt}\cdot\dfrac{t+b}{1-bt}=1$,去分母,

整理得 $(ab^2-1)t^3+(a+b^2)t^2-(a-b^2)t-(ab^2+1)=0$。

因为 x_1,x_2,x_3 是原方程的一组实根,所以 $t_1=\tan x_1,t_2=\tan x_2,t_3=\tan x_3$ 必为(1)

的三个根。根据韦达定理,有 $t_1+t_2+t_3=\dfrac{a+b^2}{ab^2-1}$,$t_1t_2+t_2t_3+t_3t_1=-\dfrac{a-b^2}{ab^2-1}$,$t_1t_2t_3=$

$\dfrac{ab^2+1}{ab^2-1}$。

又 $\tan(x_1+x_2+x_3)=\dfrac{(\tan x_1+\tan x_2+\tan x_3)-\tan x_1\tan x_2\tan x_3}{1-(\tan x_1\tan x_2+\tan x_2\tan x_3+\tan x_1\tan x_3)}$

$=\dfrac{(t_1+t_2+t_3)-t_1t_2t_3}{1-(t_1t_2+t_2t_3+t_3t_1)}=\dfrac{1+a}{1-a}$

$=\dfrac{1+\tan(\alpha+\beta)}{1-\tan(\alpha+\beta)}=\tan\left(\alpha+\beta+\dfrac{\pi}{4}\right)$,

从而得到 $x_1+x_2+x_3=n\pi+\left(\alpha+\beta+\dfrac{\pi}{4}\right),n\in\mathbf{Z}$。

3.8　参数法

参数法是指在数学解题过程中,通过选定题目中或适当引入一个(或几个)与题目的研究对象发生联系的变量,以此作为媒介,进行分析、计算和推理,从而解决问题的数学方法。

用参数法解题的一般步骤是从问题所对应的关系式的需要考虑,引入参数,列出目标关系式,根据题设条件或图形的几何性质,将目标关系式进行化简变形,从而求得结果。

例如,在平面直角坐标系中,建立点的轨迹时,若直接建立不太方便,可以选择参数

t，先建立关系 $x=\varphi(t)$，$y=\psi(t)$，再根据需要消去 t，从而建立起 x,y 之间的关系。

再例如，直线系、圆系、二次曲线系方程中的任意常数 λ 就是参数。设 $S_i=a_ix^2+b_ixy+c_iy^2+d_ix+e_iy+f_i=0$，$i=1,2$ 为两个二次曲线方程，则 $S_1(x,y)=\lambda S_2(x,y)$ 为过已知二次曲线 $S_1(x,y)=0$ 与 $S_2(x,y)=0$ 交点的二次曲线的全体（$S_2(x,y)=0$ 除外），其中 λ 是参数。它的作用是刻画二次曲线集合的变化状态，揭示它们之间的内在联系。根据附加条件，可以求它们中符合附加条件的那一条二次曲线的方程（就是利用附加条件，求出 λ 的值）。

同样，$S_1(x,y)+\lambda(ax+by+c)=0$ 为过已知二次曲线 $S_1(x,y)=0$ 与直线 $ax+by+c=0$ 交点的二次曲线的全体（$ax+by+c=0$ 除外），其中 λ 是参数。

例 3-71　一个圆经过点 $(-2,-4)$ 且与直线 $x+3y-26=0$ 相切于 $(8,6)$，求该圆的方程。

分析：我们可以通过两次一般化来求解这个问题。先把点 $(8,6)$ 看作一个半径等于零的圆：$(x-8)^2+(y-6)^2=0$。这样，点 $(8,6)$ 在直线 $x+3y-26=0$ 上，可理解为直线与点圆有公共点。

解：把过直线与点圆的公共点的圆系方程写出来：$(x-8)^2+(y-6)^2+\lambda(x+3y-26)=0$，在圆系方程中寻找过点 $(-2,-4)$ 的圆。把点 $(-2,-4)$ 代入圆系方程得：$\lambda=5$。

故所求圆的方程为：$(x-8)^2+(y-6)^2+5(x+3y-26)=0$。

例 3-72　两抛物线 $y=x^2+2cx+b^2$ 和 $y=x^2+2ax-b^2$ 与 x 轴交于同一点（非原点），且 $a,b+1,c$ 成等差数列，求点 (a,b) 的轨迹方程，其中 a,b,c 均为实数。

分析：因为 a,b,c 均为实变数，欲求点 (a,b) 的轨迹方程，选 c 为参数。两抛物线与 x 轴交于同一点，即方程 $x^2+2cx+b^2=0$ 和 $x^2+2ax-b^2=0$ 有公共根 $x_0\neq0$。按照轨迹条件，列出含 a,b,c 的方程，消去参数 c 即得轨迹方程。

解：因为 $a,b+1,c$ 成等差数列，所以 $c+a=2(b+1)$。

记 $x_0\neq0$ 为方程 $x^2+2cx+b^2=0$ 和 $x^2+2ax-b^2=0$ 的公共根，则由两个方程相加得 $2x_0^2+2(c+a)x_0=0$，即 $x_0=-(c+a)$。又由两个方程相减得 $2(c-a)x_0+2b^2=0$，即 $(c-a)x_0+b^2=0$。把 $x_0=-(c+a)$ 代入此式得 $a^2+b^2=c^2$。

由 $c+a=2(b+1)$ 与 $a^2+b^2=c^2$ 消去 c 即得 $3b^2-4ab-4a+8b+4=0$。

例 3-73　设 w,z 为复数，w 的方程 $w^2+zw+zi=0$（i 为虚单位）恒有实根 a（a 为实变数），求点 z 的轨迹方程。

分析：因为 a 为实变数，w 的方程的根在变，所以 z 也在变。一旦 a 确定，则 z 也随之确定。因此，a 可刻画 z 的变化状态，从而可取为 a 参数。

解：w 的方程 $w^2+zw+zi=0$ 恒有实根 a，故 $a^2+za+zi=0$。令 $z=x+yi$（$x,y\in\mathbf{R}$），代入上式并令实部和虚部分别相等得，$a^2+ax-y=0$，$x+ay=0$。消去 a：当 $y=0$ 时，则 $x=0$，轨迹为原点；当 $y\neq0$ 时，则得 $x^2=\dfrac{y^3}{1-y}$（$y\neq1$）。故点 z 的轨迹方程为 $x^2=\dfrac{y^3}{1-y}$。（此曲线称为蔓叶线）

例 3-74　已知 $9x^2+16y^2=144$。求这个椭圆上的点的横坐标与纵坐标之和的最大值与最小值。

解：设椭圆上点的坐标为 (x, y)，则原问题就是求 $x+y$ 的最大值与最小值。但直接求解比较麻烦。所以，引进参数 a，令 $x+y=a$。这样就多了一个关系，增加了自由度。我们把 $x+y=a$ 变形为 $y=-x+a$，把它看成是斜率为 -1 的直线系方程。

如图，当直线系与椭圆相切时截距 a 取最大或最小，于是，由 $9x^2+16y^2=144$ 与 $y=-x+a$ 联立，并令判别式为零，得到 $y=-x\pm5$。$\left(\text{或：若椭圆 } \dfrac{x^2}{a^2}+\dfrac{y^2}{b^2}=1 \text{ 的切线斜率为 } k，则切线方程为 } y=kx\pm\sqrt{a^2k^2+b^2}\right)$，即 $x+y$ 的最大值与最小值是 5 与 -5。

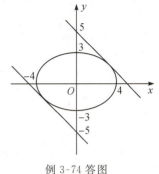

例 3-74 答图

例 3-75　给定双曲线 $x^2-\dfrac{y^2}{2}=1$，过点 $A(2,1)$ 的直线为 l，l 与双曲线交于两点 P_1，P_2，求线段 P_1P_2 中点的轨迹方程。

解法一（参数法）：过点 $A(2,1)$ 的直线 l 只要其斜率 k 确定，直线就确定了。因此，可把 k 设为参数。设直线方程为 $y=k(x-2)+1$。将直线方程代入双曲线方程，并整理得 $(2-k^2)x^2+(4k^2-2k)x-4k^2+4k-3=0$。

再设 $P_1(x_1,y_1)$，$P_2(x_2,y_2)$，中点 $P(x',y')$，则由韦达定理得 $x_1+x_2=\dfrac{4k^2-2k}{k^2-2}(k^2-2\neq0)$，从而 $x'=\dfrac{1}{2}(x_1+x_2)=\dfrac{2k^2-k}{k^2-2}$。

又 $P(x,y)$ 在直线上，所以 $y'=k(x'-2)+1=\dfrac{2(2k-1)}{k^2-2}$。

故所求的轨迹的参数方程为 $\begin{cases} x'=\dfrac{2k^2-k}{k^2-2} \\ y'=\dfrac{2(2k-1)}{k^2-2} \end{cases}$，$k$ 为参数。

解法二（点差法）：设 $P_1(x_1,y_1)$，$P_2(x_2,y_2)$，P_1P_2 的中点 $P_0(x,y)$。因为 $P_1(x_1,y_1)$，$P_2(x_2,y_2)$ 在双曲线上，所以有 $x_1^2-\dfrac{y_1^2}{2}=1$，$x_2^2-\dfrac{y_2^2}{2}=1$，两式相减得：$x_1^2-x_2^2-\left(\dfrac{y_1^2}{2}-\dfrac{y_2^2}{2}\right)=0$，整理得 $\dfrac{y_1+y_2}{x_1+x_2}\cdot\dfrac{y_1-y_2}{x_1-x_2}=2$，故 $\dfrac{2y}{2x}\cdot\dfrac{y-1}{x-2}=2$，即 $y^2-2x^2+4x-y=0$。

说明：该问题也可以以截距为参数，也可以直接用直线的点斜式参数方程。消去参数后，方程化为 $y'^2-2x'^2+4x'-y'=0$。

例 3-76　分解因式 $a^3(b-c)+b^3(c-a)+c^3(a-b)$。

解：设 $a-b=m$，$b-c=n$，则 $a-c=m+n$。从而，

原式 $=a^3n-b^3(m+n)+c^3m=n(a^3-b^3)+m(b^3-c^3)$

$\qquad=mn(a^2+ab+b^2)-mn(b^2+bc+c^2)=mn[(a^2-c^2)+b(a-c)]$

$\qquad=(a-b)(b-c)(a-c)(a+b+c)$。

说明：类似地，可分解因式 $(a+b)(b+c)(c+a)+abc$。设 $a+b+c=m$，则可得原式 $=(a+b+c)(ab+bc+ca)$。

例 3-77　若 $\sin A+\cos B=1$,求 $\cos A+\sin B$ 的取值范围。

解:引入参数,设 $\cos A+\sin B=y$,又 $\sin A+\cos B=1$,两式两边平方并相加得 $\sin(A+B)=\dfrac{1}{2}(y^2-1)$,考虑到 $-1\leqslant\sin(A+B)\leqslant1$,从而得 $-\sqrt{3}\leqslant y\leqslant\sqrt{3}$,即 $\sin A+\cos B$ 的取值范围为 $\left[-\sqrt{3},\sqrt{3}\right]$。

例 3-78　已知 $x>y>z>0,w>z,xz-yw>0$,求证 $x+z>y+w$。

证明:可设 $x=y+e_1,w=z+e_2,e_1,e_2>0$,则 $xz=yw-ye_2+ze_1$。由 $xz-yw>0$ 可得 $ze_1>ye_2$。又 $y>z>0$,所以 $ye_1>ze_1>ye_2$,从而 $e_1>e_2$。于是,$x+z=(y+e_1)+(w-e_2)=(y+w)+(e_1-e_2)>y+w$。

3.9　待定系数法

待定系数法是指对于某些数学问题,如果已知所求结果具有某种确定的形式,则可引入一些尚待确定的系数来表示这种结果,通过已知条件建立起给定的算式和结果之间的恒等式,得到以待定系数为元的方程或方程组,解之即得待定的系数。待定系数法实际上是一种参数映射法,它广泛应用于多项式的因式分解、求函数的解析式和曲线的方程等。

例 3-79　已知函数 $f(x)$ 是多项式,且 $f(x+1)+f(x-1)=x^2-2x$,求 $f(x)$。

解:题目告诉我们函数 $f(x)$ 是多项式,从结构上看 $f(x)$ 是二次函数,可设 $f(x)=ax^2+bx+c(a\neq0)$。这就是借助参数 a,b,c 作映射变换,把原来的关系映射到关于 a,b,c 的关系中。"求函数表达式"这一原像目标就映射为求参数 a,b,c。当我们运用多项式恒等定理把 a,b,c 确定下来后,目标原像也就确定了。于是,$f(x+1)+f(x-1)=a(x+1)^2+b(x+1)+c+a(x-1)^2+b(x-1)+c=x^2-2x$,比较 x 的同次幂系数得 $a=\dfrac{1}{2},b=-1,c=-\dfrac{1}{2}$,即 $f(x)=\dfrac{1}{2}x^2-x-\dfrac{1}{2}$。

例 3-80　已知 $f(x)=x^4+2\sqrt{2}x^3+6x^2+4\sqrt{2}x+4$ 是一个多项式的完全平方,求 $f(x)$ 的平方根。

解:设 $f(x)=x^4+2\sqrt{2}x^3+6x^2+4\sqrt{2}x+4=\left[\pm(x^2+px+q)\right]^2=x^4+2px^3+(p^2+2q)x^2+2pqx+q^2$,根据多项式恒等原理得 $2p=2\sqrt{2},p^2+2q=6,2pq=4\sqrt{2},q^2=4$,解之得 $p=\sqrt{2},q=\pm2$。经检验 $q=-2$ 不适合,应舍去。故所求的平方根是 $\pm(x^2+\sqrt{2}x+2)$。

例 3-81　设 $M(-5,0),N(0,5),P$ 在 $\dfrac{x^2}{6}+\dfrac{y^2}{3}=1$ 上,求 $\triangle MNP$ 面积的最小值。

解:因为直线 MN 的方程为 $y=x+5$,所以可设与 MN 平行且与椭圆相切的直线方程为 $y=x+m$(待定 m)。由 $\begin{cases}\dfrac{x^2}{6}+\dfrac{y^2}{3}=1\\y=x+m\end{cases}$ 消去 y 得 $3x^2+4mx+2m^2-6=0$。再由 $\Delta=0$ 得 $m=\pm3$。

由几何意义知,$m=3$ 时的切点 P 所构成的三角形面积最小。又两直线 $y=x+5$ 与

$y=x+3$ 的距离为 $\sqrt{2}$，所以 $\triangle MNP$ 面积的最小值为 $\dfrac{1}{2} \cdot 5\sqrt{2} \cdot \sqrt{2}=5$。

说明： 对于圆锥曲线中已知某些条件，求曲线方程问题，都可以如此待定。

例 3-82　在整数范围内分解因式：(1) x^3-4x^2+2x+1；(2) $2x^2+3xy-2y^2-5x+5y-3$；(3) $2x^2-5xy+3xz-3y^2+5yz-2z^2$。

解： (1) 易知，$x-1$ 是其一个因式。可设 $x^3-4x^2+2x+1=(x-1)(x^2+ax+b)=x^3+(a-1)x^2+(b-a)x-b$，比较 x 的同次幂系数得，$a=-3,b=-1$。所以 $x^3-4x^2+2x+1=(x-1)(x^2-3x-1)$。

(2) 因为 $2x^2+3xy-2y^2=(x+2y)(2x-y)$，所以设原式 $=(x+2y+l)(2x-y+k)$，待定系数得原式 $=(x+2y-3)(2x-y+1)$。

(3) 因为 $2x^2-5xy-3y^2=(2x+y)(x-3y)$，所以设原式 $=(2x+y+lz)(x-3y+kz)$，待定系数得原式 $=(2x+y-z)(x-3y+2z)$。

例 3-83　求方程 $x^3+mx=n$ 的解。

解： 设 $x=\sqrt[3]{t}-\sqrt[3]{u}$（这种解法源于考虑恒等式 $(a-b)^3+3ab(a-b)=a^3-b^3$，若取 a,b 使 $3ab=m,a^3-b^3=n$，则 $x=a-b$。将 $x^3=-3\sqrt[3]{t}\sqrt[3]{u}(\sqrt[3]{t}-\sqrt[3]{u})+t-u$ 和 $x^3=-mx+n=-m(\sqrt[3]{t}-\sqrt[3]{u})+n$ 比较，有 $m^3=27tu,n=t-u$。

由此知 $t=\sqrt{\left(\dfrac{n}{2}\right)^2+\left(\dfrac{m}{3}\right)^3}+\dfrac{n}{2},u=\sqrt{\left(\dfrac{u}{2}\right)^2+\left(\dfrac{m}{3}\right)^3}-\dfrac{n}{2}$。

故得 $x^3+mx=n\,(m>0,n>0)$ 的解

$$x=\sqrt[3]{\sqrt{\left(\dfrac{n}{2}\right)^2+\left(\dfrac{m}{3}\right)^3}+\dfrac{n}{2}}-\sqrt[3]{\sqrt{\left(\dfrac{u}{2}\right)^2+\left(\dfrac{m}{3}\right)^3}-\dfrac{n}{2}}。$$

3.10　构造法

构造就是构思、创造。构造法是借助于联想，对所研究问题在分析与综合的基础上，结合问题中的已知条件或结论，运用已知的数学理论，在思维中设计出满足条件或结论的数学对象，从而使原问题中隐含的关系和性质在新设计的数学对象中清晰地展现出来，进而达到解决原问题的一种解题方法。构造法主要包括构造辅助元素、构造结论和构造矛盾三种。

例 3-84　已知 a,b,c,A,B,C 均为正数，满足 $a+A=b+B=c+C=k$，求证 $a \cdot B+b \cdot C+c \cdot A<k^2$。

证明： 如图，构造边长为 k 的正三角形 PQR，在各边上取点 L,M,N，其长度如图所示。显然 $S_{\triangle LRM}+S_{\triangle MPN}+S_{\triangle NQL}<S_{\triangle PQR}$，即 $\dfrac{1}{2}aB\sin 60°+\dfrac{1}{2}bC\sin 60°+\dfrac{1}{2}cA\sin 60°<\dfrac{1}{2}k^2\sin 60°$，故 $a \cdot B+b \cdot C+c \cdot A<k^2$。

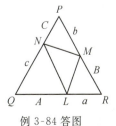

例 3-84 答图

例 3-85　A,B,C,D,E 五个球队进行单循环比赛，比赛进行到一定阶段时统计各队的比赛场数为：A 比赛了 4 场，B 比赛了 3 场，C 比赛了 2 场，D 比赛了 1 场，试判断哪些球队相互比赛过？E 比赛了

几场?

解：用五个点表示 A,B,C,D,E 五个球队，若两对比赛过就连一条线段，构造图形如下。首先，A 比赛了 4 场，从而 A 与其他各个点都相连；再考虑 B,B 比赛了 3 场，但不能与 D 相连，因为 D 只比赛了一场，已经与 A 相连了，从而 B 只能再与 C,E 相连；最后 C 比赛了 2 场，D 比赛了 1 场，已经分别连线了。所以，由图知，E 比赛了 2 场。

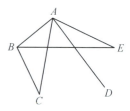

例 3-85 答图

例 3-86 已知两圆外切于 P，过 P 作两条直线，交两圆于 A，B,C,D，求证 $\triangle PAB \backsim \triangle PCD$。

分析：两圆相切是一种位置关系，只有转化成角的关系才能利用。于是，过 P 作两圆的公切线，这样就构造出了新的角。由对顶角和线切角的定义知，$\angle 1 = \angle 2$，$\angle 1 = \angle D$，$\angle A = \angle 2$，故 $\angle A = \angle D$；又 $\angle APB = \angle CPD$，所以 $\triangle PAB \backsim \triangle PCD$。证明从略。

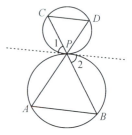

例 3-86 分析图

例 3-87 设 a_i,b_i 是正实数（$i=1,2,\cdots,n$），求证 $(a_1^2 - a_2^2 - \cdots - a_n^2)^2(b_1^2 - b_2^2 - \cdots - b_n^2) \leqslant (a_1b_1 - a_2b_2 - \cdots - a_nb_n)^2$。

证明：若 $\dfrac{a_1}{b_1} = \dfrac{a_2}{b_2} = \cdots = \dfrac{a_n}{b_n} = k$，则 $a_i = kb_i$（$i=1,2,\cdots,n$）。此时，原不等式为等式，故结论成立。若存在某两个比值不相等，不妨设 $\dfrac{a_1}{b_1} \neq \dfrac{a_2}{b_2}$，即 $\dfrac{a_1}{b_1}b_2 - a_2 \neq 0$。

令 $A = a_1^2 - a_2^2 - \cdots - a_n^2$，$B = a_1b_1 - a_2b_2 - \cdots - a_nb_n$，$C = b_1^2 - b_2^2 - \cdots - b_n^2$。显然我们可以假定 $A>0$，这样要证明的结论就可化为 $B^2 - AC > 0$。这就让我们联想到一元二次方程的判别式。所以，构造函数 $f(x) = Ax^2 - 2Bx + C = (a_1x - b_1)^2 - (a_2x - b_2)^2 - \cdots - (a_nx - b_n)^2$。

$f(x)$ 的判别式 $\Delta = 4(B^2 - AC)$，需要证明 $\Delta > 0$。由于 $f(x)$ 的首项系数 $A > 0$，抛物线开口向上。若存在 $f(x_0) < 0$，则 $f(x)$ 的图象必与 x 轴相交，从而 $\Delta > 0$。

事实上，因为 $\dfrac{a_1}{b_1}b_2 - a_2 \neq 0$，取 $x_0 = \dfrac{b_1}{a_1}$，有 $f\left(\dfrac{b_1}{a_1}\right) = -\left(a_2\dfrac{b_1}{a_1} - b_2\right)^2 - \cdots - \left(a_n\dfrac{b_1}{a_1} - b_n\right)^2 < 0$，所以，命题成立。

说明：在用构造法解题或证题时，图形的构造是很重要也是比较困难的一部分。例如，证明在所有底为 b、高为 h 的三角形中，等腰三角形的周长最小。

证明：设 $ABCD$ 和 $EFCD$ 是两个有公共边 $CD=b$ 的矩形（构造图形），且 $BC=CF=h$。记 CD 的中点为 M，而 X 为 CD 上的任意一点，则 $AX+XB = EX+XF \geqslant EB = EM+MB = AM+MB$，因而 $\triangle AMB$ 的周长 $\leqslant \triangle AXB$ 的周长。

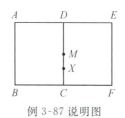

例 3-87 说明图

例 3-88　已知 $a>0,b>0,a+b=1$,求证 $\sqrt{2}<\sqrt{a+\dfrac{1}{2}}+\sqrt{b+\dfrac{1}{2}}\leqslant2$。

证明：因为 $a>0,b>0,a+b=1$,则 $\left(a+\dfrac{1}{2}\right)+\left(b+\dfrac{1}{2}\right)=2$,于是有 $\left(\sqrt{a+\dfrac{1}{2}}\right)^2+\left(\sqrt{b+\dfrac{1}{2}}\right)^2=(\sqrt{2})^2$。

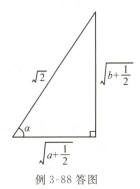

构造辅助元素（图）。我们来构造一个直角三角形,其两直角边分别为 $\sqrt{a+\dfrac{1}{2}},\sqrt{b+\dfrac{1}{2}}$,它们满足上述平方关系,也满足 $a+b=1$。

根据三角形两边之和大于第三边得 $\sqrt{2}<\sqrt{a+\dfrac{1}{2}}+\sqrt{b+\dfrac{1}{2}}$。

于是有 $\sqrt{a+\dfrac{1}{2}}+\sqrt{b+\dfrac{1}{2}}=\sqrt{2}\,(\sin\alpha+\cos\alpha)=\sqrt{2}\cdot\sqrt{2}\sin\left(\alpha+\dfrac{\pi}{4}\right)\leqslant2$。

例 3-88 答图

说明：直接两边平方,用分析法也可以证明。

例 3-89　设 $|a|<1,|b|<1$,求证 $|ab\pm\sqrt{(1-a^2)(1-b^2)}|\leqslant1$。

证明：以 $AB=1$ 为直径作圆,弦 $AC=|a|,AD=|b|$,连接 BC,AD,DC,则 $BC=\sqrt{1-a^2},AD=\sqrt{1-b^2}$。又 $DC\leqslant AB$,由托勒密定理 $AC\cdot BD+AD\cdot BC=AB\cdot DC$ 得：$|a|\cdot|b|+\sqrt{(1-a^2)(1-b^2)}\leqslant1$。由绝对值不等式 $|x\pm y|\leqslant|x|+|y|$ 得 $|ab\pm\sqrt{(1-a^2)(1-b^2)}|\leqslant1$。

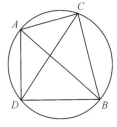

例 3-89 答图

说明：该问题也可以用三角代换来证明。

例 3-90　求证 $1+3+5+\cdots+(2n-1)=n^2$；$1+2+3+\cdots+(n-1)+n+(n-1)+\cdots+3+2+1=n^2$；$1+8+16+\cdots+8(n-1)=(2n-1)^2$；$4+12+20+\cdots+4(2n-1)=(2n)^2$。

证明：依次构造下列四个图,见图自明。（这种方法的难点在于构造合适的图形）

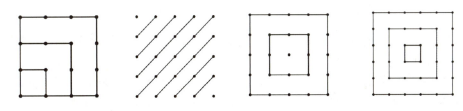

例 3-90 答图

3.11　递推法

递推法是一种根据递推关系来求解问题的数学方法。由已知条件,利用特定的递推关系可以得出中间推论,直至得到问题的最终结果。特别,在数列中有递推数列(或称递归数列)。我们把一个数列的若干连续项之间的关系叫做递推关系,例如 $a_n = a_{n-1} + d(n \geqslant 2)$, $a_n = a_1 q^{n-1}(n \geqslant 2)$, $a_n = a_{n-1} + a_{n-2}(n \geqslant 3)$ 都是递推关系。我们把由递推关系所确定的数列称为递推数列。等差数列、等比数列都是递推数列。对于递推数列的求解问题,常用如下方法:①求通项常用数学归纳法、迭代法、累加法、累差法、换元法、特征根法;②求和常用直接求和法、转化求和法、倒序相加法、错位相减法、裂项相消法;③研究数列性质常用构造法(构造函数、构造数列)、反证法、数学归纳法、估计、对应等;④比较复杂的问题常用递推法,即对于没有直接给出递推关系的问题,通过建立递推关系求解。

结论 1(一阶递推) 　当 $n \in \mathbf{N}_+$ 时,若 $a_0 = a$, $a_n = a_{n-1} + f(n)$, $n \in \mathbf{N}_+$,则 $a_n = a_{n-1} + f(n) = a_{n-2} + f(n-1) + f(n) = \cdots = a_0 + \sum_{i=1}^{n} f(i)$。

例 3-91 　平面中的 n 条直线,最多可以把平面分割成几个部分。

解:对于这个问题,我们有 $a_0 = 1$,(可先从直线被点分割进行类比:一条直线上的 n 个点最多把直线分割成 $n+1$ 个部分)$a_1 = 2$,$a_2 = 4$,进一步可以得到一阶递推公式 $a_n = a_{n-1} + n$,$n \geqslant 1$,$n \in \mathbf{N}$。所以,$a_n = a_0 + \sum_{i=1}^{n} i = 1 + \dfrac{n(n+1)}{2}$。

例 3-92 　已知 $a_1 = 1$,$a_{n+1} = a_n + n(n+1)$,求数列的通项公式。

解:
$$a_n = (a_n - a_{n-1}) + (a_{n-1} - a_{n-2}) + \cdots + (a_2 - a_1) + a_1$$
$$= n(n-1) + (n-1)(n-2) + \cdots + 2(2-1) + 1$$
$$= 1 + \sum_{k=2}^{n} k^2 - \sum_{k=2}^{n} k$$
$$= \frac{1}{6} n(n+1)(2n+1) - \frac{1}{2} n(n+1) + 1$$
$$= \frac{1}{3} n(n^2 - 1) + 1。$$

结论 2(一阶递推) 　对于形如 $a_n = A a_{n-1} + B$,其中 A, B 为常数且 $A \neq 1$ 的数列,可以通过待定系数法令 $a_n + \lambda = A(a_{n-1} + \lambda)$,经整理比较得到 $\lambda = \dfrac{B}{A-1}$,则有 $a_n + \dfrac{B}{A-1} = A \left(a_{n-1} + \dfrac{B}{A-1} \right)$,于是就构造了一个新数列 $\left\{ a_n + \dfrac{B}{A-1} \right\}$,它是首项为 $a_1 + \dfrac{B}{A-1}$,公比为 A 的等比数列,这样 a_n 便可求解。也可利用下标加 1 的方法,先消去常数 B,得到一个辅助的等比数列。

例 3-93 　数列 $\{a_n\}$ 满足数列 $a_1 = 1$,$a_{n+1} = 2a_n + 1(n \in \mathbf{N}_+)$,求数列 $\{a_n\}$ 的通项公式。

解法一:令下标加 1,则 $a_{n+1} = 2a_n + 1$,$a_{n+2} = 2a_{n+1} + 1$,两式相减得:$a_{n+2} - a_{n+1} = 2(a_{n+1} - a_n)$。又 $a_2 = 2a_1 + 1 = 3$,若令 $b_n = a_{n+1} - a_n$,则 $\{b_n\}$ 是以 $b_1 = a_2 - a_1 = 2$ 为首项,2 为公比的等比数列,即 $b_n = 2^n$。由 $a_{n+1} - a_n = 2^n$ 得到
$$a_n = (a_n - a_{n-1}) + (a_{n-1} - a_{n-2}) + \cdots + (a_2 - a_1) + a_1$$
$$= 2^{n-1} + 2^{n-2} + \cdots + 2 + 1 = 2^n - 1。$$

解法二:因为 $a_{n+1} = 2a_n + 1$,$n \in \mathbf{N}_+$,故 $a_{n+1} + 1 = 2(a_n + 1)$,所以 $\{a_n + 1\}$ 是以 $a_1 + 1 = 2$ 为首项,2 为公比的等比数列,故 $a_n + 1 = 2^n$,即 $a_n = 2^n - 1$,$n \in \mathbf{N}_+$。

例 3-94　设 $b>0$，数列 $\{a_n\}$ 满足 $a_1=b,a_n=\dfrac{nba_{n-1}}{a_{n-1}+2n-2},n\geqslant 2$，求数列 $\{a_n\}$ 的通项。

解：因为 $a_1=b,a_n=\dfrac{nba_{n-1}}{a_{n-1}+2n-2}(n\geqslant 2)$，所以 $\dfrac{a_n}{n}=\dfrac{ba_{n-1}}{a_{n-1}+2n-2}$，从而有 $\dfrac{n}{a_n}=\dfrac{2}{b}\cdot$

$\dfrac{n-1}{a_{n-1}}+\dfrac{1}{b}$。构造新数列，令 $\dfrac{n}{a_n}=b_n$，则有 $b_n=\dfrac{2}{b}\cdot b_{n-1}+\dfrac{1}{b}(n\geqslant 2)$。

当 $b=2$ 时，$\{b_n\}$ 是以 $\dfrac{1}{2}$ 为首项，$\dfrac{1}{2}$ 为公差的等差数列。$b_n=\dfrac{1}{2}+(n-1)\dfrac{1}{2}=\dfrac{1}{2}n$，从

而 $a_n=2$。当 $b\neq 2$ 时，设 $b_n+\lambda=\dfrac{2}{b}(b_{n-1}+\lambda)$，即 $b_n=\dfrac{2}{b}b_{n-1}+\lambda\left(\dfrac{2}{b}-1\right)$。令 $\dfrac{1}{b}=$

$\lambda\left(\dfrac{2}{b}-1\right),\lambda=\dfrac{1}{2-b}$，从而有 $b_n+\dfrac{1}{2-b}=\dfrac{2}{b}\left(b_{n-1}+\dfrac{1}{2-b}\right)(n\geqslant 2)$。这样，我们就构造出了

新的等比数列 $\left\{b_n+\dfrac{1}{2-b}\right\}$，它以 $\dfrac{1}{b}+\dfrac{1}{2-b}$ 为首项，以 $\dfrac{2}{b}$ 为公比。容易求得 $b_n+\dfrac{1}{2-b}=$

$\left(\dfrac{1}{b}+\dfrac{1}{2-b}\right)\left(\dfrac{2}{b}\right)^{n-1}=\dfrac{1}{2-b}\left(\dfrac{2}{b}\right)^{n}$，从而 $b_n=\dfrac{1}{2-b}\left(\dfrac{2}{b}\right)^{n}-\dfrac{1}{2-b}=\dfrac{1}{2-b}\cdot\dfrac{2^n-b^n}{b^n}$。于是

$a_n=\dfrac{nb^n(2-b)}{2^n-b^n}$。

结论 3（一阶递推）　若 $a_0=a,a_n=ca_{n-1}+f(n),n\in \mathbf{N}_+,c$ 是常数，f 是 n 的 d 阶多项式，则存在常数 A 和多项式 p，使得 $a_n=Ac^n+p(n)$。若 $c\neq 1$，则 p 为 n 的 d 阶多项式；若 $c=1$，则 p 为 n 的 $d+1$ 阶多项式。多项式 p 与初始值无关，初始值只决定 A 的值。

例 3-95　已知 $a_0=1,a_n=2a_{n-1}+n^2-1,n\in \mathbf{N}_+$，求 a_n。

解：设 $a_n=A2^n+p(n)$，p 为 2 阶多项式，可以写成 $p(n)=b_0+b_1n+b_2n^2$ 并代入 a_n 的递推公式以确定其系数 $a_n=A2^n+b_0+b_1n+b_2n^2$，$a_n=2a_{n-1}+n^2-1=2[A2^{n-1}+b_0+b_1(n-1)+b_2(n-1)^2]+n^2-1$，比较两端 n 的同次幂系数并解之得 $b_2=-1,b_1=-4$，$b_0=-5$。又 $a_0=A2^0+p(0)$，所以 $A=6$。故 $a_n=6\cdot 2^n-5-4n-n^2$。

例 3-96　求和 $1+(1+2)+(1+2+3)+\cdots+(1+2+3+\cdots+n)$。

解：设 $S_n=1+(1+2)+(1+2+3)+\cdots+(1+2+3+\cdots+n)$，则 $S_n=S_{n-1}+$

$\dfrac{n(n+1)}{2}$。所以，可设 $S_n=an^3+bn^2+cn+d$，则 $S_1=1=a+b+c+d,S_2=3=8a+4b+$

$2c+d,S_3=10=27a+9b+3c+d,S_4=20=64a+16b+4c+d$，解之得：$a=\dfrac{1}{6},b=\dfrac{1}{3}$，

$c=\dfrac{1}{6},d=\dfrac{1}{3}$，即 $S_n=\dfrac{1}{6}n^3+\dfrac{1}{3}n^2+\dfrac{1}{6}n+\dfrac{1}{3}$。

结论 4（一阶递推）　当 $n\in \mathbf{N}_+$ 时，若 $a_0=a,a_n=ca_{n-1}+f(n)\beta^n,c,\beta$ 是常数，f 是 n 的 d 阶多项式，则存在常数 A 和多项式 p，使得 $a_n=Ac^n+p(n)\beta^n$。当 $c\neq \beta$ 时，p 为 n 的 d 阶多项式；当 $c=\beta$ 时，p 为 n 的 $d+1$ 阶多项式。多项式 p 与初始值无关，初始值只决定 A 的值。

例 3-97　已知数列 $\{a_n\}$ 的首项为 a_0，满足 $a_{n+1}=pa_n+q^n,p\neq q,n\in \mathbf{N}_+$，求通项 a_n。

解：设 $a_{n+1}=Ap^n+Bq^n$，则 $a_1=A+B=pa_0+1,a_2=Ap+Bq=pa_1+q=p^2a_0+p+q$，

解之得 $A=a_0p+\dfrac{p}{p-q},B=-\dfrac{q}{p-q}$。所以，$a_n=\left(a_0p+\dfrac{p}{p-q}\right)p^{n-1}-\dfrac{q}{p-q}q^{n-1}=a_0p^n+$

$\dfrac{p^n-q^n}{p-q},n\in \mathbf{N}_+$。

说明：本题也可如下求解。考虑到首项是 1、公比是 $q\neq1$ 的等比数列有关系 $S_{n+1}=S_n+q^n$，这与本题设相似。再想到等比数列的前 n 项和的求解方法，于是将式子 $a_{n+1}=pa_n+q^n$ 两边同乘 $p-q$，得 $(p-q)a_{n+1}=p(p-q)a_n+(p-q)q^n$，移项得 $(p-q)a_{n+1}+q^{n+1}=p[(p-q)a_n+q^n]$。作代换 $b_n=(p-q)a_n+q^n$，则得 $b_{n+1}=pb_n$。

这说明 $\{b_n\}$ 是以 p 为公比的等比数列，从而 $b_n=b_0p^n$，即 $(p-q)a_n+q^n=[(p-q)a_0+1]q^n$，所以 $a_n=a_0p^n+\dfrac{p^n-q^n}{p-q}$，$n\in\mathbf{N}_+$。

例 3-98　已知 4 人相互传球，要求接球后马上传给别人。甲第一个传球，经过 10 次传递，球仍回到甲的手中。问共有多少种可能的传球方式？

分析：先把问题数学化，记 4 个人分别为甲、乙、丙、丁。设甲第一个传球，经过 n 次传递，球仍回到甲的手中的传球方式共有 a_n 种。

解：由于甲第一个传球，即开始时球在甲手中，甲传出后球已不在甲手中（不满足传球方式的要求），所以 $a_1=0$。经过 2 次传递球再回到甲手中的可能传递方式是：甲先分别传给乙、丙、丁，再由他们传给甲，从而 $a_2=3$。这启发我们，经过 n 传球后，满足要求的不同的传球方式共有 3^{n-1} 种。这既包括了经过 n 次传球，由他人将球传回到甲手中的 a_n 种不同的传球方式，也包括了经第 $n-1$ 次传递，球正好落入甲手中，第 n 次传球又将是甲把球传给他人的传球方式，而且仅有上述两种情形。所以有（可以用数学归纳法证明）$a_n+a_{n-1}=3^{n-1}$。进而得到：$-(a_{n-1}+a_{n-2})=-3^{n-2}$，$a_{n-3}+a_{n-3}=3^{n-3}$，……，$(-1)^{n-2}(a_2+a_1)=(-1)^{n-2}\cdot3$。

将以上各式相加得 $a_n=\dfrac{3^{n-1}\left[1-\left(-\frac{1}{3}\right)^{n-1}\right]}{1-\left(-\frac{1}{3}\right)}=\dfrac{3}{4}[3^{n-1}+(-1)^n]$。

当 $n=10$ 时，$a_n=14763$。

说明：本题是特殊的一阶递推，我们用了特殊的方法进行求解，也可以用推论 4 的结论进行求解。

结论 5（二阶递推）　假设 $n\in\mathbf{N}_+$，$a_0=s$，$a_1=t$，$a_n=c_1a_{n-1}+c_2a_{n-2}$，$s,t,c_1,c_2$ 是常数。若特征方程 $x^2-c_1x-c_2=0$ 有两个不同解 α,β，则存在常数 A,B 满足 $a_n=A\alpha^n+B\beta^n$。若特征方程 $x^2-c_1x-c_2=0$ 有相等的解 α 时，则存在常数 A,B 满足 $a_n=A\alpha^n+Bn\alpha^n$。初始值决定 A,B 的值。这种求递推数列通项的方法称为特征根法。

例 3-99　已知 $a_1=1$，$a_2=1$，$a_n=a_{n-1}+a_{n-2}$，$n\in\mathbf{N}_+$，$n>2$，求 a_n。

解：特征方程 $x^2-x-1=0$ 有两个不相等的根 $\alpha=\dfrac{1+\sqrt5}{2}$，$\beta=\dfrac{1-\sqrt5}{2}$，所以 $a_n=A\left(\dfrac{1+\sqrt5}{2}\right)^n+B\left(\dfrac{1-\sqrt5}{2}\right)^n$。又 $a_1=1=A\left(\dfrac{1+\sqrt5}{2}\right)^1+B\left(\dfrac{1-\sqrt5}{2}\right)^1$，$a_2=1=A\left(\dfrac{1+\sqrt5}{2}\right)^2+B\left(\dfrac{1-\sqrt5}{2}\right)^2$。解之得 $A=\dfrac{1}{\sqrt5}$，$B=-\dfrac{1}{\sqrt5}$。即 $a_n=\dfrac{1}{\sqrt5}\left[\left(\dfrac{1+\sqrt5}{2}\right)^n-\left(\dfrac{1-\sqrt5}{2}\right)^n\right]$，$n\in\mathbf{N}_+$。

说明：上述数列称为斐波那契（L. Fibonacci，意大利，1175—1250）数列，也可以这样推导。因为方程 $x^2-x-1=0$ 有两个不相等的根 $\alpha=\dfrac{1+\sqrt5}{2}$，$\beta=\dfrac{1-\sqrt5}{2}$，所以 $\alpha^2-\alpha-1=0$，

$\beta^2 - \beta - 1 = 0$，进而有：$\alpha^{n+2} = \alpha^{n+1} + \alpha^n$，$\beta^{n+2} = \beta^{n+1} + \beta^n$，容易得到 $\dfrac{\alpha^{n+2} - \beta^{n+2}}{\alpha - \beta} = \dfrac{\alpha^{n+1} - \beta^{n+1}}{\alpha - \beta} +$

$\dfrac{\alpha^n - \beta^n}{\alpha - \beta}$。令 $F_n = \dfrac{\alpha^n - \beta^n}{\alpha - \beta}$，$n \geqslant 1$，则 $F_1 = \dfrac{\alpha - \beta}{\alpha - \beta} = 1$，$F_2 = \dfrac{\alpha^2 - \beta^2}{\alpha - \beta} = 1$，$F_{n+2} = F_{n+1} + F_n$，$n \geqslant 3$。

这正是题设所求的数列，将 α, β 代入得 $a_n = F_n = \dfrac{\alpha^n - \beta^n}{\alpha - \beta} = \dfrac{1}{\sqrt{5}}\left[\left(\dfrac{1 + \sqrt{5}}{2}\right)^n - \left(\dfrac{1 - \sqrt{5}}{2}\right)^n\right]$，

$n \in \mathbf{Z}^+$。

这种解法是数学家政聂（M. Binet，法国，1786—1856）给出的，故被称为政聂公式。

这个公式很奇妙，因为 α, β 都是无理数，但 a_n 却都是正整数。$\dfrac{1 + \sqrt{5}}{2}$ 就是有名的黄金分

割数，它约等于 1.618。

例 3-100　一座楼房共有 20 级台阶，若规定每步只能跨上一级或者两级，问从楼下走到楼上共有多少种走法？

解：记 n 级台阶共有 a_n 种走法。我们先从特殊情况找规律，第一级台阶，只有一种走法 $a_1 = 1$；前两级台阶，有两种走法，可以先上第一级在上第二级，也可以一步上到第二级，故 $a_2 = 2$；第三级台阶，有三种走法，分别可以如下跨步：$1+1+1, 1+2, 2+1$，即 $a_3 = 3$。一般地，第 n 级台阶的走法有两种，一种是从第 $n-1$ 级台阶跨一级，另一种是从第 $n-2$ 级台阶跨两级。而前一种有 a_{n-1} 种走法，后一种有 a_{n-2} 种走法，所以 $a_n = a_{n-1} + a_{n-2}$，$n \in \mathbf{Z}^+$，$n > 2$。这正是斐波那契数列，由上面题目的解法可得 $a_{20} = 10946$。

结论 6（一般线性递推）　假设 $n \in \mathbf{N}_+$，$a_0 = h_0, a_1 = h_1, \cdots, a_{k-1} = h_{k-1}, h_i (i = 0, 1, \cdots, k-1)$ 是常数，$a_n = c_1 a_{n-1} + c_1 a_{n-2} + \cdots + c_k a_{n-k}$，$n \in \mathbf{N}_+$，$n \geqslant k$。若特征多项式

$$p(x) = x^k - \sum_{i=1}^{k} c_i x^{k-i} = \prod_{i=1}^{r} (x - \alpha_i)^{d_i}, \alpha_i \neq \alpha_j, i \neq j, i, j = 1, 2, \cdots, r_\circ \text{那么，} a_n = $$

$\sum_{i=1}^{r} q_i(n) \alpha_i^n$，每个 $q_i(n)$ 是 n 的 $d_i - 1$ 次多项式，这些多项式的系数由初始值决定。

例 3-101　若 $a_0 = 0, a_1 = 1, a_2 = 2, a_3 = 3, a_n = -a_{n-1} + a_{n-2} + a_{n-3}$，$n \in \mathbf{N}_+$，$n > 3$，求 a_n。

解：特征方程 $p(x) = x^3 - (-x^{3-1} + x^{3-2} + x^{3-3}) = (x-1)(x+1)^2 = 0$，$\alpha_1 = 1$ 为

单根，$\alpha_2 = -1$ 为二重根。所以 $a_n = \sum_{i=1}^{r} q_i(n) \alpha_i^n = c_1 \cdot 1^n + (c_2 n + c_3) \cdot (-1)^n = c_1 +$

$(c_2 n + c_3)(-1)^n$，又 $a_0 = 0, a_1 = 1, a_2 = 2, a_3 = 3$，代入上式得 $0 = c_1 + c_3, 1 = c_1 - c_2 - c_3$，$2 = c_1 + 2c_2 + c_3$，解之得 $c_1 = 1, c_2 = 1, c_3 = -1$，所以 $a_n = 1 + (n-1)(-1)^n$，$n > 3$。

下面再举几个特殊递推的例子。

例 3-102　已知 $a_1 = \dfrac{1}{3}$，$a_n = \dfrac{2n-1}{2n+1} a_{n-1}$（$n \geqslant 2$），求数列 $\{a_n\}$ 的通项。

解：$\dfrac{a_n}{a_{n-1}} \cdot \dfrac{a_{n-1}}{a_{n-2}} \cdot \dfrac{a_{n-2}}{a_{n-3}} \cdot \cdots \cdot \dfrac{a_3}{a_2} \cdot \dfrac{a_2}{a_1} = \dfrac{2n-1}{2n+1} \cdot \dfrac{2n-3}{2n-1} \cdot \dfrac{2n-5}{2n-3} \cdot \cdots \cdot \dfrac{5}{7} \cdot \dfrac{3}{5} =$

$\dfrac{3}{2n+1}$，所以 $a_n = a_1 \cdot \dfrac{3}{2n+1} = \dfrac{1}{2n+1}$，$a_1 = \dfrac{1}{3}$ 也符合该式。

例 3-103　已知 $a_2 = 1, a_3 = 2, a_n = (n-1)a_{n-1} + (n-1)a_{n-2}$（$n \geqslant 3$），求数列的通项公式。

解：以 $n = 3$ 代入，$2 = 2 \times 1 + 2a_1$，则 $a_1 = 0$。在递推式两边除以 $n!$，则 $\dfrac{a_n}{n!} = \dfrac{n-1}{n} \cdot$

$\left[\dfrac{a_{n-1}}{(n-1)!}+\dfrac{a_{n-2}}{(n-1)!}\right]$，令 $b_n=\dfrac{a_n}{n!}$，得 $b_n-b_{n-1}=-\dfrac{1}{n}(b_{n-1}-b_{n-2})$，$b_2=\dfrac{1}{2}$，$b_3=\dfrac{1}{3}$。

令 $c_n=b_n-b_{n-1}=(-1)^n\dfrac{1}{n!}(n\geqslant 3)$，则 $\dfrac{c_n}{c_{n-1}}=-\dfrac{1}{n}$，$c_3=b_3-b_2=-\dfrac{1}{6}$，于是 $c_n=$

$\dfrac{c_n}{c_{n-1}}\times\dfrac{c_{n-1}}{c_{n-2}}\times\cdots\times\dfrac{c_4}{c_3}\times c_3=(-1)^{n-3}\dfrac{3\times 2}{n!}\cdot\left(-\dfrac{1}{6}\right)=(-1)^n\dfrac{1}{n!}(n\geqslant 3)$，即 $b_n-b_{n-1}=$

$\dfrac{1}{n!}(n\geqslant 3)$。

从而 $b_n=(b_n-b_{n-1})+(b_{n-1}-b_{n-2})+\cdots+(b_3-b_2)+b_2=\displaystyle\sum_{i=3}^{n}\dfrac{(-1)^i}{i!}+\dfrac{1}{2}=$

$\displaystyle\sum_{i=2}^{n}\dfrac{(-1)^i}{i!}$，所以 $a_n=n!\displaystyle\sum_{i=2}^{n}\dfrac{(-1)^i}{i!}=n!\displaystyle\sum_{i=2}^{n}\dfrac{(-1)^i}{i!}(n\geqslant 2)$。

例 3-104 数列 $\{a_n\}$ 满足 $a_1=2$，$a_{n+1}=\lambda a_n+\lambda^{n+1}+(2-\lambda)2^n$，其中 $n\in\mathbf{N}_+$，$\lambda>0$，求数列 $\{a_n\}$ 的通项公式。

解：赋值：$a_2=2\lambda+\lambda^2+(2-\lambda)2=\lambda^2+2^2$；$a_3=\lambda(\lambda^2+2^2)+\lambda^3+(2-\lambda)2^2=2\lambda^3+2^3$；
$a_4=\lambda(2\lambda^3+2^3)+\lambda^4+(2-\lambda)2^3=3\lambda^4+2^4$。

由此可以猜想出数列 $\{a_n\}$ 的通项公式为 $a_{n+1}=(n-1)\lambda^n+2^n$，下面用数学归纳法证明。当 $n=1$ 时，$a_1=2$，等式成立。假设当 $n=k$ 时等式成立，即 $a_k=(k-1)\lambda^k+2^k$，则

$$\begin{aligned}a_{k+1}&=\lambda a_k+\lambda^{k+1}+(2-\lambda)2^k\\&=\lambda(k-1)\lambda^k+2^k+\lambda^{k+1}+2^{k+1}-\lambda 2^k\\&=(k-1+1)\lambda^{k+1}+2^{k+1}\\&=[(k+1)-1]\lambda^{k+1}+2^{k+1},\end{aligned}$$

即当 $n=k+1$ 时等式也成立，从而等式 $a_n=(k-1)\lambda^n+2^n$ 对任何 $n\in\mathbf{N}_+$ 都成立。

3.12 赋值法

所谓赋值法，就是根据问题的具体情况，合理巧妙地对一些元素赋予确定的数值，使问题获得简捷有效的解决方法。这里往往包含着从一般到特殊的思想和对应的思想。

例 3-105 化简、判断或比较下列各题

(1)化简 $\dfrac{a^4-a^2b^2}{(a-b)^2}\div\dfrac{a(a+b)}{b^2}\times\dfrac{a}{b^2}$ 的结果为(　　)

(A) $\dfrac{a^2}{a-b}$ (B) $\dfrac{a^2}{a+b}$ (C) $\dfrac{b^2}{a-b}$ (D) $\dfrac{b^4}{a+b}$

(2)设 $a<b<0$，则下列各式成立的是(　　)

(A) $a^2<b^2$ (B) $\dfrac{a}{b}<1$ (C) $a<4-b$ (D) $\dfrac{1}{a}<\dfrac{1}{b}$

(3)已知方程 $x^2+2px+2q=0$ 有实根，p，q 都是奇数，则它的根一定是(　　)
(A)奇数   (B)偶数   (C)分数   (D)无理数

分析：这类问题若直接求解，往往比较复杂，甚至不能解答。题目的答案暗示我们，有且只有一个是正确的。利用一般与特殊的关系，即对于一般的都成立的话，对于满足条件的特殊数值当然也成立。于是，选取特殊值代入计算。选择数值的原则是尽可能使

计算简单。

解：(1)取 $a=2,b=1$，代入原式等于 4，代入选项(A)等于 4。选(A)。

(2)取 $a=-2,b=-1$，只有(C)成立。

(3)取 $p=3,q=1$，求得方程的根为 $x=-3\pm\sqrt{7}$，为无理数。选(D)。

说明：某些数学公式也可用赋值法来验证它是错误的。例如把公式误写为 $(a+b)^2=a^2+ab+b^2$，对不对呢？可以取 $a=b=1$，则左端为 4，右端为 3，显然不对。

例 3-106　今有 15 只杯子，杯口全部朝上。将其中 6 只杯子同时翻转，称为一次操作。问能否经过若干次操作，使 15 只杯子的杯口全部朝下？

分析：记杯口朝上的杯子为 +1，杯口朝下的杯子为 -1。翻转一只杯子就相当于将对应的数乘以 -1，即改变一次符号。所以，可以从符号着眼，考察其变化过程中符号的变化。

再记 15 只杯子的 15 个数的乘积为 S，每次操作 6 次，也就是将 S 的 6 个因数各乘以 -1，操作的结果是 S 变为 $(-1)^6S=S$，即 S 在操作过程中是不变的。

解：因为开始时，15 只杯子的杯口都朝上，故 15 个数全为 +1，从而 S 等于 +1 且在操作过程中始终不变。若 15 只杯子的杯口都朝下，则 S 等于 $(-1)^{15}=-1$，导致矛盾。所以不管经过多少次操作，15 只杯子的杯口不可能都朝下。

说明：一般地，m 只杯子，开始时杯口朝上。把杯子随意翻动，每次翻动 $n_i(n_i<m$，$i=1,2,3,\cdots)$。若 m 为奇数，n_i 均为偶数，则无论翻动多少次，均不能使杯口全部朝下；同样，若 m 为偶数，n_i 均为奇数，则无论翻动多少次，也不能使杯口全部朝下。

例 3-107　今有男女各 $2n$ 人，围成内外两圈跳邀请舞。每圈各 $2n$ 人，有男有女，外圈的人面向内，内圈的人面向外，一人对应一人。跳舞规则如下：当音乐响起时，若面对面者为一男一女，则男的邀请女的跳舞；若均为男的或均为女的，则鼓掌助兴。曲终时，外圈人均沿所在外圈顺时针移到下一个人的位置，直到外圈的人移动一周。求证在整个跳舞过程中至少跳舞一次的人数不少于 n 对。

证明：我们用反证法来证明所需结论。记外圈的 $2n$ 个人为 $a_1,a_2,\cdots,a_{2n}$，内圈的 $2n$ 个人为 $b_1,b_2,\cdots,b_{2n}$；将男人赋值为 +1，女人赋值为 -1，则这 $4n$ 个人中正好有 $2n$ 个男人和 $2n$ 个女人，所以 $a_1+a_2+\cdots+a_{2n}+b_1+b_2+\cdots+b_{2n}=0$，从而 $(a_1+a_2+\cdots+a_{2n})(b_1+b_2+\cdots+b_{2n})=-(b_1+b_2+\cdots+b_{2n})^2<0$。

从另一方面看，当 a_1 与 b_i 面对面时，$a_1b_i,a_2b_{i+1},\cdots,a_{2n}b_{i+2n-1}$ 中的负数表示跳舞的人数（其中 $b_i,b_{i+1},\cdots,b_{i+2n-1}$ 是 $b_1,b_2,\cdots,b_{2n}$ 的一个排列）。如果在整个跳舞过程中，每次跳舞的人数均少于 n 对，那么 $a_1b_i+a_2b_{i+1}+\cdots+a_{2n}b_{i+2n-1}>0,i=1,2,\cdots,2n$，从而

$$\sum_{i=1}^{2n}(a_1b_i+a_2b_{i+1}+\cdots+a_{2n}b_{i+2n-1})=(a_1+a_2+\cdots+a_{2n})(b_1+b_2+\cdots+b_{2n})>0，此与$$

前面的结论矛盾。故在整个跳舞过程中至少跳舞一次的人数不少于 n 对。

例 3-108　在数轴上给定两点 1 和 $\sqrt{2}$，在区间 $(1,\sqrt{2})$ 内任取 n 个点，在这 $n+2$ 个点中，每相邻两点连一条线段，可得 $n+1$ 条线段。证明在这 $n+1$ 条线段中，以一个有理点和一个无理点为端点的线段恰有奇数条。

证明：按顺序由小到大依次将 $n+2$ 个点记为 $A_1,A_2,\cdots,A_{n+2}$，并对每个点赋值

$$a_i = \begin{cases} 1, & A_i \text{ 为有理点} \\ -1, & A_i \text{ 为无理点} \end{cases},\text{同时,对每一条线段 } A_i A_{i+1} \text{ 赋值:}$$

$$a_i a_{i+1} = \begin{cases} 1, & A_i \text{ 与 } A_{i+1} \text{ 同时为有理点或同时为无理点} \\ -1, & A_i \text{ 与 } A_{t+1} \text{ 一个为无理点另一个为有理点} \end{cases}。$$

设一端为有理点另一端为无理点的线段有 k 条,则 $n+1$ 条线段对应值的积为 $(-1)^k$;另外,这个积又等于 $(a_1 a_2)(a_2 a_3)\cdots(a_{n+1} a_{n+2}) = a_1 a_2^2 a_3^2 \cdots a_{n+1}^2 a_{n+2} = a_1 a_{n+2} = -1$,即 $(-1)^k = -1$,所以 k 为奇数。

说明: 赋值的方式有很多,要根据问题的特点灵活掌握。例如,将多项式 $x^2 + 10x + 20$ 的常数项或一次项系数增加或减少 1(每次只能变动一项),经过若干次后得到多项式 $x^2 + 20x + 10$,问在这个过程中,是否会出现有整数根的二次多项式?

分析: 令 $x = -1$,这样问题就转化为:整数从 $x^2 + 10x + 20 = (-1)^2 + 10(-1) + 20 = 11$,每次只能增加或减少 1,变化到整数 $x^2 + 10x + 20 = (-1)^2 + 20(-1) + 10 = -9$,问中间是否经过整数 0? 由于整数一个接一个地变化,变化前是正的,变化后是负的,显然经过整数 0,即会出现有整数根的二次多项式(整数根为 $x = -1$)。具体求解从略。

例 3-109 如果从 $1, 2, \cdots, 14$ 中,按由小到大的顺序取出 a_1, a_2, a_3,使同时满足 $a_2 - a_1 \geqslant 3$ 与 $a_3 - a_2 \geqslant 3$,问所有不同的取法有多少种。

解: 赋值 $x_i = \begin{cases} 1, & i \text{ 被选中} \\ 0, & i \text{ 没被选中} \end{cases}, i = 1, 2, \cdots, 14$,则从 14 个数中任选三个的任一种取法,对应着一个排列 $(x_1, x_2, \cdots, x_{14})$;反之,任一个排列 $(x_1, x_2, \cdots, x_{14})$ 对应着一个取法。故取法与排列 $(x_1, x_2, \cdots, x_{14})$ 一一对应。

由题意,取法等于排列 $(x_1, x_2, \cdots, x_{14})$ 中有 3 个 1,11 个 0,而且每两个 1 之间至少隔着两个 0 的排列数。我们先排好模式 1001001,然后将剩下的 7 个 0 插入到 3 个 1 形成的 4 个空位中,故共有 $C_{7+4-1}^7 = C_{10}^3$ 种取法。

例 3-110 若等差数列 $\{a_n\}$ 的公差 $d \neq 0$,a_1, a_3, a_9 成等比数列,则 $\dfrac{a_1 + a_3 + a_9}{a_2 + a_4 + a_{10}}$ 等于多少?

分析: 由已知解出 a_1 和 d 比较麻烦,既然对于满足条件的所有数列都成立,那么对于特殊数列也成立,故可以取特殊数列。

解: 取 $a_n = n$,满足已知条件,则 $\dfrac{a_1 + a_3 + a_9}{a_2 + a_4 + a_{10}} = \dfrac{1 + 3 + 9}{2 + 4 + 10} = \dfrac{13}{16}$。

例 3-111 若等比数列 $\{a_n\}$ 各项均为正,$a_5 a_6 = 9$,则 $\log_3 a_1 + \log_3 a_2 + \cdots + \log_3 a_{10} = $（　　）。

(A)12　　　　　(B)10　　　　　(C)8　　　　　(D)$2 + \log_3 5$

分析: 结论暗示:$\log_3 a_1 + \log_3 a_2 + \cdots + \log_3 a_{10}$ 的结果唯一,所以取特殊数列。

解: 取 $a_5 = a_6 = 3$,$q = 1$,满足已知条件,容易算出结果为 10,选(B)。

例 3-112 当 $a < b < c$,$x < y < z$ 时,下列四个代数式

(1)$ax + by + cz$,(2)$ax + cy + bz$,(3)$bx + ay + cz$,(4)$bx + cy + az$ 其中值最大的是（　　）。

(A)(1)　　　　　(B)(2)　　　　　(C)(3)　　　　　(D)(4)

分析：联想到代数值的意义,取一组符合条件的六个字母的特殊值,分别代入这四个表达式中,再比较结果,按照一般性寓于特殊性之中,便容易确定正确答案。

解：取 $a=-1,b=0,c=1;x=-1,y=0,z=1$,满足已知条件,容易算出结果分别为 $2,1,1,-1$,选(A)。

例 3-113　试解下列各题：

(1)将 $\sin^2\alpha-\cos^2\beta$ 化成积的形式得(备选答案只有一个正确)(　　　)

(A)$-\sin(\alpha+\beta)\cdot\sin(\alpha-\beta)$　　　　(B)$-\cos(\alpha+\beta)\cdot\cos(\alpha-\beta)$

(C)$\sin(\alpha+\beta)\cdot\cos(\alpha-\beta)$　　　　(D)$\cos(\alpha+\beta)\cdot\sin(\alpha-\beta)$

(2)在同一坐标系中,函数 $y=f(x-1)$ 与函数 $y=f(-x+1)$ 的图象关于什么曲线对称?

解：(1)令 $P=\{(\alpha,\beta)\mid-\infty<\alpha,\beta<+\infty\}$,选取 P 的一个子集 $Q=\{(\alpha,\beta)\mid\alpha=\beta\}$,则 $Q\subset P$。当 $\alpha=\beta$ 时,$\sin^2\alpha-\cos^2\beta=1-2\cos^2\alpha=-\cos2\alpha$。此时(A),(B),(C),(D)分别化为 $0,-\cos2\alpha,\sin2\alpha,0$,故选(B)。

(2)令 $P=\{f(x)\}$,取 P 的子集 $Q=\{f(x)=x\}$,则 $Q\subset P$。当 $f(x)=x$ 时,$f(x-1)=x-1,f(-x+1)=-x+1$,其图象关于 $x=1$ 对称,故答案为关于 $x=1$ 对称。

例 3-114　已知函数 $f(x)$ 的定义域是 $(0,+\infty)$,当 $x>1$ 时,$f(x)>0$,且 $f(xy)=f(x)+f(y)$,(1)求 $f(1)$;(2)证明 $f(x)$ 是 $(0,+\infty)$ 上的增函数;(3)如果是 $f\left(\dfrac{1}{3}\right)=-1$,求满足 $f(x)-f\left(\dfrac{1}{x-2}\right)\geqslant2$ 的 x 的取值范围。

(1)**解**：赋值,令 $x=y=1$,得 $f(1)=2f(1)$,所以 $f(1)=0$。

(2)**证明**：继续赋值,令 $y=\dfrac{1}{x}$,得 $f(1)=f(x)+f\left(\dfrac{1}{x}\right)$,所以 $f\left(\dfrac{1}{x}\right)=-f(x)$。

任取 $x_1,x_2\in(0,+\infty)$,且 $x_1<x_2$,则 $f(x_2)-f(x_1)=f(x_2)+f\left(\dfrac{1}{x_1}\right)=f\left(\dfrac{x_2}{x_1}\right)$。

又因为 $\dfrac{x_2}{x_1}>1$,所以 $f\left(\dfrac{x_2}{x_1}\right)>0$,从而 $f(x_2)>f(x_1)$,即 $f(x)$ 是 $(0,+\infty)$ 上的增函数。

(3)**解**：由于,而 $f\left(\dfrac{1}{3}\right)=-f(3)$,所以 $f(3)=1$。

又因为 $f\left(\dfrac{1}{3}\right)=-1$,$f(xy)=f(x)+f(y)$,继续赋值,令 $x=y=3$ 得,$f(9)=f(3)+f(3)=2$。

又 $f\left(\dfrac{1}{x-2}\right)=-f(x-2)$,$f(x)-f\left(\dfrac{1}{x-2}\right)\geqslant2$ 可化为 $f(x)+f(x-2)\geqslant2=f(9)$,即 $f(x(x-2))\geqslant f(9)$,从而有 $\begin{cases}x>0\\x-2>0\\x(x-2)>9\end{cases}$,解之得 $x\geqslant1+\sqrt{10}$,即 x 的取值范围为 $[1+\sqrt{10},+\infty)$。

例 3-115　已知函数 $f(x)$ 满足 $f(1)=\dfrac{1}{4}$,$4f(x)f(y)=f(x+y)+f(x-y)$ $(x,$

$y \in \mathbf{R}$),求 $f(2022)$ 的值。

解：因为 $f(1)=\dfrac{1}{4}$，$4f(x)f(y)=f(x+y)+f(x-y)$，(赋值)令 $y=1$，则有 $f(x)=f(x+1)+f(x-1)$，再用 $x-1$ 代替 x：$f(x-1)=f(x)+f(x-2)$，两式相加得 $0=f(x+1)+f(x-2)$。

令 $x-2=t$，则有 $f(t+3)=-f(t)$，从而函数 $f(x)$ 是以 $T=2|3|=6$ 为周期的函数。又 $2022 \div 6=337$，$f(2022)=f(0)$。(赋值)令 $x=y=0$，则有 $4f^2(0)=f(0)+f(0)$，$f(0)=0$，$f(0)=\dfrac{1}{2}$。若 $f(0)=0$，则令 $y=0$ 得 $4f(x) \cdot 0=2f(x)$，从而 $f(x)=0$，这与 $f(1)=\dfrac{1}{4}$ 矛盾。故 $f(0)=\dfrac{1}{2}$，从而 $f(2022)=f(0)=\dfrac{1}{2}$。

3.13　主元法

在解题过程中，若出现多个变元或常数，有时会感到无从下手，若把某一个"元"或常数看得特别重要，给予特殊地位，会便于问题的解决。我们把这种处理问题的方法，称为主元法。这里的关键是看问题的角度不同或处理问题的立场不同，就如同苏轼所言"横看成岭侧成峰，远近高低各不同"。

例 3-116　在整数范围内将下列各式因式分解：(1) $x^4+x^2+2ax+1-a^2$；(2) $x^2y^2-5x^2y-3xy^2+15xy-14x^2+5y^2+42x-25y-70$。

解：(1)本题若经过几次拼凑也有可能得到结果，但要花很大工夫。考虑到 x 是四次，a 是二次，所以选次数较低的 a 为主元。

$$
\begin{aligned}
原式 &= -a^2+2ax+(x^4+x^2+1) \\
&= -[a^2-2ax-(x^4+x^2+1)] \\
&= -[(a^2-2ax+x^2)-(x^4+2x^2+1)] \\
&= -[(a-x)^2-(x^2+1)^2] \\
&= -[(a-x)^2-(x^2+1)^2] \\
&= (x^2+x+1-a)(x^2-x+1+a)。
\end{aligned}
$$

(2)这是一个二元四次九项式，看到这个题目就有点眼花缭乱，一时难以入手。可以选定 x 为主元，并加以整理。

$$
\begin{aligned}
原式 &= (y^2-5y-14)x^2-3(y^2-5y-14)x+5(y^2-5y-14) \\
&= (y^2-5y-14)(x^2-3x+5)=(y+2)(y-7)(x^2-3x+5)。
\end{aligned}
$$

例 3-117　解下列方程：(1) $x^3+2\sqrt{3}x^2+3x+\sqrt{3}-1=0$；(2) $x^4-10x^2-2(a-11)x^2+2(5a+6)x+2a+a^2=0 (a \geqslant -6)$。

解：(1)设 $\sqrt{3}=a$，则原方程化为 $x^3+2ax^2+a^2x+(a-1)=0$。以 a 为主元并整理得 $xa^2+(2x^2+1)a+(x^3-1)=0$，因为 $x \neq 0$，解上述方程得 $a=-x+1$，$a=\dfrac{-(x^2+x+1)}{x}$，即 $x=1-a$，$x^2+(a+1)x+1=0$，所以 $x_1=1-\sqrt{3}$，$x_{2,3}=\dfrac{1}{2}(-\sqrt{3}-1 \pm \sqrt[4]{12})$。

说明：类似的，对于方程 $x^3-2\sqrt{2}x^2+2x-\sqrt{2}+1=0$，同样可以把 $\sqrt{2}$ 看成主元，整理

得 $x(\sqrt{2})^2-(2x^2+1)\sqrt{2}+(x^3+1)=0$，解之得 $\sqrt{2}=x+1$，$\sqrt{2}=\dfrac{x^2-x+1}{x}$。所以有

$x_1=\sqrt{2}-1$，$x_{2,3}=\dfrac{\sqrt{2}+1\pm\sqrt{2\sqrt{2}-1}}{2}$。

（2）直接求解困难太大，考虑到 a 是二次式，选为主元并整理得 $a^2-2(x^2-5x-1)a+(x^4-10x^3+22x^2+12x)=0$，解出 $a=x^2-6x$，$a=x^2-4x-2$，即有 $x^2-6x-a=0$，$x^2-4x-2-a=0$，解方程得 $x_{1,2}=3\pm\sqrt{9+a}$，$x_{3,4}=2\pm\sqrt{6+a}$。

例 3-118　设 A,B,C 皆为锐角，且 $\cos^2A+\cos^2B+\cos^2C+2\cos A\cdot\cos B\cdot\cos C=1$，求证 $A+B+C=\pi$。

证明：直接证明似乎入手有点难。选 $\cos A$ 为主元，则等式化为 $\cos^2A+(2\cos B\cdot\cos C)\cos A+(\cos^2B+\cos^2C-1)=0$，解关于 $\cos A$ 的一元二次方程得 $\cos A=-\cos(B+C)$，$\cos A=-\cos(B-C)$（舍去，因为右端为正，左端非正），由 $\cos A=-\cos(B+C)$ 及 A,B,C 皆为锐角可得 $A+B+C=\pi$。

说明：用这种方法处理三角函数问题，有时是很有效的。

例 3-119　设 A,B,C 是三角形 ABC 的三个内角，求证 $\sin A\sin B\sin C\leqslant\dfrac{3\sqrt{3}}{8}$。

证明：构造函数 $f(A,B)=\sin A\sin B\sin C=\sin A\sin B\sin(A+B)$，$A$ 为主元，对 f 求导：$f'_A(A,B)=\cos A\sin B\sin(A+B)+\sin A\sin B\cos(A+B)=\sin B\sin(2A+B)$，因为 $\sin B\neq0$，所以由 $\sin(2A+B)=0$ 得 $2A+B=\pi$。

同理，B 为主元，对 f 求导，可得 $2B+A=\pi$。由此可得 $A=B=60°$ 时取最大值，即

$$f_{\max}(A,B)=\sin60°\sin60°\sin60°=\dfrac{3\sqrt{3}}{8}$$

说明：（1）比较不用主元法的证明：因为 $A+B+C=\pi$，所以 $A+B=\pi-C$，从而

$$\sin A\sin B\sin C=\sin A\sin B\sin(\pi-A-B)=\sin A\sin B\sin(A+B)$$
$$=\sin^2A\sin B\cos B+\sin A\cos A\sin^2B$$
$$=\dfrac{1}{2}\sin^2A\sin2B+\dfrac{1}{2}\sin A\cos A(1-\cos2B)$$
$$=\dfrac{1}{2}\sin A(\sin A\sin2B+\cos A-\cos A\cos2B)$$
$$=\dfrac{1}{2}\sin A(\cos A-\cos(A+2B)),$$

当 $A+2B=\pi$ 时，取最大值 $\dfrac{1}{2}\sin A(\cos A+1)=\dfrac{1}{2}\sqrt{1-\cos^2A}(\cos A+1)=$

$\dfrac{1}{2\sqrt{3}}\sqrt{3-3\cos A}\cdot\sqrt{1+\cos A}\cdot\sqrt{1+\cos A}\cdot\sqrt{1+\cos A}\leqslant\dfrac{1}{2\sqrt{3}}\left(\dfrac{6}{4}\right)^2=\dfrac{3\sqrt{3}}{8}$。

（2）若在一个三角形中，三个内角 A,B,C 皆为锐角，则隐含条件是 $A+B>\dfrac{\pi}{2}$，$B+C>\dfrac{\pi}{2}$，$C+A>\dfrac{\pi}{2}$（这个条件很有用）。故 $A>\dfrac{\pi}{2}-B$，$B>\dfrac{\pi}{2}-C$，$C>\dfrac{\pi}{2}-A$，由此可推出 $\sin A+\sin B+\sin C>\cos A+\cos B+\cos C$。（这个结论也很有用）

例 3-120　设 a_1,a_2,a_3,a_4 皆不等于零，且 $a_1^2a_4^2+a_2^2a_4^2-2a_1a_2a_4-2a_2a_3a_4+a_2^2+a_3^2=0$，

求证 $\dfrac{a_2}{a_1}=\dfrac{a_3}{a_2}=a_4$。

证明： 因为 a_1,a_2,a_3,a_4 皆不等于零，选 a_4 为主元，则等式化为 $(a_1^2+a_2^2)a_4^2-2(a_1a_2+a_2a_3)a_4+(a_2^2+a_3^2)=0$，又因为 $a_4\in\mathbf{R}$，所以 $\Delta=(a_1a_2+a_2a_3)^2-4(a_1^2+a_2^2)(a_2^2+a_3^2)\geqslant0$，整理得 $(a_1a_3-a_2^2)^2\leqslant0$，所以 $(a_1a_3-a_2^2)^2=0$，即 $a_1a_3-a_2^2=0$，故 $\dfrac{a_2}{a_1}=\dfrac{a_3}{a_2}$。

又由 $\Delta=0$ 可得方程有两个相等实根，这个根为 $a_4=\dfrac{2(a_1a_2+a_2a_3)}{2(a_1^2+a_2^2)}=\dfrac{a_2}{a_1}$，所以 $\dfrac{a_2}{a_1}=\dfrac{a_3}{a_2}=a_4$。

3.14 面积法

面积法分为割补法和面积变换。割补法也称为出入相补（又称以盈补虚）原理，它是指一个几何图形，可以分割成许多小的图形，各个小的图形的面积等于原来图形的面积；一个几何图形经过旋转、倒置、移动、复制后，其面积不变。面积变换主要是利用"等底等高的三角形面积相等""等量加（减）等量还是等量"进行面积代换。

例 3-121 已知等腰直角三角形 ABC 的面积为 90cm^2，若正方形 $DEFG$ 的四个顶点都在 $\triangle ABC$ 的边上，试求 $DEFG$ 的面积 S_{DEFG}。

分析： 用转化的思想，借助"割补法"将未知化为已知。

解： 由题意知，可能的情况只有图（1）、（2）两种。

当为图（1）时，作分割如图（3），易知 $S_1=S_2=S_3=S_4=S_5=S_6=S_7=S_8=S_9=k$，$\sum_{i=1}^{9}S_i=90\text{cm}^2$，$k=10\text{cm}^2$，从而 $S_{DEFG}=4k=40\text{cm}^2$。

当为图（2）时，作分割如图（4），易知 $S_a=S_b=S_c=S_d$，$S_a+S_b+S_c+S_d=90\text{cm}^2$，故 $S_{DEFG}=\dfrac{1}{2}S_{ABC}=45\text{cm}^2$。

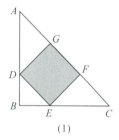
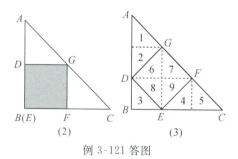
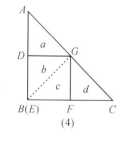

例 3-121 答图

例 3-122 已知长方形 $ABCD$，P 为 $ABCD$ 内部点，$S_{ABP}=5$，$S_{BPC}=13$，求阴影部分面积 S_{BPD}。

分析： 求阴影三角形的底和高有困难，可以利用图形分割和"漏斗原理"。

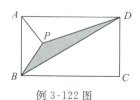

例 3-122 图

例 3-122 答图

解: 如图，连接 PC，则有
$$\begin{cases} S_1+S_2+S_3+S_4=\dfrac{1}{2}S_{ABCD} & (1) \\ S_1+S_3+S_5=\dfrac{1}{2}S_{ABCD} & (2) \end{cases}$$

由(1)和(2)得，$S_{BPD}=S_3+S_4=S_3+S_5-S_2=13-5=8$。

例 3-123 如图，$AB=4$，$CD=8$，$\angle CDA=45°$，$\angle BCD=\angle BAD=90°$，求四边形 $ABCD$ 的面积 S_{ABCD}。

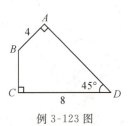
例 3-123 图

分析: 有的问题主要用"割"，本题要用"补"。

解: 如图，延长 CB 和 DA 交于点 E，则 $\triangle BAE$ 为等腰直角三角形，从而 $AB=AE=4$；又 $\triangle ECD$ 也为等腰直角三角形，所以 $CD=CE=8$。

故 $S_{ABCD}=S_{ECD}-S_{EAB}=\dfrac{8\times8}{2}-\dfrac{4\times4}{2}=24$。

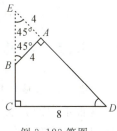
例 3-123 答图

例 3-124 如图，已知在五边形 $ABCDE$ 中，$\angle ABD=\angle DEA=90°$，$AB=5$，$CD=3$，$AF=8$，$ED=7$，试求阴影部分的面积。

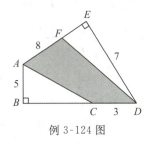
例 3-124 图

分析: 阴影部分是一个不规则图形，关键是要根据图形的特点设法分割为已知的规则图形。

解: 看到直角就要想到三角形的高。连接 AD，则 $S_{\triangle CDA}=\dfrac{1}{2}\times5\times3=\dfrac{15}{2}$，$S_{\triangle AFD}=\dfrac{1}{2}\times8\times7=\dfrac{56}{2}$，所以 $S_{阴影}=\dfrac{15}{2}+\dfrac{56}{2}=35.5$。

例 3-125 如图，两个正方形的边长分别为 15，8，试求阴影部分面积的差 S_A-S_B。

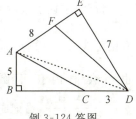
例 3-124 答图

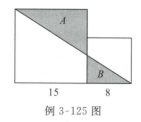

例 3-125 图

分析：利用同增同减其差不变的思想。本题在图形上就是"补"，化未知为已知。

解：如图，$S_A - S_B = (S_A + S_C) - (S_B + S_C) = 15^2 - \dfrac{1}{2} \times 15 \times (8 + 15) = 52.5$。

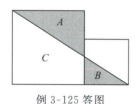

例 3-125 答图

3.15　检验法

检验法是从不同角度或某一侧面判断一个数学结论（隐含条件）或一个数学命题是否正确的方法。这种检验方法往往是必要性检验，用于检验不一致的或原解法肯定是错误的；检验正确的也不能保证原解法是正确的，最好多种检验方法结合使用。

例 3-126　量纲检验法。"在锐角三角形 ABC 中，$AB = c$，$AC = b$，$\angle BAC = \alpha$，求证三角形 ABC 的重心 G 到 BC 的距离为 $\dfrac{b\sin\alpha}{\sqrt{(b-c)^2 + 4bc\sin^2\dfrac{\alpha}{2}}}$。"试问该命题的结论是否

正确？

解：因为距离对长度的量纲是 1，而题目所给分式的量纲是 0（其中 $\sin\alpha$ 表示两线段之比，量纲为 0）。再考虑到分母中的根式所表示的正好是 BC 的长度，容易得到正确的结论是"求证三角形 ABC 的重心 G 到 BC 的距离为 $\dfrac{bc\sin\alpha}{\sqrt{(b-c)^2 + 4bc\sin^2\dfrac{\alpha}{2}}}$"。

说明：掌握了量纲检验法就不会把三角形面积公式 $S = \dfrac{abc}{4R}$ 错记成 $S = \dfrac{4R}{abc}$。不会把海伦公式 $S = \sqrt{p(p-a)(p-b)(p-c)}$，$p = \dfrac{a+b+c}{2}$，错记成 $S = \sqrt{(p-a)(p-b)(p-c)}$。也不会把内接于圆的四边形面积公式 $S = \sqrt{(p-a)(p-b)(p-c)(p-d)}$，$p = \dfrac{a+b+c+d}{2}$，错记成 $S = \sqrt{p(p-a)(p-b)(p-c)(p-d)}$。

例 3-127　对称检验法。$(a+b+c)(-a+b+c)(a-b+c)(a+b-c)$ 的展开式正确

的是(　　)。

(A)$-a^4+b^4+c^4+2a^2b^2+2b^2c^2+2c^2a^2$

(B)$-a^4-b^4-c^4+2a^2b^2+4b^2c^2+4c^2a^2$

(C)$-a^4-b^4-c^4+2a^2b^2+4b^2c^2+2c^2a^2$

(D)$-a^4-b^4-c^4+2a^2b^2+2b^2c^2+2c^2a^2$

解：因为表达式$(a+b+c)(-a+b+c)(a-b+c)(a+b-c)$关于$a,b,c$是对称的，其展开式也必然是对称的，所以选(D)。

说明：同样，对于"方程$\dfrac{1}{x}-\dfrac{1}{a}-\dfrac{1}{b}=\dfrac{1}{x-a-b}$的解为$x=a$或$x=a-b$"这样的结论，我们由对称性一眼就可以看出答案是错误的！既然$x=a$正确，那么另一个解一定是$x=b$。

例 3-128　特殊化检验法。设$b>a\geqslant 0$，求$\sqrt{\dfrac{\sqrt{a^3}+\sqrt{b^3}}{\sqrt{a}+\sqrt{b}}-\sqrt{ab}}\times\dfrac{\sqrt{a}+\sqrt{b}}{a-b}$。

解：原式$=\sqrt{a+b-\sqrt{ab}-\sqrt{ab}}\times\dfrac{\sqrt{a}+\sqrt{b}}{a-b}$

$\qquad\quad=\sqrt{(\sqrt{a}-\sqrt{b})^2}\times\dfrac{\sqrt{a}+\sqrt{b}}{a-b}$

$\qquad\quad=\dfrac{(\sqrt{a}-\sqrt{b})(\sqrt{a}+\sqrt{b})}{a-b}=1$。

这个结果是否正确呢？我们取$a=0,b=1$代入，原式$=\sqrt{\dfrac{0+1}{0+1}-0}\times\dfrac{0+1}{0-1}=-1$，与答案不一致。再检验解题步骤可知，错误出自$\sqrt{(\sqrt{a}-\sqrt{b})^2}=\sqrt{a}-\sqrt{b}$，应该是$\sqrt{b}-\sqrt{a}$。

说明：正四棱台的体积公式$V=\dfrac{a^2+ab+b^2}{3}h$容易记错，那么其是否正确呢？可以用特殊化取检验。当$a=b$时棱台变成棱柱，$V=a^2h$，是正确的。当$b=0$时，棱台变成棱锥，$V=\dfrac{1}{3}a^2h$，是正确的。这样，看看是否与已有的结论相符合即可。

例 3-129　等价关系检验法。由于互为逆否的两个命题是等价的，可以利用等价关系来检验。

已知方程$x^2+x+1-\mathrm{i}=0$的两个根是$x_1=\dfrac{3}{2}-\mathrm{i},x_2=1+\mathrm{i}$，试问方程的解是否正确？

解：由韦达定理直接代入知，方程的解是错误的。

例 3-130　数形结合检验法。不等式$|x-1|+|x-10|+|x-100|<3$的解是(　　)。

(A)-1 　　　　　　　　　　　　(B)-5

(C)2 　　　　　　　　　　　　　(D)无解

解：在数轴上标出三个点$1,10,100$，易知：距离之和小于3的点是不存在的。选(D)。

例 3-131　和谐性检验法。a为何值时，圆$x^2+y^2-2ax+a^2-1=0$与抛物线

$y^2 = \dfrac{1}{2}x$ 有:(1)一个交点;(2)两个交点;(3)三个交点;(4)四个交点;(5)没有交点。

求解的结果是:(1)$a = -1$;(2)$-1 < a < 1$ 或 $a = \dfrac{17}{8}$;(3)$a = 1$;(4)$1 < a < \dfrac{17}{8}$;

(5)$a < -2$ 或 $a > \dfrac{17}{8}$。

把答案都画在数轴上,从和谐性上看,(1)到(5)所有的解应该是整个数轴。但该命题的解没有覆盖整个数轴,所有,至少有一个是错误的。由和谐性可知,(5)的答案应该是 $a < -1$ 或 $a > \dfrac{17}{8}$。

例 3-132 同解性检验法。用"合分比定理"解方程 $\dfrac{x^2+3x+2}{x^2-3x+2} = \dfrac{2x^2+3x+1}{2x^2-3x+1}$。

解:由合分比定理得 $\dfrac{(x^2+3x+2)+(x^2-3x+2)}{(x^2+3x+2)-(x^2-3x+2)} = \dfrac{(2x^2+3x+1)+(2x^2-3x+1)}{(2x^2+3x+1)-(2x^2-3x+1)}$,

即 $\dfrac{2x^2+4}{6x} = \dfrac{4x^2+2}{6x}$,所以有 $2x^2+4 = 4x^2+2$,即 $x^2 = 1$,从而 $x = \pm 1$。

使用合分比定理或两边平方等运算后,容易产生增根或失根。本题就产生了增根 $x = 1$,并产生失根 $x = 0$。在解题过程中,要注意不是恒等变形而产生的错解现象。

说明:当使用合分比定理把方程 $\dfrac{f_1(x)}{g_1(x)} = \dfrac{f_2(x)}{g_2(x)}$ 化为 $\dfrac{f_1(x)+g_1(x)}{f_1(x)-g_1(x)} = \dfrac{f_2(x)+g_2(x)}{f_2(x)-g_2(x)}$ 时,满足条件 $f_1(x)-g_1(x) \neq 0$,$f_2(x)-g_2(x) \neq 0$,$g_1(x) = 0$,$g_2(x) = 0$ 的 x 的所有值都是增根。而满足条件 $f_1(x)-g_1(x) = 0$,$f_2(x)-g_2(x) = 0$,$g_1(x) \neq 0$,$g_2(x) \neq 0$ 的 x 的所有值都是失根。

例 3-133 定义检验法。有一凸多边形,最小内角是 $\dfrac{2\pi}{3}$,各内角的弧度数成等差数列,公差是 $\dfrac{\pi}{36}$,试求凸多边形的边数。

解:设凸多边形的边数为 n,则其内角和为 $(n-2)\pi$。由题意得 $\dfrac{n\left[2 \times \dfrac{2\pi}{3}+(n-1)\dfrac{\pi}{36}\right]}{2} = (n-2)\pi$,整理得 $n^2-25n+144 = 0$,解之得 $n_1 = 9$,$n_2 = 16$。

从解题过程看来无懈可击,那么答案是否正确呢?根据凸多边形的定义,其内角都是在 $(0, \pi)$ 的,而当 $n_2 = 16$ 时,其最大内角为 $\dfrac{2\pi}{3}+(16-1)\dfrac{\pi}{36} = \dfrac{13}{12}\pi > \pi$。所以 $n_2 = 16$ 不适合,应该舍去。

例 3-134 推理检验法。设方程 $x^2+(m-2)x+(5-m) = 0$ 有两个实根,且都大于 2。求实数 m 的范围。

解:设方程的两个根为 x_1,x_2,根据题意得到方程组 $\begin{cases} x_1 > 2 \\ x_2 > 2 \\ \Delta \geqslant 0 \end{cases}$,可化为

$\begin{cases} x_1+x_2 = -(m-2) > 4 \\ x_1 x_2 = 5-m > 4 \\ \Delta = (m-2)^2-4(5-m) \geqslant 0 \end{cases}$,解这个不等式组得 $m \leqslant -4$。

但这个答案是错误的。如果令 $m=-5\leqslant-4$，则方程化为 $x^2-7x+10=0$，解之得 $x_1=5, x_2=2$。其中一个根比 2 小，与题设矛盾。

导致错误的原因在于推理不正确，误把"两个实根都大于 2"理解为 $\begin{cases} x_1+x_2>4 \\ x_1x_2>4 \end{cases}$，其实后者只是一个必要条件。正确的解法如下。

设方程的两个根为 x_1, x_2，不妨设 $x_1\geqslant x_2$，则 $\begin{cases} x_1>2 \\ x_2>2 \end{cases}$ 的充分必要条件是 $x_2>2$。由一元二次方程的求根公式得 $x_2=\dfrac{-(m-2)-\sqrt{m^2-16}}{2}>2$，又 $\Delta=(m-2)^2-4(5-m)\geqslant0$，解之得 $-5<m\leqslant-4$。

也可以用根的分布求解。令 $f(x)=x^2+(m-2)x+(5-m)$，由题方程有两个大于 2 的实根，则有 $\begin{cases} \Delta\geqslant0 \\ -\dfrac{m-2}{2}\geqslant2 \\ f(2)>0 \end{cases}$，解之得 $-5<m\leqslant-4$。

说明：类似的问题：k 为何值时关于 x 的方程 $x^2+(k+1)x+2k-1=0$ 有两个负根？不能只用判别式大于等于零和两根之和小于零，还必须有两根之积大于零。

例 3-135　p 取什么实数时，抛物线 $y=7x^2-(p+13)x+p^2-p-2$ 与 x 轴的两个交点的横坐标 x_1, x_2 满足 $0<x_1<1, 1<x_2<2$？

解：根据题意得到方程组 $\begin{cases} 1<x_1+x_2<3 \\ x_1x_2>0 \\ \Delta\geqslant0 \end{cases}$，即 $\begin{cases} 1<\dfrac{p+13}{7}<3 \\ \dfrac{p^2-p-2}{7}>0 \\ (p+13)^2-28(p^2-p-2)\geqslant0 \end{cases}$，解之得 $1-\dfrac{2\sqrt{21}}{3}\leqslant p<-1$ 或 $2<p\leqslant1+\dfrac{2\sqrt{21}}{3}$。

本题解答是错误的。例如取 $p=-2$ 得到方程的两个根就不符合要求。原因在于解法中给出的只是必要条件，而非充分必要条件。正确的解法是，因为抛物线开口向上，与 x 轴有两个交点，分别在 $0, 1$ 之间和 $1, 2$ 之间，则 $f(0)>0, f(1)<0, f(2)>0$，即 $\begin{cases} p^2-p-2>0 \\ p^2-2p-8<0 \\ p^2-3p>0 \end{cases}$，解之得 $3<p<4$ 或 $-2<p<-1$。

例 3-136　问 k 为何值时，双曲线 $x^2-y^2+1=0$ 和抛物线 $y^2=(k-1)x$ 有两个公共点？

解：把抛物线方程代入双曲线方程得 $x^2-(k-1)x+1=0$，判别式 $\Delta>0$ 时，双曲线和抛物线有两个公共点，即 $\Delta=[-(k-1)]^2-4=k^2-2k-3>0$，解之得 $k>3$ 或 $k<-1$。

本题解答是错误的。从逻辑上说，产生错误的原因在于，把直线和圆在何时相交、相切、相离的解法，不加区别地类推到双曲线与抛物线的关系上来。事实上，当双曲线与抛物线相交时，每一个 x 都对应两个不同的 y。这样，不是有两个公共点，而是有四个公共点。

正确的解是 $k=3$ 时,有两个公共点:$(1,\sqrt{2})$,$(1,-\sqrt{2})$;当 $k=-1$ 时,有两个公共点:$(-1,\sqrt{2})$,$(-1,-\sqrt{2})$。具体求解过程,请读者自己完成。

说明:对于下列问题:二次曲线 $x^2+y^2=1$ 与 $y^2=6\left(x-\dfrac{7}{6}\right)$ 有无交点? 只需画出图象即可看出,没有交点,不必去解方程组。

例 3-137 设 $a,b\in\mathbf{R}^+$,$a+b=1$,求 $\left(1+\dfrac{1}{a}\right)\left(1+\dfrac{1}{b}\right)$ 的最小值。

解:因为 $a,b\in\mathbf{R}^+$,$a+b=1$,所以 $1+\dfrac{1}{a}=1+\dfrac{a+b}{a}=2+\dfrac{b}{a}\geqslant 2\sqrt{\dfrac{2b}{a}}$,$1+\dfrac{1}{b}=1+\dfrac{a+b}{b}=2+\dfrac{a}{b}\geqslant 2\sqrt{\dfrac{2a}{b}}$,故 $\left(1+\dfrac{1}{a}\right)\left(1+\dfrac{1}{b}\right)\geqslant 2\sqrt{\dfrac{2b}{a}}\cdot 2\sqrt{\dfrac{2a}{b}}=8$。即 $\left(1+\dfrac{1}{a}\right)\left(1+\dfrac{1}{b}\right)$ 的最小值为 8。

本题解答是错误的。从逻辑上说,产生错误的原因在于,基本不等式中等号成立的条件不一样。

第一个等号成立仅当 $2=\dfrac{b}{a}$,即 $b=2a$。第二个等号成立仅当 $2=\dfrac{a}{b}$,即 $a=2b$。这样,两个等号同时成立时,必须有 $a=b=0$。这与 $a,b\in\mathbf{R}^+$ 矛盾。因此,最后的不等式只能是 $\left(1+\dfrac{1}{a}\right)\left(1+\dfrac{1}{b}\right)>2\sqrt{\dfrac{2b}{a}}\cdot 2\sqrt{\dfrac{2a}{b}}=8$,即用这种方法,$\left(1+\dfrac{1}{a}\right)\left(1+\dfrac{1}{b}\right)$ 无法确定最小值。正确的解法是:因为 $\left(1+\dfrac{1}{a}\right)\left(1+\dfrac{1}{b}\right)=\left(1+\dfrac{1}{a}\right)\left(1+\dfrac{1}{1-a}\right)=1+2\left(\dfrac{1}{a}+\dfrac{1}{1-a}\right)$,记 $f(a)=1+2\left(\dfrac{1}{a}+\dfrac{1}{1-a}\right)$,所以 $f'(a)=\dfrac{2(2a-1)}{a^2(1-a)^2}$,有唯一极值点 $a=\dfrac{1}{2}$,从而 $b=\dfrac{1}{2}$,故所求的最小值为 $\left(1+\dfrac{1}{a}\right)\left(1+\dfrac{1}{b}\right)=(1+2)(1+2)=9$。

说明:用求导的方法同样可以证明:若 $a,b\in\mathbf{R}^+$,$a+b=1$,则 $\left(a+\dfrac{1}{a}\right)\left(b+\dfrac{1}{b}\right)\geqslant\dfrac{25}{4}$。用基本不等式证明也是无效的。

例 3-138 隐含条件检验法。已知正六边形的边长为 1,形内一点 P 到某两个顶点的距离分别是 $\dfrac{13}{12}$,$\dfrac{5}{12}$,求点 P 到其余四个顶点的距离。

解:"形内一点 P 到某两个顶点的距离分别是 $\dfrac{13}{12}$,$\dfrac{5}{12}$",这里没有告诉我们是哪两个点,这是一个隐含条件。我们通过检验法来找到这两个点,进而确定 P 与各顶点的位置关系。

因为正六边形的边长为 1,所以它的长对角线长是 2,它的短对角线长是 $\sqrt{3}$,注意到 $\dfrac{13}{12}+\dfrac{5}{12}=\dfrac{3}{2}<\sqrt{3}<2$,所以,题设中的某两个顶点必定是正六边形的两个相邻顶点。如图,记这两个顶点为 A,B,其余顶点依次设为 C,D,E,F,则 $PA=\dfrac{13}{12}$,$PB=\dfrac{5}{12}$。又 $PA^2-PB^2=\left(\dfrac{13}{12}\right)^2-\left(\dfrac{5}{12}\right)^2=1=AB^2$,所以

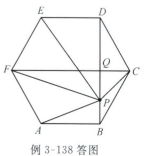

例 3-138 答图

$\triangle PAB$ 是直角三角形, $\angle ABP=90°$, 从而 P 在线段 BD 上, 有 $PD=BD-PB=\sqrt{3}-\dfrac{5}{12}$,

$PE=\sqrt{PD^2+DE^2}=\dfrac{1}{12}\sqrt{601-120\sqrt{3}}$ 。

设 BD 与 FC 交于 Q, 则 $QC=\dfrac{1}{2}$, $QF=FC-QC=\dfrac{3}{2}$。$PQ=BQ-PB=\dfrac{\sqrt{3}}{2}-\dfrac{5}{12}$。故

$PC=\sqrt{PQ^2+QC^2}=\dfrac{1}{12}\sqrt{169-60\sqrt{3}}$, $PF=\sqrt{PQ^2+QF^2}=\dfrac{1}{12}\sqrt{457-60\sqrt{3}}$ 。

说明：其他的隐含条件还有分母不为零, 开偶次方根被开方数大于等于零, 零和负数无对数, 正弦和余弦的绝对值小于等于 1, 反正弦的定义域是 $[-1,1]$、值域是 $\left[-\dfrac{\pi}{2},\dfrac{\pi}{2}\right]$ 等。

4 第4章 不等式的求解与证明方法

　　不等式问题本身是综合性比较强的问题,同时它又是研究函数、数列、圆锥曲线等问题的基础。不等式主要涉及四大方面。①代数:恒等变形(凑项、折项、配方、分解)、变量代换、放缩变换;②三角(三角函数、三角代换、正弦定理、余弦定理)、根的判别法、构造等式或不等式;③几何:构造图形(平面几何、立体几何、解析几何);④函数:构造函数、函数的思想与方法、函数的单调性、有界性等。

　　不等式的求解或证明(以下简称求解)方法常有:比较法(求差、求商)、分析法、综合法、反证法、数学归纳法、放缩法、换元法(增量法、三角代换、复数代换、对称代换)、构造法(构造等式、构造方程、构造图形)等。

　　本章分为五个模块:用比较法求解的问题、利用 $a^2+b^2 \geqslant 2ab$ 求解的问题、条件中有"1"的问题、含参数的不等式问题以及复杂不等式的证明问题。这里把常用的不等式列举如下。

　　平均不等式(常用):对任意的正数 $a_1,a_2,\cdots,a_n$,有下列结论,当且仅当 $a_1=a_2=\cdots=a_n$ 时等号成立,即调和平均值小于几何平均值,小于算术平均值,小于平方平均值:

$$\frac{n}{\dfrac{1}{a_1}+\dfrac{1}{a_2}+\cdots+\dfrac{1}{a_n}} \leqslant \sqrt[n]{a_1a_2\cdots a_n} \leqslant \frac{a_1+a_2+\cdots+a_n}{n} \leqslant \sqrt{\frac{a_1^2+a_2^2+\cdots+a_n^2}{n}}。$$

　　特别 $n=2$ 时,有 $\dfrac{2}{\dfrac{1}{a_1}+\dfrac{1}{a_2}} \leqslant \sqrt{a_1a_2} \leqslant \dfrac{a_1+a_2}{2} \leqslant \sqrt{\dfrac{a_1^2+a_2^2}{2}}$。

　　柯西不等式(复杂问题用):对任意两组实数 $a_1,a_2,\cdots,a_n$ 和 $b_1,b_2,\cdots,b_n$,有

$$(a_1b_1+a_2b_2+\cdots+a_nb_n)^2 \leqslant (a_1^2+a_2^2+\cdots+a_n^2)(b_1^2+b_2^2+\cdots+b_n^2),$$

当且仅当 $\dfrac{a_1}{b_1}=\dfrac{a_2}{b_2}=\cdots=\dfrac{a_n}{b_n}$(约定 $b_i \neq 0$)时等号成立。

　　特别 $n=2$ 时,有 $(a_1b_1+a_2b_2)^2 \leqslant (a_1^2+a_2^2)(b_1^2+b_2^2)$。

　　排序不等式(复杂问题用):设有两个序组:$a_1 \leqslant a_2 \leqslant \cdots \leqslant a_n$ 及 $b_1 \leqslant b_2 \leqslant \cdots \leqslant b_n$,则

$$a_1b_n+a_2b_{n-1}+\cdots+a_nb_1 \text{(反序和)} \leqslant a_1b_{j_1}+a_2b_{j_2}+\cdots+a_nb_{j_n} \text{(乱序和)}$$
$$\leqslant a_1b_1+a_2b_2+\cdots+a_nb_n \text{(同序和)}$$

其中,$b_{j_1},b_{j_2},\cdots,b_{j_n}$ 是 $b_1,b_2,\cdots,b_n$ 的任意一个排列。

切比雪夫不等式(复杂问题用)：设有两个有序实数组 $a_1 \leqslant a_2 \leqslant \cdots \leqslant a_n$ 及 $b_1 \leqslant b_2 \leqslant \cdots \leqslant b_n$，则 $\sum\limits_{i=1}^{n} a_1 b_{n+1-i}$(反序和) $\leqslant \dfrac{1}{n} \left(\sum\limits_{i=1}^{n} a_i\right)\left(\sum\limits_{i=1}^{n} b_i\right) \leqslant \sum\limits_{i=1}^{n} a_i b_i$(同序和)。

4.1　用比较法求解的问题

比较法是证明不等式的最基本也是最重要的方法，其理论基础是：对任意的 $a, b \in \mathbf{R}$，有 $a > b \Leftrightarrow a - b > 0$；$a = b \Leftrightarrow a - b = 0$；$a < b \Leftrightarrow a - b < 0$；$b > 0$ 时，$\dfrac{a}{b} > 1 \Leftrightarrow a > b$。比较法分为作差比较法和作商比较法，其难点与核心是变形。作差比较法的具体步骤是：作差→变形→判断符号→下结论，而变形是关键，常会用到配方、因式分解、基本不等式等方法。作商法的具体步骤是：作商→变形→判断商式与 1 的大小→下结论。对于指数形式或幂指形式的不等式，作商法更常用。作商比较法通常是比较两个同号表达式的大小。

例 4-1　已知 $f(x) = \log_a x\,(a > 0, a \neq 1, x \in \mathbf{R}^+)$，$x_1, x_2 \in \mathbf{R}^+$，试比较 $\dfrac{1}{2}\left[f(x_1) + f(x_2)\right]$ 与 $f\left(\dfrac{x_1 + x_2}{2}\right)$ 的大小。

解：用作差法。

两式相减得：$\dfrac{1}{2}\left[f(x_1) + f(x_2)\right] - f\left(\dfrac{x_1 + x_2}{2}\right) = \dfrac{1}{2}\left(\log_a x_1 + \log_a x_2\right) - \log_a \dfrac{x_1 + x_2}{2} = \dfrac{1}{2} \times \log_a \dfrac{4 x_1 x_2}{(x_1 + x_2)^2}$。又 $0 < \dfrac{4 x_1 x_2}{(x_1 + x_2)^2} \leqslant \dfrac{4 x_1 x_2}{4 x_1 x_2} = 1$，当且仅当 $x_1 = x_2$ 时，等号成立。

当 $a > 1$ 时，有 $\dfrac{1}{2} \log_a \dfrac{4 x_1 x_2}{(x_1 + x_2)^2} \leqslant \dfrac{1}{2} \log_a 1 = 0$，此时 $\dfrac{1}{2}\left[f(x_1) + f(x_2)\right] \leqslant f\left(\dfrac{x_1 + x_2}{2}\right)$，当且仅当 $x_1 = x_2$ 时等号成立。

当 $0 < a < 1$ 时，有 $\dfrac{1}{2} \log_a \dfrac{4 x_1 x_2}{(x_1 + x_2)^2} \geqslant \dfrac{1}{2} \log_a 1 = 0$，此时 $\dfrac{1}{2}\left[f(x_1) + f(x_2)\right] \geqslant f\left(\dfrac{x_1 + x_2}{2}\right)$，当且仅当 $x_1 = x_2$ 时等号成立。

说明：特殊的比较大小问题是与零比较大小，参见习题 2.1 第 1 题。

例 4-2　设 $a > 0, b > 0, a \neq b$，试比较 $a^a b^b$ 与 $a^b b^a$ 的大小。

分析：$a^a b^b$ 与 $a^b b^a$ 都是正数，可以尝试用作商法。

解：两者相除得 $\dfrac{a^a b^b}{a^b b^a} = a^{a-b} b^{b-a} = \left(\dfrac{a}{b}\right)^{a-b}$。当 $a > b > 0$ 时，有 $\dfrac{a}{b} > 1$，$a - b > 0$，此时 $\left(\dfrac{a}{b}\right)^{a-b} > 1$，即 $a^a b^b > a^b b^a$；当 $b > a > 0$ 时，有 $0 < \dfrac{a}{b} < 1$，$a - b < 0$，此时 $\left(\dfrac{a}{b}\right)^{a-b} > 1$，即 $a^a b^b > a^b b^a$。综上所述，有 $a^a b^b > a^b b^a$。

说明：具体数字的比较大小问题可参见例 2-7，例 2-19。

例 4-3　试比较 $\sqrt{a-3} - \sqrt{a-4}$ 与 $\sqrt{a-4} - \sqrt{a-5}$ 的大小，其中 $a > 5$。

解：用分析法。由于 $a > 5$，所以只需比较 $\sqrt{a-3} + \sqrt{a-5}$ 与 $2\sqrt{a-4}$ 的大小，即比较

$(\sqrt{a-3}+\sqrt{a-5})^2$ 与 $(2\sqrt{a-4})^2$ 的大小，亦即比较 $\sqrt{(a-3)(a-5)}$ 与 $a-4$ 的大小，也就是比较 $a^2-8a+15$ 与 $a^2-8a+16$ 的大小，显然后者大，所以有

$$\sqrt{a-4}-\sqrt{a-5}>\sqrt{a-3}-\sqrt{a-4}。$$

例 4-4 已知 $a,b,c,d\in\mathbf{R}$，满足 (1)$d>c$，(2)$a+b>c+d$，(3)$a+d<b+c$，试确定 a,b,c,d 的大小关系。

解： $\begin{matrix}(3)\Rightarrow d-b<c-a\\(2)\Rightarrow c-a<b-d\end{matrix}\Biggr\}\Rightarrow\begin{matrix}d-b<b-d\\a-c<c-a\end{matrix}\Biggr\}\Rightarrow\begin{matrix}d<b\\a<c\\(1)\end{matrix}\Biggr\}\Rightarrow b>d>c>a。$

例 4-5 已知 $f(x)=ax^2+bx$，且 $1\leqslant f(-1)\leqslant2,2\leqslant f(1)\leqslant4$，求 $f(-2)$ 的取值范围。

解： 因为 $f(-1)=a-b,f(1)=a+b$，所以 $1\leqslant a-b\leqslant2,2\leqslant a+b\leqslant4$。

又由于 $a-b$ 与 $a+b$ 中的 a,b 不是相互独立的，所以将 $f(-2)$ 用 $a-b$ 与 $a+b$ 表示，则可以得到解。设 $f(-2)=mf(-1)+nf(1)$，m,n 为待定系数，则有

$4a-2b=m(a-b)+n(a+b)$，即 $4a-2b=(m+n)a-(m-n)b$，

比较两端 a,b 的系数得 $\begin{cases}m+n=4\\m-n=2\end{cases}$，解之得 $m=3,n=1$。所以 $f(-2)=3f(-1)+f(1)$，从而 $5\leqslant3f(-1)+f(1)\leqslant10$，即 $5\leqslant f(-2)\leqslant10$。

说明： 求函数的最大值、最小值、定义域、值域问题与不等式问题是一致的，参见例 3-30，例 3-33，例 3-57，例 3-62，例 3-64，例 3-65。

例 4-6 已知 $4x+5y<22,6x+3y>24$，记 $2x=A,3y=B$，试比较 A,B 的大小。

分析： 解这类问题的关键是消去常数，才能得到 A,B 的关系。

解： 由于 $4x+5y<22,6x+3y>24$，所以 $4x+5y<22,2x+y>8$，即 $16x+20y<88$，$22x+11y>88$，所以 $22x+11y>16x+20y$，即 $2x>3y$，所以 $A>B$。

说明： 比较两个函数大小问题参见例 3-61。

例 4-7 派出两个车队运货，派出的车辆总数小于 18，第二车队派出的车数比第一车队派出的车数的 2 倍要少。如果第一车队多派出 2 辆车，而第二车队少派出 2 辆车，那么第二车队派出的车数就多于第一车队派出的车数。问每个车队原先各派出了几辆车？

解： 设 x,y 分别表示第一、第二车队派出的车辆数，由题意得

$$\begin{cases}x+y<18 & (1)\\y<2x & (2)，\\y-2>x+2 & (3)\end{cases}$$

由 (2) 和 (3) 得 $x+4<y<2x$，即 $x+4<2x$，从而 $x>4$。又由 (1) 和 (3) 得 $2x+4<18$，即 $x<7$。又 x 为整数，所以 $x=5,6$。

当 $x=5$ 时，代入不等式不合适（将得到非整数解）。故 $x=6$，从而 $y=11$。

例 4-8 求分数 $\dfrac{a}{b}$（其中 a,b 都是正整数）使得 $\dfrac{5}{9}<\dfrac{a}{b}<\dfrac{4}{7}$，且 b 要尽可能地小。

解： 答案是 $\dfrac{9}{16}$，可用尝试法和验证法。

由题意，$5b<9a,a,b\in\mathbf{N}_+$，所以 $5b+1\leqslant9a$。又 $7a<4b$，所以 $7a\leqslant4b-1$。于是得到

$9(4b-1)\geqslant 63a\geqslant 7(5b+1)$，进而有 $9(4b-1)\geqslant 7(5b+1)$，即 $b\geqslant 16$。由于 b 要尽可能地小，取 $b=16$，原来的不等式变为 $9a\geqslant 81$ 和 $7a\leqslant 63$，所以 $a=9$。因而 $\dfrac{9}{16}$ 满足要求，也不存在分母更小的分数，也不存在以 16 为分母的其他分数满足要求。

4.2　利用 $a^2+b^2\geqslant 2ab$ 求解的问题

不等式 $a^2+b^2\geqslant 2ab$ 是最常用的关系式，其原理是 $(a-b)^2\geqslant 0$，在不等式的证明中作用很大。

例 4-9　已知 $x>0,y>0$，且 $\dfrac{1}{x}+\dfrac{9}{y}=1$，求 $x+y$ 的最小值。

解：因为 $x>0,y>0$，且 $\dfrac{1}{x}+\dfrac{9}{y}=1$，所以 $x+y=(x+y)\cdot 1=(x+y)\left(\dfrac{1}{x}+\dfrac{9}{y}\right)=$
$\dfrac{y}{x}+\dfrac{9x}{y}+10\geqslant 6+10=16$，当且仅当 $\dfrac{y}{x}=\dfrac{9x}{y}$，$\dfrac{1}{x}+\dfrac{9}{y}=1$ 时，即 $x=4,y=12$ 时等号成立。故当 $x=4,y=12$ 时，$(x+y)_{\min}=16$。

另解：由于 $\dfrac{1}{x}+\dfrac{9}{y}=1$，所以 $(x-1)(y-9)=9=3^2$（定值），所以当 $x>1$ 且 $y>9$，$x-1=y-9=3$ 时，即 $x=4,y=12$ 时，$(x+y)_{\min}=16$。

说明：本题第一种解法巧妙地利用了"1"，第二种解法利用了乘积为定值。由于条件 $\dfrac{1}{x}+\dfrac{9}{y}=1$ 使用起来有些困难，若由此解出 x 或 y 代入 $x+y$ 化为一元函数的最值问题，是比较复杂的，但也可通过求解：$\dfrac{1}{x}+\dfrac{9}{y}=1$ 得 $x=\dfrac{1}{1-\dfrac{9}{y}}=\dfrac{y}{y-9}$，所以

$$x+y=\dfrac{y}{y-9}+y=\dfrac{(y-9)+9}{y-9}+(y-9)+9=1+\dfrac{9}{y-9}+(y-9)+9=10+\dfrac{9}{y-9}+$$

$(y-9)$，当 $y>9$ 时，上式 $\geqslant 10+3\times 2=16$，当且仅当 $\dfrac{9}{y-9}=y-9$ 时，即 $y=12$ 时等号成立，此时 $x=4$。所以当 $x=4,y=12$ 时，$(x+y)_{\min}=16$。

例 4-10　已知 $0<a<b<1$，$P=\log_{\frac{1}{2}}\dfrac{a+b}{2}$，$Q=\dfrac{1}{2}(\log_{\frac{1}{2}}a+\log_{\frac{1}{2}}b)$，$M=\dfrac{1}{2}\log_{\frac{1}{2}}(a+b)$，试确定 P,Q,M 的大小关系。

解：由于 $P=\log_{\frac{1}{2}}\dfrac{a+b}{2}$，$Q=\log_{\frac{1}{2}}\sqrt{ab}$，$M=\log_{\frac{1}{2}}\sqrt{a+b}$，所以只需比较 $\dfrac{a+b}{2}$，$\sqrt{ab}$，$\sqrt{a+b}$ 的大小，显然 $\dfrac{a+b}{2}>\sqrt{ab}$。由于 $0<a+b<2$，所以 $\dfrac{a+b}{2}<1$，从而 $\dfrac{(a+b)^2}{2}<a+b$，故有 $a+b>\dfrac{(a+b)^2}{4}$，即 $\sqrt{a+b}>\dfrac{a+b}{2}$，所以 $\sqrt{a+b}>\dfrac{a+b}{2}>\sqrt{ab}$，从而 $M<P<Q$。

例 4-11　设 $x>y>z$，$n\in\mathbf{N}_+$，且 $\dfrac{1}{x-y}+\dfrac{1}{y-z}\geqslant\dfrac{n}{x-z}$ 恒成立，问 n 的最小值是多少？

分析：由于 $x>y>z$，$n\in\mathbf{N}_+$，所以 $x-y$，$y-z$，$x-z$ 均为正数，且 $(x-z)\times$

$$\left(\frac{1}{x-y}+\frac{1}{y-z}\right)\geqslant n\ 恒成立。因此,只需求(x-z)\left(\frac{1}{x-y}+\frac{1}{y-z}\right)的最小值即可。$$

解:记 $a=x-y,b=y-z$,则 $a>0,b>0$,且 $x-z=(x-y)+(y-z)=a+b$,所以

$$(x-z)\left(\frac{1}{x-y}+\frac{1}{y-z}\right)=(a+b)\left(\frac{1}{a}+\frac{1}{b}\right)\geqslant2\sqrt{ab}\cdot\frac{2}{\sqrt{ab}}=4,故\ n\ 的最小值是\ 4。$$

说明:这里用了转化的思想,题目求解比较简洁。

例 4-12　若 θ 为锐角,$a=\frac{1}{2}(\sin\theta+\cos\theta),b=\frac{\sin2\theta}{\sin\theta+\cos\theta},c=\sqrt{\frac{1}{2}\sin2\theta}$,则 a,b,c 的大小关系是怎样的?

分析:θ 为锐角,告诉我们 $\sin\theta>0,\cos\theta>0$,就可以用基本不等式。

解:由于 θ 为锐角,所以 $\sin\theta>0,\cos\theta>0$。由 $a=\frac{\sin\theta+\cos\theta}{2},c=\sqrt{\frac{1}{2}\sin2\theta}=$

$\sqrt{\sin\theta\cos\theta}$,得到 $a\geqslant c$。又 $b=\frac{\sin2\theta}{\sin\theta+\cos\theta}=\frac{2\sin\theta\cos\theta}{\sin\theta+\cos\theta}=\frac{2c^2}{2a}=\frac{c}{a}\cdot c\leqslant c$,所以 a,b,c 的大小关系是 $a\geqslant c\geqslant b$。

4.3　基本不等式与其他方法相结合的问题

基本不等式与其他方法和内容相结合的问题的求解方法包括比较法、分析法、综合法、反证法、换元法、判别式法、构造法、放缩法、最值法等。

例 4-13　已知 $a>0,b>0$,且 $a+b=1$,则下列成立的是(　　)。

(A)$a^2+b^2\geqslant\frac{1}{2}$　　　　　　　　　　　(B)$2^{a-b}>\frac{1}{2}$

(C)$\log_2^a+\log_2^b\geqslant-2$　　　　　　　　(D)$\sqrt{a}+\sqrt{b}\leqslant\sqrt{2}$

解:因为 $a^2+b^2=a^2+(1-a)^2=2a^2-2a+1=2\left(a-\frac{1}{2}\right)^2+\frac{1}{2}\geqslant\frac{1}{2}$,当且仅当 $a=b=\frac{1}{2}$ 时等号成立。故(A)正确。

又因为 $a-b=2a-1>-1$,所以 $2^{a-b}>2^{-1}=\frac{1}{2}$。故(B)正确。

由于 $\log_2^a+\log_2^b=\log_2^{ab}\leqslant\log_2^{\left(\frac{a+b}{2}\right)^2}=\log_2^{\frac{1}{4}}=-2$,当且仅当 $a=b=\frac{1}{2}$ 时等号成立。故(C)不正确。

又 $(\sqrt{a}+\sqrt{b})^2=1+2\sqrt{ab}\leqslant1+a+b=2$,从而 $\sqrt{a}+\sqrt{b}\leqslant\sqrt{2}$,当且仅当 $a=b=\frac{1}{2}$ 时等号成立。故(D)正确。

综上所述,(A),(B),(D)成立。

例 4-14　已知 $a+b+c=1,a^2+b^2+c^2=1$,且 $a>b>c$。求证(1)当 $a,b,c\in\mathbf{R}^+$ 时,有 $\frac{1}{a}+\frac{1}{b}+\frac{1}{c}\geqslant9$;(2)$-\frac{1}{3}<c<0$。

证明:(1)由于 $a,b,c\in\mathbf{R}^+,a+b+c=1$,所以 $\frac{1}{a}+\frac{1}{b}+\frac{1}{c}=(a+b+c)$

$$\left(\frac{1}{a}+\frac{1}{b}+\frac{1}{c}\right)\geqslant 3\sqrt[3]{abc}\cdot 3\frac{1}{\sqrt[3]{abc}}=9,即\frac{1}{a}+\frac{1}{b}+\frac{1}{c}\geqslant 9。$$

（2）由于 $a+b+c=1$，所以 $a+b=1-c$，　①

上式两边平方，得 $a^2+2ab+b^2=1-2c+c^2$。又 $a^2+b^2+c^2=1$，所以

$$ab=c^2-c。　②$$

由①和②知，a,b 为下列方程的两个不同根：$x^2-(1-c)x+c^2-c=0$。

由于 $a>b>c$，并把 c 代入方程得到 $\begin{cases}\Delta=(1-c)^2-4(c^2-c)>0 \\ \dfrac{1-c}{2}>c \\ c^2-(1-c)c+c^2-c>0\end{cases}$，解之得 $-\dfrac{1}{3}<c<0$。

例 4-15　已知 $a,b\in\mathbf{R}$，$a^2+b^2\leqslant 4$，求证 $|3a^2-8ab-3b^2|\leqslant 20$。

证明：由于 $a,b\in\mathbf{R}$，$a^2+b^2\leqslant 4$ 是个圆面，所以可设 $a=r\cos\theta,b=r\sin\theta,0\leqslant r\leqslant 2$，则 $|3a^2-8ab-3b^2|=r^2|3\cos 2\theta-4\sin 2\theta|\leqslant 5r^2\leqslant 20$，所以 $|3a^2-8ab-3b^2|\leqslant 20$。

说明：这种方法就是换元法的一种，三角代换是常用的换元法，凡条件为 $x^2+y^2=r^2$，$x^2+y^2\leqslant r^2$，$|x|\leqslant a,|y|\leqslant b$ 或 $\dfrac{x^2}{a^2}\pm\dfrac{y^2}{b^2}=1$ 的形式常用三角代换。

例 4-16　设 $x,y\in\mathbf{R}$，$a,b\in\mathbf{R}^+$，$|x|\leqslant a,|y|\leqslant b$，求证 $|xy\pm\sqrt{(a^2-x^2)(b^2-y^2)}|\leqslant ab$。

证明：令 $x=a\cos\alpha,y=b\cos\beta$，则

$$|xy\pm\sqrt{(a^2-x^2)(b^2-y^2)}|=ab|\cos\alpha\cos\beta\pm\sin\alpha\sin\beta|=ab|\cos(\alpha\mp\beta)|\leqslant ab。$$

说明：上述求解方法首先是三角代换，然后是放缩法，利用了 $|\cos(\alpha\mp\beta)|\leqslant 1$。用参数法证明不等式问题参见例 3-78。

例 4-17　求证 $\dfrac{1}{n+1}\left(1+\dfrac{1}{3}+\cdots+\dfrac{1}{2n-1}\right)>\dfrac{1}{n}\left(\dfrac{1}{2}+\dfrac{1}{4}+\cdots+\dfrac{1}{2n}\right)$，$n\geqslant 2$。

证明：由于 $\dfrac{1}{2}=\dfrac{1}{2}$，$\dfrac{1}{3}>\dfrac{1}{4}$，$\dfrac{1}{5}>\dfrac{1}{6}$，$\cdots$，$\dfrac{1}{2n-1}>\dfrac{1}{2n}$，又 $\dfrac{1}{2}>\dfrac{\frac{1}{2}+\frac{1}{4}+\cdots+\frac{1}{2n}}{n}$，

将上面 $n+1$ 个式子两端分别相加得：$1+\dfrac{1}{3}+\cdots+\dfrac{1}{2n-1}>\dfrac{n+1}{n}\left(\dfrac{1}{2}+\dfrac{1}{4}+\cdots+\dfrac{1}{2n}\right)$，所以 $\dfrac{1}{n+1}\left(1+\dfrac{1}{3}+\cdots+\dfrac{1}{2n-1}\right)>\dfrac{1}{n}\left(\dfrac{1}{2}+\dfrac{1}{4}+\cdots+\dfrac{1}{2n}\right)$。

说明：用放缩法证明不等式时，往往需要减项、添项或拆项，即"凑和"，还会用到函数的单调性、重要不等式等。这其中有很强的技巧，要仔细观察或分析条件与结论。数列与不等式结合问题可参见 9.6 节。

例 4-18　设 a,b,c 为三角形的三边，求证 $\dfrac{a}{b+c-a}+\dfrac{b}{a+c-b}+\dfrac{c}{a+b-c}\geqslant 3$。

分析：这里的隐含条件是：三角形的任何两边之和大于第三边。

证明：记 $x=b+c-a>0,y=a+c-b>0,z=a+b-c>0$，则 $a+b+c=x+y+z$，进而 $a=\dfrac{1}{2}(y+z),b=\dfrac{1}{2}(x+z),c=\dfrac{1}{2}(x+y)$。原题化为求证 $\dfrac{y+z}{2x}+\dfrac{z+x}{2y}+\dfrac{x+y}{2z}\geqslant 3$，其中 $x>0,y>0,z>0$。由于

$$\frac{y+z}{2x}+\frac{z+x}{2y}+\frac{x+y}{2z}=\frac{1}{2}\left[\left(\frac{y}{x}+\frac{x}{y}\right)+\left(\frac{z}{x}+\frac{x}{z}\right)+\left(\frac{z}{y}+\frac{y}{z}\right)\right]$$

$$\geqslant\frac{1}{2}\left(2\sqrt{\frac{y}{x}\cdot\frac{x}{y}}+2\sqrt{\frac{z}{x}\cdot\frac{x}{z}}+2\sqrt{\frac{z}{y}\cdot\frac{y}{z}}\right)=3,$$

所以，$\dfrac{a}{b+c-a}+\dfrac{b}{a+c-b}+\dfrac{c}{a+b-c}\geqslant3$。

例 4-19　设 $f(x)$ 在 $(-\infty,+\infty)$ 上递增，$a,b\in\mathbf{R}$，$a+b\geqslant0$，求证 $f(a)+f(b)\geqslant f(-a)+f(-b)$。

证明： 当 $a+b=0$ 时，$a=-b$，$b=-a$，此时 $f(a)+f(b)=f(-a)+f(-b)$。

当 $a+b>0$ 时，$a>-b$，$b>-a$，又 $f(x)$ 在 $(-\infty,+\infty)$ 上是增函数，所以 $f(a)>f(-b)$，$f(b)>f(-a)$，相加得 $f(a)+f(b)>f(-a)+f(-b)$。

故当 $a+b\geqslant0$ 时有 $f(a)+f(b)\geqslant f(-a)+f(-b)$。

说明： 函数与不等式结合的问题可参见例 3-114。本书 5.7 节专门讨论这一问题。

例 4-20　已知 $a,b,c,d\in\mathbf{R}$，求证 $|ad+bc|\leqslant\sqrt{a^2+b^2}\cdot\sqrt{c^2+d^2}$。

证明： 构造向量 $\vec{m}=(a,b)$，$\vec{n}=(d,c)$，则 $\vec{m}\cdot\vec{n}=ad+bc$，$|\vec{m}|=\sqrt{a^2+b^2}$，$|\vec{n}|=\sqrt{c^2+d^2}$，由 $|\vec{m}\cdot\vec{n}|\leqslant|\vec{m}|\cdot|\vec{n}|$，得 $|ad+bc|\leqslant\sqrt{a^2+b^2}\cdot\sqrt{c^2+d^2}$。

说明： 这里用到向量的一些性质。因为 $\vec{m}\cdot\vec{n}=|\vec{m}|\cdot|\vec{n}|\cos\theta$，所以有 $\vec{m}\cdot\vec{n}\leqslant|\vec{m}|\cdot|\vec{n}|$；$|\vec{m}\cdot\vec{n}|\leqslant|\vec{m}|\cdot|\vec{n}|$；当 $\vec{m},\vec{n}$ 同向时，$\vec{m}\cdot\vec{n}=|\vec{m}|\cdot|\vec{n}|$；当 $\vec{m},\vec{n}$ 反向时，$\vec{m}\cdot\vec{n}=-|\vec{m}|\cdot|\vec{n}|$。

说明： 用构造法证明不等式问题可参见例 3-87，例 3-88，例 3-89。

例 4-21　设 $\dfrac{1}{2}<x<\dfrac{5}{2}$，求函数 $y=\sqrt{2x-1}+\sqrt{5-2x}$ 的最大值。

分析： 对于这种带根号的表达式，用求导的方法处理起来很不方便，但适当构造向量就很简洁。

解： 令 $\vec{m}=(\sqrt{2x-1},\sqrt{5-2x})$，$\vec{n}=(1,1)$，则由 $\vec{m}\cdot\vec{n}\leqslant|\vec{m}|\cdot|\vec{n}|$ 得

$$\sqrt{2x-1}+\sqrt{5-2x}\leqslant\sqrt{(2x-1)+(5-2x)}\cdot\sqrt{1+1}=2\sqrt{2}。$$

说明：（1）在上述题中 $2x$ 正好可以消掉，且两个根号中间是加号。若情况发生变化，则不能生搬硬套。例如，求函数 $y=\sqrt{x+1}-\sqrt{x-1}$ 的最大值。这里中间是减号，且 $x+1$ 加上 $x-1$ 不再是常数，我们可以先将分子有理化。由 $y=\dfrac{2}{\sqrt{x+1}+\sqrt{x-1}}$ 的定义域得 $\begin{cases}x-1\geqslant0\\x+1\geqslant0\end{cases}$，解之得 $x\geqslant1$。再由函数的单调性知 $\sqrt{x+1}+\sqrt{x-1}\geqslant\sqrt{2}$，所以，函数的最大值是 $\dfrac{2}{\sqrt{2}}=\sqrt{2}$。

（2）对于求 $y=\sqrt{x^2+2x+5}-\sqrt{x^2+2x+2}$ 的值域问题，令 $(x+1)^2=t$，就可化为上题。

（3）对于求 $y=\sqrt{x^2+2x+2}+\sqrt{x^2-2x+2}$ 的值域。虽然两根号用加号连结，但 x^2+2x+2 加上 x^2-2x+2 不是常数。这时，根据表达式的特点，可以用数形结合的方法。

如图，$y=\sqrt{x^2+2x+2}+\sqrt{x^2-2x+2}$ 表示 $P(x,1)$ 到两定点 $A(-1,0)$，$B(1,0)$ 的距离之和。

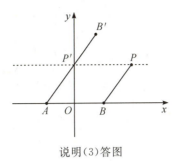

说明（3）答图

作 B 关于直线 $y=1$ 的对称点 $B'(1,2)$，连结 $B'A$ 交 $y=1$ 于 $P'(0,1)$。AB' 的长即为 PA 与 PB 的长之和的最小值。又 $P'(0,1)$ 到 A,B 的距离之和为 $2\sqrt{2}$，故所求值域为 $[2\sqrt{2},+\infty)$。

（4）其他不等式的证明问题可参见习题 3.6.4 第 2,3,4,5,6 题；习题 3.7 第 5,6,7,8 题；习题 3.7 第 11,12,13 题；习题 3.8 第 1,2 题；习题 3.10 第 3,5 题；习题 3.13 第 5 题；例 3-17。

4.4 条件中有"1"的问题

条件中含有数字"1"的问题有一定代表性，许多条件都可以转化为该类问题。它的求解有一定技巧，要巧妙地运用"1"进行代换或变换。

例 4-22 已知 a,b 都大于零且 $\dfrac{1}{a}+\dfrac{1}{b}=1$，$n\in \mathbf{N}_+$，求证 $(a+b)^n-a^n-b^n\geqslant 2^{2n}-2^{n+1}$。

证明： 运用配对的思想。记 $F=(a+b)^n-a^n-b^n=C_n^1 a^{n-1}b^1+C_n^2 a^{n-2}b^2+\cdots+C_n^{n-1}a^1 b^{n-1}$，又 $F=C_n^{n-1}a^1 b^{n-1}+C_n^{n-2}a^2 b^{n-2}+\cdots+C_n^1 a^{n-1}b$，所以

$2F=C_n^1(a^{n-1}b^1+a^1 b^{n-1})+C_n^2(a^{n-2}b^2+a^2 b^{n-2})+\cdots+C_n^{n-1}(a^1 b^{n-1}+a^{n-1}b^1)$

$\geqslant 2(C_n^1 \sqrt{a^n b^n}+C_n^2 \sqrt{a^n b^n}+\cdots+C_n^{n-1}\sqrt{a^n b^n})=2\sqrt{a^n b^n}(C_n^1+C_n^2+\cdots+C_n^{n-1})$。

由 $1=\dfrac{1}{a}+\dfrac{1}{b}\geqslant 2\sqrt{\dfrac{1}{ab}}$，得 $ab\geqslant 4$。于是，$2F\geqslant 2\sqrt{a^n b^n}(C_n^1+C_n^2+\cdots+C_n^{n-1})$

$\geqslant 2\cdot 2^n[(1+1)^n-C_n^0-C_n^n]$，即 $(a+b)^n-a^n-b^n\geqslant 2^{2n}-2^{n+1}$。

说明： 此题与正整数有关，所以也可以用数学归纳法，证明如下：$n=1$ 时，命题显然成立。假设 $n=k$ 时命题成立，即当 $k\in \mathbf{N}_+$ 时，有 $(a+b)^k-a^k-b^k\geqslant 2^{2k}-2^{k+1}$。因为 $1=\dfrac{1}{a}+\dfrac{1}{b}\geqslant 2\sqrt{\dfrac{1}{ab}}$，所以 $ab\geqslant 4$，从而 $(a+b)^{k+1}-a^{k+1}-b^{k+1}\geqslant(a+b)[(a+b)^k-a^k-b^k]+a^k b+ab^k\geqslant 4\cdot(2^{2k}-2^{k+1})+2\sqrt{a^k b\cdot ab^k}\geqslant 2^{2k+2}-2^{k+3}+2\cdot 2^{k+1}=2^{2(k+1)}-2^{k+2}$，即在 $n=k+1$ 时命题成立，从而原命题成立。

例 4-23 设 $a_i>0$，$i=1,2,\cdots,n$，$a_1 a_2\cdots a_n=1$，求证 $(2+a_1)(2+a_2)\cdots(2+a_n)\geqslant 3^n$。

证明:因为 $a_i > 0, i = 1, 2, \cdots, n$, 所以 $2 + a_i = 1 + 1 + a_i \geqslant 3\sqrt[3]{a_i}, i = 1, 2, \cdots, n$(这是关键的技巧), n 个不等式相乘即得结论。

例 4-24 已知 $a_i \geqslant 0, i = 1, 2, \cdots, n$, 满足 $\dfrac{a_1 + a_2 + \cdots + a_n}{n} = 1$, 求证

$$\frac{a_1^2}{1 + a_1^4} + \frac{a_2^2}{1 + a_2^4} + \cdots + \frac{a_n^2}{1 + a_n^4} \leqslant \frac{1}{1 + a_1} + \frac{1}{1 + a_2} + \cdots + \frac{1}{1 + a_n}。$$

证明:运用基本不等式可得 $1 + a^4 \geqslant 2a^2$, 故左端小于等于 $\dfrac{n}{2}$。由柯西不等式 $(x_1 + x_2 + \cdots + x_n)\left(\dfrac{1}{x_1} + \dfrac{1}{x_2} + \cdots + \dfrac{1}{x_n}\right) \geqslant n^2$ 得

$$\left[(1 + a_1) + (1 + a_2) + \cdots + (1 + a_n)\right]\left(\frac{1}{1 + a_1} + \frac{1}{1 + a_2} + \cdots + \frac{1}{1 + a_n}\right) \geqslant n^2, 即$$

$$\frac{1}{1 + a_1} + \frac{1}{1 + a_2} + \cdots + \frac{1}{1 + a_n} \geqslant \frac{n^2}{(1 + a_1) + (1 + a_2) + \cdots + (1 + a_n)} = \frac{n^2}{2n} = \frac{n}{2}。$$

故原不等式成立。

说明:类似的问题可参见习题 3.4 第 6 题。

例 4-25 已知 $a_i > 0, i = 1, 2, 3, a_1 a_2 a_3 = 1$, 求证 $a_1^2 + a_2^2 + a_3^2 + 3 \geqslant 2\left(\dfrac{1}{a_1} + \dfrac{1}{a_2} + \dfrac{1}{a_3}\right)$。

证明:由于 a_i 的对称性, a_1, a_2, a_3 中总有两个同时小于等于 1 或同时大于等于 1(这一步是技巧)。不妨设 a_2, a_3 同时小于等于 1 或同时大于等于 1, 由 $a_1 a_2 a_3 = 1$ 得 $a_1 = \dfrac{1}{a_2 a_3}$。原不等式等价于求证 $a_2^2 + a_3^2 + \dfrac{1}{a_2^2 a_3^2} + 3 \geqslant 2\left(\dfrac{1}{a_2} + \dfrac{1}{a_3} + a_2 a_3\right)$。又

$$a_2^2 + a_3^2 + \frac{1}{a_2^2 a_3^2} + 3 - 2\left(\frac{1}{a_2} + \frac{1}{a_3} + a_2 a_3\right) = (a_2 - a_3)^2 + \left(\frac{1}{a_2 a_3} - 1\right)^2 +$$

$$2\left(1 - \frac{1}{a_2}\right)\left(1 - \frac{1}{a_3}\right) \geqslant 0。$$

所以, 原命题成立。

例 4-26 设 $x > 0, y > 0, z > 0$, 满足 $x^2 + y^2 + z^2 = 1$, 求 $\dfrac{xy}{z} + \dfrac{yz}{x} + \dfrac{xz}{y}$ 的最小值。

解:用换元法。令 $xy = az, yz = bx, xz = cy$, 则 $ab = y^2, bc = z^2, ca = x^2$, 从而 $ab + bc + ca = 1$。于是, $(a + b + c)^2 \geqslant 3(ab + bc + ca) = 3$, 即 $\dfrac{xy}{z} + \dfrac{yz}{x} + \dfrac{xz}{y} = a + b + c$ 的最小值为 $\sqrt{3}$, 此时 $x = y = z = \dfrac{1}{\sqrt{3}}$。

说明:类似的问题可参见习题 6.4 第 11 题。

例 4-27 已知 $x > 0, y > 0, z > 0$, 满足 $xy + yz + zx = 1$。(1) 求 $f(x, y, z) = x(1 - y^2)(1 - z^2) + y(1 - z^2)(1 - x^2) + z(1 - x^2)(1 - y^2)$ 的最大值; (2) 求 $\dfrac{1}{x^2} + \dfrac{1}{y^2} + \dfrac{1}{z^2}$ 的最小值。

解:(1) 因为 $xy + yz + zx = 1$, 所以
$$f(x, y, z) = x(1 - y^2)(1 - z^2) + y(1 - z^2)(1 - x^2) + z(1 - x^2)(1 - y^2)$$
$$= (1 - z^2)\left[x(1 - y^2) + y(1 - x^2)\right] + z(1 - x^2)(1 - y^2)$$

$$=(1-z^2)(x+y)(1-xy)+z(1-x^2)(1-y^2)$$
$$=(1-z^2)(x+y)(yz+zx)+z(1-x^2)(1-y^2)$$
$$=z(1-z^2)(x+y)^2+z(1-x^2)(1-y^2)。$$

又 $z^2(x+y)^2=(1-xy)^2=1-2xy+x^2y^2$，所以

$$f(x,y,z)=z[(x+y)^2-z^2(x+y)^2+(1-x^2)(1-y^2)]$$
$$=z[x^2+2xy+y^2-(1-2xy+x^2y^2)+(1-x^2-y^2+x^2y^2)]=4xyz。$$

再由平均值不等式得 $xyz=\sqrt{xy\cdot yz\cdot zx}\leqslant\left(\dfrac{xy+yz+zx}{3}\right)^{\frac{3}{2}}=\left(\dfrac{1}{3}\right)^{\frac{3}{2}}$（技巧）。从

而有 $f(x,y,z)\leqslant\dfrac{4\sqrt{3}}{9}$，当 $x=y=z=\dfrac{\sqrt{3}}{3}$ 时，不等式取等号。

（2）根据 $a^2+b^2+c^2\geqslant ab+bc+ca$ 及 $(xy+yz+zx)\left(\dfrac{1}{xy}+\dfrac{1}{yz}+\dfrac{1}{zx}\right)\geqslant 9$，则 $\dfrac{1}{x^2}+\dfrac{1}{y^2}+$

$\dfrac{1}{z^2}=\left(\dfrac{1}{x}\right)^2+\left(\dfrac{1}{y}\right)^2+\left(\dfrac{1}{z}\right)^2\geqslant\dfrac{1}{x}\cdot\dfrac{1}{y}+\dfrac{1}{y}\cdot\dfrac{1}{z}+\dfrac{1}{z}\cdot\dfrac{1}{x}\geqslant\dfrac{9}{xy+yz+zx}=9$，当 $x=y=$

$z=\dfrac{\sqrt{3}}{3}$ 时，不等式取等号。故 $\dfrac{1}{x^2}+\dfrac{1}{y^2}+\dfrac{1}{z^2}$ 的最小值为 9。

例 4-28　设 $x>0,y>0,z>0$，满足 $x+y+z=1$。求证

$$\frac{1}{1-x}+\frac{1}{1-y}+\frac{1}{1-z}\geqslant\frac{2}{1+x}+\frac{2}{1+y}+\frac{2}{1+z}。$$

证明： 因为 $\dfrac{1}{x}+\dfrac{1}{y}=\dfrac{x+y}{xy}=\dfrac{(x+y)^2}{xy}\cdot\dfrac{1}{x+y}=\dfrac{x^2+y^2+2xy}{xy}\cdot\dfrac{1}{x+y}\geqslant\dfrac{4xy}{xy}\cdot\dfrac{1}{x+y}=$

$\dfrac{4}{x+y}$，所以有 $\dfrac{1}{x+y}+\dfrac{1}{y+z}\geqslant\dfrac{4}{x+2y+z}$，$\dfrac{1}{y+z}+\dfrac{1}{z+x}\geqslant\dfrac{4}{x+y+2z}$，$\dfrac{1}{z+x}+\dfrac{1}{x+y}\geqslant$

$\dfrac{4}{2x+y+z}$，将上面三个不等式相加得

$$2\left(\frac{1}{x+y}+\frac{1}{y+z}+\frac{1}{z+x}\right)\geqslant\frac{4}{x+2y+z}+\frac{4}{x+y+2z}+\frac{4}{2x+y+z}，$$

再将 $x+y+z=1$ 代入并化简得 $\dfrac{1}{1-x}+\dfrac{1}{1-y}+\dfrac{1}{1-z}\geqslant\dfrac{2}{1+x}+\dfrac{2}{1+y}+\dfrac{2}{1+z}$。

说明： 类似的问题可参见例 2-16，习题 3.7 第 14 题，习题 3.8 第 5 题，习题 3.9 第 5 题，例 3-16，例 3-137。

例 4-29　设 $x>0,y>0,z>0$，求证 $\dfrac{x}{1+x+xy}+\dfrac{y}{1+y+yz}+\dfrac{z}{1+z+zx}\leqslant 1$。

证明： 先证下列命题：

设 $x>0,y>0,z>0$，满足 $xyz=1$，求证 $\dfrac{x}{1+x+xy}+\dfrac{y}{1+y+yz}+\dfrac{z}{1+z+zx}=1$。

这就要用到"1"的技巧。$\dfrac{x}{1+x+xy}+\dfrac{y}{1+y+yz}+\dfrac{z}{1+z+zx}=\dfrac{x}{1+x+xy}+$

$\dfrac{xy}{x(1+y+yz)}+\dfrac{xyz}{xy(1+z+zx)}=\dfrac{x}{1+x+xy}+\dfrac{xy}{x+xy+1}+\dfrac{xyz}{xy+1+x}=1$。

再用转化的思想证原命题。令 $w=\dfrac{1}{xy}$，则 $xyw=1$，所以有

$$\frac{x}{1+x+xy}+\frac{y}{1+y+yw}+\frac{w}{1+w+wx}=1。$$

因此，要证原命题成立，只需证

$$\frac{x}{1+x+xy}+\frac{y}{1+y+yz}+\frac{z}{1+z+zx}\leqslant\frac{x}{1+x+xy}+\frac{y}{1+y+yw}+\frac{w}{1+w+wx},$$

即证 $\dfrac{y}{1+y+yz}+\dfrac{z}{1+z+zx}\leqslant\dfrac{y}{1+y+yw}+\dfrac{w}{1+w+wx}$。

事实上，$\dfrac{y}{1+y+yz}+\dfrac{z}{1+z+zx}\leqslant\dfrac{y}{1+y+yw}+\dfrac{w}{1+w+wx}\Leftrightarrow$

$$\frac{y}{1+y+yz}-\frac{y}{1+y+yw}\leqslant\frac{w}{1+w+wx}-\frac{z}{1+z+zx}\Leftrightarrow$$

$$\frac{y^2(w-z)}{(1+y+yz)(1+z+zx)}\leqslant\frac{w-z}{(1+y+yw)(1+w+wx)}\Leftrightarrow$$

$$y^2(w-z)(1+y+yw)(1+w+wx)\leqslant(w-z)(1+y+yz)(1+z+zx)\Leftrightarrow$$

$$y(w-z)(1+z+zx)\leqslant(w-z)(1+y+yz)\Leftrightarrow(w-z)(xyz-1)\leqslant0$$

$\Leftrightarrow-\dfrac{1}{w}(w-z)^2\leqslant0$。该式显然成立。故原命题成立。

例 4-30 设 $x\geqslant0,y\geqslant0,z\geqslant0$，满足 $x+y+z=1$，求证

$$x(1-2x)(1-3x)+y(1-2y)(1-3y)+z(1-2z)(1-3z)\geqslant0。$$

证明： 我们用逐步调整法证明。由不等式右端的对称性，可设 $x\geqslant y\geqslant z$。固定 z，则有 $x+y=1-z$ 也随之固定。我们希望 $x=y$ 时不等式右端最小。

因为 $x(1-2x)(1-3x)+y(1-2y)(1-3y)+z(1-2z)(1-3z)$

$$=6(x^3+y^3)-5(x^2+y^2)+(x+y)$$

$$=6(x+y)[(x+y)^2-3xy]-5(x+y)^2+10xy+(x+y)$$

$$=6(x+y)^3-5(x+y)^2+(x+y)-2xy[9(x+y)-5],$$

又因为 $x\geqslant y\geqslant z$，所以 $z\leqslant\dfrac{1}{3}$，$x+y\geqslant\dfrac{2}{3}$，从而 $9(x+y)-5\geqslant9\times\dfrac{2}{3}-5=1>0$。于是，利用非负实数 x,y 的和 $x+y$ 一定时，积 xy 在 $x=y$ 时最大，我们可以得到：$-2xy[9(x+y)-5]\geqslant-2\left(\dfrac{x+y}{2}\right)^2[9(x+y)-5]$。进而说明，对于固定的 z，表达式 $6(x+y)^3-5(x+y)^2+(x+y)-2xy[9(x+y)-5]$ 在 $x=y$ 时取最小。此时 $x=y=\dfrac{1-z}{2}$。所以 $x(1-2x)(1-3x)+y(1-2y)(1-3y)+z(1-2z)(1-3z)=(1-z)z\left(z-\dfrac{1-z}{2}\right)+z(1-2z)(1-3z)=\dfrac{z(1-3z)}{2}[2(1-2z)-(1-z)]=\dfrac{(1-3z)^2}{2}\geqslant0$，即原不等式成立。

说明： 类似的问题可参见习题 4.3 第 7 题。

4.5 含参数的不等式问题

有了参数问题就有变化，参数问题的求解方法主要是分离参数、分类讨论和主元法。

例 4-31 若不等式 $x^2+px>4x+p-3$ 对一切 $p\in[0,4]$ 恒成立，求 x 的取值范围。

解：一次函数 $f(x)=ax+b(a\neq0)$ 的图象是一条直线。在区间 D 上 $f(x)>0$（或 $f(x)<0$）恒成立问题，可利用 $f(x)$ 的单调性进行分类求解。也可以合并求解，但关键是分清谁是主元（变量），谁是参数。

以 p 为主元，把 p 看成变量，把 x 看成常量，则问题转化为当 $p\in[0,4]$ 时，关于 p 的一次函数恒成立问题。设 $f(p)=(x-1)p+x^2-4x+3,p\in[0,4]$。故有 $\begin{cases}f(0)>0\\f(4)>0\end{cases}$，即

$\begin{cases}x^2-4x+3>0\\4(x-1)+x^2-4x+3>0\end{cases}$，解之得 $\begin{cases}x<1\text{ 或 }x>3\\x<-1\text{ 或 }x>1\end{cases}$，即 $x<-1$ 或 $x>3$。

所以 x 的取值范围为 $x\in(-\infty,-1)\bigcup(3,+\infty)$。

说明：凡涉及二次函数问题，常常与不等式或参数联系在一起，参见例 3-134，例 3-135。

例 4-32　函数 $f(x)=x^2-2kx+2$ 在 $x\in[-1,+\infty)$ 上有 $f(x)\geqslant k$ 恒成立，求 k 的取值范围。

解：二次函数在指定区间上恒成立问题，往往利用根的分布再结合图象进行求解。问题可转化为 $g(x)=x^2-2kx+2-k=(x-k)^2+2-k-k^2\geqslant0$ 在 $x\in[-1,+\infty)$ 恒成立问题。

二次函数 $y=g(x)$ 开口向上，以 $x=k$ 为对称轴。

当 $\Delta<0$ 时，即 $\Delta=4k^2-4(2-k)<0$，解之得 $-2<k<1$，满足题意。

当 $\Delta\geqslant0$ 时，则需 $\begin{cases}\Delta\geqslant0\\g(-1)\geqslant0,\text{即}\\k\leqslant-1\end{cases}\begin{cases}k\leqslant-2\text{ 或 }k\geqslant1\\k\geqslant-3\\k\leqslant-1\end{cases}$，故有 $-3\leqslant k\leqslant-2$。

综上所述可知，$-3\leqslant k\leqslant1$。

说明：二次函数 $f(x)=ax^2+bx+c(a\neq0)$ 在 $[m,n]$ 上恒成立问题，可归纳如下：

(1)当 $a>0$ 时，$f(x)>0$ 在 $[m,n]$ 上恒成立，则

$\begin{cases}-\dfrac{b}{2a}<m\\f(m)>0\end{cases}$或$\begin{cases}m\leqslant-\dfrac{b}{2a}\leqslant n\\\Delta<0\end{cases}$或$\begin{cases}-\dfrac{b}{2a}>n\\f(n)>0\end{cases}$；

$f(x)<0$ 在 $[m,n]$ 上恒成立，则 $\begin{cases}f(m)<0\\f(n)<0\end{cases}$。

(2)当 $a<0$ 时，$f(x)>0$ 在 $[m,n]$ 上恒成立，则 $\begin{cases}f(m)>0\\f(n)>0\end{cases}$；

$f(x)<0$ 在 $[m,n]$ 上恒成立，则 $\begin{cases}-\dfrac{b}{2a}<m\\f(m)<0\end{cases}$或$\begin{cases}m\leqslant-\dfrac{b}{2a}\leqslant n\\\Delta<0\end{cases}$或$\begin{cases}-\dfrac{b}{2a}>n\\f(n)<0\end{cases}$。

例 4-33　设函数 $y=f(x)$ 为 $(-\infty,4]$ 上的增函数，若 $f(m^2-\sin x)\geqslant f(m+2+\cos^2 x)$ 恒成立，求实数 m 的取值范围。

解：因为 $f(x)$ 是 $(-\infty,4]$ 上的增函数，所以 $\begin{cases}m^2-\sin x\leqslant4\\m+2+\cos^2 x\leqslant4\\m^2-\sin x\geqslant m+2+\cos^2 x\end{cases}$，即

$$\begin{cases} m^2 - \sin x \leqslant 4 & (1) \\ m^2 - \sin x \geqslant m + 2 + \cos^2 x & (2) \end{cases}$$

由(1)分离参数 m 得：$m^2 \leqslant (4 + \sin x)_{\min}$，即 $m^2 \leqslant 3$，所以 $-\sqrt{3} \leqslant m \leqslant \sqrt{3}$。

由(2)分离参数 m 得：$-m^2 + m + 3 \leqslant (\sin^2 x - \sin x)_{\min}$，即 $-m^2 + m + 3 \leqslant -\dfrac{1}{4}$，从而

$m \leqslant \dfrac{1 - \sqrt{14}}{2}$ 或 $m \geqslant \dfrac{1 + \sqrt{14}}{2}$。综上所述，实数 m 的取值范围是 $\left[-\sqrt{3}, \dfrac{1 - \sqrt{14}}{2} \right]$。

例 4-34 设 $a \in \mathbf{R}, a \neq 0$，二次函数 $f(x) = ax^2 - 2x - 2a$，若 $f(x) > 0$ 的解集为 A，而 $B = \{x \mid 1 < x < 3\}$，且 $A \cap B \neq \varnothing$。求实数 a 的取值范围。

解：问题可化归为不等式 $f(x) > 0$ 在 $(1, 3)$ 上有解。分类讨论如下：

(1)当 $a > 0$ 时，抛物线 $y = f(x)$ 开口向上，$f_{\max}(x)$ 在 $f(1)$ 或 $f(3)$ 处取得。因为 $f(1) = -2 - a < 0$ 已确定，所以必须 $f(3) = 7a - 6 > 0$，从而 $a > \dfrac{6}{7}$。

(2)当 $a < 0$ 时，$f(x)$ 以 $x = \dfrac{1}{a}$ 为对称轴，$f(1)$ 最大，所以 $f(1) = -2 - a > 0$，$a < -2$。

综上所述，实数 a 的取值范围是 $(-\infty, -2) \cup \left(\dfrac{6}{7}, +\infty \right)$。

例 4-35 已知 $f(x) = ax^2 - bx + d, b > 2a > 0$，试问在区间 $[-1, 1]$ 上，是否存在实数 x，使得 $|f(x)| \geqslant b$ 成立。

解：存在 x 使 $|f(x)| \geqslant b$ 成立，即 $f(x) \geqslant b$ 或 $f(x) \leqslant -b$。于是，只需寻找 x，使 $f_{\max}(x) \geqslant b$ 或 $f_{\min}(x) \leqslant -b$ 即可。因为 $b > 2a > 0$，所以对称轴 $\dfrac{b}{2a} > 1$。

又 $[-1, 1] \subseteq \left(-\infty, \dfrac{b}{2a} \right]$，$f(x)$ 在 $[-1, 1]$ 上是减函数，故 $f(x)$ 在 $[-1, 1]$ 上最大值为 $f(-1)$，最小值为 $f(1)$。

由于 $a + d \geqslant 0$ 或 $a + d \leqslant 0$ 中必有一个成立，所以当 $a + d \geqslant 0$ 时，$f(-1) = a + b + d \geqslant b$ 成立；当 $a + d \leqslant 0$ 时，$f(1) = a + d - b \leqslant -b$ 成立。

即在 $[-1, 1]$ 上总存在实数 x，使得 $|f(x)| \geqslant b$ 成立。

例 4-36 求使不等式 $|x + 4| + |x - 3| < a$ 有解的 a 的取值范围。

分析：这类问题都是以 $a > f(x)$ 有解 $\Leftrightarrow a > f_{\min}(x)$ 或 $a < f(x)$ 有解 $\Leftrightarrow a < f_{\max}(x)$ 为突破口。

解法一：利用"零点分区间"方法，将区间分为 $(-\infty, 3)$，$[3, 4]$，$(4, +\infty)$ 三个区间。

当 $x < 3$ 时，$(4 - x) + (3 - x) < a$，$x > \dfrac{7 - a}{2}$；考虑到大前提 $x < 3$，则有 $\dfrac{7 - a}{2} < 3$，解之得 $a > 1$。当 $3 \leqslant x \leqslant 4$ 时，$(4 - x) + (3 - x) < a$，即 $a > 1$。当 $x > 4$ 时，$(4 - x) + (3 - x) < a$，即 $x < \dfrac{a + 7}{2}$，而有解的条件为 $\dfrac{a + 7}{2} > 4$，即 $a > 1$。

综上所述，a 的取值范围是 $(1, +\infty)$。

解法二：设在数轴上 $x, 3, 4$ 分别对应点 M, A, B，由绝对值的几何意义，原不等式即为 $|MA| + |MB| < a$ 成立。又因为 $|AB| = 1$，所以 $|MA| + |MB| \geqslant 1$，故当 $a > 1$ 时满足题意。

解法三：利用绝对值不等式 $|a|+|b| \geqslant |a+b|$ 来解。因为 $|x-4|+|x-3|=|x-4|+|3-x| \geqslant |(4-x)+(3-x)|=1$，所以 $a \in (1,+\infty)$。

例 4-37　已知函数 $f(x)=\dfrac{4x^2-7}{2-x}$，$x \in [0,1]$，函数 $g(x)=x^3-3a^2x-2a$，$x \in [0,1]$，$a \geqslant 1$。(1)若存在 $x_1, x_2 \in [0,1]$，使 $f(x_1)=g(x_2)$ 成立，求 a 的取值范围；(2)若存在 $x_1, x_2 \in [0,1]$，使 $f(x_1)=g(x_2)$ 成立，求 a 的取值范围。

解：(1)存在 $x_1, x_2 \in [0,1]$，使 $f(x_1)=g(x_2)$ 成立，实质上是两个函数值域的交集不空。因为 $f'(x)=-\dfrac{(2x-1)(2x-7)}{(2-x)^2}$，$x \in [0,1]$，所以由 $f'(x)=0$ 得在 $[0,1]$ 内只有一个驻点 $x=\dfrac{1}{2}$。又 $f(x)$ 与 $f'(x)$ 的变换情况如下。

x	0	$\left(0,\dfrac{1}{2}\right)$	$\dfrac{1}{2}$	$\left(\dfrac{1}{2},1\right)$	1
$f'(x)$		$+$	0	$-$	
$f(x)$	$-\dfrac{7}{2}$	↗	极小值 -4	↘	-3

所以 $f(x)$ 的值域为 $[-4,-3]$。

对于 $g(x)=x^3-3a^2x-2a$，$x \in [0,1]$，因为 $g'(x)=3(x^2-a^2)$，且 $a \geqslant 1$，所以 $g(x)$ 在 $[0,1]$ 上递减，从而 $g_{\max}(x)=g(0)=-2a$，$g_{\min}(x)=g(1)=1-2a-3a^2<-3$，即 $g(x)$ 的值域为 $[1-2a-3a^2,-2a]$。因此，a 应满足 $\begin{cases} a \geqslant 1 \\ -2a \geqslant -4 \end{cases}$，所以 $1 \leqslant a \leqslant 2$。

(2)若存在 $x_1, x_2 \in [0,1]$，使 $f(x_1)>g(x_2)$ 成立，则只需 $f_{\max}(x)>g_{\min}(x)$，即 $\begin{cases} -3>1-2a-3a^2 \\ a \geqslant 1 \end{cases}$，所以 $a \geqslant 1$。

例 4-38　已知函数 $f(x)=\dfrac{x^2+2x+a}{x}$，当 $x \in [1,+\infty)$ 时，$f(x)$ 的值域为 $[0,+\infty)$，试求实数 a 的值。

解：本题可化归为不等式 $f(x) \geqslant 0$ 的解集为 $[1,+\infty)$，求 a 的值。这是一个恒成立问题。因为 $f(x)=x+\dfrac{a}{x}+2$，所以当 $a \geqslant 0$ 时，由于 $x \geqslant 1$，则 $f(x)=x+\dfrac{a}{x}+2 \geqslant 3$，这与值域为 $[1,+\infty)$ 矛盾。当 $a<0$ 时，由于 $x \geqslant 1$，则 $f(x)=x+\dfrac{a}{x}+2$ 在 $[1,+\infty)$ 上为增函数，故 $f_{\min}(x)=f(1)$，令 $f(1)=0$，得 $1+a+2=0$，即 $a=-3$。

4.6　复杂不等式的证明问题

复杂不等式的证明问题要注意观察题目的特点，综合运用各种数学方法，并结合具体技巧予以解决。

例 4-39　设 $0<x,y,z<1$，$u=x(1-y)$，$v=y(1-z)$，$w=z(1-x)$，求证 $(1-u-v-w) \times \left(\dfrac{1}{u}+\dfrac{1}{v}+\dfrac{1}{w}\right) \geqslant 3$，并确定等号成立的条件。

分析：不等式中出现负数往往比较麻烦，如果有可能的话，可先将其转化为正数；或将正数、负数分开处理。

证明：$(1-u-v-w)\left(\dfrac{1}{u}+\dfrac{1}{v}+\dfrac{1}{w}\right)=\dfrac{1-v-w}{u}+\dfrac{1-u-w}{v}+\dfrac{1-u-v}{w}-3$

$$=\dfrac{1-y(1-z)-z(1-x)}{x(1-y)}+\dfrac{1-x(1-y)-z(1-x)}{y(1-z)}+\dfrac{1-x(1-y)-y(1-z)}{z(1-x)}-3$$

$$=\dfrac{(1-y)(1-z)+zx}{x(1-y)}+\dfrac{(1-x)(1-z)+xy}{y(1-z)}+\dfrac{(1-y)(1-x)+yz}{z(1-x)}-3$$

$$=\left(\dfrac{1-z}{x}+\dfrac{x}{1-z}\right)+\left(\dfrac{1-x}{y}+\dfrac{y}{1-x}\right)+\left(\dfrac{1-y}{z}+\dfrac{z}{1-y}\right)-3$$

$$\geqslant 2+2+2-3=3,$$

当且仅当 $\dfrac{1-z}{x}=\dfrac{x}{1-z}$，$\dfrac{1-x}{y}=\dfrac{y}{1-x}$，$\dfrac{1-y}{z}=\dfrac{z}{1-y}$ 时，即 $x=y=z=\dfrac{1}{2}$ 时等号成立。

例 4-40　求证 $\dfrac{x}{1+y+z}+\dfrac{y}{1+z+x}+\dfrac{z}{1+y+x}+(1-x)(1-y)(1-z)\leqslant 1$，$0\leqslant x,y,z\leqslant 1$。

证明：由于 x,y,z 的对称性，不妨设 $0\leqslant x\leqslant y\leqslant z\leqslant 1$（常用的技巧），则有

$$\dfrac{x}{1+y+z}+\dfrac{y}{1+z+x}+\dfrac{z}{1+y+x}+(1-x)(1-y)(1-z)$$

$$=\dfrac{x}{1+y+z}+\dfrac{y}{1+z+x}+\dfrac{z}{1+y+x}+\dfrac{1-z}{1+y+x}(1-x)(1-y)(1+y+x)（技巧）$$

$$\leqslant\dfrac{x}{1+y+z}+\dfrac{y}{1+z+x}+\dfrac{z}{1+y+x}+\dfrac{1-z}{1+y+x}\cdot\left[\dfrac{(1-x)+(1-y)+(1+y+x)}{3}\right]^3$$

$$=\dfrac{x}{1+y+z}+\dfrac{y}{1+z+x}+\dfrac{z}{1+y+x}+\dfrac{1-z}{1+y+x}$$

$$=\dfrac{x}{1+y+z}+\dfrac{y}{1+z+x}+\dfrac{1}{1+y+x}\leqslant\dfrac{x}{1+y+x}+\dfrac{y}{1+y+x}+\dfrac{1}{1+y+x}=1。$$

说明：这个问题充分利用了 x,y,z 的对称性。该不等式左端代数式同样可做下列估计：$\dfrac{x}{1+y+z}+\dfrac{y}{1+z+x}+\dfrac{z}{1+y+x}+(1-x)(1-y)(1-z)\geqslant\dfrac{1}{2}$。

例 4-41　设 $t_1,t_2,\cdots,t_n$ 是 n 个已知实数，满足 $0<t_1\leqslant t_2\leqslant\cdots\leqslant t_n<1$，求证

$$(1-t_n)^2\left[\dfrac{t_1}{(1-t_1^2)^2}+\dfrac{t_2^2}{(1-t_2^3)^2}+\cdots+\dfrac{t_n^n}{(1-t_n^{n+1})^2}\right]<1。$$

证明：不等式左端 $<\dfrac{t_1}{(1+t_1)^2}+\dfrac{t_2^2}{(1+t_2+t_2^2)^2}+\cdots+\dfrac{t_n^n}{(1+t_n+t_n^2+\cdots+t_n^n)^2}$

$$\leqslant\dfrac{t_1}{1\cdot(1+t_1)}+\dfrac{t_2^2}{(1+t_2)(1+t_2+t_2^2)}+\cdots+\dfrac{t_n^n}{(1+t_n+\cdots+t_n^{n-1})(1+t_n+\cdots+t_n^n)}$$

$$=\left(1-\dfrac{1}{1+t_1}\right)+\left(\dfrac{1}{1+t_1}-\dfrac{1}{1+t_1+t_1^2}\right)+\cdots+\left[\dfrac{1}{(1+t_n+\cdots+t_n^{n-1})}-\dfrac{1}{(1+t_n+\cdots+t_n^n)}\right]$$

$$=1-\dfrac{1}{(1+t_n+\cdots+t_n^n)}<1。$$

例 4-42　设 a,b,c,d 是四边形的边长，p 是其周长，求证 $\dfrac{abc}{d^2}+\dfrac{bcd}{a^2}+\dfrac{cda}{b^2}+\dfrac{dab}{c^2}\geqslant p$。

证明：要证上述不等式成立，只需证 $a^3b^3c^3+b^3c^3d^3+c^3d^3a^3+d^3a^3b^3\geqslant pa^2b^2c^2d^2$，因为

$$a^3b^3c^3+b^3c^3d^3+c^3d^3a^3+d^3a^3b^3$$

$$=\frac{a^3b^3c^3+b^3c^3d^3+c^3d^3a^3}{3}+\frac{b^3c^3d^3+c^3d^3a^3+d^3a^3b^3}{3}$$

$$+\frac{c^3d^3a^3+d^3a^3b^3+a^3b^3c^3}{3}+\frac{d^3a^3b^3+a^3b^3c^3+b^3c^3d^3}{3}\text{（技巧）}$$

$$\geqslant a^2b^2c^3d^2+b^2c^2d^3a^2+c^2d^2a^3b^2+d^2c^2b^3a^2\text{（每一项都用平均值不等式）}$$

$$=a^2b^2c^2d^2(a+b+c+d)=pa^2b^2c^2d^2\text{，所以命题得证。}$$

说明：对给定的表达式适当变形（如配项、拆项、分组、分解、配因式）是证明不等式的关键，其灵活性和技巧性很强。其他类型的不等式问题可参见例 3-17，例 3-25。

第5章
函数问题的求解方法

函数是中学数学的核心。对于那些没有具体表达式,只给出一些特殊条件或特征的函数称为抽象函数。抽象函数的问题往往融函数单调性、周期性、定义域、值域、图象以及不等式、方程等知识于一体。解题的思路有三种:①用赋值法,化抽象为具体;②作恒等变换,找出该函数的规律性、特征性等特点;③分类讨论,归纳出函数的实质。对于那些有具体表达式的函数,往往有两类求解方法:①借助初等函数的性质,求解函数的值,解(证)不等式,解方程以及讨论参数的取值范围;②在某个问题的研究过程中,通过建立函数关系或构造中间的辅助函数,把所研究的问题转化为讨论函数性质的问题。

由于函数 $y=f(x)$ 的图象与 x 轴交点的横坐标就是方程 $f(x)=0$ 的根,所以函数与方程有着密切的联系;又因为函数 $y=f(x)$ 的图象在 x 轴的上方是 $f(x)>0$,在 x 轴的下方是 $f(x)<0$,函数与不等式也有密切联系。不等式的作用是可使动态的函数 $y=f(x)$ 的图象上下左右移动。数列又是特殊的函数,这样函数与数列又有了关系。有了方程、不等式和数列,我们可以从问题的数量关系入手,运用数学语言,将问题中的条件转化为数学模型(方程、不等式和数列),然后通过解方程(组)、不等式(组)或处理数列问题,使原来的问题得到解决,当然也可以互相转化。又由于函数的问题主要是研究函数的变化情况,所以在具体求解时,求导法是比较便捷的方法。

本章分为七个模块:函数基本问题、与切线相关的问题、单调性与极值问题、函数零点问题、二次函数问题、含参数的函数问题、函数与不等式问题。

5.1 函数基本问题

本节主要利用函数的奇偶性、单调性、对称性、周期性等。例如 $f(x)$ 关于 (a,b) 对称的充分必要条件是 $f(x)+f(2a-x)=2b$;$f(x)$ 关于 $x=a$ 对称的充分必要条件是 $f(a+x)=f(a-x)$(或 $f(x)=f(2a-x)$);$f(x)$ 关于 $(a,0)$ 和 $(b,0)$ 中心对称,则 $f(x)$ 是周期函数,周期 $T=2|a-b|(a\neq b)$;$f(x)$ 关于 $x=a$ 和 $x=b$ 轴对称,则 $f(x)$ 是周期函数,$T=2|a-b|(a\neq b)$;$f(x)$ 关于 $(a,0)$ 中心对称,又关于 $x=b$ 轴对称,则 $f(x)$ 是周期函数,$T=4|a-b|(a\neq b)$。

例 5-1 已知函数 $f(x)=x+1$,则函数 $y=f(x+1)$ 图象关于 $x=2$ 的对称曲线是 _____。

解：因为 $f(x)=x+1$，所以 $f(x+1)=x+2$，于是 $y=x+2$ 关于 $x=2$ 的对称曲线为 $y=2\times2-x-2=2-x$。

例 5-2 设 $g(x)$ 是定义在 $\mathbf{R}$ 上以 1 为周期的函数，若函数 $f(x)=x+g(x)$ 在区间 $[3,4]$ 上的值域为 $[-2,5]$，则 $f(x)$ 在区间 $[-10,10]$ 上的值域为 _____。

解：因为 $g(x+1)=g(x)$，所以 $f(x+1)=x+1+g(x+1)=x+g(x)+1$，即 $f(x+1)=f(x)+1$。同理可得 $f(x+2)=f(x+1)+1,\cdots$，即对 $f(x)$ 而言，x 每增加一个长度单位，函数图象就向上平移一个单位；反之，x 每减少一个长度单位，函数图象就向下平移一个单位。又当 $x\in[3,4]$ 时，$f(x)\in[-2,5]$，$5-(-2)=7$，所以当 $x\in[4,5]$ 时，$f(x)\in[-1,6]$；当 $x\in[5,6]$ 时，$f(x)\in[0,7]$；$\cdots$；当 $x\in[9,10]$ 时，$f(x)\in[4,11]$。

同理当 $x\in[-10,9]$ 时，$f(x)\in[-15,-8]$。综上所述，当 $x\in[-10,10]$ 时，$f(x)$ 的值域为

$$[-15,-8]\cup[-14,-7]\cup\cdots\cup[0,7]\cup\cdots\cup[4,11]=[-15,11]。$$

说明：求函数值域或最值问题可参见习题 3.6.4 第 1，10 题；例 4-21；习题 3.7 第 2，3 题；习题 3.9 第 4 题；例 3-38，例 3-65。函数的定义域问题可参见例 3-62。

例 5-3 已知 $f(x)$ 定义在 $\mathbf{R}$ 上的奇函数，且 $f(x)$ 的图象关于 $x=\frac{1}{2}$ 对称，则 $f(1)+f(2)+f(3)+f(4)+f(5)=$ _____。

分析：定义在 $\mathbf{R}$ 上的奇函数 $f(x)$ 有以下性质：$f(0)=0$；$y=f(x)$ 关于原点对称。

解：$f(x)$ 是奇函数，$y=f(x)$ 关于原点对称，又 $y=f(x)$ 关于 $x=\frac{1}{2}$ 对称，所以 $y=f(x)$ 以 $4\left|0-\frac{1}{2}\right|=2$ 为周期。又 $f(0)=0$，所以 $f(1)=0$（与 $f(0)$ 关于 $x=\frac{1}{2}$ 对称）。因为 $f(1)=f(3)=f(5)=0$，$f(0)=f(2)=f(4)=0$，故 $f(1)+f(2)+f(3)+f(4)+f(5)=0$。

说明：类似的求函数值问题参见习题 2.1 第 3 题；习题 2.2.3 第 1 题；习题 3.7 第 4 题；习题 3.12 第 2，3 题；例 3-31，例 3-33，例 3-35，例 3-63，例 3-64，例 3-67，例 3-68，例 3-69，例 3-115。

例 5-4 已知 $x\in\mathbf{R}$，满足 $x^2-3x+\sqrt{2}=0$，求函数 $f(x)=x^2-2x+\dfrac{3\sqrt{2}}{x^2+\sqrt{2}}$ 的值。

分析：若直接解方程，则比较麻烦。可以通过观察条件与结论，用代入法。

解：因为 $x^2-3x+\sqrt{2}=0$，所以 $x^2+\sqrt{2}=3x$，从而 $f(x)=x^2-2x+\dfrac{3\sqrt{2}}{3x}=x-\sqrt{2}+\dfrac{\sqrt{2}}{x}=x+\dfrac{\sqrt{2}}{x}-\sqrt{2}=\dfrac{x^2+\sqrt{2}}{x}-\sqrt{2}=\dfrac{3x}{x}-\sqrt{2}=3-\sqrt{2}$。

例 5-5 若对一切 $x,y\in\mathbf{R}$ 均有 $f(x+y)=f(x)+y(x-2y)$，且 $f(1)=0$，求 $f(x)$。

解：用赋值法。因为 $f(x+y)=f(x)+y(x-2y)$，令 $x=1$，且由 $f(1)=0$ 得 $f(1+y)=y(1-2y)$。再令 $y=x$ 得 $f(1+x)=x(1-2x)$，以 x 代替 $1+x$ 得到

$$f(x)=(x-1)[1-2(x-1)]=-2x^2+5x-3。$$

说明：类似的问题参见习题 3.11 第 2 题；例 1-13；例 3-79。

例 5-6 奇函数 $f(x)$，$x\in\mathbf{R}$ 满足 $f(x+4)=-f(x)$，且在区间 $[0,2]$ 上是增函数，则

（　　）。

(A)$f(-25)<f(11)<f(80)$ 　　　　　(B)$f(80)<f(11)<f(-25)$

(C)$f(11)<f(80)<f(-25)$ 　　　　　(D)$f(-25)<f(80)<f(11)$

解：因为 $y=f(x)$ 为奇函数，所以关于 $(0,0)$ 对称，又 $f(x+4)=-f(x)$，即 $f(x+2)=-f(x-2)=f(2-x)$，所以 $y=f(x)$ 关于 $x=2$ 对称，从而 $T=4(2-0)=8$ 为 $y=f(x)$ 的一个周期。因为奇函数在 $[0,2]$ 上是增的，所以 $y=f(x)$ 在 $[-2,2]$ 上也是增的，又 $f(-25)=f(-1),f(11)=f(3)=f(-1+4)=-f(-1)=f(1),f(80)=f(0)$，且 $f(-1)<f(0)<f(1)$，所以 $f(-25)<f(80)<f(11)$，故选(D)。

说明：函数的奇偶性和周期性问题参见习题 3.11 第 4 题。

例 5-7　函数 $y=e^{|\ln x|}-|x-1|$ 的图象是（　　）。

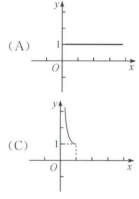

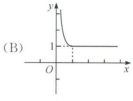

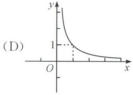

解：$y=e^{|\ln x|}-|x-1|=\begin{cases}1,x\geqslant 1\\ \dfrac{1}{x}+x-1,0<x<1\end{cases}$，故选(B)。

例 5-8　已知 $f(x)=\dfrac{x}{\sqrt{1-x^2}}$，设 $f_n(x)=\{f[(f(x))\cdots(f(x))]\}(n$ 个 $f)$，求 $f_n(x)$。

解：令 $f_1(x)=f(x)$，先通过验证猜测 $f_n(x)=\dfrac{x}{\sqrt{1-nx^2}}$，再用数学归纳法证明。（略）

例 5-9　存在函数 $f(x)$ 满足：对任意 $x\in\mathbf{R}$，都有（　　）。

(A)$f(\sin 2x)=\sin x$ 　　　　　(B)$f(\sin 2x)=x^2+x$

(C)$f(x^2+1)=|x+1|$ 　　　　　(D)$f(x^2+2x)=|x+1|$

分析：此题考察函数的定义，即一个自变量只能对应一个函数值。

解：对于(A)，取 $\sin 2x=0$，则当 $x=0$ 时，$f(0)=0$；当 $x=\dfrac{\pi}{2}$ 时，$f(0)=1$，所以(A)错。同理(B)错。对于(C)，取 $x=\pm 1,f(2)=2$ 且 $f(2)=0$，所以(C)错，故选(D)。

例 5-10　设 $f(x)$ 是定义在 $\mathbf{R}$ 上的周期函数，周期 $T=2$，在区间 $[-1,1]$ 上，$a,b\in\mathbf{R}$，$f(x)=\begin{cases}ax+1,-1\leqslant x<0\\ \dfrac{bx+2}{x+1},0\leqslant x\leqslant 1\end{cases}$。若 $f\left(\dfrac{1}{2}\right)=f\left(\dfrac{3}{2}\right)$，则 $a+3b=$ _____。

解：因为 $T=2$，所以 $f\left(\dfrac{3}{2}\right)=f\left(-\dfrac{1}{2}\right)=-\dfrac{1}{2}a+1$。又因为 $f\left(\dfrac{1}{2}\right)=\dfrac{\frac{b}{2}+2}{\frac{1}{2}+1}=\dfrac{b+4}{3}$，

所以 $-\dfrac{1}{2}a+1=\dfrac{b+4}{3}$，即 $\dfrac{3}{2}a+b=-1$。又因为 $f(1)=f(-1)$，所以 $-a+1=\dfrac{b+2}{2}$，即

$b=-2a$。由 $\dfrac{3}{2}a+b=-1$ 和 $b=-2a$ 得 $a=2,b=-4$。所以 $a+3b=-10$。

说明：较复杂的二元函数求值问题参见例 3-33。

例 5-11 设 $f(x)$ 在 $[0,1]$ 上非减函数，且满足 $f(0)=0$，$f\left(\dfrac{x}{3}\right)=\dfrac{1}{2}f(x)$，

$f(1-x)=1-f(x)$，则 $f\left(\dfrac{1}{3}\right)+f\left(\dfrac{1}{8}\right)=($　　$)$。

(A)$\dfrac{3}{4}$　　　　　(B)$\dfrac{1}{2}$　　　　　(C)1　　　　　(D)$\dfrac{2}{3}$

分析：这里没有给出具体的函数表达式，只是一个抽象函数。$f(x)$ 是非减函数，因此要用到函数的单调性。$f(x)$ 满足的三个条件是我们推理的依据。

解：用赋值法找出 $f\left(\dfrac{1}{3}\right)$ 和 $f\left(\dfrac{1}{8}\right)$ 的具体表达式。因为 $f(1-x)=1-f(x)$，取

$x=1$，$f(1)=1-f(0)=1$。取 $x=\dfrac{1}{2}$，$f\left(\dfrac{1}{2}\right)=\dfrac{1}{2}$。又 $f\left(\dfrac{x}{3}\right)=\dfrac{1}{2}f(x)$，取 $x=1$，

$f\left(\dfrac{1}{3}\right)=\dfrac{1}{2}f(1)=\dfrac{1}{2}$。

再取 $x=\dfrac{1}{3}$，$f\left(\dfrac{1}{9}\right)=f\left(\dfrac{\frac{1}{3}}{3}\right)=\dfrac{1}{2}f\left(\dfrac{1}{3}\right)=\dfrac{1}{4}$。取 $x=\dfrac{1}{2}$，$f\left(\dfrac{1}{6}\right)=f\left(\dfrac{\frac{1}{2}}{3}\right)=$

$\dfrac{1}{2}f\left(\dfrac{1}{2}\right)=\dfrac{1}{4}$。

又因为 $f(x)$ 在 $[0,1]$ 上是非减函数，所以 $f\left(\dfrac{1}{6}\right)\geqslant f\left(\dfrac{1}{8}\right)\geqslant f\left(\dfrac{1}{9}\right)$。故 $f\left(\dfrac{1}{8}\right)=\dfrac{1}{4}$，

$f\left(\dfrac{1}{3}\right)+f\left(\dfrac{1}{8}\right)=\dfrac{1}{2}+\dfrac{1}{4}=\dfrac{3}{4}$。选(A)。

例 5-12 已知函数 $f(2x+1)$ 为偶函数，则 $y=f(3x)$ 的对称轴是_____。

分析：$f(kx)(k>1)$ 的图象是由 $y=f(x)$ 图象上每点纵坐标不变、横坐标缩短为原来的 $\dfrac{1}{k}$ 而得；$f\left(\dfrac{x}{k}\right)$ 的图象是由 $y=f(x)$ 图象上每点纵坐标不变、横坐标增长为原来的 k 倍而得。

解：$f(2x+1)$ 为偶函数，故 $f(2x+1)=f(-2x+1)$。令 $t=2x$，则有 $f(t+1)=f(1-t)$，即 $y=f(x)$ 是以 $x=1$ 为对称轴，又 $y=f(3x)$ 的图象是由 $y=f(x)$ 图象上每点纵坐标不变、横坐标缩短为原来的 $\dfrac{1}{3}$ 而得到，故 $y=f(3x)$ 以 $x=\dfrac{1}{3}$ 为对称轴。

例 5-13 已知 $f(x)$ 是定义在 **R** 上的奇函数，其周期 $T=3$，$f(2)=0$，则方程 $f(x)=0$ 在 $(0,6)$ 内至少有($\quad$)个解。

(A)2　　　　　(B)3　　　　　(C)4　　　　　(D)7

解：因为定义域为 **R**，$f(x)$ 为奇函数，所以 $f(0)=0$。又 $f(x+3)=f(x)$，对任意的实数都成立。所以 $f(3)=f(3+0)=f(0)=0,f(5)=f(3+2)=f(2)=0$。

又 $f(-2)=-f(2)=0$，所以 $f(4)=f(1)=f(-2)=0$。

$f\left(-\dfrac{3}{2}\right)=-f\left(\dfrac{3}{2}\right)$，且 $f\left(-\dfrac{3}{2}\right)=f\left(-\dfrac{3}{2}+3\right)=f\left(\dfrac{3}{2}\right)$，所以 $f\left(\dfrac{3}{2}\right)=0$。从而

$$f(4.5)=f\left(\dfrac{3}{2}+3\right)=f\left(\dfrac{3}{2}\right)=0。$$

故有 $f(1)=f(1.5)=f(2)=f(3)=f(4)=f(4.5)=f(5)=0$。选（D）。

说明：（1）定义在 **R** 上的奇函数，若其周期为 T，则必有 $f\left(\dfrac{kT}{2}\right)=0,k\in\mathbf{Z}$。（2）函数基本问题的其他问题可参见习题 2.2.2 第 3 题；习题 2.2.3 第 4 题；习题 3.2.1 第 1，3 题。

5.2　与切线相关的问题

这里主要利用应用函数 $f(x)$ 在 x_0 处的导数 $f'(x_0)$ 等于曲线 $y=f(x)$ 在 $(x_0,f(x_0))$ 点切线的斜率 k，借助数形结合来解决函数的有关问题。

例 5-14　求曲线 $y=x^3-3x^2+2x$ 过原点的切线方程。

分析：过原点的切线方程包括：原点是切点（容易漏掉）、原点不是切点两种情况。

解：当原点是切点时，斜率 $k=f'(0)=2$，所求切线为 $y=2x$。当原点不是切点时，设切点为 (x_0,y_0)，则 $y_0=x_0^3-3x_0^2+2x_0$，斜率 $k=f'(x_0)=3x_0^2-6x_0+2$。又 $k=\dfrac{y_0-0}{x_0-0}=\dfrac{y_0}{x_0}=\dfrac{x_0^3-3x_0^2+2x_0}{x_0}=x_0^2-3x_0+2$，由此得到 $3x_0^2-6x_0+2=x_0^2-3x_0+2$，所以 $x_0=\dfrac{3}{2}(x_0=0$ 舍$)$，从而 $y_0=-\dfrac{3}{8}$。故 $k=\dfrac{y_0}{x_0}=-\dfrac{1}{4}$，得到所求的曲线为 $y=-\dfrac{1}{4}x$。

例 5-15　曲边梯形由 $y=x^2+1,y=0,x=2,x=1$ 围成，过曲线 $y=x^2+1$ 上的一点 P 作切线（$x\in[1,2]$），使此切线从曲边梯形上切出一个面积最大的普通梯形，则 P 的坐标为 _____。

解：设 $P(x_0,x_0^2+1),x_0\in[1,2]$，切线斜率 $k=2x_0$，则曲线 $y=x^2+1$ 在 P 点的切线方程为 $y-(x_0^2+1)=2x_0(x-x_0)$，即 $y=2x_0(x-x_0)+(x_0^2+1)=g(x),x_0\in[1,2]$。

梯形的面积为 $S=\dfrac{g(1)+g(2)}{2}\times(2-1)=-x_0^2+3x_0+1=-\left(x_0-\dfrac{3}{2}\right)^2+\dfrac{13}{4}$，当 $x_0=\dfrac{3}{2}$ 时 S 最大。此时 $y_0=x_0^2+1=\dfrac{9}{4}+1=\dfrac{13}{4}$，即 P 点的坐标为 $\left(\dfrac{3}{2},\dfrac{13}{4}\right)$。

例 5-16　设 $f(x)=ae^x+\dfrac{1}{ae^x}+b(a>0)$。（1）求 $f(x)$ 在 $[0,+\infty)$ 内的最小值；（2）设曲线 $y=f(x)$ 在 $(2,f(x))$ 处的切线方程为 $y=\dfrac{3}{2}x$，求 a,b 的值。

分析：函数的最大、最小值只能在驻点、不可导点和端点处取得。

解：（1）因为 $f'(x)=ae^x-\dfrac{1}{ae^x}$，故当 $f'(x)>0$，即 $x>-\ln a$ 时，$f(x)$ 在 $(-\ln a,+\infty)$

单调递增；当 $f'(x)<0$，即 $x<-\ln a$ 时，$f(x)$ 在 $(-\infty,-\ln a)$ 单调递减。

所以，当 $0<a<1$ 时，$-\ln a>0$，$f(x)$ 在 $[0,-\ln a)$ 单调递减；在 $(-\ln a,+\infty)$ 单调递增，从而 $f(x)$ 在 $[0,+\infty)$ 内最小值为 $f(-\ln a)=2+b$。

当 $a\geqslant 1$ 时，$-\ln a\leqslant 0$，$f(x)$ 在 $[0,+\infty)$ 单调递增，所以 $f(x)$ 在 $[0,+\infty)$ 上的最小值为 $f(0)=a+\dfrac{1}{a}+b$。

(2) 因为 $y=f(x)$ 在 $(2,f(2))$ 处的切线方程为 $y-f(2)=f'(2)(x-2)$，又已知该切线方程为 $y=\dfrac{3}{2}x$，所以 $f'(2)=\dfrac{3}{2}$，$-3+f(2)=0$，即 $\begin{cases} a\mathrm{e}^2-\dfrac{1}{a\mathrm{e}^2}=\dfrac{3}{2} & ① \\ a\mathrm{e}^2+\dfrac{1}{a\mathrm{e}^2}+b=3 & ② \end{cases}$。

由①得 $a\mathrm{e}^2=2$ 或 $-\dfrac{1}{2}$（舍），即 $a=\dfrac{2}{\mathrm{e}^2}$，代入②得 $b=\dfrac{1}{2}$。

说明：求曲线过某一点的切线往往只是一个复杂问题的某一个环节，要学会与其他知识融会贯通，只有这样才能求解中等难度以上的问题。例如下列问题：已知函数 $f(x)=a\mathrm{e}^{x-1}-\ln x+\ln a$。(1) 当 $a=\mathrm{e}$ 时，求曲线 $y=f(x)$ 在点 $(1,f(1))$ 处的切线与两坐标轴围成的三角形的面积；(2) 若 $f(x)\geqslant 1$，求 a 的取值范围。这一问题主要考查导数的几何意义、不等式恒成立问题、分类讨论思想和等价转化思想等综合分析能力。具体求解如下：

解：(1) 当 $a=\mathrm{e}$ 时，$f(x)=\mathrm{e}^x-\ln x+1$，$f'(x)=\mathrm{e}^x-\dfrac{1}{x}$，故 $k=f'(1)=\mathrm{e}-1$。又 $f(1)=\mathrm{e}+1$，所以函数 $f(x)$ 在点 $(1,f(1))$ 处的切线方程为 $y-\mathrm{e}-1=(\mathrm{e}-1)(x-1)$，从而切线与 x,y 轴交点坐标分别为 $\left(\dfrac{-2}{\mathrm{e}-1},0\right)$，$(0,2)$。故所求三角形面积为 $\dfrac{1}{2}\times 2\times\left|\dfrac{-2}{\mathrm{e}-1}\right|=\dfrac{2}{\mathrm{e}-1}$。

(2) 因为 $f(x)=a\mathrm{e}^{x-1}-\ln x+\ln a=\mathrm{e}^{\ln a+x-1}-\ln x+\ln a\geqslant 1$，所以 $\mathrm{e}^{\ln a+x-1}+\ln a+x-1\geqslant \ln x+x=\mathrm{e}^{\ln x}+x$。

令 $g(x)=\mathrm{e}^x+x$，则上述不等式等价于 $g(\ln a+x-1)\geqslant g(\ln x)$。又 $g(x)$ 为增函数，所以 $\ln a+x-1\geqslant\ln x$，即 $\ln a\geqslant\ln x-x+1$。

再令 $h(x)=\ln x-x+1$，则 $h'(x)=\dfrac{1}{x}-1=\dfrac{1-x}{x}$。易知 $h(x)$ 在 $(0,1)$ 上单调递增，在 $(1,+\infty)$ 上单调递减。所以 $h(x)_{\max}=h(1)=0$，即 $\ln a\geqslant 0$，从而 $a\geqslant 1$。即 a 的取值范围为 $[1,+\infty)$。

5.3　单调性与极值问题

这里主要利用导函数 $f'(x)$ 的符号来判断函数的增减性和极值，对比较复杂的函数，要进行变换（例如换元、构造新函数），用数形结合的方法来解决相关问题。

例 5-17　已知 $f(x)=4x^3+3tx^2-6t^2x+t-1$，$x\in\mathbf{R}$，$t\in\mathbf{R}$，$t\neq 0$，求 $f(x)$ 的单调区间。

解：由 $f'(x)=12x^2+6tx-6t^2=0$ 得 $x=-t$ 或 $x=\dfrac{t}{2}$。因为含有参数 t，所以需分类讨论。当 $t<0$ 时，$\dfrac{t}{2}<-t$，$f'(x)$，$f(x)$ 的变化情况如下：

x	$\left(-\infty,\dfrac{t}{2}\right)$	$\left(\dfrac{t}{2},-t\right)$	$(-t,+\infty)$
$f'(x)$	+	−	+
$f(x)$	↗	↘	↗

当 $t>0$ 时，$\dfrac{t}{2}>-t$，$f'(x)$，$f(x)$ 的变化情况如下：

x	$(-\infty,-t)$	$\left(-t,\dfrac{t}{2}\right)$	$\left(\dfrac{t}{2},+\infty\right)$
$f'(x)$	+	−	+
$f(x)$	↗	↘	↗

例 5-18　设 $f(x)$ 在 **R** 上可导，$f'(x)>f(x)$，则对任意正实数 a，下列式子成立的是（　　）。

(A)$f(a)<e^a f(0)$　(B)$f(a)>e^a f(0)$　(C)$f(a)<\dfrac{f(0)}{e^a}$　(D)$f(a)>\dfrac{f(0)}{e^a}$

解：从答案的选项可考虑构造函数 $g(x)=\dfrac{f(x)}{e^x}$，则 $g'(x)=\dfrac{f'(x)e^x-e^x f(x)}{(e^x)^2}=\dfrac{f'(x)-f(x)}{e^x}$。因为 $f'(x)>f(x)$，所以 $g'(x)>0$，即 $g(x)$ 在 **R** 上单调递增。又 $a>0$，所以 $g(a)>g(0)$。即 $\dfrac{f(a)}{e^a}>\dfrac{f(0)}{e^0}=f(0)$，亦即 $f(a)>e^a f(0)$。选(B)。

例 5-19　已知 $f(x)=x\sin x$，$x\in\mathbf{R}$，试比较 $f(-4)$，$f\left(\dfrac{4\pi}{3}\right)$，$f\left(\dfrac{5\pi}{4}\right)$ 的大小。

分析：偶函数与偶函数相乘得到偶函数，偶函数与奇函数相乘得到奇函数，奇函数与奇函数相乘得到偶函数。

解：因为 $f(x)=x\sin x$ 为偶函数，所以只需比较 $f(4)$，$f\left(\dfrac{4\pi}{3}\right)$，$f\left(\dfrac{5\pi}{4}\right)$ 的大小。

因为 $f'(x)=\sin x+x\cos x$，且 $\dfrac{4\pi}{3}>4>\dfrac{5\pi}{4}$，所以当 $x\in\left[\dfrac{5\pi}{4},\dfrac{4\pi}{3}\right]$ 时，$\sin x<0$，$\cos x<0$，所以 $f'(x)<0$，$x\in\left[\dfrac{5\pi}{4},\dfrac{4\pi}{3}\right]$。即 $f(x)$ 在 $\left[\dfrac{5\pi}{4},\dfrac{4\pi}{3}\right]$ 上是减函数，从而 $f\left(\dfrac{4\pi}{3}\right)<f(4)<f\left(\dfrac{5\pi}{4}\right)$，即 $f\left(\dfrac{4\pi}{3}\right)<f(-4)<f\left(\dfrac{5\pi}{4}\right)$。

例 5-20　设 l 为曲线 $C:y=\dfrac{\ln x}{x}$ 在点 $(1,0)$ 处的切线。(1)求 l 的方程；(2)求证除切点 $(1,0)$ 外，曲线 C 在直线 l 下方。

(1)**解**：因为 $y'=\dfrac{1-\ln x}{x^2}$，$y'|_{x=1}=1$，所以直线 l 的方程为：$y=x-1$。

(2)**证明**：要证明 C 在 l 下方，只需证对任意 $x \in (0, +\infty)$，当 $x \neq 1$ 时，$x - 1 > \dfrac{\ln x}{x}$，即

证 $x^2 - x > \ln x$。构造函数 $g(x) = x^2 - x - \ln x, x > 0, x \neq 1$。只需证 $g(x) > 0$ 即可。

因为 $g'(x) = 2x - 1 - \dfrac{1}{x} = \dfrac{(2x+1)(x-1)}{x}$，所以当 $x \in (0,1)$ 时，$g'(x) < 0$，$g(x)$ 单

调递减；当 $x \in (1, +\infty)$ 时，$g'(x) > 0$，$g(x)$ 单调递增。所以 $g(x)_{\min} = g(1) = 0$，从而

$g(x) > g(1) = 0 (x \neq 1)$，即 $x - 1 > \dfrac{\ln x}{x}$，故除切点 $(1, 0)$ 外，曲线 C 在直线 l 下方。

例 5-21　设函数 $f(x)$ 的定义域为 $\mathbf{R}, x_0 (x_0 \neq 0)$ 是 $f(x)$ 的极大值点，则下列结论正确的是（　）。

(A)对任意 $x \in \mathbf{R}, f(x) \leqslant f(x_0)$

(B)$-x_0$ 是 $f(-x)$ 的极小值点

(C)$-x_0$ 是 $-f(x)$ 的极小值点

(D)$-x_0$ 是 $-f(-x)$ 的极小值点

解：虽然 $x_0 (x_0 \neq 0)$ 是 $f(x)$ 的极大值点，但不一定是最大值点，不能确定整个定义域 $\mathbf{R}$ 上 $f(x)$ 的情况，(A)可排除。

又 $y = f(-x)$ 与 $y = f(x)$ 关于 y 轴对称，$-x_0$ 应为 $y = f(-x)$ 的极大值点；$y = -f(x)$ 与 $y = f(x)$ 关于 x 轴对称，$-x_0$ 无法确定；$y = -f(-x)$ 与 $y = f(x)$ 关于原点对称，$-x_0$ 是 $-f(-x)$ 的极小值点，选(D)。

例 5-22　设 $f(x)$ 在 $\mathbf{R}$ 上可导，$y = (1-x)f'(x)$ 的图象如图，则结论正确的是（　）。

(A)$f(x)$ 有极大值 $f(2)$ 和极小值 $f(1)$

(B)$f(x)$ 有极大值 $f(-2)$ 和极小值 $f(1)$

(C)$f(x)$ 有极大值 $f(2)$ 和极小值 $f(-2)$

(D)$f(x)$ 有极大值 $f(-2)$ 和极小值 $f(2)$

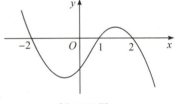

例 5-22 图

解：从图象看，由 $y = 0$ 得 $x = 1, 2, -2$，所以 $x = \pm 2$ 可能是 $f(x)$ 的极值点。

因为在 $x = -2$ 左右，$f'(x)$ 分别为正负，所以 $f(-2)$ 为极大值。在 $x = 2$ 左右，$f'(x)$ 分别为负正，所以 $f(2)$ 为极小值。选(D)。

例 5-23　已知 $3f(x) + 4x^2 f\left(-\dfrac{1}{x}\right) + \dfrac{7}{x} = 0$，求 $f(x)$ 的极大值与极小值。

解：先换元，以 $-\dfrac{1}{x}$ 代替 x：$3f\left(-\dfrac{1}{x}\right) + \dfrac{4}{x^2} f(x) - 7x = 0$，与 $3f(x) + 4x^2 f\left(-\dfrac{1}{x}\right) +$

$\dfrac{7}{x} = 0$ 联立可得：$f(x) = 4x^3 + \dfrac{3}{x} (x \neq 0)$，从而由 $f'(x) = 12x^2 - \dfrac{3}{x^2} = 0$ 得极值点：

$x_1 = \dfrac{\sqrt{2}}{2}, x_2 = -\dfrac{\sqrt{2}}{2}$，经列表检验可知当 $x_1 = \dfrac{\sqrt{2}}{2}, x_2 = -\dfrac{\sqrt{2}}{2}$ 时分别取得极小值和极大值，

这两个值分别为 $f\left(\dfrac{\sqrt{2}}{2}\right) = 4\sqrt{2}, f\left(-\dfrac{\sqrt{2}}{2}\right) = -4\sqrt{2}$。

例 5-24　求 $f(x) = \left(\dfrac{1}{4}\right)^x - \left(\dfrac{1}{2}\right)^x + 1 (x \in [-3, 2])$ 的单调区间及值域。

分析：$f(x)$ 的外层为二次函数，内层为指数函数，可用换元法。

解：因为 $f(x)=\left(\dfrac{1}{4}\right)^x-\left(\dfrac{1}{2}\right)^x+1=\left[\left(\dfrac{1}{2}\right)^x\right]^2-\left(\dfrac{1}{2}\right)^x+1$，令 $u=\left(\dfrac{1}{2}\right)^x$，因为 $x\in[-3,2]$，所以 $u\in\left[\dfrac{1}{4},8\right]$，且 u 是单调递减函数。$f(u)=u^2-u+1=\left(u-\dfrac{1}{2}\right)^2+\dfrac{3}{4}$，其对称轴 $u_0=\dfrac{1}{2}\in\left[\dfrac{1}{4},8\right]$。

（1）当 $u\in\left[\dfrac{1}{4},\dfrac{1}{2}\right]$ 时，即 $x\in[1,2]$ 时，$f(u)$ 递减，又 $u(x)$ 递减，所以 $f(x)$ 递增。

（2）当 $u\in\left[\dfrac{1}{2},8\right]$ 时，即 $x\in[-3,1]$ 时，$f(u)$ 递增，又 $u(x)$ 递减，所以 $f(x)$ 递减。

综上所述，$f(x)$ 在 $[1,2]$ 上递增，在 $[-3,1]$ 上递减。

所以 $f_{\min}=f(1)=\dfrac{1}{4}-\dfrac{1}{2}+1=\dfrac{3}{4}$，$f_{\max}=\max\{f(-3),f(2)\}=\max\left\{57,\dfrac{13}{16}\right\}=57$，即函数的值域为 $\left[\dfrac{3}{4},57\right]$。

说明：利用导数可以求函数的值域，当然就可以求最大（小）值。例如，求函数 $f(x)=|2x-1|-2\ln x$ 的最小值。对于这个问题可分类讨论，把绝对值去掉。显然 $f(x)$ 的定义域为 $(0,+\infty)$。当 $0<x\leqslant\dfrac{1}{2}$ 时，$f(x)=1-2x-2\ln x$，$f(x)$ 在 $\left(0,\dfrac{1}{2}\right]$ 上单调递减。当 $\dfrac{1}{2}<x\leqslant1$ 时，$f(x)=2x-1-2\ln x$，$f'(x)=2-\dfrac{2}{x}\leqslant0$，$f(x)$ 在 $\left(\dfrac{1}{2},1\right]$ 上单调递减。当 $x>1$ 时，$f(x)=2x-1-2\ln x$，$f'(x)=2-\dfrac{2}{x}>0$，$f(x)$ 在 $(1,+\infty)$ 上单调递增。又 $f(x)$ 在 $(0,+\infty)$ 上是连续的，所以 $f(x)\geqslant f(1)=1$，即其最小值为 1。

5.4　函数零点问题

函数 $y=f(x)$ 的零点就是方程 $f(x)=0$ 的根，常用数形结合来解决函数的零点问题。

例 5-25 $f(x)=\begin{cases}x^2+2x-3,&x\leqslant0\\-2+\ln x,&x>0\end{cases}$ 的零点个数为_____。

解：由 $\begin{cases}x\leqslant0\\x^2+2x-3=0\end{cases}$ 得 $x=-3$。由 $\begin{cases}x>0\\-2+\ln x=0\end{cases}$ 得 $x=\mathrm{e}^2$。故 $f(x)=0$ 零点个数为 2。

例 5-26 $f(x)=x\cos x^2$ 在区间 $[0,4]$ 上零点的个数为_____。

解：因为 $x\in[0,4]$，所以 $x^2\in[0,16]$。这样 $x^2=0,\dfrac{\pi}{2},\dfrac{3\pi}{2},\dfrac{5\pi}{2},\dfrac{7\pi}{2},\dfrac{9\pi}{2}$ 都是方程 $x\cos x^2=0$ 的根，所以零点的个数为 6。

例 5-27 函数 $f(x)=2^x+x^3-2$ 在区间 $(0,1)$ 内的零点的个数为_____。

解：由 $f(x)=0$ 得到 $2^x-2=-x^3$，在同一坐标系中分别作出函数 $y=2^x-2$ 和 $y=-x^3$ 的图象，看有几个交点。由图象知，在 $(0,1)$ 内只有一个交点。

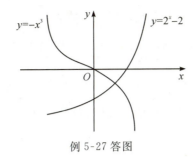

例 5-27 答图

说明：几何与函数零点结合的问题参见习题 3.8 第 17 题。

例 5-28　设函数 $f(x)(x \in \mathbf{R})$ 满足 $f(-x)=f(x)$，$f(x)=f(2-x)$，且当 $x \in [0,1]$ 时，$f(x)=x^3$。若函数 $g(x)=|x\cos(\pi x)|$，则函数 $h(x)=g(x)-f(x)$ 在 $\left[-\dfrac{1}{2}, \dfrac{3}{2}\right]$ 上零点的个数为_____。

解：$f(x)$ 是偶函数，它关于 $x=0$ 对称，又由 $f(x)=f(2-x)$ 知，$f(x)$ 关于 $x=1$ 对称，从而 $y=f(x)$ 是以 $T=2 \times (1-0)=2$ 为周期的周期函数。在同一坐标系中画出 $f(x)$ 和 $g(x)$ 的图象，它们有 6 个交点，即 $h(x)$ 在 $\left[-\dfrac{1}{2}, \dfrac{3}{2}\right]$ 上有 6 个零点。

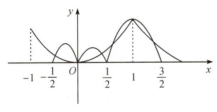

例 5-28 答图

例 5-29　设 $f(x)=\dfrac{x}{\mathrm{e}^{2x}}+c$（e 为自然对数的底数），$c \in \mathbf{R}$。（1）求 $f(x)$ 的单调区间及最大值；（2）讨论关于 x 的方程 $|\ln x|=f(x)$ 根的个数。

解：（1）因为 $f'(x)=\dfrac{1-2x}{\mathrm{e}^{2x}}$，令 $f'(x)=0$ 得 $x=\dfrac{1}{2}$。当 $x \in \left(-\infty, \dfrac{1}{2}\right)$ 时，$f'(x)>0$，$f(x)$ 单调递增；当 $x \in \left(\dfrac{1}{2}, +\infty\right)$ 时，$f'(x)<0$，$f(x)$ 单调递减。所以当 $x=\dfrac{1}{2}$ 时，函数取最大值 $f_{\max}(x)=\dfrac{1}{2\mathrm{e}}+c$。

（2）由（1）知，$f(x)$ 在 $\left(-\infty, \dfrac{1}{2}\right)$ 上先从负无穷增大到 $\dfrac{1}{2\mathrm{e}}+c$，然后在 $\left(\dfrac{1}{2}, +\infty\right)$ 上再从 $\dfrac{1}{2\mathrm{e}}+c$ 减到 c，而函数 $|\ln x|$ 是先在 $(0,1)$ 上由正无穷递减到 0，然后在 $(1, +\infty)$ 上由零增大到正无穷。所以，由 $f(1)=0$ 得 $c=-\dfrac{1}{\mathrm{e}^2}$。从而当 $c>-\dfrac{1}{\mathrm{e}^2}$ 时，方程有两个根；当 $c=-\dfrac{1}{\mathrm{e}^2}$ 时，方程有 1 个根；当 $c<-\dfrac{1}{\mathrm{e}^2}$ 时，方程无实根。

说明:极值与零点结合的问题参见习题 5.3 第 4 题。

例 5-30 已知 $a>2$,求证方程 $\frac{1}{3}x^3-ax^2+1=0$ 在 $(0,2)$ 上恰有一个根。

证明:设 $f(x)=\frac{1}{3}x^3-ax^2+1$,则 $f'(x)=x^2-2ax=x(x-2a)$。因为 $a>2,2a>4$,所以当 $x\in(0,2)$ 时,$f'(x)<0,f(x)$ 在 $(0,2)$ 单调递减。

又因为 $f(0)f(2)=\frac{11}{3}-4a<0$,所以 $f(x)$ 在 $(0,2)$ 上恰有一个根。

例 5-31 用二分法逐次计算函数 $f(x)=x^3+x^2-2x-2$ 的零点附近的函数值,参考数据如下:$f(1)=-2,f(1.25)=-0.984,f(1.375)=-0.260,f(1.438)=0.165,$ $f(1.5)=0.625$,那么方程 $x^3+x^2-2x-2=0$ 的一个近似根(精确度 0.1)为(　　)。

(A)1.2　　　　　(B)1.3　　　　　(C)1.4　　　　　(D)1.5

分析:求函数零点的近似值方法是二分法(找出零点附近大于零和小于零的两个点,则零点必然在这两个点之间),二分法的原理是零点存在性定理。求解时将特殊值代入计算,通过代入特殊值,一步步将零点圈定在一个较小的范围内。

解:因为 $f(1.375)=-0.260<0,f(1.438)=0.165>0$,又 $f(x)=x^3+x^2-2x-2$ 连续,所以存在一个根 x_0,有 $1.375<x_0<1.438$,所以四舍五入后得到近似根 1.4。选(C)。

例 5-32 已知 $f(x)=\frac{1}{3}x^3+\frac{1-a}{2}x^2-ax-a,x\in\mathbf{R},a>0$。(1)求 $f(x)$ 的单调区间;(2)若 $f(x)$ 在 $(-2,0)$ 恰有两个零点,求 a 的取值范围。

(1)**证明**:因为 $f'(x)=x^2+(1-a)x-a=(x+1)(x-a)$,所以令 $f'(x)=0$,得 $x_1=-1,x_2=a>0$。当 x 变化时,$f'(x),f(x)$ 的变化情况如下:

x	$(-\infty,-1)$	-1	$(-1,a)$	a	$(a,+\infty)$
$f'(x)$	$+$	0	$-$	0	$+$
$f(x)$	↑	极大值	↓	极小值	↑

所以 $f(x)$ 在 $(-\infty,-1),(a,+\infty)$ 上分别单调递增,在 $(-1,a)$ 上单调递减。

(2)**解**:因为 $f(x)$ 在 $(-2,-1)$ 上单调递增,在 $(-1,0)$ 上单调递减,所以 $f(x)$ 在 $(-2,0)$ 内恰有两个零点的充要条件是 $f(x)$ 在 $(-2,0)$ 内与 x 轴只有两个交点,得到 $f(-2)<0,f(-1)>0,f(0)<0$,解之得 $0<a<\frac{1}{3}$,即 $a\in\left(0,\frac{1}{3}\right)$。

说明:类似的问题可参见习题 3.6.4 第 9 题。

例 5-33 已知函数 $f_n(x)=x^n+bx+c(n\in\mathbf{N}_+,b,c\in\mathbf{R})$,(1)设 $n\geqslant2,b=1,c=-1$,求证 $f_n(x)$ 在 $\left(\frac{1}{2},1\right)$ 内存在唯一零点;(2)设 $n=2$,若对任意 $x_1,x_2\in[-1,1]$ 有 $|f_2(x_1)-f_2(x_2)|\leqslant4$,求 b 的取值范围;(3)在(1)的条件下,设 x_n 是 $f_n(x)$ 在区间 $\left(\frac{1}{2},1\right)$ 的零点,判断数列 $x_2,x_3,\cdots,x_n,\cdots$ 的增减性。

(1)**证明**:因为 $n\geqslant2,b=1,c=-1$,所以 $f_n(x)=x^n+x-1$。又 $f_n\left(\frac{1}{2}\right)f_n(1)=$

$\left(\dfrac{1}{2^n}-\dfrac{1}{2}\right)\times 1<0$，所以 $f_n(x)$ 在 $\left(\dfrac{1}{2},1\right)$ 内有零点。当 $x\in\left(\dfrac{1}{2},1\right)$ 时，$f'_n(x)=nx^{n-1}+1>0$，$f_n(x)$ 在 $\left(\dfrac{1}{2},1\right)$ 上单调递增，所以 $f_n(x)$ 在 $\left(\dfrac{1}{2},1\right)$ 内存在唯一零点。

(2)**解**：当 $n=2$ 时，$f_2(x)=x^2+bx+c$，若对任意 $x_1,x_2\in[-1,1]$ 有 $|f_2(x_1)-f_2(x_2)|\leqslant 4$，则 $f_2(x)$ 在 $[-1,1]$ 上的最大值与最小值之差 $M\leqslant 4$。

因为 $f_2(x)=\left(x+\dfrac{b}{2}\right)^2+c-\dfrac{b^2}{4}$，$x=-\dfrac{b}{2}$ 为对称轴，所以当 $\left|\dfrac{b}{2}\right|>1$ 时，$M=|f_2(1)-f_2(-1)|=2|b|>4$，矛盾；当 $-1\leqslant-\dfrac{b}{2}<0$ 时，$M=f_2(1)-f_2\left(-\dfrac{b}{2}\right)=\left(\dfrac{b}{2}+1\right)^2\leqslant 4$，恒成立；当 $0\leqslant-\dfrac{b}{2}\leqslant 1$ 时，$M=f_2(-1)-f_2\left(-\dfrac{b}{2}\right)=\left(\dfrac{b}{2}-1\right)^2\leqslant 4$，恒成立。

综上所述：b 的取值范围为 $-2\leqslant b\leqslant 2$。

(3)**解**：由(1)知，x_n 是 $f_n(x)$ 在 $\left(\dfrac{1}{2},1\right)$ 内的唯一零点，$n\geqslant 2$。又 $f_n(x_n)=x_n^n+x_n-1=0$，$x_n\in\left(\dfrac{1}{2},1\right)$，所以 $f_{n+1}(x_{n+1})=x_{n+1}^{n+1}+x_{n+1}-1=0$，$x_{n+1}\in\left(\dfrac{1}{2},1\right)$，故

$$f_n(x_n)=0=f_{n+1}(x_{n+1})=x_{n+1}^{n+1}+x_{n+1}-1<x_{n+1}^n+x_{n+1}-1=f_n(x_{n+1})。$$

又 $f_n(x)$ 在 $\left(\dfrac{1}{2},1\right)$ 上是递增，所以 $x_n<x_{n+1}(n\geqslant 2)$，从而 $x_2,\cdots,x_n,\cdots$，是递增数列。

例 5-34　已知二次函数 $f(x)=ax^2+bx+c$ 和一次函数 $g(x)=-bx$，其中 a,b,c 满足 $a>b>c,a+b+c=0,b\neq 0,a,b,c\in\mathbf{R}$。(1)求证两个函数的图象有两个不同的交点 A,B；(2)求线段 AB 在 x 轴上的射影 A_1B_1 的取值范围。

分析：这是有两个交点的函数问题，要联系韦达定理。

(1)**证明**：由 $\begin{cases}y=ax^2+bx+c\\y=-bx\end{cases}$ 得 $ax^2+2bx+c=0$，$\Delta=4b^2-4ac=4(b^2-ac)$。

因为 $a>b>c,a+b+c=0$，所以 $a\cdot c<0$ 且 $a>0,c<0$。从而 $\Delta>0$。故两函数有两个不同交点 A,B。

(2)**解**：设 x_1,x_2 为 $ax^2+2bx+c=0$ 的两个根，则 $x_1+x_2=-\dfrac{2b}{a}$，$x_1x_2=\dfrac{c}{a}$，所以

$$|A_1B_1|^2=|x_1-x_2|^2=(x_1+x_2)^2-4x_1x_2=\dfrac{4(b^2-ac)}{a^2}=\dfrac{4[(a+c)^2-ac]}{a^2}=$$

$4\left[\left(\dfrac{c}{a}+\dfrac{1}{2}\right)^2+\dfrac{3}{4}\right]$，又 $a>b>c,a+b+c=0$，所以 $2a+c>0$，$a+2c<0$，$a+c=-b\neq 0$，$a>0,c<0$。

解之得：$-2<\dfrac{c}{a}<-\dfrac{1}{2}$ 且 $\dfrac{c}{a}\neq-1$。故 A_1B_1 的取值范围是 $(\sqrt{3},2)\bigcup(2,2\sqrt{3})$。

说明：(1)二次函数的零点问题可参见例 2-10。(2)两个二次曲线的交点问题比二次曲线与直线的交点问题要复杂。参见例 3-135，例 3-136。

例 5-35　设 $f(x)=\ln x-ax$，$g(x)=\mathrm{e}^x-ax$，其中 a 为实数。(1)若 $f(x)$ 在 $[1,+\infty)$ 上是单调减函数，且 $g(x)$ 在 $(1,+\infty)$ 上有最小值，求 a 的取值范围；(2)若 $g(x)$

在$[-1,+\infty)$上是单调增函数,试求函数 $f(x)$ 零点的个数,并证明。

解:(1)因为 $f'(x)=\dfrac{1}{x}-a\leqslant 0$ 在 $[1,+\infty)$ 上恒成立,即 $a\geqslant\dfrac{1}{x}$ 恒成立,亦即 $a\geqslant\left(\dfrac{1}{x}\right)_{\max}=1$,所以 $a\geqslant 1$。又因为 $g'(x)=e^x-a$,所以若 $1\leqslant a\leqslant e$,则 $g'(x)=e^x-a\geqslant e^x-e\geqslant 0$,$x\in(1,+\infty)$,此时 $g(x)=e^x-ax$ 在 $(1,+\infty)$ 上单调递增,无最小值,不合题意。

若 $a>e$,此时 $g(x)=e^x-ax$ 在 $(1,\ln a)$ 上单调递减,在 $(\ln a,+\infty)$ 上单调递增,$g_{\min}(x)=g(\ln a)$ 满足题意,故 a 的取值范围为 $a>e$。

(2)因为 $g'(x)=e^x-a\geqslant 0$ 在 $[-1,+\infty)$ 上恒成立,所以 $a\leqslant e^x$,即 $a\leqslant(e^x)_{\min}=e^{-1}$。又 $f'(x)=\dfrac{1}{x}-a=\dfrac{1-ax}{x}$($x>0$)。

①若 $0<a\leqslant\dfrac{1}{e}$,令 $f'(x)>0$ 得增区间为 $\left(0,\dfrac{1}{a}\right)$;令 $f'(x)<0$ 得减区间为 $\left(\dfrac{1}{a},+\infty\right)$。且当 $x\to 0$ 时,$f(x)\to -\infty$;当 $x\to+\infty$ 时,$f(x)\to -\infty$。而当 $x=\dfrac{1}{a}$ 时,$f\left(\dfrac{1}{a}\right)=-\ln a-1\geqslant 0$,当且仅当 $a=\dfrac{1}{e}$ 时取等号。

所以当 $a=\dfrac{1}{e}$ 时,$f(x)$ 只有 1 个零点;当 $0<a<\dfrac{1}{e}$ 时,$f(x)$ 有 2 个零点。

②若 $a=0$,则 $f(x)=\pm\ln x$,易知 $f(x)$ 有 1 个零点。

③若 $a<0$,则 $f'(x)=\dfrac{1}{x}-a>0$,$f(x)$ 在 $(0,+\infty)$ 单调递增,当 $x\to 0$ 时,$f(x)\to -\infty$;当 $x\to+\infty$ 时,$f(x)\to+\infty$,易知 $f(x)$ 只有 1 个零点。

综上所述,当 $a=\dfrac{1}{e}$ 或 $a<0$ 时,$f(x)$ 有 1 个零点;当 $0<a<\dfrac{1}{e}$ 时,$f(x)$ 有 2 个零点。

5.5 二次函数问题

二次函数是初中数学和高中数学的结合点,许多问题都可归结为二次函数问题。处理相关问题的主要方法是数形结合法,并结合判别式法和韦达定理等。

例 5-36 已知二次函数 $f(x)$ 的二次项系数为 a,且不等式 $f(x)>-2x$ 的解集为 $(1,3)$,若方程 $f(x)+6a=0$ 有两个相等的实根,求 $f(x)$ 的表达式。

分析:这是二次函数与不等式的结合问题,可以考虑用判别式法。

解:设 $f(x)=ax^2+bx+c$($a\neq 0$)。因为 $f(x)>-2x$ 的解集为 $(1,3)$,所以 $x=1,3$ 为 $f(x)=-2x$ 的两个根,即 $a+b+c=-2$,$9a+3b+c=-6$。又因为 $f(x)+6a=ax^2+bx+c+6a=0$ 有两个相等的实根,所以 $\Delta=b^2-4a(c+6a)=0$。由三式联立得 $a=-\dfrac{1}{5}$ 或 1。

因为不等式 $f(x)>-2x$ 的解集为 $(1,3)$,所以 $a<0$,从而 $a=-\dfrac{1}{5}$,进而 $b=-\dfrac{6}{5}$,

$c = -\dfrac{3}{5}$，即 $f(x) = -\dfrac{1}{5}x^2 - \dfrac{6}{5}x - \dfrac{3}{5}$。

例 5-37　已知 $f(x) = \cos^2 x + a\sin x - a^2 + 2a + 5$ 有最大值 2，试求实数 a 的取值范围。

分析：这是含参数的"定轴动区间"或"动轴定区间"问题，要在函数性质的基础上，借用数形结合、分类讨论的思想。

解：因为 $f(x) = -\sin^2 x + a\sin x - a^2 + 2a + 6$，令 $\sin x = t$ 得 $g(t) = -t^2 + at - a^2 + 2a + 6 = -\left(t - \dfrac{a}{2}\right)^2 - \dfrac{3}{4}a^2 + 2a + 6$，$t \in [-1,1]$，$g(t)$ 以 $t = \dfrac{a}{2}$ 为对称轴。

(1) 当 $\dfrac{a}{2} < -1$ 时，即 $a < -2$ 时，$g(t)$ 在 $[-1,1]$ 上单调递减，$g_{\max}(t) = g(-1) = -a^2 + a + 5 = 2$，$a = \dfrac{1 \pm \sqrt{13}}{2}$，这与 $a < -2$ 矛盾。

(2) 当 $\dfrac{a}{2} > 1$ 时，即 $a > 2$ 时，$g(t)$ 在 $[-1,1]$ 上单调递增，$g_{\max}(t) = g(1) = -a^2 + 3a + 5 = 2$，$a = \dfrac{3 \pm \sqrt{21}}{2}$，又 $a > 2$，所以 $a = \dfrac{3 + \sqrt{21}}{2}$。

(3) 当 $-1 \leqslant \dfrac{a}{2} \leqslant 1$ 时，即 $-2 \leqslant a \leqslant 2$ 时，$g(t)$ 在 $\left[-1, \dfrac{a}{2}\right]$ 上单调递增，在 $\left[\dfrac{a}{2}, 1\right]$ 上单调递减，$g_{\max}(t) = g\left(\dfrac{a}{2}\right) = -\dfrac{3}{4}a^2 + 2a + 6 = 2$，$a = 4$ 或 $a = -\dfrac{4}{3}$，而 $-2 \leqslant a \leqslant 2$，因此 $a = -\dfrac{4}{3}$。

综上所述，$a = \dfrac{3 + \sqrt{21}}{2}$ 或 $a = -\dfrac{4}{3}$。

说明：二次函数往往与其他知识融合在一起来增加问题的难度，参见例 3-2。

例 5-38　已知函数 $f(x) = x^2 + 2x + a$。(1) 当 $a = \dfrac{1}{2}$ 时，求 $x \in [1, +\infty)$ 时函数 $f(x)$ 的最小值；(2) 若对任意 $x \in [1, +\infty)$，$f(x) > 0$ 恒成立，试求实数 a 的取值范围；(3) 已知函数 $g(x) = 2(1+a)x - (a^2 + a)$，设 $h(x) = f(x) - g(x)$，若 $A(0,3)$，$B(2,7)$ 两点中有一点位于 $h(x)$ 上方，另一点位于 $h(x)$ 下方，试求 a 的取值范围。

解：(1) 定轴问题，当 $a = \dfrac{1}{2}$ 时 $f(x)$ 在 $[1, +\infty)$ 上单调递增，所以 $f(x)$ 有最小值 $f(1) = \dfrac{7}{2}$。

(2) "对任意 $x \in [1, +\infty)$，$f(x) > 0$ 恒成立"等价于"$a > -x^2 - 2x$ 恒成立"，即 $a > (-x^2 - 2x)_{\max}$，可得 $a > -3$。

(3) 两点 A，B 确定的线段方程为 $y = 2x + 3$ $(0 \leqslant x \leqslant 2)$。该问题是说，$AB$ 与 $h(x)$ 只有一个交点，且交点在线段内部。

由 $\begin{cases} y = x^2 - 2ax + a^2 + 2a \\ y = 2x + 3 \end{cases}$ 得 $x^2 - 2(a+1)x + a^2 + 2a - 3 = 0$。令 $\varphi(x) = x^2 - 2(a+1)x + a^2 + 2a - 3$，则方程 $\varphi(x) = 0$，因此必须满足 $\varphi(0)\varphi(2) < 0$，即 $(a^2 + 2a - 3) \times (a^2 - 2a - 3) < 0$，

解之得 $-3 < a < -1$ 或 $1 < a < 3$,故实数 a 的取值范围为 $(-3, -1) \cup (1, 3)$。

例 5-39 已知函数 $f(x) = x^2 - 2kx + 2$ 在 $x \geqslant -1$ 时恒有 $f(x) \geqslant k$,求实数 k 的取值范围。

分析: 这是二次函数问题,主要利用判别式,再结合分类讨论和二次函数的增减性、最大值、最小值给出结论。

解: 令 $F(x) = f(x) - k = x^2 - 2kx + 2 - k = (x-k)^2 + 2 - k - k^2$,则 $F(x)$ 对一切 $x \geqslant -1$ 恒成立 $F(x) \geqslant 0$。易知 $F(x)$ 的图象开口向上且以 $x = k$ 为对称轴。

当 $k \leqslant -1$ 时,$F(x)$ 在 $[-1, +\infty)$ 上递增,故只需 $F(-1) = 1 + 2k + 2 - k \geqslant 0$,得 $-3 \leqslant k \leqslant -1$。

当 $k > -1$ 时,$F(x)$ 在 $[-1, +\infty)$ 上的最小值为 $F(k)$,只需 $F(k) \geqslant 0$,即 $k^2 - 2k^2 + 2 - k \geqslant 0$,得 $-1 < k \leqslant 1$。由上述可得:$-3 \leqslant k \leqslant 1$。

说明: 二次函数(方程)的其他问题参见习题 3.2.1 第 2 题,习题 3.13 第 5 题。

5.6 含参数的函数问题

有了参数,函数就有了更多的变化,使问题变得更复杂。处理这类问题的主要方法是主元法、分类讨论法和分离参数法。

例 5-40 若不等式 $x^2 + px \geqslant 4x + p - 3$ 对一切 $p \in [0, 4]$ 恒成立,则 x 的取值范围为_____。

分析: 把 p 看成主元,以 p 为变量,以 x 为常数,原式化为 p 的一元函数问题,$p \in [0, 4]$。

解: 设 $f(p) = (x-1)p + x^2 - 4x + 3, p \in [0, 4]$,则 $y = f(p)$ 是线性函数,所以有
$$\begin{cases} f(0) \geqslant 0 \\ f(4) \geqslant 0 \end{cases}, 即 \begin{cases} x^2 - 4x + 3 \geqslant 0 \\ 4(x-1) + x^2 - 4x + 3 \geqslant 0 \end{cases}, 解之得 \begin{cases} x \leqslant 1 \text{ 或 } x \geqslant 3 \\ x \leqslant -1 \text{ 或 } x \geqslant 1 \end{cases}, 即 x \leqslant -1 \text{ 或 } x \geqslant 3。$$

所以 x 的取值范围为 $(-\infty, -1] \cup [3, +\infty)$。

例 5-41 已知 $f(x) = x^2 - 2kx + 2$ 在 $[-1, +\infty)$ 上 $f(x) \geqslant k$ 恒成立,求实数 k 的取值范围。

分析: $f(x) = ax^2 + bx + c$ 的值恒大于零的充要条件是 $\begin{cases} a > 0 \\ \Delta < 0 \end{cases}$,可结合图象利用根的分布情况来求解。在 $[m, +\infty)$ 上二次函数的值大于等于零的充要条件是 $\begin{cases} a > 0 \\ \Delta \leqslant 0 \end{cases}$ 或

$$\begin{cases} a > 0 \\ \Delta > 0 \\ -\dfrac{b}{2a} < m \\ f(m) \geqslant 0 \end{cases}。$$

解: 令 $g(x) = f(x) - k$,当 $\Delta \leqslant 0$ 时,由 $\Delta = 4k^2 - 4(2-k) \leqslant 0$ 得 $-2 \leqslant k \leqslant 1$。

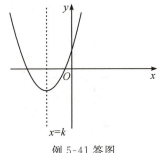

例 5-41 答图

当 $\triangle>0$ 时,则需满足 $\begin{cases}\triangle>0\\g(-1)\geqslant0,\\k<-1\end{cases}$ 解之得 $-3\leqslant k<-2$。综上所述得到 $-3\leqslant k\leqslant1$。

说明:恒成立问题参见习题 2.2.3 第 3 题。

例 5-42　已知函数 $f(x)=x^4+ax^3+2x^2+b,x\in\mathbf{R}$。(1)当 $a=-\dfrac{10}{3}$ 时,讨论函数 $f(x)$ 的单调性;(2)若 $f(x)$ 仅在 $x=0$ 处有极值,求 a 的取值范围;(3)任意的 $a\in[-2,2]$,不等式 $f(x)\leqslant1$ 在 $[-1,1]$ 上恒成立,求 b 的取值范围。

解:(1)当 $a=-\dfrac{10}{3}$ 时,$f'(x)=4x^3-10x^2+4x=2x(2x^2-5x+2)=2x(2x-1)(x-2)$,

所以 $f(x)$ 在 $\left(0,\dfrac{1}{2}\right),(2,+\infty)$ 上单调递增,在 $(-\infty,0),\left(\dfrac{1}{2},2\right)$ 上单调递减。

(2)$f'(x)=x(4x^2+3ax+4)$,显然 $x=0$ 是 $f'(x)=0$ 的根,为使 $x=0$ 是 $f'(x)=0$ 的唯一根,必须使 $4x^2+3ax+4>0$ 恒成立,于是有 $\triangle=9a^2-64<0$,解之得 $-\dfrac{8}{3}<a<\dfrac{8}{3}$。

(3)先考虑对 $a\in[-2,2]$ 恒成立,再考虑 $x\in[-1,1]$ 恒成立,先把 $f(x)$ 看成 a 的函数,记 $g(a)=x^3a+(x^4+2x^2+b),x\in[-1,1]$,因为 $g(a)$ 为一次函数,则"对任意 $a\in[-2,2]$ 恒成立 $f(x)\leqslant1,x\in[-1,1]$"等价于 $\begin{cases}g(-2)\leqslant1\\g(2)\leqslant1\end{cases}$ 成立。

当 $g(-2)\leqslant1$ 时,有,即 $b\leqslant2x^3-x^4-2x^2+1$,亦即 $b\leqslant(2x^3-x^4-2x^2+1)_{\min}$,$x\in[-1,1]$。

令 $h(x)=2x^3-x^4-2x^2+1,x\in[-1,1],h'(x)=6x^2-4x^3-4x=0$,只有解 $x=0$,且 $h(0)$ 为极大值。需要在 $h(-1),h(1)$ 中选一个最小值。由 $\begin{cases}b\leqslant h(-1)=-4\\b\leqslant h(1)=0\end{cases}$ 得 $b\leqslant-4$。同理可得,当 $g(2)\leqslant1$ 时,有 $b\leqslant-4$。综上所述,b 的取值范围为 $(-\infty,-4]$。

例 5-43　当 $0<x<\dfrac{1}{2}$ 时,$4^x<\log_ax$,则 a 的取值范围是_____。

解:用数形结合法。$a>1$ 显然不成立。当 $0<a<1$ 时,因为 $y=4^x$ 为增函数,而 $y=\log_ax$ 为减函数,所以只需 $\log_a\dfrac{1}{2}>4^{\frac{1}{2}}$(如图),即 $a>\dfrac{\sqrt{2}}{2}$,从而 $\dfrac{\sqrt{2}}{2}<a<1$。

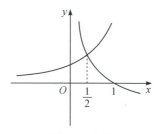

例 5-43 答图

例 5-44 已知 $f(x)=ax^3+bx^2-x(x\in\mathbf{R},a,b$ 是常数,$a\neq0)$,且当 $x=1$ 和 $x=2$ 时,$f(x)$ 取得极值。(1)求 $f(x)$ 的解析式;(2)若曲线 $y=f(x)$ 与 $g(x)=-3x-m(-2\leqslant x\leqslant0)$ 有两个不同的交点,求实数 m 的取值范围。

分析: 问题(2)可转化为 $F(x)=f(x)-g(x)=0$ 在 $[-2,0]$ 上有两个不同实根的问题。

解: (1)$f'(x)=3ax^2+2bx-1$,且 $x=1,x=2$ 分别为极值点,所以

$$\begin{cases} f'(1)=3a+2b-1=0 \\ f'(2)=12a+4b-1=0 \end{cases},$$

解之得 $a=-\dfrac{1}{6}$,$b=\dfrac{3}{4}$。故 $f(x)=-\dfrac{1}{6}x^3+\dfrac{3}{4}x^2-x$。

(2)令 $F(x)=f(x)-g(x)=-\dfrac{1}{6}x^3+\dfrac{3}{4}x^2+2x+m$,由题意,$F(x)$ 在 $[-2,0]$ 上有两个不同实根。由 $F'(x)=-\dfrac{1}{2}x^2+\dfrac{3}{2}x+2=0$ 得:$x=4$ 或 $x=-1$。

x	$(-\infty,-1)$	-1	$(-1,4)$	4	$(4,+\infty)$
$F'(x)$	$-$	0	$+$	0	$-$
$F(x)$	↓	极小值	↑	极大值	↓

由表可知,$F(x)$ 在 $(-2,-1)$ 上递减,在 $(-1,0)$ 上递增,在 $x=-1$ 处取极小值,所以要使 $F(x)=0$ 在 $[-2,0]$ 上有两个不同的交点,只需:$F(-1)<0,F(-2)\geqslant0,F(0)\geqslant0$,解之得:$0\leqslant m<\dfrac{13}{12}$,即 m 的取值范围是 $\left[0,\dfrac{13}{12}\right)$。

例 5-45 设函数 $f(x)=x\ln x$。(1)求 $f(x)$ 的最小值;(2)若对于所有 $x\geqslant1$ 都有 $f(x)\geqslant ax-1$,求实数 a 的取值范围。

分析: 带参数问题注意分离参数。

解: (1)$f(x)=x\ln x$ 的定义域为 $(0,+\infty)$,$f'(x)=1+\ln x$,令 $f'(x)=0$ 得 $x=\dfrac{1}{e}$。

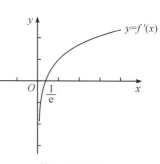

如图,$f'(x)$ 在 $\left(0,\dfrac{1}{e}\right)$ 上小于零,在 $\left(\dfrac{1}{e},+\infty\right)$ 大于零。

所以当 $x=\dfrac{1}{e}$ 时,$f(x)$ 取最小值 $f\left(\dfrac{1}{e}\right)=-\dfrac{1}{e}$。

例 5-45 答图

（2）要使 $f(x) \geqslant ax-1$ 在 $[1,+\infty)$ 上恒成立，即 $a \leqslant \ln x + \dfrac{1}{x}$ 对于 $x \in [1,+\infty)$ 恒成立。亦即只需 $a \leqslant \left(\ln x + \dfrac{1}{x}\right)_{\min}, x \in [1,+\infty)$。

令 $g(x) = \ln x + \dfrac{1}{x}$，则 $g'(x) = \dfrac{1}{x} - \dfrac{1}{x^2} = \dfrac{x-1}{x^2}$，由 $g'(x)=0$ 得 $x=1$。又当 $x>1$ 时 $g'(x)>0$，故 $g(x)$ 在 $[1,+\infty)$ 上递增，所以 $g(x)$ 的最小值为 $g(1)=1$。故 a 的取值范围是 $(-\infty, 1]$。

例 5-46　已知 $f(x) = \ln\left(\dfrac{1}{2} + \dfrac{1}{2}ax\right) + x^2 - ax$（$a$ 为常数，$a>0$）。（1）若 $x=\dfrac{1}{2}$ 是 $f(x)$ 的一个极值点，求 a 的值；（2）求证当 $0<a\leqslant 2$ 时，$f(x)$ 在 $\left[\dfrac{1}{2},+\infty\right)$ 上是增函数；（3）若对任意的 $a \in (1,2)$，总存在 $x_0 \in \left[\dfrac{1}{2},1\right]$，使 $f(x_0) > m(1-a^2)$ 成立，求实数 m 的取值。

分析：已知或求证 $f(x)>g(x)$ 问题，往往要构造函数 $F(x)=f(x)-g(x)$，通过分析 $F(x)$ 的单调性，将不等式问题化为最值问题。

（1）**解：** $f'(x) = \dfrac{\dfrac{a}{2}}{\dfrac{1}{2} + \dfrac{1}{2}ax} + 2x - a = \dfrac{a}{ax+1} + 2x - a$，$f'\left(\dfrac{1}{2}\right) = \dfrac{a}{\dfrac{a}{2}+1} + 1 - a = 0$，即 $a^2 - a - 2 = 0$，所以 $a=2$ 或 -1，又 $a>0$，所以 $a=2$。

（2）**证明：**因为 $f'(x) = \dfrac{2ax\left(x + \dfrac{1}{a} - \dfrac{a}{2}\right)}{ax+1}$，又 $0<a\leqslant 2$，$x \in \left[\dfrac{1}{2},+\infty\right)$，所以 $2ax>0$，$ax+1>0$，且 $x + \dfrac{1}{a} - \dfrac{a}{2} \geqslant \dfrac{1}{2} + \dfrac{1}{2} - 1 = 0$，从而 $f'(x) \geqslant 0$，即 $f(x)$ 在 $\left[\dfrac{1}{2},+\infty\right)$ 上递增。

（3）**解：** $1<a<2$，$x \geqslant \dfrac{1}{2}$，由（2）知 $f(x)$ 在 $\left[\dfrac{1}{2},1\right]$ 上单调递增。又总存在 $x_0 \in \left[\dfrac{1}{2},1\right]$，使不等式 $f(x_0) > m(1-a^2)$ 成立。所以 $f(x)_{\max} > m(1-a^2)$，即

$$f(1) = \ln\left(\dfrac{a+1}{2}\right) + 1 - a > m(1-a^2), a \in (1,2)。$$

令 $g(a) = \ln\dfrac{1+a}{2} + [1-a+m(a^2-1)]$，$a \in (1,2)$，则 $g(1)=0$，$g'(a) = \dfrac{a(2ma+2m-1)}{a+1}$，

只要 $g'(a)>0$ 即可。因为 $a \in (1,2)$，所以 $\dfrac{a}{1+a}>0$，只需 $2ma+2m-1>0$，即 $2m(a+1)>1$，亦即 $m > \dfrac{1}{2(a+1)}$。又由 $\dfrac{1}{2(a+1)}$ 在 $[1,2]$ 上的最大值为 $\dfrac{1}{4}$，所以 $m > \dfrac{1}{4}$。

5.7　函数与不等式问题

不等式就是两个函数比较大小，把函数与不等式结合起来具有很强的综合性。这里

常用构造函数法、导数法、数形结合法、放缩法和裂项法。

例 5-47　设 $f(x)=\ln x+\sqrt{x}-1$。求证(1)当 $x>1$ 时，$f(x)<\dfrac{3}{2}(x-1)$；(2)当 $1<x<3$ 时，$f(x)<\dfrac{9(x-1)}{x+5}$。

分析：注意构造辅助函数，并利用函数的有关性质。

证明：(1)构造函数 $g(x)=f(x)-\dfrac{3}{2}(x-1)$。只需证明当 $x>1$ 时，必有 $g(x)<0$ 即可。

因为 $g'(x)=\dfrac{1}{x}+\dfrac{1}{2\sqrt{x}}-\dfrac{3}{2}$，当 $x>1$ 时，显然 $g'(x)<0$。所以 $g(x)$ 在 $(1,+\infty)$ 单调递减。

又 $g(1)=0$，所以 $g(x)<g(1)=0$，即 $f(x)<\dfrac{3}{2}(x-1)$。

(2)构造函数 $h(x)=f(x)-\dfrac{9(x-1)}{x+5}$，$h'(x)=\dfrac{1}{x}+\dfrac{1}{2\sqrt{x}}-\dfrac{54}{(x+5)^2}=\dfrac{4+2\sqrt{x}}{4x}-\dfrac{54}{(x+5)^2}$，

又 $1+x\geqslant 2\sqrt{x}$，所以 $h'(x)<\dfrac{4+1+x}{4x}-\dfrac{54}{(x+5)^2}=\dfrac{x+5}{4x}-\dfrac{54}{(x+5)^2}=\dfrac{(x+5)^3-216x}{4x(x+5)^2}$。

再令 $H(x)=(x+5)^3-216x$，则 $H'(x)=3(x+5)^2-216$，当 $1<x<3$ 时，$H'(x)<0$，即 $H(x)$ 在 $(1,3)$ 上单调递减。又 $H(1)=0$，故 $H(x)<0$，从而 $h'(x)<0$，即 $h(x)$ 在 $(1,3)$ 上单调递减。因为 $h(1)=0$，从而 $h(x)<0$，即 $f(x)<\dfrac{9(x-1)}{x+5}$。

说明：构造辅助函数法是函数问题求解中常用的方法，可再参见例 3-17，例 3-29。

例 5-48　已知 $f(x)=\dfrac{\ln x+k}{e^x}$，$k$ 为常数，曲线 $y=f(x)$ 在点 $(1,f(1))$ 处的切线与 x 轴平行。(1)求 k 的值；(2)求 $f(x)$ 的单调区间；(3)设 $g(x)=(x^2+x)f'(x)$，$f'(x)$ 为 $f(x)$ 的导数，求证当 $x>0$ 时，$g(x)<1+e^{-2}$。

解：(1)$f'(x)=\dfrac{1-kx-x\ln x}{xe^x}$，$x\in(0,+\infty)$。因为在点 $(1,f(1))$ 处的切线与 x 轴平行，所以 $f'(1)=0$，即 $k=1$。

(2)由(1)知 $f'(x)=\dfrac{1-x-x\ln x}{xe^x}$，$x\in(0,+\infty)$。令 $h(x)=1-x-x\ln x$，由观察知，当 $x\in(0,1)$ 时，$h(x)>0$；$x\in(1,+\infty)$ 时，$h(x)<0$。所以当 $x\in(0,1)$ 时，$f'(x)>0$；$x\in(1,+\infty)$ 时 $f'(x)<0$。故 $f(x)$ 的单调增区间为 $(0,1)$，单调减区间为 $(1,+\infty)$。

(3)**证明**：问题等价于证明 $1-x-x\ln x<\dfrac{e^x}{1+x}(1+e^{-2})$。令 $h(x)=1-x-x\ln x$，所以 $h'(x)=-\ln x-2=-(\ln x-\ln e^{-2})$，当 $x\in(0,e^{-2})$ 时，$h'(x)>0$，$h(x)$ 单调递增；$x\in(e^{-2},+\infty)$ 时，$h'(x)<0$，$h(x)$ 单调递减；所以 $h(x)$ 的最大值为 $h(e^{-2})=1+e^{-2}$，即

$1-x-x\ln x \leqslant 1+\mathrm{e}^{-2}$。下面只需证明 $\dfrac{\mathrm{e}^x}{1+x}>1$ 即可。

再令 $g(x)=\mathrm{e}^x-(x+1)$，$g'(x)=\mathrm{e}^x-1=\mathrm{e}^x-\mathrm{e}^0$，当 $x\in(0,+\infty)$ 时，$g'(x)>0$，$g(x)$ 单调递增；于是 $g(x)>g(0)=0$，即 $\mathrm{e}^x-(x+1)>0$，亦即 $\dfrac{\mathrm{e}^x}{1+x}>1$。

所以对任意的 $x>0$，有 $1-x-x\ln x \leqslant 1+\mathrm{e}^{-2}<\dfrac{\mathrm{e}^x}{1+x}(1+\mathrm{e}^{-2})$。即 $g(x)<1+\mathrm{e}^{-2}$，$x>0$。

例 5-49　设 $f(x)=\dfrac{\ln x}{x}+\dfrac{1}{x}$。(1)若当 $x\geqslant 1$ 时，不等式 $f(x)\geqslant\dfrac{k}{x+1}$ 恒成立，求实数 k 的取值范围；(2)求证 $[(n+1)!]^2>(n+1)\mathrm{e}^{n-2}$，$n\in\mathbf{N}_+$。

(1)**解**：$f(x)\geqslant g(x)$ 在区间 D 上恒成立问题等价于 $f(x)-g(x)$ 在区间 D 上的最小值大于等于零。

分离参数：由 $f(x)\geqslant\dfrac{k}{x+1}$ 得 $\dfrac{(x+1)(1+\ln x)}{x}\geqslant k$。令 $g(x)=\dfrac{(x+1)(1+\ln x)}{x}$，则 $g'(x)=\dfrac{x-\ln x}{x^2}$，再令 $h(x)=x-\ln x$，则 $h'(x)=1-\dfrac{1}{x}$。

当 $x\geqslant 1$ 时，$h'(x)>0$，$h(x)$ 在 $[1,+\infty)$ 上单调递增，所以 $h(x)\geqslant h(1)=1>0$，从而 $g'(x)>0$，即 $g(x)$ 在 $[1,+\infty)$ 上单调递增，所以 $g(x)\geqslant g(1)=2$。

要使 $x\geqslant 1$ 时，$g(x)\geqslant k$ 恒成立，只须取 $k\leqslant 2$，即 $k\in(-\infty,2]$。

(2)**分析**：两边同时取对数，可将连乘转化为连加。

证明：要证 $[(n+1)!]^2>(n+1)\mathrm{e}^{n-2}$，$n\in\mathbf{N}_+$，即证 $\ln[1^2\times 2^2\times\cdots\times n^2\times(n+1)^2]>\ln(n+1)+(n-2)$。上式左端可化为 n 项和的形式。由(1)知 $f(x)\geqslant\dfrac{2}{x+1}$，即 $\ln x\geqslant\dfrac{x-1}{x+1}=1-\dfrac{2}{x+1}>1-\dfrac{2}{x}$。令 $x=n(n+1)$，则 $\ln[n(n+1)]>1-\dfrac{2}{n(n+1)}$，这样就有 $\ln[1\times 2]>1-\dfrac{2}{1\times 2}$，$\ln[2\times 3]>1-\dfrac{2}{2\times 3}$，$\cdots$，$\ln[n(n+1)]>1-\dfrac{2}{n(n+1)}$。

以上几个不等式累加：$\ln[1^2\times 2^2\times\cdots\times n^2\times(n+1)]>n-2\left[\dfrac{1}{1\times 2}+\dfrac{1}{2\times 3}+\cdots+\dfrac{1}{n(n+1)}\right]=n-2\left(1-\dfrac{1}{n+1}\right)=n-2+\dfrac{2}{n+1}>n-2$。

所以 $1^2\times 2^2\times\cdots\times n^2\times(n+1)>\mathrm{e}^{n-2}$，即 $[(n+1)!]^2>(n+1)\mathrm{e}^{n-2}$，$n\in\mathbf{N}_+$。

例 5-50　已知函数 $f(x)=\left|1-\dfrac{1}{x}\right|$ $(x>0)$。(1)当 $0<a<b$，且 $f(a)=f(b)$ 时，求证 $ab>1$。(2)问是否存在实数 $a,b(a<b)$，使得函数 $y=f(x)$ 的定义域、值域都是 $[a,b]$？若存在，则求出 a,b 的值；若不存在，请说明理由。(3)若存在实数 $a,b(a<b)$，使得当函数 $y=f(x)$ 的定义域为 $[a,b]$ 时，值域为 $[ma,mb]$ $(m\neq 0)$，求 m 的取值范围。

解：(1)函数 $f(x)=\left|1-\dfrac{1}{x}\right|$ $(x>0)$ 的图象如图，当 $0<a<b$ 且 $f(a)=f(b)$ 时，$\left|1-\dfrac{1}{a}\right|=\left|1-\dfrac{1}{b}\right|$，则 $\dfrac{1}{a}-1=1-\dfrac{1}{b}$，$\dfrac{1}{a}+\dfrac{1}{b}=2>2\sqrt{\dfrac{1}{ab}}$，所以 $\sqrt{\dfrac{1}{ab}}<1$，即 $ab>1$。

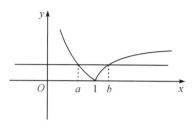

例 5-50 答图

(2)假定存在实数 $a,b(a<b)$,使得函数 $y=f(x)$ 的定义域、值域都是 $[a,b]$。当 $0<a<b<1$ 时,$f(x)$ 单调递减。又 $f(a)=\left|1-\dfrac{1}{a}\right|=\dfrac{1}{a}-1=b$,$1-a=ab$;$f(b)=-\left|1-\dfrac{1}{b}\right|=\dfrac{1}{b}-1=a$,$1-b=ab$,由此可得 $a=b$,故舍去。

当 $0<a<1<b$ 时,$f(x)$ 在 $(a,1)$ 上递减,在 $(1,b)$ 上递增,且 0 属于值域,但 $0\notin[a,b]$,故此时 $f(x)$ 的定义域、值域不能都是 $[a,b]$,舍去。

当 $1<a<b$ 时,$f(x)$ 在 $[a,b]$ 上单调递增,且 $0<f(x)<1$,即值域不会是 $[a,b]$,此时也不存在满足要求的函数。

综上所述,不存在实数 $a,b(a<b)$,使得函数的定义域和值域都是 $[a,b]$。

(3)依题意 $m>0$,类似(2)中的讨论,当 $0<a<b<1$ 时以及 $0<a<1<b$ 时都不成立。

当 $1<a<b$ 时,$f(x)$ 在 $[a,b]$ 上单调递增,则 $f(a)=ma$,$f(b)=mb$,即 $1-\dfrac{1}{a}=ma$,$1-\dfrac{1}{b}=mb$。故方程 $1-\dfrac{1}{x}=mx(m>0)$ 有两个大于 1 的实根,即 $mx^2-x+1=0$ 满足 $m>0,\dfrac{1}{m}>2,\Delta=1-4m>0$,解之得 $0<m<\dfrac{1}{4}$。综上所述,m 的取值范围是 $\left(0,\dfrac{1}{4}\right)$。

例 5-51 已知 $f(x)=x(1-\ln x)$。(1)讨论 $f(x)$ 的单调性;(2)设 a,b 为两个不相等的正数,且 $b\ln a-a\ln b=a-b$,求证 $2<\dfrac{1}{a}+\dfrac{1}{b}<e$。

(1)**解**:$f'(x)=1-\ln x-1=-\ln x,x\in(0,+\infty)$。当 $x\in(0,1)$ 时,$f'(x)>0$;当 $x\in(1,+\infty)$ 时,$f'(x)<0$。故 $f(x)$ 在 $(0,1)$ 上递增,在 $(1,+\infty)$ 上递减。

(2)**证明**:因为 $b\ln a-a\ln b=a-b$,所以 $\dfrac{\ln a+1}{a}=\dfrac{\ln b+1}{b}$,即 $f\left(\dfrac{1}{a}\right)=f\left(\dfrac{1}{b}\right)$。

设 $x_1=\dfrac{1}{a}$,$x_2=\dfrac{1}{b}$,由(1)知不设 $0<x_1<1,x_2>1$。因为当 $x\in(0,1)$ 时,$f(x)>0$;当 $x\in(e,+\infty)$ 时,$f(x)<0$,所以 $1<x_2<e$。

先证 $x_1+x_2>2$。

若 $x_2>2$,则 $x_1+x_2>2$ 成立。若 $x_2<2$,则要证 $x_1+x_2>2$,只需证 $x_1>2-x_2$。因为 $0<2-x_2<1$,所以只需证 $f(x_1)>f(2-x_2)$,即 $f(x_2)>f(2-x_2)$,$1<x_2<2$。

设 $g(x)=f(x)-f(2-x)$,$1<x<2$,则 $g'(x)=-\ln[x(2-x)]$。因为 $0<x(2-x)<1$,所以 $g'(x)>0$,从而 $g(x)$ 在 $(1,2)$ 上增函数,$g(x)>g(1)=0$。即 $f(x)>f(2-x)$,亦即 $f(x_2)>f(2-x_2)$,所以 $x_1+x_2>2$ 成立。

综上所述,$x_1+x_2>2$ 成立。

再证 $x_1+x_2<$ e。

设 $x_2=tx_1,t>1$，则由 $x_1(1-\ln x_1)=x_2(1-\ln x_2)$ 得，$1-\ln x_1=t(1-\ln t-\ln x_1)$，即 $x_1=\dfrac{t-1-t\ln t}{t-1}$。

要证 $x_1+x_2<$ e，即证 $x_1(1+t)<$ e，亦即证 $\ln x_1+\ln(1+t)<1$，亦即 $\dfrac{t-1-t\ln t}{t-1}+\ln(1+t)<1$，即 $(t-1)\ln(1+t)-t\ln t<0$。

构造函数 $s(t)=(t-1)\ln(1+t)-t\ln t,t>1$，则 $s'(t)=\ln\left(1+\dfrac{1}{t}\right)-\dfrac{2}{t+1}$。用求导法可以证明 $\ln(1+x)\leqslant x,x\in(0,+\infty)$。所以，当 $t>1$ 时，$\ln\left(1+\dfrac{1}{t}\right)\leqslant\dfrac{1}{t}<\dfrac{1+1}{t+1}=\dfrac{2}{t+1}$，故 $s'(t)<0$，从而 $s(t)<s(1)=0$，即 $(t-1)\ln(1+t)-t\ln t<0$ 成立，亦即 $x_1+x_2<$ e 成立。

综上所述，$2<\dfrac{1}{a}<\dfrac{1}{b}<$ e 成立。

说明：函数与不等式的其他类型的问题可参见习题 3.12 第 10 题。

6 第6章
三角问题的求解方法

三角问题是中学数学的难点之一,公式多,变化大,计算繁琐。若将三角函数、解三角形、三角变换、二次函数、一般函数和不等式结合在一起,难度就更大了。求解这类问题的关键是抓住三角问题的类型,根据不同类型的题目,采用相应的方法进行求解。本章包括四个模块:三角与三角函数的求值问题、三角函数的图象与性质问题、三角函数的最值问题和三角综合问题。

6.1 三角与三角函数的求值问题

这部分内容包括给角求值、给值求值和在给一定条件下求值。其核心是通过观察已知条件或结论,将两角或多角转化为同一角、切弦互化以及条件与结论互化(两边凑)。

例 6-1 $\dfrac{3-\sin70°}{2-\cos^2 10°}=($ $)$。

(A)$\dfrac{1}{2}$ (B)$\dfrac{\sqrt{2}}{2}$ (C)2   (D)$\dfrac{\sqrt{3}}{2}$

分析: 这是给角求值问题,设法化为同一角的三角函数。

解: 原式$=\dfrac{3-\cos20°}{2-\cos^2 10°}=\dfrac{3-(2\cos^2 10°-1)}{2-\cos^2 10°}=\dfrac{4-2\cos^2 10°}{2-\cos^2 10°}=2$。选(C)。

例 6-2 设$\alpha\in\left(0,\dfrac{\pi}{2}\right)$,$\beta\in\left(0,\dfrac{\pi}{2}\right)$,且$\tan\alpha=\dfrac{1+\sin\beta}{\cos\beta}$,则($\quad$)。

(A)$3\alpha-\beta=\dfrac{\pi}{2}$ (B)$3\alpha+\beta=\dfrac{\pi}{2}$ (C)$2\alpha-\beta=\dfrac{\pi}{2}$ (D)$2\alpha+\beta=\dfrac{\pi}{2}$

解: 这是给值求角问题。由$\tan\alpha=\dfrac{1+\sin\beta}{\cos\beta}$,切化弦可得$\dfrac{\sin\alpha}{\cos\alpha}=\dfrac{1+\sin\beta}{\cos\beta}$,即$\sin\alpha\cos\beta=\cos\alpha\sin\beta+\cos\alpha$,所以$\sin(\alpha-\beta)=\cos\alpha=\sin\left(\dfrac{\pi}{2}-\alpha\right)$。又因为$\alpha\in\left(0,\dfrac{\pi}{2}\right)$,$\beta\in\left(0,\dfrac{\pi}{2}\right)$,所以$\alpha-\beta=\dfrac{\pi}{2}-\alpha$,故当$2\alpha-\beta=\dfrac{\pi}{2}$时,$\sin(\alpha-\beta)=\sin\left(\dfrac{\pi}{2}-\alpha\right)=\cos\alpha$成立。选(C)。

例 6-3 已知$\dfrac{\pi}{2}<\beta<\alpha<\dfrac{3\pi}{4}$,$\cos(\alpha-\beta)=\dfrac{12}{13}$,$\sin(\alpha+\beta)=-\dfrac{3}{5}$,求$\sin2\alpha$的值。

分析: 这是给值求值问题,题目给出了$\alpha-\beta$,$\alpha+\beta$,先把它们分别看成一个整体,不要轻易展开,通过观察可知它们与所求角 2α 有关系: $2\alpha=(\alpha-\beta)+(\alpha+\beta)$。

解: 由于 $\frac{\pi}{2}<\beta<\alpha<\frac{3\pi}{4}$,所以 $0<\alpha-\beta<\frac{\pi}{4}$。因为 $\cos(\alpha-\beta)=\frac{12}{13}$,所以 $\sin(\alpha-\beta)=\frac{5}{13}$。又由于 $\pi<\alpha+\beta<\frac{3\pi}{2}$,$\sin(\alpha+\beta)=-\frac{3}{5}$,所以 $\cos(\alpha+\beta)=-\frac{4}{5}$,故 $\sin2\alpha=\sin[(\alpha-\beta)+(\alpha+\beta)]=\sin(\alpha-\beta)\cos(\alpha+\beta)+\cos(\alpha-\beta)\sin(\alpha+\beta)=-\frac{56}{65}$。

说明: 这类问题可参见例 3-66。

例 6-4 已知 $\frac{\tan\alpha}{\tan\alpha-1}=-1$。(1)求 $\frac{\sin\alpha-3\cos\alpha}{\sin\alpha+\cos\alpha}$;(2)求 $\sin^2\alpha+\sin\alpha\cos\alpha+2$。

分析: 有的题目只靠"凑"可能还不成功,需要另辟蹊径。已知条件中给出正切,可向正切转化,并注意应用常见的三角恒等式。

解: 由于 $\frac{\tan\alpha}{\tan\alpha-1}=-1$,所以 $\tan\alpha=\frac{1}{2}$。

(1)原式 $=\frac{\tan\alpha-3}{\tan\alpha+1}=-\frac{5}{3}$。

(2)原式 $=\sin^2\alpha+\sin\alpha\cos\alpha+2(\sin^2\alpha+\cos^2\alpha)$(技巧)
$=\frac{3\sin^2\alpha+\sin\alpha\cos\alpha+2\cos^2\alpha}{\cos^2\alpha+\sin^2\alpha}$(技巧)
$=\frac{3\tan^2\alpha+\tan\alpha+2}{\tan^2\alpha+1}=\frac{13}{5}$。

例 6-5 若 $3\sin\alpha+\cos\alpha=0$,则 $\frac{1}{\cos^2\alpha+\sin2\alpha}$ 的值为(　　)。

(A) $\frac{10}{3}$　　　　(B) $\frac{5}{3}$　　　　(C) $\frac{2}{3}$　　　　(D) -2

分析: 直接把条件代入很难得到结果,由于条件是齐次式,可试试"弦"化"切"。

解: 由于 $3\sin\alpha+\cos\alpha=0$,所以 $\tan\alpha=-\frac{1}{3}$。

故原式 $=\frac{\sin^2\alpha+\cos^2\alpha}{\cos^2\alpha+2\sin\alpha\cos\alpha}=\frac{\tan^2\alpha+1}{2\tan\alpha+1}=\frac{10}{3}$。选(A)。

说明: 例 6-4、例 6-5 都涉及 $a\sin\alpha+b\cos\alpha$ 或 $a\sin^2\alpha+b\sin\alpha\cos\alpha+c\cos^2\alpha$ 的齐次式,常用整体代入,并巧妙应用"1"。

例 6-6 已知 $\alpha,\beta,\delta\in\left(0,\frac{\pi}{2}\right)$,且 $\sin\alpha+\sin\delta=\sin\beta$,$\cos\beta+\cos\delta=\cos\alpha$,则 $\beta-\alpha=$(　　)。

(A) $-\frac{\pi}{3}$　　　(B) $\frac{\pi}{6}$　　　(C) $\frac{\pi}{3}$ 或 $-\frac{\pi}{3}$　　　(D) $\frac{\pi}{3}$

分析: 这是给式求值问题,要得到 $\beta-\alpha$,必须先消去 δ。

解: 因为 $\sin\delta=\sin\beta-\sin\alpha$,$\cos\delta=\cos\alpha-\cos\beta$,两式两边分别平方并相加得 $\cos(\beta-\alpha)=\frac{1}{2}$。

又 $\sin\alpha+\sin\delta=\sin\beta$,$\alpha,\beta,\delta\in\left(0,\frac{\pi}{2}\right)$,所以 $\sin\alpha<\sin\beta$。

由于 $y=\sin x$ 在 $\left(0,\frac{\pi}{2}\right)$ 上递增,所以 $\alpha<\beta,0<\beta-\alpha<\frac{\pi}{2}$,故 $\beta-\alpha=\frac{\pi}{3}$。选(D)。

例 6-7 已知 $6\sin^2\alpha + \sin\alpha\cos\alpha - 2\cos^2\alpha = 0$，$\alpha \in \left[\dfrac{\pi}{2}, \pi\right)$，求 $\sin\left(2\alpha + \dfrac{\pi}{3}\right)$ 的值。

分析：本题给出的条件是 $\sin\alpha$，$\cos\alpha$ 的齐次式，可考虑解出 $\tan\alpha$。

解：由于 $6\sin^2\alpha + \sin\alpha\cos\alpha - 2\cos^2\alpha = 0$，所以 $6\tan^2\alpha + \tan\alpha - 2 = 0$。

又 $\alpha \in \left[\dfrac{\pi}{2}, \pi\right)$，所以 $\tan\alpha = -\dfrac{2}{3}$，故有 $\sin\left(2\alpha + \dfrac{\pi}{3}\right) = \sin 2\alpha\cos\dfrac{\pi}{3} + \cos 2\alpha\sin\dfrac{\pi}{3} =$

$\sin\alpha\cos\alpha + \dfrac{\sqrt{3}}{2}(\cos^2\alpha - \sin^2\alpha) = \dfrac{\sin\alpha\cos\alpha}{\cos^2\alpha + \sin^2\alpha} + \dfrac{\sqrt{3}}{2}\dfrac{\cos^2\alpha - \sin^2\alpha}{\sin^2\alpha + \cos^2\alpha}$（技巧）$= \dfrac{\tan\alpha}{1 + \tan^2\alpha} +$

$\dfrac{\sqrt{3}}{2}\dfrac{1 - \tan^2\alpha}{1 + \tan^2\alpha} = -\dfrac{6}{13} + \dfrac{5\sqrt{3}}{26}$。

例 6-8 已知 $\tan\alpha - \tan\beta = 2\tan^2\alpha\tan\beta$，$\alpha, \beta \neq \dfrac{k\pi}{2}$，$k \in \mathbf{Z}$，求 $\dfrac{\sin(2\alpha + \beta)}{\sin\beta}$ 的值。

分析：条件给出的是"切"，目标是"弦"，所以"切化弦"。

解：由于 $\dfrac{\sin\alpha}{\cos\alpha} - \dfrac{\sin\beta}{\cos\beta} = 2\dfrac{\sin^2\alpha}{\cos^2\alpha} \cdot \dfrac{\sin\beta}{\cos\beta}$，所以 $\sin\alpha\cos\alpha\cos\beta - \sin\beta\cos^2\alpha = 2\sin^2\alpha\sin\beta$，

$\dfrac{1}{2}\sin 2\alpha\cos\beta - \sin\beta(\sin^2\alpha + \cos^2\alpha) = \sin^2\alpha\sin\beta$，即 $\dfrac{1}{2}\sin 2\alpha\cos\beta - \sin\beta = \dfrac{1 - \cos 2\alpha}{2}\sin\beta$，整理得

$\sin 2\alpha\cos\beta + \cos 2\alpha\sin\beta = 3\sin\beta$，由两角和公式得 $\sin(2\alpha + \beta) = 3\sin\beta$，所以 $\dfrac{\sin(2\alpha + \beta)}{\sin\beta} = 3$。

说明：三角函数的求值问题形式很多，较复杂的求值需要把三角函数的性质及三角公式结合起来。例如，设 $f(x) = \sin x$，$x \in \mathbf{R}$。(1)若函数 $f(x + \theta)$，$\theta \in [0, 2\pi]$ 是偶函数，求 θ 的值；(2)求 $y = \left[f\left(x + \dfrac{\pi}{12}\right)\right]^2 + \left[f\left(x + \dfrac{\pi}{4}\right)\right]^2$ 的值域。先解(1)，结合函数的性质，因为 $f(x + \theta)$ 是偶函数，所以 $f(x + \theta) = f(-x + \theta)$，$x \in \mathbf{R}$，从而 $\sin(x + \theta) = \sin(-x + \theta)$，展开后整理得 $2\sin x\cos\theta = 0$，故 $\cos\theta = 0$，$\theta \in [0, 2\pi]$。因此，$\theta = \dfrac{\pi}{2}$ 或 $\dfrac{3\pi}{2}$。再解(2)，

$y = \sin^2\left(x + \dfrac{\pi}{12}\right) + \sin^2\left(x + \dfrac{\pi}{4}\right) = \dfrac{1 - \cos^2\left(2x + \dfrac{\pi}{6}\right)}{2} + \dfrac{1 - \cos^2\left(2x + \dfrac{\pi}{2}\right)}{2} = 1 - \dfrac{\sqrt{3}}{2}\cos$

$\left(2x + \dfrac{\pi}{2}\right)$，因此 y 的值域为 $\left[1 - \dfrac{\sqrt{3}}{2}, 1 + \dfrac{\sqrt{3}}{2}\right]$。

6.2　三角函数的图象与性质问题

这部分内容主要是利用数形结合法来研究三角函数的图象与三角函数的性质。

例 6-9 将 $y = f(x)$ 图象上每一点的纵坐标缩小为原来的 $\dfrac{1}{2}$，再将横坐标压缩为原来的 $\dfrac{1}{2}$，再将整个图象沿 x 轴向左平移 $\dfrac{\pi}{3}$，可得到 $y = \sin x$，则原来的函数 $f(x) =$ _____。

分析：这是三角函数的图象问题，逆向变换就可以得到原来的图象。

解：将 $y = \sin x$ 图象向右平移 $\dfrac{\pi}{3}$ 个单位，得 $y = \sin\left(x - \dfrac{\pi}{3}\right)$；将 $y = \sin\left(x - \dfrac{\pi}{3}\right)$ 图象

上所有点横坐标伸长到原来两倍,得 $y=\sin\left(\dfrac{1}{2}x-\dfrac{\pi}{3}\right)$;将 $y=\sin\left(\dfrac{1}{2}x-\dfrac{\pi}{3}\right)$ 图象上所有点纵坐标伸长到原来两倍,得 $y=2\sin\left(\dfrac{1}{2}x-\dfrac{\pi}{3}\right)$。

例 6-10 已知在函数 $f(x)=A\sin(\omega x+\varphi),x\in\mathbf{R}\left(\text{其中}A>0,\omega>0,0<\varphi<\dfrac{\pi}{2}\right)$ 的图象与 x 轴的交点中,相邻两个交点之间的距离为 $\dfrac{\pi}{2}$,且图象上一个最低点为 $M\left(\dfrac{2\pi}{3},-2\right)$。(1)求 $f(x)$ 的表达式;(2)当 $x\in\left[\dfrac{\pi}{12},\dfrac{\pi}{2}\right]$ 时,求 $f(x)$ 的值域。

分析:这是由三角函数的部分图象确定解析式问题。

解:(1)由于函数图象最低点为 $M\left(\dfrac{2\pi}{3},-2\right)$,所以 $A=2$。又因为 x 轴上相邻两个交点之间的距离为 $\dfrac{\pi}{2}$,所以 $\dfrac{T}{2}=\dfrac{\pi}{2}$,解之得 $T=\pi$,从而 $\omega=\dfrac{2\pi}{T}=2$。将 $M\left(\dfrac{2\pi}{3},-2\right)$ 代入函数表达式,得 $2\sin\left(2\dfrac{2\pi}{3}+\varphi\right)=-2$,即 $\sin\left(\dfrac{4\pi}{3}+\varphi\right)=-1$,所以 $\dfrac{4\pi}{3}+\varphi=2k\pi-\dfrac{\pi}{2},k\in\mathbf{Z}$。解之得 $\varphi=2k\pi-\dfrac{11\pi}{6},k\in\mathbf{Z}$。又 $\varphi\in\left(0,\dfrac{\pi}{2}\right)$,所以 $\varphi=\dfrac{\pi}{6}$,$f(x)=2\sin\left(2x+\dfrac{\pi}{6}\right)$。

(2)由于 $x\in\left[\dfrac{\pi}{12},\dfrac{\pi}{2}\right]$,所以 $2x+\dfrac{\pi}{6}\in\left[\dfrac{\pi}{3},\dfrac{7\pi}{6}\right]$。于是,$\sin\left(2x+\dfrac{\pi}{6}\right)\in\left[-\dfrac{1}{2},1\right]$,$f(x)\in[-1,2]$,所以函数 $f(x)$ 的值域为 $[-1,2]$。

例 6-11 若方程 $\sqrt{3}\sin x+\cos x=a$ 在 $[0,2\pi]$ 上有两个不同的实根 x_1,x_2,求实数 a 的取值范围,并求此时 x_1+x_2 的值。

分析:这是利用三角函数的图象求参数问题,若直接解三角方程有困难,可采用数形结合法。

解:$\sqrt{3}\sin x+\cos x=2\sin\left(x+\dfrac{\pi}{6}\right),x\in[0,2\pi]$,做出 $y=2\sin\left(x+\dfrac{\pi}{6}\right)$ 和 $y=a$ 的图象,如图:当 $-2<a<1$ 或 $1<a<2$ 时,直线 $y=a$ 与 $y=2\sin\left(x+\dfrac{\pi}{6}\right)$ 有两个交点,所以 $a\in(-2,1)\bigcup(1,2)$。

例 6-11 答图

由图象知,当 $1<a<2$ 时,$x_1+\dfrac{\pi}{6}+x_2+\dfrac{\pi}{6}=\pi,x_1+x_2=\dfrac{2\pi}{3}$;当 $-2<a<1$ 时,$x_1+\dfrac{\pi}{6}+x_2+\dfrac{\pi}{6}=3\pi,x_1+x_2=\dfrac{8\pi}{3}$。

例 6-12 已知 $\vec{a}=(\sin x,-\cos x),\vec{b}=(\cos x,\sqrt{3}\cos x),f(x)=\vec{a}\cdot\vec{b}+\dfrac{\sqrt{3}}{2}$。(1)求 $f(x)$ 的最小正周期,并求其图象对称中心的坐标;(2)当 $0\leqslant x\leqslant\dfrac{\pi}{2}$ 时,求函数 $f(x)$ 的值域。

分析:无论是求最小正周期还是求值域,都要将函数化为同一角的同一三角函数。

所以，要把向量化为普通三角函数，再利用三角函数的性质进行求解。

解：（1）由于 $f(x)=\sin x\cos x-\sqrt{3}\cos^2 x+\dfrac{\sqrt{3}}{2}=\dfrac{1}{2}\sin 2x-\dfrac{\sqrt{3}}{2}(1+\cos 2x)+\dfrac{\sqrt{3}}{2}=$

$\dfrac{1}{2}\sin 2x-\dfrac{\sqrt{3}}{2}\cos 2x=\sin\left(2x-\dfrac{\pi}{3}\right)$，所以 $T=\dfrac{2\pi}{2}=\pi$。令 $\sin\left(2x-\dfrac{\pi}{3}\right)=0$，得 $x=\dfrac{k\pi}{2}+\dfrac{\pi}{6}$，

$k\in\mathbf{Z}$，所以函数的对称中心坐标为 $\left(\dfrac{k\pi}{2}+\dfrac{\pi}{6},0\right)$，$k\in\mathbf{Z}$。

（2）由于 $0\leqslant x\leqslant\dfrac{\pi}{2}$，所以 $-\dfrac{\pi}{3}\leqslant 2x-\dfrac{\pi}{3}\leqslant\dfrac{2\pi}{3}$，从而 $-\dfrac{\sqrt{3}}{2}\leqslant\sin\left(2x-\dfrac{\pi}{3}\right)\leqslant 1$，故 $f(x)$

的值域为 $\left[-\dfrac{\sqrt{3}}{2},1\right]$。

例 6-13 已知 $\omega>0$，函数 $f(x)=\sin\left(\omega x+\dfrac{\pi}{4}\right)$ 在区间 $\left[\dfrac{\pi}{2},\pi\right]$ 上单调递减，则实数 ω
的取值范围是（ ）。

(A) $\left[\dfrac{1}{2},\dfrac{5}{4}\right]$ (B) $\left[\dfrac{1}{2},\dfrac{3}{4}\right]$ (C) $\left(0,\dfrac{1}{2}\right)$ (D) $(0,2]$

解：记函数 $f(x)$ 的周期为 T，它在区间 $\left[\dfrac{\pi}{2},\pi\right]$ 上单调递减，则 $\dfrac{\pi}{2}\leqslant\dfrac{T}{2}$，即 $T\geqslant\pi$。从

而 $T=\dfrac{2\pi}{\omega}\geqslant\pi$，得到 $0<\omega\leqslant 2$。

再考虑到 $\dfrac{\pi}{2}+2k\pi\leqslant\dfrac{\pi}{2}\omega+\dfrac{\pi}{4}<\pi\omega+\dfrac{\pi}{4}\leqslant\dfrac{3\pi}{2}+2k\pi$，$k\in\mathbf{Z}$，即 $\dfrac{\pi}{4}+2k\pi\leqslant\dfrac{\pi}{2}\omega$，且

$\pi\omega\leqslant\dfrac{5\pi}{4}+2k\pi$，故 $\omega\geqslant\dfrac{1}{2}+4k$，且 $\omega\leqslant\dfrac{5}{4}+2k$，令 $k=0$ 得 $\dfrac{1}{2}\leqslant\omega\leqslant\dfrac{5}{4}$。选（A）。

6.3 三角函数的最值问题

最值问题就是研究特定区间（或区域）上的最大值与最小值。解决这类问题的关键是转化，把问题化为熟知的函数或化为有明显几何意义的问题，再利用函数的性质求其最值。

例 6-14 求 $f(x)=\sin^2 x+2\sin x\cos x+3\cos^2 x$ 的最大值。

分析：要设法化为同一个角的同三角函数问题。

解：原式 $=1+\sin 2x+2\dfrac{1+\cos 2x}{2}=\sin 2x+\cos 2x+2=\sqrt{2}\sin\left(2x+\dfrac{\pi}{4}\right)+2$，又

$x\in\mathbf{R}$，所以 $-1\leqslant\sin\left(2x+\dfrac{\pi}{4}\right)\leqslant 1$。故 $f(x)$ 的最大值为 $2+\sqrt{2}$。

例 6-15 已知实数 a 满足 $0\leqslant a\leqslant\sqrt{2}$，求函数 $y=(\sin x+a)(\cos x+a)$ 的最值。

解：由于 $y=\sin x\cos x+a(\sin x+\cos x)+a^2$，令 $\sin x+\cos x=t$，则 $t\in[-\sqrt{2},\sqrt{2}]$，且

$\sin x\cos x=\dfrac{t^2-1}{2}$，所以 $y=\dfrac{t^2-1}{2}+at+a^2=\dfrac{1}{2}(t+a)^2+\dfrac{a^2-1}{2}$。又 $a\in[0,\sqrt{2}]$，从而当

$t=-a$ 时，$y_{\min}=\dfrac{a^2-1}{2}$；当 $t=\sqrt{2}$ 时，$y_{\max}=a^2+\sqrt{2}a+\dfrac{1}{2}$。

例 6-16　当 $x \in [0, 2\pi]$ 时，求 $y = (\cos 2x + 1)\sin x$ 的最大值。

分析：可用换元法化为三次函数问题，再利用函数的单调性求解。

解：由于 $y = 2\cos^2 x \sin x = 2(1 - \sin^2 x)\sin x = -2\sin^3 x + 2\sin x$，令 $t = \sin x$，$x \in [0, 2\pi]$，则 $t \in [-1, 1]$，所以 $y = -2t^3 + 2t, t \in [-1, 1]$。又当 $t \in \left[-\dfrac{\sqrt{3}}{3}, \dfrac{\sqrt{3}}{3}\right]$ 时 $y' = -6t^2 + 2 > 0$，其余区间小于零，所以 $y = -2t^3 + 2t$ 在 $\left[-\dfrac{\sqrt{3}}{3}, \dfrac{\sqrt{3}}{3}\right]$ 上递增，在 $\left[-1, -\dfrac{\sqrt{3}}{3}\right]$ 和 $\left[\dfrac{\sqrt{3}}{3}, 1\right]$ 上递减。故当 $t = \dfrac{\sqrt{3}}{3}$ 即 $\sin x = \dfrac{\sqrt{3}}{3}$ 时，$y_{\max} = \dfrac{4\sqrt{3}}{9}$。

例 6-17　已知 $x \in (0, \pi)$，求函数 $y = \dfrac{\sin x}{2 + \cos x}$ 的最大值。

分析：题目中出现了两个三角函数，要先化为同一角的三角函数，再用换元法求解。

解：由于 $y = \dfrac{2\sin \dfrac{x}{2}\cos \dfrac{x}{2}}{2 + \cos^2 \dfrac{x}{2} - \sin^2 \dfrac{x}{2}} = \dfrac{2\sin \dfrac{x}{2}\cos \dfrac{x}{2}}{3\cos^2 \dfrac{x}{2} + \sin^2 \dfrac{x}{2}} = \dfrac{2\tan \dfrac{x}{2}}{3 + \tan^2 \dfrac{x}{2}} = \dfrac{2}{\dfrac{3}{\tan \dfrac{x}{2}} + \tan \dfrac{x}{2}}$，

$t = \tan \dfrac{x}{2}, x \in (0, \pi)$，则 $t \in (0, +\infty)$，所以 $y = \dfrac{2}{\dfrac{3}{t} + t}, t \in (0, +\infty)$。

又 $\dfrac{3}{t} + t \le 2\sqrt{\dfrac{3}{t} \cdot t} = 2\sqrt{3}$，当 $t = \sqrt{3}$，即 $\tan \dfrac{x}{2} = \sqrt{3}$ 时，即 $x = \dfrac{2\pi}{3}$ 时取等号。

故 $0 < \dfrac{2}{\dfrac{3}{t} + t} \le \dfrac{\sqrt{3}}{3}$，即 $0 < y \le \dfrac{\sqrt{3}}{3}$，所以，函数 $y = \dfrac{\sin x}{2 + \cos x}$ 的最大值为 $\dfrac{\sqrt{3}}{3}$。

说明：(1)本题使用了 $y = At + \dfrac{B}{t}(A > 0, B > 0)$ 这个函数，下面例 6-18 的方法更简单。(2)三角函数的最值问题可参见例 3-30。

例 6-18　求函数 $y = \dfrac{\sqrt{3}\cos x}{2 + \sin x}$ 的值域。

解：由于 $y = \dfrac{\sqrt{3}\cos x}{2 + \sin x}$，所以 $\dfrac{y}{\sqrt{3}} = \dfrac{\cos x - 0}{\sin x - (-2)}$。记 $A(\sin x, \cos x), B(-2, 0)$，则 $k = \dfrac{\cos x - 0}{\sin x - (-2)}$ 可看作是单位圆上的动点 A 与定点 B 连线的斜率，如图。

例 6-18 答图

由于 $k_{BA_1} = \dfrac{\sqrt{3}}{3}, k_{BA_2} = -\dfrac{\sqrt{3}}{3}$，所以 $\dfrac{\sqrt{3}}{3} \le \dfrac{y}{\sqrt{3}} \le \dfrac{\sqrt{3}}{3}$，即 $-1 \le y \le 1$。故函数的值域为 $[-1, 1]$。

说明：本题也可以用反解的方法。由 $2y + y\sin x = \sqrt{3}\cos x$，则 $\sqrt{3}\cos x - y\sin x = 2y$，得到 $\cos(x + \varphi) = \dfrac{2y}{\sqrt{3 + y^2}}$，由于 $|\cos(x + \varphi)| \le 1$，故 $\left|\dfrac{2y}{\sqrt{3 + y^2}}\right| \le 1$，得 $-1 \le y \le 1$。所以函数的值域为 $[-1, 1]$。

例 6-19 已知 $3\sin^2\alpha + 2\sin^2\beta = 2\sin\alpha$，求 $\cos^2\alpha + \cos^2\beta$ 的最大值。

错解： 由于 $3\sin^2\alpha + 2\sin^2\beta = 2\sin\alpha$，所以 $\sin^2\beta = \sin\alpha - \dfrac{3}{2}\sin^2\alpha$，从而 $\cos^2\alpha + \cos^2\beta = 1 - \sin^2\alpha + 1 - \sin^2\beta = 2 - \sin^2\alpha - \left(\sin\alpha - \dfrac{3}{2}\sin^2\alpha\right) = \dfrac{1}{2}(\sin\alpha - 1)^2 + \dfrac{3}{2}$，当 $\sin\alpha = -1$ 时，原式有最大值 $\dfrac{7}{2}$；当 $\sin\alpha = 1$ 时，原式有最小值 $\dfrac{3}{2}$。

错误原因分析： 忽视了隐含条件。

正解： 由于 $3\sin^2\alpha + 2\sin^2\beta = 2\sin\alpha$，所以 $3\sin^2\alpha - 2\sin\alpha = -2\sin^2\beta \leqslant 0$，从而 $0 \leqslant \sin\alpha \leqslant \dfrac{2}{3}$，故原式最大值为 2，此时 $\sin\alpha = 0$；原式最小值 $\dfrac{14}{9}$，此时 $\sin\alpha = \dfrac{2}{3}$。

6.4　三角综合问题

三角综合问题将三角函数的性质与三角恒等变换、最值、向量等知识结合起来，综合运用正弦定理、余弦定理、三角函数的图象与性质、两角和差公式、弦切互化、诱导变换和辅助角公式等来解题。

例 6-20 试确定函数 $f(x) = \dfrac{\sin^4 x + \cos^4 x + \sin^2 x \cos^2 x}{2 - \sin 2x}$ 的最小正周期、最大值和最小值。

解： 由于 $f(x) = \dfrac{(\sin^2 x + \cos^2 x)^2 - \sin^2 x \cos^2 x}{2 - \sin 2x} = \dfrac{1 - \dfrac{1}{4}\sin^2 2x}{2 - \sin 2x} = \dfrac{4 - \sin^2 2x}{4(2 - \sin 2x)} = \dfrac{1}{4}(2 + \sin 2x)$，所以 $f(x)$ 的最小正周期为 π。又 $-1 \leqslant \sin 2x \leqslant 1$，所以 $\dfrac{1}{4} \leqslant f(x) \leqslant \dfrac{3}{4}$。

例 6-21 已知 α 为锐角，且 $\tan\alpha = \dfrac{1}{2}$，求的 $\dfrac{\sin 2\alpha - \sin\alpha}{\sin 2\alpha \cos 2\alpha}$ 值。

解： 由于 $\dfrac{\sin 2\alpha - \sin\alpha}{\sin 2\alpha \cos 2\alpha} = \dfrac{\sin\alpha(2\cos\alpha - 1)}{2\sin\alpha\cos\alpha(2\cos^2\alpha - 1)} = \dfrac{2\cos\alpha - 1}{2\cos\alpha(2\cos^2\alpha - 1)}$，又 $\tan\alpha = \dfrac{1}{2}$，所以 $\dfrac{\sin\alpha}{\cos\alpha} = \dfrac{1}{2}$，即 $\dfrac{\sqrt{1 - \cos^2\alpha}}{\cos\alpha} = \dfrac{1}{2}$，从而 $1 - \cos^2\alpha = \dfrac{1}{4}\cos^2\alpha$，$\cos^2\alpha = \dfrac{4}{5}$，解之得 $\cos\alpha = \dfrac{2\sqrt{5}}{5}$（$\alpha$ 为锐角）。所以，原式 $= \dfrac{2 \times \dfrac{2\sqrt{5}}{5} - 1}{2 \times \dfrac{2\sqrt{5}}{5}\left(2 \times \dfrac{4}{5} - 1\right)} = \dfrac{4 - \sqrt{5}}{12}$。

例 6-22 已知 $x \in \mathbf{R}$，$f(x) = \vec{a} \cdot \vec{b}$，$\vec{a} = (2\cos x, 1)$，$\vec{b} = (\cos x, \sqrt{3}\sin 2x)$。若 $f(x) = 1 - \sqrt{3}$，且 $x \in \left[-\dfrac{\pi}{3}, \dfrac{\pi}{3}\right]$，求 x 的值。

解： 由于 $f(x) = \vec{a} \cdot \vec{b} = 2\cos^2 x + \sqrt{3}\sin 2x = (2\cos^2 x - 1) + \sqrt{3}\sin 2x + 1 = \cos 2x + \sqrt{3}\sin 2x + 1 = 2\sin\left(2x + \dfrac{\pi}{6}\right) + 1 = 1 - \sqrt{3}$，所以 $\sin\left(2x + \dfrac{\pi}{6}\right) = -\dfrac{\sqrt{3}}{2}$。又 $-\dfrac{\pi}{3} \leqslant x \leqslant \dfrac{\pi}{3}$，所以 $-\dfrac{\pi}{2} \leqslant 2x + \dfrac{\pi}{6} \leqslant \dfrac{5\pi}{6}$，从而 $2x + \dfrac{\pi}{6} = -\dfrac{\pi}{3}$，即 $x = -\dfrac{\pi}{4}$。

例 6-23 在 $\triangle ABC$ 中，$\angle A$，$\angle B$，$\angle C$ 所对应的边分别为 a,b,c，且 $\cos 2C = -\dfrac{1}{4}$。(1)求 $\sin C$ 的值；(2)当 $a=2$，$2\sin A = \sin C$ 时，求 b 和 c 的长。

解：(1)由于 $\cos 2C = 1 - 2\sin^2 C = -\dfrac{1}{4}$，且 $0 < C < \pi$，所以 $\sin C = \dfrac{\sqrt{10}}{4}$。

(2)由于 $a=2$，$2\sin A = \sin C$，$\dfrac{a}{\sin A} = \dfrac{c}{\sin C}$，所以 $c=4$。又 $\cos 2C = 2\cos^2 C - 1 = -\dfrac{1}{4}$，且 $0 < C < \pi$，所以 $\cos C = \pm\dfrac{\sqrt{6}}{4}$。根据余弦定理 $c^2 = a^2 + b^2 - 2ab\cos C$ 得 $b^2 \pm \sqrt{6}\,b - 12 = 0$，解之得 $b = \sqrt{6}$ 或 $2\sqrt{6}$，所以 $\begin{cases} b=\sqrt{6} \\ c=4 \end{cases}$ 或 $\begin{cases} b=2\sqrt{6} \\ c=4 \end{cases}$。

例 6-24 已知 A,B,C 三点的坐标分别为 $A(3,0)$，$B(0,3)$，$C(\cos\alpha, \sin\alpha)$，$\alpha \in \left(\dfrac{\pi}{2}, \dfrac{3\pi}{2}\right)$。

(1)若 $|\overrightarrow{AC}| = |\overrightarrow{BC}|$，求角 α 的值；(2)若 $\overrightarrow{AC} \cdot \overrightarrow{BC} = -1$，求 $\dfrac{2\sin^2\alpha + \sin 2\alpha}{1 + \tan\alpha}$ 的值。

解：(1) 由于 $\overrightarrow{AC} = (\cos\alpha - 3, \sin\alpha)$，$\overrightarrow{BC} = (\cos\alpha, \sin\alpha - 3)$，所以 $|\overrightarrow{AC}| = \sqrt{(\cos\alpha-3)^2 + \sin^2\alpha} = \sqrt{10 - 6\cos\alpha}$，$|\overrightarrow{BC}| = \sqrt{10 - 6\sin\alpha}$。

又 $|\overrightarrow{AC}| = |\overrightarrow{BC}|$，所以 $\sin\alpha = \cos\alpha$，$\alpha \in \left(\dfrac{\pi}{2}, \dfrac{3\pi}{2}\right)$，从而 $\alpha = \dfrac{5\pi}{4}$。

(2)$\overrightarrow{AC} \cdot \overrightarrow{BC} = -1$，即 $(\cos\alpha - 3)\cos\alpha + \sin\alpha(\sin\alpha - 3) = -1$，故 $\sin\alpha + \cos\alpha = \dfrac{2}{3}$，$2\sin\alpha\cos\alpha = -\dfrac{5}{9}$，所以 $\dfrac{2\sin^2\alpha + \sin 2\alpha}{1 + \tan\alpha} = \dfrac{2\sin^2\alpha + 2\sin\alpha\cos\alpha}{1 + \dfrac{\sin\alpha}{\cos\alpha}} = 2\sin\alpha\cos\alpha = -\dfrac{5}{9}$。

例 6-25 已知在锐角三角形 ABC 中，$\sin(A+B) = \dfrac{3}{5}$，$\sin(A-B) = \dfrac{1}{5}$。(1)求证 $\tan A = 2\tan B$；(2)设 $AB = 3$，求 AB 边上的高 h。

(1)**证明：**由于 $\sin(A+B) = \sin A\cos B + \cos A\sin B = \dfrac{3}{5}$，$\sin(A-B) = \sin A\cos B - \cos A\sin B = \dfrac{1}{5}$，所以 $\sin A\cos B = \dfrac{2}{5}$，$\cos A\sin B = \dfrac{1}{5}$ ①。

要证 $\tan A = 2\tan B$ 只需证 $\dfrac{\sin A}{\cos A} = \dfrac{2\sin B}{\cos B}$，即证 $\sin A\cos B = 2\cos A\sin B$。 ②

由①知②显然成立，所以命题成立。

(2)**解：**$S_{\triangle ABC} = \dfrac{1}{2} AC \cdot BC \cdot \sin C \xrightarrow{\text{正弦定理}} \dfrac{1}{2} \dfrac{AB\sin B}{\sin C} \cdot \dfrac{AB\sin A}{\sin C} \cdot \sin C = \dfrac{9}{2} \dfrac{\sin A\sin B}{\sin C} = \dfrac{9}{2} \dfrac{\sin A\sin B}{\sin(\pi - A - B)} = \dfrac{9}{2} \dfrac{\sin A\sin B}{\sin(A+B)} = \dfrac{9}{2} \dfrac{\sin A\sin B}{\dfrac{3}{5}} = \dfrac{15}{2}\sin A\sin B$。

又 $\cos(A+B) = -\sqrt{1 - \sin^2(A+B)} = -\dfrac{4}{5}$，即 $\cos A\cos B - \sin A\sin B = -\dfrac{4}{5}$，所以

$$\cos(A-B)=-\sqrt{1-\sin^2(A-B)}=\frac{2\sqrt{6}}{5}, 从而 \cos A\cos B+\sin A\sin B=\frac{2\sqrt{6}}{5}. 由此可得$$

$$\sin A\sin B=\frac{\sqrt{6}}{5}+\frac{2}{5}. 故 S_{\triangle ABC}=\frac{15}{2}\left(\frac{\sqrt{6}}{5}+\frac{2}{5}\right)=3+\frac{3\sqrt{6}}{2}, h=\frac{2S_{\triangle ABC}}{AB}=2+\sqrt{6}.$$

说明：三角等式的证明问题参见例2-20,习题3.6.3第1题,习题3.7第10题。

例6-26　在 $\triangle ABC$ 中，$\angle A$，$\angle B$，$\angle C$ 的对边为 a，b，c，且 $a+b=5$，$c=\sqrt{7}$，$4\cos^2\frac{C}{2}-\cos 2C=\frac{7}{2}$。(1)求角 C;(2)求 $S_{\triangle ABC}$。

解：(1)因为 $4\cos^2\frac{C}{2}-\cos 2C=2(1+\cos C)-2\cos^2 C+1=\frac{7}{2}$，所以 $4\cos^2 C-4\cos C+1=(2\cos C-1)^2=0$，即 $\cos C=\frac{1}{2}$，从而 $C=\frac{\pi}{3}$。

(2)因为 $c^2=a^2+b^2-2ab\cos C=(a+b)^2-2ab(1+\cos C)$，$a+b=5$，$c=\sqrt{7}$，所以 $7=25-2ab\left(1+\frac{1}{2}\right)$，得到 $ab=6$。故 $S_{\triangle ABC}=\frac{1}{2}ab\sin C=\frac{1}{2}\times 6\times\frac{\sqrt{3}}{2}=\frac{3\sqrt{3}}{2}$。

例6-27　在 $\triangle ABC$ 中，$\angle A$，$\angle B$，$\angle C$ 的对边为 a，b，c，且满足 $(2c-a)\cos B-b\cos A=0$。(1)若 $b=2$，求 $S_{\triangle ABC}$ 最大值、$\triangle ABC$ 周长最大值;(2)求 $\sqrt{3}\sin A+\sin\left(C-\frac{\pi}{6}\right)$ 的取值范围。

解：(1)由正弦定理，$(2c-a)\cos B-b\cos A=0$ 可化为：$(2\sin C-\sin A)\cos B-\sin B\cos A=0$，所以 $2\sin C\cos B=\sin A\cos B+\sin B\cos A=\sin(A+B)=\sin C$，从而有 $\cos B=\frac{1}{2}$，即 $B=\frac{\pi}{3}$。

又 $b^2=a^2+c^2-2ac\cos B$，$b=2$，$\cos B=\frac{1}{2}$，所以 $4=a^2+c^2-ac$，从而 $a^2+c^2=4+ac\geqslant 2ac$，即 $ac\leqslant 4$。因为 $S_{\triangle ABC}=\frac{1}{2}ac\sin B=\frac{\sqrt{3}}{4}ac$，所以 $S_{\triangle ABC}=\frac{\sqrt{3}}{4}ac\leqslant\sqrt{3}$，即 $\triangle ABC$ 面积最大值为 $\sqrt{3}$。

因为 $4=a^2+c^2-ac=(a+c)^2-3ac$，$ac\leqslant\left(\frac{a+c}{2}\right)^2$，所以 $(a+c)^2=3ac+4\leqslant 3\left(\frac{a+c}{2}\right)^2+4$，得到 $(a+c)^2\leqslant 16$。从而有 $2<a+c\leqslant 4$，进而得到 $a+b+c\leqslant 6$，即周长最大值为6。

(2)因为 $B=\frac{\pi}{3}$，$A+B+C=\pi$，所以 $C=\frac{2\pi}{3}-A$，故 $\sqrt{3}\sin A+\sin\left(C-\frac{\pi}{6}\right)=\sqrt{3}\sin A+\sin\left(\frac{\pi}{2}-A\right)=\sqrt{3}\sin A+\cos A=2\sin\left(A+\frac{\pi}{6}\right)$，$A\in\left(0,\frac{2\pi}{3}\right)$。又因为 $A\in\left(0,\frac{2\pi}{3}\right)$，所以 $A+\frac{\pi}{6}\in\left(\frac{\pi}{6},\frac{5\pi}{6}\right)$，$\sin\left(A+\frac{\pi}{6}\right)\in\left(\frac{1}{2},1\right]$。从而有 $\sqrt{3}\sin A+\sin\left(C-\frac{\pi}{6}\right)=2\sin\left(A+\frac{\pi}{6}\right)\in(1,2]$。

说明：三角综合问题的其他问题可参见例2-3,习题3.2.1第4题,习题3.13第6题,例3-118,例3-119。

7 第7章
排列组合与概率问题的求解方法

　　排列组合问题是相对独立的一部分内容,常见的题目类型有数字问题、人或物的排列问题、几何问题、抽样问题、集合的子集个数问题等。求解这类问题时,首先要掌握加法原理和乘法原理,分清排列与组合的区别。其次要找到切入点,正确分类,既不能重复计算也不能遗漏,其技巧性比较强,涉及的公式也比较多。具体来说,对有限的排列组合问题大多采用分类讨论;对排列组合的混合型问题要搞清先分类还是先分步;相邻问题用捆绑法;不相邻问题用插空法;根据题目的特点,也常用穷举法和间接法。

　　排列组合问题学好了,概率问题就不容易出错了。概率问题贴近生活,与实践的联系非常密切。要学会把实际问题数学化,分清等可能事件、互斥事件、对立事件、相互独立事件、独立重复试验等数学概念;掌握离散型随机变量及其分布,特别是要掌握数学期望的内涵:$E(\xi)=x_1P_1+x_2P_2+\cdots+x_nP_n$,这个公式直接给出了数学期望的求解方法,$E(\xi)$是一个实数,由随机变量 ξ 的分布列唯一确定。$E(\xi)$是算术平均值概念的推广,是概率意义下的平均。

　　另外,大家比较熟悉的是线排列问题,而圆排列问题不太常见。元素环绕在一条封闭曲线上的排列称为圆排列。由于圆排列没有首尾,所以任意元素绕圆的一个方向转一圈后,排列只有一种(设选 k 个元素来排)。因此,n 个元素中取 k 个元素的圆排列数为 $\dfrac{A_n^k}{k}=\dfrac{n!}{k(n-k)!}$。特别地,$n$ 个元素的圆排列数是$(n-1)!$。

7.1　排列组合问题

7.1.1　枚举计数问题

　　枚举计数法就是把一个集合中的元素一一列举,不重复,不遗漏,从而计算出集合中元素的个数的方法。

　　例 7-1　一条直线上有 20 个点,问该直线上共有多少条线段(线段是指直线上两点间的有限部分,包括两个端点)?

　　分析:线段条数的多少与点的排列顺序无关,与我们给点的记号也无关,同时也与点在直线上分布是否均匀无关。我们可以给点按顺序标号,从左向右依次标记为 A_1, $A_2,\cdots,A_{20}$,并且认为线段均以左边为始点,右边为终点,于是可按始点不同分类计算。

解:以 $A_1,A_2,\cdots,A_{19}$ 为始点的线段分别有 19 条,18 条,……,1 条,于是线段共有 $19+18+\cdots+2+1=190$ 条。

说明:上述方法就是分类枚举法。该问题按"终点"分类计算也可以。另外,由于线段条数与点在直线上是否均匀分布无关,可不妨设这 20 个点是均匀分布,且相邻两点间的距离为 1,这样可按长度分类计算,长度为 $1,2,\cdots,19$ 的线段分别有 19 条,18 条,……,1 条,故线段总数有 $19+18+\cdots+2+1=190$ 条。

当然,还可以按线段上点的个数分类,也可以计算无序点对 (A_i,A_j) 的个数。这个问题还可以推广,例如直线上有 n 个点,可形成多少条线段?平面上任意 n 个点,可构成多少条线段?空间中任意 n 个点,可构成多少条线段?

例 7-2　由甲地去乙地,飞机是直达,每天 1 班;火车也是直达,每天一次;轮船是甲地到 A 地有 3 班,A 地到乙地有 2 班;汽车必须经过 B,C 两地中转,甲地到 B 地有 2 班车,B 地到 C 地有 2 班车,C 地到乙地有 3 班车。问甲地到乙地共有几种走法?

分析:可按交通工具的不同进行分类,分成四类,然后将四类方法求和。

解:我们分别用 u,v,w,s 表示乘飞机、火车、轮船和汽车由甲地到乙地的方法数。显然,$u=v=1$。w 的计算分两步,第一步有 3 种走法,第二步有 2 种走法,所以由乘法原理,$w=3\times2=6$ 种。同理可算出 $s=2\times2\times3=12$ 种。于是,从甲地到乙地的走法共有 $1+1+6+12=20$ 种。

说明:这一问题除了用分类枚举法外,还用了分步枚举法。

例 7-3　在十进制下三位数共有多少个?

分析:问题的关键在于你的着眼点在哪里,找到了着眼点,就可以分类求解。

解法一:由于首位不为零,可按首位分别是 $1,2,\cdots,9$ 分类,它们分别有 100,100,…,100 个,共有 900 个。

解法二:也可以把三位数看成 a_1,a_2,a_3,看每个数字有多少种取法。易知 a_1,a_2,a_3 分别有 $9\times10\times10=900$(个)。

解法三:还可以从整体上看,1 到 999 的数共有 999 个,而不是三位数的有 1 到 99 共 99 个,故三位数有 $999-99=900$ 个。

说明:第三种方法称为"一并计入例外排除法",是一种很实用的方法。易于计算,个位数有 9 个;两位数有 $99-9=90$ 个;三位数有 $999-99=900$ 个;……;n 位数有 $(10^n-1)-(10^{n-1}-1)=9\times10^{n-1}$ 个。

例 7-4　同寝室 4 人各写一张贺卡,先集中起来,然后每人从中拿一张别人送出的贺卡,则 4 张贺卡的不同分配方式有多少种?

分析:先用 a,b,c,d 标记 4 人,对应的贺卡记为 A,B,C,D,然后分步来确定。

解:第一步先由 1 人(例如 a)取一张,有三种取法,第二步由第一人取走的贺卡的供卡人取,有 3 种取法;第三步由剩下两人中任一人取,只有 1 种取法;第四步由最后 1 人取,只有一种取法。由乘法原理,共有 $3\times3\times1\times1=9$ 种。

另解:这个问题用"树状图"表示更清楚:

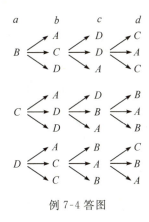

例 7-4 答图

说明:这一问题的关键是弄清分配的顺序.第二种方法是加法原理与乘法原理的交替应用,用树状图表示一目了然,避免了重复或遗漏,是枚举法的形象表示。

例 7-5 设集合 $Q=\{1,2,3,4,5\}$,选择 Q 的两个非空子集 A 与 B,使得 B 中最小元素大于 A 中的最大元素,这样的选法共有多少种?

分析:这里的关键是选择分类的依据,选择 $A\cup B$ 的元素个数 x 作为分类依据较好,依题意 $x=2,3,4,5$。

解:$x=2$ 时,让 A 先选,则有 C_5^2 种;$x=3$ 时,先从 Q 中任选 3 个元素,有 C_5^3 种选法,再把这 3 个元素按要求分为 A 中 1 个元素、B 中 2 个元素,或 A 中 2 个元素、B 中 1 个元素,于是有 $2\times C_5^3$ 种选法;$x=4$ 时,同理有 $3\times C_5^4$ 种;$x=5$ 时,有 $4\times C_5^5$ 种。故共有 $C_5^2+C_5^3\times 2+C_5^4\times 3+C_5^5\times 4=49$ 种选法。

7.1.2 染色问题

染色问题的核心是找到突破口,然后正确分类。

例 7-6 如图,有 4 种不同颜色供选,要求 A,B,C,D,E 每块一种颜色,相邻两块不同颜色,共有多少种染色方法(用数字作答)?

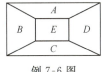

例 7-6 图

分析:这类问题,关键是抓住染色的顺序,分步计数。

解:4 种颜色记为 1,2,3,4。可从任一块染起,不妨先染 A,有 4 种方法;B 与 A 相邻,不能与 A 相同颜色,有 3 种方法;E 与 A,B 都相邻,有 2 种方法;剩下的关键是考虑 C 与 D。不妨设此时的染色情况如图:

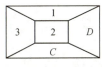

例 7-6 染色情况图

则可能的情况只能是:

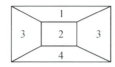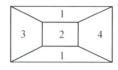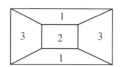

例 7-6 可能的情况图

故共有 $4 \times 3 \times 2 \times 3 = 72$ 种染色方法。

说明: (1) 染色只是一种表达形式,它既可以表示栽种植物,也可以表示分配任务等。(2) 看问题的角度不同,就会有不同解法。把问题分为只用三种颜色,则有 $C_4^3 P_3^3 = 24$ 种;四种颜色全用,则有 $2 C_4^3 P_3^3 = 48$ 种,从而共有 $24 + 48 = 72$ 种。

例 7-7　在正六边形的六个区域(如图)中,栽种 4 种不同的植物,要求同一块区域种同一种植物,相邻两块区域种不同的植物,不要求一定用到 4 种植物。问有多少种栽种方法?

例 7-7 图

分析: 六块区域的分类很关键。

解: 先考虑 A,C,E 三块区域种同一植物,则共有 $C_4^1 \times 3 \times 3 \times 3 = 108$ 种,其中 C_4^1 表示 4 种植物选一种,3 个 3 分别表示 B,D,F 的可能选法。

再考虑 A,C,E 种两种不同植物,则共有 $C_3^1 \times A_4^2 \times 3 \times 2 \times 2 = 432$ 种,其中 C_3^1 表示 A,C,E 中选一块地种一种植物,剩下两块地种另一种植物;A_4^2 表示从四种植物中选两种种在 A,C,E 中;3 表示 A,C,E 中种相同植物的中间一块区域种植方法;2×2 表示另外两块区域的种植方法。

最后考虑 A,C,E 种三种不同植物,则共有 $A_4^3 \times 2 \times 2 \times 2 = 192$ 种,其中 A_4^3 表示 A,C,E 三块区域的种植方法,$2 \times 2 \times 2$ 表示 B,D,F 的可能选法。

由加法原理知,共有 $108 + 432 + 192 = 732$ 种。

例 7-8　用 3 种颜色染下图,要求每块染一种颜色且相邻的两块不同色。(1) 共有多少种方法?(2) 每种颜色染两块有多少种方法?

例 7-8 图

分析: 先用记号区别颜色,便于分类。

解: 记三种颜色为 1,2,3。

(1) 按图形逐块确定颜色,可能的选法,共有 $3 \times 2 \times 2 \times 2 \times 2 \times 2 = 96$(种)。

(2) 第 1 块有 3 种,第 2 块有 2 种。不妨设,此时的染色为:

例 7-8 不妨设图

则其他各块为:按第 3 块分类,当第 3 块为 1 时,可有一种选法;当第 3 块为 3 时,可有 4 种选法:

1	2	1	3	2	3

1	2	3	1	2	3
1	2	3	1	3	2

1	2	3	2	1	3
1	2	3	2	3	1

例 7-8 不妨设答图

故共有 $3 \times 2 \times (1+2+2) = 30$(种)。

说明:(2)中按第 3 块分类很关键,3 色改为三种植物也一样。

例 7-9　用四种不同颜色给图中 A,B,C,D,E,F 6 个点染色,要求每个点染一种颜色,且图中每条线段的两个端点不同色,则不同的染色方法共有多少种?

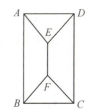

例 7-9 图

分析:显然只用两种颜色不能完成染色。可按 3 种颜色染完和 4 种颜色染完分类。

解:(1)三种颜色染完。必然两两同色,即 AC,BE,DF 同色或 AF,BD,CE 同色,有 $2A_4^3 = 48$ 种。具体可按如下分析:记 4 种颜色为 $1,2,3,4$,先从 4 种颜色中选 3 种,有 $C_4^3 = 4$ 种选法。然后,把选定的 3 种颜色染在 A,E,D 三个点上,又有 $3! = 6$ 种染法。不妨设现在选了 $1,2,3$ 这三种颜色,且 A,E,D 的情况如下图:

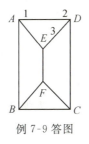

例 7-9 答图

则

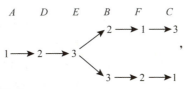

,

共 2 种。故共有 $4 \times 6 \times 2 = 48$ 种。

(2)4 种颜色染完。先染 A,D,E,共有 A_4^4 种染法。再从 B,F,C 中选一个位置染剩下的一种颜色,有 3 种染法。不妨设所选的是 B,则 AF 与 CE 或 FD 与 CA 或 FD 与 CE 同色,故 F,C 共有 3 种染法,所以此时,有 $A_4^3 \times A_3^1 \times 3 = 216$ 种。

故共有 $48 + 216 = 264$ 种。

例 7-10　如图,一个环形花坛,分为 A,B,C,D 共 4 块,现有 4 种不同的花供选择,要求在每一块地里种一种花,且相邻两块种不同的花,则共有多少种方法?

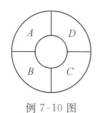

例 7-10 图

分析:种花与染色是一致的。先考虑 A,再考虑 B,D,最后再考虑 C。

解:记 4 种花为 1,2,3,4,先种 A,有 $C_4^1 = 4$ 种方法。当 B,D 种同一种花时,则 B,D 共有 $C_3^1 = 3$ 种方法,此时,C 有 $C_3^1 = 3$ 种方法。当 B,D 种不同花时,则 B,D 共有 $A_3^2 = 6$ 种方法,此时,C 有 $C_2^1 = 2$ 种方法。故共有 $4 \times (3 \times 3 + 6 \times 2) = 84$ 种方法。

例 7-11 将正整数 n 写成 3 个正整数之和,顺序不同作为不同写法,共有多少种不同写法?

分析:求正整数解的问题与染色问题的求解思路是一致的。

解:设 $n = x + y + z, x, y, z \in \mathbf{N}_+$,则此问题等价于方程 $x + y + z = n$ 有多少组正整数解。因为 $z \geqslant 1$,所以 $x + y = n - z \leqslant n - 1$,每一满足给定方程的解 (x, y, z) 与坐标平面上满足 $x + y \leqslant n - 1, x > 0, y > 0$ 的格点(坐标为整数的点)之间一一对应。这些格点分别在 $n - 2$ 条线段上,$x + y = k, k = 2, 3, \cdots, n - 1$,所有这些格点共有 $1 + 2 + 3 + \cdots + (n - 2) = \frac{1}{2}(n - 1)(n - 2) = C_{n-1}^2$ 个,即方程 $x + y + z = n$ 共有 C_{n-1}^2 组正整数解,故有 C_{n-1}^2 种写法。

说明:这个问题称为自然数的有序拆分问题,其主要思想是利用格点与解的一一对应,也可用 7.1.3 节的模型解决。

7.1.3 模型问题

计数问题的一些题目可设法化归为某一个特殊的模型问题,先看下列模型:

设 $k_i (1 \leqslant i \leqslant p)$ 是 p 个固定的整数。x_i 为整数,$x_i \geqslant k_i (1 \leqslant i \leqslant p)$,若 q 为整数,求方程 $x_1 + x_2 + \cdots + x_p = q$ 解的个数。

解:令 $y_i = x_i - k_i + 1$,代入上述方程得 $y_1 + y_2 + \cdots + y_p = q - k_1 - k_2 - \cdots - k_p + p = m$,其中 $y_i (i = 1, 2, \cdots, p) \in \mathbf{N}_+$。

当 $m \leqslant 0$ 时无解。当 $m > 0$ 时,问题等价于在一排 m 个元素间增加隔板 $p - 1$ 块,使之分为 p 组,即从 $m - 1$ 个空档中取 $p - 1$ 个隔板,故有 C_{m-1}^{p-1} 种不同分组法。从而原方程的解为 $C_{q-k_1-k_2-\cdots-k_p+p-1}^{p-1}$。有了这个模型,许多计数问题都可化归为这个模型。

例 7-12 有 8 个班,从每班至少抽 1 人组成 12 人的篮球队,问有多少种不同的组成方式?

解:设从各班抽出的人数分别是 $x_i (1 \leqslant i \leqslant 8)$,则相当于求方程 $x_1 + x_2 + \cdots + x_8 = 12$,$x_i \geqslant 1 (1 \leqslant i \leqslant 8)$ 正整数解的数目。按上述公式,解数为 $C_{12-1}^{8-1} = 330$ 种。

例 7-13 晚会共有 6 个演唱节目和 4 个舞蹈节目,要求每个舞蹈节目之间至少有 1 个演唱节目,问有多少种节目安排法?

解:设想 4 个舞蹈节目把 6 个演唱节目分成 5 段,每段中演唱节目个数分别为 $x_1 - 1, x_2, x_3, x_4, x_5 - 1$,则有 $x_1 + x_2 + x_3 + x_4 + x_5 = 6 + 2 = 8, x_i \in \mathbf{N}_+, i = 1, 2, 3, 4, 5$。

考虑上述模型公式,则方程解得个数为 $C_{8-1}^{5-1}=C_7^4$。考虑到演唱节目和舞蹈节目自身的顺序,节目总的安排法共有 $C_7^4 A_6^6 A_4^4=604800$ 种。

例 7-14　宴会上 6 男 4 女围坐一圆桌,规定每 2 位女士之间至少有 1 位男士,问共有多少种座次排法?

解:先让 4 位女士坐下,在圆桌的 4 个空档中再安排 6 位男士。设每个空档安排男士数分别为 x_1,x_2,x_3,x_4,则应有 $x_1+x_2+x_3+x_4=6,x_i\in \mathbf{N}_+,i=1,2,3,4$。

其正整数解的个数为 $C_{6-1}^{4-1}=C_5^3$。考虑男女各自的排列,故共有 $C_5^3 A_3^3 A_5^5=7200$ 种。

说明:隔板模型问题参见例 3-27。

7.1.4　利用排列数和组合数的问题

对于比较复杂的问题或涉及的数字比较大的问题,可借助排列数和组合数来求解。

例 7-15　已知直线 $ax+by+c=0$ 中的 a,b,c 是取自集合 $\{-3,-2,-1,0,1,2,3\}$ 中的三个不同元素,并且该直线的倾斜角是锐角。问这样的直线有几条?

解:由 $ax+by+c=0$ 得 $y=-\dfrac{a}{b}x-\dfrac{c}{b}$,所以,若记倾斜角为 θ,θ 为锐角,则有 $\tan\theta=-\dfrac{a}{b}>0$。不妨设 $a>0,b<0$。

(1)$c=0$ 时,a 有 3 种取法,b 有 3 种取法,再排除 2 个重复的($3x-3y=0,2x-2y=0,x-y=0$ 是同一条直线),这样的直线有 $9-2=7$ 条。

(2)$c\neq 0$ 时,a 有 3 种,b 有 3 种,c 有 4 种取法,故共有 $3\times 3\times 4=36$ 条。

综上所述,满足条件的直线共有 $7+36=43$ 条。

例 7-16　由 7 人站成一排。(1)甲在左端,乙不在右端的排列有多少? (2)甲不在左端,乙不在右端的排列有多少? (3)甲在两端,乙在中间的排列有多少? (4)甲不在左端,乙不在右端,丙不在中间的排列有多少? (5)甲、乙都在两端的排列有多少。

分析:对于特殊位置或特殊元素的排列问题,往往是先把特殊者排列好,再考虑剩余的;也可以先求出全排,再除去那些不满足特殊条件的排法。

解:(1)左端选甲 C_1^1,右端不选乙 C_5^1,其余全排 A_5^5,共有 $C_1^1 C_5^1 A_5^5=600$ 种。

(2)$C_1^1 A_6^6$(乙在左端)$+C_5^1 C_5^1 A_5^5$(甲乙都不在左端且乙不在右端)$=3720$ 种。或用 $A_7^7-C_1^1 A_6^6$(甲在左端)$-C_1^1 A_6^6$(乙在右端)$+C_1^1 C_1^1 A_5^5$(甲在左端且乙在右端)$=3720$ 种。

(3)A_2^1(先定甲)$\times C_5^1$(定中间)$\times A_5^5=1200$ 种。

(4)用容斥原理比较方便,$A_7^7-3A_6^6+3A_5^5-A_4^4=3216$ 种。

(5)A_2^2(两端)$\times A_5^5$(中间)$=2400$ 种。

例 7-17　用 0～9 共 10 个数字,可组成多少个无重复的数字。(1)四位数;(2)五位偶数;(3)五位奇数;(4)五位数且是 25 的倍数;(5)大于等于 30000 的五位数;(6)大于23014 且小于 43987 的数字。

分析:本题是上题的变形,用数字表达比较简洁。

解:(1)$C_9^1 A_9^4=4536$ 或 $A_{10}^4-A_9^3=4536$。

(2)A_9^4(末尾是零)$+C_4^1 C_8^1 A_8^3$(末尾和首位都不是零)$=13766$。也可以 $A_5^1 A_9^4$(末位数偶数)$-C_4^1 C_8^3$(首位是零的偶数)$=13776$。

(3)$C_5^1 C_8^1 C_8^3$(首位不为零,末尾取 1,3,5,7,9)$=13440$。

(4)$7 \cdot A_7^2$(首位不为零且最后两位是 25)$+A_8^3$(最后两位是 50)$+7 \cdot A_7^2$(首位不为零且最后两位是 75)$=924$。

(5)C_7^1(首位从 3 到 9 的数字中选一个)$\times A_9^4=21168$。

(6)A_7^4(首位是 2,其余各位从 3 到 9 的数字中选一个)-1(去掉 23014 这个数)$+A_9^4$(首位是 3 的数字)$+4A_6^3$(首位是 4,第二位从 0,1,2,3 的数字中选一个)-1(去掉 43987 这个数)$=4342$。

例 7-18　由 7 人排成一排。(1)甲、乙、丙排在一起,有多少种排法?(2)甲、乙相邻,且丙、丁相邻,有多少种排法?(3)甲、乙、丙排在一起,且都不在两端,有多少种排法?(4)甲、乙、丙排在一起,且甲在两端,有多少种排法?(5)甲、乙之间恰有两人的排法有多少种?(6)甲、乙之间是丙的排法有多少种?

分析:对于元素相邻排列问题,利用捆绑法,把相邻元素看作一个整体,再与其他元素进行排列。

解:(1)A_3^3(甲乙丙捆绑在一起全排列)$\times A_5^5$(甲乙丙看成一个元素,共 5 个元素全排列)$=720$ 种。

(2)A_2^2(甲乙全排列)$\times A_2^2$(丙丁全排列)$\times A_5^5$(甲乙看成一个元素,丙丁看成一个元素,共 5 个元素全排列)$=480$ 种。

(3)A_3^3(甲乙丙捆绑在一起全排列)$\times C_3^1$(甲乙丙看成一个元素,在中间三个位置中选一个)$A_4^4=432$ 种。

(4)A_2^1(甲在两端)$\times A_2^2$(丙丁与甲相连)$A_4^4=96$ 种。

(5)

甲			乙

把上述结构看成一个整体,则有 $A_2^2 \times A_5^2 \times A_4^4=960$ 种。

(6)A_2^2(甲乙丙看成一个整体,丙在中间)$\times A_5^5=240$ 种。

说明:这里的关键是把有关元素捆绑在一起,看成一个整体。

例 7-19　用 1,2,3,4,5,6 组成没有重复数字的六位偶数,1 与 3 都不与 5 相邻的有多少个?

分析:此题与例 7-18 的(3)相同。

解:1,3,5 互不相邻加上 1,3 相邻不与 5 相邻,共有 $A_3^3 \cdot A_3^3+A_3^3 \cdot A_2^2 \cdot A_3^3=108$。

例 7-20　由 1,2,3,4,5,6 组成一个排列 a_1,a_2,a_3,a_4,a_5,a_6,问满足 $a_1<a_3<a_5$ 且 $a_1 \neq 1,a_3 \neq 3,a_5 \neq 5$ 的排法有多少个?

分析:这是元素定序问题。应先安排好非定序元素,然后再空位中找到定序元素的位置。

解:由于 $a_1<a_3<a_5$ 且 $a_1 \neq 1,a_3 \neq 3,a_5 \neq 5$,所以 $6>a_3>3$,即 $a_3=4,5$。(1)当 a_3 取 4 时,则 $a_5=6,a_1$ 可取 2,3。从而共有 $C_2^1 \cdot A_3^3=12$ 种。(2)当 $a_3=5$ 时,$a_5=6,a_1=2,3,4$,共有 $C_3^1 \cdot A_3^3=18$ 种。

例 7-21　晚会上原有 7 个节目已排好次序,另有 3 个节目要插入,问有多少种安排方法?

解:这就相当于有 10 个节目,7 个节目是定序。所以选择出 3 个节目(非定序元素),有 A_{10}^3 种排法,剩下 7 个节目是定序的,只有 1 种排法。共有 $A_{10}^3 \cdot 1=720$ 种。

例 7-22　由 8 人排成两排,前后两排各 4 人。(1)甲乙不同排有多少种排法?(2)甲乙同排有多少种排法?(3)甲乙同排且相邻或不同排但前后相邻有多少种排法?(4)甲乙不在两端有多少种排法?

分析:这是双排列问题,要先排特殊(元素、位置),再排其他。

解:(1)甲先任选一位置 A_8^1,乙再在另一排选一位置 A_4^1,其余全排列,共有 $A_8^1 A_4^1 A_6^6 =$ 23040 种。

(2)甲乙先选一排 A_2^1,再选位 A_4^2,剩余全排列,共有 $A_2^1 A_4^2 A_6^6 = 17280$ 种。

(3)同排相邻时,先选排 A_2^1,再捆绑排列甲乙 $A_2^2 A_3^1$,剩余全排列,共有 $A_2^1 A_2^2 A_3^1 A_6^6 =$ 8640 种。当前后相邻时,先让甲乙选一排 A_4^1,捆绑 A_2^2,其余全排列 A_6^6,共有 $A_4^1 A_2^2 A_6^6 =$ 5760 种。故共有 $8640+5760=14400$ 种。

(4)先从前后两排的非两端 4 个位置选 2 个有 A_4^2 种,剩余全排列,共 $A_4^2 A_6^6 =$ 8640 种。

说明:组合数 A_m^n 和 C_m^n 本身也是模型的一种,相比之下组合数更为简洁、运用更广泛,在很多题目中,只要理清思路,确定具体如何操作后,就可以按照思路将算式用组合数写出,最后按算式进行计算即可。

可见,数学模型的意义就在于避免重复思考同一简单问题。通过将某一种类型的问题进行总结和提炼,形成一套计算模式,在这之后用到同样的问题时,就可以直接套用。这在组合数问题上体现得非常明显,某个问题中反复用到排列或组合,这时我们只需要专注思考,理清分类或分步,就能将问题转化为简单计算。但要避免死记硬背。

7.2　概率与统计问题

这里的基本事件都是等可能的,解题过程中需要求出基本事件总数和基本事件所含的基本事件数。

7.2.1　古典概型问题

古典概型的所有事件都是等可能性的,因此很多古典概型问题的解决都可以先用枚举法将全部可能性列举出来,再挑选出符合题意的情况。而当数据较大或情况较为复杂时,也可以通过组合数来计算全部事件和符合题意的事件数量。最经典的古典概型问题就是六面不同的骰子点数问题。如果是四个面写 1、两个面写 2 的骰子问题,摇到 1 和 2 的概率就不再是等可能性,变成了一个离散型随机变量的问题。

例 7-23　(掷骰子问题)投掷两颗骰子,试计算:(1)点数之和小于 7 的概率 P_1;(2)点数之和大于等于 11 的概率 P_2;(3)在点数的和中最容易出现的数是几?

解:采用图表法计数,分别给两个骰子标上号。

骰子 1	骰子 2					
	1 点	2 点	3 点	4 点	5 点	6 点
1 点	(1,1)	(1,2)	(1,3)	(1,4)	(1,5)	(1,6)
2 点	(2,1)	(2,2)	(2,3)	(2,4)	(2,5)	(2,6)

续表

骰子1	骰子2					
	1 点	2 点	3 点	4 点	5 点	6 点
3 点	(3,1)	(3,2)	(3,3)	(3,4)	(3,5)	(3,6)
4 点	(4,1)	(4,2)	(4,3)	(4,4)	(4,5)	(4,6)
5 点	(5,1)	(5,2)	(5,3)	(5,4)	(5,5)	(5,6)
6 点	(6,1)	(6,2)	(6,3)	(6,4)	(6,5)	(6,6)

(1)$P_1=\dfrac{5+4+3+2+1}{36}=\dfrac{15}{36}=\dfrac{5}{12}$。 (2)$P_2=\dfrac{3}{36}=\dfrac{1}{12}$。 (3)最容易出现的是 7。

说明:把问题再深化一步,若记两骰子朝上的面的点数分别为 X,Y,则 $\log_{2X}^{Y}=1$ 的概率是多少?要先由条件 $\log_{2X}^{Y}=1$ 得到 $2X=Y$;再考虑第一次掷骰子只可能是 1,2,3 才有可能满足 $2X=Y$,即只有(1,2),(2,4),(3,6)三种情况,从而所求概率 $P=\dfrac{3}{36}=\dfrac{1}{12}$。

例 7-24　若以连续投掷两次骰子得到的点数 m,n,分别作为点 A 的横、纵坐标,则点 A 在圆 $x^2+y^2=16$ 内的概率为_____。

解:满足条件的点有(1,1),(1,2),…,(3,2)共 8 个,$P(A)=\dfrac{8}{36}=\dfrac{2}{9}$。

例 7-25　(抽取问题)甲、乙两人用 4 张扑克牌(分别是红桃 2,红桃 3,红桃 4,方片 4)玩游戏。他们将扑克牌洗匀后,背面朝上放在案面上,甲先抽,乙后抽。抽出的牌不放回,各抽一张。(1)用(i,j)分别表示甲、乙抽到的牌的数字,写出甲、乙两人抽到牌的所有情况;(2)若甲抽到红桃 3,则乙抽出的牌的牌面数字比 3 大的概率是多少?(3)甲、乙约定:若甲抽到的牌的牌面数字比乙大,则甲胜;反之,则乙胜。你认为此游戏是否公平?说明你的理由。

解:(1)若用 2,3,4 分别表示红桃 2,3,4,用 $4'$ 表示方片 4,则所有情况为:(2,3),(2,4),(2,4'),(3,2),(3,4),(3,4'),(4,2),(4,3),(4,4'),(4',2),(4',3),(4',4),共 12 种情况。(2)$\dfrac{2}{3}$。(3)甲比乙大有(3,2),(4,2),(4,3),(4',2),(4',3)五种情况,甲胜的概率为 $\dfrac{5}{12}$,乙胜的概率为 $\dfrac{7}{12}$,因为 $\dfrac{5}{12}<\dfrac{7}{12}$,所以不公平。

例 7-26　(排列问题)随意安排甲、乙、丙 3 人在节日值班,每人值班 1 天,则(1)这 3 人的值班次序共有多少种不同排列方法?(2)甲在乙之前的排法有多少种?(3)甲排在乙之前的概率是多少?

解:(1)3！$=6$ 种。(2)2！$+1=3$ 种。(3)$P=\dfrac{3}{6}=\dfrac{1}{2}$。

例 7-27　(与图形有关问题)用红、黄、蓝三种不同颜色给三个矩形随机涂色,每个矩形只涂一种颜色,求三个矩形涂色都不同的概率。

解:所有可能的基本事件共有 $3\times3\times3=27$ 种。三个矩形涂色都不同的涂法共有 $3\times2\times1=6$ 种。因此,$P=\dfrac{6}{27}=\dfrac{2}{9}$。

例 7-28　(至多或至少问题)一台机器在 1 小时内需要人工照看的概率是 0.8。现有 4 台同型号的机器各自独立工作,则 1 小时内需要人工照看的概率是多少?

解:在 1 中减去 3 台以及或 4 台机器需要人工照看的概率即可:$1-0.2^4-4\times$
$0.2^3\times0.8=0.9728$。也可以如下分类讨论:0 台机器需要人工照看的概率为 0.8^4;1 台机器需要人工照看的概率为 $4\times0.8^3\times0.2$;2 台机器需要人工照看的概率为 $C_4^2\times0.8^2\times0.2^2$,相加即可。

7.2.2　几何概型问题

几何概型问题与古典概型问题的区别就是将计数变为几何计算。

例 7-29　(长度几何概型)设集合 A 表示使下列方程无实根的所有 m 的集合:
$\left(m+\dfrac{4}{3}\right)x^2+mx+\dfrac{3}{4}=0$。在 A 中任取一个元素,则 $\log_{10}m$ 有意义的概率为_____。

解:由 $\Delta<0$ 及 $m\neq\dfrac{4}{3}$ 得 $A=\{m\mid-1<m<4\}$。若 $\log_{10}m$ 有意义,则 $m>0$。故所求概率为 $\dfrac{4-0}{4-(-1)}=\dfrac{4}{5}$。

例 7-30　(面积几何概型)将长为 l 的棒随机折成 3 段,求 3 段能构成三角形的概率。

解:设 x,y 分别表示两段的长度,则第三段长为 $l-x-y$。

全部试验可能的结果为 $Q=\{(x,y)\mid0<x<l,0<y<l,0<x+y<l\}$。要使 $x,y,l-x-y$ 构成三角形,则必须有 $x+y>l-x-y$,或 $x+l-x-y>y$,或 $y+l-x-y>x$,即 $x+y>\dfrac{l}{2}$,或 $x<\dfrac{l}{2}$,或 $y<\dfrac{l}{2}$,故构成三角形的集合 $A=\left\{(x,y)\,\middle|\,x+y>\dfrac{l}{2},x<\dfrac{l}{2},y<\dfrac{l}{2}\right\}$。

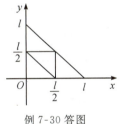

如图,所求概率为 $\dfrac{S_A}{S_Q}=\dfrac{\dfrac{1}{2}\left(\dfrac{l}{2}\right)^2}{\dfrac{1}{2}l^2}=\dfrac{1}{4}$。

例 7-30 答图

例 7-31　(体积几何概型)在棱长为 a 的正方体 $ABCD-A_1B_1C_1D_1$ 内任取一点 P,则 P 到 A 的距离小于等于 a 的概率为_____。

解:可满足条件的 P 在以 A 为球心、半径为 a 的 $\dfrac{1}{8}$ 球内,所以问题化归为体积比,故概率 $=\dfrac{\dfrac{1}{8}\cdot\dfrac{4}{3}\pi a^3}{a^3}=\dfrac{\pi}{6}$。

例 7-32　(线性规划几何概型)已知关于 x 的一元二次方程 $f(x)=ax^2-4bx+1$,设点 (a,b) 是区域 $\begin{cases}a+b-8\leqslant0\\a>0\\b>0\end{cases}$ 内的随机点,求函数 $y=f(x)$ 在区间 $[1,+\infty)$ 上是增函数的概率。

解:因为 $f(x)=ax^2-4bx+1=a\left(x-\dfrac{2b}{a}\right)^2+1-\dfrac{4b^2}{a}$,$x=\dfrac{2b}{a}$ 为对称轴,要使 $y=f(x)$

为增函数，当且仅当 $a>0$ 且 $\dfrac{2b}{a}\leqslant 1$，即 $2b\leqslant a$。

试验的全部结果的构成域为 (a,b)：$\begin{cases} a+b-8\leqslant 0 \\ a>0 \\ b>0 \end{cases}$，由 $a+b-8=0$

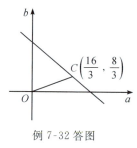

及 $b=\dfrac{a}{2}$ 得 $C\left(\dfrac{16}{3},\dfrac{8}{3}\right)$。所以，所求事件的概率为 $\dfrac{\frac{1}{2}\times 8\times \frac{8}{3}}{\frac{1}{2}\times 8\times 8}=\dfrac{1}{3}$。

例 7-32 答图

7.2.3　概率分布问题

本节主要研究离散型随机变量的分布列：$E(X)=x_1P_1+x_2P_2+\cdots+x_nP_n$；

二项分布：在 n 次独立重复事件中，事件 A 发生的概率为 $C_n^kp^k(1-p)^{n-k}$，$k=0,1$，$2,\cdots,n$，二项分布 $X\sim B(n,p)$，数学期望 $E(X)=np$，方差 $D(X)=np(1-p)$；

超几何分布：$P(x=k)=\dfrac{C_M^kC_{N-M}^{n-k}}{C_N^n}$，表示在含有 M 件次品的 N 件产品中，任取 n 件，恰有 k 件次品。

例 7-33　袋中装着标有数字 1,2,3,4,5 的小球各 2 个，从袋中任取 3 个小球，按 3 个小球上最大数字的 9 倍计分，每个小球被取出的可能性相等，用 X 表示取出的 3 个球上的最大数字。求：(1)取出的 3 个小球上的数字互不相同的概率；(2)随机变量 X 的分布列；(3)一次取球所得计分介于 20 分到 40 分之间的概率。

解:(1)记 A："依次取出 3 个球上的数字互不相同"，B："依次取出 3 个球上的数字有两个相同"，则 A 与 B 是对立事件。（把两个数字相同的球看作一个整体）所以，

$P(B)=\dfrac{C_5^1C_2^2C_8^1}{C_{10}^3}=\dfrac{1}{3}$，$P(A)=1-P(B)=\dfrac{2}{3}$。

也可以从 5 对中选 3 对，再在每对中各选一个，$P(A)=\dfrac{C_5^3C_2^1C_2^1C_2^1}{C_{10}^3}=\dfrac{2}{3}$。

(2)依题意，X 的所有可能的取值为 2,3,4,5。

$P(X=2)=\dfrac{C_2^1C_2^2+C_2^2}{C_{10}^3}=\dfrac{1}{30}$，$P(X=3)=\dfrac{C_2^1C_4^2+C_2^2C_4^1}{C_{10}^3}=\dfrac{2}{15}$，$P(X=4)=\dfrac{C_2^1C_6^2+C_2^2C_6^1}{C_{10}^3}=\dfrac{3}{10}$，

$P(X=5)=\dfrac{C_2^1C_8^2+C_2^2C_8^1}{C_{10}^3}=\dfrac{8}{15}$。

随机变量 X 的概率分布列为：

X	2	3	4	5
P	$\dfrac{1}{30}$	$\dfrac{2}{15}$	$\dfrac{3}{10}$	$\dfrac{8}{15}$

(3)记"一次取球所得计分介于 20 分到 40 分之间"为事件 C，则 $P(C)=P(X=3$ 或 $X=4)=P(X=3)+P(X=4)=\dfrac{2}{15}+\dfrac{3}{10}=\dfrac{13}{10}$。

例 7-34　从一批含有 13 个正品、2 个次品的产品中，不放回取 3 件，求取得次品个数 ξ 的分布列。

解：ξ 的可能取值为 $0,1,2$。相应的概率依次为：$P(\xi=0)=\dfrac{C_2^0 C_{13}^3}{C_{15}^3}=\dfrac{22}{35}$，

$P(\xi=1)=\dfrac{C_2^1 C_{13}^2}{C_{15}^3}=\dfrac{12}{35}$，$P(\xi=2)=\dfrac{C_2^2 C_{13}^1}{C_{15}^3}=\dfrac{1}{35}$。$\xi$ 的分布列为

ξ	0	1	2
P	$\dfrac{22}{35}$	$\dfrac{12}{35}$	$\dfrac{1}{35}$

例 7-35　某单位 6 个员工借助互联网开展工作，每个员工上网的概率都是 0.5（相互独立）。求：(1)至少 3 人同时上网的概率；(2)至少几人同时上网的概率小于 0.3？

解：(1)至少 3 个人同时上网，即 $k=3,4,5,6$，所以 $P_3=C_6^3\left(\dfrac{1}{2}\right)^3\left(\dfrac{1}{2}\right)^3+$

$C_6^4\left(\dfrac{1}{2}\right)^4\left(\dfrac{1}{2}\right)^2+C_6^5\left(\dfrac{1}{2}\right)^5\left(\dfrac{1}{2}\right)^1+C_6^6\left(\dfrac{1}{2}\right)^6=\dfrac{21}{32}$。

(2)由(1)至少 3 人同时上网时 $P_3=\dfrac{21}{32}>0.3$，故只需验证 $k=4,5,6$，又

$P_4=(C_6^4+C_6^5+C_6^6)\left(\dfrac{1}{2}\right)^6=\dfrac{11}{32}>0.3$，$P_5=(C_6^5+C_6^6)\left(\dfrac{1}{2}\right)^6=\dfrac{7}{64}<0.3$，所以，至少 5 人同时上网的概率小于 0.3。

例 7-36　某种有奖销售的饮料，瓶盖内有"奖励一瓶"或"谢谢购买"字样；购买一瓶，若瓶盖内印有"奖励一瓶"字样即为中奖，中奖概率为 $\dfrac{1}{6}$。甲、乙、丙三位同学每人购买了一瓶该饮料。求：(1)甲中奖且乙、丙没有中奖的概率；(2)中奖人数 ξ 的分布列及数学期望 $E(\xi)$。

解：(1)记"甲中奖且乙、丙没有中奖"为事件 A。则 $P(A)=\dfrac{1}{6}\times\left(1-\dfrac{1}{6}\right)\times$

$\left(1-\dfrac{1}{6}\right)=\dfrac{25}{216}$。

(2)甲、乙、丙三人各购买一瓶饮料，只有中奖和不中奖两种结果，且相互独立，因此 $\xi\sim B\left(3,\dfrac{1}{6}\right)$。随机变量 ξ 的所有可能取值为 $0,1,2,3$。

$P(\xi=0)=C_3^0\left(\dfrac{1}{6}\right)^0\left(\dfrac{5}{6}\right)^3=\dfrac{125}{216}$，$P(\xi=1)=C_3^1\left(\dfrac{1}{6}\right)^1\left(\dfrac{5}{6}\right)^2=\dfrac{25}{72}$，$P(\xi=2)=$

$C_3^2\left(\dfrac{1}{6}\right)^2\left(\dfrac{5}{6}\right)^1=\dfrac{5}{72}$，$P(\xi=3)=C_3^3\left(\dfrac{1}{6}\right)^3\left(\dfrac{5}{6}\right)^0=\dfrac{1}{216}$。

随机变量 ξ 的分布列为：

ξ	0	1	2	3
P	$\dfrac{125}{216}$	$\dfrac{25}{72}$	$\dfrac{5}{72}$	$\dfrac{1}{216}$

数学期望为 $E(\xi)=np=3\times\dfrac{1}{6}=\dfrac{1}{2}$。

例 7-37　一个摸奖游戏中，在一个口袋中装有大小相同的 n 个球，其中白球 4 个，其

余为黑球。一次从中摸出 2 个,至少摸到一个黑球就中奖,已知中奖率为 $\dfrac{5}{7}$。(1)求口袋中有黑球多少个?(2)若连续摸 3 次,①设 ξ 为中奖次数,求 ξ 的分布列和数学期望;②求至少中奖两次的概率。

解:(1)由题意,$1-\dfrac{C_4^2}{C_n^2}=\dfrac{5}{7}$,解得 $n=7$。

(2)①连续摸 3 次,分中奖与未中奖,符合二项分布,ξ 可能的值为 $0,1,2,3$。

$$P(\xi=0)=C_3^0\left(\dfrac{5}{7}\right)^0\left(\dfrac{2}{7}\right)^3=\dfrac{8}{343},P(\xi=1)=C_3^1\left(\dfrac{5}{7}\right)^1\left(\dfrac{2}{7}\right)^2=\dfrac{60}{343},P(\xi=2)=$$
$$C_3^2\left(\dfrac{5}{7}\right)^2\left(\dfrac{2}{7}\right)^1=\dfrac{150}{343},P(\xi=3)=C_3^3\left(\dfrac{5}{7}\right)^3\left(\dfrac{2}{7}\right)^0=\dfrac{125}{343}。$$

ξ 的分布列:

ξ	0	1	2	3
P	$\dfrac{8}{343}$	$\dfrac{60}{343}$	$\dfrac{150}{343}$	$\dfrac{125}{343}$

数学期望为 $E(\xi)=3\times\dfrac{5}{7}=\dfrac{15}{7}$。

②设"至少中奖两次"为事件 A,则由(1)知 $P(A)=\dfrac{150}{343}+\dfrac{125}{343}=\dfrac{275}{343}$。

例 7-38 一个袋中装有 6 个形状完全相同的小球,球的编号分别为 $1,2,3,4,5,6$。(1)若从袋中每次随机拿取一个球,有放回地拿取 2 次,求取出的两个球编号之和为 6 的概率;(2)若从袋中每次随机拿取 2 个球,有放回地取 3 次,求恰有两次抽到 6 号球的概率;(3)若一次从袋中随机拿取 3 个球,记球的最大编号为 X,求随机变量 X 的分布列及期望。

解:(1)这是古典概型,两次取球可能的结果有 $6\times6=36$ 种,编号之和为 6 共有 5 种,所求概率为 $\dfrac{5}{36}$。

(2)二项分布。每次从袋中抽取 2 个球,抽到编号为 6 的球的概率为 $p=\dfrac{C_1^1 C_5^1}{C_6^2}=\dfrac{1}{3}$。

3 次抽取中恰有 2 次抽到 6 号球的概率为 $C_3^2 p^2(1-p)=3\times\left(\dfrac{1}{3}\right)^2\times\dfrac{2}{3}=\dfrac{2}{9}$。

(3)随机变量 X 所有可能的取值为 $3,4,5,6$。

$$P(X=3)=\dfrac{C_3^3}{C_6^3}=\dfrac{1}{20},P(X=4)=\dfrac{C_3^2}{C_6^3}=\dfrac{3}{20},P(X=5)=\dfrac{C_4^3}{C_6^3}=\dfrac{1}{5},P(X=6)=\dfrac{C_5^2}{C_6^3}=\dfrac{1}{2}。$$

随机变量 X 的分布列为:

X	3	4	5	6
P	$\dfrac{1}{20}$	$\dfrac{3}{20}$	$\dfrac{1}{5}$	$\dfrac{1}{2}$

X 的数学期望 $E(X)=\dfrac{21}{4}$。

例 7-39 有 6 道甲类题、4 道乙类题共 10 题,张同学从中任取 3 题解答。(1)求张同学至少取到 1 道乙类题的概率;(2)已知所取的 3 题中甲类 2 题,乙类 1 题。张同学答对甲类题和乙类题的概率分别为 $\frac{3}{5}$,$\frac{4}{5}$,且各题答对与否相互独立,求张同学答对题的个数 X 的分布列和数学期望。

解:(1)$P = 1 - \dfrac{C_6^3}{C_{10}^3} = 1 - \dfrac{1}{6} = \dfrac{5}{6}$。

(2)X 所有可能取值为 $0,1,2,3$。

$P(X=0) = C_2^0 \left(\dfrac{3}{5}\right)^0 \left(\dfrac{2}{5}\right)^2 \cdot \dfrac{1}{5} = \dfrac{4}{125}$,$P(X=1) = C_2^1 \left(\dfrac{3}{5}\right)^1 \left(\dfrac{2}{5}\right)^1 \cdot \dfrac{1}{5} +$

$C_2^0 \left(\dfrac{3}{5}\right)^0 \left(\dfrac{2}{5}\right)^2 \cdot \dfrac{4}{5} = \dfrac{28}{125}$,$P(X=2) = C_2^2 \left(\dfrac{3}{5}\right)^2 \left(\dfrac{2}{5}\right)^0 + C_2^1 \left(\dfrac{3}{5}\right)^1 \left(\dfrac{2}{5}\right)^1 \cdot \dfrac{4}{5} = \dfrac{57}{125}$,

$P(X=3) = C_2^2 \left(\dfrac{3}{5}\right)^2 \left(\dfrac{2}{5}\right)^0 \cdot \dfrac{4}{5} = \dfrac{36}{125}$。

随机变量 X 的分布列为:

X	0	1	2	3
P	$\dfrac{4}{125}$	$\dfrac{28}{125}$	$\dfrac{57}{125}$	$\dfrac{36}{125}$

X 的数学期望 $E(X) = 2$。

7.3 概率综合问题

例 7-40 有 6 个相同的球,分别标有数字 $1,2,3,4,5,6$,从中有放回的随机取两次,每次取 1 个球。若甲表示事件:第一次取出的球的数字是 1;乙表示事件:第二次取出的球的数字是 2;丙表示事件:两次取出的球的数字之和是 8;丁表示事件:两次取出的球的数字之和是 7,则(   )

(A)甲与丙相互独立   (B)甲与丁相互独立

(C)乙与丙相互独立   (D)丙与丁相互独立

分析:判断事件 A,B 是否独立,先要计算其对应概率,再判断 $P(AB) = P(A)P(B)$ 是否成立。

解:$P(甲) = \dfrac{1}{6}$,$P(乙) = \dfrac{1}{6}$,$P(丙) = \dfrac{5}{36}$,$P(丁) = \dfrac{6}{36} = \dfrac{1}{6}$。又 $P(甲丙) = 0 \neq$

$P(甲)P(丙)$,$P(甲丁) = \dfrac{1}{36} = P(甲)P(丁)$,$P(乙丙) = \dfrac{1}{36} \neq P(乙)P(丙)$,$P(丙丁) = 0 \neq$

$P(丙)P(丁)$,故选(B)。

例 7-41 某中学的学生积极参加体育锻炼,其中有 96% 的学生喜欢足球或游泳,60% 的学生喜欢足球,82% 的学生喜欢游泳,则该中学既喜欢足球又喜欢游泳的学生数占该校学生总数的比例是(   )

(A)60%   (B)56%   (C)46%   (D)42%

分析：若记事件 A：该中学学生喜欢足球，事件 B：该中学学生喜欢游泳，则该中学学生喜欢足球或游泳为事件 $A+B$，该中学学生既喜欢足球又喜欢游泳为事件 $A \cdot B$。根据积事件的概率公式 $P(A \cdot B)=P(A)+P(B)-P(A+B)$ 可得结果。

解：因为 $P(A)=0.6, P(B)=0.82, P(A+B)=0.96$，所以 $P(A \cdot B)=0.6+0.82-0.96=0.46$。故选（C）。

例 7-42　有一组样本数据 $x_1, x_2, \cdots, x_n$，由这组数据得到新样本数据 $y_1, y_2, \cdots, y_n$，其中 $y_i=x_i+c(i=1,2,\cdots,n)$，$c$ 为非零常数，则下列正确的是（　　）

（A）两组样本数据的样本平均数相同　　（B）两组样本数据的样本中位数相同

（C）两组样本数据的样本标准差相同　　（D）两组样本数据的样本极差相同

解：因为 $E(y)=E(x+c)=E(x)+c, c \neq 0$，所以平均数不相同，故（A）错。又若第一组样本数据的中位数为 x_k，则第二样本数据的中位数为 $y_k=x_k+c$，显然不相等，故（B）错。再由 $D(y)=D(x+c)=D(x)+D(c)=D(x)$ 知，方差相同，故（C）正确。最后，由极差的定义知，若第一组样本数据的极差为 $x_{\max}-x_{\min}$，则第二组样本数据的极差为 $y_{\max}-y_{\min}=(x_{\max}+c)-(x_{\min}+c)=x_{\max}-x_{\min}$，极差相同，故（D）正确。综上所述，选（C），（D）。

例 7-43　为庆祝党的二十大的胜利召开，培养担当民族复兴重任的时代新人，某学校在全校开展"不负韶华，做好社会主义接班人"的宣传活动。为进一步了解学生对党的二十大精神的学习情况，学校开展了二十大相关知识的竞赛活动，现从参加该活动的学生中随机抽取 100 人，将他们的竞赛成绩（满分为 100 分）分为 5 组：$[50,60)$，$[60,70)$，$[70,80)$，$[80,90)$，$[90,100]$，得到如图所示的频率分布直方图。(1)估计这 100 名学生的竞赛成绩的中位数（结果保留整数）；(2)在抽取的 100 名学生中，规定竞赛

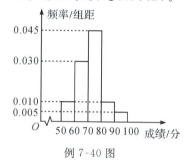

例 7-40 图

成绩不低于 70 分为"优秀"，竞赛成绩低于 70 分为"非优秀"。请将下面的表格补充完整，并判断是否有 99% 的把握确定"竞赛成绩优秀与性别有关"？（精确到 0.001）

	优秀	非优秀	合计
男		30	
女			50
合计			100

参考公式及数据：$K^2=\dfrac{n(ad-bc)^2}{(a+b)(c+d)(a+c)(b+d)}$，其中 $n=a+b+c+d$。

$P(K^2 \geqslant k_0)$	0.10	0.05	0.025	0.010	0.005	0.001
k_0	2.706	3.841	5.024	6.635	7.879	10.828

解：(1)因为 $(0.010+0.030) \times 10=0.4<0.5$，$0.4+0.045 \times 10=0.85>0.5$，所以竞赛成绩的中位数在 $[70,80)$ 内。设竞赛成绩的中位数为 m，则 $(m-70) \times 0.045+0.4=0.5$，解得 $m \approx 72$，所以估计这 100 名学生的竞赛成绩的中位数为 72。

(2)由(1)知，在抽取的 100 名学生中，竞赛成绩为"优秀"的有：$100 \times (0.45+$

0.10+0.05)=100×0.6=60 人,由此可得完整的表格:

	优秀	非优秀	合计
男	20	30	50
女	40	10	50
合计	60	40	100

零假设 H_0:竞赛成绩是否优秀与性别无关。因为 $K^2 = \dfrac{100 \times (20 \times 10 - 40 \times 30)^2}{60 \times 40 \times 50 \times 50} = \dfrac{100}{6} \approx 16.667 > 6.635$,所以有 99% 的把握确定“竞赛成绩优秀与性别有关”。

例 7-44　糟蛋是新鲜鸭蛋(或鸡蛋)用优质糯米糟制而成,是中国别具一格的特色传统美食,以浙江平湖糟蛋、河南陕州糟蛋和四川宜宾糟蛋最为著名。平湖糟蛋采用优质鸭蛋、上等糯米和酒糟糟渍而成,经过糟渍蛋壳脱落,只有一层薄膜包住蛋体,其蛋白呈乳白色,蛋黄为橘红色,味道鲜美。糟蛋营养丰富,每百克中约含蛋白质 15.8 克、镁 24.8克、磷 11.1 克、铁 0.31 克,并含有维持人体新陈代谢必需的 18 种氨基酸。现有平湖糟蛋的两家生产工厂,产品按质量分为特级品、一级品和二级品,其中特级品和一级品都是优等品,二级品为合格品。为了比较两家工厂的糟蛋质量,分别从这两家工厂的产品中各选取 200 个糟蛋,产品质量情况统计如下表:

工厂	优等品	合格品		合计
	特级品	一级品	二级品	
甲	100	75	25	200
乙	120	30	50	200
合计	220	105	75	400

(1)从 400 个糟蛋中任取一个,记事件 A 表示取到的糟蛋是优等品,事件 B 表示取到的糟蛋来自于工厂甲,求 $P(A|\overline{B})$;(2)依据小概率值 $\alpha = 0.01$ 的独立性检验,从优等品与合格品的角度能否据此判断两家工厂生产的糟蛋质量有差异?

附参考公式: $\chi^2 = \dfrac{n(ad-bc)^2}{(a+c)(b+d)(a+b)(c+d)}$,其中 $n = a+b+c+d$。独立性检验临界值表:

α	0.10	0.05	0.010	0.005	0.001
x_a	2.706	3.841	6.635	7.879	10.828

解:(1) $P(A|\overline{B}) = \dfrac{P(A \cdot \overline{B})}{P(\overline{B})} = \dfrac{P(A \cdot \overline{B})}{1 - P(B)} = \dfrac{\frac{120+30}{400}}{1 - \frac{200}{400}} = \dfrac{150}{200} = \dfrac{3}{4}$。

(2)两家工厂的产品质量列表如下:

工厂	优等品	合格品	合计
甲	175	25	200
乙	150	50	200
合计	325	75	400

零假设为 H_0：两家工厂生产的糟蛋质量没有差异。$\chi^2 = \dfrac{n(ad-bc)^2}{(a+c)(b+d)(a+b)(c+d)} =$

$\dfrac{400(175 \times 50 - 150 \times 25)^2}{325 \times 75 \times 200 \times 200} = \dfrac{400}{39} \approx 10.256 > 6.635$，依据小概率值 $\alpha = 0.01$ 的独立性检验，我们推断 H_0 不成立，即认为两家工厂生产的糟蛋质量有差异。

第8章
圆锥曲线问题的求解方法

圆锥曲线问题是高中数学的交叉点与难点,它体现了圆锥曲线与方程、函数、不等式、平面向量、三角函数等知识的横向联系。解决圆锥曲线问题的核心方法是化归,两条曲线的交点问题可化为方程组的解的问题,直线与曲线的交点问题可化为一元二次方程的根与系数的关系问题,直线与曲线上点的距离的最值问题可化为二次函数的最值问题。圆锥曲线问题有几个常见的题型:(1)轨迹问题。一是利用定义法(即利用圆锥曲线的定义和几何特征)求解;二是当动点依赖于另一个有规律变化的动点时用直接法,即通过设点、列出表达式、化简来求解;三是当动点关系不易找出时,可以用参数法或待定系数法,通过设参数来表示动点的横坐标。(2)定点、定值和最值问题。定点、定值问题必然与参数联系在一起,通常用参数法求解,合理使用参数,找出与参数变换无关的量或点。最值常指长度、面积和圆锥曲线中涉及的几何元素的最值,解决的方法是回到定义,建立目标函数,利用函数研究法(包括导数法、不等式法、数形结合法等),通过观察图形、设参数、转化和代换等途径来求解。(3)中点弦问题。一是求中点弦所在直线方程;二是求弦的中点的轨迹。可以用代入点相减法、设而不求法、中心对称变换法、参数法和待定系数法。(4)有三个变量的问题。对不定变量采用分类讨论法。(5)对称问题。用代入法。(6)求取值范围问题。用判别式法、函数法、不等式法。(7)求弦长问题。用韦达定理法和定义法。(8)存在性问题。用以求代证法,即先假设所求的结论存在,并以此作为推理的先决条件,通过等价推理,若能推出与假设相符的结论,则得到结论存在的证明;若能推出矛盾,则说明其结论不存在。

本章分为四个模块:圆锥曲线的基本问题,圆锥曲线中的最值问题,圆锥曲线与向量的结合问题以及圆锥曲线的综合问题。

8.1 圆锥曲线的基本问题

圆锥曲线的基本问题(包括定义与性质),最常用的方法是从定义出发求解,有时要数形结合,联立方程组,利用消元法得到新的方程,或结合韦达定理等进行讨论。

例 8-1 若双曲线 $\dfrac{x^2}{a^2} - \dfrac{y^2}{b^2} = 1(a>0, b>0)$,过焦点 F_1 的弦 AB 长为 m,另一焦点为

F,则△ABF 的周长为(   )。

(A)$4a$　　　　　　(B)$4a-m$　　　　　　(C)$4a+2m$　　　　　(D)$4a-2m$

解:因为$|AF|=|AF_1|+2a$,$|BF|=|BF_1|+2a$,则$|AF|+|BF|=|AF_1|+|BF_1|+4a=m+4a$,于是△$ABF$ 的周长为 $m+m+4a=2m+4a$。选(C)。

说明:圆与直线的问题参见例 3-31。

例 8-2　若 $M=\{(x,y)\mid y\geqslant x^2\}$,$N=\{(x,y)\mid x^2+(y-a)^2\leqslant 1\}$,则 $M\cap N=N$ 的充要条件是(   )。

(A)$a\geqslant\dfrac{5}{4}$　　　　(B)$a=\dfrac{5}{4}$　　　　(C)$a\geqslant 1$　　　　(D)$0<a<1$

解:如图,集合 M 表示抛物线及其上方,集合 N 表示圆周及

其内部。由 $\begin{cases} y=x^2 \\ x^2+(y-a)^2=1 \end{cases}$ 得

$y^2+(1-2a)y+(a^2-1)=0$,

当 $\Delta=(1-2a)^2-4(a^2-1)\leqslant 0$ 时,y 有一解或无解,满足

$M\cap N=N$,则 $a\geqslant\dfrac{5}{4}$。选(A)。

说明:圆锥曲线的交点问题参见例 3-135,例 3-136。

例 8-2 答图

例 8-3　若直线 l 垂直于双曲线 $\dfrac{x^2}{a^2}-\dfrac{y^2}{b^2}=1$ 的实轴所在直线,垂足为 M,且与双曲线的一个交点为 P,与渐近线的一个交点为 Q,则 $|MQ|^2-|MP|^2=$ _____。

解:设 $P(x,y)$,$M(x,0)$,$Q\left(x,\dfrac{b}{a}x\right)$,$N(x,-y)$,则 $|MQ|^2-|MP|^2=(|MQ|+|MP|)(|MQ|-|MP|)=|QN|\cdot|PQ|=\left|\left(\dfrac{b}{a}x+y\right)\left(\dfrac{b}{a}x-y\right)\right|=\dfrac{b^2}{a^2}x^2-y^2=b^2$。

例 8-4　已知双曲线 $\dfrac{x^2}{a^2}-\dfrac{y^2}{b^2}=1(a>0,b>0)$ 的顶点为 $A_1(-a,0)$,$A_2(a,0)$,若 P 为双曲线上的任意一点,F_1,F_2 为焦点,则△PF_1F_2 的内切圆与 x 轴的切点位于(   )。

(A)A_1A_2 上　　　　　　　　　　(B)点 A_1 或点 A_2

(C)线段 F_1F_2 上　　　　　　　　(D)线段 F_1A_1,F_2A_2 上

解:不妨设 P 在双曲线的右支上,内切圆与 x 轴的切点为 Q。因为 $|PF_1|-|PF_2|=2a$,$|PM|=|PN|$,则 $|F_1M|-|F_2N|=2a$,$|F_1Q|-|F_2Q|=2a$,又 $|F_1A_2|-|F_2A_2|=2a$,于是 Q 与 A_2 重合。选(B)。

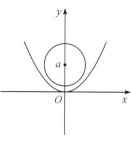

例 8-4 答图

例 8-5　若直线 $y=kx+2$ 与双曲线 $x^2-y^2=6$ 的右支交于不同的两点,则 k 的取值范围是(   )。

(A)$\left(-\dfrac{\sqrt{15}}{3},\dfrac{\sqrt{15}}{3}\right)$　　　　　　(B)$\left(0,\dfrac{\sqrt{15}}{3}\right)$

(C)$\left(-\dfrac{\sqrt{15}}{3},0\right)$　　　　　　(D)$\left(-\dfrac{\sqrt{15}}{3},-1\right)$

解:根据双曲线的图象知 $k<-1$。再由 $\begin{cases} y=kx+2 \\ x^2-y^2=6 \end{cases}$ 得,$(1-k^2)x^2-4kx-10=0$。令

$\Delta = -24k^2 + 40 = 0$，得到 $k = \pm \dfrac{\sqrt{15}}{3}\left(\dfrac{\sqrt{15}}{3}$ 舍去$\right)$，则当 $k = -\dfrac{\sqrt{15}}{3}$ 时直线与双曲线相切。

故 $-\dfrac{\sqrt{15}}{3} < k < -1$。选(D)。

例 8-6　已知 $A(-7,0)$，$B(7,0)$，$C(2,-12)$ 三点，若椭圆的一个焦点为 C，且过 A，B 两点，则此椭圆的另一个焦点的轨迹为(　　)。

(A)双曲线　　　　　　　　　　　(B)椭圆

(C)椭圆的一部分　　　　　　　　(D)双曲线的一部分

解：设此椭圆的另一个焦点为 $F(x,y)$，由于 A,B 是椭圆上的点，由椭圆的定义知 $|AC| + |AF| = |BC| + |BF|$，则 $|BF| - |AF| = |AC| - |BC|$。$|AC| = 15$，$|BC| = 13$，从而 $|BF| - |AF| = 2$。故所求的轨迹为双曲线的一部分。选(D)。

说明：求轨迹问题可参见习题 3.8 第 3 题，例 3-72，例 3-75；求曲线方程问题可参见习题 3.8 第 4 题。

例 8-7　椭圆 $Ax^2 + By^2 = 1$ 与直线 $l: x + 2y = 7$ 相交于 P，Q 两点，点 $R(2,5)$，$\triangle PQR$ 是等腰直角三角形，$\angle QPR = 90°$，试求 A，B 的值。

解：因为 $\triangle PQR$ 是等腰直角三角形，$\angle QPR = 90°$，点 R 到 PQ 的距离为 $\dfrac{|2 + 2 \times 5 - 7|}{\sqrt{1^2 + 2^2}} = \sqrt{5}$，所以 $|RP| = |PQ| = \sqrt{5}$，从而 $RQ = \sqrt{2} \times \sqrt{5} = \sqrt{10}$，$Q$ 是以 R 为圆心、以 $\sqrt{10}$ 为半径的圆与直线 l 的交点。由此得 $\begin{cases}(x-2)^2 + (y-5)^2 = 10 \\ x + 2y = 7\end{cases}$，解之得 $x = -1, y = 4$ 或 $x = 3, y = 2$。又 P，Q 在椭圆上，所以 $\begin{cases}A + 16B = 1 \\ 9A + 4B = 1\end{cases}$，解得 $A = \dfrac{3}{35}$，$B = \dfrac{2}{35}$。

8.2　圆锥曲线中的最值问题

求圆锥曲线中的最值问题常用定义法、几何法、参数方程法、目标函数法(为了完成某一目标，构造出一个函数来求该函数取最大(小)值)。有时先用定义或已知条件给出关系式，再利用几何知识，如对称点、三角形三边关系、平行线间的距离求值。

例 8-8　已知点 $A(4,0)$ 和 $B(2,2)$，M 是椭圆 $\dfrac{x^2}{25} + \dfrac{y^2}{9} = 1$ 上的一动点，求 $|MA| + |MB|$ 的最大值。

分析：先用圆锥曲线定义或性质给出关系式，再利用几何或代数法求最值。

解：易知 $A(4,0)$ 是椭圆的右焦点，设椭圆的左焦点为 $A_1(-4,0)$，则由椭圆的定义知：$|MA| + |MA_1| = 2a = 10$。

连 BA_1 并延长交椭圆于 M_1，则 $|M_1A| + |M_1B|$ 最大。

事实上，$|MA| + |MB| = 2a - |MA_1| + |MB| \leqslant 2a + |A_1B|$（当 M 与 M_1 重合时取等号），即 $|MA| + |MB|$ 的最大值为 $2a + |A_1B| = 2 \times 5 + \sqrt{6^2 + 2^2} = 10 + 2\sqrt{10}$。

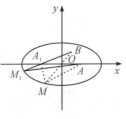

例 8-8 答图

说明：类似的问题参见例 3-74。

例 8-9 若点 O 与点 F 分别为椭圆 $\dfrac{x^2}{2}+y^2=1$ 的中心和左焦点，P 为椭圆上任意一点，则 $|OP|^2+|PF|^2$ 的最小值为多少？

分析： 用参数方程，化为三角函数的最值问题。

解： 由题意 $O(0,0)$，$F(-1,0)$，又设椭圆的参数方程为：

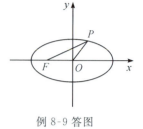

$x=\sqrt{2}\cos\alpha$，$y=\sin\alpha$，则 $P(\sqrt{2}\cos\alpha,\sin\alpha)$。于是

$$
\begin{aligned}
|OP|^2+|PF|^2 &= 2\cos^2\alpha+\sin^2\alpha+(\sqrt{2}\cos\alpha+1)^2+\sin^2\alpha\\
&= 2\cos^2\alpha+2\sqrt{2}\cos\alpha+3\\
&= 2\left(\cos\alpha+\frac{\sqrt{2}}{2}\right)^2+2。
\end{aligned}
$$

例 8-9 答图

故当 $\cos\alpha=-\dfrac{\sqrt{2}}{2}$ 时，$|OP|^2+|PF|^2$ 取得最小值 2。

说明： 圆锥曲线与函数结合的最值问题参见例 3-33。

例 8-10 已知椭圆 $\dfrac{x^2}{12}+\dfrac{y^2}{3}=1$ 和直线 $l:x-y+9=0$。在直线 l 上取一点 M，经过点 M 作以椭圆的焦点 F_1，F_2 为焦点作椭圆。求 M 在何处时所作椭圆的长轴最短，并求此椭圆方程。

分析： 问题可化归为：求点 M 到定点 F_1，F_2 距离和的最小值。

解： 由椭圆 $\dfrac{x^2}{12}+\dfrac{y^2}{3}=1$ 得：$F_1(-3,0)$，$F_2(3,0)$。设 F_1' 是

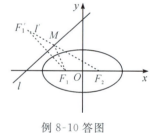

F_1 关于直线 l 的对称点，可求出 $F_1'(-9,6)$。

过 F_1'，F_2 的直线方程 $l':x+2y-3=0$。l 与 l' 的交点 $M(-5,4)$，则过 M 的椭圆长轴最短。由 $|MF_1|+|MF_2|=2a$，得 $a=3\sqrt{5}$，即 $a^2=45$，又 $c^2=9$，所以 $b^2=36$。故所求的椭圆方程为 $\dfrac{x^2}{45}+\dfrac{y^2}{36}=1$。

例 8-10 答图

例 8-11 已知椭圆 $E:\dfrac{x^2}{a^2}+\dfrac{y^2}{3}=1(a>3)$ 的离心率 $e=\dfrac{1}{2}$，直线 $x=t(t>0)$ 与椭圆 E 交于不同的两点 M，N，以线段 MN 为直径作圆 C，圆心为 C。(1)求椭圆 E 的方程；(2)当圆 C 与 y 轴相交于不同的两点 A，B 时，求 $\triangle ABC$ 面积的最大值。

解： (1)因为椭圆 $E:\dfrac{x^2}{a^2}+\dfrac{y^2}{3}=1(a>3)$ 的离心率 $e=\dfrac{1}{2}$，所以 $\dfrac{\sqrt{a^2-3}}{a}=\dfrac{1}{2}$，解得 $a=2$。从而椭圆的方程为 $\dfrac{x^2}{4}+\dfrac{y^2}{3}=1$。

(2)圆心 $C(t,0)(0<t<2)$，将 $x=t$ 代入椭圆方程得：$y^2=\dfrac{12-3t^2}{4}$，即圆 C 的半径 $r=\dfrac{\sqrt{12-3t^2}}{2}$。因为圆 C 与 y 轴相交于 A，B 两点，且圆心 C 到 y 轴的距离 $d=t$，所以 $0<t<\dfrac{\sqrt{12-3t^2}}{2}$，即 $0<t<\dfrac{2\sqrt{21}}{7}$。

故弦长 $|AB|=2\sqrt{r^2-d^2}=2\sqrt{\dfrac{12-3t^2}{4}-t^2}=\sqrt{12-7t^2}$。所以

$$S_{\triangle ABC}=\frac{1}{2}\cdot t\cdot\sqrt{12-7t^2}$$

$$=\frac{1}{2\sqrt{7}}\sqrt{7}t\cdot\sqrt{12-7t^2}\leqslant\frac{1}{2\sqrt{7}}\cdot\frac{(\sqrt{7}t)^2+(\sqrt{12-7t^2})^2}{2}=\frac{3\sqrt{7}}{7},$$

当且仅当 $\sqrt{7}t=\sqrt{12-7t^2}$，即 $t=\frac{\sqrt{42}}{7}$ 时等号成立。

说明：类似的问题参见例 3-37。

例 8-12　在平面直角坐标系 xOy 中，已知椭圆 $C:\frac{x^2}{a^2}+\frac{y^2}{b^2}=1(a>b>0)$ 的离心率 $e=\sqrt{\frac{2}{3}}$，且椭圆 C 上的点到点 $Q(0,2)$ 的距离的最大值为 3。(1)求椭圆 C 的方程；(2)在椭圆 C 上，是否存在点 $M(m,n)$，使得直线 $l:mx+ny=1$ 与圆 $O:x^2+y^2=1$ 相交于不同两点 A,B，且 $\triangle OAB$ 的面积最大？若存在，求出点 M 的坐标及对应 $\triangle OAB$ 的面积；若不存在，请说明理由。

解：(1)由 $e=\frac{c}{a}=\sqrt{\frac{2}{3}}$ 得 $c^2=\frac{2}{3}a^2$，故 $b^2=a^2-c^2=\frac{1}{3}a^2$。设 $P(x,y)$ 是椭圆上的任一点，则 $|PQ|=\sqrt{x^2+(y-2)^2}=\sqrt{a^2-3y^2+(y-2)^2}=\sqrt{-2(y+1)^2+a^2+6}$，当 $y=-1$ 时，$|PQ|$ 有最大值 $\sqrt{a^2+6}=3$，从而 $a=\sqrt{3}$。于是 $b=1,c=\sqrt{2}$。

故椭圆方程为 $\frac{x^2}{3}+y^2=1$。

(2)因为 $M(m,n)$ 在椭圆上，所以 $\frac{m^2}{3}+n^2=1$，即 $m^2=3-3n^2$。

设 $A(x_1,y_1),B(x_2,y_2)$，由 $\begin{cases}mx+ny=1\\x^2+y^2=1\end{cases}$ 得 $(m^2+n^2)x^2-2mx+1-n^2=0$，从而 $\Delta=4m^2-4(m^2+n^2)(1-n^2)=4n^2(m^2+n^2-1)=8n^2(1-n^2)>0$，可得 $n^2<1$。

由韦达定理：$x_1+x_2=\frac{2m}{m^2+n^2}$，$x_1x_2=\frac{1-n^2}{m^2+n^2}$。所以

$$y_1y_2=\frac{1-mx_1}{n}\cdot\frac{1-mx_2}{n}=\frac{1-m(x_1+x_2)+m^2x_1x_2}{n^2}=\frac{1-m^2}{m^2+n^2}。$$

由于 A,B 两点是单位圆上的点，所以

$$|AB|=\sqrt{(x_1-x_2)^2+(y_1-y_2)^2}=\sqrt{(x_1^2+y_1^2)+(x_2^2+y_2^2)-2(x_1x_2+y_1y_2)}$$

$$=\sqrt{2-2\left(\frac{1-n^2}{m^2+n^2}+\frac{1-m^2}{m^2+n^2}\right)}=2\sqrt{1-\frac{1}{m^2+n^2}}。$$

设 O 到直线 AB 的距离为 h，则 $h=\frac{1}{\sqrt{m^2+n^2}}$。所以

$$S_{\triangle OAB}=\frac{1}{2}|AB|\cdot h=\sqrt{\frac{1}{m^2+n^2}\left(1-\frac{1}{m^2+n^2}\right)}。$$

令 $t=\frac{1}{m^2+n^2}$，由 $0<n^2<1$ 得：$m^2+n^2=3-2n^2\in(1,3)$，所以 $t\in\left(\frac{1}{3},1\right)$。进而

$$S_{\triangle OAB}=\sqrt{t(1-t)}=\sqrt{-\left(t-\frac{1}{2}\right)^2+\frac{1}{4}},t\in\left(\frac{1}{3},1\right)。$$

故当 $t=\dfrac{1}{2}$ 时，$S_{\triangle OAB}$ 的面积最大，最大值为 $\dfrac{1}{2}$；此时，点 M 的坐标为 $\left(\dfrac{\sqrt{6}}{2},\dfrac{\sqrt{2}}{2}\right)$ 或

$\left(\dfrac{\sqrt{6}}{2},-\dfrac{\sqrt{2}}{2}\right)$ 或 $\left(-\dfrac{\sqrt{6}}{2},\dfrac{\sqrt{2}}{2}\right)$ 或 $\left(-\dfrac{\sqrt{6}}{2},-\dfrac{\sqrt{2}}{2}\right)$。

例 8-13 已知直线 $l_1:4x-3y+6=0$ 和直线 $l_2:x=-1$，求抛物线 $y^2=4x$ 上一动点 P 到直线 l_1 和 l_2 的距离之和的最小值。

分析：画出图形，利用等价转化，将距离之和的最小值转化为点到直线的距离。

解：设动点 P 到直线 l_1 和 l_2 的垂足分别为 H_1，H_2。过焦点 F 作 l_1 的垂线，连接 PF，FH_1，抛物线方程为 $y^2=4x$，l_2 为其准线，焦点为 $F(1,0)$，由抛物线的定义知

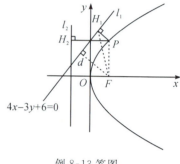

例 8-13 答图

$$|PH_1|+|PH_2|=|PH_1|+|PF|\geqslant|FH_1|\geqslant d(F,l_1)=\dfrac{|4\times1-3\times0+6|}{\sqrt{3^2+4^2}}=2。$$

所以，距离之和的最小值为 2。

说明：抛物线中距离的最值问题常见的有以下两类：一是已知抛物线和一条直线，求抛物线上的点到直线与准线（y 轴、焦点）距离之和的最小值问题，这类问题一般转化为求焦点到直线的距离。二是已知抛物线和一个定点，根据定点在抛物线"内"或"外"分别来求抛物线上的一点到焦点（准线）距离之和或距离之差的绝对值的最值问题。这类问题一般转化为三点共线或定点到直线的距离问题。

8.3 圆锥曲线与向量的结合问题

解决圆锥曲线与平面向量问题的关键是要把几何特征转化为向量关系，把向量用坐标表示，将有关的几何关系转化为数量关系，从而将几何关系转化为运算关系。

例 8-14 已知椭圆的中心为原点 O，离心率 $e=\dfrac{\sqrt{2}}{2}$，一条准线方程为 $x=2\sqrt{2}$。

(1)求椭圆的标准方程；(2)设动点 P 满足 $\overrightarrow{OP}=\overrightarrow{OM}+2\overrightarrow{ON}$，其中 M，N 是椭圆上的点，直线 OM 与 ON 的斜率之积为 $-\dfrac{1}{2}$。问是否存在两个定点 F_1，F_2，使得 $|PF_1|+|PF_2|$ 为定值。若存在，求 F_1，F_2 坐标；若不存在，说明理由。

解：(1) $e=\dfrac{c}{a}=\dfrac{\sqrt{2}}{2}$，$\dfrac{a^2}{c}=2\sqrt{2}$，解得：$a=2$，$c=\sqrt{2}$，从而 $b^2=a^2-c^2=2$。所以椭圆的标准方程为 $\dfrac{x^2}{4}+\dfrac{y^2}{2}=1$。

(2)设 $P(x,y)$，$M(x_1,y_1)$，$N(x_2,y_2)$，因为 $\overrightarrow{OP}=\overrightarrow{OM}+2\overrightarrow{ON}$，所以 $(x,y)=(x_1,y_1)+2(x_2,y_2)$，即 $x=x_1+2x_2$，$y=y_1+2y_2$。

又 M，N 都在椭圆上，所以 $x_1^2+2y_1^2=4$，$x_2^2+2y_2^2=4$。于是

$$x^2+2y^2=(x_1+2x_2)^2+2(y_1+2y_2)^2$$
$$=(x_1^2+2y_1^2)+4(x_2^2+2y_2^2)+4(x_1x_2+2y_1y_2)=20+4(x_1x_2+2y_1y_2)。$$

因为 $k_{OM} \cdot k_{ON} = \dfrac{y_1 y_2}{x_1 x_2} = -\dfrac{1}{2}$，$x_1 x_2 + 2 y_1 y_2 = 0$，故 $x^2 + 2y^2 = 20$，即点 P 在椭圆 C：

$\dfrac{x^2}{20} + \dfrac{y^2}{10} = 1$ 上。

设 F_1，F_2 为椭圆 C 的左、右焦点，则 $F_1(-\sqrt{10}, 0)$，$F_2(\sqrt{10}, 0)$。由椭圆的定义知 $|PF_1| + |PF_2| = 4\sqrt{5}$ 为定值，即存在 $F_1(-\sqrt{10}, 0)$ 和 $F_2(\sqrt{10}, 0)$ 使 $|PF_1| + |PF_2|$ 为定值。

例 8-15 如图，已知 $\triangle OFQ$ 的面积为 S，且 $\overrightarrow{OF} \cdot \overrightarrow{FQ} = 1$。

(1) 若 $\dfrac{1}{2} < S < 2$，求向量 $\overrightarrow{OF}$ 与 $\overrightarrow{FQ}$ 的夹角 θ 的正切值的取值范围；

(2) 设 $|\overrightarrow{OF}| = c(c \geqslant 2)$，$S = \dfrac{3}{4}c$，若以 O 为中心，F 为焦点的椭圆经过 Q，当 $|\overrightarrow{OQ}|$ 的取值最小时，求此椭圆的方程。

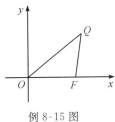

例 8-15 图

解：(1) 已知 $\dfrac{1}{2}|\overrightarrow{OF}||\overrightarrow{FQ}|\sin(\pi - \theta) = S$，又 $|\overrightarrow{OF}||\overrightarrow{FQ}|\cos\theta = 1$，

所以 $\tan\theta = 2S$。又 $\dfrac{1}{2} < S < 2$，故 $1 < \tan\theta < 4$。

(2) 以 O 为原点，OF 所在直线为 x 轴建立直角坐标系。

设椭圆方程为 $\dfrac{x^2}{a^2} + \dfrac{y^2}{b^2} = 1(a > b > 0)$，$Q(x, y)$，则 $S_{\triangle FQO} = \dfrac{1}{2}cy = \dfrac{3}{4}c$，所以 $y = \dfrac{3}{2}$。

又 $\overrightarrow{OF} \cdot \overrightarrow{FQ} = c(x - c) = 1$，故 $x = c + \dfrac{1}{c}$。

又 $|\overrightarrow{OQ}| = \sqrt{x^2 + y^2} = \sqrt{\left(c + \dfrac{1}{c}\right)^2 + \dfrac{9}{4}}$，而 $g(t) = t + \dfrac{1}{t}$ 在 $[2, +\infty]$ 上是增函数。所

以 $|\overrightarrow{OQ}| \geqslant \sqrt{\left(2 + \dfrac{1}{2}\right)^2 + \dfrac{9}{4}} = \dfrac{\sqrt{34}}{2}$。此时 $c = 2$，$x = \dfrac{5}{2}$。

即当 $Q\left(\dfrac{5}{2}, \dfrac{3}{2}\right)$ 时，$|\overrightarrow{OQ}|$ 最小，将 $Q\left(\dfrac{5}{2}, \dfrac{3}{2}\right)$，$F(2, 0)$ 代入得 $a^2 = 10$，$b^2 = 6$。从而得

到 $\dfrac{x^2}{10} + \dfrac{y^2}{6} = 1$。

例 8-16 如图，记点 $F(a, 0)(a > 0)$，点 P 在 y 轴上运动，M 在 x 轴上，N 为动点，且 $\overrightarrow{PM} \cdot \overrightarrow{PF} = 0$，$\overrightarrow{PN} + \overrightarrow{PM} = \overrightarrow{0}$。(1) 求点 N 的轨迹 C 的方程；(2) 过点 $F(a, 0)$ 的直线 l（不与 x 轴垂直）与曲线 C 交于 A，B 两点，设 $D(-a, 0)$，$\overrightarrow{DA}$ 与 $\overrightarrow{DB}$ 的夹角为 θ，求证 $0 < \theta < \dfrac{\pi}{2}$。

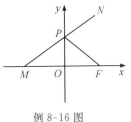

例 8-16 图

(1) **解**：设 $N(x, y)$，因为 $\overrightarrow{PN} + \overrightarrow{PM} = \overrightarrow{0}$，所以 P 为 MN 的中

点。又 P 在 y 轴上，所以 $M(-x, 0)$，$P\left(0, \dfrac{y}{2}\right)$。于是，$\overrightarrow{PM} = \left(-x, -\dfrac{y}{2}\right)$，

$\overrightarrow{PF} = \left(a, -\dfrac{y}{2}\right)$。

又 $\overrightarrow{PM}\cdot\overrightarrow{PF}=0$，得到 $-ax+\dfrac{y^2}{4}=0$。即 C 的方程为 $y^2=4ax$。

(2)**证明：**要证明 $0<\theta<\dfrac{\pi}{2}$，只要证明 $\overrightarrow{DA}\cdot\overrightarrow{DB}>0$。设 l 的方程为 $y=k(x-a)$，由

$\begin{cases} y^2=4ax \\ y=k(x-a) \end{cases}$ 消去 x 得 $y^2-\dfrac{4a}{k}y-4a^2=0$。

设 $A(x_1,y_1)$，$B(x_2,y_2)$，则 $y_1y_2=-4a^2$。因为 $\overrightarrow{DA}=(x_1+a,y_1)$，$\overrightarrow{DB}=(x_2+a,y_2)$，

所以 $\overrightarrow{DA}\cdot\overrightarrow{DB}=(x_1+a)(x_2+a)+y_1y_2=x_1x_2+a(x_1+x_2)+a^2+y_1y_2=\dfrac{y_1^2y_2^2}{(4a)^2}+a\left(\dfrac{y_1^2}{4a}+\dfrac{y_2^2}{4a}\right)+a^2-4a^2$

$=\dfrac{1}{4}(y_1^2+y_2^2)-2a^2>\dfrac{1}{4}(2|y_1||y_2|)-2a^2=\dfrac{1}{4}\times2\times4a^2-2a^2=0$，

即 $\overrightarrow{DA}\cdot\overrightarrow{DB}>0$，故 θ 为锐角。

例 8-17 设椭圆 $\dfrac{x^2}{a^2}+\dfrac{y^2}{b^2}=1(a>b>0)$ 的左焦点为 F，离心率为 $\dfrac{\sqrt{3}}{3}$，过点 F 且与 x 轴垂直的直线被椭圆截得的线段长为 $\dfrac{4\sqrt{3}}{3}$。(1)求椭圆方程；(2)设 A,B 分别为椭圆的左右顶点，过 F 且斜率为 k 的直线与椭圆交于 C,D 两点，若 $\overrightarrow{AC}\cdot\overrightarrow{DB}+\overrightarrow{AD}\cdot\overrightarrow{CB}=8$，求 k 的值。

解：(1)设 $F(-c,0)$，由 $\dfrac{c}{a}=\dfrac{\sqrt{3}}{3}$ 知 $a=\sqrt{3}c$，过 F 且与 x 轴垂直的直线为 $x=-c$，代入椭圆方程后有 $\dfrac{(-c)^2}{a^2}+\dfrac{y^2}{b^2}=1$，解得 $y=\pm\dfrac{\sqrt{6}}{3}b$，于是有 $\dfrac{2\sqrt{6}}{3}b=\dfrac{4\sqrt{3}}{3}$，解得 $b=\sqrt{2}$。

再由 $a^2-c^2=b^2$ 得 $a=\sqrt{3}$，$c=1$，从而椭圆方程为 $\dfrac{x^2}{3}+\dfrac{y^2}{2}=1$。

(2)设 $C(x_1,y_1)$，$D(x_2,y_2)$。由 $F(-1,0)$ 得到，过直线 CD 的方程为 $y=k(x+1)$。

由 $\begin{cases} y=k(x+1) \\ \dfrac{x^2}{3}+\dfrac{y^2}{2}=1 \end{cases}$ 消去 y 得 $(2+3k^2)x^2+6k^2x+3k^2-6=0$，所以 $x_1+x_2=-\dfrac{6k^2}{2+3k^2}$，

$x_1x_2=\dfrac{3k^2-6}{2+3k^2}$。因为 $A(-\sqrt{3},0)$，$B(\sqrt{3},0)$，所以

$\overrightarrow{AC}\cdot\overrightarrow{DB}+\overrightarrow{AD}\cdot\overrightarrow{CB}=(x_1+\sqrt{3},y_1)(\sqrt{3}-x_2,-y_2)+(x_2+\sqrt{3},y_2)(\sqrt{3}-x_1,-y_1)$

$=6-2x_1x_2-2y_1y_2=6-2x_1x_2-2k^2(x_1+1)(x_2+1)$

$=6-(2+2k^2)x_1x_2-2k^2(x_1+x_2)-2k^2=6+\dfrac{2k^2+12}{2+3k^2}$，

由 $6+\dfrac{2k^2+12}{2+3k^2}=8$ 得 $k=\pm\sqrt{2}$。

例 8-18 已知 G 是 $\triangle ABC$ 的重心，$A(0,-1)$，$B(0,1)$，在 x 轴上有一点 M，满足 $|\overrightarrow{MA}|=|\overrightarrow{MC}|$，$\overrightarrow{GM}=\lambda\overrightarrow{AB}(\lambda\in\mathbf{R})$。(1)求点 C 的轨迹方程；(2)若斜率为 k 的直线 l 与点 C 的轨迹交于不同两点 P,Q，且 $|\overrightarrow{AP}|=|\overrightarrow{AQ}|$，试求 k 的取值范围。

解：(1)设 $C(x,y)$，则重心 $G\left(\dfrac{x}{3},\dfrac{y}{3}\right)$。

又 $\overrightarrow{GM} = \lambda \overrightarrow{AB}$，故 $GM /\!/ AB$。

因为 M 是 x 轴上的点，所以 $M\left(\dfrac{x}{3}, 0\right)$。又 $|\overrightarrow{MA}| = |\overrightarrow{MC}|$，所

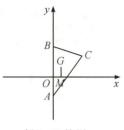

以 $\sqrt{\left(\dfrac{x}{3}\right)^2 + 1} = \sqrt{\left(\dfrac{x}{3} - x\right)^2 + y^2}$。

整理得 $\dfrac{x^2}{3} + y^2 = 1 \ (x \neq 0)$。

例 8-18 答图

(2) 当 $k \neq 0$ 时，设直线 l 的方程为 $y = kx + m$。

由 $\begin{cases} y = kx + m, \\ \dfrac{x^2}{3} + y^2 = 1 \end{cases}$ 消去 y 得 $(1 + 3k^2)x^2 + 6mkx + 3(m^2 - 1) = 0$。

因为 l 与椭圆 C 有两个不同交点，所以 $\Delta = 36k^2 m^2 - 12(1 + 3k^2)(m^2 - 1) > 0$。即 $1 + 3k^2 - m^2 > 0$。再设 $P(x_1, y_1), Q(x_2, y_2)$，所以 $x_1 + x_2 = -\dfrac{6km}{1 + 3k^2}, x_1 x_2 = \dfrac{3(m^2 - 1)}{1 + 3k^2}$。

记 PQ 的中点为 $N(x_0, y_0)$，则 $x_0 = \dfrac{x_1 + x_2}{2} = -\dfrac{3km}{1 + 3k^2}, y_0 = kx_0 + m = \dfrac{m}{1 + 3k^2}$，

所以，$N\left(-\dfrac{3km}{1 + 3k^2}, \dfrac{m}{1 + 3k^2}\right)$。

又 $|\overrightarrow{AP}| = |\overrightarrow{AQ}|$，则 $\overrightarrow{AN} \perp \overrightarrow{PQ}$，从而 $k \cdot k_{AN} = -1$，即 $k \cdot \dfrac{\dfrac{m}{1 + 3k^2} + 1}{-\dfrac{3km}{1 + 3k^2}} = -1$，所以

$m = \dfrac{1 + 3k^2}{2}$。将 m 代入 $1 + 3k^2 - m^2 > 0$ 得：$1 + 3k^2 - \left(\dfrac{1 + 3k^2}{2}\right)^2 > 0 \ (k \neq 0)$。所以 $k^2 < 1$，即 $k \in (-1, 0) \bigcup (0, 1)$。当 $k = 0$ 时，由对称性知 $|\overrightarrow{AP}| = |\overrightarrow{AQ}|$ 显然成立。综上所述，$k \in (-1, 1)$。

8.4 圆锥曲线综合问题

圆锥曲线综合问题的求解方法是先将几何条件转化为数量关系，再综合利用韦达定理、函数性质、不等式、方程或者其他的条件进行求解。

例 8-19 已知平面上两定点 $M(0, -2), N(0, 2), P$ 为一动点，满足 $\overrightarrow{MP} \cdot \overrightarrow{MN} = |\overrightarrow{PN}| \cdot |\overrightarrow{MN}|$。(1) 求动点 P 的轨迹 C 的方程；(2) 若 A, B 是轨迹 C 上的两不同动点，且 $\overrightarrow{AN} = \lambda \overrightarrow{NB}$，分别以 A, B 为切点作轨迹 C 的切线，设其交点 Q，求证 $\overrightarrow{NQ} \cdot \overrightarrow{AB}$ 为定值。

(1) **解**：设 $P(x, y)$，由已知 $\overrightarrow{MP} = (x, y + 2), \overrightarrow{MN} = (0, 4), \overrightarrow{PN} = (-x, 2 - y)$，$\overrightarrow{MP} \cdot \overrightarrow{MN} = 4y + 8, |\overrightarrow{PN}| \cdot |\overrightarrow{MN}| = 4\sqrt{x^2 + (y - 2)^2}$。

因为 $\overrightarrow{MP} \cdot \overrightarrow{MN} = |\overrightarrow{PN}| \cdot |\overrightarrow{MN}|$，所以 $4y + 8 = 4\sqrt{x^2 + (y - 2)^2}$，整理得 $x^2 = 8y$，即动点 P 的轨迹 C 为抛物线，其方程为 $x^2 = 8y$。

(2) **证明**：已知 $N(0, 2)$，设 $A(x_1, y_1), B(x_2, y_2)$，由 $\overrightarrow{AN} = \lambda \overrightarrow{NB}$，即得 $(-x_1, 2 - y_1) = \lambda(x_2, y_2 - 2)$，所以 $\begin{cases} -x_1 = \lambda x_2 & \text{(a)} \\ 2 - y_1 = \lambda(y_2 - 2), & \text{(b)} \end{cases}$

将(a)两边平方并把 $x_1^2=8y_1$，$x_2^2=8y_2$ 代入得 $y_1=\lambda^2 y_2$。　　（c）

解(b)和(c)得 $y_1=2\lambda$，$y_2=\dfrac{2}{\lambda}$，且有 $x_1 x_2=-\lambda x_2^2=-8\lambda y_2=-16$。

又抛物线方程为 $y=\dfrac{1}{8}x^2$，求导得 $y'=\dfrac{1}{4}x$。所以过抛物线上 A，B 两点的切线方程

分别是 $y=\dfrac{1}{4}x_1(x-x_1)+y_1$，$y=\dfrac{1}{4}x_2(x-x_2)+y_2$，即 $y=\dfrac{1}{4}x_1 x-\dfrac{1}{8}x_1^2$，$y=\dfrac{1}{4}x_2 x-\dfrac{1}{8}x_2^2$。

解出两条切线的交点 Q 的坐标为 $\left(\dfrac{x_1+x_2}{2},\dfrac{x_1 x_2}{8}\right)=\left(\dfrac{x_1+x_2}{2},-2\right)$，$\overrightarrow{NQ}\cdot\overrightarrow{AB}=$

$\left(\dfrac{x_1+x_2}{2},-4\right)\cdot(x_2-x_1,y_1-y_2)=\dfrac{1}{2}(x_2^2-x_1^2)-4\left(\dfrac{1}{8}x_2^2-\dfrac{1}{8}x_1^2\right)=0$。

故 $\overrightarrow{NQ}\cdot\overrightarrow{AB}$ 为定值，其值为 0。

说明：向量与圆锥曲线的轨迹问题参见例3-43。

例8-20　如图，设直线 l：$y=kx+m$（其中 k，m 为整数），与

椭圆 $\dfrac{x^2}{16}+\dfrac{y^2}{12}=1$ 交于不同两点 A，B，与双曲线 $\dfrac{x^2}{4}-\dfrac{y^2}{12}=1$ 交于不

同两点 C，D，问是否存在直线 l，使向量 $\overrightarrow{AC}+\overrightarrow{BD}=\vec{0}$。若存在，指

出这样的直线有多少条？若不存在，说明理由。

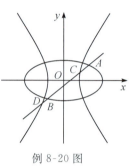

例8-20图

解：这样的直线显然存在，例如 $y=0$ 即是。

设 $A(x_1,y_1)$，$B(x_2,y_2)$，$C(x_3,y_3)$，$D(x_4,y_4)$，则由

$\overrightarrow{AC}+\overrightarrow{BD}=\vec{0}$ 知：$(x_3-x_1)+(x_4-x_2)=0$，即 $x_3+x_4=x_1+x_2$。　　（＊）

由 $\begin{cases}y=kx+m\\3x^2+4y^2=48\end{cases}$ 得 $(3+4k^2)x^2+8kmx+4(m^2-12)=0$，从而有

$\dfrac{1}{16}\Delta_1=4k^2m^2-(4k^2+3)(m^2-12)=3(16k^2-m^2+12)>0$。

再由 $\begin{cases}y=kx+m\\3x^2-y^2=12\end{cases}$ 得 $(3-k^2)x^2-2kmx-(m^2+12)=0$，

$\dfrac{1}{4}\Delta_2=k^2m^2+(3-k^2)(m^2+12)=3(m^2-4k^2+12)>0$。

又 $x_1+x_2=-\dfrac{8km}{4k^2+3}$，$x_3+x_4=\dfrac{2km}{3-k^2}$。由（＊）得 $-\dfrac{8km}{4k^2+3}=\dfrac{2km}{3-k^2}$，所以 $k=0$，

$m=0$ 或 $4(3-k^2)=-4k^2-3$。

(1)$k=0$ 时，由 $\Delta_1>0$ 知，$-2\sqrt{3}<m<2\sqrt{3}$，因为 $m\in\mathbf{Z}$，所以 $m=-3,-2,-1,0,1$，

$2,3$，共有 7 条；(2)$m=0$ 时，由 $\Delta_2>0$ 知，$-\sqrt{3}<k<\sqrt{3}$，因为 $k\in\mathbf{Z}$，所以，$k=-1,0,1$ 共

3 条，但 $k=0$，$m=0$ 重复；(3)$4(3-k^2)=-4k^2-3$ 无解。

综上所述，共有 9 条满足条件的直线。

说明：以参数形式出现的圆锥曲线问题参见例3-36。

例8-21　求以 x 轴为准线，长轴长为 4，下顶点 A 在曲线 $x^2=y-1$ 上的所有椭圆中

离心率 e 最大的椭圆方程。

分析：寻求 a，b，c 间的关系，以得到关于 e 的关系式或不等式，求出 e 的最大值及其

对应的参数值，从而求出对应的椭圆方程。

解法一：设椭圆的中心为 (x_0, y_0)，则所求椭圆方程为 $\dfrac{(x-x_0)^2}{b^2}+\dfrac{(y-y_0)^2}{2^2}=1$，则其下顶点为 $A(x_0, y_0-2)$，下准线为 $y=y_0-\dfrac{4}{c}$。因为 A 在 $x^2=y-1$ 上，所以

$$x_0^2=y_0-3, \quad ①$$

又 $y=y_0-\dfrac{4}{c}=0$，所以 $\dfrac{4}{c}=y_0$。由①知 $y_0-3\geqslant 0$，得到 $y_0\geqslant 3$，$\dfrac{4}{c}=y_0\geqslant 3$，所以 $c\leqslant\dfrac{4}{3}$。

因为 $e=\dfrac{c}{a}=\dfrac{c}{2}\leqslant\dfrac{2}{3}$，所以 $e_{\max}=\dfrac{2}{3}$，此时 $c=\dfrac{4}{3}$，$y_0=3$，$x_0=0$，从而椭圆的方程为

$$\dfrac{9x^2}{20}+\dfrac{(y-3)^2}{4}=1。$$

解法二：设下顶点 $A(x_1, y_1)$，由第二定义法得 $\dfrac{|AF|}{d}=e$，得到 $\dfrac{a-c}{y_1}=e$，所以 $c=\dfrac{4}{y_1+2}$。又 $x_1^2=y_1-1$，得到 $y_1\geqslant 1$，所以 $c\leqslant\dfrac{4}{3}$，此时 $y_1=1$，$x_1=0$，下顶点 $A(0,1)$，椭圆中心为 $(0,3)$，从而所求椭圆方程为 $\dfrac{9x^2}{20}+\dfrac{(y-3)^2}{4}=1$。

说明：a 固定时，e 的大小取决于 c，c 大则 e 大，求 e 的最值即为求 c 的最值。

例 8-22　椭圆 $\dfrac{x^2}{36}+\dfrac{y^2}{9}=1$ 的弦被点 $P(4,2)$ 所平分，求此弦所在的直线方程。

解法一：设弦的两端点分别为 $A(x_1, y_1)$，$B(x_2, y_2)$，则 $\dfrac{x_1+x_2}{2}=4$，$\dfrac{y_1+y_2}{2}=2$，

$$k_{AB}=\dfrac{y_2-y_1}{x_2-x_1}(x_2\neq x_1)，且\begin{cases}\dfrac{x_1^2}{36}+\dfrac{y_1^2}{9}=1 & ①\\[2mm]\dfrac{x_2^2}{36}+\dfrac{y_2^2}{9}=1 & ②\end{cases}，$$

②$-$①得 $\dfrac{x_2^2-x_1^2}{36}+\dfrac{y_2^2-y_1^2}{9}=0$，故 $\dfrac{1}{4}(x_2+x_1)(x_2-x_1)+(y_2+y_1)(y_2-y_1)=0$。

从而 $\dfrac{8}{4}+4\cdot\dfrac{y_2-y_1}{x_2-x_1}=0$，$k_{AB}=-\dfrac{1}{2}$。所以弦 AB 所在直线方程为 $y-2=-\dfrac{1}{2}(x-4)$，即 $x+2y-8=0$。

当 $x_1=x_2$ 时，弦 $AB\perp x$ 轴，AB 的中点在 x 轴上，不可能是点 P，所以 $x+2y-8=0$ 就是所求的直线方程。

解法二：设弦的两端点分别为 $A(x_1, y_1)$，$B(x_2, y_2)$，斜率为 k，则 AB 所在直线方程为 $y=k(x-4)+2$，代入方程 $\dfrac{x^2}{36}+\dfrac{y^2}{9}=1$，消去 y 整理得：

$$(1+4k^2)x^2+16k(1-2k)x+16(1-2k)^2-36=0。$$

因为 x_1，x_2 是上述方程的两个根，由韦达定理得 $x_1+x_2=-\dfrac{16k(1-2k)}{1+4k^2}$。又 $\dfrac{x_1+x_2}{2}=4$，

所以 $-\dfrac{16k(1-2k)}{1+4k^2}=8$，解之得 $k=-\dfrac{1}{2}$。

故弦 AB 的直线方程为 $y-2=-\dfrac{1}{2}(x-4)$，即 $x+2y-8=0$。

解法三：设椭圆 $\dfrac{x^2}{36}+\dfrac{y^2}{9}=1$ 关于 $P(4,2)$ 的对称椭圆 C 上任一点为 $M(x,y)$，则点

$M'(8-x,4-y)$ 在椭圆 $\dfrac{x^2}{36}+\dfrac{y^2}{9}=1$ 上，所以 $\dfrac{(8-x)^2}{36}+\dfrac{(4-y)^2}{9}=1$ 即为椭圆 C 的方程，两

椭圆方程相减得 $x+2y-8=0$ 即为所求直线方程。

说明：一般二次曲线问题参见例 3-42。

例 8-23　已知椭圆 $\dfrac{x^2}{4}+y^2=1$ 的左顶点为 A，不过点 A 的直线 $l:y=kx+b$ 与椭圆

交于不同的两点 P,Q，且 $\overrightarrow{AP}\cdot\overrightarrow{AQ}=0$。(1)求 k 与 b 的关系；(2)求证直线 l 必过定点。

(1)解：设 $P(x_1,y_1),Q(x_2,y_2)$，则由 $\begin{cases}\dfrac{x^2}{4}+y^2=1\\y=kx+b\end{cases}$ 消去 y 得 $(4k^2+1)x^2+8kbx+$

$4b^2-4=0$，由 $\Delta=(8kb)^2-4(4k^2+1)(4b^2-4)>0$ 得 $b^2<4k^2+1$。再由韦达定理得

$$x_1+x_2=-\dfrac{8kb}{4k^2+1},x_1x_2=\dfrac{4b^2-4}{4k^2+1}。\qquad ①$$

又因为椭圆左顶点 $A(-2,0)$，$\overrightarrow{AP}\cdot\overrightarrow{AQ}=0$，所以 $(x_1+2,y_1)(x_2+2,y_2)=0$，即

$x_1x_2+2(x_1+x_2)+4+y_1y_2=0$，

亦即 $x_1x_2+2(x_1+x_2)+4+(kx_1+b)(kx_2+b)=0$。整理得

$(k^2+1)x_1x_2+(kb+2)(x_1+x_2)+b^2+4=0。\qquad ②$

将①代入②：$5b^2-16kb+12k^2=0$，解之得 $b=2k$ 或 $b=\dfrac{6}{5}k$。

但当 $b=2k$ 时，直线 $l:y=kx+2k$ 过左顶点 $(-2,0)$，不合题意，舍去。从而 $b=\dfrac{6}{5}k$。

(2)证明：当 $b=\dfrac{6}{5}k$ 时，直线 $l:y=kx+\dfrac{6}{5}k$ 过定点 $\left(-\dfrac{6}{5},0\right)$，且满足 $b^2<4k^2+1$，符

合题意。所以直线 l 过点 $\left(-\dfrac{6}{5},0\right)$。

说明：求曲线过定点问题时，若能把曲线方程变为 $f_1(x,y)+\lambda f_2(x,y)=0$（$\lambda$ 为参

数），则方程 $\begin{cases}f_1(x,y)=0\\f_2(x,y)=0\end{cases}$ 的解，即为定点。

例 8-24　设抛物线 $y^2=4px(p>0)$ 的准线与 x 轴的交点为 M，过点 M 作直线 l 交

抛物线于 A,B 两点。(1)求线段 AB 中点的轨迹方程；(2)若线段 AB 的垂直平分线交 x

轴于 $N(x_0,0)$，求证 $x_0>3p$；(3)若 $0<P<1$，直线 l 的斜率依次取 $p,p^2,\cdots,p^n$，线段 AB

的垂直平分线与 x 轴的交点依次为 $N_1,N_2,\cdots,N_n$，求 $S=\dfrac{1}{|N_1N_2|}+\dfrac{1}{|N_2N_3|}+\cdots+$

$\dfrac{1}{|N_nN_{n+1}|}+\cdots$ 的值。

(1)解：抛物线的准线为 $x=-p$，所以 $M(-p,0)$。设过 M 的直线为 $y=k(x+p)$（k

存在且 $k\neq0$），由 $\begin{cases}y^2=4px\\y=k(x+p)\end{cases}$ 得 $k^2x^2+2(k^2-2)px+k^2p^2=0$。

由 $\Delta=4(k^2-2)^2p^2-4k^4p^2>0$ 得：$-1<k<1(k\neq0)$。

设线段 AB 的中点坐标为 $Q(x,y)$，$A(x_1,y_1)$，$B(x_2,y_2)$，则 $x=\dfrac{x_1+x_2}{2}=\left(\dfrac{2}{k^2}-1\right)p$，

$y=k(x+p)=\dfrac{2p}{k}$。由以上两式消去 k 得中点轨迹方程：$y^2=2p(x+p)(x>p)$。

（2）**证明**：因为 $Q\left(\left(\dfrac{2}{k^2}-1\right)p,\dfrac{2p}{k}\right)$，所以由点斜式得 AB 垂直平分线的方程 $y-\dfrac{2p}{k}=$

$-\dfrac{1}{k}\left[x-\left(\dfrac{2}{k^2}-1\right)p\right]$。令 $y=0$ 得 $x_0=\left(\dfrac{2}{k^2}+1\right)p$。又 $-1<k<1$，$p>0$，故 $x_0>3p$。

（3）**解**：当斜率 $k_n=p^n$ 时，$N_n\left(\left(\dfrac{2}{p^{2n}}+1\right)p,0\right)$，因为 $|N_nN_{n+1}|=|x_{n+1}-x_n|=$

$\left|\left(\dfrac{2}{p^{2n+2}}+1\right)p-\left(\dfrac{2}{p^{2n}}+1\right)p\right|=\dfrac{2(1-p^2)}{p^{2n+1}}(0<p<1)$，

所以 $\dfrac{1}{|N_nN_{n+1}|}=\dfrac{p^{2n+1}}{2(1-p^2)}=\dfrac{p^3}{2(1-p^2)}(p^2)^{n-1}$，即 $\left\{\dfrac{1}{|N_nN_{n+1}|}\right\}$ 是以 $\dfrac{p^3}{2(1-p^2)}$ 为首

项，以 p^2 为公比的等比数列。从而 $S=\dfrac{1}{|N_1N_2|}+\dfrac{1}{|N_2N_3|}+\cdots+\dfrac{1}{|N_nN_{n+1}|}+\cdots=$

$\dfrac{p^3}{2(1-p^2)}+\dfrac{p^3}{2(1-p^2)}p^2+\cdots\dfrac{p^3}{2(1-p^2)}(p^2)^{n-1}+\cdots=\dfrac{\dfrac{p^3}{2(1-p^2)}}{1-p^2}=\dfrac{p^3}{2(1-p^2)^2}$。

例 8-25　已知离心率为 $\dfrac{\sqrt{2}}{2}$ 的椭圆 $c:\dfrac{x^2}{a^2}+\dfrac{y^2}{b^2}=1(a>b>0)$ 过点 $A(2,1)$。（1）求 c 的

方程；（2）若点 M,N 在 c 上，且 $AM\perp AN$，$AD\perp MN$，D 为垂足，试证明存在定点 Q，使得

$|DQ|$ 为定值。

（1）**解**：由题意知：$\dfrac{c}{a}=\dfrac{\sqrt{2}}{2}$，$\dfrac{4}{a^2}+\dfrac{1}{b^2}=1$，$a^2=b^2+c^2$，解之得 $a^2=6$，$b^2=c^2=3$，故 c 的

方程为 $\dfrac{x^2}{6}+\dfrac{y^2}{3}=1$。

（2）**证明**：设 $M(x_1,y_1)$，$N(x_2,y_2)$。若直线 MN 斜率存在时，设直线 MN 的方程为

$y=kx+m$，代入椭圆方程消去 y 并整理得 $(1+2k^2)x^2+4kmx+2m^2-6=0$，故有 x_1+

$x_2=-\dfrac{4km}{1+2k^2}$，$x_1x_2=\dfrac{2m^2-6}{1+2k^2}$。（＊）

因为 $AM\perp AN$，所以 $\overrightarrow{AM}\cdot\overrightarrow{AN}=0$，即 $(x_1-2)(x_2-2)+(y_1-1)(y_2-1)=0$，将

$y_1=kx_1+m$，$y_2=kx_2+m$ 代入并整理得 $(k^2+1)x_1x_2+(km-k-2)(x_1+x_2)+(m-1)^2+$

$4=0$，把（＊）代入可得 $(k^2+1)\dfrac{2m^2-6}{1+2k^2}+(km-k-2)\left(-\dfrac{4km}{1+2k^2}\right)+(m-1)^2+4=0$，整理

得 $(2k+3m+1)(2k+m-1)=0$。

又因为 $A(2,1)$ 不在直线 MN 上，所以 $2k+m-1\neq0$，从而 $2k+3m+1=0$，$k\neq1$。于

是 MN 的方程为 $y=k\left(x-\dfrac{2}{3}\right)-\dfrac{1}{3}$，$k\neq1$。故直线过定点 $P\left(\dfrac{2}{3},-\dfrac{1}{3}\right)$。

若直线 MN 的斜率不存在时，可得 $N(x_1,-y_1)$，由 $\overrightarrow{AM}\cdot\overrightarrow{AN}=0$ 得 $(x_1-2)(x_1-2)+$

$(y_1-1)(-y_1-1)=0$，即 $(x_1-2)^2+1-y_1^2=0$。又 M 在椭圆 c 上，所以 $\dfrac{x_1^2}{6}+\dfrac{y_1^2}{3}=1$。两

式消去 y，可得 $3x_1^2 - 8x_1 + 4 = 0$，解之得 $x_1 = \dfrac{2}{3}$，或 2（舍）。此时直线 MN 过点 $P\left(\dfrac{2}{3}, \dfrac{1}{3}\right)$。

记 AP 的中点为 Q，则 $Q\left(\dfrac{4}{3}, \dfrac{1}{3}\right)$。若 D 与 P 不重合，则 AP 是 $\mathrm{Rt}\triangle ADP$ 的斜边，故 $|DQ| = \dfrac{1}{2}|AP| = \dfrac{2\sqrt{2}}{3}$。若 D 与 P 重合，则 $|DQ| = \dfrac{1}{2}|AP|$。故存在点 $Q\left(\dfrac{4}{3}, \dfrac{1}{3}\right)$，使得 $|DQ|$ 为定值。

9

第 9 章
数列问题的求解方法

数列问题是高中数学的难点之一,它既与整数有关,又可以看成是离散的函数,它与函数、不等式结合起来就更加复杂。常见的有等差数列、等比数列和递推数列。数列的基本问题主要涉及等差(等比)数列的概念、性质、通项公式、前 n 项和等内容,数列的综合问题往往把数列、函数、方程、不等式等知识结合起来,在求解过程中要用到观察法、归纳法、数学归纳法、等价转换、分类讨论、类比法、错位求和法、待定系数法、数形结合法等。在本章主要设计了六大模块:数列求和问题、递推数列问题、数列的综合问题、数列与解析几何问题、数列与函数问题、数列与不等式问题。在求通项、数列求和以及数列递推过程中,常用一些公式,为方便我们列举如下:

$$\frac{1}{1\times 2}+\frac{1}{2\times 3}+\cdots+\frac{1}{n(n+1)}=1-\frac{1}{n+1};\frac{1}{n(n+k)}=\frac{1}{k}\left(\frac{1}{n}-\frac{1}{n+k}\right);$$

$$\frac{1}{(2n+1)(2n-1)}=\frac{1}{2}\left(\frac{1}{2n-1}-\frac{1}{2n+1}\right);n\cdot n!\ =(n+1)!\ -n!;$$

$$\frac{1}{n(n+1)(n+2)}=\frac{1}{2}\left(\frac{1}{n(n+1)}-\frac{1}{(n+1)(n+2)}\right);$$

$$\frac{1}{1\times 2\times 3}+\frac{1}{2\times 3\times 4}+\cdots+\frac{1}{n(n+1)(n+2)}=\frac{1}{2}\left[\frac{1}{2}-\frac{1}{(n+1)(n+2)}\right];$$

$$\frac{1}{\sqrt{a}+\sqrt{b}}=\frac{1}{a-b}(\sqrt{a}-\sqrt{b});\frac{1}{1+\sqrt{2}}+\frac{1}{\sqrt{2}+\sqrt{3}}+\cdots+\frac{1}{\sqrt{n}+\sqrt{n+1}}=\sqrt{n+1}-1。$$

9.1　简单数列的通项与求和问题

数列求和问题一般从通项入手,若通项未知应先求通项,然后通过对通项变形,转化为与特殊数列有关或具备某种特殊形式的数列,从而选择合适的方法求和。等差、等比数列求和可直接根据公式求解,非等差等比数列需要根据通项本身的形式选择合适的求和方法。常见的数列求和的方法有:公式法、裂项相消法、错位相减法、分组求和法、倒序相加法。

例 9-1　已知数列 $\{a_n\}$ 满足 $a_{n+1}+(-1)^n a_n=2n-1,n\in \mathbf{N}_+$,则 $\{a_n\}$ 的前 60 项和为

_____。

分析:本题只给出了 a_n 与 a_{n+1} 的一个关系,所以要先探寻规律。

解：因为 $a_{n+2}=-(-1)^{n+1}a_{n+1}+2n+1=-(-1)^{n+1}[(-1)^{n+1}a_n+2n-1]+2n+1=-a_n+(-1)^n(2n-1)+2n+1$，所以 $a_{n+2}+a_n=(-1)^n(2n-1)+2n+1$。

同理 $a_{n+3}+a_{n+1}=-(-1)^n(2n+1)+2n+3$。

上面两式相加得 $a_{n+3}+a_{n+2}+a_{n+1}+a_n=-2(-1)^n+4n+4$，即

$a_{4k+1}+a_{4k+2}+a_{4k+3}+a_{4k+4}=-2(-1)^{4k+1}+4(4k+1)+4=16k+10$，$k$ 是非负整数。

故由分组求和法，把前 60 项分成 15 组，每四项一组，得到

$$S_{60}=\sum_{k=0}^{14}(a_{4k+1}+a_{4k+2}+a_{4k+3}+a_{4k+4})=\sum_{k=0}^{14}(16k+10)=1830。$$

说明：类似的问题可参见习题 3.7 第 9 题。

例 9-2 已知数列 $\{a_n\}$ 满足前 n 项和 $S_n=(n-1)2^n+1$，是否存在等差数列 $\{b_n\}$，使 $a_n=b_0C_n^0+b_1C_n^1+b_2C_n^2+\cdots+b_nC_n^n$ 对一切自然数 n 均成立？

分析：本题已给出了 S_n 与 n 的关系，由 $a_n=\begin{cases}S_1 & (n=1)\\ S_n-S_{n-1} & (n\geqslant 2)\end{cases}$，先求 a_n。

解：$n=1$ 时 $a_1=S_1=1$；$n\geqslant 2$ 时，$a_n=S_n-S_{n-1}=(n-1)2^n+1-(n-2)2^{n-1}-1=n\cdot 2^{n-1}$。$n=1$ 也适合上式，故 $a_n=n\cdot 2^{n-1}$。

假若存在等差数列 $\{b_n\}$ 满足条件，由 $\{b_n\}$ 成等差数列，则

$a_n=b_0C_n^0+b_1C_n^1+\cdots+b_nC_n^n$，$a_n=b_nC_n^n+b_{n-1}C_n^{n-1}+\cdots+b_0C_n^n$，

用倒序相加法得：$2a_n=(b_0+b_n)C_n^0+(b_1+b_{n-1})C_n^1+\cdots+(b_0+b_n)C_n^n=b_n(C_n^0+C_n^1+\cdots+C_n^n)=2^n\cdot b_n$，所以 $n\cdot 2^n=2^n\cdot b_n$，从而 $b_n=n$。

当 $n=0$，$b_0=0$。故存在等差数列 $\{b_n\}$ 满足已知等式。

说明：等差(比)数列问题参见习题 2.2.2 第 5 题，例 3-5，例 3-110，例 3-111。

例 9-3 设数列 $\{a_n\}$ 的前 n 项和为 S_n，$a_1=1$，$S_n=na_n-2n(n-1)$。(1)求数列 $\{a_n\}$ 的通项公式 a_n；(2)设数列 $\left\{\dfrac{1}{a_na_{n+1}}\right\}$ 的前 n 项和为 T_n，求证 $\dfrac{1}{5}\leqslant T_n<\dfrac{1}{4}$。

(1)解：因为 $S_n=na_n-2n(n-1)$，$S_{n+1}=(n+1)a_{n+1}-2n(n+1)$，相减得：$a_{n+1}=a_n+4$，即 $a_{n+1}-a_n=4$，故 $\{a_n\}$ 是首项为 1，公差为 4 的等差数列，所以 $a_n=4n-3$。

(2)证明：因为 $\dfrac{1}{a_na_{n+1}}=\dfrac{1}{(4n-3)(4n+1)}=\dfrac{1}{4}\left(\dfrac{1}{4n-3}-\dfrac{1}{4n+1}\right)$（技巧），裂项相消得：

$$T_n=\dfrac{1}{a_1a_2}+\dfrac{1}{a_2a_3}+\dfrac{1}{a_3a_4}+\cdots+\dfrac{1}{a_na_{n+1}}$$

$$=\dfrac{1}{1\times 5}+\dfrac{1}{5\times 9}+\dfrac{1}{9\times 14}+\cdots+\dfrac{1}{(4n-3)(4n+1)}=\dfrac{1}{4}\left(1-\dfrac{1}{4n+1}\right)<\dfrac{1}{4}$$，易知 T_n 是单调递增的，$T_n\geqslant T_1=\dfrac{1}{5}$，故 $\dfrac{1}{5}\leqslant T_n<\dfrac{1}{4}$。

说明：较复杂的等差数列问题参见习题 2.2.3 第 5 题，习题 3.13 第 7 题。

例 9-4 已知设数列 $\{b_n\}$ 的前 n 项和为 S_n，且 $b_n=2-2S_n$；数列 $\{a_n\}$ 为等差数列，且 $a_5=14$，$a_7=20$。(1)求数列 $\{b_n\}$ 的通项公式；(2)若 $C_n=a_nb_n$（$n\in \mathbf{N}_+$），T_n 为 $\{C_n\}$ 的前 n 项和，求 T_n。

解：(1)由 $b_n=2-2S_n$，令 $n=1$（赋值），则 $b_1=2-2S_1$，又 $S_1=b_1$，所以 $b_1=\dfrac{2}{3}$。

由 $b_{n-1}=2-2S_{n-1}(n\geqslant 2)$. 得 $b_n-b_{n-1}=-2(S_n-S_{n-1})=-2b_n$,进而 $\dfrac{b_n}{b_{n-1}}=\dfrac{1}{3}$,即 $\{b_n\}$ 是首项为 $\dfrac{2}{3}$,公比为 $\dfrac{1}{3}$ 的等比数列,故 $b_n=\dfrac{2}{3^n}$。

(2)$\{a_n\}$ 为等差数列,$d=\dfrac{1}{2}(a_7-a_5)=3$,$a_1=2$,故 $a_n=3n-1$,从而 $C_n=a_nb_n=\dfrac{2(3n-1)}{3^n}$,$T_n=2\left[2\cdot\dfrac{1}{3}+5\cdot\dfrac{1}{3^2}+8\cdot\dfrac{1}{3^3}+\cdots+(3n-1)\cdot\dfrac{1}{3^n}\right]$,又 $\dfrac{1}{3}T_n=2\left[2\cdot\dfrac{1}{3^2}+5\cdot\dfrac{1}{3^3}+\cdots+(3n-4)\cdot\dfrac{1}{3^n}+(3n-1)\cdot\dfrac{1}{3^{n+1}}\right]$(技巧),

用错位相减法得:$\dfrac{2}{3}T_n=2\left[2\cdot\dfrac{1}{3}+3\cdot\dfrac{1}{3^2}+\cdots+3\cdot\dfrac{1}{3^n}-(3n-1)\cdot\dfrac{1}{3^{n+1}}\right]$,

所以 $T_n=\dfrac{7}{2}-\dfrac{1}{2\cdot 3^{n-2}}-\dfrac{3n-1}{3^n}$。

说明:数列求和问题参见例 2-15,习题 3.9 第 3 题。

例 9-5　在数列 $\{a_n\}$,$\{b_n\}$ 中,$a_1=2$,$b_1=4$ 且 a_n,b_n,a_{n+1} 成等差数列,b_n,a_{n+1},b_{n+1} 成等比数列。(1)求 a_2,a_3,a_4 及 b_2,b_3,b_4,由此猜想 $\{a_n\}$,$\{b_n\}$ 的通项公式,并证明你的结论;(2)求证 $\dfrac{1}{a_1+b_1}+\dfrac{1}{a_2+b_2}+\cdots+\dfrac{1}{a_n+b_n}<\dfrac{5}{12}$。

(1)解:由赋值法代入验证可得 $a_2=6$,$b_2=9$,$a_3=12$,$b_3=16$,$a_4=20$,$b_4=25$,并猜想:$a_n=n(n+1)$,$b_n=(n+1)^2$。

用数学归纳法证明:当 $n=1$ 时,结论成立。假设当 $n=k$ 时,结论成立,即 $a_k=k(k+1)$,$b_k=(k+1)^2$,当 $n=k+1$ 时,$a_{k+1}=2b_k-a_k=2(k+1)^2-k(k+1)=(k+1)(k+2)$,$b_{k+1}=\dfrac{a_{k+1}^2}{b_k}=(k+2)^2$。所以当 $n=k+1$ 时,结论也成立。

(2)证明:因为 $\dfrac{1}{a_1+b_1}=\dfrac{1}{6}<\dfrac{5}{12}$,从第 n 个式子出发,寻找规律:

$a_n+b_n=(n+1)(2n+1)>2n(n+1)$(技巧),

于是,$\dfrac{1}{a_n+b_n}<\dfrac{1}{2n(n+1)}=\dfrac{1}{2}\left(\dfrac{1}{n}-\dfrac{1}{n+1}\right)$。由裂项相消法,当 $n\geqslant 2$ 时有:$\dfrac{1}{a_1+b_1}+\dfrac{1}{a_2+b_2}+\cdots+\dfrac{1}{a_n+b_n}<\dfrac{1}{6}+\dfrac{1}{2}\left[\dfrac{1}{2\times 3}+\dfrac{1}{3\times 4}+\cdots+\dfrac{1}{n(n+1)}\right]<\dfrac{1}{6}+\dfrac{1}{2}\left(\dfrac{1}{2}-\dfrac{1}{n+1}\right)<\dfrac{1}{6}+\dfrac{1}{4}=\dfrac{5}{12}$,故命题成立。

说明:求数列通项问题参见习题 3.4 第 3,4 题,例 3-15;习题 3.15 第 7 题。

9.2　递推数列问题

有关递推数列的结论请参阅本书 3.11 节。在递推数列中,数列通项是研究数列性质和求和的基础,数列通项公式的求法包括:观察法和利用递推关系求通项公式法。观察法就是利用归纳推理求数列通项,包括代数归纳和图形归纳。根据数列的前几项写出数列的通项公式是利用了不完全归纳法,它蕴含了"从特殊到一般的思想",由此猜测出的结果不一定可靠,所以要注意代入特殊值检验,必要时用数学归纳法证明。利用递推关系求通项公式法主要包括:累加法、累乘法、构造辅助数列(或函数)法以及利用前 n 项和与通项关系的方法。

例 9-6　在数列 $\{a_n\}$ 中,$a_1=2$,$a_{n+1}=4a_n-3n+1$,求通项 a_n。

解:因为 $a_{n+1}=4a_n-3n+1$,所以 $\dfrac{a_{n+1}}{4^{n+1}}=\dfrac{a_n}{4^n}+\dfrac{1-3n}{4^{n+1}}$。设 $\dfrac{a_{n+1}-k}{4^{n+1}}=\dfrac{a_n-(k-1)}{4^n}$,则

$k=n+1$,即 $\dfrac{a_{n+1}-(n+1)}{4^{n+1}}=\dfrac{a_n-n}{4^n}$ 为常数列。所以 $\dfrac{a_n-n}{4^n}=\dfrac{a_1-1}{4^1}=\dfrac{2-1}{4}=\dfrac{1}{4}$,从而

$a_n=4^{n-1}+n$。

说明:(1)对形如 $a_{n+1}=pa_n+A_n+B(p\neq0)$,可设 $\dfrac{a_{n+1}+x(n+1)+y}{p^{n+1}}=\dfrac{a_n+xn+y}{p^n}$。

(2)同类问题参见例 3-39,例 3-95。

例 9-7　已知数列 $\{a_n\}$ 满足 $a_1=1$,$a_1=2$,$a_{n+2}=3a_{n+1}-2a_n(n\in\mathbf{N}_+)$,求 a_n。

解:用待定系数法[用于求 $a_{n+2}=pa_{n+1}+qa_n(p^2+4q\neq0)$ 数列 $\{a_n\}$ 的通项]。

因为 $a_{n+2}=3a_{n+1}-2a_n$,所以 $a_{n+2}+xa_{n+1}=(3+x)a_{n+1}-2a_n$,$x$ 为待定常数。

而 $a_{n+2}+xa_{n+1}=(3+x)\left(a_{n+1}-\dfrac{2}{x+3}a_n\right)$,令 $x=-\dfrac{2}{x+3}$,得 $x=-1$ 或 $x=-2$。

当 $x=-1$ 时,$a_{n+2}-a_{n+1}=2(a_{n+1}-a_n)$,$a_{n+2}-a_{n+1}=(a_2-a_1)2^n=2^n$,$a_{n+1}-a_n=2^{n-1}$,$a_n-a_{n-1}=2^{n-2}$,$a_{n-1}-a_{n-2}=2^{n-3}$,$\cdots$,$a_3-a_2=2^1$,$a_2-a_1=2^0$。相加得 $a_n=2^{n-1}$。

当 $x=-2$ 时,$a_{n+2}-2a_{n+1}=a_{n+1}-2a_n$,即 $a_{n+1}-2a_n=a_2-2a_1=0$,故 $a_n=2^{n-1}$。

说明:类似的问题参见例 3-99。

例 9-8　数列 $\{a_n\}$ 和 $\{b_n\}$ 满足 $a_1=2$,$b_1=1$,且 $\begin{cases}a_n=3a_{n-1}-b_{n-1}\\b_n=a_{n-1}+b_{n-1}\end{cases}(n\geqslant2)$,求 a_n 和 b_n。

解:当 $\lambda\neq-3$ 时,$a_n+\lambda b_n=(\lambda+3)\left(a_{n-1}+\dfrac{\lambda-1}{\lambda+3}b_{n-1}\right)$,令 $\lambda=\dfrac{\lambda-1}{\lambda+3}$ 得 $\lambda=-1$。

于是有:$a_n-b_n=2(a_{n-1}-b_{n-1})=2^2(a_{n-2}-b_{n-2})=2^{n-1}(a_1-b_1)=2^{n-1}$。即 $a_n-b_n=2^{n-1}$,$n\in\mathbf{N}_+$,从而 $a_{n-1}-b_{n-1}=2^{n-2}$。

又 $a_n=3a_{n-1}-b_{n-1}=2a_{n-1}+(a_{n-1}-b_{n-1})=2a_{n-1}+2^{n-2}$,所以 $\dfrac{a_n}{2^n}=\dfrac{a_{n-1}}{2^{n-1}}+\dfrac{1}{4}$。

记 $\overline{b}_n=\dfrac{a_n}{2^n}$,$\{\overline{b}_n\}$ 为首项是 $\overline{b}_1=\dfrac{a_1}{2}=1$,公差为 $\dfrac{1}{4}$ 的等差数列,从而 $\overline{b}_n=\dfrac{a_n}{2^n}=1+(n-1)\dfrac{1}{4}$,即 $a_n=(n+3)2^{n-2}$。故 $b_n=(n+1)2^{n-2}$。

例 9-9　在数列 $\{a_n\}$ 中,$a_1=1$,前 n 项和 S_n 满足 $nS_{n+1}=(n+3)S_n$,求 $\{a_n\}$ 的通项。

解:因为 $nS_{n+1}=(n+3)S_n$,又 $(n+1)S_{n+2}=(n+4)S_{n+1}$,两式相减得:

$n(S_{n+2}-S_{n+1})+S_{n+2}=(n+3)(S_{n+1}-S_n)+S_{n+1}$,即 $na_{n+2}=(n+3)a_{n+1}-a_{n+2}$。从而 $(n+1)a_{n+2}=(n+3)a_{n+1}$,所以 $\dfrac{a_{n+2}}{n+3}=\dfrac{a_{n+1}}{n+1}$,$\dfrac{a_{n+2}}{(n+3)(n+2)}=\dfrac{a_{n+1}}{(n+2)(n+1)}$(技巧),故 $\left\{\dfrac{a_{n+1}}{(n+1)(n+2)}\right\}$ 为常数列。再由 $a_1=1$ 得 $\left\{\dfrac{a_n}{n(n+1)}\right\}$ 也是常数列。所以 $\dfrac{a_n}{n(n+1)}=\dfrac{a_1}{1\times2}=$

$\dfrac{1}{2}$，即 $a_n = \dfrac{1}{2}n(n+1)$。

例 9-10 已知数列 $\{a_n\}$ 满足 $a_1 = 2$，$3(a_1 + a_2 + \cdots + a_n) = a_n(n+2)$，$n \in \mathbf{N}_+$，求 a_n 的前 n 项和 S_n。

解： 因为 $3(a_1 + a_2 + \cdots + a_n) = a_n(n+2)$，所以 $3S_n = (n+2)(S_n - S_{n-1})(n \geqslant 2)$。

即 $nS_{n+1} = (n+3)S_n$ $(n \in \mathbf{N}_+)$。同上题可得：$a_n = (n+1)n$，$n \in \mathbf{N}_+$。将 a_n 代入 $3S_n = (n+2)a_n$ 得：$S_n = \dfrac{1}{3}n(n+1)(n+2)$。

例 9-11 已知数列 $\{a_n\}$ 满足 $a_1 = \dfrac{1}{2}$，$a_{n+1} = a_n + \dfrac{1}{n^2+n}$，求 a_n。

解： 由题意 $a_1 = \dfrac{1}{2}$，$a_{n+1} = a_n + \dfrac{1}{n^2+n}$ 知，满足 $\{a_n\}$ 的通项是唯一的。若能找到一个数列满足题目的所有条件，则即为所求。因为 $a_{n+1} - a_n = \dfrac{1}{n^2+n} = \dfrac{1}{n} - \dfrac{1}{n+1} = \left(k - \dfrac{1}{n+1}\right) - \left(k - \dfrac{1}{n}\right)$，即 $a_n = k - \dfrac{1}{n}$（k 为待定常数）满足递推关系 $a_{n+1} = a_n \dfrac{1}{n^2+n}$。又 $a_1 = \dfrac{1}{2}$，所以 $k = \dfrac{3}{2}$，即 $a_n = \dfrac{3}{2} - \dfrac{1}{n}$。

说明： 对有递推关系 $a_n = ca_{n-1} + f(n)\beta^n$，$f(n)$ 是多项式，c,β 为常数的情形，参见例 3-97。

例 9-12 已知 $a_n = 3n - 1$，$b_n = 2^n$，$n \in \mathbf{N}_+$。(1)求数列 $\{a_nb_n\}$ 前 n 项和 S_n；(2)求 $T_n = a_nb_1 + a_{n-1}b_2 + \cdots + a_1b_n$ 的表达式。

解： (1)因为 $a_n = 3n - 1$，$b_n = 2^n$，所以 $S_n - S_{n-1} = (3n-1)2^n$，$n \geqslant 2$。设 $S_n - (an+b)2^n = S_{n-1} - [a(n-1)+b]2^{n-1}$，$n \geqslant 2$，其中 a,b 为待定常数，则有 $S_n = S_{n-1} + \left(\dfrac{a}{2}n + \dfrac{a+b}{2}\right)2^n$ $(n \geqslant 2)$，故 $a = 6$，$b = -8$，得到常数列 $\{S_n - (6n-8)2^n\}$。

又因为常数为 $S_1 + 4 = 8$，所以 $S_n = (3n-4)2^{n+1} + 8$。

(2)先设 $N_m = a_nb_1 + a_{n-1}b_2 + \cdots + a_{n+1-m}b_m$，$m = 1, 2, 3, \cdots, n$，则

$N_m = N_{m-1} + (3n - 3m + 2)2^m$ $(m = 2, 3, \cdots, n)$。

再设 $N_m - (am+b)2^m = N_{m-1} - [a(m-1)+b]2^{m-1}$，其中 a,b 为待定常数，$m = 1, 2, 3, \cdots, n$，则 $N_m = N_{m-1} + \left(\dfrac{a}{2}m + \dfrac{a+b}{2}\right)2^m$，从而 $a = -6$，$b = 6n+10$，即有 $\{N_n - (6n - 6m + 10)2^n\}$ 为常数列。$N_m = (6n - 6m + 10)2^m - 6n - 10$，进而得到 $T_n = N_n = 5 \cdot 2^{n+1} - 6n - 10$。

例 9-13 设有正项数列 $\{a_n\}$，$n \geqslant 1$，满足 $k + n = m + l$ 时，满足 $\dfrac{a_k + a_n}{1 + a_ka_n} = \dfrac{a_m + a_l}{1 + a_ma_l}$。试证数列 $\{a_n\}$ 有界。

证明： 记 $A_{k+n} = \dfrac{a_k + a_n}{1 + a_ka_n}$，则 $A_n = A_{1+(n-1)} = \dfrac{a_1 + a_{n-1}}{1 + a_1a_{n-1}}$，$n > 1$。构造函数 $f(x) = \dfrac{a_1 + x}{1 + a_1x}$，$x \in (0, +\infty)$，则有

$$f(x) \geqslant \begin{cases} \dfrac{a_1+x}{a_1^2+a_1 x} = \dfrac{a_1+x}{a_1(a_1+x)} = \dfrac{1}{a_1}, a_1 > 1 \\[3mm] \dfrac{1+x}{1+x} = 1, a_1 = 1 \\[3mm] \dfrac{a_1+a_1^2 x}{a_1^2+a_1 x} = \dfrac{a_1(1+a_1 x)}{1+a_1 x} = a_1, 0 < a_1 < 1 \end{cases} 。$$

故对于 a_1 的任何值（$a_1 > 0$），都存在 $M_0 \in (0,1]$，使得：$f(x) \geqslant M_0$，即 $A_n \geqslant M_0$，$n > 1$。

于是有 $A_{2n} = A_{n+n} = \dfrac{2a_n}{1+a_n^2} \geqslant M_0$，即 $M_0 a_n^2 - 2a_n + M_0 \leqslant 0$，解之得

$$\frac{1-\sqrt{1-M_0^2}}{M_0} \leqslant a_n \leqslant \frac{1+\sqrt{1-M_0^2}}{M_0} 。$$

取 $m = \dfrac{1-\sqrt{1-M_0^2}}{M_0}$，$M = \dfrac{1+\sqrt{1-M_0^2}}{M_0}$，则对一切 $n > 1$，都有 $m \leqslant a_n \leqslant M$，即数列 $\{a_n\}$ 有界。

说明：较复杂的递推数列问题参见习题 3.11 第 2,3,4 题。

9.3　数列的综合问题

对于等差、等比数列综合问题，解决的关键是要理清数列中各项的性质及它们之间的关系，经常采用"巧用性质，整体考虑，减少运算量"的技巧。

例 9-14　数列 $\{a_n\}$ 满足 $a_1 = 1$，$a_{n+1} = \dfrac{1}{16}(1+4a_n+\sqrt{1+24a_n})$（$n \geqslant 1, n \in \mathbf{N}_+$），求通项 a_n。

解：用换元法。对这种带根号的递推公式，可先把根号去掉：令 $b_n = \sqrt{1+24a_n} > 0$，则 $a_n = \dfrac{b_n^2-1}{24}$（$n \geqslant 1$）。　①

将①代入原方程式得到：$\dfrac{b_{n+1}^2-1}{24} = \dfrac{1}{16}\left(1+4 \times \dfrac{b_n^2-1}{24}+b_n\right)$，整理得 $(2b_{n+1})^2 = (b_n+3)^2$，即 $2b_{n+1} = b_n+3$（$b_n > 0, n \geqslant 1$）。故 $2(b_{n+1}-3) = b_n-3$，$b_{n+1}-3 = \dfrac{1}{2}(b_n-3)$，于是 $b_n-3 = \dfrac{1}{2}(b_{n-1}-3) = \left(\dfrac{1}{2}\right)^2(b_{n-2}-3) = \cdots = \left(\dfrac{1}{2}\right)^{n-1}(b_1-3)$。

又 $b_1 = \sqrt{1+24a_1} = \sqrt{1+24 \times 1} = 5$，所以 $b_n = 2^{2-n}+3$（$n \geqslant 1$）。

故 $a_n = \dfrac{b_n^2-1}{24} = \dfrac{1}{24}\left[(2^{2-n}+3)^2-1\right] = \dfrac{2^{2n-1}+3 \cdot 2^{n-1}+1}{3 \cdot 2^{2n-1}}$（$n \in \mathbf{N}_+$）。

例 9-15　有一堆糖果，数量若干，小朋友第 1 次分了总量的 $\dfrac{1}{m}$ 又多拿 a 粒，第 2 次分了剩余总量的 $\dfrac{1}{m}$ 又多拿 a 粒，……，第 $n-1$（$n \geqslant 2$）次分了剩余总量的 $\dfrac{1}{m}$ 又多拿 a 粒，……，到第 n 次只剩下 b 粒。问这堆糖果原有多少粒？

解：设这堆糖果原有 x_0 粒，第 k 次拿掉了还剩余 x_k，最后余 $x_n = b$ 粒，则 $x_k - \left(\dfrac{x_k}{m}+a\right) = x_{k+1}$，$k \in \mathbf{N}_+$，$(m-1)x_k - ma = mx_{k+1}$，$m(x_{k+1}+ma) = (m-1)(x_k+ma)$，

$x_{k+1}+ma=\dfrac{m-1}{m}(x_k+ma)=\left(\dfrac{m-1}{m}\right)^2(x_{k-1}+ma)=\cdots=\left(\dfrac{m}{m-1}\right)^k(x_0+ma)$，即 $x_{k+1}+ma=\left(\dfrac{m-1}{m}\right)^k(x_0+ma)$，$x_n+ma=\left(\dfrac{m-1}{m}\right)^{n-1}\times(x_0+ma)$，$x_0=\left(\dfrac{m}{m-1}\right)^{n-1}(ma+b)-ma$。例如，$m=2$ 时，$x_0=2^{n-1}(2a+b)-2a$。

说明: 由实际问题出发,寻找数列通项的问题参见习题 3.11 第 1 题。

例 9-16　数列 $\{a_n\}$ 满足 $a_1=1$，$a_2=2$，且 $\dfrac{a_{n+2}}{a_n}=\dfrac{a_{n+1}^2+1}{a_n^2+1}$（$n\in\mathbf{N}_+$），求证 $63<a_{2022}<78$。

证明: 先求出数列 $\{a_n\}$ 的递推关系。因为 $\dfrac{a_{n+2}}{a_n}=\dfrac{a_{n+1}^2+1}{a_n^2+1}$，所以 $\dfrac{a_{n+1}}{a_{n-1}}=\dfrac{a_n^2+1}{a_{n-1}^2+1}$，即

$$\dfrac{a_n^2+1}{a_{n+1}}=\dfrac{a_{n-1}^2+1}{a_{n-1}}=\dfrac{a_n}{a_{n-1}}\cdot\dfrac{a_{n-1}^2+1}{a_n}=\dfrac{a_n}{a_{n-1}}\cdot\dfrac{a_{n-1}}{a_{n-2}}\cdot\dfrac{a_{n-2}^2+1}{a_{n-1}}=\cdots$$

$$=\dfrac{a_n}{a_{n-1}}\cdot\dfrac{a_{n-1}}{a_{n-4}}\cdots\dfrac{a_2}{a_1}\cdot\dfrac{a_1^2+1}{a_2}=\dfrac{a_n}{a_1}\cdot\dfrac{a_1^2+1}{a_2}=\dfrac{a_n}{1}\cdot\dfrac{1^2+1}{2}=a_n,$$

即 $\dfrac{a_n^2+1}{a_{n+1}}=a_n$，$a_{n+1}=\dfrac{1}{a_n}+a_n$（$n\in\mathbf{N}_+$）。

当 $k\geqslant 2$ 时，$a_k=a_{k-1}+\dfrac{1}{a_{k-1}}$，$a_k^2=2+a_{k-1}^2+\dfrac{1}{a_{k-1}^2}>2+a_{k-1}^2$，所以 $a_k^2-a_{k-1}^2>2(k\geqslant 2)$，从而 $a_n^2=\sum\limits_{k=2}^{n}(a_k^2-a_{k-1}^2)+a_1^2>2(n-1)+1=2n-1$，即 $a_n^2>2n-1(n\geqslant 2)$。又 $a_k^2-a_{k-1}^2=2+\dfrac{1}{a_{k-1}^2}\leqslant 3$，所以 $a_n^2=\sum\limits_{k=2}^{n}(a_k^2-a_{k-1}^2)+a_1^2\leqslant 3(n-1)+1=3n-2(n\geqslant 2)$，即 $2n-1<a_n^2\leqslant 3n-2(n\geqslant 2)$。又 $a_1=1$，故有 $2n-1\leqslant a_n^2\leqslant 3n-2(n\geqslant 1)$，进而有 $63^2<4043<a_{2022}^2<6064<78^2$，即 $63<a_{2022}<78$。

例 9-17　有甲、乙两个水杯,甲杯中有 $2m$ 克水,乙杯中是空的。第一次将甲杯里水的 $\dfrac{1}{2}$ 倒入乙杯,第二次将乙杯里水的 $\dfrac{1}{3}$ 倒回甲杯,第三次将甲杯里水的 $\dfrac{1}{4}$ 倒入乙杯,……,照这样反复倒下去,问倒第 n 次之后甲乙两个杯里的水各剩多少克?

解: 设倒第 n 次之后甲杯中有 x_n 克水,乙杯中有 y_n 克水,由题意每次操作之后,各杯中水的量可列表如下:

操作次数	0	1	2	3	4	5	6	7	8	…
x_n	$2m$	m	$\dfrac{4}{3}m$	m	$\dfrac{6}{5}m$	m	$\dfrac{8}{7}m$	m	$\dfrac{10}{9}m$	…
y_n	0	m	$\dfrac{2}{3}m$	m	$\dfrac{4}{5}m$	m	$\dfrac{6}{7}m$	m	$\dfrac{8}{9}m$	…

由数学归纳法可知,$x_n=y_n$,n 为奇数;$x_n=\dfrac{n+2}{n+1}m$,$y_n=\dfrac{n}{n+1}m$,n 为偶数。写成统一的表达式为 $x_n=\left[1+\dfrac{1+(-1)^n}{2(n+1)}\right]m$,$y_n=\left[1-\dfrac{1+(-1)^n}{2(n+1)}\right]m$。

说明: 数列应用的问题参见习题 3.12 第 7 题。

例 9-18 正整数数列 $\{a_n\}$ 满足 $a_0=a_1=1$，$\sqrt{a_n \cdot a_{n-2}}-\sqrt{a_{n-1}\cdot a_{n-2}}=2a_{n-1}$，$n\geq 2$，求 a_n。

解：用换元法。令 $a_n=b_n^2 a_{n-1}$，$b_n>0$，$n\geq 2$（技巧），易知 $a_n>0$，则原式化为：$\sqrt{b_n^2 a_{n-1}a_{n-2}}-\sqrt{a_{n-1}a_{n-2}}=2a_{n-1}$，所以 $(b_n-1)\sqrt{a_{n-2}}=2\sqrt{a_{n-1}}$，即 $b_n-1=2b_{n-1}(n\geq 2)$。

又 $b_n+1=2(b_{n-1}+1)=2^2(b_{n-2}+1)=\cdots=2^{n-1}(b_1+1)$，而 $b_1=\sqrt{\dfrac{a_1}{a_0}}=1$，所以 $b_n=2^n-1$，从而 $\dfrac{a_n}{a_{n-1}}=b_n^2=(2^n-1)^2$。于是，$a_n=\dfrac{a_n}{a_{n-1}}\cdot\dfrac{a_{n-1}}{a_{n-2}}\cdot\cdots\cdot\dfrac{a_1}{a_0}\cdot a_0=(2^n-1)^2\times(2^{n-1}-1)^2\cdots(2^1-1)\cdot 1=\prod_{k=1}^{n}(2^k-1)^2$。

例 9-19 已知数列 $\{a_n\}$，$a_1=1$，$na_{n+1}=2(a_1+a_2+\cdots+a_n)(n\geq 1)$，令 $b_n=\dfrac{1}{a_n^2}-\dfrac{1}{a_{n+2}^2}(n\geq 1)$，求数列 $\{b_n\}$ 的前 n 项和为 S_n。

解：因为 $na_{n+1}=2(a_1+a_2+\cdots+a_n)=2(a_1+a_2+\cdots+a_{n-1})+2a_n=(n-1)a_n+2a_n=(n+1)a_n$，所以 $\dfrac{a_{n+1}}{a_n}=\dfrac{n+1}{n}$。从而 $a_n=\dfrac{a_n}{a_{n-1}}\cdot\dfrac{a_{n-1}}{a_{n-2}}\cdot\cdots\cdot\dfrac{a_2}{a_1}\cdot a_1=\dfrac{n}{n-1}\cdot\dfrac{n-1}{n-2}\cdot\cdots\cdot\dfrac{2}{1}\cdot 1=n$。

又 $b_n=\dfrac{1}{a_n^2}-\dfrac{1}{a_{n+2}^2}=\dfrac{1}{n^2}-\dfrac{1}{(n+2)^2}$，故 $S_n=b_1+b_2+\cdots+b_n=\left(\dfrac{1}{1^2}-\dfrac{1}{3^2}\right)+\left(\dfrac{1}{2^2}-\dfrac{1}{4^2}\right)+\left(\dfrac{1}{3^2}-\dfrac{1}{5^2}\right)+\cdots+\left(\dfrac{1}{n^2}-\dfrac{1}{(n+2)^2}\right)=1+\dfrac{1}{2^2}-\dfrac{1}{(n+1)^2}-\dfrac{1}{(n+2)^2}=\dfrac{5}{4}-\dfrac{2n^2+6n+5}{(n+1)^2(n+2)^2}$。

说明：对 $a_{n+1}=a_n f(n)$ 型，可用迭代法：

$$\dfrac{a_n}{a_{n-1}}=f(n-1),\dfrac{a_{n-1}}{a_{n-2}}=f(n-2),\cdots,\dfrac{a_2}{a_1}=f(1)，从而 a_n=a_1 f(1)f(2)\cdots f(n-1)。$$

例 9-20 设数列 $\{a_n\}$ 满足 $a_1=2$，$a_{n+1}=\dfrac{2a_n}{a_n+1}$，$n\in \mathbf{N}_+$。求证 $\sum_{i=1}^{n}a_i(a_i-1)<3$。

证明：因为 $a_{n+1}=\dfrac{2a_n}{a_n+1}$，$n\in\mathbf{N}_+$，所以 $\dfrac{1}{a_{n+1}}=\dfrac{1}{2}\left(\dfrac{1}{a_n}+1\right)$。

由 $\dfrac{1}{a_{n+1}}-m=\dfrac{1}{2}\left(\dfrac{1}{a_n}-m\right)$ 得 $m=1$。又 $a_1=2$，于是 $\dfrac{1}{a_{n+1}}-1=\dfrac{1}{2}\left(\dfrac{1}{a_n}-1\right)=\dfrac{1}{2^2}\left(\dfrac{1}{a_{n-1}}-1\right)=\cdots=\dfrac{1}{2^n}\left(\dfrac{1}{a_1}-1\right)=-\dfrac{1}{2^{n+1}}$，即 $a_{n+1}=\dfrac{2^{n+1}}{2^{n+1}-1}$，$n\in\mathbf{N}_+$。

又 $a_n(a_n-1)=\dfrac{2^n}{(2^n-1)^2}=\dfrac{2^n}{(2^n-1)(2^n-1)}<\dfrac{2^n}{(2^n-1)(2^n-2)}=\dfrac{2^{n-1}}{(2^n-1)(2^{n-1}-1)}=\dfrac{1}{2^{n-1}-1}-\dfrac{1}{2^n-1}(n\geq 2)$，

$$\sum_{i=1}^{n}a_i(a_i-1)<\dfrac{2^1}{(2^1-1)^2}+\left(\dfrac{1}{2^1-1}-\dfrac{1}{2^2-1}\right)+\left(\dfrac{1}{2^2-1}-\dfrac{1}{2^3-1}\right)+\cdots+\left(\dfrac{1}{2^{n-1}-1}-\dfrac{1}{2^n-1}\right)$$

$$=2+1-\dfrac{1}{2^n-1}<3。$$

或用 $a_n(a_n-1)=\dfrac{2^n}{(2^n-1)^2}<\dfrac{2^n}{(2^{n-1}-1)(2^{n+1}-1)}=\dfrac{3}{2}\left(\dfrac{1}{2^{n-1}-1}-\dfrac{1}{2^{n+1}-1}\right),n\geqslant2$。

例 9-21　设数列 $\{a_n\}$ 的前 n 项和为 S_n，且 $a_1=1,a_2=6,a_3=11,(5n-8)S_{n+1}-(5n+2)S_n=nA+B,n\in\mathbf{N}_+$，其中 A,B 为常数。求证 $\{a_n\}$ 为等差数列。

证明：由 $a_1=1,a_2=6,a_3=11$ 得 $S_1=a_1=1,S_2=a_1+a_2=7,S_3=a_1+a_2+a_3=18$。

又 $(5n-8)S_{n+1}-(5n+2)S_n=nA+B,n\in\mathbf{N}_+$，所以当 $n=1,2$ 时有 $-3S_2-7S_1=A+B,2S_3-12S_2=2A+B$，从而 $A=-20,B=-8$。

又 $(5n-8)S_{n+1}-(5n+2)S_n=-20n-8,(5n-3)S_{n+2}-(5n+7)S_{n+1}=-20n-28$，

所以有 $(5n-3)S_{n+2}-(10n-1)S_{n+1}+(5n+2)S_n=-20$，进而 $(5n+2)S_{n+3}-(10n+9)S_{n+2}+(5n+7)S_{n+1}=-20$，由上述两式得：

$(5n+2)S_{n+3}-(15n+6)S_{n+2}+(15n+6)S_{n+1}-(5n+2)S_n=0$，

变形得：$(5n+2)(S_{n+3}-S_{n+2})-(10n+4)(S_{n+2}-S_{n+1})+(5n+2)(S_{n+1}-S_n)=0$，即

$(5n+2)a_{n+3}-(10n+4)a_{n+2}+(5n+2)a_{n+1}=0$。

进而 $a_{n+3}-2a_{n+2}+a_{n+1}=0,a_{n+3}-a_{n+2}=a_{n+2}-a_{n+1},n\geqslant1$。

又 $a_3-a_2=a_2-a_1=5$，故 $\{a_n\}$ 是公差为 5 的等差数列。

说明：有的数列不容易求得通项，要通过观察、猜测、验证逐步找其规律。参见习题 3.15 第 5 题。

例 9-22　已知等比数列 $\{a_n\}$ 的前 n 项和为 S_n，对任意的 $n\in\mathbf{N}_+$，点 (n,S_n) 均在函数 $y=b^x+r(b>0$ 且 $b\neq1,b,r$ 均为常数$)$ 的图象上。(1) 求 r 的值；(2) 当 $b=2$ 时，记 $b_n=2(\log_2a_n+1),n\in\mathbf{N}_+$，求证对任意 $n\in\mathbf{N}_+$，有 $\prod\limits_{k=1}^{n}\left(1+\dfrac{1}{b_k}\right)>\sqrt{n+1}$。

(1)**解**：因为点 (n,S_n) 在 $y=b^x+r(b>0$ 且 $b\neq1,b,r$ 均为常数$)$ 的图象上，且 $n\in\mathbf{N}_+$，所以有 $S_n=b^n+r$。

当 $n=1$ 时有 $S_1=b+r$；当 $n\geqslant2$ 时有 $a_n=S_n-S_{n-1}=b^n-b^{n-1}=(b-1)b^{n-1}$。又 $\{a_n\}$ 为等比数列，所以 $a_1=b+r=(b-1)b^0,r=-1$。

(2) **证明**：由(1) 知 $a_1=b-1$，公比为 $q=b$。当 $b=2$ 时，$a_n=2^{n-1}(n\in\mathbf{N}_+)$，从而 $b_n=2(\log_2a_n+1)=2(n-1+1)=2n$。故 $1+\dfrac{1}{b_k}=\dfrac{b_k+1}{b_k}=\dfrac{2k+1}{2k}$，即 $T_n=\prod\limits_{k=1}^{n}\left(1+\dfrac{1}{b_k}\right)=\prod\limits_{k=1}^{n}\dfrac{2k+1}{2k}$。下面用数学归纳法证明 $T_n>\sqrt{n+1},n\in\mathbf{N}_+$。

① 当 $n=1$ 时，有 $T_1=\dfrac{3}{2}>\sqrt{2}$ 成立。

② 假设 $n=k$ 时，有 $T_k>\sqrt{k+1}$，则 $n=k+1$ 时，

$T_{k+1}=T_k\cdot\dfrac{2(k+1)+1}{2(k+1)}>\sqrt{k+1}\cdot\dfrac{2k+3}{2(k+1)}=\sqrt{\dfrac{(2k+3)^2}{4(k+1)}}$

$=\sqrt{\dfrac{4(k+1)^2+4(k+1)+1}{4(k+1)}}=\sqrt{(k+1)+1+\dfrac{1}{4(k+1)}}>\sqrt{(k+1)+1}$。

即当 $n=k+1$ 时，有 $T_{n+1}>\sqrt{(k+1)+1}$。由①和②知对任意的 $n\in\mathbf{N}_+,T_n>\sqrt{n+1}$ 成立。

说明：较复杂的数列综合问题参见习题 3.11 第 5,6,7 题。

9.4 数列与几何问题

几何是高中数学中的一个重点内容,将数列与几何知识结合起来能更好地考查学生的综合能力。本节涉及的几何内容有点与直线位置关系的判断、利用导数求切线斜率及切线方程、圆的切线、二次曲线问题;涉及的数列问题主要分为三类问题:求通项公式、求数列前 n 项和、证明不等式或等式。解决这类问题的方法主要是综合运用数列与几何中的方法。

例 9-23 若曲线 $y=\sqrt{16-(x-5)^2}$ 的图象上存在不同三点到原点的距离构成等比数列,则以下不可能成为该数列的公比的数是(   )。

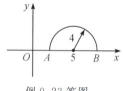

例 9-23 答图

(A)$\sqrt{7}$

(B)$\sqrt{11}$

(C)$\sqrt{3}$

(D)$\sqrt{5}$

解:数列的各项均为正数,不妨设该等比数列为递增数列。如图,易知 A 到原点 O 的距离最小,即 $(a_1)_{min}=5-4=1$。同理,第三项最大 $(a_3)_{max}=5+4=9$。故等比数列的公比最大满足 $q^2_{max}=\dfrac{a_3}{a_1}=9$,即 $q_{max}=3<\sqrt{11}$。因此(B)不满足条件。选(B)。

例 9-24 设数列 $\{a_n\}$ 是首项为 m,公比为 $q(q\neq1)$ 的等比数列,其前 n 项和为 S_n,对任意的 $n\in\mathbf{N}_+$,点 $\left(a_n,\dfrac{S_{2n}}{S_n}\right)$(   )。

(A)在直线 $mx+qy-q=0$ 上

(B)在直线 $qx-my+m=0$ 上

(C)在直线 $qx+my-q=0$ 上

(D)不一定在一条直线上

解:因为 $a_n=mq^{n-1},n\in\mathbf{N}_+$,   ①

所以 $\dfrac{S_{2n}}{S_n}=\dfrac{\dfrac{m(1-q^{2n})}{1-q}}{\dfrac{m(1-q^n)}{1-q}}=1+q^n$,   ②

由②得 $q^n=\dfrac{S_{2n}}{S_n}-1=y-1$,代入①得:$\dfrac{1}{m}a_n\cdot q=y-1$,即 $x=\dfrac{m}{q}(y-1)$,亦即 $qx-my+m=0$。选(B)。

例 9-25 已知曲线 $C_n:x^2-2nx+y^2=0(n=1,2,\cdots)$,从点 $P(-1,0)$ 向曲线 C_n 引斜率为 $k_n(k_n>0)$ 的切线,切点为 $P_n(x_n,y_n)$。(1)求数列 $\{x_n\}$ 与 $\{y_n\}$ 的通项公式;(2)求证 $x_1\cdot x_3\cdot x_5\cdot\cdots\cdot x_{2n-1}<\sqrt{\dfrac{1-x_n}{1+x_n}}<\sqrt{2}\sin\dfrac{x_n}{y_n}$。

解:(1)C_n 的圆心 $M_n(n,0)$,半径 $r_n=n$。

过 P_n 作 $P_nQ_n\perp x$ 轴于点 Q_n,则点 Q_n 为 $(x_n,0)$。

在 $\mathrm{Rt}\triangle PP_nM_n$ 中,由射影定理:$P_nM_n^2=PM_n\cdot Q_nM_n$,即 $n^2=(n+1)(n-x_n)$,解之得 $x_n=\dfrac{n}{n+1}$。

又由 $P_nQ_n^2=PQ_n\cdot M_nQ_n$,即 $y^2=(x_n+1)(n-x_n)=$

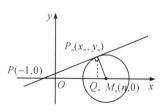

例 9-25 答图

$\dfrac{n^2}{(n+1)^2}(2n+1)$。因为 $k_n>0$，所以 $y_n>0$。故 $y_n=\dfrac{n}{n+1}\sqrt{2n+1}$。

即 $P_n\left(\dfrac{n}{n+1},\dfrac{n}{n+1}\sqrt{2n+1}\right)$，$x_n=\dfrac{n}{n+1}$，$y_n=\dfrac{n}{n+1}\sqrt{2n+1}$，$n\in\mathbf{N_+}$。

(2)因为 $\sqrt{\dfrac{1-x_n}{1+x_n}}=\dfrac{1}{\sqrt{2n+1}}$，又 $\dfrac{x_n}{y_n}=\dfrac{1}{\sqrt{2n+1}}$，所以问题可转化为证明 $x_1\cdot x_3\cdot$

$x_5\cdot\cdots\cdot x_{2n-1}<\dfrac{1}{\sqrt{2n+1}}<\sqrt{2}\sin\dfrac{1}{\sqrt{2n+1}}$。

但不等式左侧相乘后不能相互约去，考虑到：$x_{2k-1}=\dfrac{2k-1}{2k}$，$x_{2k}=\dfrac{2k}{2k+1}$，奇数项与偶

数项可以相乘后约掉，于是令 $a_n=x_1\cdot x_3\cdot x_5\cdot\cdots\cdot x_{2n-1}$，$b_n=x_2\cdot x_4\cdot x_6\cdot\cdots\cdot x_{2n}$。

又 $x_n=\dfrac{n}{n+1}=1-\dfrac{1}{n+1}$ 为递增正数列，从而 $a_n^2<a_nb_n=x_1x_2x_3x_4\cdot\cdots\cdot x_{2n-1}x_{2n}=\dfrac{1}{2}\cdot$

$\dfrac{2}{3}\cdot\dfrac{3}{4}\cdot\dfrac{4}{5}\cdot\cdots\cdot\dfrac{2n-1}{2n}\cdot\dfrac{2n}{2n+1}=\dfrac{1}{2n+1}$。

故 $a_n<\dfrac{1}{\sqrt{2n+1}}$，即 $x_1\cdot x_3\cdot x_5\cdot\cdots\cdot x_{2n-1}<\dfrac{x_n}{y_n}$。不等式右半部分是 $\dfrac{x_n}{y_n}<\sqrt{2}\sin\dfrac{x_n}{y_n}$，

令 $t=\dfrac{x_n}{y_n}$，则 $t=\dfrac{1}{\sqrt{2n+1}}\in\left(0,\dfrac{1}{\sqrt{3}}\right]$。问题化归为证明 $t<\sqrt{2}\sin t$，$t\in\left(0,\dfrac{1}{\sqrt{3}}\right]$。构造函数

$f(t)=\sqrt{2}\sin t-t$，$t\in\left(0,\dfrac{1}{\sqrt{3}}\right]$，则 $f'(t)=\sqrt{2}\cos t-1>\sqrt{2}\cos\dfrac{1}{\sqrt{3}}-1=\sqrt{2}\left(\cos\dfrac{1}{\sqrt{3}}-\cos\dfrac{\pi}{4}\right)$。

又 $\dfrac{1}{\sqrt{3}}<\dfrac{\pi}{4}$，所以 $\cos\dfrac{1}{\sqrt{3}}>\cos\dfrac{\pi}{4}$，$f'(t)>0$，即 $f(t)$ 在 $\left(0,\dfrac{1}{\sqrt{3}}\right]$ 上单调递增。所以

$f(t)>f(0)=0$，即 $t<\sqrt{2}\sin t$，所以 $\dfrac{x_n}{y_n}<\sqrt{2}\sin\dfrac{x_n}{y_n}$。

综上所述可得：$x_1\cdot x_3\cdot x_5\cdot\cdots\cdot x_{2n-1}<\sqrt{\dfrac{1-x_n}{1+x_n}}<\sqrt{2}\sin\dfrac{x_n}{y_n}$。

例 9-26　已知一椭圆 $C_n:x^2+\dfrac{y^2}{b_n^2}=1$，$0<b_n<1$，$n\in\mathbf{N_+}$。若椭

圆 C_n 上有一点 P_n，使 P_n 到右准线 $l_n:x=\dfrac{1}{\sqrt{1-b_n^2}}$ 的距离为 d_n，且

d_n 为 $|P_nF_n|$ 与 $|P_nG_n|$ 的等差中项，其中 F_n，G_n 分别是 C_n 的左、右

焦点。(1)求证 $b_n\leqslant\dfrac{\sqrt{3}}{2}(n\geqslant1)$；(2)取 $b_n=\dfrac{\sqrt{2n+3}}{n+2}$，并用 S_n 表示

$\triangle P_nF_nG_n$ 的面积，试证 $S_1<S_2$ 且 $S_n>S_{n+1}(n\geqslant3)$。

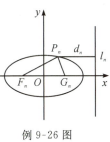

例 9-26 图

证明：(1)因为 C_n 的方程为 $\dfrac{x^2}{1}+\dfrac{y^2}{b_n^2}=1$，$0<b_n<1$，$n\in\mathbf{N_+}$，所以焦点在 x 轴上且长半

轴长为 $a=1$。又 d_n 为 $|P_nF_n|$ 与 $|P_nG_n|$ 的等差中项，所以 $2d_n=|P_nF_n|+|P_nG_n|=2a=$

2，从而 $d_n=1$。记 G_n 的坐标为 $(\sqrt{1-b_n^2},0)=(t_n,0)$，则右准线的方程为 $x=\dfrac{a^2}{t_n}=\dfrac{1}{t_n}$。

由题意：(P_n 在右端点)$\dfrac{1}{t_n}-1\leqslant d_n\leqslant\dfrac{1}{t_n}+1$($P_n$ 在左端点)。

由 $\begin{cases} \dfrac{1}{t_n}-1\leqslant 1 \\ 0<t_n<1 \end{cases}$ 得 $\dfrac{1}{2}\leqslant t_n<1$，即 $\dfrac{1}{2}\leqslant \sqrt{1-b_n^2}<1$，所以 $b_n\leqslant \dfrac{\sqrt{3}}{2}$，$n\in \mathbf{N}_+$。

(2)设 $P_n(x_n,y_n)$，由 $d_n=1$ 知 $x_n=\dfrac{1}{t_n}-1$，所以 $y_n^2=b_n^2(1-x_n^2)=(1-t_n^2)\times$

$\left[1-\left(\dfrac{1}{t_n}-1\right)^2\right]=\dfrac{1}{t_n^2}(-2t_n^3+t_n^2+2t_n-1)$。因为 $|F_nG_n|=2t_n$，所以 $\triangle P_nF_nG_n$ 的面积

$S_n=t_n|y_n|$，从而 $S_n^2=-2t_n^3+t_n^2+2t_n-1$，$\dfrac{1}{2}\leqslant t_n<1$。令 $f(t_n)=-2t_n^3+t_n^2+2t_n-1$，

$f'(t)=-6t_n^2+2t_n+2=0$ 得 $t_n=\dfrac{1\pm\sqrt{13}}{6}$，所以 $f(t_n)$ 在 $\left[\dfrac{1}{2},\dfrac{1\pm\sqrt{13}}{6}\right]$ 上单调递增，在

$\left[\dfrac{1+\sqrt{13}}{6},1\right]$ 上单调递减。又 $b_n=\dfrac{\sqrt{2n+3}}{n+2}$，$t_n=\sqrt{1-b_n^2}=1-\dfrac{1}{n+2}$，即 $\{t_n\}$ 是递增数列。

因为 $c_2=\dfrac{3}{4}<\dfrac{1+\sqrt{13}}{6}<\dfrac{4}{5}=c_3$，所以 $S_1<S_2$ 且 $S_n>S_{n+1}(n\geqslant 3)$。

例 9-27 已知曲线 $C:y=x^2(x>0)$，过 C 上点 $A_1(1,1)$ 作曲线 C 的切线 l_1，交 x 轴于点 B_1；再过点 B_1 作 y 轴的平行线交曲线 C 于点 A_2；再过点 A_2 作曲线的切线 l_2，交 x 轴于点 B_2；再过点 B_2 作 y 轴的平行线交曲线 C 于点 A_3，…… 依次下去。记点 A_n 的横坐标为 $a_n(n\in \mathbf{N}_+)$。(1)求数列 $\{a_n\}$ 的通项公式；(2)设数列 $\{a_n\}$ 的前 n 项和为 S_n，求证 $a_nS_n\leqslant 1$；(3)求证 $\displaystyle\sum_{i=1}^{n}\dfrac{1}{a_iS_i}\leqslant \dfrac{4^n-1}{3}$。

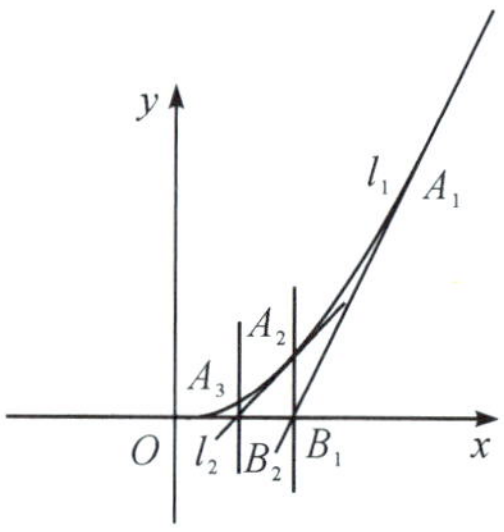

例 9-27 图

(1)**解**：因为曲线 C 在点 $A_n(a_n,a_n^2)$ 处的切线 t_n 的斜率为 $2a_n$，所以切线 l_n 的方程为 $y-a_n^2=2a_n(x-a_n)$。由于 A_{n+1} 的横坐标 a_{n+1} 等于 B_n 的横坐标，故令 $y=0$ 得，$a_{n+1}=\dfrac{1}{2}a_n$，所以 $\{a_n\}$ 是首项为 1，公式为 $\dfrac{1}{2}$ 的等比数列 $a_n=\dfrac{1}{2^{n-1}}$。

(2)**证明**：因为 $S_n=\dfrac{1-\dfrac{1}{2^n}}{1-\dfrac{1}{2}}=2\left(1-\dfrac{1}{2^n}\right)$，所以 $a_nS_n=4\dfrac{1}{2^n}\left(1-\dfrac{1}{2^n}\right)=4\left(\dfrac{1}{2^n}\right)-4\left(\dfrac{1}{2^n}\right)^2$。

令 $t=\dfrac{1}{2^n}$，则 $0<t\leqslant \dfrac{1}{2}$，所以 $a_nS_n=4t(1-t)=-4\left(t-\dfrac{1}{2}\right)^2+1$。

当 $t=\dfrac{1}{2}$，即 $n=1$ 时，a_nS_n 有最大值 1。所以 $a_nS_n\leqslant 1$。

(3)**证明**：因为 $S_k\geqslant a_k$，$k\in \mathbf{N}_+$，所以 $a_kS_k\geqslant a_k^2$，即 $\dfrac{1}{a_kS_k}\leqslant \dfrac{1}{a_k^2}$。又 $\left\{\dfrac{1}{a_n^2}\right\}$ 是以 1 为首项，

公比为 4 的等比数列，所以 $\displaystyle\sum_{i=1}^{n}\dfrac{1}{a_iS_i}\leqslant \sum_{i=1}^{n}\dfrac{1}{a_i^2}=\dfrac{1-4^n}{1-4}=\dfrac{4^n-1}{3}$，即 $\displaystyle\sum_{i=1}^{n}\dfrac{1}{a_iS_i}\leqslant \dfrac{4^n-1}{3}$。

例 9-28 设 $P_1(x_1,y_1)$，$P_2(x_2,y_2)$，$P_3(x_3,y_3)$，…，$P_n(x_n,y_n)(n\geqslant 3,n\in \mathbf{N}_+)$ 是二次曲线 C 上的点，$a_1=|OP_1|^2$，$a_2=|OP_2|^2$，…，$a_n=|OP_n|^2(n\in \mathbf{N}_+)$ 构成一个公差为

$d(d\neq0)$的等差数列,其中 O 为原点,并记 $S_n=a_1+a_2+\cdots+a_n$。(1)若 C 的方程为 $\dfrac{x^2}{9}-y^2=1$,$n=3$,点 $P_1(3,0)$ 及 $S_3=162$,求点 P_3 的坐标(只需写一个);(2)若 C 的方程为 $y^2=2px(p\neq0)$,点 $P_1(0,0)$,对于 $n\in\mathbf{N}_+$,求证$(x_1+p)^2,(x_2+p)^2,\cdots,(x_n+p)^2$ 成等差数列;(3)若 C 的方程为 $\dfrac{x^2}{a^2}+\dfrac{y^2}{b^2}=1(a>0>0)$,点 $P_1(a,0)$,$n\in\mathbf{N}_+$,对于给定的 n,当 d 变化时,求 S_n 的最小值。

(1) **解**:因为 $a_1=|OP_1|^2=9$,$S_3=162$,所以 $S_3=\dfrac{3}{2}(a_1+a_3)=162$,$a_3=|OP_3|^2=99$。

又 $P_3(x_3,y_3)$ 在 $\dfrac{x^2}{9}-y^2=1$ 上,所以 $\begin{cases}\dfrac{x_3^2}{9}-y_3^2=1\\x_3^2+y_3^2=99\end{cases}$,解之得 $x_3^2=90$,$y_3^2=9$,可取 $P_3(3\sqrt{10},3)$。

(2) **证明**:对于 $k\in\mathbf{N}_+$,$1\leqslant k\leqslant n$,都有 $|OP_k|^2=|OP_1|^2+(k-1)d=(k-1)d$(因为 $P_1(0,0)$),即 $x_k^2+y_k^2=(k-1)d$。

又 $P_k(x_k,y_k)$ 在抛物线 $y^2=2px$ 上,所以 $y_k^2=2px_k$。于是 $x_k^2+2px_k=(k-1)d$,即 $(x_k+p)^2=p^2+(k-1)d$。又因为 $P_1(0,0)$,$x_1=0$,$(x_k+p)^2=(x_1+p)^2+(k-1)d$,所以 $(x_1+p)^2,(x_2+p)^2,\cdots,(x_n+p)^2$ 是首项为 $(x_1+p)^2$,公差为 d 的等差数列。

(3) **解**:因为 $a_1=|OP_1|^2=a^2$,所以 $a_n=|OP_n|^2=x_n^2+y_n^2=a^2+(n-1)d$。又 $P_n(x_n,y_n)$ 在椭圆 $\dfrac{x^2}{a^2}+\dfrac{y^2}{b^2}=1$ 上,且原点到椭圆上各点距离的最大值为 a,最小值为 b。所以 $d<0$,$a^2+(n-1)d\geqslant b^2$,即 $(n-1)d\geqslant b^2-a^2$,从而 $\dfrac{b^2-a^2}{n-1}\leqslant d<0$,所以

$$S_n=na_1^2+\dfrac{n(n-1)}{2}d\geqslant na^2+\dfrac{n(n-1)}{2}\cdot\dfrac{b^2-a^2}{n-1}=\dfrac{n(a^2+b^2)}{2},$$

随着 d 的变化,当 $d=\dfrac{b^2-a^2}{n-1}$ 时,S_n 有最小值 $\dfrac{n(a^2+b^2)}{2}$。

例 9-29 已知 $B_1,B_2,\cdots,B_n,\cdots$ 顺次为曲线 $y=\dfrac{1}{x}(x>0)$ 上的点,$A_1,A_2,\cdots,A_n,\cdots$ 顺次为 x 轴上的点,且 $\triangle OB_1A_1$,$\triangle A_1B_2A_2$,$\cdots$,$\triangle A_nB_{n+1}A_{n+1}$,$\cdots$,均为等腰直角三角形。其中 $B_1,B_2,B_3,\cdots$ 均为直角的顶点,记 $A_n(x_n,0)$,$n\in\mathbf{N}_+$。(1)求数列 $\{x_n\}$ 的通项公式;(2)设 S_n 为数列 $\left\{\dfrac{1}{x_n}\right\}$ 的前 n 项和,试比较 $\lg(S_n+1)$ 和 $\dfrac{1}{2}\lg(n+1)$ 的大小。

解:(1)由 $\triangle OB_1A_1$ 为等腰直角三角形得到:$B_1(1,1)$,$A_1(2,0)$。

因为 $|A_{n+1}A_n|=|x_{n+1}-x_n|$,$B_{n+1}\left(\dfrac{x_n+x_{n+1}}{2},\dfrac{2}{x_n+x_{n+1}}\right)$。又 $\triangle A_nB_{n+1}A_{n+1}$ 为等腰直角三角形,所以 $\dfrac{2}{x_n+x_{n+1}}=\dfrac{x_{n+1}-x_n}{2}$(直角三角形斜边上的高),即 $x_{n+1}^2=x_n^2+4$。

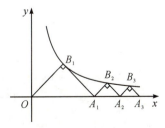

例 9-29 答图

又 $x_1^2=4$，所以 $\{x_n^2\}$ 是以 4 为首项，以 4 为公差的等差数列。从而 $x_n^2=4+4(n-1)=4n$，故 $x_n=2\sqrt{n}$，$n\in\mathbf{N}_+$。

（2）因 为 $S_n=\dfrac{1}{2}+\dfrac{1}{2\sqrt{2}}+\dfrac{1}{2\sqrt{3}}+\cdots+\dfrac{1}{2\sqrt{n}}$，又 $\dfrac{1}{2\sqrt{k}}=\dfrac{1}{\sqrt{k}+\sqrt{k}}>\dfrac{1}{\sqrt{k}+\sqrt{k+1}}=\sqrt{k+1}-\sqrt{k}$（技巧），所以 $S_n>(\sqrt{2}-1)+(\sqrt{3}-\sqrt{2})+\cdots+(\sqrt{n+1}-\sqrt{n})=\sqrt{n+1}-1$，即 $S_n+1>\sqrt{n+1}$，从而 $\lg(S_n+1)>\lg\sqrt{n+1}=\dfrac{1}{2}\lg(n+1)$。

9.5 数列与函数问题

数列是自变量取值为非负整数的离散函数。因而，函数的一切非连续性的性质对数列也成立，说明函数与数列有很强的相关性。利用函数的性质来研究数列，把数列、不等式与函数结合在一起，更能考查学生的思维能力。在求解这类问题时，往往需要构造辅助函数，利用函数的性质解题。本节主要分为两大类：通过研究函数性质解题和通过构造相关函数解题。

例 9-30 已知函数 $f(x)=\dfrac{x+3}{x+1}(x\neq-1)$。设数列 $\{a_n\}$ 满足 $a_1=1$，$a_{n+1}=f(a_n)$，数列 $\{b_n\}$，满足 $b_n=|a_n-\sqrt{3}|$，$S_n=b_1+b_2+\cdots+b_n(n\in\mathbf{N}_+)$。（1）用数学归纳法证明 $b_n\leqslant\dfrac{(\sqrt{3}-1)^n}{2^{n-1}}$；（2）求证 $S_n<\dfrac{2\sqrt{3}}{3}$。

证明：（1）当 $x\geqslant0$ 时，$f(x)=1+\dfrac{2}{x+1}\geqslant1$。又 $a_1=1$，所以 $a_{n+1}=f(a_n)\geqslant1$，$n\in\mathbf{N}_+$。

下面用数学归纳法证明 $b_n\leqslant\dfrac{(\sqrt{3}-1)^n}{2^{n-1}}$。当 $n=1$ 时，$b_1\leqslant\sqrt{3}-1\leqslant\dfrac{(\sqrt{3}-1)^1}{2^{1-1}}$，不等式成立。

假设 $n=k$ 时，命题成立，即 $b_k\leqslant\dfrac{(\sqrt{3}-1)^k}{2^{k-1}}$，则当 $n=k+1$ 时，有

$$b_{k+1}=|a_{n+1}-\sqrt{3}|=|f(a_n)-\sqrt{3}|=\left|1+\dfrac{2}{a_n+1}-\sqrt{3}\right|=\dfrac{(\sqrt{3}-1)|a_n-\sqrt{3}|}{a_n+1}$$

$$=\dfrac{\sqrt{3}-1}{a_n+1}\cdot b_n\leqslant\dfrac{\sqrt{3}-1}{2}\cdot\dfrac{(\sqrt{3}-1)^k}{2^{k-1}}=\dfrac{(\sqrt{3}-1)^{k+1}}{2^k},$$

即 $n=k+1$ 时，命题成立。由数学归纳法可知，对于任意的 $n\in\mathbf{N}_+$，命题成立。

（2）由（1）知，$b_n\leqslant\dfrac{(\sqrt{3}-1)^n}{2^{n-1}}$，所以 $S_n=b_1+b_2+\cdots+b_n\leqslant(\sqrt{3}-1)+\dfrac{(\sqrt{3}-1)^2}{2}+\cdots+$

$\dfrac{(\sqrt{3}-1)^n}{2^n}=(\sqrt{3}-1)\cdot\dfrac{1-\left(\dfrac{\sqrt{3}-1}{2}\right)^n}{1-\dfrac{\sqrt{3}-1}{2}}<(\sqrt{3}-1)\cdot\dfrac{1}{1-\dfrac{\sqrt{3}-1}{2}}=\dfrac{2}{3}\sqrt{3}$，故对任意的 $n\in\mathbf{N}_+$，

有 $S_n<\dfrac{2\sqrt{3}}{3}$。

例 9-31 设点 $A_n(x_n,0)$，$P_n(x_n,2^{n-1})$ 和抛物线 $C_n:y=x^2+a_nx+b_n(n\in\mathbf{N}_+)$，其中 $a_n=-2-4n-\dfrac{1}{2^{n-1}}$，$x_n$ 由如下方法得到：$x_1=1$，点 $P_2(x_2,2)$ 在抛物线 $C_1:y=x^2+a_1x+b_1$ 上，点 $A_1(x_1,0)$ 到 P_2 的距离是 A_1 到 C_1 上点的最短距离，$\cdots$，点 $P_{n+1}(x_{n+1},2^n)$ 在抛物线 $C_n:y=x^2+a_nx+b_n$ 上，点 $A_n(x_n,0)$ 到 P_{n+1} 的距离是 A_n 到 C_n 上点的最短距离。(1)求 x_2 及 C_1 的方程；(2)求证 $\{x_n\}$ 是等差数列。

(1)**解**：由题意，$A_1(1,0)$，$C_1:y=x^2-7x+b_1$。设点 $P(x,y)$ 是 C_1 上任意一点，则：
$$|A_1P|=\sqrt{(x-1)^2+y^2}=\sqrt{(x-1)^2+(x^2-7x+b_1)^2}。$$

令 $f(x)=(x-1)^2+(x^2-7x+b_1)^2$，$f'(x)=2(x-1)+2(x^2-7x+b_1)(2x-7)$，由题意：$f'(x_2)=0$。　①

又 $P_2(x_2,2)$ 在 C_1 上，所以 $2=x_2^2-7x_2+b_1$。　②

由①和②得：$x_2=3$，$b_1=14$。故 C_1 的方程为 $y=x^2-7x+14$。

(2)**证明**：设点 $P(x,y)$ 是 C_n 上任意一点，则
$$|A_nP|=\sqrt{(x-x_n)^2+y^2}=\sqrt{(x-x_n)^2+(x^2+a_nx+b_n)^2}，令$$
$g(x)=(x-x_n)^2+(x^2+a_nx+b_n)^2$，$g'(x)=2(x-x_n)+2(x^2+a_nx+b_n)(2x+a_n)$。

由题意：$g'(x_{n+1})=0$，即 $2(x_{n+1}-x_n)+2(x_{n+1}^2+a_nx_{n+1}+b_n)\cdot(2x_{n+1}+a_n)=0$。又因为 $2^n=x_{n+1}^2+a_nx_{n+1}+b_n$，所以 $(x_{n+1}-x_n)+2^n(2x_{n+1}+a_n)=0(n\geq1)$。即 $(1+2^{n+1})x_{n+1}-x_n+2^na_n=0$。　③

由③得 $x_3=5$，并猜测 $x_n=2n-1$。下面用数学归纳法来证明 $x_n=2n-1$。

当 $n=1$ 时，$x_1=1$，命题成立。假设 $n=k$ 时，命题成立，即 $x_n=2k-1$，则当 $n=k+1$ 时，由③知：$(1+2^{k+1})x_{k+1}-x_k+2^ka_k=0$，又 $a_k=-2-4k-\dfrac{1}{2^{k-1}}$，所以 $x_{k+1}=\dfrac{x_k-2^ka_k}{1+2^{k+1}}=2(k+1)-1$，即当 $n=k+1$ 时，命题成立。由以上可知命题成立。所以 $\{x_n\}$ 是等差数列。

例 9-32 定义函数 $[x]$ 表示不超过 x 的最大整数，已知不等式 $\dfrac{1}{2}+\dfrac{1}{3}+\cdots+\dfrac{1}{n}>\dfrac{1}{2}[\log_2 n]$，$n\in\mathbf{N}$，$n>2$。设正项数列 $\{a_n\}$ 满足 $a_1=b(b>0)$，$a_n\leq\dfrac{na_{n-1}}{n+a_{n-1}}$，$n=2,3,4,\cdots$。(1)求证 $a_n\leq\dfrac{2b}{2+b[\log_2 n]}$，$n=3,4,5,\cdots$；(2)猜测数列 $\{a_n\}$ 是否有极限？如果有，写出极限的值(不必证明)；(3)试确定一个正数 N，使得当 $n>N$ 时，对任意 $b>0$，都有 $a_n<\dfrac{1}{5}$。

(1)**证明**：因为当 $n\geq2$ 时，$0<a_n\leq\dfrac{na_{n-1}}{n+a_{n-1}}$，所以 $\dfrac{1}{a_n}\geq\dfrac{n+a_{n-1}}{na_{n-1}}=\dfrac{1}{a_{n-1}}+\dfrac{1}{n}$，即 $\dfrac{1}{a_n}-\dfrac{1}{a_{n-1}}\geq\dfrac{1}{n}$，于是有：$\dfrac{1}{a_2}-\dfrac{1}{a_1}\geq\dfrac{1}{2}$，$\dfrac{1}{a_3}-\dfrac{1}{a_2}\geq\dfrac{1}{3}$，$\cdots$，$\dfrac{1}{a_n}-\dfrac{1}{a_{n-1}}\geq\dfrac{1}{n}$。

上述 $n-1$ 个不等式相加得：$\dfrac{1}{a_n}-\dfrac{1}{a_1}\geq\dfrac{1}{2}+\dfrac{1}{3}+\cdots+\dfrac{1}{n}$。又由已知 $\dfrac{1}{2}+\dfrac{1}{3}+\cdots+\dfrac{1}{n}>\dfrac{1}{2}[\log_2 n]$，$n\in\mathbf{N}$，$n>2$ 及 $a_1=b$，所以 $\dfrac{1}{a_n}>\dfrac{1}{b}+\dfrac{1}{2}[\log_2 n]=\dfrac{2+b[\log_2 n]}{2b}$，故 $a_n\leq\dfrac{2b}{2+b[\log_2 n]}$，$n\geq3$。

(2)**解**:有极限,且$\lim_{n\to\infty}a_0=0$。

(3)**解**:因为$\dfrac{2b}{2+b[\log_2 n]}<\dfrac{2}{[\log_2 n]}$,令$\dfrac{2}{\log_2 n}<\dfrac{1}{5}$,则有$\log_2 n\geqslant[\log_2 n]>10$。所以$n>2^{10}=1024$,故取$N=1024$,则当$n>N$时,对任意$b>0$,都有$a_n<\dfrac{1}{5}$。

例 9-33 已知直线$l_1:y=kx+1-k\left(k\neq0,k\neq\dfrac{1}{2}\right)$与直线$l_2:y=\dfrac{1}{2}x+\dfrac{1}{2}$相交于点$P$,直线$l_1$与$x$轴相交于点$P_1$,过$P_1$作$x$轴的垂线交直线$l_2$于点$Q_1$;过$Q_1$作$y$轴的垂线交直线$l_1$于点$P_2$;过点$P_2$作$x$轴的垂线交直线$l_2$于点$Q_2$,……,这样一直作下去,可得到一系列点$P_1,Q_1,P_2,Q_2,\cdots$,设$P_n(n=1,2,\cdots)$的横坐标构成数列$\{x_n\}$。(1)求证$x_{n+1}-1=\dfrac{1}{2k}(x_n-1),n\in\mathbf{N}_+$;(2)求数列$\{x_n\}$的通项公式;(3)比较$2|PP_n|^2$与$4k^2|PP_1|^2+5$的大小。

(1)**证明**:设$P_n(x_n,y_n)$,由题意可得:$Q_n\left(x_n,\dfrac{1}{2}x_n+\dfrac{1}{2}\right)$,$P_{n+1}\left(x_{n+1},\dfrac{1}{2}x_n+\dfrac{1}{2}\right)$,由$P_{n+1}$在直线$l_1$上,故有$\dfrac{1}{2}x_n+\dfrac{1}{2}=kx_{n+1}+1-k$,所以$\dfrac{1}{2}(x_n-1)=k(x_{n+1}-1)$,即$x_{n+1}-1=\dfrac{1}{2k}(x_n-1),n\in\mathbf{N}_+$。

(2)**解**:由题设知:$x_1=1-\dfrac{1}{k}$,$x_1-1=-\dfrac{1}{k}\neq0$。又由(1)知:$x_{n+1}-1=\dfrac{1}{2k}(x_n-1)$,所以$\{x_n-1\}$是首项为$-\dfrac{1}{k}$,公比为$\dfrac{1}{2k}$的等比数列。从而$x_n-1=-\dfrac{1}{k}\cdot\left(\dfrac{1}{2k}\right)^{n-1}$,即$x_n=1-2\left(\dfrac{1}{2k}\right)^n,n\in\mathbf{N}_+$。

(3)**解**:由$\begin{cases}y=kx+1-k\\y=\dfrac{1}{2}x+\dfrac{1}{2}\end{cases}$得$P(1,1)$,所以$2|PP_n|^2=2(x_n-1)^2+2(kx_n+1-k-1)^2=8\left(\dfrac{1}{2k}\right)^{2n}+2\left(\dfrac{1}{2k}\right)^{2n-2}$,又$4k^2|PP_1|^2+5=4k^2\left[\left(1-\dfrac{1}{k}-1\right)^2+(0-1)^2\right]+5=4k^2+9$。

①当$|k|>\dfrac{1}{2}$,即$k>\dfrac{1}{2}$或$k<-\dfrac{1}{2}$时,$4k^2|PP_1|^2+5>1+9=10$,因此$0<\left|\dfrac{1}{2k}\right|<1$,所以$2|PP_n|^2<8\times1+2\times1=10$,即有$4k^2|PP_1|^2+5>2|PP_n|^2$。

②当$0<|k|<\dfrac{1}{2}$,即$k\in\left(-\dfrac{1}{2},0\right)\cup\left(0,\dfrac{1}{2}\right)$时,$4k^2|PP_1|^2+5<1+9=10$,此时$\left|\dfrac{1}{2k}\right|>1$,所以$2|PP_n|^2>8\times1+2=10$。即$4k^2|PP_1|^2+5<2|PP_n|^2$。

例 9-34 已知$a_1=2$,点(a_n,a_{n+1})在函数$f(x)=x^2+2x$的图象上,其中$n=1,2,3,\cdots$。(1)证明数列$\{\lg(1+a_n)\}$是等比数列;(2)设$T_n=(1+a_1)(1+a_2)\cdots(1+a_n)$,求$T_n$及$\{a_n\}$的通项;(3)记$b_n=\dfrac{1}{a_n}+\dfrac{1}{a_n+2}$,求数列$\{b_n\}$的前$n$项和$S_n$,并证明$S_n+\dfrac{2}{3T_n-1}=1$。

(1)**证明**:由已知$a_{n+1}=a_n^2+2a_n$,所以$a_{n+1}+1=(a_n+1)^2$。 ①

因为 $a_1=2$，所以 $a_1+1>1$。① 两边取对数得：$\lg(a_{n+1}+1)=2\lg(a_n+1)$，即 $\dfrac{\lg(a_{n+1}+1)}{\lg(a_n+1)}=2$，所以 $\{\lg(1+a_n)\}$ 是公比为 2 的等比数列。

解：(2) 由 (1) 知，$\lg(1+a_n)=2^{n-1}\lg(1+a_1)=2^{n-1}\lg3$，所以 $1+a_n=3^{2^{n-1}}$，即 $a_n=3^{2^{n-1}}-1$，$n\in\mathbf{N}^+$。从而 $T_n=(1+a_1)(1+a_2)\cdots(1+a_n)=3^{2^0}\cdot3^{2^1}\cdot\cdots\cdot3^{2^{n-1}}=3^{2^0+2^1+\cdots+2^{n-1}}=3^{2^n-1}$。

(3) 因为 $a_{n+1}=a_n^2+2a_n$，所以 $a_{n+1}=a_n(a_n+2)$，即 $\dfrac{1}{a_{n+1}}=\dfrac{1}{2}\left(\dfrac{1}{a_n}-\dfrac{1}{a_n+2}\right)$，故 $\dfrac{1}{a_n+2}=\dfrac{1}{a_n}-\dfrac{2}{a_{n+1}}$。又 $b_n=\dfrac{1}{a_n}+\dfrac{1}{a_n+2}=2\left(\dfrac{1}{a_n}-\dfrac{1}{a_{n+1}}\right)$，所以 $S_n=b_1+b_2+\cdots+b_n=2\left(\dfrac{1}{a_1}-\dfrac{1}{a_2}+\dfrac{1}{a_2}-\dfrac{1}{a_3}+\cdots+\dfrac{1}{a_n}-\dfrac{1}{a_{n+1}}\right)=2\left(\dfrac{1}{a_1}-\dfrac{1}{a_{n+1}}\right)$。因为 $a_1=2$，$a_n=3^{2^{n-1}}-1$，$a_{n+1}=3^{2^n}-1$，所以 $S_n=1-\dfrac{2}{3^{2^n}-1}$。又 $T_n=3^{2^n-1}$，所以 $S_n+\dfrac{2}{3T_n-1}=1$。

9.6　数列与不等式问题

数列与不等式的结合是高中数学的热点问题，主要包括两个方面：(1) 在不等式恒成立的条件下，求参数的取值范围或某一表达式的范围与最值；(2) 数列与不等式的综合证明。常用的方法有构造辅助函数、放缩法和数学归纳法等，有时也需综合运用这几种方法。

例 9-35　若数列 $\{a_n\}$ 满足 $a_1=33$，$a_{n+1}-a_n=2n$，则 $\dfrac{a_n}{n}$ 的最小值为_____。

解：因为 $a_n-a_{n-1}=2(n-1)$，$a_{n-1}-a_{n-2}=2(n-2)$，$\cdots$，$a_2-a_1=2$，$a_n=a_1+n(n-1)=33+n(n-1)$。

又 $\dfrac{a_n}{n}=\dfrac{33}{n}+n-1\geqslant2\sqrt{33}-1$，当且仅当 $n=\sqrt{33}$ 时"$=$"成立，且 $5<\sqrt{33}<6$，$\dfrac{a_5}{5}=\dfrac{53}{5}$，$\dfrac{a_6}{6}=\dfrac{21}{2}$，$\dfrac{53}{5}>\dfrac{21}{2}$，所以 $\dfrac{a_n}{n}$ 的最小值为 $\dfrac{21}{2}$。

例 9-36　在数列 $\{a_n\}$，$\{b_n\}$ 中，$a_1=2$，$b_1=4$，且 a_n，b_n，a_{n+1} 成等差数列；b_n，a_{n+1}，b_{n+1} 成等比数列。(1) 求 a_2，a_3，a_4 及 b_2，b_3，b_4，由此猜想 $\{a_n\}$，$\{b_n\}$ 的通项公式，并证明你的结论；(2) 求证 $\dfrac{1}{a_1+b_1}+\dfrac{1}{a_2+b_2}+\cdots+\dfrac{1}{a_n+b_n}<\dfrac{5}{12}$。

(1) **解**：$a_2=6$，$b_2=9$，$a_3=12$，$b_3=16$，$a_4=20$，$b_4=25$，猜想 $a_n=n(n+1)$，$b_n=(n+1)^2$。证明略。

(2) **证明**：因为 $\dfrac{1}{a_1+b_1}=\dfrac{1}{6}<\dfrac{5}{12}$，又 $a_n+b_n=(n+1)(2n+1)>2n(n+1)$，故当 $n\geqslant2$ 时，$\dfrac{1}{a_1+b_1}+\dfrac{1}{a_2+b_2}+\cdots+\dfrac{1}{a_n+b_n}<\dfrac{1}{6}+\dfrac{1}{2}\left(\dfrac{1}{2\times3}+\dfrac{1}{3\times4}+\cdots+\dfrac{1}{n(n+1)}\right)=\dfrac{1}{6}+\dfrac{1}{2}\left(\dfrac{1}{2}-\dfrac{1}{3}+\dfrac{1}{3}-\dfrac{1}{4}+\cdots+\dfrac{1}{n}-\dfrac{1}{n+1}\right)=\dfrac{1}{6}+\dfrac{1}{2}\left(\dfrac{1}{2}-\dfrac{1}{n+1}\right)<\dfrac{1}{6}+\dfrac{1}{4}=\dfrac{5}{12}$，故原不等式

成立。

说明：在不等式放缩中常用的裂项方法有：

$\dfrac{1}{n^2}=\dfrac{1}{n \cdot n}<\dfrac{1}{n(n-1)}=\dfrac{1}{n-1}-\dfrac{1}{n}$（放大）；$\dfrac{1}{n^2}=\dfrac{1}{n \cdot n}>\dfrac{1}{n(n-1)}=\dfrac{1}{n-1}-\dfrac{1}{n}$（缩小）；

$\sqrt{n(n-1)}<\sqrt{n^2}=n$（放大）；$\sqrt{n(n+1)}<\sqrt{\left(\dfrac{n+(n+1)}{2}\right)^2}=\sqrt{\left(n+\dfrac{1}{2}\right)^2}=\dfrac{2n+1}{2}$（放

大）；$\dfrac{1}{n(n+k)}=\dfrac{1}{k}\left(\dfrac{1}{n}-\dfrac{1}{n+k}\right)$；$\dfrac{n}{(n+1)!}=\dfrac{1}{n!}-\dfrac{1}{(n+1)!}$；$\dfrac{1}{\sqrt{n}+\sqrt{n+1}}=\sqrt{n+1}-\sqrt{n}$。

例 9-37　公差不为 0 的等差数列 $\{a_n\}$ 的首项 $a_1=a(a\in\mathbf{R})$，设数列的前 n 项和为 S_n，且 $\dfrac{1}{a_1},\dfrac{1}{a_2},\dfrac{1}{a_4}$ 成等比数列。(1) 求 $\{a_n\}$ 的通项公式及 S_n；(2) 设 $A_n=\displaystyle\sum_{k=1}^{n}\dfrac{1}{S_k}$，$B_n=\displaystyle\sum_{k=1}^{n}\dfrac{1}{a_{2^{k-1}}}$，当 $n\geqslant 2$ 时，试比较 A_n 与 B_n 的大小。

解：(1) 设 $\{a_n\}$ 的公差为 d，则有 $\left(\dfrac{1}{a_2}\right)^2=\dfrac{1}{a_1} \cdot \dfrac{1}{a_4}$，即 $(a_1+d)^2=a_1(a_1+3d)$。由于 $d\neq 0$，所以 $d=a$，$a_n=na$，$S_n=\dfrac{an(n+1)}{2}$。

(2) 因为 $\dfrac{1}{S_n}=\dfrac{2}{a}\left(\dfrac{1}{n}-\dfrac{1}{n+1}\right)$，所以 $A_n=\dfrac{1}{S_1}+\dfrac{1}{S_2}+\cdots+\dfrac{1}{S_n}=\dfrac{2}{a}\left(1-\dfrac{1}{n+1}\right)$。

又 $a_{2^{n-1}}=2^{n-1}a$，$\dfrac{1}{a_{2^{n-1}}}=\dfrac{1}{a} \cdot \dfrac{1}{2^{n+1}}$，$a_1=a(a\in\mathbf{R})$，所以

$B_n=\dfrac{1}{a_1}+\dfrac{1}{a_2}+\dfrac{1}{a_{2^2}}+\cdots+\dfrac{1}{a_{2^{n-1}}}=\dfrac{2}{a}\left(1-\dfrac{1}{2^n}\right)$。

因为 $2^n=C_n^0+C_n^1+C_n^2+\cdots+C_n^n=1+n+C_n^2+\cdots+C_n^n>n+1$，所以 $1-\dfrac{1}{n+1}<1-\dfrac{1}{2^n}$，故当 $a>0$ 时，$A_n<B_n$；当 $a<0$ 时，$A_n>B_n$。

例 9-38　已知数列 $\{a_n\}$，$a_1=2$，$a_{n+1}-a_n-2n-2=0$，$n\in\mathbf{N}_+$。(1) 求数列 $\{a_n\}$ 的通项公式；(2) 设 $b_n=\dfrac{1}{a_{n+1}}+\dfrac{1}{a_{n+2}}+\dfrac{1}{a_{n+3}}+\cdots+\dfrac{1}{a_{2n}}$，当 $m\in[-1,1]$ 时，若对任意的正整数 n，不等式 $t^2-2mt+\dfrac{1}{6}>b_n$ 恒成立，求实数 t 的取值范围。

解：(1) 因为 $a_{n+1}-a_n=2n+2=2(n+1)$，所以 $a_n-a_{n-1}=2n$，$a_{n-1}-a_{n-2}=2(n-1)$，$\cdots$，$a_2-a_1=2\times 2$。

把上式相加得：$a_n=a_1+2\displaystyle\sum_{k=2}^{n}k=2+2\displaystyle\sum_{k=2}^{n}k=2\displaystyle\sum_{k=1}^{n}k=n(n+1)$。

(2) 因为 $b_n=\dfrac{1}{a_{n+1}}+\dfrac{1}{a_{n+2}}+\dfrac{1}{a_{n+3}}+\cdots+\dfrac{1}{a_{2n}}$

$=\dfrac{1}{(n+1)(n+2)}+\dfrac{1}{(n+2)(n+3)}+\cdots+\dfrac{1}{2n(2n+1)}$

$=\dfrac{1}{n+1}-\dfrac{1}{2n+1}$

$=\dfrac{n}{2n^2+3n+1}=\dfrac{1}{2n+\dfrac{1}{n}+3}$，

又 $\left\{2n+\dfrac{1}{n}\right\}$ 单调递增,故 $\{b_n\}$ 单调递减,所以 $\{b_n\}$ 的最大值为 $b_1=\dfrac{1}{6}$。于是问题转

化为 $t^2-2mt+\dfrac{1}{6}>\dfrac{1}{6},m\in[-1,1]$ 恒成立,即 $t^2-2mt>0,m\in[-1,1]$ 恒成立。

构造函数 $g(m)=-2tm+t^2$,问题就转化为 $g(m)>0$ 恒成立,$m\in[-1,1]$。又当

$t=0$ 时显然不成立,当 $t\neq 0$ 时,线性函数只需 $\begin{cases}g(-1)>0\\g(1)>0\end{cases}$,解得 $t<-2$ 或 $t>2$。

从而实数 t 的取值范围是 $(-\infty,-2)\bigcup(2,+\infty)$。

例 9-39　设数列 $\{a_n\}$ 满足 $a_1=2,a_{n+1}=a_n+\dfrac{1}{a_n}(n=1,2,\cdots)$。（1）求证

$a_n>\sqrt{a_n+1},n\in\mathbf{N}_+$；(2)令 $b_n=\dfrac{a_n}{\sqrt{n}},n\in\mathbf{N}_+$,试判断 b_n 与 b_{n+1} 的大小,并说明理由。

(1)证明：直接入手比较难,题中已经给出了首项和递推关系,可用数学归纳法。

当 $n=1$ 时,$a_1=2>\sqrt{2\times 1+1}=\sqrt{3}$,命题成立。

假设 $n=k$ 时成立,即 $a_k>\sqrt{2\times k+1},k\geq 1$,则当 $n=k+1$ 时,由 $a_{k+1}=a_k+\dfrac{1}{a_k}$ 得

$a_{k+1}^2=a_k^2+\dfrac{1}{a_k^2}+2>a_k^2+2>2k+3$,即 $a_{k+1}>\sqrt{2(k+1)+1},k\geq 1$,从而有 $a_k>\sqrt{2n+1},n\in\mathbf{N}_+$。

(2)证明：先分析 $\{b_n\}$ 的前几项,$b_1=2,b_2=\dfrac{5\sqrt{2}}{4},b_3=\dfrac{29\sqrt{3}}{30}$,则有 $b_1>b_2>b_3$。猜想

$b_n>b_{n+1}$,下面进行证明。

因为 $b_n-b_{n+1}=\dfrac{a_n}{\sqrt{n}}-\dfrac{a_{n+1}}{\sqrt{n+1}}=\dfrac{a_n}{\sqrt{n}}-\dfrac{a_n+\dfrac{1}{a_n}}{\sqrt{n+1}}=\dfrac{(\sqrt{n+1}-\sqrt{n})a_n^2-\sqrt{n}}{a_n\sqrt{n(n+1)}}$,所以只需要证

明 $(\sqrt{n+1}-\sqrt{n})a_n^2-\sqrt{n}>0$ 即可。

用分析法。欲证 $a_n(\sqrt{n+1}-\sqrt{n})-\sqrt{n}>0$,只需证 $2n+1>\sqrt{n}(\sqrt{n+1}+\sqrt{n})$,即证

$2n+1>\sqrt{n(n+1)}+n$,即 $n+1>\sqrt{n(n+1)}$,亦即证 $\sqrt{n+1}>\sqrt{n}$。　①

①显然成立。所以 $(\sqrt{n+1}-\sqrt{n})a_n^2-\sqrt{n}>0$,即 $b_n>b_{n+1}$。

说明：用相关方法处理数列与不等式问题参见习题 2.2.3 第 8 题,例 3-21。

例 9-40　已知首项为 $\dfrac{3}{2}$ 的等比数列 $\{a_n\}$ 不是递减数列,其前 n 项和为 $S_n,n\in\mathbf{N}_+$,且

S_3+a_3,S_5+a_5,S_4+a_4 成等差数列。（1）求 $\{a_n\}$ 的通项；(2)设 $T_n=S_n-\dfrac{1}{S_n},n\in\mathbf{N}_+$,求

$\{T_n\}$ 的最大值、最小值。

解：(1)设 $\{a_n\}$ 的公比为 q,由已知：$2(S_5+a_5)=S_3+a_3+S_4+a_4$,即 $4a_5=a_3$,于是

$q^2=\dfrac{a_5}{a_3}=\dfrac{1}{5}$。又 $\{a_n\}$ 不是递减数列,且 $a_1=\dfrac{3}{2}>0$,所以 $q=-\dfrac{1}{2},a_n=\dfrac{3}{2}\left(-\dfrac{1}{2}\right)^{n-1}$。

(2)由(1)得 $T_n=S_n-\dfrac{1}{S_n},n\in\mathbf{N}_+$,当 n 为奇数时,S_n 随 n 的增大而减小,故 $1\leq S_n\leq$

$S_1=\dfrac{3}{2}$。从而 $-\dfrac{1}{1}<-\dfrac{1}{S_n}<-\dfrac{1}{S_1},0<S_n-\dfrac{1}{S_n}\leq S_1-\dfrac{1}{S_1}=\dfrac{5}{6}$。

当 n 为偶数时，S_n 随 n 的增大而增大，所以 $\dfrac{3}{4}=S_2\leqslant S_n<1$，故 $-\dfrac{4}{3}=\dfrac{1}{S_2}\leqslant-\dfrac{1}{S_n}<-1$，从而 $0>S_2-\dfrac{1}{S_2}\geqslant S_2-\dfrac{1}{S_2}=-\dfrac{7}{12}$。故 $\{T_n\}$ 的最大项的值为 $\dfrac{5}{6}$，最小项的值为 $-\dfrac{7}{12}$。

例 9-41 已知正项数列 $\{a_n\}$ 的前 n 项和为 S_n，$a_1=2$，$4S_n=a_n\cdot a_{n+1}$，$n\in\mathbf{N}_+$。(1)求 $\{a_n\}$ 的通项；(2)设数列 $\left\{\dfrac{1}{a_n^2}\right\}$ 的前 n 项和为 T_n，求证 $\dfrac{n}{4n+4}<T_n<\dfrac{1}{2}$。

(1)**解**：$4S_n=a_na_{n+1}$，$4a_1=a_1a_2$，又 $a_1=2$ 得到 $a_2=4$。

当 $n\geqslant2$ 时，$4S_{n-1}=a_na_{n-1}$，相减得：$4a_n=a_n(a_{n+1}-a_{n-1})$。因为 $a_n\neq0$，所以 $a_{n+1}-a_{n-1}=4$。我们分类讨论如下：

当 $n=2k+1$ 时，$a_{2k+2}-a_{2k}=4$，所以 $a_2,a_4,a_6,\cdots,a_{2k}$ 是首项为 $a_2=4$，公差为 4 的等差数列，$a_{2k}=4+4(k-1)=4k=2\cdot2k$。

当 $n=2k$ 时，$a_{2k+1}-a_{2k-1}=4$，所以 $a_1,a_3,a_5,\cdots,a_{2k-1}$ 是首项为 $a_1=4$，公差为 4 的等差数列，$a_{2k-1}=a_1+4(k-1)=2(2k-1)$。

综上所述：$a_n=2n$，$n\in\mathbf{N}_+$。

(2)**证明**：因为 $\dfrac{1}{a_n^2}=\dfrac{1}{4n^2}>\dfrac{1}{4n(n+1)}=\dfrac{1}{4}\left(\dfrac{1}{n}-\dfrac{1}{n+1}\right)$，所以 $T_n=\dfrac{1}{a_1^2}+\dfrac{1}{a_2^2}+\cdots+\dfrac{1}{a_n^2}>$

$\dfrac{1}{4}\left(1-\dfrac{1}{2}+\dfrac{1}{2}-\dfrac{1}{3}+\cdots+\dfrac{1}{n}-\dfrac{1}{n+1}\right)=\dfrac{1}{4}\left(1-\dfrac{1}{n+1}\right)=\dfrac{n}{4(n+1)}$。

又因为 $\dfrac{1}{a_n^2}=\dfrac{1}{4n^2}<\dfrac{1}{4n^2-1}=\dfrac{1}{(2n-1)(2n+1)}$，所以 $T_n=\dfrac{1}{a_1^2}+\dfrac{1}{a_2^2}+\cdots+\dfrac{1}{a_n^2}<$

$\dfrac{1}{2}\left(1-\dfrac{1}{3}+\dfrac{1}{3}-\dfrac{1}{5}+\cdots+\dfrac{1}{2n-1}-\dfrac{1}{2n+1}\right)=\dfrac{1}{2}\left(1-\dfrac{1}{2n+1}\right)<\dfrac{1}{2}$。综上所述知：$\dfrac{n}{4n+4}<T_n<\dfrac{1}{2}$。

例 9-42 已知数列 $\{a_n\}$ 满足 $a_1=1$，$a_2=\dfrac{1}{4}$ 且 $a_{n+1}=\dfrac{(n-1)a_n}{n-a_n}$ $(n\geqslant2)$，求证对一切 $n\in\mathbf{N}_+$ 有 $a_1^2+a_2^2+\cdots+a_n^2<\dfrac{7}{6}$。

证明：先求 $\{a_n\}$ 的通项 a_n。当 $n\geqslant2$ 时，由已知 $\dfrac{1}{a_{n+1}}=\dfrac{n-a_n}{(n-1)a_n}=\dfrac{n}{(n-1)a_n}-\dfrac{1}{n-1}$，即 $\dfrac{1}{na_{n+1}}-\dfrac{1}{(n-1)a_n}=\dfrac{1}{n}-\dfrac{1}{n-1}$，所以 $\sum\limits_{k=2}^{n-1}\left(\dfrac{1}{ka_{a+1}}-\dfrac{1}{(k-1)a_k}\right)=\sum\limits_{k=2}^{n-1}\left(\dfrac{1}{k}-\dfrac{1}{k-1}\right)$，即 $\dfrac{1}{(n-1)a_n}-\dfrac{1}{a_2}=\dfrac{1}{n-1}-1(n\geqslant2)$。

将 $a_2=\dfrac{1}{4}$ 代入得 $a_n=\dfrac{1}{3n-2}$，$n\in\mathbf{N}_+$（$n=1$ 时也成立）。

再证原不等式。当 $k\geqslant2$ 时，有 $a_k^2=\dfrac{1}{(3k-2)^2}<\dfrac{1}{(3k-4)(3k-1)}=\dfrac{1}{3}\left(\dfrac{1}{3k-4}-\dfrac{1}{3k-1}\right)$，于是 $\sum\limits_{k=1}^{n}a_k^2=1+\sum\limits_{k=2}^{n}a_k^2<1+\dfrac{1}{3}\left[\left(\dfrac{1}{2}-\dfrac{1}{5}\right)+\left(\dfrac{1}{5}-\dfrac{1}{8}\right)+\cdots+\left(\dfrac{1}{3n-4}-\dfrac{1}{3n-1}\right)\right]=1+\dfrac{1}{3}\left(\dfrac{1}{2}-\dfrac{1}{3n-1}\right)<1+\dfrac{1}{3}\times\dfrac{1}{2}=\dfrac{7}{6}$，即 $\sum\limits_{k=1}^{n}a_k^2<\dfrac{7}{6}(n\geqslant2)$。

又当 $n=1$，$a_1^2=1<\dfrac{7}{6}$，所以有 $\sum\limits_{k=1}^{n}a_k^2<\dfrac{7}{6}$，对一切 $n\in\mathbf{N}_+$ 都成立。

说明：用构造数列的方法来证明数列中的不等式问题，参见习题 3.10 第 5 题。

第 10 章
空间向量与立体几何的求解方法

处理立体几何的有关问题,例如垂直平行和共线问题、夹角问题、投影问题、轨迹问题等,最常用的方法是以题目本身为依据,剖析题目的内在数学含义及信息,将有关知识与向量联系起来,利用向量的有关定义进行变换,把平移、全等、相似、长度、夹角等都由向量的线性运算及数量积表示出来,从而解决问题,有时也巧妙地利用几何关系来求解。所以,处理立体几何问题的常用方法是向量法和几何法。本章分为四个模块:空间向量的基本运算问题,空间向量与参数问题,向量与立体几何问题以及立体几何的综合问题。

10.1 空间向量的基本运算问题

空间向量的概念及线性运算是将向量作为工具加以运用的前提,也是求解立体几何问题的基础。空间向量的相关概念比较多,解题时要注意概念的理解、转化和运用,把两直线的夹角与两个向量的点积联系起来;两个向量垂直即它们的点积为零;两个向量平行即两个向量对应分量成比例。

例 10-1 已知点 $A(-1,1),B(1,2),C(-2,-1),D(3,4)$,则向量 $\overrightarrow{AB}$ 在 $\overrightarrow{CD}$ 方向上的投影为_____。

解:向量 $\vec{a}$ 在 $\vec{b}$ 上的投影为 $|\vec{a}|\cos\theta=\dfrac{\vec{a}\cdot\vec{b}}{|\vec{b}|}$,$\theta$ 为 $\vec{a},\vec{b}$ 的夹角。因为 $\overrightarrow{AB}=(2,1),\overrightarrow{CD}=(5,5)$,

所以 $\dfrac{\overrightarrow{AB}\cdot\overrightarrow{CD}}{|\overrightarrow{CD}|}=\dfrac{15}{5\sqrt{2}}=\dfrac{3\sqrt{2}}{2}$。

说明:带参数的向量问题参见习题 3.12 第 9 题。

例 10-2 已知向量 $\vec{a}=(1,2),\vec{b}=(2,-3)$,若向量满足 $(\vec{c}+\vec{a})\,/\!/\,\vec{b},\vec{c}\perp(\vec{a}+\vec{b})$,求 $\vec{c}$。

解:设 $\vec{c}=(m,n)$,则 $\vec{a}+\vec{c}=(1+m,2+n),\vec{a}+\vec{b}=(3,-1)$,由于 $(\vec{c}+\vec{a})\,/\!/\,\vec{b}$,所以有 $-3(1+m)=2(2+n)$。又 $\vec{c}\perp(\vec{a}+\vec{b})$,则有 $3m-n=0$,解之得 $m=-\dfrac{7}{9},n=-\dfrac{7}{3}$,即 $\vec{c}=\left(-\dfrac{7}{9},-\dfrac{7}{3}\right)$。

例 10-3 平面向量 $\vec{a}$ 与 $\vec{b}$ 的夹角为 $60°,\vec{a}=(2,0),|\vec{b}|=1$,则 $|\vec{a}+2\vec{b}|=$ _____。

解:凡向量的模的求值问题,往往用两边平方。因为 $|\vec{a}+2\vec{b}|=(\vec{a}+2\vec{b})^2=\vec{a}^2+4\vec{a}\cdot\vec{b}+4\vec{b}^2=|\vec{a}|^2+4\vec{a}\cdot\vec{b}+4|\vec{b}|^2=|\vec{a}|^2+4|\vec{a}||\vec{b}|\cos60°+4|\vec{b}|^2=12$,所以 $|\vec{a}+2\vec{b}|=2\sqrt{3}$。

例 10-4 已知 O 是平面上定点，A，B，C 是平面上不共线的三点，动点 P 满足 $\overrightarrow{OP} = \overrightarrow{OA} + \lambda\left(\dfrac{\overrightarrow{AB}}{|\overrightarrow{AB}|} + \dfrac{\overrightarrow{AC}}{|\overrightarrow{AC}|}\right)$，$\lambda \in [0, +\infty)$，则 P 点的轨迹一定通过 $\triangle ABC$ 的（　　）。

(A)外心 　　　　(B)内心 　　　　(C)重心 　　　　(D)垂心

解：因为 $\dfrac{\overrightarrow{AB}}{|\overrightarrow{AB}|}$，$\dfrac{\overrightarrow{AC}}{|\overrightarrow{AC}|}$ 分别为 $\overrightarrow{AB}$、$\overrightarrow{AC}$ 方向上的单位向量，

所以 $\dfrac{\overrightarrow{AB}}{|\overrightarrow{AB}|} + \dfrac{\overrightarrow{AC}}{|\overrightarrow{AC}|}$ 为 $\angle BAC$ 的平分线 $\overrightarrow{AD}$ 方向。因为

$\lambda \in [0, +\infty)$，所以 $\overrightarrow{AD}$ 与 $\lambda\left(\dfrac{\overrightarrow{AB}}{|\overrightarrow{AB}|} + \dfrac{\overrightarrow{AC}}{|\overrightarrow{AC}|}\right)$ 方向相同。

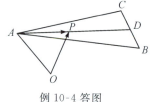

例 10-4 答图

又 $\overrightarrow{OP} = \overrightarrow{OA} + \lambda\left(\dfrac{\overrightarrow{AB}}{|\overrightarrow{AB}|} + \dfrac{\overrightarrow{AC}}{|\overrightarrow{AC}|}\right)$，所以 P 在 $\overrightarrow{AD}$ 上移动，从而 P 的轨迹一定过 $\triangle ABC$ 的内心。选(B)。

说明：轨迹问题参见习题 3.6.3 第 3 题。

例 10-5 在矩形 $ABCD$ 中，$AB = \sqrt{2}$，$BC = 2$，点 E 为 BC 的中点，F 在边 CD 上，若 $\overrightarrow{AB} \cdot \overrightarrow{AF} = \sqrt{2}$，则 $\overrightarrow{AE} \cdot \overrightarrow{BF}$ 的值是 _____。

解：因为 $\overrightarrow{AE} = \overrightarrow{AB} + \overrightarrow{BE}$，$\overrightarrow{BF} = \overrightarrow{AF} - \overrightarrow{AB}$，所以 $\overrightarrow{AE} \cdot \overrightarrow{BF} = (\overrightarrow{AB} + \overrightarrow{BE})(\overrightarrow{AF} - \overrightarrow{AB}) = \overrightarrow{AB} \cdot \overrightarrow{AF} - \overrightarrow{AB}^2 + \overrightarrow{BE} \cdot \overrightarrow{AF} - \overrightarrow{AB} \cdot \overrightarrow{BE} = \sqrt{2} - 2 + \overrightarrow{BE} \cdot \overrightarrow{AF}$。

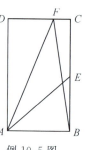

例 10-5 图

又 $\overrightarrow{BE} \cdot \overrightarrow{AF} = \overrightarrow{BE}(\overrightarrow{AD} + \overrightarrow{DF}) = \overrightarrow{BE} \cdot \overrightarrow{AD} + \overrightarrow{BE} \cdot \overrightarrow{DF} = 1 \times 2 + 0 = 2$，

所以 $\overrightarrow{AE} \cdot \overrightarrow{BF} = \sqrt{2} - 2 + 2 = \sqrt{2}$。

另解：如图建立坐标系。则 $A(0,0)$，$B(\sqrt{2},0)$，$E(\sqrt{2},1)$，$D(0,2)$，$C(\sqrt{2},2)$，设 $F(x,2)$，$0 \leqslant x \leqslant \sqrt{2}$。由 $\overrightarrow{AB} \cdot \overrightarrow{AF} = \sqrt{2}$ 得：$\sqrt{2}\,x = \sqrt{2}$，$x = 1$，即 $F(1,2)$。

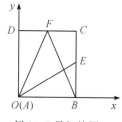

例 10-5 另解答图

所以 $\overrightarrow{AE} \cdot \overrightarrow{BF} = (\sqrt{2},1)(1-\sqrt{2},2) = \sqrt{2}$。

例 10-6 在 $\triangle ABC$ 中，若 $\overrightarrow{BC} = \vec{a}$，$\overrightarrow{AB} = \vec{c}$，$\overrightarrow{CA} = \vec{b}$，且有 $\vec{a} \cdot \vec{b} = \vec{b} \cdot \vec{c} = \vec{c} \cdot \vec{a}$，则 $\triangle ABC$ 的形状是 _____。

解：因为 $\vec{a} + \vec{b} + \vec{c} = 0$，所以 $\vec{a} + \vec{b} = -\vec{c}$，$(\vec{a} + \vec{b})^2 = \vec{c}^2$，即 $\vec{a}^2 + \vec{b}^2 + 2\vec{a} \cdot \vec{b} = \vec{c}^2$。

同理有 $\vec{b}^2 + \vec{c}^2 + 2\vec{b} \cdot \vec{c} = \vec{a}^2$，两式相减并利用 $\vec{a} \cdot \vec{b} = \vec{b} \cdot \vec{c}$，得到 $\vec{a}^2 = \vec{c}^2$，即 $|\vec{a}| = |\vec{c}|$。

同理有 $|\vec{c}| = |\vec{b}|$，即 $\triangle ABC$ 为正三角形。

例 10-7 四边形 $ABCD$ 中，$\overrightarrow{AB} = (6,1)$，$\overrightarrow{BC} = (x,y)$，$\overrightarrow{CD} = (-2,-3)$。(1)若 $\overrightarrow{BC} \parallel \overrightarrow{DA}$，试求 x 与 y 满足的关系；(2)满足(1)的同时，又有 $\overrightarrow{AC} \perp \overrightarrow{BD}$，试求 x，y 的值及四边形 $ABCD$ 的面积。

解：(1)因为 $\overrightarrow{BC} \parallel \overrightarrow{DA}$，$\overrightarrow{DA} = -\overrightarrow{AD} = -(\overrightarrow{AB} + \overrightarrow{BC} + \overrightarrow{CD}) = (-x-4, -y+2)$，所以 $x(-y+2) - y(-x-4) = 0$，即 $x + 2y = 0$。　①

(2)因为 $\overrightarrow{AC} = \overrightarrow{AB} + \overrightarrow{BC} = (x+6, y+1)$，$\overrightarrow{BD} = \overrightarrow{BC} + \overrightarrow{CD} = (x-2, y-3)$，又 $\overrightarrow{AC} \perp \overrightarrow{BD}$，所以 $(x+6)(x-2) + (y+1)(y-3) = 0$，即 $x^2 + y^2 + 4x - 2y - 15 = 0$。　②

①与②联立得 $\begin{cases} x = -6 \\ y = 3 \end{cases}$ 或 $\begin{cases} x = 2 \\ y = -1 \end{cases}$。

因为 $\overrightarrow{BC}/\!/\overrightarrow{DA}$,$\overrightarrow{AC}\perp\overrightarrow{BD}$,所以四边形 $ABCD$ 为对角互相垂直的梯形。当 $x=-6$,$y=3$ 时,$\overrightarrow{AC}=(0,4)$,$\overrightarrow{BD}=(-8,0)$。此时 $S_{ABCD}=\dfrac{1}{2}|\overrightarrow{AC}|\,|\overrightarrow{BD}|=16$。当 $x=2$,$y=-1$ 时,$\overrightarrow{AC}=(8,0)$,$BD=(0,-4)$。此时 $S_{ABCD}=\dfrac{1}{2}|\overrightarrow{AC}|\,|\overrightarrow{BD}|=16$,即 $S_{ABCD}=16$。

10.2　空间向量与参数问题

解决空间向量与参数问题的主要方法是求数量积法,可分为利用基本向量法求数量积、利用坐标法求数量积和利用投影法求数量积。

例 10-8　$\triangle ABC$ 的外接圆的圆心为 O,两条边上的高的交点为 H,$\overrightarrow{OH}=m(\overrightarrow{OA}+\overrightarrow{OB}+\overrightarrow{OC})$,则实数 $m=$ _____。

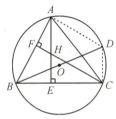

例 10-8 答图

解:如图,$\triangle ABC$ 外心为 O,垂心为 H,连接 BO 并延长交圆周于 D,则 $\angle BAD=\angle BCD=90°$,从而 $DC/\!/AH$,$DA/\!/CF$,故四边形 $CDAH$ 为平行四边形。所以 $\overrightarrow{AH}=\overrightarrow{DC}$,又 $\overrightarrow{DC}=\overrightarrow{OC}-\overrightarrow{OD}=\overrightarrow{OC}+\overrightarrow{OB}$。所以 $\overrightarrow{OH}=\overrightarrow{OA}+\overrightarrow{AH}=\overrightarrow{OA}+\overrightarrow{OB}+\overrightarrow{OC}$,从而 $m=1$。

另解:取 BC 的中点为 D,则 $\overrightarrow{OB}+\overrightarrow{OC}=2\overrightarrow{OD}$,且 $OD\perp BC$,$AH\perp BC$,由 $\overrightarrow{OH}=m(\overrightarrow{OA}+\overrightarrow{OB}+\overrightarrow{OC})$ 得 $\overrightarrow{OA}+\overrightarrow{AH}=m(\overrightarrow{OA}+2\overrightarrow{OD})$,

所以 $\overrightarrow{AH}=(m-1)\overrightarrow{OA}+2m\overrightarrow{OD}$,$\overrightarrow{AH}\cdot\overrightarrow{BC}=(m-1)\overrightarrow{OA}\cdot\overrightarrow{BC}+2m\overrightarrow{OD}\cdot\overrightarrow{BC}$,即 $0=(m-1)\overrightarrow{OA}\cdot\overrightarrow{BC}+0$,故 $m=1$。

例 10-9　设 D,E 分别是 $\triangle ABC$ 的边 AB,BC 上的点,$\overrightarrow{AD}=\dfrac{1}{2}\overrightarrow{AB}$,$\overrightarrow{BE}=\dfrac{2}{3}\overrightarrow{BC}$,若 $\overrightarrow{DE}=\lambda_1\overrightarrow{AB}+\lambda_2\overrightarrow{AC}$,$\lambda_1,\lambda_2$ 为实数,则 $\lambda_1+\lambda_2$ 的值为 _____。

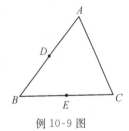

例 10-9 图

解:本题的本质是将向量 $\overrightarrow{DE}$ 用向量 $\overrightarrow{AB}$,$\overrightarrow{AC}$ 表示,然后依平面向量的基本定理与题目条件比较,求出参变量的和。因为

$$\overrightarrow{DE}=\overrightarrow{DB}+\overrightarrow{BE}=\dfrac{1}{2}\overrightarrow{AB}+\dfrac{2}{3}\overrightarrow{BC}$$
$$=\dfrac{1}{2}\overrightarrow{AB}+\dfrac{2}{3}(\overrightarrow{BA}+\overrightarrow{AC})=-\dfrac{1}{6}\overrightarrow{AB}+\dfrac{2}{3}\overrightarrow{AC}$$
$$=\lambda_1\overrightarrow{AB}+\lambda_2\overrightarrow{AC},$$

所以 $\lambda_1=-\dfrac{1}{6}$,$\lambda_2=\dfrac{2}{3}$,从而 $\lambda_1+\lambda_2=\dfrac{1}{2}$。

例 10-10　已知向量 $\overrightarrow{AB}$ 与 $\overrightarrow{AC}$ 的夹角为 $120°$,且 $|\overrightarrow{AB}|=3$,$|\overrightarrow{AC}|=2$,若 $\overrightarrow{AP}=\lambda\overrightarrow{AB}+\overrightarrow{AC}$,且 $\overrightarrow{AP}\perp\overrightarrow{BC}$,则实数 λ 的值为 _____。

解:$\overrightarrow{AP}$ 已用 $\overrightarrow{AB}$,$\overrightarrow{AC}$ 表示,只需再将 $\overrightarrow{BC}$ 用 $\overrightarrow{AB}$,$\overrightarrow{AC}$ 表示。

因为 $\overrightarrow{BC}=\overrightarrow{AC}-\overrightarrow{AB}$,$\overrightarrow{AP}\perp\overrightarrow{BC}$,所以 $(\lambda\overrightarrow{AB}+\overrightarrow{AC})\cdot(\overrightarrow{AC}-\overrightarrow{AB})=0$,即 $(\lambda-1)\overrightarrow{AB}\cdot\overrightarrow{AC}+\overrightarrow{AC}^2-\lambda\overrightarrow{AB}^2=0$,

从而 $(\lambda-1)\times3\times2\times\left(-\dfrac{1}{2}\right)+4-9\lambda=0$,所以 $\lambda=\dfrac{7}{12}$。

10.3 向量与立体几何问题

向量是一个很好的工具,利用向量法求解立体几何问题,即建立适当的空间直角坐标系,根据空间向量的坐标运算列出关系式或方程,把几何问题代数化,进而把问题解决。

例 10-11 如图,平面 $ABEF \perp$ 平面 $ABCD$,四边形 $ABEF$ 与 $ABCD$ 都是直角梯形,$\angle BAD = \angle FAB = 90°$,$BC \underline{\underline{\parallel}} \dfrac{1}{2} AD$,$BE \underline{\underline{\parallel}} \dfrac{1}{2} AF$。

求证 C,D,E,F 四点共面。

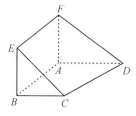

例 10-11 图

证明:因为平面 $ABEF \perp$ 平面 $ABCD$ 且交于 AB,又 $AF \perp AB$,得 $AF \perp$ 平面 $ABCD$。以 A 为原点建立空间直角坐标系 A-xyz。

设 $AB = a$,$BC = b$,$BE = c$,则 $B(a,0,0)$,$C(a,b,0)$,$D(0,2b,0)$,$E(a,0,c)$,$F(0,0,2c)$。

$\overrightarrow{CE} = (0,-b,c)$,$\overrightarrow{DF} = (0,-2b,2c)$,因为 $\overrightarrow{DF} = 2\overrightarrow{CE}$,

所以 $DF /\!/ CE$,从而 CE,DF 确定一个平面,即 C,D,E,F 共面。

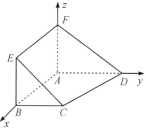

例 10-11 答图

说明:一般情况下,要证 A,B,C,D 共面,只需证明三个向量 $\overrightarrow{AB},\overrightarrow{AC},\overrightarrow{AD}$ 满足 $\overrightarrow{AD} = x\overrightarrow{AB} + y\overrightarrow{AC}$,$x,y \in \mathbf{R}$。

例 10-12 如图,设动点 P 在棱长为 1 的正方体 $ABCD$-$A_1B_1C_1D_1$ 的对角线 BD_1 上,记 $\dfrac{D_1P}{D_1B} = \lambda$。

(1)当 $\angle APC$ 为钝角时,求 λ 的取值范围;

(2)当 $\angle APC$ 最大时,求三棱锥 P-ABC 的体积。

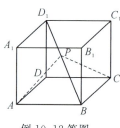

例 10-12 答图

解:(1)以 $\overrightarrow{DA},\overrightarrow{DC},\overrightarrow{DD_1}$ 为单位正交基底,建立空间直角坐标系 D-xyz,则 $A(1,0,0)$,$B(1,1,0)$,$C(0,1,0)$,$D_1(0,0,1)$,由 $\overrightarrow{D_1A} = (1,0,-1)$,$\overrightarrow{D_1B} = (1,1,-1)$,$\overrightarrow{D_1C} = (0,1,-1)$,$\overrightarrow{D_1P} = \lambda\overrightarrow{D_1B} = (\lambda,\lambda,-\lambda)$,所以 $\overrightarrow{PA} = \overrightarrow{D_1A} - \overrightarrow{D_1P} = (1-\lambda,-\lambda,\lambda-1)$,$\overrightarrow{PC} = \overrightarrow{D_1C} - \overrightarrow{D_1P} = (-\lambda,1-\lambda,\lambda-1)$。

因为 $\angle APC$ 为钝角,所以 $\cos\angle APC = \cos\langle\overrightarrow{PA},\overrightarrow{PC}\rangle = \dfrac{\overrightarrow{PA} \cdot \overrightarrow{PC}}{|\overrightarrow{PA}| \cdot |\overrightarrow{PC}|} < 0$,即 $\overrightarrow{PA} \cdot \overrightarrow{PC} < 0$,亦即 $(1-\lambda)(-\lambda) + (-\lambda)(1-\lambda) + (\lambda-1)^2 < 0$。

解之得 $\dfrac{1}{3} < \lambda < 1$,即 $\lambda \in \left(\dfrac{1}{3},1\right)$。

(2)设 $\overrightarrow{BP} = k\overrightarrow{BD_1}$,$\overrightarrow{BD_1} = (-1,-1,1)$,$\overrightarrow{BP} = (-k,-k,k)$,则 $\overrightarrow{PA} = \overrightarrow{BA} - \overrightarrow{BP} = (0,-1,0) - (-k,-k,k) = (k,k-1,-k)$,$\overrightarrow{PC} = (-k,1-k,-k)$。

又 $\cos\langle\overrightarrow{PA},\overrightarrow{PC}\rangle = 1 - \dfrac{1}{3k^2-2k+1} = 1 - \dfrac{1}{3\left(k-\dfrac{1}{3}\right)^2 + \dfrac{2}{3}}$,当 $k = \dfrac{1}{3}$ 时,$\cos\langle\overrightarrow{PA},\overrightarrow{PC}\rangle$

最小,即 $\angle APC$ 最大。此时, $V_{P\text{-}ABC}=\dfrac{1}{3}$ 底×高 $=\dfrac{1}{3}\times\left(\dfrac{1}{2}\times1\times1\right)\times\dfrac{1}{3}=\dfrac{1}{18}$。

说明: 此题也可直接用(1)的结论 $\lambda\in\left(\dfrac{1}{3},1\right)$, 当 $\lambda=\dfrac{1}{3}$ 时, $\cos\angle APC$ 最小,从而 $\angle APC$ 最大。

例 10-13　已知在长方体 $ABCD\text{-}A_1B_1C_1D_1$ 中,点 M 为 DD_1 的中点,点 N 在 AC 上,且 $AN:NC=2:1$,点 E 为 BM 的中点。(1)求证 A_1, E, N 三点共线;(2)当 $ABCD\text{-}A_1B_1C_1D_1$ 为正方体时,若 PQ 是异面直线 A_1D 与 AC 的公垂线段,求证 $PQ//BD_1$。

证明:(1)以 D 为坐标原点建立空间直角坐标系 $D\text{-}xyz$。

设 $DA=a$, $DC=b$, $DD_1=c$, 则 $M\left(0,0,\dfrac{c}{2}\right)$, $B(a,b,0)$,

$E\left(\dfrac{a}{2},\dfrac{b}{2},\dfrac{c}{4}\right)$, $A_1(a,0,c)$, $N\left(\dfrac{a}{3},\dfrac{2b}{3},0\right)$, 从而 $\overrightarrow{A_1E}=$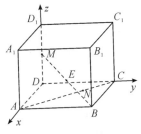

$\left(-\dfrac{a}{2},\dfrac{b}{2},-\dfrac{3c}{4}\right)$, $\overrightarrow{A_1N}=\left(-\dfrac{2a}{3},\dfrac{2b}{3},-c\right)$。因为 $\overrightarrow{A_1N}=\dfrac{4}{3}\overrightarrow{A_1E}$,

所以 A_1, E, N 三点共线。

例 10-13 答图

(2)建系同上,设正方体的棱长为 a, 则 $A_1(a,0,a)$, $A(a,0,0)$, $C(0,a,0)$, $B(a,a,0)$, $D_1(0,0,a)$。再设 $\overrightarrow{PQ}=(x,y,z)$, 由 PQ 是异面直线 A_1D 与 AC 的公垂线段,得 $PQ\perp A_1D$, $PQ\perp AC$, 又 $\overrightarrow{A_1D}=(-a,0,-a)$, $\overrightarrow{AC}=(-a,a,0)$, 故

$$\begin{cases}\overrightarrow{PQ}\cdot\overrightarrow{A_1D}=0\\ \overrightarrow{DQ}\cdot\overrightarrow{AC}=0\end{cases},\text{即}\begin{cases}-ax-az=0\\ -ax+ay=0\end{cases}。$$

取 $x=1$, 则 $z=-1$, $y=1$, 则 $\overrightarrow{PQ}=(1,1,-1)$, $\overrightarrow{BD_1}=(-a,-a,a)=-a\overrightarrow{PQ}$。即 $\overrightarrow{BD_1}//\overrightarrow{PQ}$, 所以 $PQ//BD_1$。

说明: 证明 A,B,C 三点共线,只需证明 $\overrightarrow{AB}=\lambda\overrightarrow{AC}$, $\lambda\neq0$, $\lambda\in\mathbf{R}$。

例 10-14　在四棱锥 $A\text{-}BCDE$ 中,(1)若底面 $BCDE$ 为矩形,侧面 $ABC\perp$ 底面 $BCDE$, $BC=2$, $CD=\sqrt{2}$, $AB=AC$, 求证 $AD\perp CE$;(2)若底面 $BCDE$ 为直角梯形, $AB\perp$ 平面 $BCDE$, $BE//CD$, $\angle CBE=90°$, 且 $AB=BC=CD=\dfrac{1}{2}BE=1$, 求证平面 $ABC\perp$ 平面 ACD。

证明:(1)作 $AO\perp BC$, 垂足为 O, 因为侧面 $ABC\perp$ 底面 $BCDE$, 则 $AO\perp$ 底面 $BCDE$, 且 O 为 BC 的中点。以 O 为坐标原点, OC 为轴,建立直角坐标系 $O\text{-}xyz$, 如图,设 $A(0,0,a)$, 由已知条件 $C(1,0,0)$, $D(1,\sqrt{2},0)$, $\overrightarrow{CE}=(-2,\sqrt{2},0)$, $\overrightarrow{AD}=(1,\sqrt{2},-a)$, 所以有 $\overrightarrow{CE}\cdot\overrightarrow{AD}=0$, 即 $\overrightarrow{CE}\perp\overrightarrow{AD}$, 从而 $AD\perp CE$。

(2)由题意, B 为"墙角",以 B 为原点建立空间直角坐标系,如图,则 $B(0,0,0)$, $E(0,2,0)$, $D(1,1,0)$, $C(1,0,0)$, $A(0,0,1)$。因为 $\overrightarrow{BA}=(0,0,1)$, $\overrightarrow{CD}=(0,1,0)$, 故 $\overrightarrow{BA}\cdot\overrightarrow{CD}=0$, 所以 $BA\perp CD$。又 $BC\perp CD$, $BA\cap BC=B$。又因为 $DC\perp$ 平面 ABC, $DC\subset$ 平面 ACD, 所以平面 $ABC\perp$ 平面 ACD。

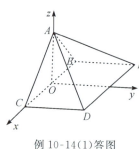

例 10-14(1)答图　　　　　　例 10-14(2)答图

说明：证明两个平面垂直可化为两个平面的法向量互相垂直；也可以证明一个平面内的一条直线垂直于另一个平面。

例 10-15　等边三角形与正方形 $ABDE$ 有一条公共边 AB，二面角 C-AB-D 的余弦值为 $\frac{\sqrt{3}}{3}$，M，N 分别是 AC，BC 的中点，则 EM 与 AN 所成角的余弦值等于_____。

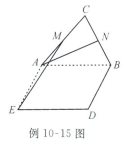

例 10-15 图

解：设 O 是 AB 的中点，F 是 ED 的中点，因为 $\triangle ABC$ 是等边三角形，$ABDE$ 是正方形，所以 $CO \perp AB$，$FO \perp AB$，则 $\angle COF$ 是二面角 C-AB-D 的平面角，从而 $\cos\angle COF = \frac{\sqrt{3}}{3}$。

选取 $\overrightarrow{OA} = \vec{p}$，$\overrightarrow{OF} = \vec{q}$，$\overrightarrow{OC} = \vec{r}$ 为基向量，并设 $AB = 2$，则 $|\vec{p}| = 1$，$|\vec{q}| = 2$，$|\vec{r}| = |\overrightarrow{OC}| = \frac{\sqrt{3}}{2} \times 2 = \sqrt{3}$。$\vec{p} \cdot \vec{q} = \vec{p} \cdot \vec{r} = 0$，$\vec{q} \cdot \vec{r} = 2$。

$\overrightarrow{EM} = \overrightarrow{EA} + \overrightarrow{AM} = \overrightarrow{EA} + \frac{1}{2}\overrightarrow{AC} = -\vec{q} + \frac{1}{2}(\vec{r} - \vec{p})$，$\overrightarrow{AN} = \frac{1}{2}(\overrightarrow{AC} + \overrightarrow{AB}) = \frac{1}{2}(\vec{r} - \vec{p}) + \frac{1}{2}(-2\vec{p}) = \frac{1}{2}\vec{r} - \frac{3}{2}\vec{p}$，所以 $|\overrightarrow{EM}| = \sqrt{\left(-\vec{q} + \frac{1}{2}\vec{r} - \frac{1}{2}\vec{p}\right)^2} = \sqrt{3}$，$|\overrightarrow{AN}| = \sqrt{\left(\frac{1}{2}\vec{r} - \frac{3}{2}\vec{p}\right)^2} = \sqrt{3}$。

$\overrightarrow{EM} \cdot \overrightarrow{AN} = \left(-\vec{q} + \frac{\vec{r}}{2} - \frac{\vec{p}}{2}\right) \cdot \left(\frac{\vec{r}}{2} - \frac{3}{2}\vec{p}\right) = \frac{1}{2}$，故 $\cos\langle\overrightarrow{EM}, \overrightarrow{AN}\rangle = \frac{\overrightarrow{EM} \cdot \overrightarrow{AN}}{|\overrightarrow{EM}||\overrightarrow{AN}|}$

$$= \frac{\frac{1}{2}}{3} = \frac{1}{6}。$$

10.4　立体几何的综合问题

　　立体几何的综合问题以证明空间线面的位置关系和有关数量关系计算为主，如空间线面平行、垂直的判定与证明，线、面、角以及距离的计算。通过立体几何相关问题的设置，考查空间想象能力、推理论证能力以及化归和转化能力。处理这类问题的方法还是向量法、几何法和综合运用代数的方法。

　　例 10-16　如图，在正方体 $ABCD$-$A_1B_1C_1D_1$ 中，M，N 分别是 CC_1，B_1C_1 的中点，求证 $MN /\!/$ 平面 A_1BD。

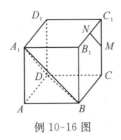

例 10-16 图

证明：如图，以 D 为原点，DA,DC,DD_1 所在直线分别为 x 轴、y 轴、z 轴建立空间直角坐标系。不妨设正方体的棱长为 1，则 $M\left(0,1,\dfrac{1}{2}\right)$，$D(0,0,0)$，$B(1,1,0)$，

$N\left(\dfrac{1}{2},1,1\right)$，$A_1(1,0,1)$，所以 $\overrightarrow{MN}=\left(\dfrac{1}{2},0,\dfrac{1}{2}\right)$，$\overrightarrow{DA_1}=(1,0,1)$，$\overrightarrow{DB}=(1,1,0)$。

设平面 A_1BD 的法向量为 $\overrightarrow{n}=(x,y,z)$，则 $\begin{cases}\overrightarrow{n}\cdot\overrightarrow{DA_1}=0,\\\overrightarrow{n}\cdot\overrightarrow{DB}=0,\end{cases}$

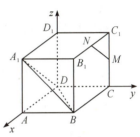

所以 $\begin{cases}x+z=0\\x+y=0\end{cases}$，令 $x=1$，则 $y=z=-1$，所以 $\overrightarrow{n}=(1,-1,1)$。

因为 $\overrightarrow{MN}\cdot\overrightarrow{n}=\left(\dfrac{1}{2},0,\dfrac{1}{2}\right)\cdot(1,-1,-1)=0$，所以 $\overrightarrow{MN}\perp\overrightarrow{n}$。

又 $\overrightarrow{MN}\not\subset$ 平面 A_1BD，所以 $MN/\!/$ 平面 A_1BD。

例 10-16 答图

说明：(1)利用空间向量证明平行问题的步骤：把立体几何问题转换为空间向量问题，进行向量运算，把向量的运算结果"翻译"成立体几何结论。在证明过程中，常用到两个重要向量：直线的方向向量和平面的法向量。(2)四面体的证明题参见习题 2.2.3 第 2 题。

例 10-17　如图，在四棱锥 $P\text{-}ABCD$ 中，$PA\perp$ 底 $ABCD$，$AB\perp AD$，$AC\perp CD$，$\angle ABC=60°$，$PA=AB=BC$，E 是 PC 的中点。

(1)求证 $CD\perp AE$；(2)求证 $PD\perp$ 平面 ABE。

证明：(1)因为 $PA\perp$ 底面 $ABCD$，$AB\perp AD$，所以 AB,AD,AP 两两垂直。

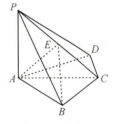

例 10-17 图

以 A 为原点，AB,AD,AP 为 x 轴、y 轴、z 轴建立空间直角坐标系。不妨设 $AB=1$，因为 $\angle ABC=60°$，$AB=BC$，$\triangle ABC$ 为等边三角形，所以 $AC=1$，又，$AC\perp CD$，$AB\perp AD$，所以 $\angle CAD=30°$，从而

$AD=\dfrac{AC}{\sin 60°}=\dfrac{2\sqrt{3}}{3}$。

从而 $A(0,0,0)$，$B(1,0,0)$，$C\left(\dfrac{1}{2},\dfrac{\sqrt{3}}{2},0\right)$，$P(0,0,1)$，$D\left(0,\dfrac{2\sqrt{3}}{3},0\right)$，$\overrightarrow{CD}=\left(-\dfrac{1}{2},\dfrac{\sqrt{3}}{6},0\right)$。

又 E 是 PC 的中点，所以 $E\left(\dfrac{1}{4},\dfrac{\sqrt{3}}{4},\dfrac{1}{2}\right)$，所以 $\overrightarrow{AE}=\left(\dfrac{1}{4},\dfrac{\sqrt{3}}{4},\dfrac{1}{2}\right)$。

又 $\overrightarrow{CD}\cdot\overrightarrow{AE}=\left(-\dfrac{1}{2}\right)\times\dfrac{1}{4}\times\dfrac{\sqrt{3}}{6}\times\dfrac{\sqrt{3}}{4}+0\times\dfrac{1}{2}=0$，所以 $CD\perp AE$。

(2) $\overrightarrow{PD}=\left(0,\dfrac{2\sqrt{3}}{3},-1\right)$，$\overrightarrow{AB}=(1,0,0)$，$\overrightarrow{AE}=\left(\dfrac{1}{4},\dfrac{\sqrt{3}}{4},\dfrac{1}{2}\right)$，且 $\overrightarrow{PD}\cdot\overrightarrow{AB}=0$，

$\overrightarrow{PD}\cdot\overrightarrow{AE}=0$，所以 $PD\perp AB$，$PD\perp AE$，又 $AB\cap AE=A$，所以 $PD\perp$ 平面 ABE。

说明：若问：如何证明平面 $PCD\perp$ 平面 ABE？

可进一步表述为：因为 $PD\subset$ 平面 PCD，所以平面 $PCD\perp$ 平面 ABE。

也可用几何法。因为 $PA\perp$ 平面 $ABCD$，$PA\perp CD$。又 $AC\perp CD$，$CD\perp$ 平面 ACP，$AE\subset$ 平面 ACP，所以 $CD\perp AE$。

例 10-18　如图，在三棱柱 ABC-$A_1B_1C_1$ 中，$AA_1\perp$ 平面 ABC，$AB=BC=AA_1$，$\angle ABC=90°$，点 E，F 分别是 AB，BB_1 的中点，则直线 EF 和 BC_1 所成的角是（　　）。

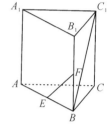

（A）45°　　　　　　　　　（B）60°

（C）90°　　　　　　　　　（D）120°

例 10-18 图

解：以 BC，BA，BB_1 为 x，y，z 轴建立空间直角坐标系。不妨设 $AB=BC=BB_1=2$，则 $C_1(2,0,2)$，$E(0,1,0)$，$F(0,0,1)$，从而 $\overrightarrow{EF}=(0,-1,1)$，$\overrightarrow{BC_1}(2,0,2)$。

记 $\overrightarrow{EF}$ 与 $\overrightarrow{BC_1}$ 的夹角为 θ，则 $\cos\theta=\dfrac{\overrightarrow{EF}\cdot\overrightarrow{BC_1}}{|\overrightarrow{EF}|\cdot|\overrightarrow{BC_1}|}=\dfrac{2}{\sqrt{2}\cdot2\sqrt{2}}=\dfrac{1}{2}$，又 $\theta\in\left(0,\dfrac{\pi}{2}\right]$，所以 $\theta=60°$，选（B）。

例 10-19　正四棱锥 S-$ABCD$ 中，O 为顶点在底面上的射影，P 为侧棱 SD 的中点，且 $SO=OD$，则直线 BC 与平面 PAC 所成的角是 _____。

解：如图，以 O 为坐标原点建立直角坐标系 O-xyz，设 $OD=SO=OA=OB=OC=a$，则 $A(a,0,0)$，$B(0,a,0)$，$C(-a,0,0)$，$D\left(0,-\dfrac{a}{2},\dfrac{a}{2}\right)$，得到 $\overrightarrow{CA}=(2a,0,0)$，$\overrightarrow{AP}=\left(-a,-\dfrac{a}{2},\dfrac{a}{2}\right)$，$\overrightarrow{CB}(a,a,0)$。

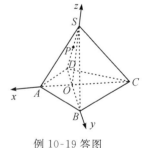

例 10-19 答图

设平面 PAC 的法向量是 $\vec{n}=(x,y,z)$，则 $\begin{cases}\vec{n}\cdot\overrightarrow{CA}=0\\\vec{n}\cdot\overrightarrow{AP}=0\end{cases}$，所以

$\begin{cases}2ax=0\\-ax+\dfrac{a}{2}y+\dfrac{a}{2}z=0\end{cases}$，从而 $x=0$，$y=-z$。

令 $y=1$，则 $\vec{n}=(0,1,1)$，记直线 BC 与平面 PAC 所成的角为 θ，则 $\sin\theta=|\cos\langle\overrightarrow{CB},\vec{n}\rangle|=\dfrac{\overrightarrow{CB}\cdot\vec{n}}{|\overrightarrow{CB}|\cdot|\vec{n}|}=\dfrac{1}{2}$，所以 $\theta=30°$。

说明：四棱锥问题参见习题 3.6.2 第 1 题。

例 10-20　三棱锥被平行于底面 ABC 的平面所截得的几何体如图所示，截面为 $A_1B_1C_1$，$\angle BAC=90°$，$AA_1\perp$ 平面 ABC，$AA_1=\sqrt{3}$，$AB=\sqrt{2}$，$AC=2$，$A_1C_1=1$，$\dfrac{BD}{DC}=\dfrac{1}{2}$。（1）求证平面 $A_1AD\perp$ 平面 BCC_1B_1；（2）求二面角 A-CC_1-B 的余弦值。

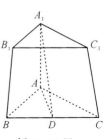

（1）证明：如图建立直角坐标系，则 $A(0,0,0)$，$B(\sqrt{2},0,0)$，

例 10-20 图

$C(0,2,0)$，A_1（0，0，$\sqrt{3}$），C_1（0，1，$\sqrt{3}$）。又 $\dfrac{BD}{DC}=\dfrac{1}{2}$，

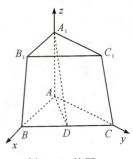

$D=\left(\dfrac{2\sqrt{2}}{3},\dfrac{2}{3},0\right)$，$A_1(0,0,\sqrt{3})$，所以 $\overrightarrow{A_1D}=\left(\dfrac{2\sqrt{2}}{3},\dfrac{2}{3},-\sqrt{3}\right)$。

又 $\overrightarrow{BC}=(-\sqrt{2},2,0)$，所以 $\overrightarrow{BC}\cdot\overrightarrow{A_1D}=0$，从而 $BC\perp A_1D$。

又 $AA_1\perp BC$，所以 $BC\perp$ 平面 ADA_1，又 $BC\subset$ 平面 BCC_1B_1，

故平面 $A_1AD\perp BCC_1B_1$。

例 10-20 答图

（2）解：因为 $AB\perp$ 平面 ACC_1A，所以取平面 ACC_1A 的法向量

$\overrightarrow{n_1}=\overrightarrow{AB}=(\sqrt{2},0,0)$，再设平面 BCC_1B 的法向量 $\overrightarrow{n_2}=(x,y,z)$，则

$\overrightarrow{BC}\cdot\overrightarrow{n_2}=0$，$\overrightarrow{CC}\cdot\overrightarrow{n_2}=0$，即 $-\sqrt{2}x+2y=0$，$-y+\sqrt{3}=0$，所以 $x=\sqrt{2}y$，$z=\dfrac{\sqrt{3}}{3}y$，令 $y=1$，则

$\overrightarrow{n_2}=\left(\sqrt{2},1,\dfrac{\sqrt{3}}{3}\right)$，所以 $\cos\langle\overrightarrow{n_1},\overrightarrow{n_2}\rangle=\dfrac{\overrightarrow{n_1}\cdot\overrightarrow{n_2}}{|\overrightarrow{n_1}||\overrightarrow{n_2}|}=\dfrac{\sqrt{15}}{5}$，即二面角 $A\text{-}CC_1\text{-}B$ 的余弦值为 $\dfrac{\sqrt{15}}{5}$。

说明：求二面角 $\alpha\text{-}\gamma\text{-}\beta$ 的思路是，先求出 α,β 的法向量 $\overrightarrow{n_1},\overrightarrow{n_2}$，则 $\overrightarrow{n_1},\overrightarrow{n_2}$ 的夹角（或其补角）的大小就是二面角的大小。如何确定取等角还是补角？在 α,β 面内各取一点 A,B，求出 $\overrightarrow{AB}$。看 $\overrightarrow{AB}\cdot\overrightarrow{n_1}$ 与 $\overrightarrow{AB}\cdot\overrightarrow{n_2}$ 的值，若它们同号则取等角；若异号则取补角。

例 10-21　正四棱台的上、下底面的边长分别为 2 和 4，侧棱长为 2，则其体积为（　　）。

（A）$20+12\sqrt{3}$　　　（B）$28\sqrt{2}$　　　（C）$\dfrac{56}{3}$　　　（D）$\dfrac{28\sqrt{2}}{3}$

解：如图，连接正四棱台上下底面的中心，因为该四棱台上下底面边长分别为 2 和 4，侧棱长为 2，所以该棱台的高

$h=\sqrt{2^2-(2\sqrt{2}-\sqrt{2})^2}=\sqrt{2}$。又下底面面积 $S_1=16$，上底面面

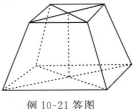

积 $S_2=4$，所以该棱台的体积 $V=\dfrac{1}{3}h(S_1+S_2+\sqrt{S_1S_2})=$

例 10-21 答图

$\dfrac{1}{3}\times\sqrt{2}\times(6+4+\sqrt{64})=\dfrac{28}{3}\sqrt{2}$。故选（D）。

例 10-22　若圆锥的底面半径为 1，母线长为 3，则该圆锥内半径最大的球的体积为

_____。

解：易知半径最大球为圆锥的内切球，球与圆锥内切时的轴截面如图所示，其中 $BC=2$，$AB=AC=3$，且点 M 为 BC 边上的中点。设内切圆的圆心为 O，由于 $AM=\sqrt{3^2-1^2}=2\sqrt{2}$，故 $S_{\triangle ABC}=\dfrac{1}{2}\times2\times2\sqrt{2}=2\sqrt{2}$。设

内切圆半径为 r，则 $S_{\triangle ABC}=S_{\triangle AOB}+S_{\triangle BOC}+S_{\triangle AOC}=\dfrac{1}{2}\times AB\times r+$

例 10-22 答图

$\dfrac{1}{2}\times BC\times r+\dfrac{1}{2}\times AC\times r=\dfrac{1}{2}\times(3+3+2)\times r=2\sqrt{2}$，解之得 $r=\dfrac{\sqrt{2}}{2}$。故

其体积 $V=\dfrac{4}{3}\pi r^3=\dfrac{\sqrt{2}}{3}\pi$。

说明：圆柱问题参见习题 3.5 第 2 题。

附录 1

习　题

习题 1.2

1. 设数列 $a_1,a_2,\cdots,a_{10}$ 中每一项都等于前面两项的和（$a_3=a_1+a_2$，$a_4=a_2+a_3$，$\cdots$，$a_{10}=a_8+a_9$），$S_{10}=a_1+a_2+\cdots+a_{10}$ 表示前 10 项的和。若 $a_1=3+4\sqrt{3}-\sqrt{2}-\sqrt{5}$，$a_2=5+2\sqrt{3}-\sqrt{2}-\sqrt{7}$，求 $\dfrac{S_{10}}{a_7}$ 的值。（条件开放）

2. 求方程 $4x^2-20[x]+23=0$ 的所有实数解，其中 $[x]$ 表示不超过 x 的最大整数。（思维开放）

3. 在数字 123456789 之间的空档中填入加号或减号（也可不填，这时就认为相邻的数字拼成了多位数），使得运算结果等于 101，例如 $1+2+3+45+67-8-9=101$。（思维开放）

4. 一个六位数 $ABCDEF$，它的各位数字都不同，把它乘以 5 得到 $FABCDE$，求这个数。（条件开放）

5. 如图，由一些火柴搭成了七个正方形，请你只动三根火柴，使之变成五个正方形。（条件开放）

6. 试求方程 $x^2=y^2+2y+13$ 的整数解。（思维开放）

7. 有三个纺织厂，第一纺织厂的产值占另外两个厂产值和的 $\dfrac{4}{5}$，第二

题 5 图

纺织厂的产值占另外两个厂产值和的 $\dfrac{1}{2}$，问第三纺织厂的产值占另外两个厂产值和的几分之几？（条件开放）

8. 在兔子跑 5 步的时间内猎狗能跑 6 步；而猎狗跑 4 步的距离等于兔子跑 7 步的距离。现在兔子在猎狗正前方 55 米，问兔子再跑多少米就会被猎狗追上？（条件开放）

9. 小李准备骑车到高铁站乘坐 8 点钟的车。已知他若以每小时 15 公里的速度骑行，则会在 7 点 45 分达到；他若以每小时 9 公里的速度骑行，则会在 8 点 15 分达到。现在他想在 7 点 50 分达到，问他骑车的速度应该是多少？（条件开放）

10. 已知 $\triangle ABC$ 的三边 a,b,c 成等差数列，由此可得到哪些结果？（结论开放）

习题 1.3

1. 在 $\triangle ABC$ 中，$\tan A$，$\tan B$，$\tan C$ 成等比数列。（1）若 $\tan A+\tan B+\tan C=3\sqrt{3}$，试判断三角形的形状；（2）当 $\triangle ABC$ 为锐角三角形时，求证 $\tan A \cdot \tan B \cdot \tan C \geqslant 3\sqrt{3}$。

2. 一个家庭（父母和孩子）去某地旅游。甲旅行社说："如果父亲买一张全票，其余人可以享受半价优惠。"乙旅行社说："家庭旅游可以买团体票，均按原价的 $\frac{2}{3}$ 优惠。"已知这两家旅行社的原价是一样的，试就家庭中的孩子数，分别给出两家旅行社的收费表达式，并分析哪家旅行社更优惠。

3. 如图，两根电线杆相距 a 米。分别在高为 10 米的 A 处和 15 米的 C 处用钢索将两根电线杆固定。求钢索 AD 与钢索 BC 的交点 M 处距离地面的高度 MH。

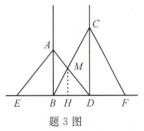
题 3 图

4. （1）唐朝诗人王之涣在《登鹳雀楼》中说"欲穷千里目，更上一层楼。"假定地球是球形，请问要看到 1000 里（500 公里）外的地球表面的东西，要爬上多高的楼？只爬一层楼够吗？（2）古希腊数学家阿基米德发现杠杆定律后，发出豪言壮语：给我一个支点，我能撬起整个地球！阿基米德真能撬动地球吗？已知地球的半径 $r=6370$ 公里，地球的质量 $m=6\times10^{24}$ 千克。

5. 一幅画高 9 尺，挂在墙面上，最底部的边框离地 8 尺。若一个人的眼睛离地 5 尺，问此人站在离墙面多远时，观画效果最好？（注：当此人的眼睛与画的上下高度所形成的视角最大时，观画效果最好。）

习题 2.1

1. 若 $a\in\mathbf{R}$，求证 $f(a)=a^8-a^5+a^2-a+1>0$。

2. 已知 $a+b+c=\dfrac{1}{a}+\dfrac{1}{b}+\dfrac{1}{c}=1$，求证 a,b,c 中至少有一个等于 1。

3. 设函数 $f(x)(x\in\mathbf{R})$ 为奇函数，$f(1)=\dfrac{1}{2}$，且 $f(x+2)=f(x)+f(2)$，求 $f(5)$。

习题 2.2.1

1. 已知对任意的实数 x，函数 $f(x)$ 都有定义，且 $f^2(x)\leqslant 2x^2f\left(\dfrac{x}{2}\right)$。若 $A=\{a\,|\,f(a)>a^2\}\neq\varnothing$，求证集合 A 有无限个元素。

2. 平面上 n 条直线最多把平面分成多少个部分？

3. 证明不等式 $\log a^{(a+b)}>\log(a+c)^{(a+b+c)}$，其中 $a>1,b>0,c>0$。

习题 2.2.2

1. 设 $\lim\limits_{x \to 1} \dfrac{ax^2 + bx + 1}{x - 1} = 3$，试确定 a, b 的值。

2. 已知 $A_1, A_2, \cdots, A_n$ 为凸多边形 $A_1 A_2 \cdots A_n$ 的内角，且 $\lg \sin A_1 + \lg \sin A_2 + \cdots + \lg \sin A_n = 0$，试证该多边形为矩形。

3. 若对于一切有理数 x, y，等式 $f(x + y) = f(x) + f(y)$ 恒成立。试证对任意有理数，等式 $f(x) = x f(1)$ 恒成立。

4. 单位正方形周边上任意两点之间连一曲线段，正好把正方形分成面积相等的两个部分，试证这曲线段的长度不小于 1。

5. 已知 $(z - x)^2 - 4(x - y)(y - z) = 0$，求证 x, y, z 成等比数列。

习题 2.2.3

1. 设 $f(x) = (2x^5 + 2x^4 - 53x^3 - 57x + 54)^{2021}$，求 $f\left(\dfrac{\sqrt{111} - 1}{2}\right)$。

2. 已知 P 为四面体 $ABCD$ 内的一点，四个顶点到对面的距离分别是 h_A, h_B, h_C, h_D，点 P 到对面的距离分别是 l_a, l_b, l_c, l_d，求证 $\dfrac{l_A}{h_a} + \dfrac{l_B}{h_b} + \dfrac{l_C}{h_c} + \dfrac{l_D}{h_d} = 1$。

3. 已知实数 x, y 满足 $x^2 + y^2 = 1$ 且 $y \geqslant 0$，求 $k = \dfrac{y + 1}{x + 3}$ 的最大值和最小值。

4. 证明存在定义在 $(0, +\infty)$ 上的函数 $f(x)$，使 $\underbrace{f(f(\cdots f(x)))}_{2021 \text{个} f} = 1 + x + 2\sqrt{x}$。

5. 当 a_0, a_1, a_2 成等差数列时，这三个数满足关系 $a_0 - 2a_1 + a_2 = 0$，求当 $a_0, a_1, \cdots, a_n$ 成等差数列时，这 $n + 1$ 个数满足的关系。

6. 设 α, β 是实系数方程 $x^2 - (2a + 1)x + a + 2 = 0$ 的两个虚根，且 α^3, β^3 是实数，求 a 的值。

7. 已知 $\dfrac{a - b}{1 + ab} + \dfrac{b - c}{1 + bc} + \dfrac{c - a}{1 + ca} = 0$，求证 a, b, c 中至少有两个相等。

8. 设 $a > 2$，给定数列 $\{x_n\}$，其中 $x_1 = a$，$x_{n+1} = \dfrac{x_n^2}{2(x_n - 1)}$（$n = 1, 2, 3, \cdots$）。求证

(1) $x_n > 2$ 且 $\dfrac{x_{n+1}}{x_n} < 1$；(2) 如果 $a < 3$，那么 $x_n \leqslant 2 + \dfrac{1}{2^{n-1}}$；(3) 如果 $a > 3$，$n \geqslant \dfrac{\lg \frac{a}{3}}{\lg \frac{4}{3}}$，那么 $x_{n+1} < 3$。

9. 定义一个三角形的"部分周长"为其两短边的长度之和。在面积为 1 的三角形中，部分周长的最小值是多少？

10. 观察等式：$\dfrac{5^3 + 2^3}{5^3 + 3^3} = \dfrac{5 + 2}{5 + 3} = \dfrac{7}{8}$，$\dfrac{7^3 + 3^3}{7^3 + 4^3} = \dfrac{7 + 3}{7 + 4} = \dfrac{10}{11}$，$\dfrac{432^3 + 321^3}{432^3 + 111^3} = \dfrac{432 + 321}{432 + 111} = \dfrac{753}{543} = \dfrac{251}{181}$，

是笔误还是巧合？试通过观察、类比给出一般性结论,并证明之。

11. 观察下列两个等式:$\dfrac{8}{7}\times 8=\dfrac{8}{7}+8,\dfrac{11}{10}\times 11=\dfrac{11}{10}+11$,试通过观察、类比给出一般性结论,并证明之。

习题 3. 1. 1

1. 已知 $x,y,z\in \mathbf{R},x\neq 1,y\neq 1$,且 $\dfrac{yz-x^2}{1-x}=\dfrac{xz-y^2}{1-y}=q,x\neq y$。求证 $q=x+y+z$。

2. 假定对于正数 x,y,z 有 $x+y^2=y+z^2=z+x^2$,求证 $x=y=z$。

习题 3. 2. 1

1. 已知 x,y 都是实数,且 $y=\dfrac{\sqrt{4-x^2}+\sqrt{x^2-4}+4}{2-x}$,求证 $x^2+y^2=5$。

2. 已知 $\alpha,\beta\in \left(0,\dfrac{\pi}{2}\right)$,一元二次方程 $x^2+4ax+3a+1=0$ 的两个根为 $\tan\dfrac{\alpha}{2},\tan\dfrac{\beta}{2}$,求证 $-\dfrac{2}{7}<a\leqslant -\dfrac{1}{4}$。

3. 设 $f(x)$ 是实函数(即 $x,f(x)$ 都是实数),且 $f(x)-2f\left(\dfrac{1}{x}\right)=x$,求证 $|f(x)|\geqslant \dfrac{2}{3}\sqrt{2}$。

4. 设 α 是 $\triangle ABC$ 的一个内角,三角形的某两边长满足方程 $x^2-2^{\frac{5}{4}}x+(2^{\frac{3}{2}}-\sin\alpha-\cos\alpha)=0$,求 $\triangle ABC$ 的面积。

习题 3. 3. 1

1. 在正八边形的顶点上,是否可以记上数字 $1,2,3,\cdots,8$,使得任意 3 个相邻顶点上的数字之和大于 13。

2. 某人步行 10 小时,共走了 45 千米。已知他第一个小时走了 6 千米,最后一个小时因劳累只走了 3 千米。求证一定有连续的两个小时内,这个人至少走了 9 千米。

3. 设方程 $f(x)=a_0x^n+a_1x^{n-1}+\cdots+a_{n-1}x+a_n=0$ 是整系数 n 次方程,且 $f(0)$,$f(1)$ 都是奇数,求证方程 $f(x)=0$ 没有整数根。

习题 3. 3. 2

1. 证明三角形的外心、重心和垂心在一条直线(称为欧拉线)上,并且重心介于垂心和外心之间,重心到垂心的距离等于它到外心距离的两倍。

2. 已知 $\sqrt[3]{20+14\sqrt{2}}$,$\sqrt[3]{20-14\sqrt{2}}$ 均为实数,证明 $\sqrt[3]{20+14\sqrt{2}}+\sqrt[3]{20-14\sqrt{2}}=4$。

习题 3.4

1. 设 $n \in \mathbf{Z}$，求证 $p(n) = \dfrac{n^7}{7} + \dfrac{n^5}{5} + \dfrac{n^3}{3} + \dfrac{34n}{105} \in \mathbf{Z}$。

2. 求证方程 $\dfrac{1}{x_1^2} + \dfrac{1}{x_2^2} + \cdots + \dfrac{1}{x_n^2} = \dfrac{1}{x_{n+1}^2}$ 对任何 $n \in \mathbf{N}(n \geq 2)$ 都有整数解。

3. 已知数列 $\{a_n\}$ 满足 $a_1 = -1$，$a_2 = \dfrac{1}{2}$，$a_n = \dfrac{n-1}{n} a_{n-2}$（$n \geq 3$，$n \in \mathbf{N}$），求证

$a_n = (-1)^n \dfrac{(n-1)!!}{n!!}$，其中 $n!! = \begin{cases} 1 \cdot 3 \cdot 5 \cdots (n-2) \cdot n, n \text{ 为奇数} \\ 1, n \text{ 为零} \\ 2 \cdot 4 \cdot 6 \cdots (n-2) \cdot n, n \text{ 为偶数} \end{cases}$。

4. 设数列 $\{a_n\}$ 满足 $a_1 = \dfrac{1}{2}$，$a_1 + a_2 + \cdots + a_n = n^2 \cdot a_n$，$n \geq 1$，求证该数列的通项公式

为 $a_n = \dfrac{1}{n(n+1)}$。

5. 设 n 为正整数，求证 $1 + \dfrac{1}{2} + \dfrac{1}{3} + \dfrac{1}{4} + \cdots + \dfrac{1}{2^n - 1} > \dfrac{n}{2}$。

6. 已知正数 $x_1, x_2, \cdots, x_n$ 满足 $x_1 \cdot x_2 \cdots x_n = 1$，求证 $x_1 + x_2 + \cdots + x_n \geq n$。

习题 3.5

1. 试证三角形三条边的中线相交于一点，这点到顶点的距离等于到对边中点距离的 2 倍。

2. 把直径为 $d = 400$ 的圆木加工成矩形截面的柱子，问怎样的锯法才使废弃的木料最少？

3. 今有 n 个人被分配到 $N(n \leq N)$ 个房间中去，试求下列事件发生的概率。（1）A：某指定 n 房间中各有一人；（2）B：恰有 n 个房间各有一人；（3）C：某指定房间中恰有 $m(m \leq n)$ 个人。

4. 证明范德蒙恒等式 $C_n^0 C_m^k + C_n^1 C_m^{k-1} + \cdots + C_n^k C_m^0 = C_{n+m}^k$。

5. 已知蒲出芽后第一天长三尺，莞出芽后第一天长一尺。此后，蒲的生长速度逐日减半，莞则逐日加倍。问要几天它们的长度相等？（只给出大约的数值即可）

习题 3.6.1

1. 在直角三角形 ABC 中，AD 为斜边上的高，$\angle B$ 的平分线交 AD 于 E，交 AC 于 F，过 E 作 BC 的平行线，交 AC 于 M，试证 $AF = MC$。

2. 正方形的边长为 a，以各边为直径在正方形内画半圆，试求所围成的图形（阴影部分）的面积。

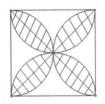

题 2 图

3. 如图(1),有一等腰直角三角尺 GEF 的两条直角边与正方形 ABCD 的两条边分别重合在一起。正方形 ABCD 保持不动,将三角尺 GEF 绕斜边的中点 O(也是边 BC 的中点)按顺时针方向旋转。(a)如图(2),当 EF 与 AB 相交于点 M,GF 与 BD 相交于点 N 时,通过观察和测量 BM,FN 的长度,猜想 BM,FN 满足的数量关系,并证明你的结论;(b)若三角尺 GEF 旋转到图(3)所示的位置时,线段 EF 的延长线与线段 AB 的延长线相交于点 M,线段 BD 的延长线与线段 GF 的延长线相交于点 N,此时(a)中的猜想还成立吗? 若成立,试证明之;若不成立,请说明理由。

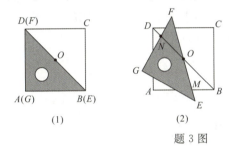
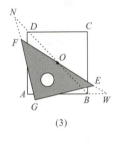

题 3 图

4. 设有三角形 ABC,在每一边上向形外作正三角形 ABD,BCE,CAF,试证此三个正三角形的重心 G_1,G_2,G_3 为一正三角形的顶点。

5. 设 E,F 分别是正方形 ABCD 的边 BC,CD 上的一点,∠EAF=45°,自 A 引 EF 的垂线 AG,垂足为 G,求证 AG=AB。

6. (蝴蝶定理)在圆 O 中,E 为弦 PQ 的中点,过 E 点任意作两弦 AB,CD,设 AD,BC 与 PQ 分别交于 M,N,求证 EM=EN。

7. 在△ABC 中,AB=AC,∠BAC=80°。设 O 为三角形内部一点,∠OBC=10°,∠OCB=20°,求∠OAC 的大小。

8. 设 PT_1,PT_2 是以 F_1,F_2 为焦点的椭圆的两条切线,T_1,T_2 为切点,求证 $\angle F_1PT_1=\angle F_2PT_2$。

9. 如图,将矩形 ABCD 沿直线 EF 对折,使点 C 与点 A 重合,折痕交 AD 于点 E,交 BC 于点 F,连接 AF,CE。(1)求证四边形 AFCE 是菱形;(2)设 AE=a,DC=c,ED=b,请写出 a,b,c 三者之间的关系。

10. 在直线 $x-y+9=0$ 上取一点 M,经过点 M 作以椭圆 $\dfrac{x^2}{12}+\dfrac{y^2}{3}=1$ 的焦点为焦点的椭圆,问点 M 在何处时,所作椭圆的

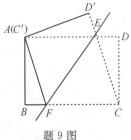

题 9 图

长轴最短,并求出这个椭圆的方程。

11. 如图,在 Rt△ABC 中,∠BAC 是直角,AB=AC=2,以 AB 为直径的圆,交 BC 于 D,求阴影部分的面积。

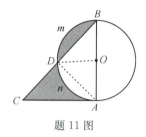

题 11 图

习题 3.6.2

1. 如图,在四棱锥 P-ABCD 中,底面 ABCD 为菱形,PA⊥底面 ABCD,AC=2$\sqrt{2}$,PA=2,E 是 PC 上的一点,PE=2EC。(1)求证 PC⊥平面 BED;(2)设二面角 A-PB-C 为 90°,求 PD 与平面 PBC 所成角的正弦值的大小。

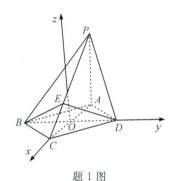

题 1 图

2. 设函数 $f(x)=x^2-4x-4$ 的定义域为 $[t-2,t-1]$,$t\in\mathbf{R}$,求函数 $f(x)$ 的最小值 $\varphi(t)$ 的解析式。

习题 3.6.3

1. 已知 $\cos\alpha+\cos\beta+\cos\gamma=\sin\alpha+\sin\beta+\sin\gamma=0$,求证 $\cos^2\alpha+\cos^2\beta+\cos^2\gamma=\sin^2\alpha+\sin^2\beta+\sin^2\gamma=\dfrac{3}{2}$。

2. 设四边形 ABCD 的对角互补,AB 与 CD 的交角平分线为 l_1,AD 与 BC 的交角平分线为 l_2,求证 $l_1\perp l_2$。

3. 已知一个球,其半径为 R、球心为 O,P 是球内的一定点,过 P 作三条互相垂直的射线,它们与球面分别交于点 A,B,C,以 PA,PB,PC 为棱长作长方体,设 Q 是此长方体中与 P 相对的顶点。当三条射线绕 P 转动时,求 Q 点的轨迹。

习题 3.6.4

1. 求函数 $y=\sqrt{x^2+x+1}-\sqrt{x^2-x+1}$ 的值域。

2. 设 $x>0, y>0, z>0$，求证 $\sqrt{x^2-xy+y^2}+\sqrt{y^2-yz+z^2}>\sqrt{z^2-zx+x^2}$。

3. 已知 a,b,c,d 均为不大于 1 的正数，求证 $4a(1-b), 4b(1-c), 4c(1-d), 4d(1-a)$ 中至少有一个不大于 1。

4. 已知 $a,b,c,d\in\mathbf{R}^+$，求证 $\sqrt{a^2+b^2}+\sqrt{b^2+c^2}+\sqrt{c^2+d^2}+\sqrt{d^2+a^2}\geqslant\sqrt{2}(a+b+c+d)$。

5. 已知函数 $f(x)=\log_2^{1+x}$，设 $a>b>c>0$，则 $\dfrac{f(a)}{a}, \dfrac{f(b)}{b}, \dfrac{f(c)}{c}$ 的大小关系是（　　）。

(A) $\dfrac{f(a)}{a}<\dfrac{f(c)}{c}<\dfrac{f(b)}{b}$ 　　　　　　(B) $\dfrac{f(a)}{a}<\dfrac{f(b)}{b}<\dfrac{f(c)}{c}$

(C) $\dfrac{f(c)}{c}<\dfrac{f(a)}{a}<\dfrac{f(b)}{b}$ 　　　　　　(D) $\dfrac{f(c)}{c}<\dfrac{f(b)}{b}<\dfrac{f(a)}{a}$

6. 当 $0<x\leqslant\dfrac{1}{2}$ 时，$4^x<\log_a^x$，则 a 的取值范围为（　　）。

(A) $\left(0,\dfrac{\sqrt{2}}{2}\right)$ 　　　　　　(B) $\left(\dfrac{\sqrt{2}}{2},1\right)$

(C) $(1,\sqrt{2})$ 　　　　　　(D) $(\sqrt{2},2)$

7. 已知 $f(x)=\begin{cases}|\lg x|, & 0<x\leqslant 10 \\ -\dfrac{1}{2}x+6, & x>10\end{cases}$，若 a,b,c 互不相等，且 $f(a)=f(b)=f(c)$，则 abc 的取值范围是多少。

8. 已知 $ABCD$ 的面积为 S，$AD\parallel BC(AD<BC)$，AC,BD 交于 O，$S_{\triangle AOB}=\dfrac{2}{9}S$，求 $\dfrac{AD}{BC}$。

9. 函数 $f(x)=\begin{cases}\left(\dfrac{1}{2}\right)^x+\dfrac{3}{4}, & x\geqslant 2 \\ \log_2^x, & 0<x<2\end{cases}$，若函数 $g(x)=f(x)-k$ 有两个不同的零点，则实数 k 的取值范围是多少。

10. 求函数 $y=\dfrac{-1-\sin^2 x}{1-\sin x}$ 在区间 $\left[0,\dfrac{\pi}{2}\right)$ 上的最大值。

11. 已知 x,y 是实数，$x^2+y^2=1$，求函数 $u=x+y$ 的取值范围。

习题 3.7

1. 解方程（组）(1) $\sqrt[3]{(x-2)(x-32)}-\sqrt[3]{(x-1)(x-33)}=1$；(2) $\log_{12}^{(\sqrt{x}+\sqrt[4]{x})}=\dfrac{1}{2}\log_9^x$；

(3) $\sqrt{x-1}+\dfrac{\sqrt{2(x-1)}}{\sqrt{x-3}}=4$；(4) $\dfrac{1}{x^2+7x}-\dfrac{1}{x^2+7x+6}+\dfrac{1}{x^2+7x+18}-\dfrac{1}{x^2+7x+12}=0$；

(5) $\sqrt{x-\dfrac{5}{x}}-\sqrt{5-\dfrac{5}{x}}=x$；(6) $\begin{cases}2x^2+5xy+2y^2+x+y+1=0\\x^2+4xy+y^2+12x+12y+10=0\end{cases}$；(7) $\sqrt{x^2-10\sqrt{3}+80}+$

$\sqrt{x^2+10\sqrt{3}+80}=20$。

2. 求函数 $y=\sqrt{a^2+x^2}+\sqrt{a^2+(a-x)^2}$ 的值域。

3. 求证 $1\leqslant\dfrac{2x^2+6x+6}{x^2+4x+5}\leqslant3$。（该题目与求函数的值域是等价的）

4. 若虚数 z 满足 $z^3=8$，求 z^3+z^2+2z+2 的值。

5. 已知 $a>c>0,b>c>0$，求证 $\sqrt{c(a-c)}+\sqrt{c(b-c)}\leqslant\sqrt{ab}$。

6. 已知 $a,b,c,d\in\mathbf{R}^+$，求证 $\dfrac{a}{b+c+d}+\dfrac{b}{c+d+a}+\dfrac{c}{d+a+b}+\dfrac{d}{a+b+c}\geqslant\dfrac{4}{3}$。

7. 已知 x,y,z 是实数，满足 $\dfrac{y-z}{1+yz}+\dfrac{z-x}{1+zx}+\dfrac{x-y}{1+xy}=0$，求证 x,y,z 中必有两个相等。

8. 已知 $a,b,c\in\mathbf{R}^+$，求证 $(a+b-c)(c+a-b)(b+c-a)\leqslant abc$。

9. 已知数列 $\{a_n\}$，满足 $a_1=\sqrt{2}$，$a_n=\dfrac{1+a_{n-1}}{1-a_{n-1}}$，求此数列的前 100 项之和。

10. 已知 $\cos A+\cos B+\cos C=\sin A+\sin B+\sin C=0$，求证 $\cos^2A+\cos^2B+\cos^2C$ 为定值。

11. 问 x 为何实数时，等式 $\sqrt{x+\sqrt{2x-1}}+\sqrt{x-\sqrt{2x-1}}=\sqrt{2}$ 成立，其中根号下只能取非负实数。

12. 已知 $-1<x+y<4$ 且 $2<x-y<3$，则 $Z=2x-3y$ 的取值范围是多少？

13. 设 $x>y>z,n\in\mathbf{N}_+$，且 $\dfrac{1}{x-y}+\dfrac{1}{y-z}\geqslant\dfrac{n}{x-z}$ 恒成立，则 n 的最大值是多少？

14. 设 x,y,z 均为小于 1 的正数，满足 $x+y+z=2$，求证 $1<xy+yz+zx\leqslant\dfrac{4}{3}$。

习题 3.8

1. 已知 $-1\leqslant a+b\leqslant1,1\leqslant a-2b\leqslant3$，求 $a+3b$ 的取值范围。

2. 设 n 是大于 1 的自然数，求证 $\dfrac{1}{2}\cdot\dfrac{3}{4}\cdot\dfrac{5}{6}\cdot\ldots\cdot\dfrac{2n-1}{2n}<\dfrac{1}{\sqrt{3n+1}}$。

3. 车轮（圆）沿地面（地面是一个平面）上的一个直线滚动，求车轮上一个固定点的轨迹。

4. 设椭圆的中心为原点，长轴在 x 上，离心率 $e=\dfrac{\sqrt{3}}{2}$。若点 $P\left(0,\dfrac{3}{2}\right)$ 到这个椭圆上的点最远的距离为 $\sqrt{7}$，求这个椭圆方程。

5. 已知 $a>0,b>0,a+b=1$，求证 $\left(a+\dfrac{1}{a}\right)^2+\left(b+\dfrac{1}{b}\right)^2\geqslant\dfrac{25}{2}$。

6. 边长为 1 的正方形 $ABCD$ 在边长为 a 的正三角形 EFG 内部，求 a 的最小值。

7. 已知在 $\triangle ABC$ 中，平行于 BC 的直线 DE 分别交 AB，AC 于 D，E，且 $\triangle BDE$ 的面积等于定值 k^2，试问 k^2 与 $\triangle ABC$ 的面积 S 满足什么关系时，该问题有解？有多少解？

习题 3.9

1. 在整数范围内分解因式 $(1)\ x^5+x+1$；$(2)\ x^3+y^3+z^3-3xy$；$(3)\ a^2(b-c)+b^2(c-a)+c^2(a-b)$。

2. 求解关于 x 的方程 $x^4+bx^2+cx+d=0$。

3. 求和 $S_n=1\cdot 2^2+2\cdot 3^2+3\cdot 4^2+\cdots+n\cdot(n+1)^2$。

4. 已知 $-1\leqslant 2x+y-z\leqslant 8$，$2\leqslant x-y+z\leqslant 9$，$-3\leqslant x+2y-z\leqslant 7$，求函数 $u=7x+5y-2z$ 的最大值与最小值。

5. 已知 $x+y+z=1$，求证 $x^2+y^2+z^2\geqslant\dfrac{1}{3}$。

习题 3.10

1. 证明素数有无限个。

2. 设 l 为曲线 $C:y=\dfrac{\ln x}{x}$ 在 $(1,0)$ 处的切线。（1）求 l 的方程；（2）求证除切点 $(1,0)$ 外，曲线 C 在直线 l 的下方。

3. 已知 $a,b,c\in\mathbf{R}$，求证 $\dfrac{|a+b+c|}{1+|a+b+c|}\leqslant\dfrac{|a|}{1+|a|}+\dfrac{|b|}{1+|b|}+\dfrac{|c|}{1+|c|}$。

4. 已知 $a,b,c\in\mathbf{R}$，求证
$(b-c)^2(a-b-c)(a+b+c)+4a^2bc-(b+c)^2(a+b-c)(a+c-b)=0$。

5. 设 n 是大于 1 的正整数，求证 $\left(1+\dfrac{1}{3}\right)\left(1+\dfrac{1}{5}\right)\cdots\left(1+\dfrac{1}{2n-1}\right)>\dfrac{\sqrt{2n+1}}{2}$。

习题 3.11

1. 平面中有 n 个圆，最多可以把平面分割成几个部分。

2. 已知 $f(x)$ 是定义在正整数集上的函数，并且对任意的 $x,y\in\mathbf{N}_+$，都有 $f(x+y)=f(x)+f(y)+xy$，且 $f(1)=2$，求 $f(x)$。

3. 定义数列 $\{f_n\}$：$f_0=1$，$f_1=c$（正整数），当 $n>1$ 时，有 $f_n=2f_{n-1}-f_{n-2}+2$，求证对每一个整数 $k\geqslant 0$，必存在正整数 h 使得 $f_k f_{k+1}=f_h$。

4. 已知函数 $f(x)$ 满足（1）$f(2x_1)+f(2x_1)=f(x_1+x_2)f(x_1-x_2)$；（2）$f(\pi)=0$。试判断 $f(x)$ 的奇偶性和周期性。

5. 设实数数列 $\{a_n\}$ 满足：$a_0\neq 0,1$，$a_1=1-a_0$，$a_{n+1}=1-a_n(1-a_n)(n=1,2,\cdots)$，求证对任意正整数 n，都有 $a_0 a_1\cdots a_n\left(\dfrac{1}{a_0}+\dfrac{1}{a_1}+\cdots+\dfrac{1}{a_n}\right)=1$。

6. 数列 $\{x_n\}$，$n\in\mathbf{N}_+$，满足 $x_1=1$，$x_2=4$，且有 $x_n=\sqrt{x_{n-1}x_{n+1}+1}$，$n>1$，求证(1)这个数列的所有项都是正整数；(2)$2x_nx_{n+1}+1$ 是完全平方数，$n\in\mathbf{N}_+$。

7. 已知 $a_1=a_2=1$，$a_{n+2}=\dfrac{a_{n+1}^2+(-1)^{n-1}}{a_n}$，求证对一切 $n\in\mathbf{N}_+$，都有 a_n 是正整数。

习题 3.12

1. 化简、判断和比较大小：(1)化简 $\sqrt{1+\left(\dfrac{x^4-1}{2x^2}\right)^2}$ 的结果为(　　)。

(A)$\dfrac{x^4+2x^2-1}{2x^2}$　　(B)$\dfrac{x^4-1}{2x^2}$　　(C)$\dfrac{\sqrt{x^2+1}}{2}$　　(D)$\dfrac{x^2}{2}+\dfrac{1}{2x^2}$

(2)设 $M=a^2+2ab+b^2$，$N=a+b$，其中 $a>0$，$b>0$，则 M，N 的大小关系是(　　)。

(A)$M>N$　　　　(B)$M=N$　　　　(C)$M<N$　　　　(D)不确定

(3)若 $0<a<1$，$0<b<1$，则 $a+b$，$2\sqrt{ab}$，a^2+b^2，$2ab$ 中哪个最大？哪个最小？

2. 函数 $f(x)$ 定义在实数 $\mathbf{R}$ 上，满足 $f(x)=\begin{cases}\log_2^{1-x},x\leqslant0\\f(x-1)-f(x-2),x>0\end{cases}$，求 $f(2022)$ 的值。

3. 已知 $\dfrac{x}{y+z}=a$，$\dfrac{y}{z+x}=b$，$\dfrac{z}{x+y}=c$，求 $\dfrac{a}{1+a}+\dfrac{b}{1+b}+\dfrac{c}{1+c}$ 的值。

4. 将分别写着整数 1 到 9 的九张小纸条放入一个不透明法盒子中，同学 1 随机取出一张然后放回，接着同学 2 也随机取出一张然后放回。问同学 1 和同学 2 所取到的两个整数之和的个位数字可能性最大的是哪一个？

5. 已知三角形的三边长均为正整数，求最大边长是 11 的这种三角形的个数。

6. 求方程 $x+2y+3z^2=100$ 的 10 以内的正整数解。

7. 有 n 个学生围坐在一个圆圈上做游戏。规定：若相邻者为同性别，则在他们中间插一朵红花；若相邻者为不同性别，则在他们中间插一朵蓝花。已知插花完毕后，所有的红花数与所有的蓝花数相同，求证学生的总数 n 一定是 4 的倍数。

8. 一个展览馆有 24 个展览室，每相邻两室都有门相通。问能否设计一条从入口到出口的参观路线，使参观者既不重复又不遗漏地走过每间展览室。

9. $\triangle ABC$ 的外接圆的圆心为 O，两条边上的高的交点为 H，$\overrightarrow{OH}=m(\overrightarrow{OA}+\overrightarrow{OB}+\overrightarrow{OC})$，则实数 $m=$ _____。

10. 已知函数 $f(x)$ 的定义域是 $(-\infty,+\infty)$，$f(x)\neq0$；当 $x>0$ 时，$f(x)>1$ 且 $f(x+y)=f(x)\cdot f(y)$。(1)求证 $f(0)=1$；(2)求证对任意 $x\in(-\infty,+\infty)$ 恒有 $f(x)>0$；(3)求证 $f(x)$ 是 $(-\infty,+\infty)$ 上的增函数；(4)若 $f(x)f(2x-x^2)>1$，求 x 的取值范围。

习题 3.13

1. 在整数范围内将下列各式因式分解：

(1)$x^4-3x^3+(a+2)x^2-2ax$；(2)$(xy+1)(x+1)(y+1)+xy$。

2. 解下列方程(1)$(2+i)x^2-(5+3i)x+2(1+i)=0$(在复数范围内求解,其中 i 为虚单位);(2)$x^3-6x^2+9x-2=0$。

3. 已知 a,b,c,d,e 是实数,满足 $a+b+c+d+e=8$,$a^2+b^2+c^2+d^2+e^2=16$,试确定 e 的最大值。

4. 已知一元二次方程 $ax^2+2(2a-1)x+4a-7=0$ 中 a 为正整数,问 a 为何值时,此方程至少有一个整数根。

5. 设 $x,y,z \in \mathbf{R}$,$x+y+z=a>0$,$x^2+y^2+z^2=\frac{1}{2}a^2$,求证 $0 \leqslant x,y,z \leqslant \frac{2}{3}a$。

6. 设 A,B,C 是三角形 ABC 的三个内角,求证 $\sin\frac{A}{2}\sin\frac{B}{2}\sin\frac{C}{2} \leqslant \frac{1}{8}$。

7. 设 a,b,c,d 是实数,且 $a^2+5b^2+5c^2+d^2+2ac+2bd=4(ab+2bc+cd)$,求证 a,b,c,d 成等差数列。

习题 3.14

1. 如图,E,F,G,H 分别为正方形 $ABCD$ 四边的中点,O 为正方形内部一点,图形各部分的面积如图所示,求阴影部分的面积。

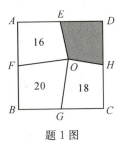

题 1 图

2. 如图,已知直角 $\triangle ABC$ 的两直角边长分别为 $6,8$,分别以两直角边的长为直径作半圆相交于斜边于点 P,求图中阴影部分面积。

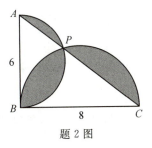

题 2 图

3. 已知长方形的长、宽分别为 $20,16$。将长方形的一个角折叠,形成的图形如图所示,试求阴影部分面积。

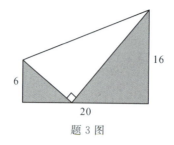

题 3 图

4. 如图,在直角三角形 ABC 中,$\angle ACB = 90°$,$AD = 8$,$BF = 3$,求矩形 $DEFC$ 的面积。

5. 如图,在长方形 $ABCD$ 中,$AE = 2$,$HD = 3$,$DG = 5$,$FC = 6$,$S_{ABCD} = 73$,求阴影部分的面积。

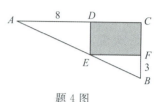

题 4 图

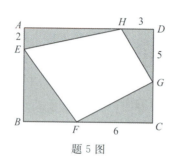

题 5 图

习题 3.15

1. 关于 x 的不等式 $\log_a^{(2-\frac{1}{2}x^2)} > \log_a^{(a-x)}$ 的解集为 A,若 $A \cap Z = \{1\}$(Z 为整数集),求实数 a 的取值范围。

2. 设 c,d,x 为实数,$c \neq 0$,x 为未知数,讨论方程 $\log_{cx+\frac{d}{x}} = -1$ 何时有解?并求出它的解。

3. 若对所有实数 x,不等式 $x^2 \log_2^{\frac{4(a+1)}{a}} + 2x \log_2^{\frac{2a}{a+1}} + \log_2^{\frac{(a+1)^2}{4a^2}} > 0$ 恒成立,求 a 的取值范围。

4. 设 x,y,z 为三个互不相等的非零实数,且满足 $x + \dfrac{1}{y} = y + \dfrac{1}{z} = z + \dfrac{1}{x}$,求证 $x^2 y^2 z^2 = 1$。

5. 已知数列 $121,1221,12221,122221,\cdots$ 为无穷数列,试问在此数列中哪些数是平方数?

6. 一个直角三角形边长都是正整数,且周长的数值等于三角形的面积的数值,求三边长。

7. 数列 $\{f(n)\}$ 定义如下:$f(n) = \begin{cases} n-10, & n > 100 \\ f(f(n+11)), & 0 < n \leqslant 100 \end{cases}$,试求数列 $\{f(n)\}$ 的表达式。

8. 若规定公民按月纳税方法如下，800 元的部分不纳税，超过 800 元部分为纳税方法为：不超过 500 元的部分 5%；500 至 2000 元的部分 10%；2000 至 5000 元的部分 15%。某人一月缴纳税款 26.78 元，则他当月的收入介于（ ）。

(A)800 至 900 元   (B)900 至 1200 元

(C)1200 至 1500 元   (D)1500 至 2800 元

习题 4.1

1. 若 $a>0, b>0$ 且 $a \neq b$，则 a^3+b^3 与 $a^2 b+a b^2$ 哪个大？

2. 试比较 6^8 与 8^6 的大小。

3. 已知 $-1 \leqslant a+b \leqslant 1, 1 \leqslant a-2b \leqslant 3$，求 $a+3b$ 的取值范围。

4. 一幢 $k(k>2)$ 层楼的公寓有一部电梯，最多能容纳 $k-1$ 人。现有 $k-1$ 个同学同时在第一层乘电梯，他们中没有两人是住同一层楼的，电梯可以停在任意一层，但只能停一次。对每一个学生而言，自己每往下走一层就感到一个不满意，而每往上走一层就有两个不满意。问电梯停在哪一层可使不满意的总量达到最小？

5. 证明所有体积为 1 的长方体木块中，立方体的表面积最小。

习题 4.2

1. 设 $x<\dfrac{5}{4}$，求 $y=4x-2+\dfrac{1}{4x-5}$ 的最大值。

2. 若 x, y 为实数，满足 $3 \leqslant x y^2 \leqslant 8, 4 \leqslant \dfrac{x^2}{y} \leqslant 9$，则 $\dfrac{x^3}{y^4}$ 的最大值是多少？

3. 若正数 a, b 满足 $ab=a+b+3$，则 $ab, a+b$ 的取值范围分别是多少？

4. 设 a, b, c 为任意实数，求证 $(a+b+c)^4 \leqslant 27(a^4+b^4+c^4)$。

习题 4.3

1. 设 $0<a<1, 0<b<1, 0<c<1$，求证 $abc(1-a)(1-b)(1-c) \leqslant \left(\dfrac{1}{4}\right)^3$。

2. 已知 $0<x<1$，求证 $x-\sin x<\dfrac{1}{6} x^3$。

3. 已知 a, b, c 为三角形的三边，求证 $\dfrac{a}{1+a}<\dfrac{b}{1+b}+\dfrac{c}{1+c}$。

4. 已知 $x>-1$ 且 $x \neq 0$，求证 $(1+x)^n \geqslant 1+nx, n \in \mathbf{N}_+$。

5. 设 a, b, c 为正数，求证 $\dfrac{a}{b+c}+\dfrac{b}{c+a}+\dfrac{c}{a+b} \geqslant \dfrac{3}{2}$。

6. 设 $x, y \in \mathbf{R}^+$，求证 $\dfrac{\sqrt{1+x^2}+\sqrt{1+y^2}}{2} \geqslant \sqrt{1+\left(\dfrac{x+y}{2}\right)^2}$。

7. 已知 $x+y+z=1$，求证 $x^2+y^2+z^2 \geqslant \dfrac{1}{3}$。

8. 已知 $x^2+y^2=4$,求 $2x+3y$ 的取值范围。

9. 当 $x,y\in\mathbf{R}^+$ 时,不等式 $\sqrt{x}+\sqrt{y}\leqslant a\sqrt{x+y}$ 恒成立,试求 a 的取值范围。

习题 4.4

1. 已知二次函数 $f(x)=ax^2+bx+c$ 的所有系数均为正,且满足 $a+b+c=1$,求证对于任何满足 $x_1x_2\cdots x_n=1$ 的正数组 $x_1,x_2,\cdots,x_n$,都有 $f(x_1)f(x_2)\cdots f(x_n)\geqslant 1$。

2. 设 $x\geqslant 0,y\geqslant 0,z\geqslant 0$,满足 $x+y+z=1$,求证 $0\leqslant xy+yz+zx-2xyz\leqslant\dfrac{7}{27}$。

3. 设正数 a,b,c,A,B,C 满足 $a+A=b+B=c+C=1$,求证 $aA+bB+cC<1$。

4. 设 $x_1,x_2,\cdots,x_n$ 均为正数,满足 $x_1+x_2+\cdots+x_n=1$,求证 $\dfrac{x_1^2}{x_1+x_2}+\dfrac{x_2^2}{x_2+x_3}+\cdots+$

$\dfrac{x_{n-1}^2}{x_{n-1}+x_n}+\dfrac{x_n^2}{x_n+x_1}\geqslant\dfrac{1}{2}$。

5. 设 $a_i(i=1,2,\cdots,n)$ 均为正数,满足 $a_1a_2\cdots a_n=1$,求证 $(2+a_1)(2+a_2)\cdots(2+a_n)\geqslant 3^n$。

6. 若 $a,b,c\in\mathbf{R}^+$,满足 $a^2+b^2+c^2=1$,求证 $\sqrt{1-a^2}+\sqrt{1-b^2}+\sqrt{1-c^2}>3-(a+b+c)$。

7. 已知 a,b 均为正数,满足 $a+b=1$,求 $y=ab+\dfrac{1}{ab}$ 的最小值。

习题 4.5

1. 已知 $f(x)=\dfrac{1}{2}x-k,g(x)=|x-1|+|x-3|-16$。若对任意 $x_1\in[-2,12]$,总有 $x_0\in[-2,12]$,使得 $g(x_0)=f(x_1)$ 成立,则 k 的取值范围是_____。

2. 设 $f(x)$ 是定义在 $\mathbf{R}$ 上的奇函数,且当 $x\geqslant 0$ 时,$f(x)=x^2$。若对任意 $x\in[t,t+2]$,不等式 $f(x+t)\geqslant 2f(x)$ 成立,求实数 t 的取值范围。

3. 定义运算:$x*y=x(1-y)$,若不等式 $(x-y)*(x+y)<1$ 对一切实数 x 恒成立,则实数 y 的取值范围是_____。

4. 设 $a_1,a_2,\cdots,a_k,\cdots$ 为两两不相等的正整数,求证对于任何正整数 n,有 $a_1+\dfrac{a_2}{2^2}+\cdots+$

$\dfrac{a_n}{n^2}\geqslant 1+\dfrac{1}{2}+\cdots+\dfrac{1}{n}$。

5. 在天平的两个称盘中各放 k 个砝码,均用 1 至 k 编号,且左边的称盘较重。若交换任意两个具有同样号码的砝码,则总是右边的称盘变重或两边平衡,试问对于怎样的 k 这才可能?

习题 4.6

1. 设 $x,y,z\in\mathbf{R}$,满足 $\sqrt{\dfrac{1-x}{yz}}+\sqrt{\dfrac{1-y}{zx}}+\sqrt{\dfrac{1-z}{xy}}=2$,求 xyz 的最大值。

2. 正实数 x,y,z 满足 $xyz \geqslant 1$，求证 $\dfrac{x^5-x^2}{x^5+y^2+z^2} + \dfrac{y^5-y^2}{y^5+z^2+x^2} + \dfrac{z^5-z^2}{z^5+x^2+y^2} \geqslant 0$。

3. 已知 $a_1, a_2, \cdots, a_n$ 都是正实数，求证 $(a_1+a_2+\cdots+a_n)\left(\dfrac{1}{a_1}+\dfrac{1}{a_2}+\cdots+\dfrac{1}{a_n}\right) \geqslant n$。

4. 设 $0 \leqslant a \leqslant b \leqslant c \leqslant d \leqslant e$，且 $a+b+c+d+e=1$，求证 $ad+be+cb+dc+ea \leqslant \dfrac{1}{5}$。

5. 已知 $x,y \in \mathbf{R}$，$x^2+y^2 \leqslant 1$，求证 $3 \leqslant |x+y|+|y+1|+|2y-x-4| \leqslant 7$。

习题 5.1

1. 已知 $f(x)$ 是定义在正整数集上的函数，且对任意 $x,y \in \mathbf{N}_+$，都有 $f(x+y) = f(x)+f(y)+xy$，$f(1)=2$，求 $f(x)$。

2. 已知函数 $f(x)$ 在 $[0,1]$ 上的图象是连续的(不间断)，且满足下列条件：(1) $f(x) \geqslant 0$，$x \in [0,1]$；(2) $f(1)=1$；(3) 若 $x_1 \geqslant 0$，$x_2 \geqslant 0$，$x_1+x_2 \leqslant 1$，则有 $f(x_1+x_2) \geqslant f(x_1)+f(x_2)$ 成立。试求 $f(x)$ 的值域。

3. 已知 $y=f(x)$ 为偶函数，则 $y=f(x+1)$ 的一条对称轴为 _____。

4. 函数 $f(x) = \begin{cases} 3^x, & x \leqslant 1 \\ \log_{\frac{1}{3}} x, & x > 1 \end{cases}$，则 $y=f(1-x)$ 的图象是(　　　)。

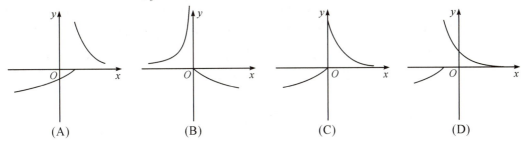

(A)　　　　　　(B)　　　　　　(C)　　　　　　(D)

5. 若函数 $f(x) = \begin{cases} \log_2 x, & x > 0 \\ \log_{\frac{1}{2}}(-x), & x < 0 \end{cases}$，且 $f(a) > f(-a)$，则实数 a 的取值范围是 _____。

6. 已知 $A=\{a,b,c\}$，$B=\{1,2,3,4\}$，问(1)从集合 A 到集合 B 的不同映射 φ 有多少个？(2)其中满足 $\varphi(a) > \varphi(b) \geqslant \varphi(c)$ 的映射有多少个？

7. 设 $f(x) = \begin{cases} 1, & |x| \leqslant 1 \\ 0, & |x| > 1 \end{cases}$，$g(x) = \begin{cases} 2-x^2, & |x| \leqslant 1 \\ 2, & |x| > 1 \end{cases}$，试求 $f(f(x))$，$f(g(x))$，$g(f(x))$，$g(g(x))$。

8. 已知 $f(x)$ 是 $(0,+\infty)$ 上的单调递增函数，且满足 $f(2)=1$，$f(x)+f(x-3) \leqslant 2$；对任意的 $x,y \in (0,+\infty)$ 都有 $f(xy)=f(x)+f(y)$。试求 x 的取值范围。

9. 已知 f 是 $\mathbf{R} \to \mathbf{R}$ 上的函数，满足 $f(-x)=-f(x)$，$f(xy)=x^4 f(y)$，求 $f(x)$ 的表达式。

10. 试比较 2022^{2021} 与 2021^{2022} 的大小。

11. 已知 f 是 $\mathbf{R} \to \mathbf{R}$ 上的不减函数，定义 $f^{(k)}(x) = \underbrace{f(f(\cdots f(x) \cdots))}_{k\uparrow}$，$f^{(0)}(x)=x$；

$f(x)$ 满足 $f(x+1)=f(x)+1$;记 $\varphi(x)=f^{(n)}(x)-x$。试证对一切 $x,y\in\mathbf{R}$,恒有 $|\varphi(x)-\varphi(y)|<1$。

12. 设 $A=\{x\,|\,f(x)=x\}$,$B=\{x\,|\,f[f(x)]=x\}$,则 A _____ B。

(A)$\subset$　　　　(B)$\supset$　　　　(C)$\subseteq$　　　　(D)$\supseteq$

习题 5.2

1. 设 $f(x)=\dfrac{1}{3}x^3-\dfrac{a}{2}x^2+bx+c$,$a>0$,$y=f(x)$ 在 $P(0,f(0))$ 处的切线为 $y=1$。试确定 b,c 的值。

2. 已知 $f(x)=\dfrac{1}{2}x^2+2ax$,$x>0$,$g(x)=3a^2\ln x+b$,$a>0$,$y=f(x)$ 与 $y=g(x)$ 有公共点,且在该点处的切线相同。(1)用 a 表示 b,并求 b 最大值;(2)求证 $f(x)\geqslant g(x)$。

3. 已知 $f(x)=\left(a+\dfrac{1}{a}\right)\ln x+\dfrac{1}{x}-x(a>1)$。(1)讨论 $f(x)$ 在 $(0,1)$ 上的单调性;(2)当 $a\in[3,+\infty)$ 时,若曲线 $y=f(x)$ 上总存在相异的两点 $P(x_1,f(x_1))$,$Q(x_2,f(x_2))$,使得曲线 $y=f(x)$ 在点 P,Q 处的切线相互平行,求证 $x_1+x_2>\dfrac{6}{5}$。

4. 已知 $f(x)=e^x+ax$,$g(x)=e^x\ln x$。(1)设 $y=f(x)$ 在 $x=1$ 处的切线与直线 $x+(e-1)y=1$ 垂直,求 a 的值;(2)若 $f(x)>0$ 对任意 $x\geqslant 0$ 恒成立,确定 a 的取值范围;(3)当 $a=-1$ 时,是否存在实数 $x_0\in[1,e]$,使曲线 $C:y=g(x)-f(x)$ 在点 $x=x_0$ 处的切线与 y 轴垂直? 若存在,求出 x_0 的值;若不存在,说明理由。

习题 5.3

1. 若函数 $f(x)=x+a\sin x$ 在 $\mathbf{R}$ 上递增,则实数 a 的取值范围是 _____。

2. 已知 $f(x)=x^3+x$,当 $m\in[-2,2]$ 时 $f(mx-2)+f(x)<0$ 恒成立,求 x 的取值范围。

3. $f(x)=x^3+3ax^2+3(a+2)x+1$ 既有极大值又有极小值,则实数 a _____。

4. 已知 $f(x)=x-a\ln x(a\in\mathbf{R})$。(1)当 $a=2$ 时,求 $y=f(x)$ 在 $A(1,f(1))$ 处的切线;(2)求函数 $f(x)$ 的极值。

5. 设 $f(x)=(x-1)e^x-kx^2$(其中 $k\in\mathbf{R}$)。(1)当 $k=1$ 时,求 $f(x)$ 的单调区间;(2)当 $k\in\left(\dfrac{1}{2},1\right]$ 时,求函数 $f(x)$ 在 $[0,k]$ 上的最大值 M。

6. 设函数 $f(x)=\ln x+\ln(2-x)+ax(a>0)$,(1)当 $a=1$ 时,求 $f(x)$ 的单调区间;(2)若 $f(x)$ 在 $(0,1]$ 上的最大值为 $\dfrac{1}{2}$,求 a 的值。

7. $f(x)=ax^3+cx+d(a\neq 0)$ 是 $\mathbf{R}$ 上的奇函数,当 $x=1$ 时 $f(x)$ 取得极值 -2。(1)求 $f(x)$ 的单调区间和极大值;(2)求证对任意的 $x_1,x_2\in[-1,1]$,不等式 $|f(x_1)-f(x_2)|\leqslant 4$ 恒成立。

8. 已知 $f(x) = ax^3 + bx^2 - x(x \in \mathbf{R}, a, b$ 是常数, $a \neq 0)$, 且当 $x = 1$ 和 $x = 2$ 时, $f(x)$ 取得极值。(1) 求 $f(x)$ 的解析式; (2) 若曲线 $y = f(x)$ 与 $g(x) = -3x - m(-2 \leqslant x \leqslant 0)$ 有两个不同的交点, 求实数 m 的取值范围。

习题 5.4

1. 若 $y = x^3 - 3x^2 + a$ 的图象与 x 轴恰有两个公共点, 则 a 的取值范围是_____。

2. 已知 $f(x) = x^2 + 3x + 1, g(x) = \dfrac{a-1}{x-1} + x$。(1) 当 $a = 2$ 时, 求 $y = f(x)$ 和 $y = g(x)$ 的公共点个数; (2) a 为何值时, $y = f(x)$ 和 $y = g(x)$ 的公共点个数恰为两个。

3. 已知 $x = 3$ 是 $f(x) = a\ln(x+1) + x^2 - 10x$ 的一个极值点。(1) 求 a; (2) 求 $f(x)$ 的单调区间; (3) 若直线 $y = b$ 与 $y = f(x)$ 的图象有 3 个交点, 求 b 的取值范围。

4. $f(x) = \dfrac{a}{3}x^3 - \dfrac{1}{2}(a+1)x^2 + x - \dfrac{1}{3}, a \in \mathbf{R}$。(1) 若 $a < 0$, 求 $f(x)$ 的极值; (2) 是否存在实数 a 使得 $f(x)$ 在 $[0, 2]$ 上有两个零点? 若存在, 求出 a 的取值; 若不存在, 说明理由。

5. 已知函数 $f(x) = -x^2 + 2x, g(x) = \begin{cases} x + \dfrac{1}{4x}, & x > 0 \\ x + 1, & x \leqslant 0 \end{cases}$, 若方程 $g[f(x)] - a = 0$ 的实数根的个数有 4 个, 则 a 的取值范围是多少。

6. 已知定义在 $\mathbf{R}$ 上的奇函数 $f(x)$, 当 $x \geqslant 0$ 时, $f(x) = \begin{cases} \log_{\frac{1}{2}}(x+1), & x \in [0, 1) \\ 1 - |x - 3|, & x \in [1, +\infty) \end{cases}$, 则关于 x 的函数 $F(x) = f(x) - a, 0 < a < 1$ 的所有零点之和为( )。

(A) $2^a - 1$ (B) $1 - 2^a$ (C) $2^{-a} - 1$ (D) $1 - 2^{-a}$

7. 已知 $f(x), x \in \mathbf{R}$, 且 $f(x) = \begin{cases} \lg|x-2|, & x \neq 2 \\ 1, & x = 2 \end{cases}$。若 $[f(x)]^2 + bf(x) + c = 0$ 恰有五个不同的实数解 x_1, x_2, x_3, x_4, x_5, 则 $f(x_1 + x_2 + x_3 + x_4 + x_5) = ($)。

(A) 0 (B) $2\lg 2$ (C) $3\lg 2$ (D) 1

8. 已知函数 $f(x) = \begin{cases} -x^3 + ax^2 + bx, & x < 1 \\ c(e^{x-1} - 1), & x \geqslant 1 \end{cases}$ 在 $x = 0$ 和 $x = \dfrac{2}{3}$ 处存在极值。(1) 求实数 a, b 的值; (2) $y = f(x)$ 的图象上存在两点 A, B, 使得 $\triangle AOB$ 是以坐标原点 O 为直角顶点的直角三角形, 且斜边 AB 的中点在 y 轴上, 求实数 c 的取值范围; (3) 当 $c = e$ 时, 讨论关于 x 的方程 $f(x) = kx(k \in \mathbf{R})$ 的实根个数。

9. 设函数 $f(x) = \dfrac{1}{3}x - \ln x(x > 0)$, 则 $f(x)$ 在区间 $\left(\dfrac{1}{e}, 1\right)$ 和 $(1, e)$ 内零点个数分别为_____。

10. 已知 $f(x) = \begin{cases} 2x - 1, & x > 0 \\ -x^2 - 2x, & x \leqslant 0 \end{cases}$, 若 $g(x) = f(x) - m$ 有 3 个零点, 求实数 m 的取值范围。

11. 已知 $f(x) = x^2 - x + a$ 的两个零点都在区间 $(0, 3)$ 内, 求 a 的取值范围。

12. 已知函数 $f(x)=-x^2+2ex+m-1$，$g(x)=x+\dfrac{e^2}{x}(x>0)$。(1)若 $g(x)=m$ 有零点，求实数 m 的取值范围；(2)确定 m 的取值范围，使得 $f(x)-g(x)=0$ 有两个不同的根。

习题 5.5

1. 设 $m,k\in\mathbf{Z}$，方程 $mx^2-kx+2=0$ 在区间 $(0,1)$ 内有两个不同根，求 $m+k$ 的最小值。

2. 设函数 $g(x)=\dfrac{1}{3}x^3+\dfrac{a}{2}x^2-bx(a,b\in\mathbf{R})$，记 $g(x)$ 的导数为 $f(x)$。(1)若 $f(x)=0$ 有两个实根 -2 和 4，求 $f(x)$ 的表达式；(2)若 $g(x)$ 在区间 $[-1,3]$ 是递减函数，求 a^2+b^2 的最小值。

3. 已知 $f(x)=x+\lg(\sqrt{x^2+1}+x)$，若不等式 $f(m\cdot 3^x)+f(3^x-9^x-2)<0$，对任意 $x\in\mathbf{R}$ 恒成立。求实数 m 的取值范围。

4. 已知 $f(x)=x^2+2bx+c(b,c\in\mathbf{R})$，满足 $f(1)=0$，且关于 x 的方程 $f(x)+x+b=0$ 有两个实根分别在区间 $(-3,-2)$ 和 $(0,1)$ 内，试求 b 的取值范围。

习题 5.6

1. $f(x)=\dfrac{x^2+2x+a}{x}(x\in[1,+\infty))$ 的值域是 $[0,+\infty)$，则 a 的值是_____。

2. 方程 $\sin^2 x-2\sin x-a=0$ 在 $x\in\mathbf{R}$ 上有解，则 a 的取值范围为_____。

3. 在 $\mathbf{R}$ 上定义运算：$x*y=x(1-y)$。若不等式 $(x-y)*(x+y)<1$ 对一切实数 x 恒成立，则实数 y 的取值范围是(　　)。

(A)$\left(-\dfrac{1}{2},\dfrac{3}{2}\right)$　　(B)$\left(-\dfrac{3}{2},\dfrac{1}{2}\right)$　　(C)$(0,1)$　　(D)$(0,2)$

4. 已知函数 $f(x)=\dfrac{4x^2-7}{2-x}$，$x\in[0,1]$，$g(x)=x^3-3a^2x-2a$，$x\in[0,1]$，$a\geqslant 1$。若存在 $x_1,x_2\in[0,1]$，使 $f(x_1)=g(x_2)$，求 a 的取值范围。

5. 已知 $\dfrac{1}{n+1}+\dfrac{1}{n+2}+\cdots+\dfrac{1}{2n}\geqslant\dfrac{1}{12}\log_a(a-1)+\dfrac{2}{3}$ 对于大于 1 的自然数都成立，求实数 a。

6. 若不等式 $2x-1>m(x^2-1)$，对满足 $-2\leqslant m\leqslant 2$ 的所有 m 都成立，求 x 的取值范围。

7. 已知 $f(x)$ 是定义在 $[-1,1]$ 上的奇函数，且 $f(1)=1$，若 $a,b\in[-1,1]$，$a+b\neq 0$，有 $\dfrac{f(a)+f(b)}{a+b}>0$。(1)判断函数 $f(x)$ 在 $[-1,1]$ 上的增减性；(2)解不等式 $f\left(x+\dfrac{1}{2}\right)>f\left(2x-\dfrac{1}{2}\right)$；(3)若 $f(x)\leqslant m^2-2am+1$ 对所有 $x\in[-1,1]$，$a\in[-1,1]$ 恒成立，求实数 m 的取值范围。

8. 设函数 $f(x)=\dfrac{1-x}{ax}+\ln x$ 在 $[1,+\infty)$ 上为增函数。(1)求证实数 a 的取值范围；(2)当 $a=1$ 时，求证 $\dfrac{1}{2}+\dfrac{1}{3}+\dfrac{1}{4}+\cdots+\dfrac{1}{n}<\ln n<1+\dfrac{1}{2}+\dfrac{1}{3}+\cdots+\dfrac{1}{n-1}$，$n\in\mathbf{N},n\geqslant 2$。

习题 5.7

1. 设 $f(x)=ax-\ln(1+x^2)$，(1)当 $a=\dfrac{4}{5}$ 时，求 $f(x)$ 在 $(0,+\infty)$ 上的极值；(2)求证当 $x>0$ 时，$\ln(1+x^2)<x$；(3)求证 $\left(1+\dfrac{1}{2^4}\right)\left(1+\dfrac{1}{3^4}\right)\cdots\left(1+\dfrac{1}{n^4}\right)<e$，其中 $n\in\mathbf{N}_+,n\geqslant 2$。

2. 已知函数 $f(x)=ax-1-\ln x(a\in\mathbf{R})$，(1)讨论函数 $f(x)$ 在定义域内的极值点的个数；(2)若函数 $f(x)$ 在 $x=1$ 处取极值，对任意 $x\in(0,+\infty)$，$f(x)\geqslant bx-2$ 恒成立，求实数 b 的取值范围；(3)当 $x>y>e-1$ 时，求证 $e^{x-y}>\dfrac{\ln(x+1)}{\ln(y+1)}$。

3. 已知函数 $f(x)=\ln x-ax^2+(2-a)x$，(1)讨论 $f(x)$ 的单调性；(2)设 $a>0$，求证当 $0<x<\dfrac{1}{a}$ 时，有 $f\left(x+\dfrac{1}{a}\right)>f\left(\dfrac{1}{a}-x\right)$；(3)若函数 $y=f(x)$ 的图象与 x 轴交于 A,B 两点，线段 AB 中点的横坐标为 x_0，求证 $f'(x_0)<0$。

4. 已知函数 $f(x)=ax+\dfrac{b}{x}+c(a>0)$ 的图象在点 $(1,f(1))$ 处的切线方程为 $y=x-1$。(1)用 a 表示出 b,c；(2)若 $f(x)\geqslant\ln x$ 在 $[1,+\infty)$ 上恒成立，求 a 的取值范围；(3)求证 $1+\dfrac{1}{2}+\dfrac{1}{3}+\cdots+\dfrac{1}{n}>\ln(n+1)+\dfrac{n}{2(n+1)}$，$n\geqslant 1,n\in\mathbf{N}$。

习题 6.1

1. 求 $\dfrac{\cos 40°+\sin 50°(1+\sqrt{3}\tan 10°)}{\sin 70°\sqrt{1+\cos 40°}}$ 的值。

2. 已知 $\cos\left(x-\dfrac{\pi}{4}\right)=\dfrac{\sqrt{2}}{10}$，$x\in\left(\dfrac{\pi}{2},\dfrac{3\pi}{4}\right)$。(1)求 $\sin x$ 的值；(2)求 $\sin\left(2x+\dfrac{\pi}{3}\right)$ 的值。

3. 设函数 $f(x)=6\cos^2\dfrac{\omega x}{2}+\sqrt{3}\cos\omega x-3(\omega>0)$，在一个周期内的图象如图所示，$A$ 为最高点，B,C 为图象与 x 轴的交点，且 $\triangle ABC$ 为正三角形。(1)求 ω 的值及函数 $f(x)$ 的值域；(2)若 $f(x_0)=\dfrac{8\sqrt{3}}{5}$，且 $x_0\in\left(-\dfrac{10}{3},\dfrac{2}{3}\right)$，求 $f(x_0+1)$ 的值。

4. 若 $\theta\left(\dfrac{\pi}{2},\pi\right)$，$\tan\left(\theta+\dfrac{\pi}{4}\right)=\dfrac{1}{2}$，则 $\sin\theta+\cos\theta=$＿＿＿＿＿＿。

5. 已知 $f(x)=2\sin\left(\dfrac{1}{3}x-\dfrac{\pi}{6}\right)$，$x\in\mathbf{R},\alpha,\beta\in\left[0,\dfrac{\pi}{2}\right]$，$f\left(3\alpha+\dfrac{\pi}{2}\right)=\dfrac{10}{13}$，$f(3\beta+2\pi)=\dfrac{6}{5}$，试求 $\cos(\alpha+\beta)$ 的值。

习题 6.2

1. 为了得到函数 $y=\sin\left(2x-\dfrac{\pi}{6}\right)$ 的图象，需将 $y=\cos 2x$ 的图象（　　）。

(A) 向左平移　　　(B) 向右平移　　　(C) 向上平移　　　(D) 向下平移

2. 已知 $f(x)=A\sin(\omega x+\varphi)\left(x\in\mathbf{R},\omega>0,0<\varphi<\dfrac{\pi}{2}\right)$ 的部分图象如图所示。(1) 求 $f(x)$ 的表达式；(2) 求 $\varphi(x)=f\left(x-\dfrac{\pi}{12}\right)-f\left(x+\dfrac{\pi}{12}\right)$ 的单调增区间。

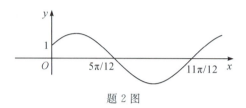

题 2 图

3. 设函数 $f(x)=\sin^2\omega x+2\sqrt{3}\sin\omega x\cos\omega x-\cos^2\omega x+\lambda(\lambda\in\mathbf{R})$ 的图象关于 $x=\pi$ 对称，ω,λ 为常数，且 $\omega\in\left(\dfrac{1}{2},1\right)$。(1) 求 $f(x)$ 的最小正周期；(2) 若 $y=f(x)$ 的图象经过点 $\left(\dfrac{\pi}{4},0\right)$，求 $f(x)$ 的值域。

习题 6.3

1. 已知函数 $y=a\cos x+b(a,b$ 为参数，$a>0)$ 的最大值为 1、最小值为 -7，则 $a\cos x+b\sin x$ 的最大值是（　　）。

(A) 1　　　　　(B) 4　　　　　(C) 5　　　　　(D) 7

2. 函数 $y=\sin^2 x+a\cos x+\dfrac{5}{8}a-\dfrac{3}{2}$ 在 $\left[0,\dfrac{\pi}{2}\right]$ 上的最大值为 1，则 $a=$ _____。

3. 若动点 (x,y) 在曲线 $\dfrac{x^2}{4}+\dfrac{y^2}{b^2}=1(b>0)$ 上变化，则 x^2+2y 的最大值 $=$ _____。

4. 若 $\dfrac{\pi}{4}<x<\dfrac{\pi}{2}$，则函数 $y=\tan^2 x\tan^3 x$ 的最大值为 _____。

5. $f(x)=\dfrac{\sin x-1}{\sqrt{3-2\cos x-2\sin x}}(0\leqslant x\leqslant 2\pi)$ 的值域是（　　）。

(A) $\left[-\dfrac{\sqrt{2}}{2},0\right]$　　　(B) $[-1,0]$　　　(C) $[-\sqrt{2},0]$　　　(D) $[-\sqrt{3},0]$

6. 求 $f(x)=\sin x\cos x-\sin x-\cos x$ 的最值。

7. 求 $y=2\cos^2 x+5\sin x-4$ 的值域。

8. 求 $y=\dfrac{(1+\sin x)(3+\sin x)}{2+\sin x}$ 的最值及相应 x 的集合。

9. 设 α,β 为锐角，且 $\alpha+\beta=120°$，试求函数 $y=\cos^2\alpha+\cos^2\beta$ 的最值。

习题 6.4

1. 在 $\triangle ABC$ 中，角 A,B,C 所对应的边分别为 a,b,c，且 $\sin\dfrac{C}{2}=\dfrac{\sqrt{10}}{4}$。(1)求 $\cos C$ 的值；(2)若 $\triangle ABC$ 的面积为 $\dfrac{3\sqrt{15}}{4}$，且 $\sin^2 A+\sin^2 B=\dfrac{13}{16}\sin^2 C$，求 a,b,c 的长。

2. 在 $\triangle ABC$ 中，角 A,B,C 所对应的边分别为 a,b,c，且 $\cos A=\dfrac{1}{3}$。(1)求 $\sin^2\dfrac{B+C}{2}+\cos 2A$ 的值；(2)若 $a=\sqrt{3}$，求 bc 的最大值。

3. 已知向量 $\vec{m}=(\sin B,1-\cos B)$ 与向量 $\vec{n}=(2,0)$ 夹角为 $\dfrac{\pi}{3}$，其中 A,B,C 是 $\triangle ABC$ 的内角。(1)求 $\angle B$ 的大小；(2)求 $\sin A+\sin C$ 的取值范围。

4. 已知 $\tan\left(\dfrac{\pi}{4}+\alpha\right)=\dfrac{1}{2}$。(1)求 $\tan\alpha$ 的值；(2)求 $\dfrac{\sin 2\alpha-\cos^2\alpha}{1+\cos 2\alpha}$ 的值。

5. 在锐角 $\triangle ABC$ 中，已知角 A,B,C 的对边为 a,b,c，且 $\sqrt{3}a=2c\sin A$。(1)求角 C；(2)若 $c=\sqrt{7}$，$S_{\triangle ABC}=\dfrac{3\sqrt{3}}{2}$，求 $a+b$。

6. 在 $\triangle ABC$ 中，已知 $2a=c+2b\cos C$。(1)求角 B 的大小；(2)在锐角 $\triangle ABC$ 中，若 $b=3$，试求 $a+c$ 的取值范围。

习题 7.1.1

1. 甲、乙、丙三人踢毽子，互相传递，每人每次只能踢一下。先由甲开始踢，经过 4 次传递后，毽子被踢回给甲，则不同的传递方式有多少种？

2. (1)3 封不同的信随意投入 4 个不同信箱，有多少种不同的投法？(2)若每个信箱至多投 1 封信，有多少种投法？

3. 用数字 2,3 组成四位数，且数字 2,3 至少出现一次，这样的数字共有多少种？

4. $n+1$ 个编号卡片，放进 n 本不同的书中，要求每本书都有卡片，共有多少种不同放法？

5. 给定一个正十二边形，以其任意三个顶点为顶点作三角形，问这些三角形中有多少个不全等三角形？

习题 7.1.2

1. 用 4 种不同颜色为平行六面体涂色(假定每个面都不同)，要求有公共棱的两个面不同色，则共有多少种涂法？

2. 用红、黄、蓝三色之一去涂下图中标号为 1~9 的 9 个小正方形，使任意有公共边的小正方形不同色，且标号为 3,5,7 的方块同色，则共有多少种不同涂法？

题 2 图

3. 正五边形 $ABCDE$ 的五个顶点染红黄蓝三色之一,相邻顶点不同色,共有多少种涂法?

4. 如图,用 $1\sim9$ 的数字填"9 宫图",每格填一数,不同格不同数,其中"3"和"4"已填好,要求每行从左到右、每列从上到下都递增,问共有多少种不同的填法?

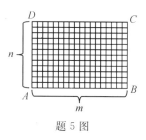

题 4 图

5. 如图,在 $m\times n$ 平面格图中,有多少条线段? 多少个矩形? 多少个正方形?

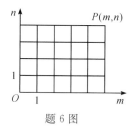

题 5 图

6. 如图,把格图放在坐标系中,一个人从 $O(0,0)$ 出发,沿水平或竖直路线走,到达 $P(m,n)$ 点,他到达 P 点的最短路径有几条?

7. 缺角的 4×4 场地(如图)能否用 7 块 2×1 的矩形块铺满?

题 6 图

题 7 图

8. 用 $n(n\geqslant4)$ 种颜色染图中的四个方块,使相邻两块不同色,共有多少种染法?

题 8 图

习题 7.1.3

1. 在 $1\sim10^6$ 之间,有多少个正整数其各位数字之和等于 10?

2. 把正整数 m 写成 n 个正整数之和,如果考虑加数的次序,则不同的写法种数有多少?

3. 适合条件 $0\leqslant x_1<x_2<x_3<x_4<x_5\leqslant10$ 的整数组 (x_1,x_2,x_3,x_4,x_5) 有多少组?

习题 7.1.4

1. 甲、乙、丙、丁、戊、己、庚 7 个人排成一排。(1)甲、乙、丙互不相邻,共有多少种排法? (2)甲、乙相邻,丙、丁不相邻,有多少种排法? (3)甲不与乙相邻,丙不与乙相邻,有多少种排法?

2. 用 3 个"1"、2 个"2"、1 个"3"排成一行,共有多少种排法?

3. 一个小组共 13 人,其中男生 8 人,女生 5 人,男女生各指定了一人做队长,现从中选 5 人参加一个活动,依下列条件各有多少种选法? (1)只有 1 名女生当选;(2)两个队长必须当选;(3)至少有 1 名队长当选;(4)至多两名女生当选;(5)既要有队长又要有女生当选。

4. 一条铁路原有 n 个车站,为适应客运需要,新增加了 m 个车站($m>1$),客运车票增加了 62 种,问原来有多少个车站? 现在有多少个车站?

5. 从 $1,2,3,4,7,9$ 中任取不同的两个数,分别作为对数的底数和指数,问共有多少个不同的对数值?

6. 平面上有 11 个不同的点,过其中任何两点作直线,可得到 48 条相异直线。(1)有多少条直线上含有 3 个或 3 个以上的点?(2)这 11 个点构成几个三角形?

7. A,B,C,D,E 五个人排成一排,若 A 必须站在 B 的右边(可以不相邻),问这样的排法有几种?

习题 7.2.1

1. 若连续两次投掷骰子得到的点数分别为 m,n,则点 $P(m,n)$ 在直线 $x+y=4$ 上的概率为_____。

2. 现有 6 道题,其中 4 道甲类,2 道乙类。张同学从中任取 2 题解答。(1)求所取 2 道题都是甲类的概率;(2)求所取 2 道不是同一类题的概率。

3. 甲从正方形的四个顶点中任选两个顶点连成直线,乙也从该正方形的四个顶点中任选两个顶点连成直线,则所得两条直线互相垂直的概率为_____。

4. 设有关于 x 的一元一次方程 $x^2+2ax+b^2=0$。若 a 是从 $0,1,2,3$ 四个数中任选一个数,b 是从 $0,1,2$ 中任选一个数,则方程有实根的概率为_____。

习题 7.2.2

1. 平面上有无限条平行线,且平行线间的距离均为 3cm。把一枚半径为 1cm 的硬币任意平掷在这个平面上,则硬币不与任何一条平行线相碰的概率是_____。

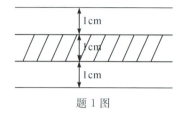

题1图

2. 甲、乙两艘轮船驶向一个不能同时停泊两艘轮船的码头,它们在一昼夜内任何时刻到达是等可能的。(1)如果甲、乙两船停泊的时间都是 4 小时,求它们中的任何一条船都不需要等待码头空出的概率;(2)若甲、乙两船停泊的时间分别为 4 小时,2 小时,求它们中的任何一条船都不需要等待码头空出的概率。

习题 7.2.3

1. 某射手射击所得环数 X 的分布列如下:

X	7	8	9	10
P	a	0.1	0.3	b

已知 X 的期望 $E(X)=8.9$,则 $b-a$ 的值为_____。

2. 一个均匀硬币连续投掷九次都出现正面,问第十次投掷出现反面的概率是多少?

3. 某地有 5 个工厂,由于用电紧缺,规定每个工厂在一周内必须选择某一天停电(选哪一天是等可能的)。假定工厂之间的选择互不影响。(1)求 5 个工厂均选择星期日停电的概率;(2)求至少有两个工厂选择同一天停电的概率。

4. 一个盒子里装有 7 张卡片,其中有红色卡片 4 张,编号分别为 1,2,3,4,白色卡片 3 张,编号分别为 2,3,4。从盒中任取 4 张卡片(假定取到任何一张卡片的可能性相同)。(1)求取出的 4 张卡片中,含有编号为 3 的卡片的概率;(2)在取出的 4 张卡片中,红色卡片编号的最大值设为 X,求随机变量 X 的分布列和数学期望。

5. 一个袋中装有 10 个大小相同的白球和黑球。已知从袋中任意摸出 2 个球,至少得到 1 个白球的概率是 $\frac{7}{9}$。(1)求白球的个数;(2)从袋中任意摸出 3 个球,记得白球的个数为 X,求随机变量 X 的数学期望 $E(X)$。

6. 有这样一个游戏:甲箱子装有 3 个白球、2 个黑球,乙箱子装有 1 个白球、2 个黑球,这些球除颜色外完全相同。每次从这两个箱子中各随机摸出 2 个球,若摸出的白球不少于 2 个,则获奖(每次游戏结束后将球放回原箱)。(1)在 1 次游戏中:①求摸到 3 个白球的概率;②求获奖的概率;(2)求在 2 次游戏中获奖次数 X 的分布列及数学期望 $E(X)$。

7. 甲、乙两队进行 5 局比赛,约定先胜 3 局者获得比赛胜利,比赛随即结束。已知甲队第五局获胜的概率为 $\frac{1}{2}$,其余各局获胜的概率为 $\frac{2}{3}$。假定每局比赛是相互独立的。

(1)求甲队分别以 $3:0,3:1,3:2$ 获胜的概率；(2)若比赛结果为 $3:0$ 或 $3:1$，则胜方得 3 分，对方得 0 分；若比赛结果为 $3:2$，则胜方得 2 分，对方得 1 分。求乙队得分 X 的分布列及数学期望。

8. 在一次抽奖活动中，举办方设置了甲、乙两种抽奖方案。方案甲的中奖率为 $\frac{2}{3}$，中奖可获得 2 分；方案乙的中奖率为 $\frac{2}{5}$，中奖可获得 3 分，未中奖不得分。每人有且只有一次抽奖机会，每次抽奖中奖与否互不影响，最后凭分数兑奖。(1)若小明选择甲方案抽奖，小红选择乙方案抽奖，并且他们累积得分为 X，求 $X \leqslant 3$ 的概率；(2)若两人都选择同一方案抽奖，选择哪一个方案累计得分的数学期望大？

9. 随机抽取 200 件产品进行检验，有一等品 126 件、二等品 50 件、三等品 20 件、次品 4 件。已知生产 1 件一、二、三、次等品获得的利润分别为 $6,2,1,-2$ 万元。记 1 件产品的利润(万元)为 ξ。(1)求 ξ 的分布列；(2)求 1 件产品的平均利润(即 ξ 的数学期望)；(3)经技术革新，仍有 4 个等级的次品，但次品率降为 1%，一等品提高为 70%。若此时要求 1 件产品的平均利润不小于 4.73 万元，则三等品率最多是多少？

习题 7.3

1. 现在常常可以看到人们在走路、吃饭或乘车时低着头玩手机，长期下来，就很容易使颈椎损伤，患上颈椎病。某学习小组参与调查研究"长期使用智能手机对颈椎病的影响"，随机选取了 100 名手机用户得到部分统计数据(如表)，约定日使用手机时间超过 4 小时为"频繁使用手机"。已知"频繁使用手机"的人数比"非频繁使用手机"的人数少 24 人。

	非频繁使用手机	频繁使用手机	合计
颈椎病人数	8	p	
非颈椎病人数	q	16	
合计			100

(1)求表中 p,q 的值，并补全表中所缺数据；(2)根据下列表格，判断是否有 99.9% 的把握确定"频繁使用手机"对颈椎病有影响。附 $K^2 = \dfrac{n(ad-bc)^2}{(a+b)(c+d)(a+c)(b+d)}$，其中 $n = a+b+c+d$。

$P(K^2 \geqslant k_0)$	0.10	0.05	0.01	0.005	0.001
k_0	2.706	3.841	6.635	7.879	10.828

2. 发展新能源汽车是我国从汽车大国迈向汽车强国的必由之路，是应对气候变化、推动绿色发展的战略举措。随着国务院《新能源汽车产业发展规划(2021—2035)》的发布，我国自主品牌汽车越来越具备竞争力。国产某品牌汽车为调研市场，统计了三款燃油汽车和两款新能源汽车在甲、乙两个城市本月的销售情况，数据如下。

	燃油汽车 A 型车	燃油汽车 B 型车	燃油汽车 C 型车	新能源纯电动汽车	新能源混合动力汽车
城市甲	60	50	40	30	20
城市乙	210	180	110	70	30

（1）若在城市甲的销量 x 和在城市乙的销量 y 满足线性相关关系，求出 y 关于 x 的线性回归方程 $y=\hat{b}x+\hat{a}$；（2）计算是否有 99% 的把握确定"选择新能源汽车与消费者所在城市有关"。附 $\hat{b}=\dfrac{\sum\limits_{i=1}^{n}(x_i-\overline{x})(y_i-\overline{y})}{\sum\limits_{i=1}^{n}(x_i-\overline{x})^2}=\dfrac{\sum\limits_{i=1}^{n}x_iy_i-n\overline{x}\,\overline{y}}{\sum\limits_{i=1}^{n}x_i^2-n\overline{x}^2}$，$\hat{a}=\overline{y}-\hat{b}\,\overline{x}$。

$\chi^2=\dfrac{n(ad-bc)^2}{(a+b)(c+d)(a+c)(b+d)}$，其中 $n=a+b+c+d$。临界值表：

α	0.15	0.10	0.05	0.025	0.010	0.005	0.001
x_α	2.072	2.706	3.841	5.024	6.635	7.879	10.828

习题 8.1

1. 四条直线 $l_1:x+3y-15=0$，$l_2:kx-y-6=0$，$l_3:x+5y=0$，$l_4:y=0$ 围成一个四边形，问 k 为何值时，此四边形有一个外接圆？并求这个外接圆方程。

2. 求过 $A(1,-2)$，$B(9,-6)$ 两点，且与直线 $x-2y+4=0$ 相切于 $C(4,4)$ 的抛物线方程。

3. 已知椭圆长轴、短轴均平行于坐标轴，且与直线 $2x+y=11$ 相切于 $P(4,3)$，它又经过点 $Q(0,-1)$，$R(1,\sqrt{10}+1)$，求此椭圆方程。

4. 过抛物线 $y^2=8(x+2)$ 的焦点 F，作倾斜角为 $60°$ 的直线。若此直线与抛物线交于 A，B 两点，弦 AB 的中垂线与 x 轴交于点 P，则线段 PF 的长等于 _____。

5. 若椭圆 $\dfrac{x^2}{m}+\dfrac{y^2}{p}=1$ 与双曲线 $\dfrac{x^2}{n}-\dfrac{y^2}{p}=1(m,n,p>0)$ 有公共的焦点 F_1，F_2，其交点为 Q，那么 $\triangle QF_1F_2$ 的面积是（ ）。

（A）$m+n$　　　　（B）$\dfrac{m+n}{2}$　　　　（C）p　　　　（D）$\dfrac{p}{2}$

6. 设曲线 $2x^2+y^2=4x+6$ 上与原点距离最大和最小的点分别为 M 和 N，则 $|MN|=$ _____。

习题 8.2

1. 已知抛物线 $y^2=4x$，定点 $A(3,1)$，F 是抛物线的焦点，在抛物线上求一点 P，使 $|AP|+|PF|$ 取最小值，求这个最小值。

2. 设椭圆 $\dfrac{x^2}{a^2}+\dfrac{y^2}{b^2}=1\,(a>b>0)$ 与 x 轴、y 轴正半轴分别交于 A,B 点，$P(x,y)$ 是椭圆上位于第一象限的点，O 为原点，求四边形 $OAPB$ 面积的最大值及此时 P 点的坐标。

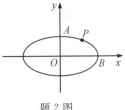

题 2 图

3. 点 A,B 分别是椭圆 $\dfrac{x^2}{36}+\dfrac{y^2}{20}=1$ 长轴的左右端点，F 是椭圆的右焦点，点 P 在椭圆上，且位于 x 轴上方，$PA\perp PF$。（1）求点 P 的坐标；（2）设 M 是椭圆长轴 AB 上的一点，M 到直线 AP 的距离等于 $|MB|$，求椭圆上的点到 M 的距离 d 的最小值。

4. 已知椭圆 $C:\dfrac{x^2}{a^2}+\dfrac{y^2}{b^2}=1\,(a>b>0)$ 的离心率为 $\dfrac{\sqrt{6}}{3}$，短轴上的一个端点到右焦点的距离为 $\sqrt{3}$。（1）求椭圆 C 的方程；（2）设直线 l 与椭圆 C 交于 A,B 两点，坐标原点 O 到直线 l 的距离为 $\dfrac{\sqrt{3}}{2}$，求 $\triangle AOB$ 面积的最大值。

5. 已知椭圆 $G:\dfrac{x^2}{4}+y^2=1$，过点 $(m,0)$ 作圆 $x^2+y^2=1$ 的切线 l 交于椭圆 G 于 A,B 两点。（1）求椭圆 G 的焦点坐标和离心率；（2）将 $|AB|$ 表示为 m 的函数，并求 $|AB|$ 的最大值。

6. 如图，椭圆 $M:\dfrac{x^2}{a^2}+\dfrac{y^2}{b^2}=1\,(a>b>0)$ 的离心率为 $\dfrac{\sqrt{3}}{2}$，直线 $x=\pm a$ 和 $y=\pm b$ 所围成的矩形 $ABCD$ 的面积为 8。

（1）求椭圆 M 的方程；（2）设直线 $l:y=x+m\,(m\in\mathbf{R})$ 与椭圆 M 有两个不同的交点 P,Q,l 与矩形 $ABCD$ 有两个不同的交点 S,T，求 $\dfrac{|PQ|}{|ST|}$ 的最大值及取得最大值时 m 的值。

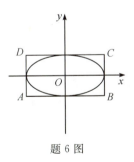

题 6 图

习题 8.3

1. 已知椭圆 $C_1:\dfrac{x^2}{4}+y^2=1$，椭圆 C_2 以 C_1 的长轴为短轴，且与 C_1 有相同的离心率。（1）求椭圆 C_2 的方程；（2）设 O 为坐标原点，点 A,B 分别在椭圆 C_1 和 C_2 上，$\overrightarrow{OB}=2\overrightarrow{OA}$，求直线 AB 的方程。

2. 设椭圆 $M: \dfrac{x^2}{a^2} + \dfrac{y^2}{2} = 1 (a > \sqrt{2})$ 的右焦点为 F_1，直线 $l: x = \dfrac{a^2}{\sqrt{a^2 - 2}}$ 与 x 轴交于点 A，若 $\overrightarrow{OF_1} + 2\overrightarrow{AF_1} = 0$（其中 O 为坐标原点）。(1) 求椭圆 M 的方程；(2) 设 P 是椭圆 M 上的任一点，EF 为圆 $N: x^2 + (y-2)^2 = 1$ 的任一条直径（E, F 为直径端点），求 $\overrightarrow{PE} \cdot \overrightarrow{PF}$ 的最大值。

3. 如图，已知圆 $C: (x^2 + 1)^2 + y^2 = 8$，定点 $A(1, 0)$，M 为圆上一动点，点 P 在 AM 上，点 N 在 CM 上，且满足 $\overrightarrow{AM} = 2\overrightarrow{AP}$，$\overrightarrow{NP} \cdot \overrightarrow{AM} = 0$，点 N 的轨迹为曲线 E，求曲线 E 的方程。

4. 设 F_1, F_2 分别是椭圆 $\dfrac{x^2}{4} + y^2 = 1$ 的左右焦点。(1) 若点 P 是椭圆上的一个动点，求 $\overrightarrow{PF_1} \cdot \overrightarrow{PF_2}$ 的最大值与最小值；(2) 设过定点 $M(0, 2)$ 的直线 l 与椭圆交于不同两点 A, B，且 $\angle AOB$ 为锐角（其中 O 为坐标原点），求直线 l 的斜率 k 的取值范围。

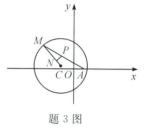

题 3 图

习题 8.4

1. 已知 O, P, Q 为抛物线 $y^2 = 2px$ 上的三个点（其中 O 为坐标原点）。若 $\overrightarrow{OP} \cdot \overrightarrow{OQ} = 0$，求证直线 PQ 必过某一定点。

2. 已知双曲线 $x^2 - \dfrac{y^2}{2} = 1$，过点 $B(1, 1)$ 能否作直线 m，使 m 与已知双曲线交于 Q_1，Q_2 两点，点 B 是线段 Q_1Q_2 的中点。如果这样的直线 m 存在，求出它的方程；如果不存在，说明理由。

3. 已知抛物线 $y^2 = 4px (p > 0)$，O 为顶点，A, B 为抛物线上两动点，且满足 $OA \perp OB$，如果 $OM \perp AB$ 于 M 点，求 M 点的轨迹方程。

4. 已知抛物线 $E: y^2 = x$ 与圆 $M: (x-4)^2 + y^2 = r^2 (r > 0)$ 相交于 A, B, C, D 四点。(1) 求 r 的取值范围；(2) 当四边形 $ABCD$ 的面积最大时，求对角线 AC, BD 的交点 P 的坐标。

5. 已知斜率为 1 的直线 l 与双曲线 $C: \dfrac{x^2}{a^2} - \dfrac{y^2}{b^2} = 1 (a > 0, b > 0)$ 相交于 B, D 两点，且 BD 的中点为 $M(1, 3)$。(1) 求双曲线 C 的离心率；(2) 设 C 的右顶点为 A，右焦点为 F，且 $|DF| \cdot |BF| = 17$，求证过 A, B, D 三点的圆与 x 轴相切。

习题 9.1

1. 已知 $f(x) = \dfrac{4^x}{4^x + 2}$，求 $f\left(\dfrac{1}{11}\right) + f\left(\dfrac{2}{11}\right) + \cdots + f\left(\dfrac{10}{11}\right)$。

2. 等差数列 $\{a_n\}$ 前 n 项和为 S_n，$a_5 = 5$，$S_5 = 15$，则数列 $\left\{\dfrac{1}{a_n a_{n+1}}\right\}$ 的前 n 项和为＿＿＿＿＿。

3. 已知数列 $\{a_n\}$ 的通项 $a_n = (-1)^n(4n - 3)$，求 S_n。

4. 数列 $\{a_n\}$ 满足 $a_{n+2} = -a_n (n \in \mathbf{N}_+)$，且 $a_1 = 1$，$a_2 = 2$，则其前 2022 项和为＿＿＿＿＿。

5. 已知函数 $f(x)=x^2+bx$ 的图象在点 $A(1,f(1))$ 处的切线斜率为 3，数列 $\left\{\dfrac{1}{f(n)}\right\}$ 的前 n 项和为 $S(n)$，则 $S(2022)=$ _____。

6. 已知数列 $\{a_n\}$ 的前 n 项和 $S_n=n^2-6n$，则数列 $\{|a_n|\}$ 的前 n 项和 $T_n=$ _____。

习题 9.2

1. 已知数列 $\{a_n\}$ 满足 $a_1=1,a_n=\dfrac{a_{n-1}}{3a_{n-1}+1}$，求 $\{a_n\}$ 的通项。

2. 已知 $a_1=2$，点 (a_n,a_{n-1}) 在函数 $f(x)=x^2+2x$ 的图象上 $(n\in\mathbf{N}_+)$，求 $\{a_n\}$ 的通项。

3. 已知数列 $\{a_n\}$ 满足 $\dfrac{1}{2}a_1+\dfrac{1}{2^2}a_2+\cdots+\dfrac{1}{2^n}a_n=2n+5(n\in\mathbf{N}_+)$，求 $\{a_n\}$ 的通项 a_n。

4. 已知数列 $\{a_n\}$，$a_1=3$，$\{b_n\}$ 为等差数列且 $b_n=a_{n+1}-a_n(n\in\mathbf{N}_+)$，若 $b_3=-2$，$b_{10}=12$，则 $a_8=$ _____。

5. 在数列 $\{a_n\}$ 中，$a_1=2,a_{n+1}=a_n+cn$（为常数 $c,n\in\mathbf{N}_+$），且 a_1,a_2,a_3 是公比不为 1 的等比数列。(1) 求 c 的值；(2) 求 $\{a_n\}$ 的通项公式。

6. 在数列 $\{a_n\}$ 中，$a_1=1$，前 n 项和 $S_n=\dfrac{n+2}{3}a_n$。(1) 求 a_2,a_3；(2) 求通项 a_n。

7. 若数列 $\{a_n\}$ 满足 $\dfrac{a_{n+2}}{a_{n+1}}-\dfrac{a_{n+1}}{a_n}=d(n\in\mathbf{N}_+,d$ 为常数$)$，则称 $\{a_n\}$ 为等差比数列。已知在等差比数列 $\{a_n\}$ 中，$a_1=a_2=1,a_3=2$，则 $\dfrac{a_{2022}}{a_{2020}}$ 的个位数字是 _____。

8. 设数列 $\{a_n\}$ 的前 n 项和为 S_n，已知 $ba_n-2^n=(b-1)S_n(n\in\mathbf{N}_+)$。(1) 当 $b=2$ 时，求证 $\{a_n-n\cdot 2^{n-1}\}$ 是等比数列；(2) 求 $\{a_n\}$ 的通项公式。

习题 9.3

1. 设正数数列 $\{a_n\}$ 的前 n 项和为 S_n，满足 $S_n=\dfrac{1}{2}\left(a_n+\dfrac{1}{a_n}\right)(n\in\mathbf{N}_+)$，求通项 a_n。

2. 设等差数列 $\{a_n\}$ 满足 $a_1+a_5=240,a_{n+2}-a_n=100$；另有数列 $\{b_n\}$ 满足 $S_n=\dfrac{3}{2}b_n-1$，$n\in\mathbf{N}_+$，其中 S_n 为 $\{b_n\}$ 的前 n 项和。问是否存在一个最小正整数 N_0，使得当 $m>n>N_0$ 时，$S_m>a_{n+1}$ 恒成立？

3. 在数列 $\{a_n\}$ 与 $\{b_n\}$ 中，$a_1=1,b_1=4$，数列 $\{a_n\}$ 的前 n 项和数列 $\{S_n\}$ 满足 $nS_{n+1}=(n+3)S_n$，$2a_{n+1}$ 为 b_n 与 b_{n+1} 的等比中项，$n\in\mathbf{N}_+$，求通项 a_n 与 b_n。

4. 数列 $\{a_n\}$ 是公差大于零的等差数列，且满足 $a_3a_6=55,a_2+a_7=16$；另一数列 $\{b_n\}$ 满足 $a_n=\dfrac{b_1}{2}+\dfrac{b_2}{2^2}+\cdots+\dfrac{b_n}{2^n}(n\in\mathbf{N}_+)$，求数列 $\{b_n\}$ 前 n 项和为 S_n。

5. 设数列 $\{a_n\}$ 的前 n 项和为 S_n，且满足 $a_1=\dfrac{1}{2}$，$S_n=n^2a_n$，$n\geqslant 1$，求 S_n。

6. 数列 $\{a_n\}$ 满足 $a_1=1$ 且 $n^3(n+2)a_{n+1}=(n+1)^3(n+2)a_n+n^2(n+1)^2$，$n\geqslant 1$，求通

项 a_n。

7. 已知数列 $\{a_n\}$ 满足 $a_1=\dfrac{3}{5}$，$a_{n+1}=\dfrac{3a_n}{2a_n+1}$，$n\in \mathbf{N}_+$，其前 n 项和为 S_n，求证 $S_n<n$。

8. 已知数列 $\{a_n\}$ 满足 $a_1=1$，前 n 项和为 S_n 满足 $S_{n+1}+S_{n-1}=2S_n+3\times 2^{2n-1}$，$n\geq 2$，若 $b_n=na_n$，求 $\{b_n\}$ 的前 n 项和 S_n'。

习题 9.4

1. 已知 S_n 是等差数列 $\{a_n\}$ 的前 n 项和，$a_4=15$，$S_5=55$，则过点 $P(3,a_3)$，$Q(4,a_4)$ 的直线的斜率是_____。

2. 对正整数 n，设曲线 $y=x^n(1-x)$ 在 $x=2$ 处的切线与 y 轴交点的纵坐标为 a_n，则数列 $\left\{\dfrac{a_n}{n+1}\right\}$ 的前 n 项和的公式是_____。

3. 设直线 $nx+(n+1)y=\sqrt{2}$（$n\in \mathbf{N}_+$）与两坐标轴围成的三角形面积为 S_n，则 $S_1+S_2+\cdots+S_{2008}$ 的值为（   ）。

(A) $\dfrac{2005}{2006}$ (B) $\dfrac{2006}{2007}$ (C) $\dfrac{2007}{2008}$ (D) $\dfrac{2008}{2009}$

4. 已知 $c_1,c_2,\cdots,c_n,\cdots$，是坐标平面上的一列圆，它们的圆心在 x 轴上，且都与直线 $y=\dfrac{\sqrt{3}}{3}x$ 相切，对于每个正整数 n，圆 c_n 都与圆 c_{n+1} 相互外切，以 r_n 表示 c_n 的半径。已知 $\{r_n\}$ 为递增数列。(1)求证 $\{r_n\}$ 为等比数列；(2)设 $r_1=1$，求数列 $\left\{\dfrac{n}{r_n}\right\}$ 的前 n 项和。

5. 在直角坐标系 xOy 中，有一组对角线长为 a_n 的正方形 $A_nB_nC_nD_n$（$n=1,2,3,\cdots$），其对角线 B_nD_n 依次放置在 x 轴上（相邻顶点重合）。设 $\{a_n\}$ 是首项为 a，公差为 d（$d>0$）的等差数列，点 B_1 的坐标为 $(d,0)$。(1)当 $a=8$，$d=4$ 时，求证点 A_1，A_2，A_3 不在同一直线；(2)在(1)的条件下，求证所有顶点 A_n 均落在抛物线 $y^2=2x$ 上；(3)为使所有顶点 A_n 均落在抛物线 $y^2=2px$（$p>0$）上，求 a 与 d 之间所满足的关系式。

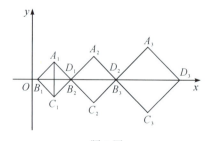

题 5 图

习题 9.5

1. 已知二次函数 $f(x)=x^2+x$，$x\in[n,n+1]$，$n\in \mathbf{N}_+$ 时，$f(x)$ 的所有整数值的个数

为 $g(n)$。(1)求 $g(n)$ 的表达式;(2)设 $a_n = \dfrac{2n^3 + 3n^2}{g(n)}$, $n \in \mathbf{N}_+$, $S_n = a_1 - a_2 + a_3 - a_4 + \cdots + (-1)^{n-1} a_n$,求 S_n;(3)设 $b_n = \dfrac{g(n)}{2^n}$ ($n \in \mathbf{N}_+$), $T_n = b_1 + b_2 + \cdots + b_n$,若 $T_n < t$ ($t \in \mathbf{Z}$),求 t 的最小值。

2. 设 $A(x_1, y_1)$, $B(x_2, y_2)$ 是 $f(x) = \dfrac{1}{2} + \log_2 \dfrac{x}{1-x}$ 的图象上任意两点,且 $\overrightarrow{OM} = \dfrac{1}{2}(\overrightarrow{OA} + \overrightarrow{OB})$,点 M 的横坐标为 $\dfrac{1}{2}$。(1)求证 M 点的纵坐标为定值;(2)定义 $\sum\limits_{i=1}^{n-1} f\left(\dfrac{i}{n}\right) = f\left(\dfrac{1}{n}\right) + \cdots + f\left(\dfrac{n-1}{n}\right)$,若 $S_n = \sum\limits_{i=1}^{n-1} f\left(\dfrac{i}{n}\right)$,其中 $n \in \mathbf{N}$,且 $n \geq 2$,求 S_n;

(3)若 $a_n = \begin{cases} \dfrac{2}{3}, & n = 1 \\ \dfrac{1}{(S_n + 1)(S_{n+1} + 1)}, & n \geq 2 \end{cases}$,问是否存在实数 λ,对任意 $n \in \mathbf{N}_+$ 都有 $a_1 + a_2 + \cdots + a_n > \lambda(S_{n+1} + 1)$ 恒成立?若存在,请求出 λ 的值(或取值范围);若不存在,请说明理由。

3. 已知 $f(x) = (x-1)^2$, $g(x) = 10(x-1)$,数列 $\{a_n\}$ 满足 $a_1 = 2$, $(a_{n+1} - a_n) \cdot g(a_n) + f(a_n) = 0$, $b_n = \dfrac{9}{10}(n+2)(a_n - 1)$, $a_n \neq 1$。(1)求证:数列 $\{a_n - 1\}$ 是等比数列;(2)当 n 取何值时,b_n 取最大值,并求出最大值;(3)若 $\dfrac{t^m}{b_m} < \dfrac{t^{m+1}}{b_{m+1}}$ 对任意 $m \in \mathbf{N}_+$ 恒成立,求实数 t 的取值范围。

4. 已知二次函数 $y = f(x)$ 在 $x = \dfrac{t+2}{2}$ 处取得最小值 $-\dfrac{t^2}{4}$ ($t > 0$), $f(1) = 0$。(1)求 $y = f(x)$ 的表达式;(2)若对任意实数 x 都满足等式 $f(x)g(x) + a_n x + b_n = x^{n+1}$,其中 $g(x)$ 为多项式,$n \in \mathbf{N}$,试用 t 表示 a_n 和 b_n;(3)设圆 C_n 的方程为 $(x - a_n)^2 + (y - b_n)^2 = r_n^2$,圆 C_n 与圆 C_{n+1} 外切 ($n = 1, 2, \cdots$),$\{r_n\}$ 是各项都是正数的等比数列,记 S_n 为前 n 个圆的面积之和,求 r_n 与 S_n。

习题 9.6

1. 设 $\{a_n\}$ 是等比数列,公比 $q = \sqrt{2}$, S_n 为 $\{a_n\}$ 的前 n 项和,记 $T_n = \dfrac{17 S_n - S_{2n}}{a_{n+1}}$ ($n \in \mathbf{N}_+$),设 T_{n_0} 为数列 $\{T_n\}$ 的最大项,则 $n_0 = $ _____。

2. 给定正整数 n 和 M,对满足 $a_1^2 + a_{n+1}^2 \leq M$ 的所有等差数列 $a_1, a_2, \cdots, a_n, \cdots$,试求 $S_n = a_{n+1} + a_{n+2} + a_{n+3} + \cdots + a_{2n+1}$ 的最大值。

3. 在数列 $\{a_n\}$ 中,$a_1 = 1$, $a_n = n^2 \sum\limits_{k=2}^{n} \dfrac{1}{(k-1)^2}$ ($n \geq 2$),求证 $\prod\limits_{k=1}^{n}\left(1 + \dfrac{1}{a_k}\right) < 4$。

4. 数列 $\{b_n\}$ 满足 $b_1 = 1$, $b_{n+1} = 2b_n + 1$,另有数列 $\{a_n\}$ 满足 $a_1 = 1$, $a_n = b_n\left(\dfrac{1}{b_1} + \dfrac{1}{b_2} + \cdots + \dfrac{1}{b_{n-1}}\right)$, $n \geq 2$,试证 $\prod\limits_{k=1}^{n}\left(1 + \dfrac{1}{a_k}\right) < \dfrac{10}{3}$。

5. 数列 $\{a_n\}$ 的前 n 项和 S_n 满足 $S_n = 2a_n + (-1)^n$, $n \in \mathbf{N}_+$。求证对任意 $m > 4$,

$m \in \mathbf{N}_+$，有 $\dfrac{1}{a_4} + \dfrac{1}{a_5} + \cdots + \dfrac{1}{a_m} < \dfrac{7}{8}$。

6. 已知数列 $\{a_n\}$ 为正项数列，满足 $a_0 = 1$，$a_{n+1} = \dfrac{1}{2}a_n(4 - a_n)$，$n \in \mathbf{N}_+$，求证 $a_n < a_{n+1} < 2$，$n \in \mathbf{N}_+$。

7. 数列 $\{a_n\}$ 满足 $a_1 = 2$，$a_{n+1} = \dfrac{2a_n}{a_n + 1}$ $(n \in \mathbf{N}_+)$，求证 $\displaystyle\sum_{i=1}^{n} a_i(a_i - 1) < 3$。

习题 10.1

1. 在 $\triangle ABC$ 中，$\angle BAC = 120°$，$AB = 2$，$AC = 1$，D 是边 BC 上的一点，$DC = 2BD$，则 $\overrightarrow{AD} \cdot \overrightarrow{BC} = $ _____。

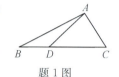

2. 在 $\triangle ABC$ 中，M 是 BC 的中点，$AM = 3$，$BC = 10$，则 $\overrightarrow{AB} \cdot \overrightarrow{AC} = $ _____。

题 1 图

3. 在 $\text{Rt}\triangle ABC$ 中，已知 $BC = a$，若长为 $2a$ 的线段 PQ 以点 A 为中点，问 $\overrightarrow{PQ}$ 与 $\overrightarrow{BC}$ 的夹角 θ 取何值时，$\overrightarrow{BP} \cdot \overrightarrow{CQ}$ 的值最大？并求出这个最大值。

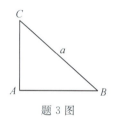

题 3 图

4. 在 $\triangle ABC$ 中，O 为中线 AM 上的一个动点。若 $AM = 2$，则 $\overrightarrow{OA} \cdot (\overrightarrow{OB} + \overrightarrow{OC})$ 的最小值是 _____。

5. P 是 $\triangle ABC$ 所在平面上的一点，若 $\overrightarrow{PA} \cdot \overrightarrow{PB} = \overrightarrow{PB} \cdot \overrightarrow{PC} = \overrightarrow{PC} \cdot \overrightarrow{PA}$，则 P 是 $\triangle ABC$ 的（　　）。

（A）外心　　　　（B）内心　　　　（C）重心　　　　（D）垂心

6. 在平行四边形 $ABCD$ 中，$\angle A = \dfrac{\pi}{3}$，边 AB，AD 的长分别为 2，1。若 M，N 分别是边 BC，CD 上的点，且满足 $\left|\dfrac{\overrightarrow{BM}}{\overrightarrow{BC}}\right| = \left|\dfrac{\overrightarrow{CN}}{\overrightarrow{CD}}\right|$，则 $\overrightarrow{AM} \cdot \overrightarrow{AN}$ 的取值范围是 _____。

7. 若 $\overrightarrow{AB} \cdot \overrightarrow{BC} + \overrightarrow{AB}^2 = 0$，则 $\triangle ABC$ 为（　　）三角形。

（A）直角　　　　（B）钝角　　　　（C）锐角　　　　（D）等腰

8. 在长方形 $ABCD$ 中，$AB = \dfrac{2\sqrt{6}}{3}$，$AD = \dfrac{\sqrt{3}}{3}$，$O$ 为 AB 的中点。若 P 是线段 DO 上的动点，则 $(\overrightarrow{PA} + \overrightarrow{PB}) \cdot \overrightarrow{PD}$ 的最小值是 _____。

9. 已知点 $A(2, 0)$，$B(0, 2)$，$C(\cos\alpha, \sin\alpha)$，$O$ 为坐标原点，且 $0 < \alpha < \pi$。（1）若 $|\overrightarrow{OA} + \overrightarrow{OC}| = \sqrt{7}$，求 $\overrightarrow{OB}$ 与 $\overrightarrow{OC}$ 的夹角；（2）若 $\overrightarrow{AC} \perp \overrightarrow{BC}$，求 $\tan\alpha$ 的值。

习题 10.2

1. 给定两个长度为 1 的平面向量 $\overrightarrow{OA}$ 和 $\overrightarrow{OB}$，它们的夹角为 $120°$，如图，点 C 在以 O 为圆心的圆弧 AB 上变动，若 $\overrightarrow{OC} = x\overrightarrow{OA} + y\overrightarrow{OB}$，其中 $x, y \in \mathbf{R}$，则 $x + y$ 的最大值是_____。

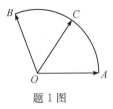

题 1 图

2. 已知 $\vec{a} = (\cos\alpha, \sin\alpha)$，$\vec{b} = (\cos\beta, \sin\beta)$，$0 < \beta < \alpha < \pi$。（1）若 $|\vec{a} - \vec{b}| = \sqrt{2}$，求证 $\vec{a} \perp \vec{b}$；（2）设 $\vec{c} = (0, 1)$，$\vec{a} + \vec{b} = \vec{c}$，求 α, β 的值。

3. 已知 $\vec{a}, \vec{b}$ 是单位向量，$\vec{a} \cdot \vec{b} = 0$。若向量 $\vec{c}$ 满足 $|\vec{c} - \vec{a} - \vec{b}| = 1$，则 $|\vec{c}|$ 的取值范围是_____。

习题 10.3

1. 在四棱锥 $P-ABCD$ 中，$PA \perp$ 平面 $ABCD$，底面 $ABCD$ 是菱形，$AB = 2$，$\angle BAD = 60°$。若 $PA = AB$，求 PB 与 AC 所成角的余弦值。

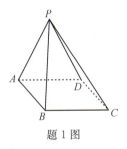

题 1 图

2. 如图，在四棱锥 $S-ABCD$ 中，底面 $ABCD$ 为平行四边形，侧面 $SBC \perp$ 底面 $ABCD$，已知 $\angle ABC = 45°$，$BC = 2\sqrt{2}$，$SB = SC$，$SA = SB = \sqrt{3}$。求直线 SD 与平面 SAB 所成角的正弦值。

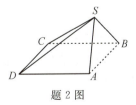

题 2 图

3. 如图所示，已知四棱锥 $P-ABCD$，（1）若底面 $ABCD$ 为菱形，$PA \perp$ 平面 $ABCD$，$PA = AB = 2$，$\angle ABC = 60°$，E, F 分别为 BC，PC 的中点，求二面角 $E-AF-C$ 的余弦值；（2）若侧面 $PAD \perp$ 底面 $ABCD$，侧棱 $PA = PD = \sqrt{2}$，底面 $ABCD$ 为直角梯形，其中 $BC \parallel AD$，$AB \perp AD$，$AD = 2AB = 2BC = 2$，O 为 AD 的中点，线段

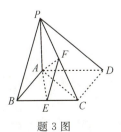

题 3 图

AD 上是否存在点 Q,到平面 PCD 的距离为 $\dfrac{\sqrt{3}}{2}$? 若存在,求出 $\dfrac{AQ}{QD}$ 的值,若不存在,请说明理由。

4. 如图,在三棱锥 $P-ABC$ 中,$AC=BC=2$,$\angle ACB=90°$,$AP=BP=AB$,$PC\perp AC$。求点 C 到平面 APB 的距离。

5. 如图,在直三棱柱 $ABC-A_1B_1C_1$ 中,底面是等腰直角三角形,且 $AC=2$,$\angle ACB=90°$,侧棱 $AA_1=2$,D,E 分别是 CC_1 与 A_1B 的中点,求点 A 到平面 AED 的距离。

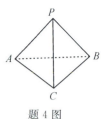

题 4 图

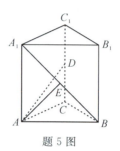

题 5 图

习题 10.4

1. 已知正方形 $ABCD$ 边长为 4,$CG\perp$ 平面 $ABCD$,$CG=2$,E,F 分别是 AB,AD 的中点,求 B 到平面 GEF 的距离。

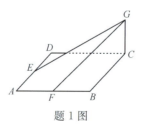

题 1 图

2. 如图,四棱锥 $P-ABCD$,底面 $ABCD$ 为菱形,$PA\perp$ 底面 $ABCD$,$AC=2\sqrt{2}$,$PA=2$,E 是 PC 上一点,$PE=2EC$。(1)求证 $PC\perp$ 平面 BED;(2)设二面角 $A-PB-C$ 为 $90°$,求 PD 与平面 PBC 所成角的大小。

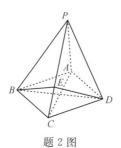

题 2 图

3. 在四面体 $ABCD$ 中,O 是 BD 的中点,$\triangle ABD$ 和 $\triangle BCD$ 均为等边三角形,$AB=2$,$AC=\sqrt{6}$。(1)求证 $AO\perp$ 平面 BCD;(2)求二面角 $A-BC-D$ 的余弦值;(3)求点 O 到平面 ACD 的距离。

题 3 图

4. 如图,四棱柱 $ABCD-A_1B_1C_1D_1$ 中,侧棱 $AA_1\perp$ 底面 $ABCD$,$AB /\!/ DC$,$AB\perp AD$,$AD=CD=1$,$AA_1=AB=2$,E 为棱 AA_1 的中点,PCC_1D_1,BB_1C_1C,BB_1A_1A 均为长方形。(1)求证 $B_1C_1\perp CE$;(2)求二面角 B_1-CE-C_1 的正弦值;(3)设点 M 在线段 C_1E 上,且直线 AM 与平面 ADD_1A_1 所成角的正弦值为 $\dfrac{\sqrt{2}}{6}$,求线段 AM 的长。

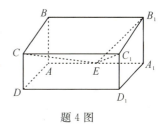

题 4 图

5. 如图,在三棱柱 $ABC-A_1B_1C_1$ 中,H 是正方形 BB_1A_1A 的中心,$AA_1=2\sqrt{2}$,$C_1H\perp$ 平面 BB_1A_1A,且 $C_1H=\sqrt{5}$。(1)求异面直线 AC 与 A_1B_1 所成角的余弦值;(2)求二面角 $A-A_1C_1-B_1$ 的正弦值;(3)设 N 为 B_1C_1 的中点,点 M 在平面 BB_1A_1A 内,且 $MN\perp$ 平面 $A_1B_1C_1$,求线段 BM 的长。

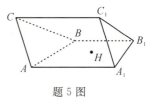

题 5 图

6. 设正三棱台的高为 1,上、下底面边长分别为 $3\sqrt{3}$ 和 $4\sqrt{3}$,其顶点都在同一球面上,则球的表面积为(　　)。

(A)100π 　　　　(B)128π 　　　　(C)144π 　　　　(D)192π

7. 已知正四棱锥的侧棱长为 l,其各顶点都在同一球面上。若该球的体积为 36π,且 $3\leqslant l\leqslant 3\sqrt{3}$,则该正四棱锥体积的取值范围是(　　)。

(A)$\left[18,\dfrac{81}{4}\right]$ 　　(B)$\left[\dfrac{27}{4},\dfrac{81}{4}\right]$ 　　(C)$\left[\dfrac{27}{4},\dfrac{64}{3}\right]$ 　　(D)$[18,27]$

12 附录 2
习题参考答案

习题 1.2

1. 解: 因为 $a_3=a_1+a_2$, $a_4=a_1+2a_2$, $a_5=2a_1+3a_2$, $a_6=3a_1+5a_2$, $a_7=5a_1+8a_2$, $a_8=8a_1+13a_2$, $a_9=13a_1+21a_2$, $a_{10}=21a_1+34a_2$ 以及 $S_{10}=55a_1+88a_2$, 所以
$$\frac{S_{10}}{a_7}=\frac{55a_1+88a_2}{5a_1+8a_2}=11。$$

说明: 结果与 a_1, a_2 无关, 若不进行分析, 就直接把 a_1, a_2 的值代入, 那将是非常复杂的。

2. 解: 令 $[x]=n$, 则 $20n=4x^2+23>0$, 所以 n 是正整数, 且 $n^2 \leqslant x^2$。于是有:
$$4n^2-20n+23 \leqslant 0, \text{即} (2n-5)^2 \leqslant 2, \text{所以} n=2 \text{ 或 } 3, \text{代入原方程得} x=\frac{\sqrt{17}}{2}, \frac{\sqrt{37}}{2}。$$

3. 解: 这类问题要通过反复试验来求解, 用电脑编一个程序也是一个好办法。参考答案如下: $1+2+3+45+67-8-9=101$; $1+2+34+56+7-8+9=101$; $1+2-3+4-5+6+7+89=101$; $1+23+4+5+67-8-9=101$; $1+23-4+5-6-7+89=101$; $1-2+3+4+5-6+7+89=101$; $1-2+34+5-6+78-9=101$; $12+34+5+67-8-9=101$; $12-3+4-5+6+78+9=101$; $123+4+56+7-89=101$。

4. 解: 一个六位数乘以 5 仍为六位数, 这个数必然小于 200000, 即它的首位是 1。F 乘以 5 的个位数是 E, 可知 E 为 0 或 5。

若 E 为 0, 则 $1BCD0F \times 5 = F1BCD0$, 可知 F 是偶数, 且 F 作为乘积的首位数, 必有 $F \geqslant 1 \times 5 = 5$, 从而 F 取 6 或 8。若 $F=6$, 则 $D=3$, $C=5$, $B=6$, 这与它的各位数字都不同矛盾。若 $F=8$, 则 $D=4$, $C=0$, 与各位数字都不同矛盾。从而 $E \neq 0$, 只能取 5。

既然 $E=5$, 那么 F 必为奇数, 于是 F 可取 5, 7, 9。但 $E=5$, 所以 F 不能取 5。同时, F 也不能取 9, 否则将有 $D=9$, 矛盾。于是, $F=7$, 进而 $D=8$, $C=2$, $B=4$, 即这个六位数为 142857。

5. 解: 数数火柴的根数共有 20 根。要搭成五个正方形, 每个正方形需 4 根, 正好用完。所以, 各个正方形不能有公共边。这样就有思路了, 即破坏原来图形的相邻关系, 答案如图。

题 5 答图

6. 解: 这是一个二元方程, 只有一个等式, 需要通过观察和转化, 给出更多的等式。方程可化为 $x^2-(y+1)^2=12$, 即 $(x-y-1)(x+y+1)=12$。

由于 x,y 均为整数,而 $(x-y-1)$ 与 $(x+y+1)$ 奇偶性相同,其乘积为 12,所以均为偶数,进而得到 $\begin{cases} x-y-1=2 \\ x+y+1=6 \end{cases}$, $\begin{cases} x-y-1=-2 \\ x+y+1=-6 \end{cases}$, $\begin{cases} x-y-1=6 \\ x+y+1=2 \end{cases}$, $\begin{cases} x-y-1=-6 \\ x+y+1=-2 \end{cases}$,解之得到 $\begin{cases} x=4 \\ y=1 \end{cases}$, $\begin{cases} x=-4 \\ y=-3 \end{cases}$, $\begin{cases} x=4 \\ y=-3 \end{cases}$, $\begin{cases} x=-4 \\ y=1 \end{cases}$。

7. 解:这个问题要涉及三个未知数,但只能列出两个方程。关键或技巧在于:不是求三个厂的具体产值,而是求一个比值。

设第一、第二、第三纺织厂的产值分别为 x,y,z,由题意得 $\dfrac{x}{y+z}=\dfrac{4}{5}$, $\dfrac{y}{x+z}=\dfrac{1}{2}$。从中消去 y 得到 $x=2z$,消去 x 得到 $y=\dfrac{3}{2}z$。所以,$\dfrac{z}{x+y}=\dfrac{2}{7}$。

8. 解:这个问题给出的是比值,而要求具体的数。关键或技巧在于适当设未知数。设猎狗一步是 a 米,则兔子一步是 $\dfrac{4}{7}a$ 米。设兔子跑 5 步用 t 秒,则其速度为 $5\times\dfrac{4}{7}a\div t=\dfrac{20a}{7t}$(米/秒),猎狗的速度为 $\dfrac{6a}{t}$ 米/秒。再设兔子再跑 x 米就会被猎狗追上,则 $\dfrac{x+55}{\dfrac{6a}{t}}=\dfrac{x}{\dfrac{20a}{7t}}$,所以 $x=50$。即兔子再跑 50 米就会被猎狗追上。

9. 解:这个问题给出的数字太多,要善于把握并适当设未知数。设小李家门口到高铁站为 s 公里,出发时刻到 8 点钟的时间间隔为 t 小时,要在 7 点 50 分达到,他骑车的速度是 v 公里/小时,则由题意得 $\dfrac{s}{15}=t-\dfrac{1}{4}$, $\dfrac{s}{9}=t+\dfrac{1}{4}$, $\dfrac{s}{v}=t-\dfrac{1}{6}$,解之并检验得 $v=13.5$ 公里/小时。

10. 解:由题意 $a+c=2b$。联系三角形的有关定理、公式,例如正弦定理、余弦定理、射影定理、面积公式以及其他三角、几何定理和公式,可得下面的一些结果。

(1) $\sin A+\sin C=2\sin B$。将 $a=2R\sin A$, $b=2R\sin B$, $c=2R\sin C$ 代入 $a+c=2b$ 即可。

(2) $\cos\dfrac{A-C}{2}=2\cos\dfrac{A+C}{2}$。将(1)的结果右边化为乘积的形式,左边化为半角的函数。

(3) $\cos A+\cos C=4\sin^2\dfrac{B}{2}$。将(2)的结果两边同乘以 $\sin\dfrac{B}{2}$。

(4) $\cos A+2\cos B+\cos C=2$。将(3)的结果右边化为 $2(1-\cos B)$。

(5) $\cot\dfrac{A}{2}\cot\dfrac{C}{2}=3$。将(2)两边展开整理得 $\cos\dfrac{A}{2}\cos\dfrac{C}{2}=3\sin\dfrac{A}{2}\sin\dfrac{C}{2}$。

(6) $\cot\dfrac{A}{2}$, $\cot\dfrac{B}{2}$, $\cot\dfrac{C}{2}$ 成等差数列。将(1)写成 $\sin A-\sin B=\sin B-\sin C$,然后得到 $2\cos\dfrac{A+B}{2}\sin\dfrac{A-B}{2}=2\cos\dfrac{B+C}{2}\sin\dfrac{B-C}{2}$,即 $\sin\dfrac{C}{2}\left(\sin\dfrac{A}{2}\cos\dfrac{B}{2}-\cos\dfrac{A}{2}\sin\dfrac{B}{2}\right)=\sin\dfrac{A}{2}\left(\sin\dfrac{B}{2}\cos\dfrac{C}{2}-\cos\dfrac{B}{2}\sin\dfrac{C}{2}\right)$, $2\sin\dfrac{A}{2}\cos\dfrac{B}{2}\sin\dfrac{C}{2}=\cos\dfrac{A}{2}\sin\dfrac{B}{2}\sin\dfrac{C}{2}+\sin\dfrac{A}{2}\sin\dfrac{B}{2}\cos\dfrac{C}{2}$,两边用 $\sin\dfrac{A}{2}\sin\dfrac{B}{2}\sin\dfrac{C}{2}$ 除之即得。

(7) $a\cos^2\dfrac{C}{2}+c\cos^2\dfrac{A}{2}=b\cos^2\dfrac{C}{2}+c\cos^2\dfrac{B}{2}=a\cos^2\dfrac{B}{2}+b\cos^2\dfrac{A}{2}=\dfrac{3b}{2}$。

由 $b=a\cos C+c\cos A$ 得，$b=a\left(2\cos^2\dfrac{C}{2}-1\right)+c\left(2\cos^2\dfrac{A}{2}-1\right)$，即 $a\cos^2\dfrac{C}{2}+c\cos^2\dfrac{A}{2}=\dfrac{a+b+c}{2}=\dfrac{3b}{2}$。

(8) $S=\dfrac{3rb}{2}$，这里 S 是三角形的面积。考虑 $S=pr$，其中 $p=\dfrac{a+b+c}{2}$，r 为三角形的内切圆半径。

(9) $h_b=3r$，这里 h_b 是 $\triangle ABC$ 的 AC 边上的高。考虑 $\dfrac{1}{2}h_b b=\dfrac{3}{2}rb$。

(10) $S=\dfrac{\sqrt{3}}{4}b\sqrt{4ac-3b^2}$。考虑 $S=\sqrt{p(p-a)(p-b)(p-c)}$ 可得。

(11) $S=\dfrac{b^2\sin A\sin C}{\sin A+\sin C}$。考虑 $S=\dfrac{1}{2}ac\sin B,c\sin B=b\sin C,a=\dfrac{b\sin A}{\sin B}$。

(12) $r^2=\dfrac{ac}{3}-\dfrac{b^2}{4}$。由 $S=\dfrac{\sqrt{3}}{4}b\sqrt{4ac-3b^2}=\dfrac{3}{2}rb$ 可得。

(13) $b\geqslant ac\geqslant 12r^2$，当且仅当 $\triangle ABC$ 为正三角形时等号成立。考虑 $b=\dfrac{a+c}{2}\geqslant\sqrt{ac}$，再联系上面的结果。

(14) $S\leqslant\dfrac{\sqrt{3}}{4}b^2$，当且仅当 $\triangle ABC$ 为正三角形时等号成立。将 $b^2\geqslant ac$ 代入式(10)。

(15) $S\leqslant\dfrac{1}{2}b^2\sin B$，当且仅当 $\triangle ABC$ 为正三角形时等号成立。

(16) $B\leqslant 60°$，当且仅当 $\triangle ABC$ 为正三角形时等号成立。考虑 $\cos B=\dfrac{a^2+c^2-b^2}{2ac}=\dfrac{(a+c)^2-b^2-2ac}{2ac}=\dfrac{3b^2}{2ac}-1\geqslant\dfrac{3}{2}-1=\dfrac{1}{2}$，由此可得，$S\leqslant\dfrac{1}{2}b^2\sin 60°=\dfrac{\sqrt{3}}{4}b^2$。

(17) 当 b 是定值时，B 点在一个椭圆上运动。根据椭圆的定义，是明显的。

(18) 设 P 是椭圆 $\dfrac{x^2}{b^2}+\dfrac{4y^2}{3b^2}=1$ 上一点，F_1，F_2 是椭圆的焦点，则 $\angle F_1PF_2$ 的最大值是 $60°$。考虑到以 AC 边所在直线为 x 轴，AC 的中垂线为 y 轴，则 B 点的轨迹是椭圆 $\dfrac{x^2}{b^2}+\dfrac{4y^2}{3b^2}=1(y\neq 0)$，而 $\angle F_1PF_2$ 的最大值是 $60°$。

说明：以上我们从三角形三边成等差数列这个简单的关系出发，得到了一系列结果（还不是全部）。这些结果包括了三角、代数、平面几何、解析几何等，结论简单而优美。在取得这些结果的过程中，思维的多向性、灵活性显露得淋漓尽致，不但可以巩固知识，培养技能，还可以获得表现创造力的机会。某些结果可以用多种方法获取，殊途同归，体现了数学的统一美。

习题 1.3

1. 解：(1)因为 $\tan A,\tan B,\tan C$ 成等比数列，则 $\tan^2 B=\tan A\tan C$（把文字语言化为

数学语言）。又因为 $A+B+C=\pi$，所以 $\tan A+\tan B+\tan C=\tan A\cdot\tan B\cdot\tan C$（挖掘隐含条件），从而有 $\tan^3 B=\tan A\cdot\tan B\cdot\tan C=\tan A+\tan B+\tan C=3\sqrt{3}$，所以 $\tan B=\sqrt{3}$，故 $B=60°(0<B<180°)$。

由 $\tan A\tan C=\tan^2 B=(\sqrt{3})^2=3$，及 $\tan A+\tan C=3\sqrt{3}-\tan B=2\sqrt{3}$（组合条件，重新构思）得 $\tan A=\tan C=\sqrt{3}$，故 $A=C=60°(0<A,C<180°)$。

所以 $\triangle ABC$ 为等边三角形（完整说明目标）。

（2）因为 $\triangle ABC$ 为锐角三角形，所以 $\tan A>0,\tan B>0,\tan C>0$，进而有 $\tan A+\tan B+\tan C\geqslant 3\sqrt[3]{\tan A\cdot\tan B\cdot\tan C}$（得到初步结论）。

又 $\tan A+\tan B+\tan C=\tan A\cdot\tan B\cdot\tan C$（挖掘隐含条件），所以（结合上面的结论）$\tan A\cdot\tan B\cdot\tan C\geqslant 3\sqrt[3]{\tan A\cdot\tan B\cdot\tan C}$，即 $\tan A\cdot\tan B\cdot\tan C\geqslant 3\sqrt{3}$（完整说明目标）。

2. 解：设这个家庭有 x 个孩子，甲、乙旅行社的收费总额分别为 y,z，并记原票价为 a（元/人），则 $y=a+\dfrac{1}{2}(x+1)a,z=\dfrac{2}{3}(x+2)a$，从而 $y-z=a+\dfrac{1}{2}(x+1)a-\dfrac{2}{3}(x+2)a=\dfrac{a}{6}(1-x)$。（1）当家庭中只有一个孩子时，两家旅行社的收费是一样的。（2）当有两个或两个以上的孩子时，甲旅行社更优惠。

3. 解：因为 $\triangle BMH\backsim\triangle BCD,\triangle DMH\backsim\triangle DAB$，所以 $\dfrac{MH}{15}=\dfrac{BH}{a},\dfrac{MH}{10}=\dfrac{DH}{a}$，由此可得 $BH=\dfrac{MH}{15}a,DH=\dfrac{MH}{10}a$，两式相加：$a=BH+DH=\dfrac{MH}{15}a+\dfrac{MH}{10}a=aMH\left(\dfrac{1}{15}+\dfrac{1}{10}\right)$，所以，$MH=\dfrac{1}{\dfrac{1}{15}+\dfrac{1}{10}}=6$（米）。

说明：本题的答案竟然与两根电线杆的距离 a 无关。

4. 解：（1）如图，在直角三角形 AOP 中，设 $PB=x$ 公里，由勾股定理知 $OA^2+AP^2=OP^2$，即 $6370^2+500^2=(x+6370)^2$。解方程舍去负根，得 $x=\sqrt{6370^2+500^2}-6370\approx19.6$ 公里。一般的楼层高为 3.2 米，需要爬 $19600\div3.2=6125$ 层楼。可见，诗人是用了艺术夸张的手法，只爬一层楼是不够的；真要爬楼看千里之外地平线上的一点，这么高的楼也没有。

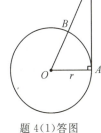

题 4(1)答图

（2）假设人体的质量是 60 千克，由杠杆原理，力臂是重臂的 10^{23} 倍，举起 1 厘米需要走过 10^{21} 米，假若 1 秒走 1 米，大约需要走 $10^{21}\div(365.4\times24\times3600)\approx31.7$ 万亿年！而人的寿命只有 100 年左右，可见数学家也夸海口了！他要撬动地球是不可能的！

5. 解：如图，$AD=9,DF=8,CF=3,DC=8-5=3$（尺）。问题转化为在高为 5 尺的水平线 CP 上找一点 B 使 $\angle ABD$ 最大。

过 A,D 作一个圆与直线 CP 相切，切点为 B，则 $\angle ABD$ 最大。事实上，在直线 CP 上任取不同于 B 的一点 B'，连接 AB' 且与圆周相交于 G，再连接 DB',DG，则有 $\angle ABD=$

$\angle AGD > \angle AB'D$，故$\angle ABD$最大。

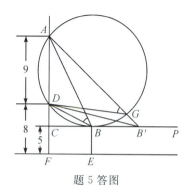

题5答图

由切割线定理$CB^2 = CA \cdot CD = 12 \times 3 = 36$，所以$CB = 6$（尺），即此人站在离墙面6尺远时，观察效果最好。

习题 2.1

1. 证法一：用求导的方法不够简洁，因为$f(a)$不单调。能否用力撞一撞篱笆，看看能否撞开，一次性把$f(a)$配成几个偶次方的和呢？我们试试看。（有点技巧）因为$f(a) = a^8 - a^5 + a^2 - a + 1 = \left(a^8 - a^5 + \frac{1}{4}a^2\right) + \left(\frac{3}{4}a^2 - a + 1\right) = \left(a^4 - \frac{1}{2}a\right)^2 + \frac{3}{4}\left(a - \frac{2}{3}\right)^2 + \frac{2}{3} > 0$，又因为$\left(a^4 - \frac{1}{2}a\right)^2, \frac{3}{4}\left(a - \frac{2}{3}\right)^2$不会同时为零，所以$f(a) > \frac{2}{3} > 0$。（我们证明了一个比本题更强的一个命题）

证法二：既然$f(a)$不是单调函数，我们干脆绕过篱笆，可以分类讨论，各个击破。

由于$f(a)$中偶次幂前面都是"+"号，奇次幂前面都是"−"号，所以当$a < 0$时，$f(a) > 0$。且显然$f(0) > 0, f(1) > 0$。下面只需讨论$0 < a < 1, a > 1$两种情况成立即可。

当$0 < a < 1$时，因为$1 - a > 0, a^8 > 0$，而$-a^5 + a^2 = a^2(1 - a^3) > 0$，所以$f(a) > 0$。

当$a > 1$时，因为$a^8 - a^5 = a^5(a^3 - 1) > 0, a^2 - a = a(a - 1) > 0$，所以$f(a) > 0$。

综上所述，当$a \in \mathbf{R}$时，$f(a) > 0$。

证法三：注意到$a^8 = (a^4)^2, a^5 = a^4 \cdot a$，可以用换元（灵活！）。引入辅助元素$x = a^4$，则$f(a) = F(x) = x^2 - ax + (a^2 - a + 1)$，于是问题转化为证明二次三项式$F(x) > 0$。

因为$\Delta_x = a^2 - 4(a^2 - a + 1) = -3a^2 + 4a - 4 = -3\left(a - \frac{2}{3}\right)^2 - \frac{8}{3} < 0$，抛物线开口向上，所以$F(x) > 0$，即$f(a) = a^8 - a^5 + a^2 - a + 1 > 0$。

2. 分析：先学会把要证明的结论"翻译"成数学语言，把陌生问题变成熟悉问题。有的人会在条件上变来变去，花很大工夫还是做不出。这里的关键是把a, b, c中至少有一个等于1转化成熟悉的语言：$a - 1, b - 1, c - 1$中至少有一个等于0。

证明：因为$\frac{1}{a} + \frac{1}{b} + \frac{1}{c} = 1$，所以$bc + ac + ab = abc$，于是$(a - 1)(b - 1)(c - 1) = [abc - (ab + bc + ca)] + (a + b + c - 1) = 0$，从而$a - 1, b - 1, c - 1$中至少有一个等于0，即

a,b,c 中至少有一个等于 1。

3.分析：根据 $f(1)=\dfrac{1}{2}$ 和函数的性质，必须将 $f(5)$ 转化为 $f(1)$，即化未知为已知。

解：因为 $f(5)=f(3+2)=f(3)+f(2)=f(1+2)+f(2)=f(1)+2f(2)$（还需要求出 $f(2)$）。又 $f(x)$ 为奇函数，所以 $f(-1)=-f(1)$，于是，$f(1)=f(-1+2)=f(-1)+f(2)=-f(1)+f(2)$，所以，$f(2)=2f(1)=1$。故 $f(5)=\dfrac{1}{2}+2=\dfrac{5}{2}$。

习题 2.2.1

1.证明：因为 $f^2(0)\leqslant 0$，所以 $f(0)=0$，故 $0\notin A$，而 $A\neq\varnothing$，必有一个非零实数 a，使得 $a\in A$，即 $f(a)>a^2$。根据已知条件，寻找特殊元素 $f\left(\dfrac{a}{2}\right)\geqslant\dfrac{f^2(a)}{2a^2}>\dfrac{a^4}{2a^2}>\left(\dfrac{a}{2}\right)^2$，即 $\dfrac{a}{2}\in A$。同理 $\dfrac{a}{4},\dfrac{a}{8},\cdots,\dfrac{a}{2^n},\cdots$ 均为 A 的元素。故集合 A 有无限个元素。

说明：此题构造了 A 的特殊无限子集 $A_1=\left\{\dfrac{a}{2},\dfrac{a}{4},\dfrac{a}{8},\cdots,\dfrac{a}{2^n},\cdots\right\}$。

2.分析：由于 n 的一般性，一下给不出结论，可以从 $n=1$ 开始探索，看看随着 n 的变化，平面被分割数目 $f(n)$ 的情况。$n=1$ 时，平面上只有一条直线，$f(1)=2$；$n=2$ 时，平面上有两条直线，$f(2)=4$，增加了 2；$n=3$ 时，平面上有三条直线，欲把平面分成最多，必须三条直线不共点，即有三个交点，于是 $f(3)=7$，增加了 3；$n=4$ 时，平面上有四条直线，欲把平面分成最多，也必须三条直线不共点，第四条直线与原来的三条直线相交于三个交点，并把第四条直线分成 4 段，每段都把原来的面积分成两个部分，于是 $f(4)=11$，增加了 4。

有了这些信息，我们可以归纳或猜想出：$f(n)=f(n-1)+n$。这样，就把一个几何问题转化为一个代数问题，只要用数学归纳法证明即可。可得 $f(n)=1+\dfrac{n(n+1)}{2}$。证明从略，详见例 3-91。

3.分析：由于不等式左右结构相同，唯一的区别是右边的底数与真数都多了一个 c。因此，我们可以先一般性地考虑函数 $f(x)=\log x^{b+x},x\in(1,+\infty)$，把问题转化为证明 $f(a)>f(a+c),c>0$，即证明 $f(x)$ 是减函数。

证明：由于 $f(x)=\log x^{b+x}=\dfrac{\ln(x+b)}{\ln x}$，所以 $f'(x)=\dfrac{x\ln x-(x+b)\ln(x+b)}{x(x+b)\ln^2 x}$，导数的分母显然为正。又因为 $1<x<x+b,0<\ln x<\ln(x+b)$，所以 $x\ln x<(x+b)\ln(x+b)$，即 $f'(x)<0$，从而命题得证。

习题 2.2.2

1.分析：直接求解有点困难，存在困难的主要原因在于对 $\lim\limits_{x\to 1}\dfrac{ax^2+bx+1}{x-1}=3$ 的理解，即关键是对信息的捕捉要充分。这里包含"极限存在"和"极限等于 3"两个层次。所以，可以把问题分解为"极限存在"和"极限等于 3"两个层次来考虑,就会得到两个等量关系,从而求出 a,b 的值。

解:由于极限存在,所以 $f(x)=ax^2+bx+1$ 中必有因式 $x-1$,故 $f(1)=0$,即 $a+b+1=0$,从而 $ax^2+bx+1=ax^2-(a+1)x+1=(x-1)(ax-1)$。

由于极限为 3,所以 $\lim\limits_{x\to 1}\dfrac{ax^2+bx+1}{x-1}=\lim\limits_{x\to 1}\dfrac{(x-1)(ax-1)}{x-1}=\lim\limits_{x\to 1}(ax-1)=a-1=3$,故 $a=4$,从而 $b=-5$。

2. 分析:本题要在语句的分解上下工夫。

首先,抓住"$A_1,A_2,\cdots,A_n$ 为凸多边形 $A_1A_2\cdots A_n$ 的内角",所以 $0<A_i<\pi,i=1,2,\cdots,n$,从而 $0<\sin A_i\leqslant 1,i=1,2,\cdots,n$,进而有 $\lg\sin A_i\leqslant 0,i=1,2,\cdots,n$。

其次,再考虑条件 $\lg\sin A_1+\lg\sin A_2+\cdots+\lg\sin A_n=0$,结合 $\lg\sin A_i\leqslant 0$ 可以得到:$\lg\sin A_i=0,i=1,2,\cdots,n$。所以,$A_i=\dfrac{\pi}{2},i=1,2,\cdots,n$。

最后,根据凸多边形内角和公式,得到:$n\cdot\dfrac{\pi}{2}=(n-2)\pi$,进而 $n=4$,即凸多边形为矩形。具体证明从略。

3. 分析:直接证明对任意有理数恒成立有些难度。但证明对于正整数恒成立比较简单。所以可以把问题分解成正整数、零和负整数、非零整数的倒数、任意分数四个部分。先证明正整数的情况,将其他情况都化归为前面已经证明的情况。

证明:首先,用数学归纳法证明,当 x 是正整数时命题成立。(略)

其次,考虑 $x=0$ 和 x 是负整数的情况。由于 $f(0+0)=f(0)+f(0)$,即 $f(0)=0$,所以 $f(0)=0f(1)$。又 $0=f(0)=f(n-n)=f(n)+f(-n)$,所以 $f(-n)=-f(n)=-(n\cdot f(1))=(-n)f(1)$,即当 $x=0$ 和 x 是负整数时命题成立。

再次,考虑对于非零整数的倒数命题成立。我们仍分为正整数和负整数两种情况。

当 $x\in\mathbf{N}_+$ 时,因为 $f(1)=f\left(\underbrace{\dfrac{1}{n}+\dfrac{1}{n}+\cdots+\dfrac{1}{n}}_{n\text{个}}\right)=\underbrace{f\left(\dfrac{1}{n}\right)+f\left(\dfrac{1}{n}\right)+\cdots+f\left(\dfrac{1}{n}\right)}_{n\text{个}}=n\cdot f\left(\dfrac{1}{n}\right)$,所以 $f\left(\dfrac{1}{n}\right)=\dfrac{1}{n}f(1)$。又 $0=f(0)=f\left(\dfrac{1}{n}-\dfrac{1}{n}\right)=f\left(\dfrac{1}{n}\right)+f\left(-\dfrac{1}{n}\right)$,故 $f\left(-\dfrac{1}{n}\right)=-f\left(\dfrac{1}{n}\right)=-\dfrac{1}{n}f(1)$。故等式对一切非零整数的倒数成立。

最后,证明对一切有理数都成立。设 m 是非负整数,n 是非零整数,那么 $\dfrac{m}{n}$ 就表示任意有理数。因为 $f\left(\dfrac{m}{n}\right)=f\left(\underbrace{\dfrac{1}{n}+\dfrac{1}{n}+\cdots+\dfrac{1}{n}}_{m\text{个}}\right)=\underbrace{f\left(\dfrac{1}{n}\right)+f\left(\dfrac{1}{n}\right)+\cdots+f\left(\dfrac{1}{n}\right)}_{m\text{个}}=m\cdot f\left(\dfrac{1}{n}\right)=m\cdot\dfrac{1}{n}\cdot f(1)=\dfrac{m}{n}f(1)$,故等式对一切有理数成立。

4. 解:我们把问题中的任意两点记为 M,N,曲线段的长记为 d。用二分法把 M,N 的位置关系分为如图所示:

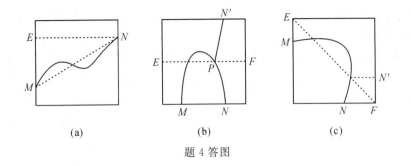

题 4 答图

对于图(a),我们作直线段 MN,并过 N 向 M 所在的边作垂线 NE,垂足为 E。显然有:$1=NE\leqslant MN\leqslant d$。

对于图(b),我们连接正方形对边中点 E,F,则曲线必与 EF 相交。否则,该曲线段就不能把正方形分成相等的两部分。设 EF 与曲线段 MN 的一个交点为 P,作 PN 关于 EF 的对称图形 PN',则 N' 必落在线段 MN 所在边的对边上。化为图(a)的情形,问题得证。

对于图(c),通过对称变换同样可以化为图(a)的情形,于是原问题得证。

5. 证明:把 $z-x$ 分解成 $(x-y)+(y-z)$。令 $x-y=a,y-z=b$,于是,$(z-x)^2-4\times(x-y)(y-z)=0$ 化为 $(a+b)^2=4ab$,即 $(a-b)^2=0$,从而 $a=b$。所以命题成立。

说明:用类似的分解方法还可以求解下列问题:设 a,b,c 是实数,求证 $(b-c)^2\geqslant(a-2b)\times(2c-a)$。提示:令 $x=a-2b,y=2c-a$,则 $\left[\dfrac{1}{2}(x+y)\right]^2=(b-c)^2$。

习题 2.2.3

1. 解:若直接代入比较困难。根据简单化原则,应尽可能使问题简单化。这里的困难在于无理数 $\dfrac{\sqrt{111}-1}{2}$,若能化为整数,求解就方便了。令 $x=\dfrac{\sqrt{111}-1}{2}$,则 $(2x+1)^2=111$,即 $2x^2+2x-55=0$。又 $2x^5+2x^4-53x^3-57x+54=x^3(2x^2+2x-55)+x(2x^2+2x-55)-(2x^2+2x-55)-1$(具体化)$=-1$,所以,$f\left(\dfrac{\sqrt{111}-1}{2}\right)=(-1)^{2021}=-1$。

2. 分析:将四面体 $ABCD$ 类比于平面上的三角形 ABC,P 为三角形 ABC 内的一点,h_A,h_B,h_C 分别是三边上的高,P 到三边的距离分别是 l_a,l_b,l_c,则有 $\dfrac{l_A}{h_a}+\dfrac{l_B}{h_b}+\dfrac{l_C}{h_c}=\dfrac{S_{\triangle PBC}}{S_{\triangle ABC}}+\dfrac{S_{\triangle PBC}}{S_{\triangle ABC}}+\dfrac{S_{\triangle PBC}}{S_{\triangle ABC}}=\dfrac{1}{S_{\triangle ABC}}(S_{\triangle PBC}+S_{\triangle PBC}+S_{\triangle PBC})=1$,这样,我们就得到了证明的思路。

证明:因为 $\dfrac{l_A}{h_a}+\dfrac{l_B}{h_b}+\dfrac{l_C}{h_c}+\dfrac{l_D}{h_d}=\dfrac{V_{P-BCD}}{V_{A-BCD}}+\dfrac{V_{P-ACD}}{V_{B-ACD}}+\dfrac{V_{P-ABD}}{V_{C-ABD}}+\dfrac{V_{P-ABC}}{V_{D-ABC}}=\dfrac{1}{V_{A-BCD}}(V_{P-BCD}+V_{P-ACD}+V_{P-ABD}+V_{P-ABC})=\dfrac{1}{V_{A-BCD}}V_{A-BCD}=1$,所以,命题成立。

3. 分析:本题如果用代数方法消元就很不方便。仔细观察 k 的结构,你会联想到两点连线的斜率公式,即 k 就是点 $A(-3,-1)$ 与动点 (x,y) 连线的斜率,利用数形结合把问题化归到比较简单的问题。

解:如图,当动点为 $C(1,0)$ 时,k 的值最小,其最小值为 $\dfrac{1}{4}$。当动点为 B(B 为直线 AB 与上半圆相切的点)时 k 的值最大,此时直线 AB 的方程为 $kx-y+3k-1=0$,由点 $(0,0)$ 到直线的距离公式:$\dfrac{|3k-1|}{\sqrt{k^2+1}}=1$,解得 $k_1=\dfrac{3}{4}$,

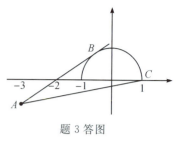

题 3 答图

$k_2=0$(含),即 k 的最大值为 $\dfrac{3}{4}$。

说明:联想十分重要,但有时只靠联想还不够,还要在联想的基础上去猜测。

4.分析:等式右端是 $(1+\sqrt{x})^2$,于是我们就猜测 $f(x)$ 有形状 $(a+b\sqrt{x})^2$,其中 $a>0$,$b>0$(正确与否还要试试看)。具体演算几个实例:$f(f(x))=(a+ab+b^2\sqrt{x})^2$,$f(f(f(x)))=(a+ab+ab^2+b^3\sqrt{x})^2$,$\cdots$,$\underbrace{f(f(\cdots f(x)))}_{2021 个 f}=(a+ab+\cdots+ab^{2020}+b^{2021}\sqrt{x})^2$,与 $(1+\sqrt{x})^2$ 比较得,$b=1$,$a=\dfrac{1}{2021}$。具体求解从略。

5.分析:直接求有一定难度,先从特殊情况逐步探索,再去猜测一般规律。

解:当 $n=3$ 时,a_0,a_1,a_2,a_3 成等差数列,则有 $a_0-2a_1+a_2=0$,$a_1-2a_2+a_3=0$,两式相减得 $a_0-3a_1+3a_2-a_3=0$。当 $n=4$ 时,a_0,a_1,a_2,a_3,a_4 成等差数列,则有 $a_0-3a_1+3a_2-a_3=0$,$a_1-3a_2+3a_3-a_4=0$,两式相减得 $a_0-4a_1+6a_2-4a_3+a_4=0$。

观察这些系数发现:它们正好是二项式的系数,于是归纳出一般性结论并找到求解方法。

用数学归纳法。$n=3$ 时已经验证成立。假设当 $a_0,a_1,\cdots,a_{n-1}$ 成等差数列时,这 n 个数满足的关系 $C_{n-1}^0 a_0-C_{n-1}^1 a_1+C_{n-1}^2 a_2+\cdots+(-1)^{n-1}C_{n-1}^{n-1}a_{n-1}=0$。则当 $a_0,a_1,\cdots,a_n$ 成等差数列时,有 $C_{n-1}^0 a_0-C_{n-1}^1 a_1+C_{n-1}^2 a_2+\cdots+(-1)^{n-1}C_{n-1}^{n-1}a_{n-1}=0$ 和 $C_{n-1}^0 a_1-C_{n-1}^1 a_1+C_{n-1}^2 a_2+\cdots+(-1)^{n-1}C_{n-1}^{n-1}a_n=0$,两式相减并利用组合数公式 $C_{n-1}^{p-1}+C_{n-1}^p=C_n^p$,得到这 $n+1$ 个数满足的关系 $C_n^0 a_0-C_n^1 a_1+C_n^2 a_2+\cdots+(-1)^n C_n^n a_{n+1}=0(n\geqslant 2,n\in\mathbf{N})$。

6.分析:题目的条件是(1)α,β 是实系数方程的两个虚根;(2)α^3,β^3 是实数。一般的解法就是从(1)入手,设 $\alpha=m+ni$,$\beta=m-ni$,$m,n\in\mathbf{R}$,然后利用条件(2)求解。这样做计算量很大。考虑到条件(2),可利用 $\alpha^3=\overline{\alpha^3}$,$\beta^3=\overline{\beta^3}$,联想到 α,β 是实系数方程的两个虚根,从而是共轭虚根,即 $\alpha=\overline{\beta}$,故有 $\alpha^3=\overline{\beta^3}=\beta^3$,这是关键点。这样,我们可以联想到用两根的立方差公式和韦达定理来解决。

解:因为 α,β 是实系数一元二次方程的两个虚根,所以 $\alpha=\overline{\beta}$。又 α^3,β^3 是实数,所以 $\alpha^3=\overline{\alpha^3}$,$\beta^3=\overline{\beta^3}$,从而 $\alpha^3=\beta^3$。

又 $\alpha^3-\beta^3=(\alpha-\beta)(\alpha^2+\alpha\beta+\beta^2)=0$,$\alpha\neq\beta$,所以 $\alpha^2+\alpha\beta+\beta^2=(\alpha+\beta)^2-\alpha\beta=0$。由韦达定理 $(2a+1)^2-(a+2)=0$。解之得 $a=\dfrac{1}{4}$ 或 $a=-1$。

7.分析:本题直接通分计算量很大,式中的结构容易联想到正切函数的两角差公式

$\tan(A-B)=\dfrac{\tan A-\tan B}{1+\tan A\cdot\tan B}$，能否利用它来证明呢？我们试试看。

证明：设 $\tan A=a,\tan B=b,\tan C=c,A,B,C\in\left(-\dfrac{\pi}{2},\dfrac{\pi}{2}\right)$，则 $\dfrac{a-b}{1+ab}+\dfrac{b-c}{1+bc}+\dfrac{c-a}{1+ca}=$

$\tan(A-B)+\tan(B-C)+\tan(C-A)$。

由于 $(A-B)+(B-C)=-(C-A)$，所以 $\tan[(A-B)+(B-C)]=-\tan(C-A)$，

即 $\dfrac{\tan(A-B)+\tan(B-C)}{1+\tan(A-B)\cdot\tan(B-C)}=-\tan(C-A)$，得到：$\tan(A-B)+\tan(B-C)+$

$\tan(C-A)=\tan(A-B)\cdot\tan(B-C)\cdot\tan(C-A)$，于是有 $\tan(A-B)\cdot\tan(B-C)\cdot$

$\tan(C-A)=0$。

由正切函数在给定区间上的单调性得到 $A-B,B-C,C-A$ 中至少有一个为零，即 a,b,c 中至少有两个相等。

8.（1）分析：对于（1）比较简单，主要是根据条件和结论联想到数学归纳法。在具体的证明过程中要通过观察，联想到基本不等式 $a+b\geqslant 2\sqrt{ab},a>0,b>0$。

证明：先证 $x_n>2$。用数学归纳法。$n=1$ 时，由于 $x_1=\alpha>2$，命题成立。

假设 $n=k$ 时命题成立，即此时有 $x_k>2$。则 $n=k+1$ 时，$x_{k+1}=\dfrac{x_k^2}{2(x_k-1)}=$

$\dfrac{x_k^2-1+1}{2(x_k-1)}=\dfrac{1}{2}\left(x_k-1+\dfrac{1}{x_k-1}+2\right)\geqslant\dfrac{1}{2}(2+2)\geqslant 2$。（这一步又可以用 $x_{k+1}>2\Leftrightarrow$

$\dfrac{x_k^2}{2(x_k-1)}>2\Leftrightarrow(x_k-2)^2>0$）

即 $n=k+1$ 时命题成立。由数学归纳法知，命题成立。

再证 $\dfrac{x_{n+1}}{x_n}<1$。因为 $x_{n+1}=\dfrac{x_n^2}{2(x_n-1)}$，$\dfrac{x_{n+1}}{x_n}=\dfrac{x_n}{2(x_n-1)}=\dfrac{x_n-1+1}{2(x_n-1)}=$

$\dfrac{1}{2}\left(1+\dfrac{1}{x_n-1}\right)<\dfrac{1}{2}\left(1+\dfrac{1}{2-1}\right)<1$，所以，$\dfrac{x_{n+1}}{x_n}<1$。

$\left(\text{这一步又可以用}\dfrac{x_{k+1}}{x_k}<1\Leftrightarrow\dfrac{x^k}{2(x_k-1)}<1\Leftrightarrow x_k>2\text{ 或用 }x_k-x_{k+1}=\dfrac{x_k(x_k-2)}{2(x_k-1)}>0\text{。}\right)$

（2）分析：对于（2）入手有点难。容易想到类比对象 $x_n=2+\dfrac{1}{2^{n-1}}$，并对比等式与不等式的相同或相似性质。由 $x_n=2+\dfrac{1}{2^{n-1}}$ 变形得，$x_n-2=\dfrac{1}{2^{n-1}}$，即数列 $\{x_n-2\}$ 是一个以 1 为首项，$\dfrac{1}{2}$ 为公比的等比数列。从而有 $x_n-2=(x_{n-1}-2)\cdot\dfrac{1}{2}$。

联想不等式 $x_n\leqslant 2+\dfrac{1}{2^{n-1}}$ 变形后，是否有 $x_n-2\leqslant(x_{n-1}-2)\cdot\dfrac{1}{2}$ 呢？应该可以的！

要证 $x_n\leqslant 2+\dfrac{1}{2^{n-1}}$，只需证 $x_n-2\leqslant\dfrac{1}{2^{n-1}}$，因而只需仿照等比数列证明 $\dfrac{x_n-2}{x_{n-1}-2}\leqslant$

$\dfrac{1}{2}(n=2,3,4,\cdots)$。这样，就找到了思路。

证明：先证 $\dfrac{x_n-2}{x_{n-1}-2}\leqslant\dfrac{1}{2}(n=2,3,4,\cdots)$。

由条件 $x_{n+1}=\dfrac{x_n^2}{2(x_n-1)}$，将此式两边减去 2 得 $x_{n+1}-2=\dfrac{x_n^2}{2(x_n-1)}-2=\dfrac{(x_n-2)^2}{2(x_n-1)}$，

于是 $\dfrac{x_n-2}{x_{n-1}-2}=\dfrac{x_n-2}{2(x_n-1)}<\dfrac{x_n-1}{2(x_n-1)}=\dfrac{1}{2}$。从而 $\dfrac{x_n-2}{x_{n-1}-2}\leqslant\dfrac{1}{2}(n=2,3,4,\cdots)$。即

$\dfrac{x_2-2}{x_1-2}\leqslant\dfrac{1}{2},\dfrac{x_3-2}{x_2-2}\leqslant\dfrac{1}{2},\cdots,\dfrac{x_n-2}{x_{n-1}-2}\leqslant\dfrac{1}{2}$，两边相乘，即得结论。

（又可用数学归纳法。验证 $n=1$ 时并假设 $n=k$ 命题成立后，在推演 $n=k+1$ 时，用

$x_{k+1}<2+\dfrac{1}{2^k}\Leftrightarrow\dfrac{x_k^2}{2(x_k-1)}<x_k^2\leqslant2(x_k-1)\left(2+\dfrac{1}{2^k}\right)\Leftrightarrow(x_k-2)\left[x_k-\left(2+\dfrac{1}{2^k}\right)\right]\leqslant0$。）

（3）**分析**：对于（3）同样可用类比找到证明途径。我们先把条件变形，由 $n\geqslant\dfrac{\lg\frac{\alpha}{3}}{\lg\frac{4}{3}}$ 可得

$\lg\left(\dfrac{4}{3}\right)^n\geqslant\lg\dfrac{\alpha}{3}$，所以 $\alpha\left(\dfrac{4}{3}\right)^n\leqslant3$。至此，要证 $x_{n+1}<3$，只需证 $x_{n+1}<\alpha\left(\dfrac{4}{3}\right)^n$。通过与

$x_{n+1}=\alpha\left(\dfrac{4}{3}\right)^n$ 的类比，只需证 $\dfrac{x_{n+1}}{x_n}<\dfrac{3}{4}$ 即可。证明过程就与（2）类似了。

证明：由条件 $x_{n+1}=\dfrac{x_n^2}{2(x_n-1)}$ 得 $\dfrac{x_{n+1}}{x_n}=\dfrac{x_n}{2(x_n-1)}$。下面证明 $\dfrac{x_n}{2(x_n-1)}<\dfrac{3}{4}$。

分两种情况讨论。当 $x_n\leqslant3$ 时，则由（1）的结论 $\dfrac{x_{n+1}}{x_n}<1$，得到 $x_{n+1}<3$。当 $x_n>3$ 时，

则由 $\dfrac{x_n}{2(x_n-1)}-\dfrac{3}{4}=\dfrac{3-x_n}{4(x_n-1)}<0$，得 $\dfrac{x_{n+1}}{x_n}<\dfrac{3}{4}$。于是，容易得到结论。具体证明从略。

说明：有些问题要通过联想先猜测到结果，然后再去求解或证明。

9. 解：这需要先验证几个三角形，猜测到结果；或凭数学的直觉，联想到所求的三角形就是直角边长为 $\sqrt{2}$ 的等腰直角三角形。它的面积为 1，部分周长为 $2\sqrt{2}$。

记任意一个面积是 1 的三角形为 ABC，其两短边 BC,AC 的长别为 a,b，需要证明 $a+b\geqslant2\sqrt{2}$。设 h 为边 AC 上高的长，则 $h\leqslant a$。又 $\dfrac{1}{2}hb=1$，即 $hb=2$。又 $(a+b)^2\geqslant$ $(h+b)^2=h^2+2hb+b^2=(h-b)^2+4hb\geqslant4hb=8$，因此，$a+b\geqslant2\sqrt{2}$。

10. 解：通过观察这三个等式，我们可以得到如下猜想：$\dfrac{a^3+b^3}{a^3+(a-b)^3}=\dfrac{a+b}{a+(a-b)}$。

这个等式是否成立呢？我们来看 $\dfrac{a^3+b^3}{a^3+(a-b)^3}=\dfrac{(a+b)(a^2-ab+b^2)}{[a+(a-b)][a^2-a(a-b)+(a-b)^2]}=$

$\dfrac{(a+b)(a^2-ab+b^2)}{[a+(a-b)][a^2-ab+b^2]}=\dfrac{a+b}{a+(a-b)}$，故猜想成立。

11. 解：通过观察，我们得到一般关系：$\dfrac{n+1}{n}\times(n+1)=\dfrac{n+1}{n}+(n+1)$。这个等式证

明比较简单，因为等式的两端都等于 $\dfrac{(n+1)^2}{n}$。

说明：（1）当 $a\neq b$ 时，一般情况下 $a^2+b\neq a+b^2$，然而 $\left(\dfrac{1}{6}\right)^2+\dfrac{5}{6}=\dfrac{1}{6}+\left(\dfrac{5}{6}\right)^2$，

$\left(\dfrac{1}{9}\right)^2+\dfrac{8}{9}=\dfrac{1}{9}+\left(\dfrac{8}{9}\right)^2,\left(\dfrac{1}{100}\right)^2+\dfrac{99}{100}=\dfrac{1}{100}+\left(\dfrac{99}{100}\right)^2$，因为有一般关系 $\left(\dfrac{1}{n}\right)^2+\dfrac{n-1}{n}=$

$\dfrac{1}{n}+\left(\dfrac{n-1}{n}\right)^2$。更一般的还有 $\left(\dfrac{b}{a}\right)^2+\dfrac{a-b}{a}=\dfrac{b}{a}+\left(\dfrac{a-b}{a}\right)^2$，代入具体数字后可以得到很多相关等式。

（2）由 $\sqrt{5\dfrac{5}{24}}=5\sqrt{\dfrac{5}{24}}$，$\sqrt{7\dfrac{7}{48}}=7\sqrt{\dfrac{7}{48}}$，$\sqrt{10\dfrac{10}{99}}=10\sqrt{\dfrac{10}{99}}$，由归纳类比联想，可得到结论：$\sqrt{a+\dfrac{a}{a^2-1}}=a\sqrt{\dfrac{a}{a^2-1}}$，$a\in\mathbf{N}_+$。更一般：$\sqrt[n]{a+\dfrac{a}{a^n-1}}=a\sqrt[n]{\dfrac{a}{a^n-1}}$，$a\in\mathbf{N}_+$。

习题 3.1.1

1. 证明： 由题意 $xz-y^2=q(1-x)$，$yz-x^2=q(1-y)$，两式相减：$z(x-y)+x^2-y^2=q(x-y)$。两边同除以 $x-y$ 得（$x\neq y$）：$x+y+z=q$。

2. 证明： 由于 x,y,z 是对称的，所以我们不妨设 $x=\max\{x,y,z\}$（技巧）。由 $x+y^2=y+z^2$ 得，$z^2-y^2=x-y\geqslant0$，所以 $z^2\geqslant y^2$，从而 $z\geqslant y$（因为 x,y,z 均为正数）（演绎推理）。同理，由 $y+z^2=z+x^2$ 可得 $z\geqslant x$。

又由假设 $x\geqslant z$，所以 $z=x$。从而由 $y^2-x^2=z-x=0$ 得到 $y=x$（演绎推理）。所以 $x=y=z$。

习题 3.2.1

1. 分析： 要证结论，最好求得 x,y 的值（分析的思路）。但从结论一下难以求得其值。注意到条件中的表达式有根式和分式（综合的思路），从中挖掘其隐含条件：$4-x^2\geqslant0$，$x^2-4\geqslant0$，$2-x\neq0$ 可确定 x 的值，进而可确定 y 的值。这样，用分析法找到了关键数值，从而可以证明该问题。

证明： 因为 x,y 都是实数，所以 $4-x^2\geqslant0$，$x^2-4\geqslant0$，$2-x\neq0$，解之得 $x=-2$，代入 y 得到 $y=1$。所以，$x^2+y^2=(-2)^2+1^2=5$。

2. 分析： 参数 a 含在一元二次方程 $x^2+4ax+3a+1=0$ 中，可用判别式给出条件（分析的思路），但仅从判别式还得不到所需结论。

再观察 $\tan\dfrac{\alpha}{2},\tan\dfrac{\beta}{2}$ 的特征。由于 $\alpha,\beta\in\left(0,\dfrac{\pi}{2}\right)$，所以 $\tan\dfrac{\alpha}{2},\tan\dfrac{\beta}{2}\in(0,1)$。这样，问题可化归为（综合的思路）：已知一元二次方程 $x^2+4ax+3a+1=0$ 的两个根在 $(0,1)$ 内，求证 $-\dfrac{2}{7}<a\leqslant-\dfrac{1}{4}$。

记 $f(x)=x^2+4ax+3a+1$，抛物线开口向上，顶点坐标为 $(-2a,f(-2a))$，要使方程的两根在 $(0,1)$ 内，当且仅当 $f(x)$ 与 x 轴的交点在 $(0,1)$ 内。由此可以发现隐含条件：$f(0)>0$，$f(1)>0$，$f(-2a)<0$（形式化），进而可以解决问题。

证明： 因为 $\alpha,\beta\in\left(0,\dfrac{\pi}{2}\right)$，所以 $\dfrac{\alpha}{2},\dfrac{\beta}{2}\in\left(0,\dfrac{\pi}{4}\right)$，从而 $\tan\dfrac{\alpha}{2},\tan\dfrac{\beta}{2}\in(0,1)$。这表明，方程的根都在 0 与 1 之间，故可得到如下关系：$(4a)^2-4(3a+1)\geqslant0$，$f(0)=3a+1>0$，$f(1)=7a+2>0$，$f(-2a)=-4a^2+3a+1<0$，解之得 $-\dfrac{2}{7}<a\leqslant-\dfrac{1}{4}$。

3. 分析：题目给出的 $f(x)$ 是一个抽象函数,要证明结论还要给出 $f(x)$ 的具体表达式(分析的思路)。但从结论我们得不到什么,只能从已知条件 $f(x)-2f\left(\dfrac{1}{x}\right)=x$ 中挖掘,我们发现 $f(x)$ 与 $f\left(\dfrac{1}{x}\right)$ 的自变量正好是倒数关系,于是该表达式中 x 换成 $\dfrac{1}{x}$ 可得到另一个条件,有可能解出 $f(x)$ (综合的思路)。这样就找到了解题思路。

证明：因为 $f(x)-2f\left(\dfrac{1}{x}\right)=x$,该表达式中 x 换成 $\dfrac{1}{x}$ 可得到 $f\left(\dfrac{1}{x}\right)-2f(x)=\dfrac{1}{x}$(技巧),消去 $f\left(\dfrac{1}{x}\right)$ 得到 $f(x)=-\dfrac{x}{3}-\dfrac{2}{3x}$。即 $x^2+3xf(x)+2=0$。所以 $\left[x+\dfrac{3}{2}f(x)\right]^2+2-\left[\dfrac{3}{2}f(x)\right]^2=0$(技巧)。注意到 $f(x)$ 是实函数,必有 $\left[x+\dfrac{3}{2}f(x)\right]^2\geqslant0$,从而有 $\left[\dfrac{3}{2}f(x)\right]^2\geqslant2$,即 $|f(x)|\geqslant\dfrac{2}{3}\sqrt{2}$。

说明：此题也可以由 $x^2+3xf(x)+2=0$,$x,f(x)$ 都是实数,利用判别式大于或等于零来求得。求出 $f(x)=-\dfrac{x}{3}-\dfrac{2}{3x}$ 后,还可以用求导的方法,求出最大值和最小值来证明结果。又可以求出 $f(x)=-\dfrac{x}{3}-\dfrac{2}{3x}$ 后,用基本不等式 $a^2+b^2\geqslant2ab$ 来证明。

4. 分析：$\triangle ABC$ 的面积涉及两边及其夹角的正弦,要设法求得某两边及其夹角(分析的思路)。但从结论得不到什么,只能从已知条件 $x^2-2^{\frac{5}{4}}x+(2^{\frac{3}{2}}-\sin\alpha-\cos\alpha)=0$ 中挖掘,并结合 α 是 $\triangle ABC$ 的一个内角,有可能解出 α,进而求出三角形的两边长(综合的思路)。这样就找到了解题思路。

解：因为方程有两个实根,所以 $\Delta=(-2^{\frac{5}{4}})^2-4(2^{\frac{3}{2}}-\sin\alpha-\cos\alpha)=4(\sin\alpha+\cos\alpha-\sqrt{2})=4\sqrt{2}[\cos(\alpha-45°)-1]\geqslant0$(技巧),所以,$\cos(\alpha-45°)\geqslant1$。

由三角函数的性质知 $|\cos(\alpha-45°)|\leqslant1$,从而有 $\cos(\alpha-45°)=1$。注意到 α 是三角形的内角,所以 $\alpha=45°$,进而 $\Delta=0$,方程有两个相等的实根 $x_1=x_2=2^{\frac{1}{4}}$,即三角形有两条边的长均为 $2^{\frac{1}{4}}$。当 α 是三角形长为 $2^{\frac{1}{4}}$ 的两条边的夹角时,则三角形的面积 $S_{\triangle ABC}=\dfrac{1}{2}\cdot2^{\frac{1}{4}}\cdot2^{\frac{1}{4}}\cdot\sin45°=\dfrac{1}{2}$。当 α 是三角形长为 $2^{\frac{1}{4}}$ 的某条边的对角时,则三角形 $\triangle ABC$ 是等腰直角三角形,其面积为 $S_{\triangle ABC}=\dfrac{1}{2}\cdot2^{\frac{1}{4}}\cdot2^{\frac{1}{4}}=\dfrac{\sqrt{2}}{2}$。

习题 3.3.1

1. 证明：假设存在符合要求的记法,记正八边形各顶点上的数依次为 $m_1,m_2,\cdots,m_8$,则由假设得 $m_1+m_2+m_3\geqslant14$,$m_2+m_3+m_4\geqslant14$,$\cdots$,$m_8+m_1+m_2\geqslant14$,各式相加得 $3(m_1+m_2+\cdots+m_8)\geqslant8\times14$,即 $m_1+m_2+\cdots+m_8\geqslant37\dfrac{1}{3}$,这与 $m_1+m_2+\cdots+m_8=36$ 矛盾。故在正八边形的顶点上,不存在满足条件的记法。

2. 证明：设这个人第 i 小时步行了 a_i 千米 $(i=1,2,\cdots,10)$,由题意 $a_1+a_2+\cdots+$

$a_{10}=45, a_1=6, a_{10}=3$，所以 $a_2+\cdots+a_9=36$，即 $(a_2+a_3)+(a_4+a_5)+(a_6+a_7)+(a_8+a_9)=36$，这说明 4 个括号的算术平均数等于 9，则必有一个括号的值不小于 9，否则将有 $(a_2+a_3)+(a_4+a_5)+(a_6+a_7)+(a_8+a_9)<36$，所以，有连续的两个小时内，这个人至少走了 9 千米。

3. 证明： 因为 $f(0)$ 是奇数，所以 a_n 是奇数。所以，对任何奇数 b，$f(b)$ 必然是奇数。否则，就存在一个奇数 c，使得 $f(c)$ 是偶数（反证法）。于是，$f(1)-f(c)=a_0(1-c^n)+a_1(1-c^{n-1})+\cdots+a_{n-1}(1-c)$，上式左端是奇数，但由于 c 是奇数，所以 $1-c$ 是偶数，从而右端是偶数，矛盾。故 $f(b)$ 必然是奇数。

当 d 是偶数时，$f(d)=d(a_0 d^{n-1}+a_1 d^{n-2}+\cdots+a_{n-1})+a_n$ 是偶数加奇数，必然是奇数。从而对所有的整数 x，$f(x)=a_0 x^n+a_1 x^{n-1}+\cdots+a_{n-1}x+a_n$ 都是奇数，故 $f(x)\neq 0$（偶数），即方程 $f(x)=0$ 没有整数根。

说明： 这个问题证明的总体思路是直接法，但中间又穿插了反证法。因此，在证明问题时，要深刻理解反证法的实质，把握要领，灵活运用。

习题 3.3.2

1. 证明： 如图，设三角形 ABC 的外心为 O，重心为 G，M 为 BC 的中点，则 G 在中线 AM 上，且 $GA=2GM$。连接 OG 并延长至 H，使 $GH=2GO$，连接 AH。易证 $\triangle GAH \backsim \triangle GMO$，所以 $AH /\!/ OM$（$\angle GAH = \angle GMO$），进而 $AH \perp BC$。同理可证 $BH \perp AC$，$CH \perp AB$。所以由同一法可知，H 为三角形 ABC 的垂心。

题1答图

由此可得，三角形的外心、重心和垂心在一条直线上，并且重心介于垂心和外心之间，重心到垂心的距离等于它到外心距离的两倍。

2. 分析： 同一法不仅可以用于几何，也可以用于代数和三角等。由于 $\sqrt[3]{20+14\sqrt{2}}$，$\sqrt[3]{20-14\sqrt{2}}$ 均为实数，所以它们的和是唯一存在的。同时，等式右边的实数 4 也是唯一存在的。符合同一原理，可以用同一法。

证明： 设 $\sqrt[3]{20+14\sqrt{2}}+\sqrt[3]{20-14\sqrt{2}}=x$，两边立方：$x^3-6x-40=(x-4)\times(x^2+4x+10)=0$。该方程只有一个实数根 $x=4$，故 $\sqrt[3]{20+14\sqrt{2}}+\sqrt[3]{20-14\sqrt{2}}=4$。

习题 3.4

1. 证明： 由于 $p(0)=0\in \mathbf{Z}$，且 $p(-n)=-p(n)$，即 $p(-n)$ 与 $p(n)$ 同为整数，因此，只需证明命题对 $n\in \mathbf{N}_+$ 成立即可。

当 $n\in \mathbf{N}_+$ 时，用数学归纳法。$n=1$ 时，$p(1)=\dfrac{1}{7}+\dfrac{1}{5}+\dfrac{1}{3}+\dfrac{1}{105}=1\in \mathbf{Z}$。

假设 $n=k(k\geqslant 1)$ 时，命题成立，即 $p(k)=\dfrac{k^7}{7}+\dfrac{k^5}{5}+\dfrac{k^3}{3}+\dfrac{34k}{105}\in \mathbf{Z}$。则当 $n=k+1$ 时

有，$p(k+1)=\dfrac{(k+1)^7}{7}+\dfrac{(k+1)^5}{5}+\dfrac{(k+1)^3}{3}+\dfrac{34(k+1)}{105}=p(k)+(k^6+3k^5+6k^4+7k^3+6k^2+3k+1)\in\mathbf{Z}$，即 $n=k+1$ 时命题成立。故对于一切正整数命题成立。

说明：这是一个证明对所有整数都成立的命题，要分情况讨论。

2. 证明：用数学归纳法。$n=2$ 时，由 $\dfrac{1}{12^2}-\dfrac{1}{15^2}=\dfrac{1}{20^2}$，即 $\dfrac{1}{20^2}+\dfrac{1}{15^2}=\dfrac{1}{12^2}$，命题显然成立。

假设 $n=k(k\geqslant2)$ 时，命题成立，即 $\dfrac{1}{x_1^2}+\dfrac{1}{x_2^2}+\cdots+\dfrac{1}{x_k^2}=\dfrac{1}{x_{k+1}^2}(k\geqslant2)$ 有整数解 $a_1,a_2,\cdots,a_{k+1}$。则当 $n=k+1$ 时，由归纳假设得 $\dfrac{1}{a_1^2}+\dfrac{1}{a_2^2}+\cdots+\dfrac{1}{a_k^2}=\dfrac{1}{a_{k+1}^2}$，又 $\dfrac{1}{20^2}+\dfrac{1}{15^2}=\dfrac{1}{12^2}$，所以 $\dfrac{1}{20^2\cdot a_1^2}+\dfrac{1}{20^2\cdot a_2^2}+\cdots+\dfrac{1}{20^2\cdot a_k^2}=\dfrac{1}{20^2\cdot a_{k+1}^2}$，$\dfrac{1}{20^2\cdot a_{k+1}^2}+\dfrac{1}{15^2\cdot a_{k+1}^2}=\dfrac{1}{12^2\cdot a_{k+1}^2}$（技巧），由此可得 $\dfrac{1}{20^2\cdot a_1^2}+\dfrac{1}{20^2\cdot a_2^2}+\cdots+\dfrac{1}{20^2\cdot a_k^2}+\dfrac{1}{15^2\cdot a_{k+1}^2}=\dfrac{1}{12^2\cdot a_{k+1}^2}$（技巧），$20a_1$，$20a_2,\cdots,20a_k,15a_{k+1},12a_{k+1}$ 是方程的一组解，$n=k+1$ 时命题成立。命题得证。

3. 证明：用跳跃数学归纳法。

$n=1,2$ 时，有 $a_1=(-1)^1\dfrac{(1-1)!!}{1!!}=-\dfrac{1}{1}=-1$，$a_2=(-1)^2\dfrac{(2-1)!!}{2!!}=(-1)^2\dfrac{1}{2}=\dfrac{1}{2}$，命题显然成立。假设 $n=k$ 时，命题成立，即 $a_k=(-1)^k\dfrac{(k-1)!!}{k!!}$，则当 $n=k+2$ 时，有 $a_{k+2}=\dfrac{(k+2)-1}{k+2}a_k=\dfrac{k+1}{k+2}\cdot(-1)^k\dfrac{(k-1)!!}{k!!}=(-1)^k\dfrac{k+1}{k+2}\cdot\dfrac{(k-1)!!}{k!!}=(-1)^k\dfrac{(k+1)!!}{(k+2)!!}=(-1)^k\dfrac{[(k+2)-1]!!}{(k+2)!!}$。

即当 $n=k+2$ 时命题成立。故原命题成立。

4. 证明：用数学归纳法。$n=1$ 时，$a_1=\dfrac{1}{2}=\dfrac{1}{1\cdot(1+1)}$ 满足通项公式。

因为 $a_{k+1}=\dfrac{a_1+a_2+\cdots+a_k}{(k+1)^2-1}$，与 $a_1,a_2,\cdots,a_k$ 都相关，所以若只假设 $n=k$ 时命题成立，就显得不够了。这里，要改为：假设对于一切 $n\leqslant k$，都有 $a_n=\dfrac{1}{n(n+1)}$，则当 $n=k+1$ 时，有 $a_{k+1}=\dfrac{1}{(k+1)^2-1}\times(a_1+a_2+\cdots+a_k)=\dfrac{1}{k^2+2k}\left(\dfrac{1}{1\cdot2}+\dfrac{1}{2\cdot3}+\cdots+\dfrac{1}{k\cdot(k+1)}\right)=\dfrac{1}{k^2+2k}\left[\left(\dfrac{1}{1}-\dfrac{1}{2}\right)+\left(\dfrac{1}{2}-\dfrac{1}{3}\right)+\cdots+\left(\dfrac{1}{k}-\dfrac{1}{k+1}\right)\right]=\dfrac{1}{k^2+2k}\left(1-\dfrac{1}{k+1}\right)=\dfrac{1}{(k+1)(k+2)}$，即当 $n=k+1$ 时命题成立。故原命题成立。

5. 证明：用数学归纳法。$n=1$ 时，有 $1>\dfrac{1}{2}$，命题显然成立。

假设 $n=k$ 时，命题成立，即 $1+\dfrac{1}{2}+\dfrac{1}{3}+\cdots+\dfrac{1}{2^k-1}>\dfrac{k}{2}$，则当 $n=k+1$ 时，有 $1+\dfrac{1}{2}+\dfrac{1}{3}+\cdots+\dfrac{1}{2^k-1}+\dfrac{1}{2^k}+\dfrac{1}{2^k+1}+\dfrac{1}{2^k+2}+\cdots+\dfrac{1}{2^{k+1}-1}>\dfrac{k}{2}+\dfrac{1}{2^k}+\dfrac{1}{2^k+1}+\dfrac{1}{2^k+2}+\cdots+$

$$\frac{1}{2^{k+1}-1}>\frac{k}{2}+\underbrace{\frac{1}{2^{k+1}}+\frac{1}{2^{k+1}}+\cdots+\frac{1}{2^{k+1}}}_{2^k个}（放缩技巧）=\frac{k}{2}+\frac{1}{2^{k+1}}\cdot 2^k=\frac{k+1}{2}。即当$$

$n=k+1$ 时命题成立。故原命题成立。

6. 证明： 用数学归纳法。$n=1$ 时，命题显然成立。

假设 $n=k(k\geqslant 1)$ 时，命题成立，即如果正数 $x_1,x_2,\cdots,x_k$ 满足 $x_1+x_2+\cdots+x_k=1$，那么不等式 $x_1+x_2+\cdots+x_k\geqslant k$ 成立。则当 $n=k+1$ 时，与 $n=k$ 时相比，条件 $x_1\cdot x_2\cdots\cdots x_k\cdot x_{k+1}=1$ 和结论 $x_1+x_2+\cdots+x_k+x_{k+1}\geqslant k+1$ 都发生了变化，关键是把 $n=k+1$ 时的情形化归为 $n=k$ 时的情形。

把 $x_k\cdot x_{k+1}$ 看作一个整体（技巧），则条件就是 k 个正数 $x_1\cdot x_2\cdot\cdots\cdot x_{k-1}(x_k\cdot x_{k+1})=1$，由归纳假设 $x_1+x_2+\cdots+x_{k-1}+(x_k\cdot x_{k+1})\geqslant k$。对照目标，只需证明 $x_k+x_{k+1}\geqslant x_k\cdot x_{k+1}+1$ 即可。

事实上，在已知乘积为 1 的 $k+1$ 个数中，总可以找到两个数，其中一个数大于或等于 1，另一个数小于或等于 1（用反证法可以证明），把这两个数就选为 x_k,x_{k+1}。不妨设 $x_k\leqslant 1,x_{k+1}\geqslant 1$，于是 $(x_k-1)\cdot(x_{k+1}-1)\leqslant 0$（技巧），即 $x_k+x_{k+1}\geqslant x_k\cdot x_{k+1}+1$。由此可得 $x_1+x_2+\cdots+x_k+x_{k+1}\geqslant x_1+x_2+\cdots+x_{k-1}+(x_k\cdot x_{k+1})+1\geqslant k+1$，即 $n=k+1$ 时命题成立。故原命题成立。

习题 3.5

1. 证明： 建立重心模型。设想在 $\triangle ABC$ 的三个顶点处有相同的质量 m（如图），则质点 $B(m)$ 和 $C(m)$ 的重心在底边 BC 的 D 处，质量是 $2m$。质点 $D(2m)$ 和质点 $A(m)$ 的重心，也是质点 $A(m),B(m)$ 和 $C(m)$ 的重心在中线 AD 上，且 $AM:MD=2m:m=2$，即 $AM=MD$。

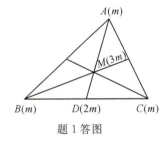

题 1 答图

同理，重心 M 也在另外两条中线上。因此，三角形三条边的中线相交于一点 M，这点到顶点的距离等于到对边中点距离的 2 倍。

2. 分析： 要使废弃的木料最少，就要使柱子的截面积最大，所以这个问题就是求内接于直径为 d 的已知圆 O 的面积最大的矩形。

解： 如图，设圆的直径为 d，内接于圆的矩形面积为 S，矩形一边的长为 x，则另一边的长为 $\sqrt{d^2-x^2}$，所以 $S=x\sqrt{d^2-x^2}$。

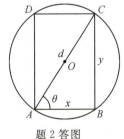

题 2 答图

(1) 用数学模型：x 为何值时，函数 $S=x\sqrt{d^2-x^2}$ 有最大值？

(2) 因为 $x=d\cos\theta$，$\sqrt{d^2-x^2}=d\sin\theta$，所以 $S=x\sqrt{d^2-x^2}=\frac{d^2}{2}\sin 2\theta$。用数学模型：$\theta$ 为何值时，函数 $S=\frac{d^2}{2}\sin 2\theta$ 有最大值？

(3) 设矩形的宽为 y，则 $x^2+y^2=d^2$，$x>0,y>0$，且 $S=xy$。用数学模型：

约束条件 $x^2+y^2=d^2$，$x>0,y>0$ 下，求目标函数 $S=xy$ 的最大值。

具体求解从略。

3. 分析: 这个问题可以借助分球入盒模型:把 n 个球以同样概率分配到 $N(n \leqslant N)$ 个盒子中去,试求下列事件发生的概率。(1) A:某指定 n 盒子中各有一球;(2) B:恰有 n 个盒子各有一球;(3) C:某指定盒子中恰有 $m(m \leqslant n)$ 个球。

解: 因为每个球都以同样的概率进入到 $N(n \leqslant N)$ 个盒子中去,所以样本总数为 N^n。

(1) n 个球以同样概率分配到指定 n 盒子中去,相当于 n 个球全排列,所以 A 所包含的样本点数是 A_n^n,故 $p(A) = \dfrac{A_n^n}{N^n} = \dfrac{n!}{N^n}$。

(2) 先在 $N(n \leqslant N)$ 个盒子中选 n 个盒子,有 C_N^n 种选法;再各放一球,有 $n!$ 种放法。事件 B 有 $n! \, C_N^n$ 个样本点,于是 $p(B) = \dfrac{n! \, C_N^n}{N^n} = \dfrac{N!}{N^n(N-n)!}$。

(3) 事件 C 中的 m 个球,可以从 n 个球中任意选,有 C_n^m 种选法;其余 $n-m$ 个球可以任意放到 $N-1$ 个盒子中去,有 $(N-1)^{n-m}$ 种分配方法,事件 C 有 $C_n^m(N-1)^{n-m}$ 个样本点。于是,$p(C) = \dfrac{C_n^m(N-1)^{n-m}}{N^n}$。

说明: 上述模型是一种理想化的模型,对应的概率就是原题的答案。这一模型可以解决大量相关问题。例如旅客下站问题:一列火车中有 n 名旅客,火车在 N 个车站上都停靠。这样,旅客下车的可能性,就相当于把 n 个球以同样概率分配到 $N(n \leqslant N)$ 个盒子中去的情形。类似地,也有摸球模型:一个袋子中装有同样大小的 n 个红球和 m 个白球,一把抓出 $k(k \leqslant \min(m,n))$ 个球,用 A_r 表示摸到 $r(0 \leqslant r \leqslant k)$ 个红球的事件,则 $p(A_r) = \dfrac{C_n^r C_m^{k-r}}{C_{n+m}^k}$。

下列问题就可以用摸球模型:甲班有 n 个学生,乙班有 m 个学生,从这两个班中选出 $k(k \leqslant \min(m,n))$ 个学生参加课外兴趣小组,用 A_r 表示在甲班选 $r(0 \leqslant r \leqslant k)$ 个同学的事件,则 A_r 发生的概率是多少?

4. 解: 注意到若 $A_0 + A_1 + \cdots + A_k$ 为必然事件,且 A_r 互不相容,于是有 $P(A_0 + A_1 + \cdots + A_k) = P(A_0) + P(A_1) + \cdots + P(A_k)$,从而有 $\sum\limits_{r=0}^{k} p(A_r) = \sum\limits_{r=0}^{k} \dfrac{C_n^r C_m^{k-r}}{C_{n+m}^k} = 1$,两边同乘以 C_{n+m}^k,即得所证结论。

5. 分析: 若用现代方法求解,当归结为指数方程 $2^{2x} - 7 \cdot 2^x + 6 = 0$,解得 $x = \log_2^6 \approx 2.59$(日)。这不仅在列方程上,而且在求解上都有一定的难度。若用盈不足术求解不仅简单,而且也十分精确。

解: 假设 $a_1 = 2$(日),得蒲长为 $30 + 15 = 45$(寸),莞长为 $10 + 20 = 30$(寸),故不足 $b_1 = 45 - 30 = 15$(寸);再假设 $a_2 = 3$(寸),得蒲长为 $30 + 15 + 7\frac{1}{2} = 52\frac{1}{2}$(寸),莞长 $= 10 + 20 + 40 = 70$(寸),则知盈 $b_2 = 70 - 52\frac{1}{2} = 17\frac{1}{2}$(寸)。依盈不足术得日数为

$$\frac{2 \times 17\frac{1}{2} + 3 \times 15}{15 + 7\frac{1}{2}} = 2\frac{6}{13} \text{(日)}。$$

习题 3.6.1

1. 分析：该问题直接证明有困难。由于 BF 是 $\angle B$ 的平分线，AD 为斜边上的高，由外角定理可知，$\angle AFE = \angle AEF$，从而有 $AF = AE$。又 $EM \parallel BC$，为了把 MC 和 AE 联系起来，可以把 MC 平移至 EN。这样，要证 $AF = MC$，只需证 $AF = EN$ 即可。于是，问题就转化为证明 $\triangle ABE \cong \triangle NBE$。

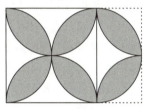

题 1 答图

证明：过 E 作 $EN \parallel AC$，交 BC 于 N，则四边形 $ENCM$ 为平行四边形。所以，$EN = MC$，且 $\angle BNE = \angle C = \angle BAE$。又在 $\triangle AEF$ 中，由三角形外角定理得 $\angle AFE = \angle C + \angle FBC = \angle C + \frac{1}{2}\angle ABC$，$\angle AEF = \angle ABE + \angle EAB = \frac{1}{2}\angle ABC + \angle C$，所以，$\angle AEF = \angle AFE$。从而 $AF = AE$。

在 $\triangle BAE$ 和 $\triangle BNE$ 中，BE 是公共边，且 $\angle ABE = \angle NBE$，$\angle BNE = \angle C = \angle BAE$，所以 $\triangle BAE \cong \triangle BNE$，从而 $AE = EN$。综上所述，可得 $AF = MC$。

2. 分析：本题可用弓形面积公式来计算，但比较复杂。仔细观察图形，可以用平移变换来解决（也可以称为割补法）。将图形的右半部分（割下）平移至右边虚线部分。可以得到 $S_{阴影} = S_{正方形} - S_{空白} = a^2 - 2\left[a^2 - \pi\left(\dfrac{a}{2}\right)^2\right] = \left(\dfrac{\pi}{2} - 1\right)a^2$。具体求解略。

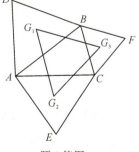

题 2 答图

3. 解：(a) 猜想 $BM = FN$。在 $\triangle OBM$ 与 $\triangle OFN$ 中，因为 $\angle ABD = \angle F = 45°$，$OB = OF$，$\angle BOM = \angle FON$，所以 $\triangle OBM \cong \triangle OFN$，故 $BM = FN$。

(b) 在 $\triangle OBM$ 与 $\triangle OFN$ 中，$\angle ABD = \angle GFE = 45°$，$OB = OF$，$\angle MBO = \angle NFO = 135°$，所以 $\triangle OBM \cong \triangle OFN$，故 $BM = FN$。即此时，(a) 中的猜想仍旧成立。

说明：图形旋转后，有许多等量关系。本题以试验为背景，探索了在不同位置关系下线段的关系。

4. 分析：三角形 ABD 为正三角形的充分必要条件是 $\overrightarrow{BA}$ 绕点旋转 $\dfrac{\pi}{3}$ 后与 $\overrightarrow{BD}$ 重合。本题条件和结论都涉及正三角形，可以用旋转变换来解决。

证明：设 $\triangle ABC$ 三个顶点对应的复数为 z_1, z_2, z_3，$\overrightarrow{BA}, \overrightarrow{BD}$ 对应的复数为 $z_1 - z_2, z_D - z_2$，其中 z_D 是 D 点对应的复数。由旋转变换得 $z_D - z_2 = (z_1 - z_2)e^{\frac{\pi}{3}i}$，即 $z_D = z_1 e^{\frac{\pi}{3}i} + (1 - e^{\frac{\pi}{3}i})z_2$。

设 G_1, G_2, G_3 对应的复数分别为 $z_{G_1}, z_{G_2}, z_{G_3}$，则

$$z_{G_1} = \frac{1}{3}\left[z_1 + z_2 + z_1 e^{\frac{\pi}{3}i} + (1 - e^{\frac{\pi}{3}i})z_2\right] = \frac{1}{3}\left[z_1\left(1 + e^{\frac{\pi}{3}i}\right) + (2 - e^{\frac{\pi}{3}i})z_2\right] = \frac{\sqrt{3}}{3}\left(z_1 e^{\frac{\pi}{6}i} + z_2 e^{-\frac{\pi}{6}i}\right).$$

同理，$z_{G_2} = \dfrac{\sqrt{3}}{3}\left(z_2 e^{\frac{\pi}{6}i} + z_3 e^{-\frac{\pi}{6}i}\right)$，$z_{G_3} = \dfrac{\sqrt{3}}{3}\left(z_3 e^{\frac{\pi}{6}i} + z_1 e^{-\frac{\pi}{6}i}\right)$。

题 4 答图

$\overrightarrow{G_2G_1}$ 对应的复数为 $z_{G_1}-z_{G_2}=\dfrac{\sqrt{3}}{3}[z_1e^{\frac{\pi}{6}i}+z_2e^{-\frac{\pi}{6}i}-z_2e^{\frac{\pi}{6}i}-z_3e^{-\frac{\pi}{6}i}]=\dfrac{\sqrt{3}}{3}[z_1e^{\frac{\pi}{6}i}-$

$z_2i-z_3e^{-\frac{\pi}{6}i}]$，$\overrightarrow{G_2G_3}$ 对应的复数为 $z_{G_3}-z_{G_2}=\dfrac{\sqrt{3}}{3}[z_1e^{-\frac{\pi}{6}i}-z_2e^{\frac{\pi}{6}i}+z_3i]$。又由演算可知

$(z_{G_3}-z_{G_2})e^{\frac{\pi}{3}i}=(z_{G_1}-z_{G_2})$，所以，$\triangle G_1G_2G_3$ 为正三角形。

5. 分析：问题的难度在于 AG 与 AB 的关系一时不易沟
通。由于 $\angle EAF=45°$，所以 $\angle BAE+\angle DAF=45°$。这样，作
旋转变换，以 A 为中心将 $\triangle ADF$ 旋转 $90°$ 至 $\triangle ABH$，原题就
归结为证明 $\triangle AEF\cong\triangle AEH$。

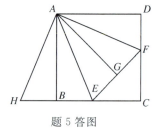
题 5 答图

证明：以 A 为中心将 $\triangle ADF$ 旋转 $90°$，因为 $AD=AB$，
$\angle D=\angle ABC=90°$，所以旋转后 D 合于 B，F 落在 CB 的延长
线上的 H 点。在 $\triangle AEF$ 和 $\triangle AEH$ 中，$AE=AE$，$AF=AH$，
$\angle EAF=45°=\angle BAE+\angle DAF=\angle BAE+\angle HAB=\angle EAH$，所以有 $\triangle AEF\cong$
$\triangle AEH$。根据两个三角形全等，则对应边上的高相等，从而有 $AG=AB$。

说明：几何解题中常用旋转变换。例如，已知正方形 $ABCD$，
$\angle EAF=45°$，如图，求证 $EF=BE+DF$。

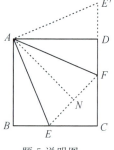
题 5 说明图

只从题目看，只需证明 $\triangle ADF\cong\triangle ANF$，$\triangle ABE\cong\triangle ANE$。但
找不到对应的关系，其原因在于条件正方形 $ABCD$ 和 $\angle EAF=45°$
都用不上。于是，我们将 $\triangle ABE$ 绕 A 点旋转 $90°$ 至 $\triangle ADE'$，只需证
明 $\triangle AEF\cong\triangle AE'F$ 即可。

6. 分析：因为 E 为弦 PQ 的中点，所以 $OE\perp PQ$。欲证 $EM=$
EN，关键在于证明 M，N 关于 OE 对称。因此，作对称变换（如图），
考虑点 B 关于 OE 的对称点 K，从证明 $\angle EBN=\angle EKM$ 入手。因
为 $\angle MDE=\angle EBN$，所以要证 $\angle MDE=\angle EKM$，可先证 E，K，D，M 四点共圆。由图可
知，$\angle MEK=\angle NEB=\angle EBK$。因为 A，B，K，D 四点共圆，所以 $\angle ADK+\angle ABK=$
$180°$，故 $\angle MEK+\angle MDK=180°$，由此可得 E，K，D，M 四点共圆。于是，找到证明思路。

证明：略。

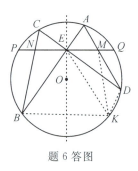
题 6 答图

7. 解：由题设：$\angle OCA=30°$，$\angle BOC=150°$。作对称变换（如图），作点 O 关于直线
AC 的对称点 P，连接 PA，PB，PC，依对称性，$OC=PC$ 且 $\angle OCP=2\angle OCA=60°$。

因此，$\triangle OCP$ 为等边三角形，从而有 $OP=OC$，$\angle COP=60°$，故 $\angle BOP=360°-$

$\angle BOC - \angle COP = 150° = \angle BOC$，所以 $\triangle BOP \cong \triangle BOC$，从而 $\angle PBC = 2\angle OBC = 20°$，

$\angle BPC = \dfrac{1}{2}(180° - \angle CBP) = 80° = \angle BAC$，这表明，$A, B, C, P$ 四点共圆。所以，$\angle OAC$

$= \angle CAP = \angle CBP = 20°$。

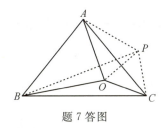

题 7 答图

说明：本题可用三角解法，借助正弦定理，解三角方程，但比较复杂。上述解法利用对称变换求解，比较简单。

8. 证明：分别作 F_1, F_2 关于 $T_1 P, T_2 P$ 的对称点 f_1，f_2，如图。依椭圆的光学性质有 $\angle 1 = \angle 2 = \angle 3$，所以 F_1，T_2, f_2 三点共线。同理，F_2, T_1, f_1 三点共线。根据椭圆的定义：$|F_1 f_2| = |T_2 F_1| + |T_2 f_2| = |T_2 F_1| + |T_2 F_2| (= 2a)$，$|F_2 f_1| = |T_1 F_2| + |T_1 f_1| = |T_1 F_2| + |T_1 F_1| (= 2a)$，所以 $|F_1 f_2| = |F_2 f_1|$。又由对称性可知，$|P F_1| = |P f_1|$，$|P f_2| = |P F_2|$，$2\angle f_2 P T_2 = \angle f_2 P F_2$，$2\angle F_1 P T_1 = \angle f_1 P F_1$。

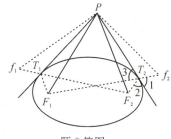

题 8 答图

在 $\triangle P f_2 F_1$ 和 $\triangle F_2 P f_1$ 中，三边对应相等，所以 $\triangle P f_2 F_1 \cong \triangle F_2 P f_1$，从而 $\angle F_1 P f_2 = \angle f_1 P F_2$。进而 $\angle F_1 P f_2 - \angle F_1 P F_2 = \angle f_1 P F_2 - \angle F_1 P F_2$，即 $\angle F_2 P f_2 = \angle F_1 P f_1$。

再考虑到 $2\angle f_2 P T_2 = \angle f_2 P F_2$，$2\angle F_1 P T_1 = \angle f_1 P F_1$，即得 $\angle F_1 P T_1 = \angle F_2 P T_2$。

说明：本题若用解析方法去证明，需要先建立一些辅助命题，比较复杂，而用对称变换就简单很多。

9. (1) 证明：因为 $AD \parallel BC$，所以 $\angle AEF = \angle EFC$。由折叠的对称性知，$\angle AEF = \angle FEC, AE = CE, AF = CF$，所以 $\angle CFE = \angle FEC$，从而 $CF = CE$，故 $AE = CE = AF = CF$，即四边形 $AFCE$ 是菱形。

(2) **解：**由折叠的对称性知，$AE = CE$，又 $\angle D = 90°$，在 $\mathrm{Rt}\triangle DCE$ 中，$a^2 = b^2 + c^2$。

10. 分析：根据椭圆的定义，即欲求点 M 使 $2a$ 最小，也就是使折线的和最短。

解：给定椭圆的焦点为 $F_1(-3, 0)$，$F_2(3, 0)$，作 F_1 关于直线 $x - y + 9 = 0$ 的对称点 F_1'，则直线 $F_1 F_1'$ 的方程为 $x + y + 3 = 0$，与方程 $x - y + 9 = 0$ 联立得 $P(-6, 3)$，由中点坐标公式得 $F_1'(-9, 6)$。因此，直线 $F_1' F_2$ 的方程为 $x + 2y - 3 = 0$。进而可得 $M(-5, 4)$。

因为 $|F_1' F_2| = \sqrt{180} = 2a$，所以所求椭圆方程为 $\dfrac{x^2}{45} + \dfrac{y^2}{36} = 1$。

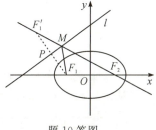

题 10 答图

11. 分析：容易证明弓形 DmB 的面积等于弓形 DnA 的

面积。通过镜面对称(也可用割补),可将原来阴影部分面积,转化为 $\triangle DAC$ 的面积,其大小为 1。具体求解从略。

习题 3.6.2

1. 设 $AC \cap BD = O$,以 O 为原点,OC 为 x 轴,OD 为 y 轴,建立空间直角坐标系,则 $A(-\sqrt{2}, 0, 0)$,$C(\sqrt{2}, 0, 0)$,$P(-\sqrt{2}, 0, 2)$,再设 $B(0, -a, 0)$,$D(0, a, 0)$,$E(x, y, z)$。

(1)**证明:** 由 $PE = 2EC$ 得 $E\left(\dfrac{\sqrt{2}}{3}, 0, \dfrac{2}{3}\right)$,$\overrightarrow{PC} = (2\sqrt{2}, 0, -2)$,$\overrightarrow{BE} = \left(\dfrac{\sqrt{2}}{3}, a, \dfrac{2}{3}\right)$,$\overrightarrow{BD} = (0, 2a, 0)$。因为 $\overrightarrow{PC} \cdot \overrightarrow{BE} = (2\sqrt{2}, 0, -2)\left(\dfrac{\sqrt{2}}{3}, a, \dfrac{2}{3}\right) = 0$,$\overrightarrow{PC} \cdot \overrightarrow{BD} = (2\sqrt{2}, 0, -2)(0, 2a, 0) = 0$,所以 $\overrightarrow{PC} \perp \overrightarrow{BE}$,$\overrightarrow{PC} \perp \overrightarrow{BD}$,从而 $PC \perp$ 平面 BED。

(2)**解:** 设平面 PAB 的法向量为 $\overrightarrow{n} = (x, y, z)$,又 $\overrightarrow{AP} = (0, 0, 2)$,$\overrightarrow{AB} = (\sqrt{2}, -a, 0)$,由 $\overrightarrow{n} \cdot \overrightarrow{AP} = 0$,$\overrightarrow{n} \cdot \overrightarrow{AB} = 0$ 得 $\overrightarrow{n} = \left(1, \dfrac{\sqrt{2}}{a}, 0\right)$。再设平面 PBC 的法向量为 $\overrightarrow{m} = (x, y, z)$,又 $\overrightarrow{BC} = (\sqrt{2}, a, 0)$,$\overrightarrow{CP} = (-2\sqrt{2}, 0, 2)$,由 $\overrightarrow{m} \cdot \overrightarrow{BC} = 0$,$\overrightarrow{m} \cdot \overrightarrow{CP} = 0$ 得 $\overrightarrow{m} = \left(1, -\dfrac{\sqrt{2}}{a}, \sqrt{2}\right)$。

二面角 A-PB-C 为 $90°$,所以 $\overrightarrow{n} \cdot \overrightarrow{m} = 0$,解之得 $a = \sqrt{2}$。从而 $\overrightarrow{PD} = (\sqrt{2}, \sqrt{2}, -2)$,平面 PBC 的法向量为 $\overrightarrow{m} = (1, -1, \sqrt{2})$,$PD$ 与平面 PBC 所成角的正弦值为 $\dfrac{|\overrightarrow{PD} \cdot \overrightarrow{m}|}{|\overrightarrow{PD}| \cdot |\overrightarrow{m}|} = \dfrac{1}{2}$。

2. 解: 因为 $f(x) = x^2 - 4x - 4 = (x-2)^2 - 8$,将代数表达式映射到平面直角坐标系上,其对称轴为 $x = 2$,顶点为 $(2, -8)$,开口向上。

若顶点横坐标在区间 $[t-2, t-1]$ 左侧,则 $2 < t-2$,即 $t > 4$。当 $x = t-2$ 时,函数取得最小值 $\varphi(t) = f(t-2) = (t-4)^2 - 8 = t^2 - 8t + 8$。

若顶点横坐标在区间 $[t-2, t-1]$ 上,则 $t-2 \leqslant 2 \leqslant t-1$,即 $3 \leqslant t \leqslant 4$。当 $x = 2$ 时,函数取得最小值 $\varphi(t) = f(2) = -8$。

若顶点横坐标在区间 $[t-2, t-1]$ 右侧,则 $t-1 < 2$,即 $t < 3$。当 $x = t-1$ 时,函数取得最小值 $\varphi(t) = f(t-1) = (t-3)^2 - 8 = t^2 - 6t + 1$。

综上所述,$\varphi(t) = \begin{cases} t^2 - 8t + 8, & t > 4 \\ -8, & 3 \leqslant t \leqslant 4 \\ t^2 - 6t + 1, & t < 3 \end{cases}$。

习题 3.6.3

1. 证明: 把三角问题映射为复数问题予以求解。

设 $z_1 = \cos\alpha + i\sin\alpha$,$z_2 = \cos\beta + i\sin\beta$,$z_3 = \cos\gamma + i\sin\gamma$。根据已知条件可得 $z_1 + z_2 + z_3 = \overline{z_1} + \overline{z_2} + \overline{z_3} = 0$,且 $z_i \cdot \overline{z_i} = 1 (i = 1, 2, 3)$。$z_1{}^2 + z_2{}^2 + z_3{}^2 = (z_1 + z_2 + z_3)^2 - 2(z_1 \cdot z_2 + z_2 \cdot z_3 + z_3 \cdot z_1) = -2\left(\dfrac{1}{\overline{z_1} \cdot \overline{z_2}} + \dfrac{1}{\overline{z_2} \cdot \overline{z_3}} + \dfrac{1}{\overline{z_3} \cdot \overline{z_1}}\right) = -2\,\dfrac{\overline{z_1} + \overline{z_2} + \overline{z_3}}{\overline{z_1}\,\overline{z_2}\,\overline{z_3}} = 0$。

同理可得 $\overline{z_1}^2 + \overline{z_2}^2 + \overline{z_3}^2 = 0$。

又 $\cos\alpha = \frac{1}{2}(z_1 + \overline{z_1})$，$\cos\beta = \frac{1}{2}(z_2 + \overline{z_2})$，$\cos\gamma = \frac{1}{2}(z_3 + \overline{z_3})$，$\sin\alpha = \frac{1}{2i}(z_1 - \overline{z_1})$，

$\sin\beta = \frac{1}{2i}(z_2 - \overline{z_2})$，$\sin\gamma = \frac{1}{2i}(z_3 - \overline{z_3})$，所以 $\cos^2\alpha + \cos^2\beta + \cos^2\gamma = \frac{1}{4}[(z_1 + \overline{z_1})^2 + (z_2 +$

$\overline{z_2})^2 + (z_3 + \overline{z_3})^2] = \frac{1}{4}[z_1^2 + z_2^2 + z_3^2 + \overline{z_1}^2 + \overline{z_2}^2 + \overline{z_3}^2 + 2(z_1\overline{z_1} + z_2\overline{z_2} + z_3\overline{z_3})] = \frac{1}{4} \times$

$2 \times 3 = \frac{3}{2}$。

说明：同样的条件、按照同样的方法，也可以证明 $\cos^4\alpha + \cos^4\beta + \cos^4\gamma = \sin^4\alpha +$

$\sin^4\beta + \sin^4\gamma = \frac{9}{8}$。

2. 证明：如图，设 O_1，O_2 分别是 AB，CD 和 AD，BC 的交点。记 $\overrightarrow{O_1D}$，$\overrightarrow{O_1A}$，$\overrightarrow{O_2D}$，$\overrightarrow{O_2C}$ 方向的单位向量分别为 $\vec{i}$，$\vec{j}$，$\vec{l}$，$\vec{k}$，则 l_1 的方向向量为 $\vec{i} + \vec{j}$，l_2 的方向向量为 $\vec{l} + \vec{k}$，下面只需证明 $(\vec{i} + \vec{j}) \cdot (\vec{l} + \vec{k}) = 0$。

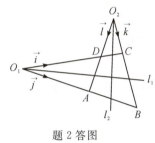

题 2 答图

在四边形 $ABCD$ 中，$\cos A = \vec{j} \cdot (-\vec{l}) = -\vec{j} \cdot \vec{l}$，$\cos C = \vec{k} \cdot (-\vec{i}) = -\vec{k} \cdot \vec{i}$，由于 $\angle A$，$\angle C$ 互补，所以 $\cos A + \cos C = 0$，即 $\vec{i} \cdot \vec{k} + \vec{j} \cdot \vec{l} = 0$。同理，由于 $\angle B$，$\angle D$ 互补，所以 $\vec{i} \cdot \vec{l} + \vec{j} \cdot \vec{k} = 0$。两式相加得 $\vec{i} \cdot (\vec{l} + \vec{k}) + \vec{j} \cdot (\vec{l} + \vec{k}) = 0$，即 $(\vec{i} + \vec{j}) \cdot (\vec{l} + \vec{k}) = 0$。

3. 解：如图，记 $\overrightarrow{OA} = \vec{a}$，$\overrightarrow{OB} = \vec{b}$，$\overrightarrow{OC} = \vec{c}$，$\overrightarrow{OP} = \vec{p}$，则 $|\vec{a}| = |\vec{b}| = |\vec{c}| = R$，$|\vec{p}| = p$ 是点 P 到 O 的距离。因为 $\overrightarrow{OQ} = \overrightarrow{OC} + \overrightarrow{CD} + \overrightarrow{DQ} = \overrightarrow{OC} + \overrightarrow{PB} + \overrightarrow{PA}$，所以 $\overrightarrow{OQ} = \vec{c} + (\vec{b} - \vec{p}) + (\vec{a} - \vec{p}) = \vec{a} + \vec{b} + \vec{c} - 2\vec{p}$，$\overrightarrow{OQ}^2 = \vec{a}^2 + \vec{b}^2 + \vec{c}^2 + 4\vec{p}^2 - 4\vec{p}(\vec{a} + \vec{b} + \vec{c}) + 2(\vec{ab} + \vec{bc} + \vec{ca})$。　（1）

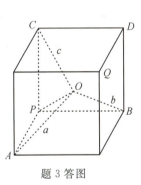

题 3 答图

又由 PA，PB，PC 互相垂直得 $\vec{p}^2 + \vec{ab} = \vec{p}(\vec{a} + \vec{b})$　（2）

$\vec{p}^2 + \vec{bc} = \vec{p}(\vec{b} + \vec{c})$　（3）

$\vec{p}^2 + \vec{ca} = \vec{p}(\vec{c} + \vec{a})$　（4）

由 $(1) - (2) \times 2 + (3) \times 2 + (4) \times 2$ 得 $OQ^2 = 3R^2 - 2p^2$。

故所求的轨迹是以 O 为中心，以 $\sqrt{3R^2 - 2p^2}$ 为半径的球面。

习题 3. 6. 4

1. 解：$y = \sqrt{x^2 + x + 1} - \sqrt{x^2 - x + 1} = \sqrt{\left(x + \frac{1}{2}\right)^2 + \left(\frac{\sqrt{3}}{2} - 0\right)^2} - \sqrt{\left(x - \frac{1}{2}\right)^2 + \left(\frac{\sqrt{3}}{2} - 0\right)^2}$，

把函数看作是点 $\left(x, \frac{\sqrt{3}}{2}\right)$ 在以 $\left(-\frac{1}{2}, 0\right)$，$\left(\frac{1}{2}, 0\right)$ 为焦点的双曲线上，于是由双曲线的定义

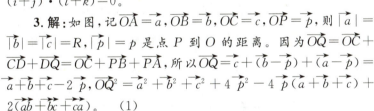

知,在方程 $\dfrac{x^2}{a^2}-\dfrac{\left(\frac{\sqrt{3}}{2}\right)^2}{b^2}=1$ 中,当 x 足够大时,b 将非常小并趋近于零。此时 $2a$ 将趋向于

焦距 $2c$,从而有 $-\left[\dfrac{1}{2}-\left(-\dfrac{1}{2}\right)\right]<\sqrt{\left(x+\dfrac{1}{2}\right)^2+\left(\dfrac{\sqrt{3}}{2}-0\right)^2}-\sqrt{\left(x-\dfrac{1}{2}\right)^2+\left(\dfrac{\sqrt{3}}{2}-0\right)^2}<$

$\left[\dfrac{1}{2}-\left(-\dfrac{1}{2}\right)\right]$,即 $-1<y<1$。

2. 分析:注意到 $x>0,y>0,z>0$,且 $\sqrt{x^2-xy+y^2}=\sqrt{x^2+y^2-2xy\cos 60°}$,它表示以 x,y 为边,夹角为 $60°$ 的三角形的第三边。同理,$\sqrt{y^2-yz+z^2}$,$\sqrt{z^2-zx+x^2}$ 也有这样的意义。

证明:如图,构造以 O 为顶点的四面体 $O-ABC$,使 $\angle AOB=\angle BOC=\angle COA=60°$,$OA=x$,$OB=y$,$OC=z$,则有

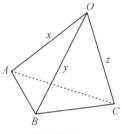

$\begin{cases}AB=\sqrt{x^2-xy+y^2}\\BC=\sqrt{y^2-yz+z^2}\\CA=\sqrt{z^2-zx+x^2}\end{cases}$,在 $\triangle ABC$ 中,显然有 $AB+BC>CA$,即不等式成立。

题 2 答图

说明:这种构造图形的方法,在解题中十分简捷有效。

3. 证明:构造单位正方形 $ABCD$,四个边上分别取四个点 E,F,G,H,使 $AE=a$,$BF=b$,$CG=c$,$DH=d$,如图。由于正方形的周长为 4,这些线段可分为两类:共直角顶点两段为一类,其他为另一类。根据抽屉原理,在"共直角顶点两段线段"这一类(四组)中,至少有一组的两段之和不大于 1,从而它们所构成的矩形面积不大于 $\dfrac{1}{4}$。所以,$4a(1-b),4b(1-c),4c(1-d),4d(1-a)$ 四个数中,至少有一个不大于 1。

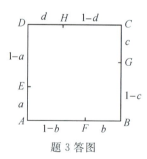

题 3 答图

4. 证明:取直角坐标系中的四个点 $A(a,b)$,$B(a+b,b+c)$,$C(a+b+c,b+c+d)$,$D(a+b+c+d,a+b+c+d)$,则原待证目标转化为 $|OA|+|AB|+|BC|+|CD|\geqslant|OB|+|BD|\geqslant|OD|$,此结论显然成立。

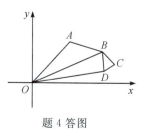

题 4 答图

5. 解:该题有多种解法。一是利用 $\dfrac{f(x)}{x}=\dfrac{1}{x}\log_2^{1+x}=\log_2^{(1+x)\frac{1}{x}}$ 是增函数;二是用赋值法,$a=3,b=2,c=1$ 代入,比较

大小；三是数形结合法，把 $\dfrac{f(a)}{a}$，$\dfrac{f(b)}{b}$，$\dfrac{f(c)}{c}$ 变形为 $\dfrac{f(a)-f(0)}{a-0}$，$\dfrac{f(b)-f(0)}{b-0}$，

$\dfrac{f(c)-f(0)}{c-0}$，联想到斜率公式，把它们看成是点 $A(a,f(a))$，$B(b,f(b))$，$C(c,f(c))$ 与原

点 $(0,0)$ 连线的斜率，显然有 $k_{OA}<k_{OB}<k_{OC}$。因此，选（B）。

6. 解：本题解不等式是不可能的，只能从图象入手。如图，

当 $a>1$ 时，不等式不成立。若 $0<a<1$，当 $x=\dfrac{1}{2}$ 时，$4^{\frac{1}{2}}=2$，由

$\log_a^{\frac{1}{2}}=2$ 得 $a=\dfrac{\sqrt{2}}{2}$。

由对数函数的图象和性质，要使 $0<x\leqslant\dfrac{1}{2}$ 时 $4^x<\log_a^x$ 恒

成立，则 $\dfrac{\sqrt{2}}{2}<a<1$。选（B）。

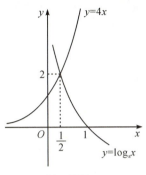

题 6 答图

7. 解：本题直接求解很难发现规律，只有从图象入手。

第 7 题答图

因为 a,b,c 互不相等，不妨设 $a<b<c$，由图象知 $0<a<1,1<b<10,10<c<12$；又

因为 $f(a)=f(b)$，所以 $a=\dfrac{1}{b}$，从而 $abc=c$，故 abc 的取值范围为 $(10,12)$。

8. 解：因为 $AD/\!/BC$，所以 $S_{\triangle DOC}=S_{\triangle AOB}=\dfrac{2}{9}S$（$\triangle ABD$ 与 $\triangle ACD$

同底等高）。设 $S_{\triangle AOD}=S_1$，$S_{\triangle BOC}=S_2$，所以 $S_1+S_2=\dfrac{5}{9}S$。又

$\dfrac{S_{\triangle OAB}}{S_2}=\dfrac{S_1}{S_{\triangle DOC}}$，所以 $S_1\cdot S_2=\left(\dfrac{2}{9}S\right)^2$。

第 8 题答图

构造以 S_1，S_2 为两根的一元二次方程 $x^2-\dfrac{5}{9}S\cdot x+\left(\dfrac{2}{9}S\right)^2=0$，得到 $S_1=\dfrac{1}{9}S$，

$S_2=\dfrac{4}{9}S$。所以，$\dfrac{AD}{BC}=\dfrac{\sqrt{S_1}}{\sqrt{S_2}}=\dfrac{1}{2}$。

9. 解：函数 $g(x)=f(x)-k$ 有两个不同的零点，意味着 $g(x)=f(x)-k=0$ 有两个

不同实根，即 $y=f(x)$ 与 $y=k$ 有两个不同交点。画出函数图象，数形结合，可知

$k\in\left(\dfrac{3}{4},1\right)$。

10. 解：设 $A(1,-1)$，$B(\sin x,\sin^2 x)$，则 $B(\sin x,\sin^2 x)$ 是抛物线 $y=x^2(0<x<1)$ 上

动点，y 就是直线 AB 的斜率。如图，由数形结合知，当点 B 运动到原点 O 时，直线 AB 的

斜率 $k=\dfrac{-1-0}{1-0}=-1$ 最大，即函数 $y=\dfrac{-1-\sin^2 x}{1-\sin x}$ 在区间 $\left[0,\dfrac{\pi}{2}\right)$ 上的最大值为 -1。

11.解： 由数形结合知，$x^2+y^2=1$ 表示点 (x,y) 在单位圆周上变化。$x+y=c$（c 为常数）是倾斜角为 $\dfrac{3}{4}\pi$ 的直线，显然直线与圆相切时取得最大值与最小值。切点的坐标为 $\left(\dfrac{\sqrt{2}}{2},\dfrac{\sqrt{2}}{2}\right)$，$\left(-\dfrac{\sqrt{2}}{2},-\dfrac{\sqrt{2}}{2}\right)$。从而 $-\sqrt{2}\leqslant u\leqslant\sqrt{2}$。

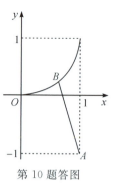

第 10 题答图

习题 3.7

1.解：（1）设 $\sqrt[3]{(x-2)(x-32)}+\sqrt[3]{(x-1)(x-33)}=z$，与已知联立得 $\sqrt[3]{(x-2)(x-32)}=\dfrac{z+1}{2}$，$\sqrt[3]{(x-1)(x-33)}=\dfrac{z-1}{2}$。

所以 $\left(\dfrac{z+1}{2}\right)^3-\left(\dfrac{z-1}{2}\right)^3=(x-2)(x-32)-(x-1)(x-33)=31$，$z^4+2z^2-99=0$，解之得 $z=\pm3$，从而 $x_{1,2}=17\pm\sqrt{257}$，$x_{3,4}=17\pm\sqrt{224}$。

说明： 对于形如 $\sqrt[2n+1]{f(x)+A}\pm\sqrt[2n+1]{f(x)+B}=C$ 的无理方程，都可采用上述代换。

（2）设 $\dfrac{1}{2}\log_9^x=y$，则 $x=9^{2y}$，代入原方程得 $9^y+3^y=12^y$，$\left(\dfrac{3}{4}\right)^y+\left(\dfrac{1}{4}\right)^y=1$。$y=1$ 显然是解；又 $f(y)=\left(\dfrac{3}{4}\right)^y+\left(\dfrac{1}{4}\right)^y$ 是 y 的减函数，方程不存在其他根。故 $x=81$。

（3）同时含有 $\sqrt{x-a}$，$\sqrt{x-b}$（$a>b$）的方程，可用代换 $x-b=k\sec^2\theta$，$x-a=k\tan^2\theta$，两式相减得 $k=a-b$，可设 $x=(a-b)\tan^2\theta+a$。

设 $x=2\tan^2\theta+3\left(0<\theta<\dfrac{\pi}{2}\right)$，于是有 $\dfrac{\sqrt{2}}{\cos\theta}+\dfrac{\sqrt{2}}{\sin\theta}=4$，即 $\sin 2\theta=\sin\left(\theta+\dfrac{\pi}{4}\right)$，$\theta=\dfrac{\pi}{4}$，$x=2\tan^2\dfrac{\pi}{4}+3=5$。

说明： 对于含有 $f(x,\sqrt{a^2-x^2})$，$g(x,\sqrt{a^2+x^2})$，$h(x,\sqrt{x^2-a^2})$ 的方程，可分别设 $x=a\sin\theta$，$x=a\tan\theta$，$x=a\sec\theta$ 化去根号。

（4）四个分母都含有 x^2+7x，所含常数分为两组：0 与 18，6 与 12，每组的平均值是 9，所以设 $y=x^2+7x+9$，方程化为 $\dfrac{1}{y-9}-\dfrac{1}{y-3}+\dfrac{1}{y+9}-\dfrac{1}{y+3}=0$，解之得 $y=0$，从而 $x=\dfrac{-7\pm\sqrt{13}}{2}$。

（5）把方程左端看成两项之和。设 $\sqrt{x-\dfrac{5}{x}}=\dfrac{1}{2}x+t$，$-\sqrt{5-\dfrac{5}{x}}=\dfrac{1}{2}x-t$，两项的两边分别平方相减得 $x-5=2xt$，$t=\dfrac{1}{2}\left(1-\dfrac{5}{x}\right)$。所以 $\sqrt{x-\dfrac{5}{x}}=\dfrac{1}{2}x+\dfrac{1}{2}\left(1-\dfrac{5}{x}\right)$，即

$\left(\sqrt{x-\dfrac{5}{x}}-1\right)^2=0$，解之得 $x=\dfrac{1}{2}(1\pm\sqrt{21})$。经检验 $x=\dfrac{1}{2}(1-\sqrt{21})$ 是原方程的根。

（6）本题无法用代入法和分解法，也很难用加减消元法。注意到两个方程都是 x,y 的对称多项式，就用初等对称多项式 $x+y,xy$ 表示。原方程组化为
$$\begin{cases}2(x+y)^2+xy+(x+y)+1=0\\(x+y)^2+2xy+12(x+y)+10=0\end{cases}。$$

设 $x+y=u,xy=v$，可得 $\begin{cases}2u^2+u+v+1=0\\u^2+2u+12u+10=0\end{cases}$，解之得 $u=-\dfrac{2}{3},v=-\dfrac{11}{9}$ 或 $u=4$，

$v=-37$。从而原方程的解 (x,y) 为 $(2+\sqrt{41},2-\sqrt{41})$，$(2-\sqrt{41},2+\sqrt{41})$，

$\left(\dfrac{-1+2\sqrt{3}}{3},\dfrac{-1-2\sqrt{3}}{3}\right)$，$\left(\dfrac{-1-2\sqrt{3}}{3},\dfrac{-1+2\sqrt{3}}{3}\right)$。

（7）原方程可化为 $\sqrt{(x-5\sqrt{3})^2+5}+\sqrt{(x+5\sqrt{3})^2+5}=20$，令 $5=y^2$，则有

$\sqrt{(x-5\sqrt{3})^2+y^2}+\sqrt{(x+5\sqrt{3})^2+y^2}=20$，它表示到两定点 $(-5\sqrt{3},0),(5\sqrt{3},0)$ 的距

离等于 20 的点的轨迹，即 $\dfrac{x^2}{100}+\dfrac{y^2}{25}=1$。由 $y^2=5$ 得 $x=\pm4\sqrt{5}$，经检验它们是原方程

的根。

2. 分析：注意由题目的结构联想到复数的模及其性质：$|m+ni|=\sqrt{m^2+n^2}$，m，$n\in\mathbf{R}$，$|z_1|+|z_2|\geqslant|z_1+z_2|$，可考虑用复变量代换（用向量代换也是一样的）。

解：设 $z_1=a+xi,z_2=a+(a-x)i$（复数代换），则 $z_1+z_2=2a+ai$。

于是 $y=\sqrt{a^2+x^2}+\sqrt{a^2+(a-x)^2}=|z_1|+|z_2|\geqslant|z_1+z_2|=|2a+ai|=\sqrt{5}|a|$，等号成立的条件是两个复数对应的向量共线且同向，即 $x=a-x$，从而 $x=\dfrac{a}{2}$。

即当 $x=\dfrac{a}{2}$ 时，函数取最小值 $\sqrt{5}|a|$。又当 x 趋向无穷时，y 趋向无穷。所以，函数的值域为 $[\sqrt{5}|a|,+\infty)$。

3. 解：设 $y=\dfrac{2x^2+6x+6}{x^2+4x+5}$（整体代换），问题转化为求函数 y 在实数 $\mathbf{R}$ 上的最大值与最小值。又函数可化为 $(y-2)x^2+(4y-6)x+(5y-6)=0$。

（1）当 $y-2=0$ 时，得 $y=2$（只要 $x=-2$ 即可）。（2）当 $y-2\neq0$ 时，有 $\Delta\geqslant0$ 即 $y^2-4y+3\leqslant0$，从而 $1\leqslant y\leqslant3,y\neq2$。综上所述可得，$1\leqslant y\leqslant3$，从而命题得证。

说明：与该题形式类似的题目，都可以用整体代换。例如，求证 $-\dfrac{1}{3}\leqslant$

$\dfrac{6\cos x+\sin x-5}{2\cos x-3\sin x-5}\leqslant3$。

令 $y=\dfrac{6\cos x+\sin x-5}{2\cos x-3\sin x-5}$，可化为 $\cos(x+\theta)=\dfrac{5y-5}{\sqrt{13y^2-18y+37}}$，利用余弦函数的绝

对值小于等于 1，即可得到结论。

4. 解：如果把 z 解出再代入求值，就很复杂。我们可以采取整体代换法。因为 $z^3-8=(z-2)(z^2+2z+4)=0$，从而 $z^2+2z+4=0(z\neq2)$，即 $z^2+2z=-4$。于是

$z^3+z^2+2z+2=z^3+(z^2+2z)+2=8+(-4)+2=6$。

5.解: 由题目的特点,可设 $a=c\cdot\sec^2 u,b=c\cdot\sec^2 v\left(0<u,v<\dfrac{\pi}{2}\right)$(三角代换),于是

$$\sqrt{c(a-c)}+\sqrt{c(b-c)}=c(\tan u+\tan v)=c\left(\dfrac{\sin u}{\cos u}+\dfrac{\sin v}{\cos v}\right)=\dfrac{c\sin(u+v)}{\cos u\cdot\cos v}\leqslant c\dfrac{1}{\cos u\cdot\cos v}=$$

$\sqrt{c\cdot\sec^2 u\cdot c\cdot\sec^2 v}=\sqrt{ab}$。故命题成立。

说明: 利用三角代换,可把多变量的函数转化为单变量函数,因此在求条件极值时常用。例如:若 $1\leqslant x^2+y^2\leqslant 2$,求 $z=x^2-xy+y^2$ 的最大值与最小值。这个问题就可以用如下代换 $x=r\sin t,y=r\cos t,1\leqslant r\leqslant\sqrt{2}$ 来求解。最大值与最小值分别是 $3,\dfrac{1}{2}$。

6.分析: 直接去分母太繁琐。注意到不等式左端的四个分式,其分子、分母关于 a,b,c,d 具有轮换性,考虑换元,将左端分母用单字母表示。

证明: 设 $b+c+d=A(>0),c+d+a=B(>0),d+a+b=C(>0),a+b+c=D(>0)$(有理式的代换),四式相加得 $3(a+b+c+d)=A+B+C+D$,即 $a+b+c+d=\dfrac{1}{3}(A+B+C+D)$。

由此可得 $a=\dfrac{1}{3}(B+C+D-2A),b=\dfrac{1}{3}(C+D+A-2B),c=\dfrac{1}{3}(D+A+B-2C),$ $d=\dfrac{1}{3}(A+B+C-2D)$,原不等式化为 $\dfrac{B+C+D-2A}{3A}+\dfrac{C+D+A-2B}{3B}+\dfrac{D+A+B-2C}{3C}+$ $\dfrac{A+B+C-2D}{3D}\geqslant\dfrac{4}{3}$,即 $\dfrac{A+B+C+D}{A}+\dfrac{A+B+C+D}{B}+\dfrac{A+B+C+D}{C}+\dfrac{A+B+C+D}{D}\geqslant$ 16。($*$)

由于 A,B,C,D 皆正,根据平均值不等式上式左端 $=(A+B+C+D)\times$ $\left(\dfrac{1}{A}+\dfrac{1}{B}+\dfrac{1}{C}+\dfrac{1}{D}\right)\geqslant 4\sqrt[4]{ABCD}\cdot 4\sqrt[4]{\dfrac{1}{ABCD}}=16$,当且仅当 $A=B=C=D$ 时等号成立。所以($*$)显然成立,故命题得证。

7.分析: 注意题目的结构很像两角差的正切,可考虑用正切代换。

解: 设 $x=\tan u,y=\tan v,z=\tan w$(三角代换),代入已知等式得 $\dfrac{\tan v-\tan w}{1+\tan v\cdot\tan w}+$ $\dfrac{\tan w-\tan u}{1+\tan w\cdot\tan u}+\dfrac{\tan u-\tan v}{1+\tan u\cdot\tan v}=0$,即 $\tan(u-v)+\tan(v-w)+\tan(w-u)=0$。又因为 $(u-v)+(v-w)+(w-u)=0$,所以 $\tan(u-v)=\tan[-(v-w)-(w-u)]=$ $-\dfrac{\tan(v-w)+\tan(w-u)}{1-\tan(v-w)\cdot\tan(w-u)}$,从而 $\tan(u-v)\cdot\tan(v-w)\cdot\tan(w-u)=\tan(u-v)+$ $\tan(v-w)+\tan(w-u)=0$。

所以得到 $\tan(u-v)=0,\tan(v-w)=0$ 或 $\tan(w-u)=0$,即 $u-v=k_1\pi,v-w=$ $k_2\pi,w-u=k_3\pi,k_1,k_2,k_3\in\mathbf{Z}$ 必有一个成立。即 $\tan u=\tan v,\tan v=\tan w,\tan w=\tan u$ 中必有一个成立,所以 x,y,z 中必有两个相等。

8.分析: $a,b,c\in\mathbf{R}^+$,且表达式出现乘积的形式。可考虑平均值不等式,设法出现积不大于和的形式。

证明：设 $a+b-c=x,c+a-b=y,b+c-a=z$（有理式的代换），则 $a=\dfrac{x+y}{2}$，

$b=\dfrac{y+z}{2},c=\dfrac{z+x}{2}$。由于 $a,b,c\in\mathbf{R}^+$，所以 x,y,z 中至多有一个是负数。

（1）当 x,y,z 只有一个是负数时，有 $abc>xyz=(a+b-c)(c+a-b)(b+c-a)$。

（2）当 x,y,z 都是非负数时，有 $abc=\dfrac{x+y}{2}\cdot\dfrac{y+z}{2}\cdot\dfrac{z+x}{2}\geqslant\sqrt{xy}\cdot\sqrt{yz}\cdot\sqrt{zx}=$

$xyz=(a+b-c)(c+a-b)(b+c-a)$，当且仅当 $x=y=z$，即 $a=b=c$ 时等号成立。故原

不等式成立。

9. 分析：注意题目的结构 $a_n=\dfrac{1+a_{n-1}}{1-a_{n-1}}$，可考虑用正切代换。

解：设 $\tan t=a_1=\sqrt{2}$（三角代换），则 $\tan\left(\dfrac{\pi}{4}+t\right)=\dfrac{1+\tan t}{1-\tan t}$。于是，$a_2=\dfrac{1+a_1}{1-a_1}=$

$\dfrac{1+\tan t}{1-\tan t}=\tan\left(\dfrac{\pi}{4}+t\right)=-(3+2\sqrt{2})$，$a_3=\dfrac{1+a_2}{1-a_2}=\dfrac{1+\tan\left(\dfrac{\pi}{4}+t\right)}{1-\tan\left(\dfrac{\pi}{4}+t\right)}=\tan\left(\dfrac{\pi}{2}+t\right)=-\dfrac{\sqrt{2}}{2}$，

$a_4=\dfrac{1+a_3}{1-a_3}=\dfrac{1+\tan\left(\dfrac{\pi}{2}+t\right)}{1-\tan\left(\dfrac{\pi}{2}+t\right)}=\tan\left(\dfrac{3\pi}{4}+t\right)=3-2\sqrt{2}$，$a_5=\dfrac{1+a_4}{1-a_4}=\dfrac{1+\tan\left(\dfrac{3\pi}{4}+t\right)}{1-\tan\left(\dfrac{3\pi}{4}+t\right)}=\tan$

$(\pi+t)=\tan t=\sqrt{2}$，$\cdots\cdots$，故 $a_n=\tan\left[(n-1)\dfrac{\pi}{4}+t\right]$，这是一个以 4 为"周期"的数列。所

以，此数列的前 100 项之和为 $S_{100}=25(a_1+a_2+a_3+a_4)=$

$25\left(\sqrt{2}-3-2\sqrt{2}-\dfrac{\sqrt{2}}{2}+3-2\sqrt{2}\right)=-\dfrac{175\sqrt{2}}{2}$。

10. 分析：看到题目的结构，联想到单位复数。可考虑用复变量代换。

解：设 $z_1=\cos A+i\sin A,z_2=\cos B+i\sin B,z_3=\cos C+i\sin C$（复数代换），则容易想到

$|z_1|=|z_2|=|z_3|=1$，而 $z_1+z_2+z_3=(\cos A+\cos B+\cos C)+i(\sin A+\sin B+\sin C)=0$。

因而，z_1,z_2,z_3 对应的点把单位圆三等分。于是，可设 $B=A+\dfrac{2}{3}\pi+2k\pi,C=A-\dfrac{2}{3}\pi+$

$2k\pi,k\in\mathbf{Z}$，$\cos^2 A+\cos^2 B+\cos^2 C=\dfrac{1}{2}(1+\cos 2A)+\dfrac{1}{2}(1+\cos 2B)+\dfrac{1}{2}(1+\cos 2C)=$

$\dfrac{3}{2}+\dfrac{1}{2}(\cos 2A+\cos 2B+\cos 2C)=\dfrac{3}{2}+\dfrac{1}{2}\left[\cos 2A+\cos\left(2A+\dfrac{4}{3}\pi\right)+\cos\left(2A-\dfrac{4}{3}\pi\right)\right]=$

$\dfrac{3}{2}+\dfrac{1}{2}\left(\cos 2A+2\cos 2A\cos\dfrac{4}{3}\pi\right)=\dfrac{3}{2}+\dfrac{1}{2}(\cos 2A-\cos 2A)=\dfrac{3}{2}$。

所以，命题结论成立。

11. 分析：该题目实质上是求解无理方程，因为有双层根号，用两边平方的方法去根

号有些困难，可以考虑换元。

解：设 $\sqrt{2x-1}=y$，则 $x=\dfrac{y^2+1}{2}$，于是原方程化为 $|y+1|+|y-1|=2$。解这个方程

得 $-1\leqslant y\leqslant 1$，又 $\sqrt{2x-1}=y\geqslant 0$，所以 $0\leqslant\sqrt{2x-1}\leqslant 1$，即 $\dfrac{1}{2}\leqslant x\leqslant 1$。

说明：把一部分看成一个整体进行换元，往往不破坏原来的结构，容易突出问题的实质。例如，分解因式 $(a+b-2ab)(a+b-2)+(1-ab)^2$，作代换 $x=a+b,y=ab$，则原式 $=(x-2y)(x-2)+(1-y)^2=(x-y)^2-2(x-y)+1=(x-y+1)^2=(a+b-ab+1)^2$。

12.解：设 $x+y=a,x-y=b$，得 $x=\dfrac{a+b}{2},y=\dfrac{a-b}{2}$ 且 $-1<a<4,2<b<3$，所以

$Z=2x-3y=2\times\dfrac{a+b}{2}-3\times\dfrac{a-b}{2}=-\dfrac{a}{2}+\dfrac{5b}{2}$。由于 $-2<-\dfrac{a}{2}<\dfrac{1}{2}$，$5<\dfrac{5b}{2}<\dfrac{15}{2}$，所以 $Z=2x-3y\in(3,8)$。

13.分析：由于 $x>y>z$，所以 $x-y$、$y-z$、$x-z$ 均大于零，且有 $(x-z)\left(\dfrac{1}{x-y}+\dfrac{1}{y-z}\right)\geqslant n$ 恒成立。因此，只需求 $(x-z)\left(\dfrac{1}{x-y}+\dfrac{1}{y-z}\right)$ 的最小值即可。

解：设 $a=x-y,b=y-z$，则 $a>0,b>0$，且 $x-z=(x-y)+(y-z)=a+b$，所以 $(x-z)\left(\dfrac{1}{x-y}+\dfrac{1}{y-z}\right)=(a+b)\left(\dfrac{1}{a}+\dfrac{1}{b}\right)\geqslant 2\sqrt{ab}\cdot\dfrac{2}{\sqrt{ab}}=4$，所以 n 的最大值为 4。

说明：这里用了转化的思想，通过引进换元，将问题转化为简单的形式。

14.证明：设 $1-x=a>0,1-y=b>0,1-z=c>0$，则 $a+b+c=1$。

$xy+yz+zx=(1-a)(1-b)+(1-b)(1-c)+(1-c)(1-a)=3-2(a+b+c)+ab+bc+ca=1+ab+bc+ca>1$，又 $1-3(ab+bc+ca)=(a+b+c)^2-3(ab+bc+ca)=a^2+b^2+c^2-(ab+bc+ca)=\dfrac{1}{2}\left[(a-b)^2+(b-c)^2+(c-a)^2\right]\geqslant 0$，所以 $ab+bc+ca\leqslant\dfrac{1}{3}$。

因为 $xy+yz+zx=1+ab+bc+ca$，所以 $1<xy+yz+zx\leqslant 1+\dfrac{1}{3}=\dfrac{4}{3}$。

习题 3.8

1.解：设 $a+3b=\lambda_1(a+b)+\lambda_2(a-2b)=(\lambda_1+\lambda_2)a+(\lambda_1-2\lambda_2)b$，得 $\begin{cases}\lambda_1+\lambda_2=1\\\lambda_1-2\lambda_2=3\end{cases}$，解之得 $\lambda_1=\dfrac{5}{3},\lambda_2=-\dfrac{2}{3}$。所以 $a+3b=\dfrac{5}{3}(a+b)-\dfrac{2}{3}(a-2b)$。

由于 $-\dfrac{5}{3}\leqslant\dfrac{5}{3}(a+b)\leqslant\dfrac{5}{3}$，$-2\leqslant-\dfrac{2}{3}(a-2b)\leqslant-\dfrac{2}{3}$，所以 $-\dfrac{11}{3}\leqslant a+3b\leqslant 1$。

2.证明：引进参数，设 $a_n=\dfrac{2\cdot4\cdot6\cdots\cdot2n}{1\cdot3\cdot5\cdots\cdot(2n-1)}\cdot\dfrac{1}{\sqrt{3n+1}}$，则 $\left(\dfrac{a_{n+1}}{a_n}\right)^2=\dfrac{(2n+2)^2(3n+1)}{(2n+1)^2(3n+4)}=\dfrac{12n^3+28n^2+20n+4}{12n^3+28n^2+19n+4}>1$，所以 $a_{n+1}>a_n$，即 $a_n>a_{n-1}>\cdots>a_1=1$，从而 $a_n>1$，故有 $\dfrac{1}{2}\cdot\dfrac{3}{4}\cdot\dfrac{5}{6}\cdots\cdot\dfrac{2n-1}{2n}<\dfrac{1}{\sqrt{3n+1}}$。

3.解：如图，取半径为 r 的圆上的定点 O 为原点，半径 OC 所在直线为 y 轴，圆心 C 在 y 轴的正半轴上，圆 C 沿 x 轴的正半轴滚动。

当圆 C 滚动到 D 的位置时，圆 D 与 x 轴切于 B，圆 C 上与点 B 相应的点是 A，圆 D 上与点 O 相应的点是 P。引进参数，设 $\angle OCA=t$，则 $\angle PDB=t$。

过 P 作 x 轴的垂线,垂足为 Q;过 D 作 PQ 的垂线,垂足为 M,则 $OB=rt$, $QB=r\sin t$,$QM=BD=r$,$PM=r\cos t$,从而点 $P(x,y)$ 的坐标为:$x=rt-r\sin t$,$y=r-r\cos t$。

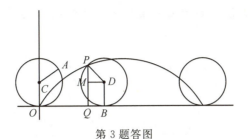

第 3 题答图

说明:1615 年,法国数学家梅森把这条曲线称为旋轮线,后来也把它称为摆线(伽利略命名)或最速降线(设 A 和 B 是铅直平面上不在同一铅直线上的两点,在所有连接 A 和 B 的平面曲线中,求出一条曲线,使仅受重力作用且初速度为零的质点从 A 点到 B 点沿这条曲线运动时所需时间最短。1696 年,瑞士数学家约翰·伯努利解决了这个问题,它就是摆线)。由于 17 世纪大批数学家对这个问题感兴趣,所以也把摆线称为几何学中的海伦。

4. 解:这是圆锥曲线求方程问题,涉及最近距离问题,而从数学思维上往往会想到椭圆的参数方程,再利用三角函数的有界性,将几何问题转化为代数问题。

设椭圆参数方程为 $\begin{cases} x=a\cos\theta \\ y=b\sin\theta(a>b>0,0\leqslant\theta\leqslant2\pi) \end{cases}$,由 $e^2=\dfrac{c^2}{a^2}=\dfrac{a^2-b^2}{a^2}=1-\left(\dfrac{b}{a}\right)^2$,

从而 $\dfrac{b}{a}=\sqrt{1-e^2}=\sqrt{1-\dfrac{3}{4}}=\dfrac{1}{2}$,故 $a=2b$。

设椭圆上点 (x,y) 到点 $P\left(0,\dfrac{3}{2}\right)$ 的距离为 d,则有 $d^2=x^2+\left(y-\dfrac{3}{2}\right)^2=a^2\cos^2\theta+\left(b\sin\theta-\dfrac{3}{2}\right)^2=-3b^2\sin^2\theta-3b\sin\theta+4b^2+\dfrac{9}{4}$。令 $\sin\theta=t$,则 $t\in[-1,1]$,$d^2=f(t)$,则

$f(t)=-3b^2t^2-3bt+4b^2+\dfrac{9}{4},t\in[-1,1]$。

这样,把问题转化为含参数的二次函数最值问题:定区间、动轴 $x=-\dfrac{1}{2b}$ 问题。

(1)当 $-\dfrac{1}{2b}<-1$,即 $b<\dfrac{1}{2}$ 时,$f(-1)$ 最大,此时 $-3b^2+3b+4b^2+\dfrac{9}{4}=7$,从而 $b^2+3b-\dfrac{19}{4}=0$,考虑到 $b>0$ 可得 $b=\sqrt{7}-\dfrac{3}{2}>\dfrac{1}{2}$(舍)。

(2)当 $-1\leqslant-\dfrac{1}{2b}<0$,即 $b\geqslant\dfrac{1}{2}$ 时,$f\left(-\dfrac{1}{2b}\right)$ 最大,此时 $-3b^2\left(-\dfrac{1}{2b}\right)^2+3b\times\left(-\dfrac{1}{2b}\right)+4b^2+\dfrac{9}{4}=7$,从而 $b^2=1$,考虑到 $b>0$ 可得 $b=1$,从而 $a=2$。

所以,椭圆方程为 $\dfrac{x^2}{4}+y^2=1$。

5. 证明：边长设 $a=\dfrac{c}{c+d}$，$b=\dfrac{d}{c+d}$，$c>0$，$d>0$，则 $\left(a+\dfrac{1}{a}\right)^2+\left(b+\dfrac{1}{b}\right)^2=\left(\dfrac{c}{c+d}+\dfrac{c+d}{c}\right)^2+\left(\dfrac{d}{c+d},+\dfrac{c+d}{d}\right)^2=4+\dfrac{c^2+d^2}{(c+d)^2}+\dfrac{(c+d)^2(c^2+d^2)}{c^2d^2}\geqslant 4+\dfrac{1}{2}+8=\dfrac{25}{2}$。

6. 解：可以假定三角形 EFG 的每一条边上至少有正方形 $ABCD$ 的一个顶点（否则将得到更大的三角形）。

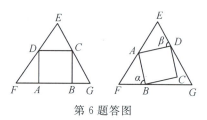

第6题答图

当 A,B,C,D 都在三角形 EFG 的边上时（如图），此时 $a=ED+DF=1+\dfrac{2}{\sqrt{3}}$。

当 A,B,C,D 有一个点不在三角形 EFG 的边上时（如图），引进参数 α,β，则 $a=AF+AE=\dfrac{\sin\alpha}{\sin 60^\circ}+\dfrac{\sin\beta}{\sin 60^\circ}=\dfrac{2}{\sqrt{3}}(\sin\alpha+\sin\beta)=\dfrac{4}{\sqrt{3}}\dfrac{\sin(\alpha+\beta)}{2}\cos\dfrac{(\alpha-\beta)}{2}$。

因为 $\alpha+\beta=360^\circ-60^\circ-60^\circ-90^\circ=150^\circ$，$0^\circ<\alpha<90^\circ$，$0^\circ<\beta<90^\circ$，所以 $\alpha>60^\circ$，$\beta>60^\circ$，从而 $-30^\circ<\alpha-\beta<30^\circ$。

故 $\dfrac{4}{\sqrt{3}}\sin\dfrac{\alpha+\beta}{2}\cos\dfrac{\alpha-\beta}{2}=\dfrac{2}{\sqrt{3}}\sin\dfrac{150^\circ}{2}\cos\dfrac{\alpha-\beta}{2}\geqslant\dfrac{4}{\sqrt{3}}\sin 75^\circ\cos\dfrac{30^\circ}{2}=\dfrac{2}{\sqrt{3}}(\sin 90^\circ+\sin 60^\circ)=1+\dfrac{2}{\sqrt{3}}$。

综上所述，当 A,B,C,D 都在三角形 EFG 的边上时，a 取最小值。此时 $a=ED+DF=1+\dfrac{2}{\sqrt{3}}$。

7. 解：如图，引进参数，设 $\dfrac{AD}{AB}=x$，则 $\dfrac{S_{\triangle ADE}}{S_{\triangle ABC}}=\dfrac{AD^2}{AB^2}=x^2$，所以 $S_{\triangle ADE}=x^2S$。过 C 作 $CH\perp AB$ 于 H，过 E 作 $EG\perp AB$ 于 G，则 $\dfrac{S_{\triangle BBE}}{S_{\triangle ABC}}=\dfrac{EG}{CH}=\dfrac{ED}{BC}=\dfrac{AD}{AB}=x$，所以 $S_{\triangle ABE}=xS$。由题意 $xS-x^2S=k^2$，即 $x^2S-xS+k^2=0$。该一元二次方程有解的充要条件是 $\Delta=S^2-4Sk^2\geqslant 0$，即 $S\geqslant 4k^2$。当 $S\geqslant 4k^2$ 时，方程有两个解 x_1,x_2，满足 $x_1+x_2=1$，$0<x_1x_2=\dfrac{k^2}{S}<1$，从而 $0<x_1,x_2<1$，符合题意。

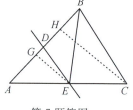

第7题答图

故当 $S>4k^2$ 时，本题有两个解 x_1,x_2；当 $S=4k^2$ 时本题有一个解。

习题 3.9

1. 解：(1) 设原式 $=(x^2+lx+1)(x^3+nx^2+px+1)$，待定系数得原式 $=(x^2+x+1)\times$

(x^3-x^2+1)。

（2）由对称性可知,它可分解为一个一次齐次对称式和一个二次齐次对称式之积,且由 x^3,y^3,z^3 的系数为 1 可推知 $x^3+y^3+z^3-3xy=(x+y+z)(x^2+y^2+z^2+axy+ayz+azx)$,比较两端同次幂的系数得:$a=-1$。从而,$x^3+y^3+z^3-3xy=(x+y+z)(x^2+y^2+z^2-xy-yz-zx)$。

（3）原式为 a,b,c 的三次齐次循环对称式,且缺少 a^3,b^3,c^3 项,故可设原式为三个缺项的一次齐次式之积:原式$=(ma+nb)(mb+nc)(mc+na)$。

分别令 $a=b=c=1;a=0,b=1,c=2$ 得到,$m=-1,n=1$,所以 $a^2(b-c)+b^2(c-a)+c^2(a-b)=(b-a)(c-b)(a-c)$。

另解:令 $a=b$ 代入原式为 0,所以原式有因式 $a-b$。由对称性知它还有因式 $(b-c)\times(c-a)$,于是可设原式$=k(a-b)(b-c)(c-a)$。令 $a=0,b=1,c=2$ 得 $k=-1$,所以有 $a^2(b-c)+b^2(c-a)+c^2(a-b)=(b-a)(c-b)(a-c)$。

2. 解:方程缺少三次项,可设方程右边为 $(x^2+kx+h)(x^2-kx+m)$,则得 k,h,m 的三个等式 $m-k^2+h=b,km-kh=c,hm=d$,从中消去 h 和 m,便得 k 的一个六次方程 $\left(k^2+b+\dfrac{c}{k}\right)\left(k^2+b-\dfrac{c}{k}\right)=4d$,即 $k^2(k^2+b)^2-c^2=4dk^2$。

也可以看作关于 k^2 的三次方程,于是求解四次方程转化为求解三次方程,具体求解略。

说明:本题也可如下求解。因为 $x^4+bx^3+cx^2+dx+e=0$,移项后得:$x^4+bx^3=-cx^2-dx-e$。在两边都加上 $\left(\dfrac{1}{2}bx\right)^2$ 配成平方得 $\left(x^2+\dfrac{1}{2}bx\right)^2=\left(\dfrac{1}{4}b^2-c^2\right)x^2-dx-e$,两边再加上 $\left(x^2+\dfrac{1}{2}bx\right)y+\dfrac{1}{4}y^2$,得 $\left(x^2+\dfrac{1}{2}bx\right)^2+\left(x^2+\dfrac{1}{2}bx\right)y+\dfrac{1}{4}y^2=\left(\dfrac{1}{4}b^2-c^2+y\right)x^2+\left(\dfrac{1}{2}by-d\right)x+\dfrac{1}{4}y^2-e(*)$,若右边关于 x 的二次式的判别式为零,则可使右边成为 x 的一次式的完全平方。于是设 $\left(\dfrac{1}{2}by-d\right)^2-4\left(\dfrac{1}{4}b^2-c^2+y\right)\left(\dfrac{1}{4}y^2-e\right)=0$,这是 y 的一个三次方程,利用三次方程的解法解之,并任取一个 y 代入$(*)$,就可将原来的四次方程化为两个二次方程。

3. 解:猜测结果应该是 n 的多项式,可设 $S_n=A+Bn+Cn^2+Dn^3+En^4+Fn^5+\cdots$,则 $S_{n+1}=A+B(n+1)+C(n+1)^2+D(n+1)^3+E(n+1)^4+F(n+1)^5+\cdots$,所以 $S_{n+1}-S_n=(n+1)(n+2)^2=B+C(2n+1)+D(3n^2+3n+1)+E(4n^3+6n^2+4n+1)+F(5n^4+\cdots)+\cdots$,比较两端 n 的同次幂系数,显然 F 及其以后的系数均为零,得到 $4E=1,B+C+D+E=4,2C+3D+4E=8,3D+6E=5$,解之得 $E=\dfrac{1}{4},D=\dfrac{7}{6},C=\dfrac{7}{4},B=\dfrac{5}{6}$。再令 $n=1$ 得 $S_1=1\cdot2^2=A+B+C+D+E=A+4$,从而 $A=0$。所以 $S_n=\dfrac{5}{6}n+\dfrac{7}{4}n^2+\dfrac{7}{6}n^3+\dfrac{1}{4}n^4=\dfrac{n}{12}(n+1)(n+2)(3n+5)$。

4. 解:设 $a(2x+y-z)+b(x-y+z)+c(x+2y-z)=7x+5y-2z$,比较两边的系数

得 $\begin{cases} 2a+b+c=7 \\ a-b+2c=5 \\ a-b+c=2 \end{cases}$，解之得 $\begin{cases} a=1 \\ b=2 \\ c=3 \end{cases}$。

又 $-1 \leqslant 2x+y-z \leqslant 8$，$2 \leqslant x-y+z \leqslant 9$，$-3 \leqslant x+2y-z \leqslant 7$，所以 $-1 \leqslant 2x+y-z \leqslant 8$，$4 \leqslant 2(x-y+z) \leqslant 18$，$-9 \leqslant 3(x+2y-z) \leqslant 21$，从而 $-6 \leqslant 7x+5y-2z \leqslant 47$，即 $7x+5y-2z$ 的最大值与最小值分别是 47，-6。

5. 证明：因为 $x^2+y^2+z^2+\lambda(x+y+z-1) = \left(x^2+\lambda x+\dfrac{1}{4}\lambda^2\right)+\left(y^2+\lambda y+\dfrac{1}{4}\lambda^2\right)+\left(z^2+\lambda z+\dfrac{1}{4}\lambda^2\right)-\lambda-\dfrac{3}{4}\lambda^2 = \left(x+\dfrac{1}{2}\lambda\right)^2+\left(y+\dfrac{1}{2}\lambda\right)^2+\left(z+\dfrac{1}{2}\lambda\right)^2-\lambda-\dfrac{3}{4}\lambda^2 \geqslant -\lambda-\dfrac{3}{4}\lambda^2$，当且仅当 $x=y=z=-\dfrac{1}{2}\lambda$ 时等号成立，把它们代入 $x+y+z=1$ 得 $\lambda=-\dfrac{2}{3}$。所以，$x^2+y^2+z^2 \geqslant \dfrac{2}{3}-\dfrac{3}{4}\left(-\dfrac{2}{3}\right)^2=\dfrac{1}{3}$。

说明：此题还可以用构造法求解，见习题 4.3 第 7 题。

习题 3.10

1. 证明：用反证法。假设素数有有限个，不妨记它们为 $p_1,p_2,\cdots,p_n$。（构造辅助元素）构造数 $a=p_1p_2\cdots p_n+1$，则 $p_1,p_2,\cdots,p_n$ 都与 a 不等，即 a 是合数。从而存在素数 p，使得 p 能整除 a。但 $p_1,p_2,\cdots,p_n$ 都不能整除 a，所以 p 与 $p_1,p_2,\cdots,p_n$ 都不相等，于是就产生了一个新的素数。这与假设矛盾。故素数有无限个。

2.（1）解：对函数求导得 $y'=\dfrac{1-\ln x}{x^2}$，$y'(1)=1$，所以 l 的方程为 $y=x-1$。

（2）证明：要证明曲线 C 在直线 l 的下方，只需证明：对任意的 $x \in (0,\infty)$ 且 $x \neq 1$，都有 $x-1 > \dfrac{\ln x}{x}$，即 $x^2-x > \ln x$。

构造函数 $f(x)=x^2-x-\ln x\,(x>0)$，因为 $f'(x)=2x-1-\dfrac{1}{x}=\dfrac{(2x-1)(x-1)}{x^2}$，所以当 $x \in (0,1)$ 时，$f'(x)<0$，$f(x)$ 单调递减；当 $x \in (1,\infty)$ 时，$f'(x)>0$，$f(x)$ 单调递增。

因此，$f(x)_{\min}=f(1)=0$，$f(x)>f(1)=0$，即有 $x^2-x > \ln x$。

故除切点 $(1,0)$ 外，曲线 C 在直线 l 的下方。

3. 证明：不等式中四个式子形式相似，相当于函数 $f(x)=\dfrac{x}{1+x}$ 在相应点的函数值，由此我们构造辅助函数来研究不等式。

构造函数 $f(x)=\dfrac{x}{1+x}$，$x \in [0,+\infty)$，则当 $0 \leqslant x_1 < x_2$ 时，因为 $f(x_2)-f(x_1)=\dfrac{x_2}{1+x_2}-\dfrac{x_1}{1+x_1}=\dfrac{x_2-x_1}{(1+x_1)(1+x_2)}>0$，所以，$f(x)=\dfrac{x}{1+x}$，$x \in [0,+\infty)$ 是增函数。由 $|a+b+c| \leqslant |a|+|b|+|c|$ 得，$f(|a+b+c|) \leqslant f(|a|+|b|+|c|)$，即 $\dfrac{|a+b+c|}{1+|a+b+c|} \leqslant$

$$\frac{|a|+|b|+|c|}{1+|a|+|b|+|c|}=\frac{|a|}{1+|a|+|b|+|c|}+\frac{|b|}{1+|a|+|b|+|c|}+\frac{|c|}{1+|a|+|b|+|c|}\leqslant$$
$$\frac{|a|}{1+|a|}+\frac{|b|}{1+|b|}+\frac{|c|}{1+|c|}。$$

说明:在使用构造法时,人们常常会问为什么这样构造?这要靠对条件、结论以及条件与结论联系的综合分析。例如,设 x,y 是实数,满足 $(x-1)^3+2021(x-1)=-1$, $(y-1)^3+2021(y-1)=1$,求 $x+y$ 的值。

根据条件的特征,我们可以构造函数 $f(t)=t^3+2021t$,等式可化为 $f(x-1)=-1$, $f(1-y)=-1$。显然 $f(t)$ 是增函数,所以必有 $x-1=1-y$,从而 $x+y=2$。

4. 证明:直接展开运算量太大。采用构造法,将 a 看作变量 x 的某一取值,构造函数 $f(x)=(b-c)^2(x-b-c)(x+b+c)+4x^2bc-(b+c)^2(x+b-c)(x+c-b)$,易见 $f(b+c)=f(-(b+c))=f(b-c)=0$。

若 $b+c=0$,则直接代入可知原等式成立。若 $b+c\neq0$,则由于 $f(x)$ 是不超过二次的多项式函数,在三个不同点取零值,故 $f(x)\equiv0$。从而 $f(a)=0$,故原不等式成立。

5. 证明:直接展开比较困难,可构造数列 $a_n=\dfrac{2}{\sqrt{2n+1}}\left(1+\dfrac{1}{3}\right)\left(1+\dfrac{1}{5}\right)\cdots$
$\left(1+\dfrac{1}{2n-1}\right)$,则 $\dfrac{a_{n+1}}{a_n}=\dfrac{\sqrt{2n+1}}{\sqrt{2n+3}}\left(1+\dfrac{1}{2n+1}\right)=\dfrac{\sqrt{2n+1}}{\sqrt{2n+3}}\cdot\dfrac{2n+2}{2n+1}=\dfrac{2n+2}{\sqrt{4n^2+8n+3}}>$
$\dfrac{2n+2}{\sqrt{4n^2+8n+4}}=1$,所以 $a_{n+1}>a_n$,从而 $a_n>a_2=\left(1+\dfrac{1}{3}\right)\left(1+\dfrac{1}{5}\right)\cdot\dfrac{2}{\sqrt{5}}>1$,所以原不等式成立。

说明:类似地可证明下列问题。设 $a_n=\sqrt{1\times2}+\sqrt{2\times3}+\cdots+\sqrt{n\times(n+1)}$,$n\in$
$\mathbf{N}_+$,求证 $\dfrac{1}{2}n(n+1)<a_n<\dfrac{1}{2}(n+1)^2$。可构造 $b_n=a_n-\dfrac{1}{2}(n+1)^2$,$c_n=a_n-\dfrac{1}{2}n(n+1)$,用取差法分别证明两个数列是递减数列和递增数列即可。

习题 3.11

1. 解:通过特殊值分析知道 $a_0=1$,$a_1=2$,$a_2=4$,$a_3=8$,逐步看出:第 n 个圆最多与前 $n-1$ 个圆有 $2(n-1)$ 个交点,从而增加 $2(n-1)$ 个部分,于是可以得到一阶递推公式 $a_n=a_{n-1}+2(n-1)$,$n\geqslant1$,$n\in\mathbf{N}$。进而可得 $a_n=a_0+2\sum\limits_{i=1}^{n-1}i=n^2-n+2$。

2. 解:由于 $f(x)$ 是定义在正整数集上的函数,容易联想到数列的递推关系。令 $y=1$,得到 $f(x+1)-f(x)=2+x$,于是 $f(x)-f(x-1)=1+x$,$f(x-1)-f(x-2)=x$, $f(x-2)-f(x-3)=x-1$,$\cdots\cdots$,$f(3)-f(2)=4$,$f(2)-f(1)=3$,以上各式相加得 $f(x)-f(1)=3+4+\cdots+(x+1)=\dfrac{(x-1)(x+4)}{2}$,$f(1)=2$。

所以 $f(x)=\dfrac{x(x+3)}{2}$ $(x\geqslant2)$。考虑到 $f(1)=2$ 也满足该表达式,从而 $f(x)=\dfrac{x(x+3)}{2}(x\in\mathbf{N}_+)$。

3. 证明：由已知可以推出 $f_n - f_{n-1} = f_{n-1} - f_{n-2} + 2$。对 $k = 2, 3, \cdots, n$ 诸式相加得 $f_n - f_1 = f_{n-1} - f_0 + 2(n-1)$，即有 $f_n - f_{n-1} = f_1 - f_0 + 2(n-1)$，再对 $n = 1, 2, \cdots, m$ 诸式相加得 $f_m - f_0 = m(c-1) + 2(1 + 2 + \cdots + (m-1))$，即有 $f_m = mc + (m-1)^2$。

由此，对于整数 $k \geqslant 0$，就有 $h = kc + k(k-1) + 1$ 使得：$f_k f_{k+1} = [kc + (k-1)^2][(k+1)c + k^2] = [kc + k(k-1) + 1]c + [kc + k(k-1)]^2 = f_h$。

4. 解：题目是以递推函数的形式定义一个函数的，没有给出具体的函数。可根据(1)和(2)类比 $\dfrac{\cos x}{2}$ 的性质，推测函数是偶函数和周期函数。

由 $2f(2x) = f(2x)f(0)$ 得 $f(0) = 2$。再由 $f(x) + f(-x) = f(0)f(x) = 2f(x)$ 得到 $f(x) = f(-x)$，所以 $f(x)$ 是偶函数。

由 $f(x + 2\pi) + f(x) = f(x + \pi)f(\pi) = 0$ 得 $f(x) = -f(x + 2\pi)$。又 $f(x + 4\pi) = f((x + 2\pi) + 2\pi) = -f(x + 2\pi) = f(x)$，所以 $f(x)$ 是以 4π 为周期的周期函数。

5. 解：这种已经给出要求证的表达式的问题，易于想到数学归纳法。将 n 和 $n-1$ 代入欲证的表达式中之后所体现的差异，可作为第一步的归纳结论。

欲证 $a_0 a_1 \cdots a_{n-1} \left(\dfrac{1}{a_0} + \dfrac{1}{a_1} + \cdots + \dfrac{1}{a_{n-1}} \right) = 1$ （1），又 $a_0 a_1 \cdots a_{n-1} a_n \left(\dfrac{1}{a_0} + \dfrac{1}{a_1} + \cdots + \dfrac{1}{a_{n-1}} + \dfrac{1}{a_n} \right) = 1$，即 $a_0 a_1 \cdots a_{n-1} a_n \left(\dfrac{1}{a_0} + \dfrac{1}{a_1} + \cdots + \dfrac{1}{a_{n-1}} \right) = 1 - a_0 a_1 \cdots a_{n-1}$ （2），

(1)、(2)相比得：$a_0 a_1 \cdots a_{n-1} = 1 - a_n$。先用数学归纳法证明：$a_0 a_1 \cdots a_{n-1} = 1 - a_n$，$n \in \mathbf{N}_+$。

当 $n = 1$ 时，命题显然成立。假设 $n = k$ 时命题成立，即此时有 $a_0 a_1 \cdots a_{k-1} = 1 - a_k$，则当 $n = k+1$ 时，有 $a_0 a_1 \cdots a_k = (1 - a_k)a_k = 1 - a_{k+1}$ 也成立。

故命题成立。再用数学归纳法证明原命题。

当 $n = 1$ 时，命题显然成立。假设 $n = k$ 时命题成立，则当 $n = k+1$ 时有：$a_0 a_1 \cdots a_{k+1} \left(\dfrac{1}{a_0} + \dfrac{1}{a_1} + \cdots + \dfrac{1}{a_{k+1}} \right) = a_{k+1} \cdot a_0 a_1 \cdots a_k \left[\left(\dfrac{1}{a_0} + \dfrac{1}{a_1} + \cdots + \dfrac{1}{a_k} \right) + \dfrac{1}{a_{k+1}} \right] = a_{k+1} \left(1 + \dfrac{a_0 a_1 \cdots a_k}{a_{k+1}} \right) = a_{k+1} \left(1 + \dfrac{1 - a_{k+1}}{a_{k+1}} \right) = 1$，即 $n = k+1$ 也成立。故命题成立。

说明：该题的逆命题也成立：若对任意的正整数 n 都有 $a_0 a_1 \cdots a_n \left(\dfrac{1}{a_0} + \dfrac{1}{a_1} + \cdots + \dfrac{1}{a_n} \right) = 1$ 时，则有 $a_0 \neq 0, 1$，$a_1 = 1 - a_0$，$a_{n+1} = 1 - a_n(1 - a_n)$。

6. 证明：(1) 在 $\{x_n\}$ 中添加一项 $x_0 = 0$，得到新数列 $\{x_n\}$，$n \in \mathbf{N}$。这样，对于 $n \geqslant 1$ 有：$x_n^2 = x_{n+1}x_{n-1} + 1$，$x_{n+1}^2 = x_{n+2}x_n + 1$，两式相减得：$x_{n+1}(x_{n+1} + x_{n-1}) = x_n(x_{n+2} + x_n)$，即 $\dfrac{x_{n+2} + x_n}{x_{n+1}} = \dfrac{x_{n+1} + x_{n-1}}{x_n} = \cdots = \dfrac{x_2 + x_0}{x_1} = 4$，于是 $x_{n+1} = 4x_n - x_{n-1}$（$n \geqslant 1$，$x_n \neq 0$）。

由于 $x_0 = 0$，$x_1 = 1$，由数学归纳法可知：对所有的 $n \geqslant 1$，都有 $x_n \in \mathbf{N}_+$。

(2) 由(1)知 $x_{n+1} = 4x_n - x_{n-1}$，所以 $0 = x_{n+1}(x_{n+1} - 4x_n - x_{n-1}) = x_{n+1}^2 - 4x_{n+1}x_n + x_{n+1}x_{n-1} = x_{n+1}^2 - 4x_{n+1}x_n + x_n^2 - 1 = (x_{n+1} - x_n)^2 - (2x_{n+1}x_n + 1)^2$，即 $2x_{n+1}x_n + 1 = (x_{n+1} - x_n)^2$ 是完全平方数，$n \in \mathbf{N}_+$。

7. 分析：该问题直接证明有些困难。可先从特殊情况入手，考察前几项。$a_1 = a_2 = 1$，

$a_3=\dfrac{1^2+(-1)^0}{1}=2,a_4=\dfrac{2^2+(-1)^1}{1}=3,a_5=\dfrac{3^2+(-1)^1}{2}=5,a_6=\dfrac{5^2+(-1)^3}{3}=8,\cdots$可

以发现,从第三项起每一项等于其前两项之和,再求n项也是这样。因此,我们得到一个

新命题A:若$a_1=1,a_2=1,$且$a_{n+2}=\dfrac{a_{n+1}^2+(-1)^{n-1}}{a_n}$,则有$a_{n+2}=a_{n+1}+a_n,n\in\mathbf{N}_+$。有了

这个结论我们就可以用来证明本题的结论。

证明:当$n=1$时,$a_3=\dfrac{1^2+(-1)^0}{1}=2=1+1=a_1+a_2$,即命题$A$成立。

假设$n=k(k\in\mathbf{N}_+)$时命题A成立,即有$a_{k+2}=a_{k+1}+a_k$,则当$n=k+1$时,由$a_{k+2}=$

$\dfrac{a_{k+1}^2+(-1)^{k-1}}{a_k}$知,$(-1)^k=a_{k+1}^2-a_{k+2}\cdot a_k$,于是$a_{k+3}=\dfrac{a_{k+2}^2+(-1)^k}{a_{k+1}}=$

$\dfrac{a_{k+2}^2+a_{k+1}^2-a_{k+2}a_k}{a_{k+1}}=\dfrac{a_{k+2}(a_{k+2}-a_k)+a_{k+1}^2}{a_{k+1}}=\dfrac{a_{k+2}\cdot a_{k+1}+a_{k+1}^2}{a_{k+1}}=a_{k+2}+a_{k+1}$,即当$n=$

$k+1$时命题A成立。故对一切$n\in\mathbf{N}_+$,命题A成立。

又由$a_{n+2}=a_{n+1}+a_n$及数学归纳法知,a_n为正整数$n\in\mathbf{N}_+$。

说明:从特殊情况入手,发现更强的结论:递归关系$a_{n+2}=a_{n+1}+a_n$是问题的关键。

习题 3.12

1. 解:(1)令$x=1$,则有相同值无法判别。再令$x=\sqrt{2}$,可鉴别。选(D)。

(2)令$a=2,b=3$,则$M=25,N=5$,所以$M>N$。令$a=b=\dfrac{1}{2}$,则$M=\dfrac{25}{36},N=\dfrac{5}{6}$,所

以$M<N$。选(D)。

(3)通过抽样观察,取$a=0.1,b=0.9$,则$a+b=1,2\sqrt{ab}=0.6,a^2+b^2=0.82$,

$2ab=0.18$,所以,$a+b$最大,$2ab$最小。

2. 解:题目中只出现了$x\leqslant0$时$f(x)$的解析式,欲求出$f(2022)$的值,自然会想到周

期函数。接下来就用赋值法寻找规律。因为$f(-1)=\log_2^2=1,f(0)=\log_2^1=0$,所以

$f(1)=f(0)-f(-1)=-1,f(2)=f(1)-f(0)=-1,f(3)=f(2)-f(1)=0$,

$f(4)=f(3)-f(2)=1,f(5)=f(4)-f(3)=1,f(6)=f(5)-f(4)=0,f(7)=f(6)-$

$f(5)=-1,f(8)=f(7)-f(6)=-1,f(9)=f(8)-f(7)=0,f(10)=f(9)-f(8)=1$,

由观察可知,$f(x)$的值以6为周期,故$f(2022)=f(6)=0$。

3. 解:本题乍一看变量很多,比较复杂,但可用抽样观察法,探索出所求的值,再去证

明即可。取$x=0,y=1,z=2$,则可得$a=0,b=\dfrac{1}{2},c=2$,代入$\dfrac{a}{1+a}+\dfrac{b}{1+b}+\dfrac{c}{1+c}$得其值

为1(目标明确了)。于是,可把问题转化为在已知条件下,证明$\dfrac{a}{1+a}+\dfrac{b}{1+b}+\dfrac{c}{1+c}=1$。

因为$\dfrac{a}{1+a}=\dfrac{\dfrac{x}{y+z}}{1+\dfrac{x}{y+z}}=\dfrac{x}{x+y+z}$,同理$\dfrac{b}{1+b}=\dfrac{y}{x+y+z},\dfrac{c}{1+c}=\dfrac{z}{x+y+z}$,所以有

$\dfrac{a}{1+a}+\dfrac{b}{1+b}+\dfrac{c}{1+c}=\dfrac{x+y+z}{x+y+z}=1$。

4. 解：把同学 1 和同学 2 所取到的两个整数之和的可能的(分别取 1 到 9)个位数字列表如下，观察表可知，数字 0 出现 9 次，次数最多，所以可能性最大的数字是 0。

1	1	2	3	4	5	6	7	8	9
1	2	3	4	5	6	7	8	9	0
2	2	4	5	6	7	5	9	0	1
3	4	5	6	7	8	9	0	1	2
4	5	6	7	5	9	0	1	2	3
5	6	7	4	9	0	1	2	3	4
6	7	8	9	0	1	2	3	4	3
7	8	9	0	1	2	3	1	5	6
8	9	0	1	2	3	4	5	6	7
9	0	1	2	3	4	5	6	7	8

5. 解：设三角形的另外两边长分别为 a,b，不妨设 $a \geqslant b$。设计一个 11×11 表格(这种方法也可称为列表法)，在第 i 行第 j 列填上数字 $C_{ij} = i + j$，且当 $C_{ij} \leqslant 11$ 时则不填任何数字。由表知，共有 $1+3+5+7+9+11 = 36$ 个。

i	j 1	2	3	4	5	6	7	8	9	10	11
1											12
2										12	13
3									12	13	14
4								12	13	14	15
5							12	13	14	15	16
6						12	13	14	15	16	17
7							14	15	16	17	18
8								16	17	18	19
9									18	19	20
10										20	21
11											22

说明：一般地，当 $n(n \in \mathbf{N}_+)$ 为最大边长时，若 n 为奇数，则三角形的个数为 $1+3+5+\cdots+n = \dfrac{(n+1)^2}{4}$；若 n 为偶数，则三角形的个数为 $2+4+6+\cdots+n = \dfrac{n(n+2)}{4}$。

6. 解：列 10 行 10 列的表格，在第 i 行第 j 列填上数字 a_{ij}，使 $i+2j+a_{ij}=100$ 且 a_{ij} 为 3 的倍数。表中出现 9 个不同的数，唯有 81 可以写成 3 与平方数的积，即 $81 = 3 \times 3^2$。

i	j 1	2	3	4	5	6	7	8	9	10
1		96			93			90		
2			93			90			87	
3	93			90			87			84
4		90			87			84		
5			87			84			81	
6	87			84			81			78
7		84			81			78		
8			81			78			75	
9	81			78			75			72
10		78			75			72		

而 81 在 5 个位置上出现,从而方程有 5 组解: $\begin{cases} x=1 \\ y=9 \\ z=3 \end{cases}, \begin{cases} x=3 \\ y=8 \\ z=3 \end{cases}, \begin{cases} x=5 \\ y=7 \\ z=3 \end{cases}, \begin{cases} x=7 \\ y=6 \\ z=3 \end{cases}, \begin{cases} x=9 \\ y=5 \\ z=3 \end{cases}$。

7.证明:用 $+1$ 表示男生,用 -1 表示女生,则相邻两数乘积为 $+1$ 时,插红花;相邻两数乘积为 -1 时,插蓝花。这样,原来的问题就转化成数学模型: $x_1, x_2, \cdots, x_n$ 一个排列,它们均为 $+1$ 或 -1,证明若 $x_1 x_2 + x_2 x_3 + \cdots + x_n x_1 = 0$,则 n 一定是 4 的倍数。

因为从 x_1(不妨记为 $+1$)开始,依次经过 $x_2, \cdots, x_n$ 再回到 x_1,变号的次数必然为偶数,即 $x_1 = (-1)^{2k} x_1$,也就是说 $x_1 x_2, x_2 x_3, \cdots, x_n x_1$ 中 -1 的个数为偶数 $2k$。

又 $x_1 x_2 + x_2 x_3 + \cdots + x_n x_1 = 0$, $x_1 x_2, x_2 x_3, \cdots, x_n x_1$ 中 $+1$ 的个数也为偶数 $2k$,所以在 $x_1 x_2, x_2 x_3, \cdots, x_n x_1$ 中 -1 和 $+1$ 的个数共有 $4k$ 个,即 n 一定是 4 的倍数。

8.解:如图,给每间展览馆编上编号,不论怎样的参观路线,参观者总是从奇数房间走到偶数房间,或是从偶数房间走到奇数房间,记第 i 次从一个房间到另一个房间为 a_i。于是我们赋值,从奇数到偶数记为 $a_i = 1$,从偶数到奇数记为 $a_i = -1$。因为 1 与 7 都是奇数,所以参观路线由奇数房间走到偶数房间的次数与从偶数房间走到奇数房间的次数相等,即 $a_1 + a_2 + \cdots + a_{23} = 0$,但这是不可能的。所以,不存在上述参观路线。

			24	23	22	
15	16	17	18	19	20	21
14	13	12	11	10	9	8
1	2	3	4	5	6	7

入口　　　　　　　　　出口

第 8 题答图

9.解:该题用综合法也可以求解,但比较麻烦。我们可以用赋值法(或称为特殊值法),令 $\angle A = 90°$,则 O 为 BC 边上的中点,H 为 A 点,此时 $\overrightarrow{OH} = m(\overrightarrow{OA} + \overrightarrow{OB} + \overrightarrow{OC})$ 变为 $\overrightarrow{OH} = m(\overrightarrow{OA} + 0)$,从而 $m = 1$。

10.(1)证明:赋值,令 $x = y = 0$,得 $f(0) = f^2(0)$,所以 $f(0) = 1$。

(2)证明:因为 $f(0) = 1 > 0$;当 $x > 0$ 时,$f(x) > 1 > 0$。继续赋值,又 $-x < 0$,且 $f(x+y) = f(x) \cdot f(y)$,从而 $f(0) = f(x + (-x)) = f(x) f(-x) = 1$,所以 $f(x) = \dfrac{1}{f(-x)} > 1 > 0$,故 $f(-x) > 0$。从而对任意 $x \in (-\infty, +\infty)$ 恒有 $f(x) > 0$。

(3)证明:任取 $x_1, x_2 \in (-\infty, +\infty)$, $x_1 < x_2$,则 $x_2 - x_1 > 0$。

因为 $f(x_2) = f((x_2 - x_1) + x_1) = f(x_2 - x_1) f(x_1)$,又 $x_2 - x_1 > 0$,$f(x_2 - x_1) > 1$,$f(x_1) > 0$,所以 $f(x_2) = f((x_2 - x_1) + x_1) = f(x_2 - x_1) f(x_1) > f(x_1)$,即 $f(x_2) > f(x_1)$。故 $f(x)$ 是 $(-\infty, +\infty)$ 上的增函数。

(4)解:因为 $f(x) f(2x - x^2) = f(x + (2x - x^2)) > 1 = f(0)$,又 $f(x)$ 是 $(-\infty, +\infty)$ 上的增函数,所以 $x + (2x - x^2) > 0$,即 $0 < x < 3$。

习题 3.13

1.解:(1)选择次数较低的字母 a 作为主元。原式 $= x(x-2)a + x^2(x^2 - 3x + 2) = x(x-2)a + x^2(x-2)(x-1) = x(x-2)(x^2 - x + a)$。

(2)x, y 的次数相同,可以任选一个作为主元。

原式 $= y(y+1)x^2 + (y^2 + 3y + 1)x + (y+1)$

$$=[(yx+(y+1)][(y+1)x+1]$$
$$=(xy+y+1)(xy+x+1)。$$

2. 解:(1)本题可以用一元二次方程的求根公式来求解,但比较麻烦。注意到方程左端关于 i 是一次的,所以选 i 为主元并整理得 $(2x^2-5x+2)+i(x^2-3x+2)=0$,即 $(x-2)(2x-1)+i(x-2)\times(x-1)=0$,或 $(x-2)[(2x-1)+i(x-1)]=0$,解之得 $x_1=2,x_2=\dfrac{3}{5}+\dfrac{1}{5}i$。

(2)本题与(1)相似。把"3"视为未知数,原方程化为 $x\cdot 3^2-2(x^2+1)\cdot 3+(x^3+1)=0$,解关于 3 的方程得,$3=x+1,3=\dfrac{x^2-x+1}{x}$。解之得 $x_{1,2,3}=2,2+\sqrt{3},2-\sqrt{3}$。

3. 解:此题可以用柯西不等式求解,或用平均值不等式代换。这里,用主元法来求解。选取 b,c,d 轮流作主元。

由已知的两个等式消去 a 得 $(8-b-c-d-e)^2+b^2+c^2+d^2+e^2=16$,即 $2b^2-2(8-c-d-e)b+(8-c-d-e)^2+c^2+d^2+e^2-16=0$(以 b 为主元),因为 $b\in\mathbf{R}$,所以 $\dfrac{1}{4}\Delta_b=(8-c-d-e)^2-2[(8-c-d-e)^2+c^2+d^2+e^2-16]\geqslant 0$,即 $3c^2-2(8-d-e)c+(8-d-e)^2-2(16-d^2-e^2)\leqslant 0$(以 c 为主元),因为 $c\in\mathbf{R}$,所以 $\dfrac{1}{4}\Delta_c=(8-d-e)^2-3[(8-d-e)^2-2(16-d^2-e^2)]\geqslant 0$,即 $4d^2-2(8-e)d+(8-e)^2-3(16-e^2)\leqslant 0$(以 d 为主元)。

由 $d\in\mathbf{R}$ 得 $\dfrac{1}{4}\Delta_d=(8-e)^2-4[(8-e)^2-3(16-e^2)]\geqslant 0$,即 $5e^2-16e\leqslant 0$,从而 $0\leqslant e\leqslant\dfrac{16}{5}$。因此,$e$ 的最大值是 $\dfrac{16}{5}$。

说明:主元法不是绝对的,它的应用要根据实际情况,有时不分主次直接求解或证明倒更简洁。例如,已知 $x,y>0,x+y=p,xy=s$,求证如果 p 是定值,那么当 $x=y$ 时 s 的值最大;如果 s 是定值,那么当 $x=y$ 时 p 的值最小。

对于这个问题,直接用恒等式 $(x+y)^2-(x-y)^2=4xy$,很方便就可以求解。

4. 解:视 a 为主元,原方程化为 $(x^2+4x+4)a=2x+7$,即 $a=\dfrac{2x+7}{(x+2)^2}$。因为 a 为正整数,所以 $a=\dfrac{2x+7}{(x+2)^2}\geqslant 1$,即 $x^2+2x-3\leqslant 0$,解之得 $-3\leqslant x\leqslant 1$。又 x 为整数且 $x\neq -2$,所以 $x=-3,-1,0,1$。代入原方程得到 $x=-3,a=1;x=-1,a=5;x=0,a=\dfrac{7}{4};x=1,a=1$。故当 $a=1$ 或 $a=5$ 时,原方程至少有一个整数根。

5. 证明:视 y 为主元,原方程化 $x=a-y-z$ 代入 $x^2+y^2+z^2=\dfrac{1}{2}a^2$ 得 $4y^2+4(z-a)y+4z^2-4az+a^2=0$,因为 $y\in\mathbf{R}$,所以 $\Delta=16(z-a)^2-16(4z^2-4az+a^2)=-48z^2+32az\geqslant 0$,解之得 $0\leqslant z\leqslant\dfrac{2}{3}a$。由 x,y,z 的对称性可知,也有 $0\leqslant x,y\leqslant\dfrac{2}{3}a$。故命题成立。

6. 证明:设 $y=\sin\dfrac{A}{2}\sin\dfrac{B}{2}\sin\dfrac{C}{2}=\dfrac{1}{2}\left[\cos\dfrac{A-B}{2}+\cos\dfrac{A+B}{2}\right]\sin\dfrac{C}{2}=$

$\dfrac{1}{2}\left[\cos\dfrac{A-B}{2}-\sin\dfrac{C}{2}\right]\sin\dfrac{C}{2}$，把 $\sin\dfrac{C}{2}$ 视为主元，则有 $\sin^2\dfrac{C}{2}-\cos\dfrac{A-B}{2}\sin\dfrac{C}{2}+2y=0$。

因为 $\sin\dfrac{C}{2}\in\mathbf{R}$，所以 $\Delta=\cos^2\dfrac{A-B}{2}-4\cdot 2y\geqslant 0$，由此可得 $y\leqslant\dfrac{1}{8}\cos^2\dfrac{A-B}{2}\leqslant\dfrac{1}{8}$。

7. 证明：选 a 为主元，把已知等式看作关于 a 的一元二次方程，即 $a^2+2(c-2b)a+(5b^2+5c^2+d^2+2bd-8bc-4cd)=0$，则 $a=2b-c\pm\sqrt{-b^2-4c^2-d^2+4bc-2bd+4cd}=2b-c\pm\sqrt{-(b-2c+d)^2}$

因为 a,b,c,d 是实数，所以 $b-2c+d=0$，$a=2b-c$，从而 $a-b=b-c=c-d$，即 a,b，c,d 成等差数列。

习题 3.14

1. 分析：利用图形分割和等底等高的三角形面积相等。

解：如图，因为 E,F,G,H 分别为四边形的中点，所以根据等底等高的三角形面积相等得：$S_1=S_8$，$S_6=S_7$，$S_4=S_5$，$S_2=S_3$，又 $S_3+S_4=16$，$S_5+S_6=20$，$S_7+S_8=18$，即 $S_2+S_4=16$，$S_4+S_6=20$，$S_6+S_1=18$，所以 $S_{阴影}=S_1+S_2=16+18-20=14$。

另解：利用图形分割和"漏斗原理"。如图，四边形 $EFGH$ 也是正方形，则有 $S_0+S_2=16$，$S_0+S_3=20$，$S_0+S_4=18$。

又 $S_1+S_3=S_2+S_4$，从而 $S_{阴}=S_0+S_1=S_0+(S_2+S_4-S_3)=(S_0+S_2)+(S_0+S_4)-(S_0+S_3)=16+18-20=14$。

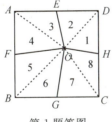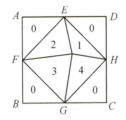

第 1 题答图　　　　　　　第 1 题另解答图

2. 分析：问题由多边形转变到曲边形，难度加大，要利用图形分割，化未知为已知。

解：如图，$S_1+S_2+S_3=\dfrac{9}{2}\pi$，$S_3+S_4+S_5=8\pi$，$S_2+S_3+S_4=24$，所以 $S_1+S_3+S_5=(S_1+S_2+S_3)+(S_3+S_4+S_5)-(S_2+S_3+S_4)=\dfrac{9}{2}\pi+8\pi-24=\dfrac{25}{2}\pi-24$。

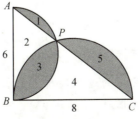

第 2 题答图

3.分析:将图形复原,转化为已知的规则图形。

解:如图所示,将正方形展开,则 $S_{阴}=S_{长方形}-2S_{白三角}=$

$20 \times 16 - 2 \times \dfrac{1}{2} \times 10 \times 20 = 120$。

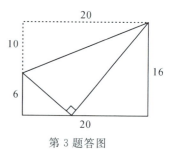

4.分析:用割补法,设法化未知为已知。

解:如图,将直角三角形补成长方形,则 $S_1=S_2$,

$S_3=S_4$,从而 $S_5=S_6$。所以 $S_5=S_6=8 \times 3 = 24$。

第3题答图

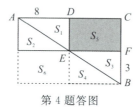

第4题答图

5.分析:用割补法,将不规则图形分割为规则图形。

解:将不规则四边形长方形 $EFGH$ 分割如图,则 S_{ABCD}

$=2S_{阴影}+3 \times 3$,故 $S_{阴影}=\dfrac{1}{2}(73-9)=32$。

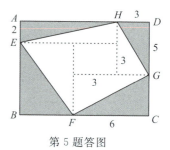

第5题答图

习题 3.15

1.解:因为 $A \cap Z=\{1\}$,所以 $1 \in A$,进而有 $\log_a^{(2-\frac{1}{2})} > \log_a^{(a-1)}$,解之得 $1 < a < \dfrac{5}{2}$。

上述解答是错误的。因为当 $1 < a < \dfrac{5}{2}$ 时,$A \cap Z=\{1\}$ 不一定成立。正确的做法是在求得 $1 < a < \dfrac{5}{2}$ 之后,再考虑:由于 $a>1$,所以 $2-\dfrac{1}{2}x^2 > a-x$,即 $x^2-2x+2a-4 < 0$,解之得 $1-\sqrt{5-2a} < x < 1+\sqrt{5-2a}$。

又因为 $A \cap Z=\{1\}$,所以 $1-\sqrt{5-2a} \geqslant 0$ 且 $1+\sqrt{5-2a} \leqslant 2$。解之得 $2 \leqslant a < \dfrac{5}{2}$。

2.解:由题意,$\left(cx+\dfrac{d}{x}\right)^{-1}=x(x<0)$,即 $x\left(cx+\dfrac{d}{x}\right)=1$,亦即 $x^2=\dfrac{1-d}{c}(c \neq 0)$。所以,当 $\dfrac{1-d}{c}>0$ 时,方程有解,解为 $x=\sqrt{\dfrac{1-d}{c}}$。

上述解答有逻辑错误。因为由对数方程化为分式方程时,对数的底数除了大于零外,还要不等于1。因而,存在增根的可能性,而当 $1-d=c$ 时,果然产生增根 $x=1$。

在得到解 $x=\sqrt{\dfrac{1-d}{c}}$ 之前,应注明 $c>0,d<1,c \neq 1-d$ 或 $c<0,d>1,c \neq 1-d$。

同时,解题步骤不完整。解方程的过程实质上是求必要条件的过程,由于超越方程没有同解原理作保证,所以必须验根。

3.解:因为对所有实数 x 不等式都成立,所以当 $x=0$ 时不等式也成立,则有

$\log_2 \frac{(a+1)^2}{4a^2} > 0$，即 $\left(\frac{a+1}{2a}\right)^2 > 1$，亦即 $0 < \left(\frac{2a}{a+1}\right)^2 < 1$。由已知表达式可知，$\frac{2a}{a+1} > 0$，所以

$1 > \frac{2a}{a+1} > 0$。解之得，$0 < a < 1$。

上述答案虽然碰巧是正确的,但有逻辑错误。因为它以必要条件代替了充分条件,还应该对"$0 < a < 1$"验证充分性才算完整。也可以根据二次函数的性质来讨论。

4. 分析: 如果把 $x + \frac{1}{y} = y + \frac{1}{z} = z + \frac{1}{x}$ 看成方程组去求解 x, y, x,将十分复杂。我们可以先退一步,验证一下二元情况,寻找思路,以退为进,这是一种进退思维。

证明: 先验证二元情况下的命题:设 x, y 为两个互不相等的非零实数,且满足 $x + \frac{1}{y} = y + \frac{1}{x}$,求证 $x^2 y^2 = 1$。

事实上,由 $x + \frac{1}{y} = y + \frac{1}{x}$ 得,$x - y = \frac{1}{y} - \frac{1}{x}$,进而 $xy(x-y) = y - x$。又 x, y 为两个互不相等的非零实数,所以 $xy = -1$,从而 $x^2 y^2 = 1$。

通过对二元情况的验证,由此我们就找到了思路。对于三元情形,由 $x + \frac{1}{y} = y + \frac{1}{z}$ 可推出 $yz(x-y) = y - z$；$x + \frac{1}{y} = z + \frac{1}{x}$ 可推出 $xy(x-z) = y - x$；$y + \frac{1}{z} = z + \frac{1}{x}$ 可推出 $xz(y-z) = z - x$。推出的结果两端分别相乘得 $x^2 y^2 x^2 = 1$。

5. 解: 通过试验可知 121 是平方数。是否还存在其他平方数呢? 通过试验前面几个数,发现都不是平方数,于是猜测只有 121 是平方数(只是一个预测,也是下一步解题的思路)。

再通过观察,我们注意到此无穷数列均为奇数,所以如果某个数 N 是平方数,它一定是一个奇数的平方,于是 $N = (2m+1)^2 = 4m(m+1) + 1$,由此可知 N 被 8 除余 1。在此数列中,除 121 外,其他数都可以写出形式:$1000k + 221 = 8 \times 125k + 8 \times 27 + 5 = 8(125k + 27) + 5$,因而都是被 8 除余 5,从而不是平方数。所以,此数列中只有 121 是平方数。

6. 解: 设三角形三边长分别为 a, b, c,由题意得 $a^2 + b^2 = c^2$, $\quad$ (1)

$a + b + c = \frac{ab}{2}$, $\qquad\qquad\qquad\qquad\qquad\qquad$ (2)

由(2)得 $c = \frac{ab}{2} - a - b$, $\qquad\qquad\qquad\qquad\qquad$ (3)

将(3)代入(1)得 $ab - 4a - 4b + 8 = 0$。这里有两个未知数,只有一个方程,如何求解? 于是,去检查条件和概念有没有全部用上。经检查,整数的概念还没有用上,这样就想到 $a = 4 + \frac{8}{b-4}$。因为 a, b 是正整数,所以 $b - 4$ 能被 8 整除,从而 $b - 4$ 只能取 $1, 2, 4, 8$,于是 b 只能取 $5, 6, 8, 12$；a 只能取 $12, 8, 6, 5$；c 只能取 $13, 10, 10, 13$,故三边长只能是 $5, 12, 13$ 或 $6, 8, 10$。

7. 解: 观察题目的特征,我们分类讨论。当整数 $n > 100$ 时,$f(n) = n - 10$,已经明确。

当 $0 < m \leqslant 100$ 时,我们用验证法,$f(100) = f(f(100+11)) = f(f(111)) = f(101) = 101 - 10 = 91$,进而,$f(99) = f(f(99+11)) = f(f(110)) = f(100) = 91$, $f(98) = $

$f(f(98+11))=f(f(109))=f(99)=91$，如此下去，可得 $f(n)=91,0<n\leqslant100$，所以有

$$f(n)=\begin{cases}n-10,n>100\\91,0<n<\leqslant100\end{cases}。$$

说明：$n=91$ 称为 $\{f(n)\}$ 的不动点。

8.解：当收入为 1500 元时，应交 $500\times5\%+200\times10\%=45(元)$，大于 26.78 元。当收入为 1200 元时，应交 $400\times5\%=20(元)$，小于 26.78 元。所以，选(C)。

习题 4.1

1.解法一：两式相减得 $a^3+b^3-(a^2b+ab^2)=(a+b)(a^2-ab+b^2)-ab(a+b)=(a+b)(a-b)^2$。

由于 $a>0,b>0,a\neq b$，所以 $(a+b)(a-b)^2>0$，即 $a^3+b^3>a^2b+ab^2$。

解法二：由于 $a>0,b>0$，所以 $a^3+b^3>0,a^2b+ab^2>0$，得到 $\dfrac{a^3+b^3}{a^2b+ab^2}=$

$\dfrac{(a+b)(a^2-ab+b^2)}{ab(a+b)}=\dfrac{a^2-ab+b^2}{ab}=\dfrac{(a-b)^2+ab}{ab}=\dfrac{(a-b)^2}{ab}+1$，又 $a\neq b$，所以 $\dfrac{a^3+b^3}{a^2b+ab^2}=$

$\dfrac{(a-b)^2}{ab}+1>1$，即 $a^3+b^3>a^2b+ab^2$。

说明：若用排序不等式更简单。不妨设 $a>b>0$，则 $a^2>b^2>0$，从而 $aa^2+bb^2>ba^2+ab^2$，即 $a^3+b^3>a^2b+ab^2$。

2.解：两式相除得 $\dfrac{6^8}{8^6}=\dfrac{2^8\cdot3^8}{2^{18}}=\dfrac{3^8}{2^{10}}$。由于 $\log_{10}\dfrac{6^8}{8^6}=\lg\dfrac{3^8}{2^{10}}=8\lg3-10\lg2\approx8\times0.4771-10\times0.3010>0=\lg1$，所以 $6^8>8^6$。

3.解：设 $a+3b=\lambda_1(a+b)+\lambda_2(a-2b)=(\lambda_1+\lambda_2)a+(\lambda_1-2\lambda_2)b$，则 $\begin{cases}\lambda_1+\lambda_2=1\\\lambda_1-2\lambda_2=3\end{cases}$，解之得 $\lambda_1=\dfrac{5}{3},\lambda_2=-\dfrac{2}{3}$。所以 $a+3b=\dfrac{5}{3}(a+b)-\dfrac{2}{3}(a-2b)$。又 $-\dfrac{5}{3}\leqslant\dfrac{5}{3}(a+b)\leqslant\dfrac{5}{3}$，

$-2\leqslant-\dfrac{2}{3}(a-2b)\leqslant-\dfrac{2}{3}$，所以 $-\dfrac{11}{3}\leqslant a+3b\leqslant1$。

4.分析：本题形式上是个不等式的应用问题，可以看成是最大值、最小值问题。

解：假设电梯停在第 i 层，则不满意的总量为 $s=(1+2+\cdots+i-2)+2(1+2+\cdots+k-i)=\dfrac{(i-2)(i-1)}{2}+(k-i)(k-i+1)=\dfrac{1}{2}(3i^2-(4k+5)i)+k^2+k+1$。由二次函数的性质知，当 i 取最接近于 $\dfrac{4k+5}{6}$ 的整数时，s 取最小值。

例如，当 $k=8$ 时，$\dfrac{4k+5}{6}=6\dfrac{1}{6}$，$i$ 取 6 时，s 取最小值 16。

5.证明：设体积为 1 的木块的边长为 $a\leqslant b\leqslant c$，记 $d=\sqrt{ab}$，则边长为 d,d,c 的木块的表面积将不超过第一个的表面积。

这是因为，第一个的表面积是 $2ab+2ac+2bc$，第二个的表面积是 $2d^2+4dc$，而 $d=\sqrt{ab}$，由两边平方容易证明 $a+b\geqslant2d$。于是第一个的表面积不超过第一个的表

面积。

考虑到 $cd^2=1$，第二个的表面积是 $2d^2+4dc=2d^2+\dfrac{4}{d}$。如果 $d\neq1$，那么 $2d^2+$

$4dc-6=2(d^2-1)+\dfrac{4}{d}-4=2(d-1)\cdot\dfrac{d^2+d-2}{d}=\dfrac{2(d-1)^2(d+2)}{d}>0$，

所以，木块的表面积至少是 6，即立方体的表面积最小。

习题 4.2

1. 解：由于 $x<\dfrac{5}{4}$，所以 $5-4x>0$，所以 $y=4x-2+\dfrac{1}{4x-5}=-\left(5-4x+\dfrac{1}{5-4x}\right)+$

$3\leqslant-2+3=1$，当且仅当 $5-4x=\dfrac{1}{5-4x}$ 即 $x=1$ 时等号成立。故当 $x=1$ 时，y 取最大

值 1。

说明：这里用了基本不等式 $a+b\geqslant2\sqrt{ab}$，$a>0$，$b>0$。在变形过程中，首先要调整符号，使 $5-4x>0$。其次要调整项的常数，使两项乘积为常数。

2. 分析：这样的题目有两个思路，一种是利用不等式的基本性质想办法凑出 $\dfrac{x^3}{y^4}$；另一种是利用对数把已知条件和结论都化为和差的形式。

解：由 $4\leqslant\dfrac{x^2}{y}\leqslant9$，$3\leqslant xy^2\leqslant8$，得 $16\leqslant\dfrac{x^4}{y^2}\leqslant81$，　①

$\dfrac{1}{8}\leqslant\dfrac{1}{xy^2}\leqslant\dfrac{1}{3}$。　　　　　　　　　　　　　　②

①×②得 $2\leqslant\dfrac{x^3}{y^4}\leqslant27$，所以 $\dfrac{x^3}{y^4}$ 的最大值为 27。

另解：由于 x，y 均为正实数，所以 $\lg3\leqslant\lg x+2\lg y\leqslant\lg8$，$\lg4\leqslant2\lg x-\lg y\leqslant\lg9$。记

$\lg x=a$，$\lg y=b$，则有 $\begin{cases}\lg3\leqslant a+2b\leqslant3\lg2\\2\lg2\leqslant2a-b\leqslant2\lg3\end{cases}$。

又设 $t=\dfrac{x^3}{y^4}$，则有 $\lg t=3\lg x-4\lg y=3a-4b$。令 $3a-4b=m(a+2b)+n(2a-b)$，解

之得 $m=-1$，$n=2$，所以 $\lg t=-(a+2b)+2(2a-b)\leqslant-\lg3+4\lg3=\lg27$，从而 $\dfrac{x^3}{y^4}$ 的最大

值为 27。

3. 解：令 $ab=t(t>3)$，则 $b=\dfrac{t}{a}$，代入 $ab=a+b+3$，得 $t=a+\dfrac{t}{a}+3$，即 $a^2+(3-t)a+$

$t=0$，所以由 $\Delta=(3-t)^2-4t\geqslant0$ 得 $t\geqslant9$，$t\leqslant1(舍)$，即 $ab\in[9,+\infty)$。

同理，令 $a+b=t$，则 $b=t-a$，代入 $ab=a+b+3$，得 $a(t-a)=t+3$，即 $a^2-at+t+$

$3=0$，所以由 $\Delta=t^2-4(t+3)\geqslant0$ 得 $t\geqslant6$，$t\leqslant-2(舍)$，即 $a+b\in[6,+\infty)$。

说明：这里主要用了方程判别式的思想，前者也可用 $a+b\geqslant2\sqrt{ab}$，后者也可以用

$ab\leqslant\left(\dfrac{a+b}{2}\right)^2$ 等基本不等式。例如，求 ab 的取值范围时，可这样求解：因为 $a+b\geqslant2\sqrt{ab}$，

又因为 $ab=a+b+3$，所以 $ab=a+b+3\geqslant2\sqrt{ab}+3$，即 $(\sqrt{ab}+1)(\sqrt{ab}-3)\geqslant0$，故有

$\sqrt{ab} \geqslant 3$。即 $ab \geqslant 9$，当且仅当 $a=b$ 时等号成立。所以 $ab \in [9, +\infty)$。

4. 证明： $(a+b+c)^2 = (a^2+b^2+c^2) + 2ab + 2bc + 2ca \leqslant (a^2+b^2+c^2) + (a^2+b^2) + (b^2+c^2) + (c^2+a^2) \leqslant 3(a^2+b^2+c^2)$，从而 $(a+b+c)^4 \leqslant 9(a^2+b^2+c^2)^2$。　(1)

在 $(a+b+c)^2 \leqslant 3(a^2+b^2+c^2)$ 中，用 a^2, b^2, c^2 代替 a, b, c 得到 $(a^2+b^2+c^2)^2 \leqslant 3(a^4+b^4+c^4)$。　(2)

由(1)和(2)得：$(a+b+c)^4 \leqslant 27(a^4+b^4+c^4)$。

习题 4.3

1. 证明： 因为 $0 < a < 1$，所以 $1-a > 0$，从而 $0 < a(1-a) \leqslant \left[\dfrac{a+(1-a)}{2}\right]^2 = \dfrac{1}{4}$。同理有 $0 < b(1-b) \leqslant \dfrac{1}{4}$，$0 < c(1-c) \leqslant \dfrac{1}{4}$，所以 $abc(1-a)(1-b)(1-c) \leqslant \left(\dfrac{1}{4}\right)^3$。

说明： 在利用基本不等式进行证明时，适当变形、组合、拆项、并项是非常重要的。

2. 证明： 记 $f(x) = \dfrac{1}{6}x^3 - x + \sin x$，$x \in (0,1)$，得 $f'(x) = \dfrac{1}{2}x^2 - 1 + \cos x = \dfrac{1}{2}x^2 - 2\sin^2 \dfrac{x}{2} = \dfrac{1}{2}\left(x + 2\sin \dfrac{x}{2}\right)\left(x - 2\sin \dfrac{x}{2}\right)$。

再令 $g(x) = x - 2\sin \dfrac{x}{2}$，得 $g'(x) = 1 - \cos \dfrac{x}{2} \geqslant 0$，所以 $g(x)$ 在 $(0,1)$ 上单调递增，从而在 $(0,1)$ 上，$g(x) = x - 2\sin \dfrac{x}{2} > g(0) = 0$，即 $x - 2\sin \dfrac{x}{2} > 0$。由于 $x + 2\sin \dfrac{x}{2} > 0$，所以 $f'(x) > 0$，$x \in (0,1)$，所以 $f(x)$ 在 $(0,1)$ 上单调递增。

又 $f(0) = 0$，所以在 $(0,1)$ 上，$f(x) > 0$，即 $x - \sin x < \dfrac{1}{6}x^3$，$0 < x < 1$。

说明： 这里先利用函数的导数确定函数的增减性，再利用函数的增减性证明不等式。

3. 证明： 由不等式的结构，可构造函数 $f(x) = \dfrac{x}{1+x}$，$x \in \mathbf{R}$。由于 $f'(x) = \dfrac{1}{(1+x)^2} > 0$，所以 $f(x)$ 在 $(0, +\infty)$ 上单调递增。

由于 a、b、c 为三角形的三边，所以 $a < b+c$，故 $\dfrac{a}{1+a} < \dfrac{b+c}{1+b+c} = \dfrac{b}{1+b+c} + \dfrac{c}{1+b+c} < \dfrac{b}{1+b} + \dfrac{c}{1+c}$。

说明： 同理可证 $\dfrac{|a+b|}{1+|a+b|} \leqslant \dfrac{|a|}{1+|a|} + \dfrac{|b|}{1+|b|}$，$a, b \in \mathbf{R}$。

4. 分析： 这个问题如果仿照上题构造函数，利用导数求解则比较麻烦。由于 n 为正整数，所以我们可以构造数列。

证明： 构造数列 $a_n = \dfrac{1+nx}{(1+x)^n}$，由于 $a_{n+1} - a_n = \dfrac{1+(n+1)x}{(1+x)^{n+1}} - \dfrac{1+nx}{(1+x)^n} = \dfrac{-nx^2}{(1+x)^{n+1}} < 0$，所以数列 $\{a_n\}$ 为单调递减数列，则有 $a_n \leqslant a_1 \leqslant 1$，即 $(1+x)^n \geqslant 1+nx$，$n \in \mathbf{N}_+$。

5. 分析： 要适当变形，变换式子的结构，揭露问题的本质，简化求解过程。

证明：用分析法。$\dfrac{a}{b+c}+\dfrac{b}{c+a}+\dfrac{c}{a+b}\geqslant\dfrac{3}{2}$

$\Leftrightarrow 1+\dfrac{a}{b+c}+1+\dfrac{b}{c+a}+1+\dfrac{c}{a+b}\geqslant\dfrac{9}{2}$

$\Leftrightarrow \dfrac{2(a+b+c)}{b+c}+\dfrac{2(a+b+c)}{c+a}+\dfrac{2(a+b+c)}{a+b}\geqslant 9$

$\Leftrightarrow \dfrac{(a+b)+(a+c)+(b+c)}{b+c}+\dfrac{(a+b)+(b+c)+(c+a)}{a+c}+\dfrac{(a+b)+(a+c)+(b+c)}{a+b}$

$\geqslant 9$

$\Leftrightarrow \left(\dfrac{a+b}{b+c}+\dfrac{b+c}{a+b}\right)+\left(\dfrac{a+c}{b+c}+\dfrac{b+c}{a+c}\right)+\left(\dfrac{a+b}{a+c}+\dfrac{a+c}{a+b}\right)\geqslant 6$。

由于 $\dfrac{a+b}{b+c}+\dfrac{b+c}{a+b}\geqslant 2$，$\dfrac{a+c}{b+c}+\dfrac{b+c}{a+c}\geqslant 2$，$\dfrac{a+b}{a+c}+\dfrac{a+c}{a+b}\geqslant 2$，所以不等式成立。

说明：上述不等式的证明也可以用综合法，从最下面的不等式往上推，也可以结合变换法进行变量代换，再用基本不等式。我们用代换法证明如下：令 $x=b+c$，$y=c+a$，$z=a+b$，则 $a+b+c=\dfrac{x+y+z}{2}$，$a=\dfrac{y+z-x}{2}$，$b=\dfrac{z+x-y}{2}$，$c=\dfrac{x+y-z}{2}$，所以，原不等式

左端 $=\dfrac{y+z-x}{2x}+\dfrac{z+x-y}{2y}+\dfrac{x+y-z}{2z}=\dfrac{1}{2}\left[\left(\dfrac{y}{x}+\dfrac{x}{y}\right)+\left(\dfrac{z}{x}+\dfrac{x}{z}\right)+\left(\dfrac{y}{z}+\dfrac{z}{y}\right)-3\right]\geqslant$

$\dfrac{1}{2}(2+2+2-3)=\dfrac{3}{2}$。

这种代换的好处是分母是单个字母，不再是和差的形式，便于运算。

另解：上述不等式的证明也可以用基本不等式来进行证明。

不妨设 $a\geqslant b\geqslant c>0$（所证明的不等式关于 a,b,c 对称），则 $a+b\geqslant c+a\geqslant c+b$，所以

$\dfrac{1}{b+c}\geqslant\dfrac{1}{c+a}\geqslant\dfrac{1}{a+b}$。由排序不等式可知：同序和 $\geqslant$ 乱序和，可以得到：

$\dfrac{a}{b+c}+\dfrac{b}{c+a}+\dfrac{c}{a+b}\geqslant\dfrac{b}{b+c}+\dfrac{c}{c+a}+\dfrac{a}{a+b}$， (1)

$\dfrac{a}{b+c}+\dfrac{b}{c+a}+\dfrac{c}{a+b}\geqslant\dfrac{c}{b+c}+\dfrac{a}{c+a}+\dfrac{b}{a+b}$， (2)

由 (1)+(2) 可得 $\dfrac{a}{b+c}+\dfrac{b}{c+a}+\dfrac{c}{a+b}\geqslant\dfrac{3}{2}$。

6. 分析：本题可以先两边平方，然后用分析法去证明。考虑其结构的特殊性，也可以用数形结合的方法，也可以说是用向量的方法，只是表述形式不同而已。

证明：如图，在平面直角坐标系 xOy 中，取 $A(1,x)$，$B(1,y)$，AB 的中点 $D\left(1,\dfrac{x+y}{2}\right)$，$|OA|=\sqrt{1+x^2}$，$|OB|=\sqrt{1+y^2}$，$|OD|=\sqrt{1+\left(\dfrac{x+y}{2}\right)^2}$。

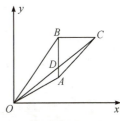

第 6 题答图

在平行四边形 $OACB$ 中，由于 $|OA|+|AC|\geqslant|OC|$，即 $|OA|+|OB|\geqslant 2|OD|$，所以 $\dfrac{\sqrt{1+x^2}+\sqrt{1+y^2}}{2}\geqslant\sqrt{1+\left(\dfrac{x+y}{2}\right)^2}$。

7. 证明：先构造向量 $\vec{m}=(x,y,z)$，$\vec{n}=(1,1,1)$，则 $\vec{m}\cdot\vec{n}=x+y+z$，$|\vec{m}|=\sqrt{x^2+y^2+z^2}$，$|\vec{n}|=\sqrt{3}$。由 $|\vec{m}\cdot\vec{n}|\leqslant|\vec{m}|\cdot|\vec{n}|$，得 $|x+y+z|\leqslant\sqrt{x^2+y^2+z^2}\cdot\sqrt{3}$，两边平方，得 $3(x^2+y^2+z^2)\geqslant(x+y+z)^2=1$，即 $x^2+y^2+z^2\geqslant\dfrac{1}{3}$。

说明：下列问题也可以同法求解或证明。

已知 $a,b\in\mathbf{R}^+$，求证 $(a^4+b^4)(a^2+b^2)\geqslant(a^3+b^3)^2$。

在证明时先构造向量 $\vec{m}=(a^2,b^2)$，$\vec{n}=(a,b)$，则 $|\vec{m}\cdot\vec{n}|=|a^3+b^3|=a^3+b^3$，$|\vec{m}|=\sqrt{a^4+b^4}$，$|\vec{n}|=\sqrt{a^2+b^2}$。由 $|\vec{m}\cdot\vec{n}|\leqslant|\vec{m}|\cdot|\vec{n}|$，得 $\sqrt{a^4+b^4}\cdot\sqrt{a^2+b^2}\geqslant a^3+b^3$，即 $(a^4+b^4)(a^2+b^2)\geqslant(a^3+b^3)^2$。

8. 解：设 $x=2\cos\theta,y=2\sin\theta$，则 $2x+3y=2\sqrt{13}\sin(\theta+\varphi)$，所以 $2x+3y$ 的取值范围为 $[-2\sqrt{13},2\sqrt{13}]$。

9. 解：构造向量 $\vec{m}=(\sqrt{x},\sqrt{y})$，$\vec{n}=(1,1)$，则 $\vec{m}\cdot\vec{n}=\sqrt{x}+\sqrt{y}$，$|\vec{m}|=\sqrt{x+y}$，$|\vec{n}|=\sqrt{2}$。

由 $\vec{m}\cdot\vec{n}\leqslant|\vec{m}|\cdot|\vec{n}|$ 得 $\sqrt{x}+\sqrt{y}\leqslant\sqrt{2}\sqrt{x+y}$，所以 $a\geqslant\sqrt{2}$。

习题 4.4

1. 证明：我们用逐步调整法证明。显然，当 $x_1=x_2=\cdots=x_n=1$ 时，$f(1)=1$，命题显然成立。若 $x_1,x_2,\cdots,x_n$ 不全相等，则必有 $x_i>1,x_j<1$，由对称性知，可设 $i=1,j=2$，则 $f(x_1)f(x_2)=(ax_1^2+bx_1+c)(ax_2^2+bx_2+c)=a^2x_1^2x_2^2+b^2x_1x_2+c^2+ab(x_1^2x_2+x_1x_2^2)+ac(x_1^2+x_2^2)+bc(x_1+x_2)$，$f(1)f(x_1x_2)=(a+b+c)(ax_1^2x_2^2+bx_1x_2+c)=a^2x_1^2x_2^2+b^2x_1x_2+c^2+ab(x_1^2x_2^2+x_1x_2)+ac(x_1^2x_2^2+1)+bc(x_1x_2+1)$，从而 $f(x_1)f(x_2)-f(1)f(x_1x_2)=-abx_1x_2(x_1-1)(x_2-1)-ac(x_1^2-1)(x_2^2-1)-bc(x_1-1)(x_2-1)>0$。

由此可见，在变换 $\bar{x}_1=1,\bar{x}_2=x_1x_2,\bar{x}_k=x_k(k=3,4,\cdots,n)$ 之下，有 $f(x_1)f(x_2)\cdots f(x_n)>f(\bar{x}_1)f(\bar{x}_2)\cdots f(\bar{x}_n)$。

若 $\bar{x}_1,\bar{x}_2,\cdots,\bar{x}_n$ 还是不全相等，则又可类似地进行调整，而且每次调整都使 $x_1,x_2,\cdots,x_n$ 中等于 1 的个数增加一个。所以，最多进行 $n-1$ 次调整，必将使所有 x_i 都化为 1，从而有 $f(x_1)f(x_2)\cdots f(x_n)>[f(1)]^n=1$。

2. 证明：令 $u=xy+yz+zx-2xyz$，$f\left(\dfrac{1}{2}\right)=\left(\dfrac{1}{2}-x\right)\left(\dfrac{1}{2}-y\right)\left(\dfrac{1}{2}-z\right)$，则 $u=2f\left(\dfrac{1}{2}\right)+\dfrac{1}{4}=2\left[f\left(\dfrac{1}{2}\right)+\dfrac{1}{8}\right]$。

当 x,y,z 均不超过 $\dfrac{1}{2}$ 时，$f\left(\dfrac{1}{2}\right)\leqslant\left[\dfrac{\left(\dfrac{1}{2}-x\right)+\left(\dfrac{1}{2}-y\right)+\left(\dfrac{1}{2}-z\right)}{3}\right]^3=\left[\dfrac{\dfrac{3}{2}-(x+y+z)}{3}\right]^3=\dfrac{1}{216}$，$u=2\left[f\left(\dfrac{1}{2}\right)+\dfrac{1}{8}\right]\leqslant2\times\left(\dfrac{1}{216}+\dfrac{1}{8}\right)=\dfrac{7}{27}$。

当 x,y,z 中有超过 $\dfrac{1}{2}$ 时，则只可能有一个大于 $\dfrac{1}{2}$，则 $f\left(\dfrac{1}{2}\right)<0,u<\dfrac{1}{4}<\dfrac{7}{27}$。

另外,因为 $x\geqslant 0, y\geqslant 0, z\geqslant 0$ 且 $x+y+z=1$,所以 $\left|\dfrac{1}{2}-x\right|$, $\left|\dfrac{1}{2}-y\right|$, $\left|\dfrac{1}{2}-z\right|$ 均不

超过 $\dfrac{1}{2}$,故恒有 $f\left(\dfrac{1}{2}\right)+\dfrac{1}{8}\geqslant 0$,即 $u\geqslant 0$。

3.证明:构造函数,令 $f(1)=(1-a)(1-b)(1-c)$,因为 $1-a>0, 1-b>0, 1-c>0$,

所以 $f(1)>0$。即 $1-(a+b+c)+(ab+bc+ca)-abc>0$。从而 $(a+b+c)-(ab+bc+ca)<1-abc<1$,即 $aA+bB+cC=(a+b+c)-(a^2+b^2+c^2)\leqslant(a+b+c)-(ab+bc+ca)<1$。

说明:若把命题推广为:正数 a,b,c,A,B,C 满足 $a+A=b+B=c+C=k$。求证 $aA+bB+cC<k^2$。该命题也成立,证明方法同理。

4.证法一:利用基本不等式:若 $a,b\in\mathbf{R}^+$,则 $a+b\geqslant 2\sqrt{ab}$。

因为 $\dfrac{x_1^2}{x_1+x_2}+\dfrac{x_1+x_2}{4}\geqslant x_1$, $\dfrac{x_2^2}{x_2+x_3}+\dfrac{x_2+x_3}{4}\geqslant x_2$, $\cdots$, $\dfrac{x_n^2}{x_n+x_1}+\dfrac{x_n+x_1}{4}\geqslant x_n$,把以上

n 个不等式两端分别相加并整理得 $\dfrac{x_1^2}{x_1+x_2}+\dfrac{x_2^2}{x_2+x_3}+\cdots+\dfrac{x_{n-1}^2}{x_{n-1}+x_n}+\dfrac{x_n^2}{x_n+x_1}\geqslant\dfrac{1}{2}(x_1+x_2+\cdots+x_n)=\dfrac{1}{2}$。

证法二:利用增量代换。设 $x_1=\dfrac{x_1+x_2}{2}+a_1$, $x_2=\dfrac{x_2+x_3}{2}+a_2$, $\cdots$, $x_n=\dfrac{x_n+x_1}{2}+a_n$,

则 $a_1+a_2+\cdots+a_n=0$。于是,$\dfrac{x_1^2}{x_1+x_2}+\dfrac{x_2^2}{x_2+x_3}+\cdots+\dfrac{x_{n-1}^2}{x_{n-1}+x_n}+\dfrac{x_n^2}{x_n+x_1}=$

$\dfrac{\left(\dfrac{x_1+x_2}{2}+a_1\right)^2}{x_1+x_2}+\dfrac{\left(\dfrac{x_2+x_3}{2}+a_2\right)^2}{x_2+x_3}+\cdots+\dfrac{\left(\dfrac{x_n+x_1}{2}+a_n\right)^2}{x_n+x_1}=\dfrac{x_1+x_2}{4}+\dfrac{x_2+x_3}{4}+\cdots+$

$\dfrac{x_n+x_1}{4}+(a_1+a_2+\cdots+a_n)+\dfrac{a_1^2}{x_1+x_2}+\dfrac{a_2^2}{x_2+x_3}+\cdots+\dfrac{a_n^2}{x_n+x_1}\geqslant\dfrac{2}{4}(x_1+x_2+\cdots+x_n)=$

$\dfrac{1}{2}$。

证法三:构造 $A=\dfrac{x_1^2}{x_1+x_2}+\dfrac{x_2^2}{x_2+x_3}+\cdots+\dfrac{x_{n-1}^2}{x_{n-1}+x_n}+\dfrac{x_n^2}{x_n+x_1}$, $B=\dfrac{x_2^2}{x_1+x_2}+\dfrac{x_3^2}{x_2+x_3}+$

$\cdots+\dfrac{x_n^2}{x_{n-1}+x_n}+\dfrac{x_1^2}{x_n+x_1}$,则 $A-B=\dfrac{x_1^2-x_2^2}{x_1+x_2}+\dfrac{x_2^2-x_3^2}{x_2+x_3}+\cdots+\dfrac{x_{n-1}^2-x_n^2}{x_{n-1}+x_n}+\dfrac{x_n^2-x_1^2}{x_n+x_1}=(x_1-$

$x_2)+(x_2-x_3)+\cdots+(x_{n-1}-x_n)+(x_n-x_1)=0$,所以 $A=B$。因此 $\dfrac{4x_1^2}{x_1+x_2}+\dfrac{4x_2^2}{x_2+x_3}+$

$\cdots+\dfrac{4x_{n-1}^2}{x_{n-1}+x_n}+\dfrac{4x_n^2}{x_n+x_1}=\dfrac{2(x_1^2+x_2^2)}{x_1+x_2}+\dfrac{2(x_2^2+x_3^2)}{x_2+x_3}+\cdots+\dfrac{2(x_{n-1}^2+x_n^2)}{x_{n-1}+x_n}+\dfrac{2(x_n^2+x_1^2)}{x_n+x_1}$,又

$2(x_i^2+x_j^2)\geqslant x_i^2+x_j^2+2x_ix_j=(x_i+x_j)^2, i,j=1,2,\cdots,n$,故 $\dfrac{4x_1^2}{x_1+x_2}+\dfrac{4x_2^2}{x_2+x_3}+\cdots+$

$\dfrac{4x_{n-1}^2}{x_{n-1}+x_n}+\dfrac{4x_n^2}{x_n+x_1}\geqslant\dfrac{(x_1+x_2)^2}{x_1+x_2}+\dfrac{(x_2+x_3)^2}{x_2+x_3}+\cdots+\dfrac{(x_{n-1}+x_n)^2}{x_{n-1}+x_n}+\dfrac{(x_n+x_1)^2}{x_n+x_1}=(x_1+x_2)+$

$(x_2+x_3)+\cdots+(x_{n-1}+x_n)+(x_n+x_1)=2(x_1+x_2+\cdots+x_n)=2$,所以

$\dfrac{x_1^2}{x_1+x_2}+\dfrac{x_2^2}{x_2+x_3}+\cdots+\dfrac{x_{n-1}^2}{x_{n-1}+x_n}+\dfrac{x_n^2}{x_n+x_1}\geqslant\dfrac{1}{2}$。

5. 证明:当 $a_1=a_2=\cdots=a_n=1$ 时,$(2+a_1)(2+a_2)\cdots(2+a_n)=3^n$,命题成立。这个结论提示我们等号成立的条件。于是,由算术平均值不小于几何平均值得:$(2+a_1)(2+a_2)\cdots(2+a_n)=(1+1+a_1)(1+1+a_2)\cdots(1+1+a_n)\geqslant 3\sqrt[3]{a_1}\cdot 3\sqrt[3]{a_2}\cdots 3\sqrt[3]{a_n}=3^n\sqrt[3]{a_1a_2\cdots a_n}=3^n$。

6. 证明:如图,构造以 a,b,c 为三条棱的长方体 AC_1,其中 $AA_1=a,A_1B_1=b,A_1D_1=c$。

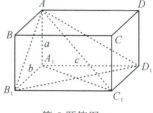

第6题答图

由 $a^2+b^2+c^2=1$ 知,长方体的对角线 $AC_1=1$。连接 AB_1,AD_1,A_1C_1,则有 $AB_1=\sqrt{a^2+b^2}$,$AD_1=\sqrt{a^2+c^2}$,$A_1C_1=\sqrt{b^2+c^2}$。在 $\triangle AB_1C_1$ 中,因为 $AB_1+B_1C_1>AC_1$,所以 $\sqrt{a^2+b^2}+c>1$。同理可得 $\sqrt{a^2+c^2}+b>1$,$\sqrt{b^2+c^2}+a>1$。三式相加得 $\sqrt{a^2+b^2}+\sqrt{a^2+c^2}+\sqrt{b^2+c^2}>3-(a+b+c)$,即 $\sqrt{1-a^2}+\sqrt{1-b^2}+\sqrt{1-c^2}>3-(a+b+c)$。

7. 解:因为 a,b 均为正数,满足 $a+b=1$,所以 $1=a+b\geqslant 2\sqrt{ab}$,即 $0<ab\leqslant\dfrac{1}{4}$。

令 $ab=x$,则 $y=x+\dfrac{1}{x}$,$y'=1-\dfrac{1}{x^2}<0$,$x\in\left(0,\dfrac{1}{4}\right]$,即 $y=x+\dfrac{1}{x}$ 在 $\left(0,\dfrac{1}{4}\right]$ 上是减函数。所以,当 $ab=x=\dfrac{1}{4}$,即 $a=b=\dfrac{1}{2}$ 时,$y_{\min}=\dfrac{1}{4}+\dfrac{1}{\frac{1}{4}}=4\dfrac{1}{4}$。

习题 4.5

1. 解:易知 $f(x)\in[-1-k,6-k]$,$g(x)\in[-14,4]$。因为对任意 $x_1\in[-2,12]$ 总有 $x_0\in[-2,12]$,使得 $g(x_0)=f(x_1)$ 成立,所以 $[-1-k,6-k]\subseteq[-14,4]$,故有 $\begin{cases}-1-k\geqslant -14\\6-k\leqslant 4\end{cases}$,解之得 $2\leqslant k\leqslant 13$。

2. 解:因为当 $x\geqslant 0$ 时 $f(x)=x^2$ 是增函数,又 $f(x)$ 在 **R** 上是奇函数,所以 $f(x)$ 在 **R** 上是增函数。

又当 $x\in[t,t+2]$ 时,$f(x+t)\geqslant 2f(x)$ 恒成立,即 $f(x+t)\geqslant f(\sqrt{2}x)$ 恒成立,所以有 $x+t\geqslant\sqrt{2}x$,$x\in[t,t+2]$ 恒成立。亦即 $t\geqslant(\sqrt{2}-1)x\Leftrightarrow t\geqslant[(\sqrt{2}-1)x]_{\max}$,所以有 $t\geqslant(\sqrt{2}-1)(t+2)$,解之得 $t\geqslant\sqrt{2}$。

3. 解:由题意 $(x-y)*(x+y)=(x-y)[1-(x+y)]<1$ 对一切实数 x 恒成立,所以 $-x^2+x+y^2-y-1<0$ 对一切实数 x 恒成立。

故 $\Delta=1^2-4\times(-1)(y^2-y-1)<0$,即 $4y^2-4y-3<0$,解之得 $-\dfrac{1}{2}<y<\dfrac{3}{2}$。

4. 证明:将 $a_1,a_2,\cdots,a_n$ 调整为 $b_1<b_2<\cdots<b_n$($b_1,b_2,\cdots,b_n$ 为 $a_1,a_2,\cdots,a_n$ 的一个排列),因为 b_i 为正整数,故 $b_i\geqslant i$($i=1,2,\cdots,n$)。又 $1>\dfrac{1}{2^2}>\dfrac{1}{3^2}>\cdots>\dfrac{1}{n^2}$,于是,由排序

不等式得 $a_1 + \dfrac{a_2}{2^2} + \cdots + \dfrac{a_n}{n^2}$（乱序和）$\geqslant b_1 + \dfrac{b_2}{2^2} + \cdots + \dfrac{b_n}{n^2}$（逆序和）$\geqslant 1 + \dfrac{2}{2^2} + \cdots + \dfrac{n}{n^2} \geqslant$

$1 + \dfrac{1}{2} + \cdots + \dfrac{1}{n}$。

5. 解：设左边的称盘中放着砝码 $a_1, a_2, \cdots, a_k$，其总重量为 A；右边的称盘中放着砝码 $b_1, b_2, \cdots, b_k$，其总重量为 B。由已知条件，对于任意的 $i = 1, 2, \cdots, k$，都有 $0 < A - B \leqslant 2(a_i - b_i)$，将 k 个不等式相加得 $A - B \leqslant 2(A - B)$，故 $k \leqslant 2$。

习题 4.6

1. 分析：对于根式和的形式不易直接变换，可先尝试确定取到最值的条件。由于求乘积的最大值，我们先不妨设三个变元相等，解出 $x = y = z = \dfrac{3}{4}$，此时三者的乘积为 $\dfrac{27}{64}$。下面再去证明这个值就是所求的最大值。

证明：当 $x = y = z = \dfrac{3}{4}$ 时，$xyz = \dfrac{27}{64}$，下面证明 xyz 不能大于 $\dfrac{27}{64}$。

用反证法。假设 $xyz > \dfrac{27}{64}$，则由已知条件可得 $\sqrt{x(1-x)} + \sqrt{y(1-y)} + \sqrt{z(1-z)} = 2\sqrt{xyz} > \dfrac{3}{4}\sqrt{3}$。

由柯西不等式：

$$\sqrt{\dfrac{\sqrt{x(1-x)}^2 + \sqrt{y(1-y)}^2 + \sqrt{z(1-z)}^2}{3}} \geqslant \dfrac{\sqrt{x(1-x)} + \sqrt{y(1-y)} + \sqrt{z(1-z)}}{3}$$

$$> \dfrac{\sqrt{3}}{4},$$

故 $x(1-x) + y(1-y) + z(1-z) \geqslant 3\left(\dfrac{\sqrt{3}}{4}\right)^2 = \dfrac{9}{16}$。

另外，由 $xyz > \dfrac{27}{64}$ 得：$x + y + z \geqslant 3\sqrt[3]{xyz} > 3\sqrt[3]{\dfrac{27}{64}} = \dfrac{9}{4}$。所以 $x(1-x) + y(1-y) +$

$z(1-z) = (x+y+z) - (x^2 + y^2 + z^2) \leqslant (x+y+z) - \dfrac{(x+y+z)^2}{3}$（柯西不等式）$=$

$\dfrac{9}{16} + \left[(x+y+z) - \dfrac{(x+y+z)^2}{3} - \dfrac{9}{16}\right] = \dfrac{9}{16} - \dfrac{1}{3}\left[\dfrac{27}{16} - 3(x+y+z) + (x+y+z)^2\right] =$

$\dfrac{9}{16} - \dfrac{1}{3}\left(x+y+z - \dfrac{3}{4}\right)\left(x+y+z - \dfrac{9}{4}\right) < \dfrac{9}{16}$，矛盾。

综上所述，xyz 的最大值是 $\dfrac{27}{64}$。

2. 证明：原问题等价于求证 $\dfrac{x^2 + y^2 + z^2}{x^5 + y^2 + z^2} + \dfrac{x^2 + y^2 + z^2}{y^5 + z^2 + x^2} + \dfrac{x^2 + y^2 + z^2}{z^5 + x^2 + y^2} \leqslant 3$。

由柯西不等式及题设条件 $xyz \geqslant 1$，得 $(x^5 + y^2 + z^2)(yz + y^2 + z^2) \geqslant \left[x^2(xyz)^{\frac{1}{2}} + y^2 + z^2\right]^2 \geqslant (x^2 + y^2 + z^2)^2$，即 $\dfrac{x^2 + y^2 + z^2}{x^5 + y^2 + z^2} \leqslant \dfrac{yz + y^2 + z^2}{x^2 + y^2 + z^2}$。

同理 $\dfrac{x^2+y^2+z^2}{y^5+z^2+x^2}\leqslant\dfrac{zx+z^2+x^2}{x^2+y^2+z^2}$，$\dfrac{x^2+y^2+z^2}{z^5+x^2+y^2}\leqslant\dfrac{xy+x^2+y^2}{x^2+y^2+z^2}$，上述三个不等式相加，并

利用 $x^2+y^2+z^2\geqslant xy+yz+zx$，进而得到 $\dfrac{x^2+y^2+z^2}{x^5+y^2+z^2}+\dfrac{x^2+y^2+z^2}{y^5+z^2+x^2}+\dfrac{x^2+y^2+z^2}{z^5+x^2+y^2}\leqslant$

$2+\dfrac{y+yz+zx}{x^2+y^2+z^2}\leqslant 3$。

3. 证明：构造两个数组：$\sqrt{a_1}$，$\sqrt{a_2}$，$\cdots$，$\sqrt{a_n}$ 和 $\dfrac{1}{\sqrt{a_1}}$，$\dfrac{1}{\sqrt{a_2}}$，$\cdots$，$\dfrac{1}{\sqrt{a_n}}$，由柯西不等式得

$\left[(\sqrt{a_1})^2+(\sqrt{a_2})^2+\cdots+(\sqrt{a_n})^2\right]\left[\left(\dfrac{1}{\sqrt{a_1}}\right)^2+\left(\dfrac{1}{\sqrt{a_2}}\right)^2+\cdots+\left(\dfrac{1}{\sqrt{a_n}}\right)^2\right]\geqslant$

$\left(\sqrt{a_1}\cdot\dfrac{1}{\sqrt{a_1}}+\sqrt{a_2}\cdot\dfrac{1}{\sqrt{a_2}}+\cdots+\sqrt{a_n}\cdot\dfrac{1}{\sqrt{a_n}}\right)^2$，即 $\left[(\sqrt{a_1})^2+(\sqrt{a_2})^2+\cdots+\right.$

$\left.(\sqrt{a_n})^2\right]\left[\left(\dfrac{1}{\sqrt{a_1}}\right)^2+\left(\dfrac{1}{\sqrt{a_2}}\right)^2+\cdots+\left(\dfrac{1}{\sqrt{a_n}}\right)^2\right]\geqslant(1+1+\cdots+1)^2$，所以 $(a_1+a_2+\cdots+$

$a_n)\left(\dfrac{1}{a_1}+\dfrac{1}{a_2}+\cdots+\dfrac{1}{a_n}\right)\geqslant n$。

4. 证明：因为 $0\leqslant a\leqslant b\leqslant c\leqslant d\leqslant e$，所以 $d+e\geqslant c+e\geqslant b+d\geqslant a+c\geqslant a+b$。

由切比雪夫不等式得 $a(d+e)+b(c+e)+c(b+d)+d(a+c)+e(a+b)\leqslant\dfrac{1}{5}(a+b+$

$c+d+e)\left[(d+e)+(c+e)+(b+d)+(a+c)+(a+b)\right]=\dfrac{2}{5}$，即 $ad+be+cb+dc+$

$ea\leqslant\dfrac{1}{5}$。

5. 证明：因为 $x,y\in\mathbf{R}$，$x^2+y^2\leqslant 1$，所以 $-1\leqslant y\leqslant 1$。从而 $|y+1|=y+1\geqslant$

$-1+1=0$。

同理可得 $-1\leqslant x\leqslant 1$，从而 $2\times(-1)-1\leqslant 2y-x\leqslant 2\times 1-(-1)$，即 $-3\leqslant 2y-x\leqslant 3$。

所以 $2y-x-4\leqslant 3-4<0$。

（1）当 $x+y\geqslant 0$ 时，$|x+y|+|y+1|+|2y-x-4|=(x+y)+(y+1)-(2y-x-4)=$

$2x+5$，所以 $3=2\times(-1)+5\leqslant 2x+5\leqslant 2\times 1+5=7$。

（2）当 $x+y<0$ 时，$|x+y|+|y+1|+|2y-x-4|=-(x+y)+(y+1)-(2y-$

$x-4)=-2y+5$，所以 $3=(-2)\times 1+5\leqslant 2x+5\leqslant(-2)\times(-1)+5=7$。

综上所述可得 $3\leqslant|x+y|+|y+1|+|2y-x-4|\leqslant 7$。

习题 5.1

1. 分析：定义在正整数集上的函数，会联想到数列的递推关系。

解：赋值：令 $y=1$，得到 $f(x+1)-f(x)=2+x$，于是有 $f(x)-f(x-1)=1+x(x\geqslant$

$2)$，$f(x-1)-f(x-2)=x$，$f(x-2)-f(x-3)=x-1$，$\cdots$，$f(3)-f(2)=4$，$f(2)-$

$f(1)=3$。上式相加得 $f(x)-f(1)=3+4+\cdots+(x+1)=\dfrac{(x-1)(x+4)}{2}$。

又 $f(1)=2$，所以有 $f(x)=\dfrac{x(x+3)}{2}(x\geqslant 2)$。又当 $x=1$ 时上式也成立，从而有

$$f(x)=\frac{x(x+3)}{2},x\in\mathbf{N}_+。$$

2. 解: 利用函数的连续性，求出最大值和最小值即可。当 $x_1\geqslant0,x_2\geqslant0,x_1+x_2\leqslant1$ 时，有 $f(x_1+x_2)\geqslant f(x_1)+f(x_2)$。因为 $1=f(1)=f(1+0)\geqslant f(1)+f(0)=1+f(0)$，所以 $f(0)\leqslant0$。又由(1)知 $f(0)\geqslant0$，故 $f(0)=0$。

对于任意的 $x\in[0,1]$，令 $t>0$ 且 $t+x=1$，则 $1=f(1)=f(t+x)\geqslant f(t)+f(x)$，且由(1)知 $f(t)\geqslant0,f(x)\geqslant0$，且 $f(x)$ 在 $[0,1]$ 上连续，故有 $f(x)\leqslant1,x\in(0,1)$。

综上所述，$0\leqslant f(x)\leqslant1,x\in[0,1]$。

3. 解: 因为 $y=f(x)$ 为偶函数，所以其对称轴为 $x=0$，又 $y=f(x+1)$ 的图象是由 $y=f(x)$ 的图象向左平移一个单位而得到，故 $y=f(x+1)$ 的对称轴为 $x=-1$。

4. 解: 先画出 $y=f(x)$ 的图象，然后作关于 y 轴对称的图象，得到 $y=f(-x)$ 的图象，再向右平移一个单位，可得到 $y=f(1-x)$ 的图象。故选(C)。

5. 解: a 不确定，自然是分类讨论($a\neq0$)：$a>0$ 或 $a<0$，于是有 $\begin{cases}a>0\\\log_2a>\log_{\frac12}a\end{cases}$ 或 $\begin{cases}a<0\\\log_2(-a)<\log_{\frac12}(-a)\end{cases}$，得到 $a>1$ 或 $-1<a<0$。

6. 解: (1) a,b,c 的像分别都有四种不同选择，由乘法原理知，不同的映射有 4^3 个。

(2) 满足 $\varphi(a)=1$ 的且满足题意的映射不存在。若 $\varphi(a)=2$，则只有 $\varphi(b)=\varphi(c)=1$，这样的映射有 1 个；若 $\varphi(a)=3$，则 $\varphi(b)=2$ 有 2 个；$\varphi(b)=1$ 有 1 个；若 $\varphi(a)=4$，则 $\varphi(b)=3,2,1$ 的映射分别有 3,2,1 个。故满足条件的映射有 10 个。

7. 解: 因为 $f(x)$ 的取值都不超过 1，所以 $f(f(x))=1$，$g(f(x))=\begin{cases}1,|x|\leqslant1\\2,|x|>1\end{cases}$。又 $g(x)$ 在 $|x|\neq1$ 时，取值严格大于 1，而在 $|x|=1$ 时 $g(x)=1$，所以 $f(g(x))=\begin{cases}0,x\neq\pm1\\1,x=\pm1\end{cases}$，$g(g(x))=\begin{cases}2,x\neq\pm1\\1,x=\pm1\end{cases}$。

8. 解: 因为 $x,x-3\in(0,+\infty)$，故 $x>3$。又 $f(x)+f(x-3)=f(x^2-3x)\leqslant2$，且 $f(2)=1$，而 $f(4)=f(2\cdot2)=f(2)+f(2)=2$，所以由单调性知 $x=4$ 是满足 $f(x)=2$ 的唯一解。

故有 $f(x^2-3x)\leqslant2=f(4)$，即 $x^2-3x\leqslant4$，得到 $x\in[-1,4]$，从而所求范围为 $x\in(3,4]$。

9. 解: 对任意的 $x,y\in\mathbf{R}$，因为 $f(-xy)=-f(xy)=-x^4f(y)$，又 $f(-xy)=(-x)^4f(y)=x^4f(y)$，所以 $f(xy)=-f(xy)$，即 $f(xy)=0$。从而 $f(x)\equiv0,x\in\mathbf{R}$。

10. 解: 可先比较 n^{n+1} 与 $(n+1)^n$ 的大小，更一般地比较 $x^{(x+1)}$ 与 $(x+1)^x$ 的大小，即 $x^{\frac1x}$ 与 $(x+1)^{\frac{1}{x+1}}$ 的大小，为此构造函数 $f(x)=x^{\frac1x},x\in[1,+\infty)$。这样问题就转化为讨论 $f(x)$ 单调性的问题。

又 $f(x)=e^{\frac1x\ln x}$，于是 $f'(x)=e^{\frac1x\ln x}\frac{1-\ln x}{x^2}<0,x>e$。即 $f(x)$ 在 $(e,+\infty)$ 上单调递减，从而当 $n\geqslant3$ 时，$(n+1)^n<n^{n+1}$。于是有 $2022^{2021}<2021^{2022}$。

11. 证明: 因为 $f(x+1)=f(x)+1$，所以 $f(f(x+1))=f(f(x)+1)=f(f(x))+1$，

用数学归纳法可以证明 $f^{(n)}(x+1)=f^n(x)+1$。又因为 $\varphi(x)=f^{(n)}(x)-x$，从而 $\varphi(x+1)=f^{(n)}(x+1)-(x+1)=f^{(n)}(x)+1-x-1=f^{(n)}(x)-x=\varphi(x)$，即 $\varphi(x)$ 是以 1 为周期的函数，故只需证明在 $[0,1]$ 上命题成立即可。

不妨设 $x>y,x,y\in[0,1]$，$\varphi(x)-\varphi(y)=f^{(n)}(x)-f^{(n)}(y)-x+y$，因为 $f(x)$ 不减，所以 $f^{(n)}(x)$ 不减，$f^{(n)}(x)-f^{(n)}(y)\geqslant 0$。$\varphi(x)-\varphi(y)\geqslant -x+y\geqslant -1$。仅有 $x=1,y=0$ 时 $-x+y=-1$，此时 $\varphi(x)-\varphi(y)=f^{(n)}(x)-f^{(n)}(y)-x+y=0$。所以 $\varphi(x)-\varphi(y)>-1$ 又 $\varphi(x)-\varphi(y)<f^{(n)}(x)-f^{(n)}(y)\leqslant f^{(n)}(1)-f^{(n)}(0)=1$（因为 $f^{(n)}(0+1)=f^{(n)}(0)+1$），所以有 $|\varphi(x)-\varphi(y)|<1$，对任意 $x,y\in\mathbf{R}$。

12.解：因为若 $A=\varnothing$，则 $A\subseteq B$。若 $A\neq\varnothing$，对任意 $t\in A$，从而 $f(t)=t$，进而 $f[f(t)]=f(t)=t$，从而 $t\in B$，而 $A\subseteq B$。选（C）。

说明：类似的问题参见例 3-2。

习题 5.2

1.解：因为 $f(0)=c$，$f'(0)=(x^2-ax+b)|_{x=0}=b$。又 $y=f(x)$ 在 $(0,f(0))$ 处的切线为 $y=1$，即 $y-f(0)=b(x-0)$，$y=bx+f(0)$。所以 $b=0$，$f(0)=c=1$。

2.(1)解：因为 $f'(x)=x+2a$，$g'(x)=\dfrac{3a^2}{x}$，设 $y=f(x)$ 与 $y=g(x)$ 的公共点为 (x_0,y_0)，则有 $f(x_0)=g(x_0)$，$f'(x_0)=g'(x_0)$，即 $\begin{cases}\dfrac{1}{2}x_0^2+2ax_0=3a^2\ln x_0+b\\ x_0+2a=\dfrac{3a^2}{x_0}\end{cases}$，解之得 $x_0=a$，$b=\dfrac{5}{2}a^2-3a^2\ln a$。

记 $h(a)=\dfrac{5}{2}a^2-3a^2\ln a$，则 $h'(a)=2a(1-3\ln a)$，$a>0$。所以，当 $1-3\ln a>0$ 时，即 $0<a<\mathrm{e}^{\frac{1}{3}}$ 时，$h'(a)>0$；当 $1-3\ln a<0$，即 $a>\mathrm{e}^{\frac{1}{3}}$ 时，$h'(a)<0$。即 $h(a)$ 在 $(0,\mathrm{e}^{\frac{1}{3}})$ 单调递增，在 $(\mathrm{e}^{\frac{1}{3}},+\infty)$ 单调递减，所以 $b_{\max}=h(\mathrm{e}^{\frac{1}{3}})=\dfrac{3}{2}\mathrm{e}^{\frac{2}{3}}$。

(2)证明：构造函数 $F(x)=f(x)-g(x)=\dfrac{1}{2}x^2+2ax-3a^2\ln x-b$（$x>0$），只需证明 $F(x)$ 的最小值等于零即可。

因为 $F'(x)=x+2a-\dfrac{3a^2}{x}=\dfrac{(x-a)(x+3a)}{x}$（$x>0$），所以 $F'(x)$ 在 $(0,a)$ 单调递减，在 $(a,+\infty)$ 单调递增。于是，$F(x)$ 在 $(0,+\infty)$ 上的最小值 $F(a)=F(x_0)=f(x_0)-g(x_0)=0$。故当 $x>0$ 时，$f(x)\geqslant g(x)$。

3.(1)解：$f'(x)=\dfrac{a+\dfrac{1}{a}}{x}-\dfrac{1}{x^2}-1=-\dfrac{(x-a)\left(x-\dfrac{1}{a}\right)}{x^2}$，令 $f'(x)=0$，得 $x_1=\dfrac{1}{a}$，$x_2=a$。

因为 $a>1$，$0<\dfrac{1}{a}<1$，$a>\dfrac{1}{a}$，所以当 $0<x<\dfrac{1}{a}$ 时，$f'(x)<0$；当 $\dfrac{1}{a}<x<1$ 时，

$f'(x) > 0$，即 $f(x)$ 在 $\left(0, \dfrac{1}{a}\right)$ 单调递减，在 $\left(\dfrac{1}{a}, 1\right)$ 单调递增。

(2)**证明**：由题意知，当 $a \in [3, +\infty)$ 时，$f'(x_1) = f'(x_2)(x_1 \neq x_2, x_1 > 0, x_2 > 0)$，即

$\dfrac{a + \dfrac{1}{a}}{x_1} - \dfrac{1}{x_1^2} - 1 = \dfrac{a + \dfrac{1}{a}}{x_2} - \dfrac{1}{x_2^2} - 1$，所以 $a + \dfrac{1}{a} = \dfrac{1}{x_1} + \dfrac{1}{x_2} = \dfrac{x_1 + x_2}{x_1 x_2}$。

因为 $x_1 x_2 > 0, x_1 \neq x_2$，所以 $x_1 x_2 < \left(\dfrac{x_1 + x_2}{2}\right)^2$，即 $\dfrac{1}{x_1 x_2} > \dfrac{4}{(x_1 + x_2)^2}$（技巧）。又

$x_1 + x_2 > 0$，所以 $a + \dfrac{1}{a} = \dfrac{x_1 + x_2}{x_1 x_2} > \dfrac{4}{x_1 + x_2}$，即 $x_1 + x_2 > \dfrac{4}{a + \dfrac{1}{a}}, a \in [3, +\infty)$。

令 $g(a) = \dfrac{4}{a + \dfrac{1}{a}}, h(a) = a + \dfrac{1}{a}, a \in [3, +\infty)$，因为在 $[3, +\infty)$ 上 $h'(a) = 1 - \dfrac{1}{a^2} > 0$，

所以 $h(a) = a + \dfrac{1}{a}$ 在 $[3, +\infty)$ 上单调递增，从而 $g(a) = \dfrac{4}{a + \dfrac{1}{a}}$ 在 $[3, +\infty)$ 单调递减，即

$g(a)$ 在 $[3, +\infty)$ 的最大值为 $g(3) = \dfrac{6}{5}$。故 $x_1 + x_2 > \dfrac{6}{5}$。

4.解：(1)因为 $f'(x) = e^x + a, f'(1) = e + a$，令 $(e + a) \dfrac{1}{1 - e} = -1$，所以 $a = -1$。

(2)**分析**：对于该类恒成立问题，需要分离参数，化归为求函数最值问题。

当 $x = 0$ 时，$f(0) = 1 > 0$ 对任意实数 a 恒成立。当 $x > 0$ 时，要使 $e^x + ax > 0$ 恒成立，

即 $a > -\dfrac{e^x}{x}(x > 0)$ 恒成立，只需 a 大于 $-\dfrac{e^x}{x}$ 的最大值即可。

记 $h(x) = -\dfrac{e^x}{x}, h'(x) = \dfrac{(1 - x)e^x}{x^2}$。易知当 $x \in (0, 1)$ 时，$h(x)$ 单调递增；当 $x \in$

$[1, +\infty)$ 时，$h(x)$ 单调递减。所以，当 $x = 1$ 时，$h(x)$ 取得最大值。即 $h(x)_{\max} = h(1) =$

$-e$。

所以要使 $x \geq 0$ 时，$f(x) > 0$ 恒成立，a 的取值范围为 $(-e, +\infty)$。

(3)**分析**：要研究曲线 C 的导数即切线的斜率等于 0 是否有解的问题，就要研究导数

的特点及性质，从导数的结构来分析。

因为 $y' = \dfrac{e^x}{x} + e^x \ln x - e^x + 1 = \left(\dfrac{1}{x} + \ln x - 1\right)e^x + 1$，又设 $m(x) = \dfrac{1}{x} + \ln x - 1, m'(x) =$

$\dfrac{x - 1}{x^2}$，则当 $x \in [1, e]$ 时，$m(x)$ 单调递增，$m(x)$ 在 $[1, e]$ 上的最小值为 $m(1) = \ln 1 = 0$，即

$m(x) = \dfrac{1}{x} + \ln x - 1 \geq 0$，所以 $y' = \left(\dfrac{1}{x} + \ln x - 1\right)e^x + 1 > 0$。

即不存在 $x_0 \in [1, e]$ 使得曲线 $y = g(x) - f(x)$ 在 $x = x_0$ 处的切线斜率 $k = y'(x_0) =$

0。从而不存在 $x_0 \in [1, e]$ 使得曲线 $y = g(x) - f(x)$ 在 $x = x_0$ 处切线与 y 轴垂直。

习题 5.3

1.解：因为 $f'(x) = 1 + a\cos x, f(x)$ 在 **R** 上递增，所以 $f'(x) \geq 0, x \in \mathbf{R}$。

当 $a>0$ 时，由 $-1\leqslant\cos x\leqslant 1$ 得 $-a\leqslant a\cos x\leqslant a$，所以 $1-a\leqslant 1+a\cos x\leqslant 1+a$，从而 $1-a\geqslant 0$，即 $0<a\leqslant 1$。当 $a=0$ 时，$f'(x)=1>0$ 显然适合。当 $a<0$ 时，有 $a\leqslant a\cos x\leqslant -a$，即 $1+a\leqslant 1+a\cos x\leqslant 1-a$，所以 $1+a\geqslant 0$，亦即 $a\geqslant -1$，所以 $-1\leqslant a<0$。综上所述有 $-1\leqslant a\leqslant 1$。

2.解：因为 $f'(x)=3x^2+1>0$，所以 $f(x)$ 在 **R** 上单调递增。又 $f(-x)=-f(x)$，所以 $y=f(x)$ 是奇函数。由 $f(mx-2)+f(x)<0$ 得 $f(mx-2)<-f(x)=f(-x)$。

又因为 $f(x)$ 为增函数，所以 $mx-2<-x$，即 $mx-2+x<0$ 对 $m\in[-2,2]$ 恒成立。

记 $g(m)=xm-2+x$，则有 $\begin{cases}g(-2)<0\\g(2)<0\end{cases}$，即 $\begin{cases}-2x-2+x<0\\2x-2+x<0\end{cases}$，解之得 $-2<x<\dfrac{2}{3}$。

3.解：因为 $f(x)$ 既有极大值又有极小值，所以 $f'(x)=3x^2+6ax+3(a+2)=0$ 有两个不同实根，进而有 $\Delta=36a^2-36(a+2)>0$，解之得 $a<-1$ 或 $a>2$。

4.解：(1)因为函数的定义域为 $(0,+\infty)$，$f'(x)=1-\dfrac{a}{x}$，所以当 $a=2$ 时，$f(1)=1$，$f'(1)=-1$。故 $y=f(x)$ 在 $(1,f(1))$ 处的切线方程为 $y-1=-(x-1)$，即 $x+y-2=0$。

(2)由 $f'(x)=1-\dfrac{a}{x}=\dfrac{x-a}{x}(x>0)$ 知，当 $a\leqslant 0$ 时，$f'(x)>0$，$f(x)$ 在 $(0,+\infty)$ 单调递增，无极值；当 $a>0$ 时，令 $f'(x)=0$，得 $x=a$。所以，当 $x\in(0,a)$ 时，$f'(x)<0$；当 $x\in(a,+\infty)$ 时，$f'(x)>0$。故 $f(x)$ 在 $x=a$ 处取得极小值，且极小值为 $f(a)=a-a\ln a$，无极大值。综上所述，当 $a\leqslant 0$ 时，$f(x)$ 在 $(0,+\infty)$ 上无极值；当 $a>0$ 时，有 $f(x)$ 极小值为 $f(a)=a-a\ln a$，无极大值。

5.解：(1)当 $k=1$ 时，$f(x)=(x-1)e^x-x^2$，$f'(x)=x(e^x-2)$。令 $f'(x)=0$，得 $x_1=0$，$x_2=\ln 2$。当 x 变化时，$f(x)$ 的变化如下表：

x	$(-\infty,0)$	0	$(0,\ln 2)$	$\ln 2$	$(\ln 2,+\infty)$
$f'(x)$	$+$	0	$-$	0	$+$
$f(x)$	↗	极大值	↘	极小值	↗

所以 $f(x)$ 在 $(-\infty,0)$，$(\ln 2,+\infty)$ 上递增，在 $(0,\ln 2)$ 递减。

(2) $f'(x)=x(e^x-2k)$，令 $f'(x)=0$，得 $x_1=0$，$x_2=\ln(2k)$。需要判断 x_2 的位置。

令 $g(k)=\ln(2k)-k$，$g'(k)=\dfrac{1}{k}-1=\dfrac{1-k}{k}>0$，所以 $g(k)$ 在 $\left(\dfrac{1}{2},1\right]$ 上递增，从而 $g(k)\leqslant g(1)=\ln 2-1=\ln 2-\ln e<0$，即 $\ln(2k)<k$，进而 $\ln(2k)\in[0,k]$，所以当 $x\in(0,\ln(2k))$ 时，$f'(x)<0$；当 $x\in(\ln(2k),+\infty)$ 时，$f'(x)>0$，故 $M=\max\{f(0),f(k)\}=\max\{-1,(k-1)e^k-k^3\}$。

再令 $h(k)=(k-1)e^k-k^3-(-1)$，则 $h'(k)=k(e^k-3k)$。令 $\varphi(k)=e^k-3k$，则 $\varphi'(k)=e^k-3<e-3<0$，所以 $\varphi(k)$ 在 $\left(\dfrac{1}{2},1\right]$ 上单调递减。又 $\varphi\left(\dfrac{1}{2}\right)\cdot\varphi(1)=\left(\sqrt{e}-\dfrac{3}{2}\right)(e-3)<0$，所以存在 $x_0\in\left(\dfrac{1}{2},1\right]$，使得 $\varphi(x_0)=0$，且当 $k\in\left(\dfrac{1}{2},x_0\right]$ 时，$\varphi(k)>0$；当 $k\in(x_0,1]$ 时，$\varphi(k)<0$。所以 $h(k)$ 在 $\left(\dfrac{1}{2},x_0\right]$ 上单调递增，在 $(x_0,1]$ 上单调

递减。

因为 $h\left(\dfrac{1}{2}\right)=-\dfrac{1}{2}\sqrt{e}+\dfrac{7}{8}>0, h(1)=0$，所以 $h(k)\geqslant 0$ 在 $\left(\dfrac{1}{2},1\right]$ 上恒成立，当且仅当 $k=1$ 时取等号。综上所述，$f(x)$ 在 $[0,k]$ 上的最大值为 $M=(k-1)e^k-k^3$。

6. 解：易知 $f(x)$ 的定义域为 $(0,2)$，$f'(x)=\dfrac{1}{x}-\dfrac{1}{2-x}+a$。

(1) 当 $a=1$ 时，$f'(x)=\dfrac{1}{x}-\dfrac{1}{2-x}+1=\dfrac{2-x^2}{x(2-x)}$。

当 $x\in(0,2)$ 时，$x(2-x)>0$，故由 $f'(x)>0$ 得 $x\in(0,\sqrt{2})$；由 $f'(x)<0$ 得，$x\in(\sqrt{2},2)$。所以 $f(x)$ 的单调递增区间为 $(0,\sqrt{2})$，单调递减区间为 $(\sqrt{2},2)$。

(2) 当 $x\in(0,1]$ 时，$f'(x)=\dfrac{2-2x}{x(2-x)}+a>0$，即 $f(x)$ 在 $(0,1]$ 上单调递增，从而其最大值为 $f(1)=a$，所以有 $a=\dfrac{1}{2}$。

7. (1) 解：因为 $f(x)$ 为 **R** 上的奇函数，$f(0)=0$，所以 $d=0$。从而 $f(x)=ax^3+cx$，$f'(x)=3ax^2+c$。由已知条件知，当 $x=1$ 时 $f(x)$ 取得极值 -2，所以必有 $f'(1)=0$，即 $\begin{cases}f(1)=a+c=-2\\ f'(1)=3a+c=0\end{cases}$，解之得 $a=1,c=-3$。所以 $f(x)=x^3-3x$。

又 $f'(x)=3x^2-3=3(x-1)(x+1)$，从而 $f'(-1)=f'(1)=0$。故当 $x\in(-\infty,-1)$ 时，$f'(x)>0$，$f(x)$ 递增；当 $x\in(-1,1)$ 时，$f'(x)<0$，$f(x)$ 递减；当 $x\in(1,+\infty)$ 时，$f'(x)>0$，$f(x)$ 递增。从而当 $x=-1$ 时 $f(x)$ 取极大值 $f(-1)=2$。

(2) **证明**：由 (1) 知 $f(x)$ 在 $[-1,1]$ 上是减函数，从而 $f_{\max}=f(-1)=2, f_{\min}=f(1)=-2$。

对任意的 $x_1,x_2\in[-1,1]$，$|f(x_1)-f(x_2)|\leqslant|f_{\max}-f_{\min}|=|2-(-2)|=4$。

8. 解：(1) $f'(x)=3ax^2+2bx-1$，且 $x=1, x=2$ 分别为极值点，所以 $\begin{cases}f'(1)=3a+2b-1=0\\ f'(2)=12a+4b-1=0\end{cases}$，解之得 $a=-\dfrac{1}{6}, b=\dfrac{3}{4}$。故 $f(x)=-\dfrac{1}{6}x^3+\dfrac{3}{4}x^2-x$。

(2) 问题可转化为 $F(x)=f(x)-g(x)=0$ 在 $[-2,0]$ 上有两个不同实根问题。令 $F(x)=f(x)-g(x)=-\dfrac{1}{6}x^3+\dfrac{3}{4}x^2+2x+m$，由题意，$F(x)$ 在 $[-2,0]$ 上有两个不同实根。

由 $F'(x)=-\dfrac{1}{2}x^2+\dfrac{3}{2}x+2=0$ 得 $x=4$ 或 $x=-1$。

x	$(-\infty,-1)$	-1	$(-1,4)$	4	$(4,+\infty)$
$F'(x)$	$-$	0	$+$	0	$-$
$F(x)$	$\downarrow$	极小值	$\uparrow$	极大值	$\downarrow$

由表知，$F(x)$ 在 $(-2,-1)$ 上递减，在 $(-1,0)$ 上递增，在 $x=-1$ 处取极小值，要使 $F(x)=0$ 在 $[-2,0]$ 上有两个不同的交点，只需 $F(-1)<0, F(-2)\geqslant 0, F(0)\geqslant 0$，解之得 $0\leqslant m<\dfrac{13}{12}$，即 m 的取值范围是 $\left[0,\dfrac{13}{12}\right)$。

习题 5.4

1.解: 由 $x^3 - 3x^2 + a = 0$ 得 $a = 3x^2 - x^3$。令 $f(x) = 3x^2 - x^3$, 则 $f'(x) = 6x - 3x^2 = 3x(2-x)$, 所以, 当 $x < 0$ 或 $x > 2$ 时, $f'(x) < 0$, $f(x)$ 单调递减; 当 $0 < x < 2$ 时, $f'(x) > 0$, $f(x)$ 单调递增。从而, $f(x)$ 在 $x = 0$ 处取极小值 $f(0) = 0$, $f(x)$ 在 $x = 2$ 处取极大值 $f(2) = 4$。要使方程有两个根, 则 $a = 0$ 或 4。

2.解: (1) 当 $a = 2$ 时, $g(x) = \dfrac{1}{x-1} + x$, 由 $f(x) = g(x)$ 得到 $x^2 + 3x + 1 = \dfrac{1}{x-1} + x$, 即 $x^3 + x^2 - x - 2 = 0 (x \neq 1)$。

令 $h(x) = x^3 + x^2 - x - 2$, 则 $h'(x) = 3x^2 + 2x - 1$, 由 $h'(x) = 0$ 得 $x_1 = -1$, $x_2 = \dfrac{1}{3}$。

易知 $h(x)$ 在 -1 和 $\dfrac{1}{3}$ 处分别取极大值 -1 和极小值 $-2\dfrac{5}{27}$, 它们均为负值。

当 $x \to -\infty$, $h(x) \to -\infty$; 当 $x \to +\infty$, $h(x) \to +\infty$。所以, 当 $a = 2$ 时, $h(x)$ 只有一个零点, 即 $f(x)$ 和 $g(x)$ 只有一个公共点。

(2) 由 $f(x) = g(x)$, 得 $a = x^3 + x^2 - x (x \neq 1)$。

这需要画出 $y = a$ 和 $y = Q(x) = x^3 + x^2 - x (x \neq 1)$ 这两条曲线, 数形结合便可求解。

由 $Q'(x) = 3x^2 + 2x - 1 = 0$ 得极值点分别在 -1 和 $\dfrac{1}{3}$ 处取得, 且 $Q(-1) = 1$, $Q\left(\dfrac{1}{3}\right) = -\dfrac{5}{27}$。

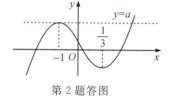
第 2 题答图

如图, 当 $a = Q(-1) = 1$ 时, $y = a$ 与 $y = Q(x)$ 只有 1 个公共点 ($x = -1$ 不在曲线上); 当 $a = -\dfrac{5}{27}$ 时, $y = a$ 与 $y = Q(x)$ 恰有两个公共点。即 $a = -\dfrac{5}{27}$。

3.解: (1) 因为 $f'(x) = \dfrac{a}{1+x} + 2x - 10$, 所以由 $f'(3) = \dfrac{a}{4} + 6 - 10 = 0$ 得 $a = 16$。

检验: 因为当 $a = 16$ 时, $f'(x) = \dfrac{2(x-3)(x-1)}{x+1}$, 所以当 $x \in (1, 3)$ 时, $f'(x) < 0$, $f(x)$ 单调递减; 当 $x \in (3, +\infty)$ 时, $f'(x) > 0$, $f(x)$ 单调递增, 所以当 $a = 16$ 时, $x = 3$ 是极值点。

(2) 因为 $x \in (-1, +\infty)$, $f'(x) = \dfrac{2(x-3)(x-1)}{x+1}$, 所以当 $x \in (-1, 1)$ 或 $(3, +\infty)$ 时, $f'(x) > 0$, $f(x)$ 单调递增; 当 $x \in (1, 3)$ 时, $f'(x) < 0$, $f(x)$ 单调递减。

(3) 由题意知 $f(x) - b = 0$ 有 3 个实根, 构造函数 $g(x) = f(x) - b$, 则 $g(x)$ 的图象与 x 轴有三个不同交点。

又 $g'(x) = \dfrac{2(x-1)(x-3)}{1+x} (x > -1)$, 令 $g'(x) = 0$, 得 $x_1 = 1$, $x_2 = 3$。

当 x 变化时, $g'(x)$, $g(x)$ 的变化情况如下:

x	$(-1,1)$	1	$(1,3)$	3	$(3,+\infty)$
$g'(x)$	+	0	−	0	+
$g(x)$	↗	极大值	↘	极小值	↗

由表可知,$g(1)$为极大值,$g(3)$为极小值,$y=g(x)$的图象大体如下:

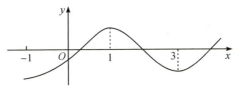

第 3 题答图

$g(x)$必须满足 $\begin{cases} g(1)>0 \\ g(3)<0 \end{cases}$,即 $\begin{cases} 16\ln 2-9-b>0 \\ 32\ln 2-21-b<0 \end{cases}$,所以 $32\ln 2-21<b<16\ln 2-9$。

4.解:(1)因为 $f'(x)=ax^2-(a+1)x+1=a(x-1)\left(x-\dfrac{1}{a}\right)$,又 $a<0$,所以 $\dfrac{1}{a}<1$.

当 x 变化时,$f'(x)$,$f(x)$的变化情况如下:

x	$\left(-\infty,\dfrac{1}{a}\right)$	$\dfrac{1}{a}$	$\left(\dfrac{1}{a},1\right)$	1	$(1,+\infty)$
$f'(x)$	−	0	+	0	−
$f(x)$	↘	极小值	↗	极大值	↘

所以 $f(x)$的极小值为 $f\left(\dfrac{1}{a}\right)=\dfrac{-2a^2+3a-1}{6a^2}$,极大值为 $f(1)=-\dfrac{1}{6}(a-1)$.

(2)因为(1)$f\left(\dfrac{1}{a}\right)$和 $f(1)$的值已经知道,由计算可知 $f(0)=-\dfrac{1}{3}<0$,$f(2)=\dfrac{1}{3}(2a-1)$.又 $f'(x)=a(x-1)\left(x-\dfrac{1}{a}\right)$,$x\in[0,2]$,我们以 $\dfrac{1}{2}$ 为分界点。

1^0 当 $a\leqslant\dfrac{1}{2}$ 时,$f(x)$在$[0,1]$上单调递增,在$[1,2]$上单调递减。由 $f(0)=-\dfrac{1}{3}<0$,$f(1)=-\dfrac{1}{6}(a-1)>0$,$f(2)=\dfrac{1}{3}(2a-1)\leqslant 0$,可知此时 $f(x)$在$[0,1]$和$[1,2]$上各有一个零点,即 $f(x)$在$[0,2]$上有两个零点。

2^0 当 $\dfrac{1}{2}<a<1$ 时,$f(x)$在$[0,1]$单调递增,在$\left(1,\dfrac{1}{a}\right)$上单调递减,在$\left[\dfrac{1}{a},2\right]$上单调递增。又 $f(0)=-\dfrac{1}{3}<0$,$f(1)=-\dfrac{1}{6}(a-1)>0$,$f\left(\dfrac{1}{a}\right)=\dfrac{-(a-1)(2a-1)}{a^2}>0$,$f(2)=\dfrac{1}{3}(2a-1)>0$,所以 $f(x)$只在$[0,1]$上有一个零点,即 $f(x)$在$[0,2]$上只有一个零点。

3^0 当 $a=1$ 时,$f(x)$在$[0,2]$上单调递增,因为 $f(0)=-\dfrac{1}{3}<0$,$f(2)=\dfrac{1}{3}(2a-1)>0$,所以 $f(x)$在$[0,2]$上有一个零点。

4^0　当 $a>1$ 时，$f(x)$ 在 $\left(0,\dfrac{1}{a}\right)$ 上单调递增，在 $\left[\dfrac{1}{a},1\right]$ 上单调递减，在 $[1,2]$ 上单调递增。因为 $f(0)=-\dfrac{1}{3}<0$，$f(1)=-\dfrac{1}{6}(a-1)<0$，$f\left(\dfrac{1}{a}\right)=\dfrac{-(a-1)(2a-1)}{a^2}<0$，$f(2)=\dfrac{1}{3}(2a-1)>0$，所以 $f(x)$ 在 $[0,2]$ 上有一个零点。

综上所述：存在实数 a 使得 $f(x)$ 在 $[0,2]$ 上有两个零点，$a\in\left(-\infty,\dfrac{1}{2}\right]$。

5. 解：令 $f(x)=u$，则 $g(u)=y$，分别画出 $u=f(x)$ 和 $y=g(u)$ 的图象，如图。

因为 $u=f(x)=-x^2+2x=-(x-1)^2+1$，所以 $u\leqslant 1$。每个 u 值对应 2 个 x 值，因此 $u<1$，且 $g(1)=\dfrac{5}{4}$。又当 $x>0$ 时，$g'(x)=1-\dfrac{1}{4x^2}$，由 $g'(x)=0$ 得 $x=\dfrac{1}{2}$。即 $g(x)$ 在 $x=\dfrac{1}{2}$ 处取最小值 $g\left(\dfrac{1}{2}\right)=1$，故 $1\leqslant g(u)<\dfrac{5}{4}$（因为 $u\neq 1$，$g(u)$ 取不到 $\dfrac{5}{4}$，而 $g\left(\dfrac{1}{2}\right)=1$ 时是顶点，且当 $x=0$ 时，$y=x+1=1$，所以不等式左边取等号）即 $a\in\left[1,\dfrac{5}{4}\right)$。

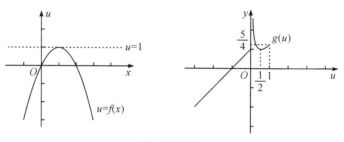

第 5 题答图

6. 解：先画出 $x\geqslant 0$ 时 $f(x)$ 的图象，再根据 $f(x)$ 是奇函数，画出 $x<0$ 时 $f(x)$ 的图象。

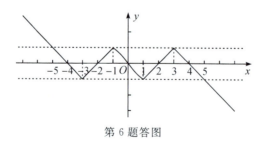

第 6 题答图

不妨设方程的根从左到右依次为 x_1,x_2,x_3,x_4,x_5，依对称性，则有 $x_1+x_2=-6$，$x_4+x_5=6$。又 $x_3\in(-1,0)$，从而 $-x_3\in(0,1)$。故有 $f(-x_3)=\log_{\frac{1}{2}}(1-x_3)$，又 $f(-x_3)=-f(x_3)$（奇函数），所以 $f(x_3)=-\log_{\frac{1}{2}}(1-x_3)=\log_2(1-x_3)$。

由 $\log_2(1-x_3)=a$ 得 $1-x_3=2^a$，即 $x_3=1-2^a$，所以 $x_1+x_2+x_3+x_4+x_5=1-2^a$。选 (B)。

7. 解：$f(x)$ 关于 $x=2$ 对称且在对称轴两边单调。因为一元二次方程 $t^2+bt+2=0$

至多有两个根 t_1, t_2，所以 $f(x)=t_1$，$f(x)=t_2$ 分别各有两个根，共 4 个根。还差一个根，唯一的可能是 $x=2$ 也是根，说明这五个点是关于 $x_3=2$ 对称的，即 $x_1-2, x_2-2, x_3-2, x_4-2, x_5-2$ 关于 $x=0$ 对称，从而 $x_1-2+x_2-2+x_4-2+x_5-2=0$，即 $x_1+x_2+x_4+x_5=8$，所以 $x_1+x_2+x_3+x_4+x_5=10$，从而 $f(x_1+x_2+x_3+x_4+x_5)=\lg(10-2)=\lg 8=3\lg 2$。选(C)。

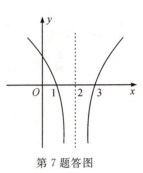

第 7 题答图

8. 解:(1) 当 $x<1$ 时，$f(x)=-x^3+ax^2+bx$，$f'(x)=-3x^2+2ax+b$，因为函数在 $x=0$ 和 $x=\dfrac{2}{3}$ 处存在极值，所以

$f'(0)=b=0$，$f'\left(\dfrac{2}{3}\right)=-\dfrac{4}{3}+\dfrac{4}{3}a+b=0$，解之得 $a=1,b=0$。

(2)由(1)得 $f(x)=\begin{cases}-x^3+x^2, & x<1 \\ c(e^{x-1}-1), & x\geqslant 1\end{cases}$，又直角 $\triangle AOB$ 斜边 AB 的中点在 y 轴上，故 A,B 的横坐标互为相反数。不妨设 $A(-t, t^3+t^2)$，$B(t, f(t))$，$t>0$。

①若 $t<1$，则 $f(t)=-t^3+t^2$。$\angle AOB$ 是直角，所以 $\overrightarrow{OA} \cdot \overrightarrow{OB}=0$，即 $-t^2+(t^3+t^2)(-t^3+t^2)=0$，化简得 $t^4-t^2+1=0$，无实数解。

②若 $t\geqslant 1$，则 $f(t)=c(e^{t-1}-1)$。$\angle AOB$ 是直角，所以 B 点不可能在 x 轴上，即 $t\neq 1$。由 $\overrightarrow{OA} \cdot \overrightarrow{OB}=0$ 得 $-t^2+(t^3+t^2) \cdot c(e^{t-1}-1)=0$，$c=\dfrac{1}{(t+1)(e^{t-1}-1)}$。因为函数 $y=(t+1) \cdot (e^{t-1}-1)$ 在 $t>1$ 上的值域是 $(0,+\infty)$，所以实数 c 的取值范围是 $(0,+\infty)$。

(3)由方程 $f(x)=kx$ 得 $kx=\begin{cases}-x^3+x^2, & x<1 \\ e^x-e, & x\geqslant 1\end{cases}$，可知 $x=0$ 是方程的根。当 $x\neq 0$ 时，

方程等价于 $k=\begin{cases}-x^2+x, & x<1, x\neq 0 \\ \dfrac{e^x-e}{x}, & x\geqslant 1\end{cases}$。当 $x<1$ 且 $x\neq 0$ 时，$g(x)=-x^2+x$，这是开口

向下的抛物线的一部分，且 $x=\dfrac{1}{2}$ 时取最大值 $\dfrac{1}{4}$，值域为 $(-\infty,0) \cup \left(0,\dfrac{1}{4}\right]$。当 $x\geqslant 1$

时，$g(x)=\dfrac{e^x-e}{x}$，因为 $g'(x)=\dfrac{e^x(x-1)+e}{x^2}>0$，所以 $g(x)$ 在 $[1,+\infty)$ 上单调递增。

故当 $k>\dfrac{1}{4}$ 或 $k\leqslant 0$ 时，$k=\begin{cases}-x^2+x, & x<1, x\neq 0 \\ \dfrac{e^x-e}{x}, & x\geqslant 1\end{cases}$ 有一个实根；当 $k=\dfrac{1}{4}$ 时，

$k=\begin{cases}-x^2+x, & x<1, x\neq 0 \\ \dfrac{e^x-e}{x}, & x\geqslant 1\end{cases}$ 有两个实根；当 $0<k<\dfrac{1}{4}$ 时，$k=\begin{cases}-x^2+x, & x<1, x\neq 0 \\ \dfrac{e^x-e}{x}, & x\geqslant 1\end{cases}$ 有三个

实根。

又因为 $x=0$ 是方程的根，故当 $k>\dfrac{1}{4}$ 或 $k\leqslant 0$ 时，$f(x)=kx$ 有两个实根；当 $k=\dfrac{1}{4}$ 时，$f(x)=kx$ 有三个实根；当 $0<k<\dfrac{1}{4}$ 时，$f(x)=kx$ 有四个实根。

9. 解:因为 $f'(x)=\dfrac{1}{3}-\dfrac{1}{x}$，$f(x)$ 在 $\left(\dfrac{1}{e},1\right)$、$(1,e)$ 内为单调减函数。又 $f\left(\dfrac{1}{e}\right)f(1)=$

$\left(\dfrac{1}{3e}-\ln\dfrac{1}{e}\right)\left(\dfrac{1}{3}-\ln 1\right)=\dfrac{1}{3}\left(\dfrac{1}{3e}+1\right)>0,f(1)f(e)=\left(\dfrac{1}{3}-\ln 1\right)\left(\dfrac{1}{3}e-\ln e\right)=\dfrac{e-3}{9}<0,$

故在 $\left(\dfrac{1}{e},1\right)$ 内无零点，在 $(1,e)$ 内有一个零点。

10.解：先画出 $y=f(x)$ 的图象，如图，当 $m\in[0,1)$ 时有三个交点。

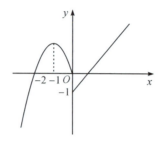

第 10 题答图

11.解：$f(x)=\left(x-\dfrac{1}{2}\right)^2+a-\dfrac{1}{4}$，$f(x)$ 的图象关于 $x=\dfrac{1}{2}$

对称，$f(x)=0$ 的两个根分别在 $\left(0,\dfrac{1}{2}\right)$ 和 $\left(\dfrac{1}{2},3\right)$ 内。由题意

知，a 必须满足 $\begin{cases} f(0)=a>0 \\ f\left(\dfrac{1}{2}\right)=a-\dfrac{1}{4}<0, \\ f(3)=6+a>0 \end{cases}$ 解之得 $0<a<\dfrac{1}{4}$。

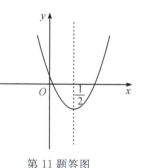

第 11 题答图

12.解：(1)因为 $g(x)=x+\dfrac{e^2}{x}\geqslant 2e$，当 $x=e$ 时取等号，所以 $y=g(x)$ 的值域为 $[2e,+\infty)$，因此只需 $m\geqslant 2e$，则 $g(x)=m$ 就有零点。

(2)若 $f(x)-g(x)=0$ 有两个不相同的实根，则 $y=f(x)$ 与 $y=g(x)$ 的图象有两个不同的交点。又 $f(x)=-x^2+2ex+m-1=-(x-e)^2+m-1+e^2$，$y=f(x)$ 以 $x=e$ 为对称轴，开口向下，最大值为 $m-1+e^2$；$y=f(x)$ 在 $x=e$ 时取得最小值，如图。易知，当 $m-1+e^2>2e$ 时，两曲线有两个不同交点，即 $m>-e^2+2e+1$。

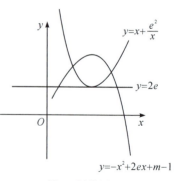

第 12 题答图

习题 5.5

1.解：令 $f(x)=mx^2-kx+2$，因为 $f(0)=2>0$，且 $f(x)=0$ 在区间 $(0,1)$ 内有两个不同根，所以 $m>0$。由题意可得 $\Delta=k^2-8m>0,f(1)=m-k+2>0$。又 $f(x)=m\left(x-\dfrac{k}{2m}\right)^2+2-\dfrac{k^2}{4m}$，所以 $0<\dfrac{k}{2m}<1$，即 $\begin{cases} m>0,k>0 \\ k<m+2 \\ k<2m \\ k>2\sqrt{2m} \end{cases}$　①。

$m=1,2$ 显然不成立,当 $m>2$ 时,$m+2<2m$ 显然成立,所以①化为 $\begin{cases} m>0,k>0 \\ m+2>k>2\sqrt{2m} \end{cases}$,

即 $\begin{cases} m>0,k>0 \\ m+1\geqslant k>2\sqrt{2m} \end{cases}$ ②。要使②成立,必有 $m+1>2\sqrt{2m}$,又 $m>2$,则有 $m>3+2\sqrt{2}$。显然 $5<3+2\sqrt{2}<6$,这样 $m\geqslant 6$。

当 $m=6$ 时,由②式得 $k=7$,此时方程有两个根,又当 m 增大时,k 也增大,所以 $m+k$ 的最小值为 $6+7=13$。

2.解: (1) $f(x)=g'(x)=x^2+ax-b$,又因为 -2 和 4 是 $f(x)=0$ 的两个根,由韦达定理知 $-2+4=-a$,$(-2)\times 4=-b$,从而 $a=-2,b=8$,所以 $f(x)=x^2-2x-8$。

(2) 因为 $g(x)$ 在 $[-1,3]$ 上单调递减,所以在 $[-1,3]$ 有 $f(x)=x^2+ax-b\leqslant 0$。结合二次函数的性质有 $f(-1)\leqslant 0,f(3)\leqslant 0$,从而 $a+b\geqslant 1,b-3a\geqslant 9$。

把 a^2+b^2 视为平面域 $\begin{cases} a+b\geqslant 1 \\ b-3a\geqslant 9 \end{cases}$ 内的点到原点的距离的平方,其中点 $(-2,3)$ 到原点距离最近,所以当 $a=-2,b=3$ 时,a^2+b^2 有最小值 13。

3.分析: 先利用函数的单调性、奇偶性等把已知函数转化为二次函数。

解: $f(x)=x+\lg(\sqrt{x^2+1}+x)$ 是单调增函数且 $f(x)$ 是 **R** 上的奇函数,因为 $f(m\cdot 3^x)+f(3^x-9^x-2)<0$,所以 $f(m\cdot 3^x)<f(9^x-3^x+2)$。由 f 的单调性得 $3^{2x}-(m+1)3^x+2>0$。令 $t=3^x$,则有 $g(t)=t^2-(m+1)t+2>0,t>0$。

问题转化为当 $t>0$ 时,$g(t)>0$ 恒成立。借助二次函数的图象和性质,并注意到

$g(0)=2>0$。故有 $\begin{cases} \dfrac{m+1}{2}\leqslant 0 \\ g(0)=2>0 \end{cases}$ 或 $\begin{cases} \dfrac{m+1}{2}>0 \\ g\left(\dfrac{m+1}{2}\right)>0 \end{cases}$,解之得 $m\in(-\infty,2\sqrt{2}-1)$。

4.解: 因为 $f(1)=1+2b+c=0$,所以 $c=-1-2b$。

记 $g(x)=f(x)+x+b=x^2+2bx-1-2b+x+b=x^2+(2b+1)x-b-1$,则 $\begin{cases} g(-3)=5-7b>0 \\ g(-2)=1-5b<0 \\ g(0)=-1-b<0 \\ g(1)=b+1>0 \end{cases}$,解之得 $\dfrac{1}{5}<b<\dfrac{5}{7}$,故 $b\in\left(\dfrac{1}{5},\dfrac{5}{7}\right)$。

习题 5.6

1.解: 因为 $f(x)$ 的值域为 $[0,+\infty)$,所以 $f(x)\geqslant 0,x\in[1,+\infty)$。又 $f(x)=x+\dfrac{a}{x}+2$,当 $a\geqslant 0$ 时,因为 $x\geqslant 1$,所以 $f(x)>3$,与值域为 $[0,+\infty)$ 矛盾。

当 $a<0$ 时,因为 $x\geqslant 1$,所以 $f(x)=x+\dfrac{a}{x}+2$ 在 $[1,+\infty)$ 上为增函数。$f(x)_{\min}=f(1)$,令 $f(1)=0$ 得 $a=-3$。

2.解: 方程可化为 $a=\sin^2 x-2\sin x$,a 的取值范围等价于求函数 $f(x)=\sin^2 x-$

$2\sin x$ 的值域。又 $f(x)=(\sin x-1)^2-1,-1\leqslant\sin x\leqslant1$，所以 $0\leqslant(\sin x-1)^2\leqslant4$，从而 $f(x)\in[-1,3]$，即 $a\in[-1,3]$。

3. 解：由题意 $(x-y)*(x+y)=(x-y)[1-(x+y)]<1$ 对一切 $x\in\mathbf{R}$ 都成立，所以 $-x^2+x+y^2-y-1<0,x\in\mathbf{R}$ 恒成立，从而 $\Delta=1^2-4\times(-1)\times(y^2-y-1)<0$，即 $4y^2-4y-3<0$，解之得 $-\dfrac{1}{2}<y<\dfrac{3}{2}$。选（A）。

4. 解：存在 $x_1,x_2\in[0,1]$，使 $g(x_2)=f(x_1)$，实际上就是 $f(x)$ 与 $g(x)$ 在 $[0,1]$ 上的值域有交集且不为空集。又 $f(x)=\dfrac{4x^2-7}{2-x},f'(x)=-\dfrac{(2x-1)(2x-7)}{(2-x)^2},x\in[0,1]$。

x	0	$\left(0,\dfrac{1}{2}\right)$	$\dfrac{1}{2}$	$\left(\dfrac{1}{2},1\right)$	1
$f'(x)$		$-$	0	$+$	
$f(x)$	$-\dfrac{7}{2}$	↓	极小值 -4	↗	-3

$f(x)$ 的值域为 $[-4,-3]$。

对于 $g(x)=x^3-3a^2x-2a,x\in[0,1],g'(x)=3(x^2-a^2)$，因为 $a\geqslant1$，所以 $g(x)$ 在 $[0,1]$ 上单调递减，$g_{\max}=g(0)=-2a,g_{\min}=g(1)=1-2a-3a^2$。

要使 $f(x)$ 与 $g(x)$ 有交集，需满足 $\begin{cases}-4\leqslant-2a\leqslant-3\\a\geqslant1\\-2a\geqslant1-2a-3a^2\end{cases}$ 或 $\begin{cases}-4\leqslant1-2a-3a^2\leqslant-3\\a\geqslant1\\-2a\geqslant1-2a-3a^2\end{cases}$，所以 $1\leqslant a\leqslant2$。

5. 解：设 $f(n)=\dfrac{1}{n+1}+\dfrac{1}{n+2}+\cdots+\dfrac{1}{2n}(n\in\mathbf{N}_+,n\geqslant2)$，因为 $f(n+1)-f(n)=\dfrac{1}{2n+1}+\dfrac{1}{2n+2}-\dfrac{1}{n+1}=\dfrac{1}{(2n+1)(2n+2)}>0$，所以 $f(n+1)>f(n)$，即 $f(n)$ 是 n 的增函数。故有 $f(n)\geqslant f(2)=\dfrac{7}{12}$。

要使 $f(n)\geqslant\dfrac{1}{12}\log_a(a-1)+\dfrac{2}{3}$ 恒成立，$n\geqslant2$，只需 $\dfrac{7}{12}\geqslant\dfrac{1}{12}\log_a(a-1)+\dfrac{2}{3}$。即 $\log_a(a-1)\leqslant-1(a>1)$。所以有 $a-1\leqslant\dfrac{1}{a}$，解之得：$1<a\leqslant\dfrac{\sqrt{5}+1}{2}$。

6. 分析：既然是求 x 的取值范围，则要变更主元，把 m 视为主元，把 x 作为参数。

解：原不等式化为 $m(x^2-1)-(2x-1)<0$。令 $f(m)=m(x^2-1)-(2x-1)$ 是 m 的一元一次函数，其中 $-2\leqslant m\leqslant2$。由 $f(-2)<0$ 且 $f(2)<0$ 得 $-2(x^2-1)-(2x-1)<0,2(x^2-1)-(2x-1)<0$，解之得 $\dfrac{-1+\sqrt{3}}{2}<x<\dfrac{1+\sqrt{3}}{2}$，即 x 的取值范围是 $\left(\dfrac{-1+\sqrt{3}}{2},\dfrac{1+\sqrt{3}}{2}\right)$。

7. 解：(1) 设 $-1\leqslant x_1<x_2\leqslant1$，则 $f(x_1)-f(x_2)=f(x_1)+f(-x_2)$，又因为 $\dfrac{f(x_1)+f(-x_2)}{x_1-x_2}>0,x_1-x_2<0$，所以 $f(x_1)-f(x_2)=f(x_1)+f(-x_2)<0$，故 $f(x)$ 在

$[-1,1]$上单调递增。

(2)由 $f\left(x+\dfrac{1}{2}\right)>f\left(2x-\dfrac{1}{2}\right)$ 及 $f(x)$ 递增知 $\begin{cases} -1\leqslant x+\dfrac{1}{2}\leqslant 1 \\ -1\leqslant 2x-\dfrac{1}{2}\leqslant 1,\text{解之得}-\dfrac{1}{4}\leqslant x\leqslant \\ x+\dfrac{1}{2}>2x-\dfrac{1}{2} \end{cases}$

$\dfrac{1}{2}$。

(3)$f(x)$ 在 $[-1,1]$ 上是增函数,故 $f(x)\leqslant f(1)=1$,依题意有 $m^2-2am+1\geqslant f(1)=1,a\in[-1,1]$ 恒成立,亦即 $m^2-2am\geqslant 0$ 恒成立。令 $g(a)=-2am+m^2$,其图象是 a 的一次函数,故 $\begin{cases} g(-1)=m^2+2m\geqslant 0 \\ g(1)=m^2-2m\geqslant 0 \end{cases}$,解之得:$m\in(-\infty,-2]\cup[2,+\infty)$。

8.(1)**解**:因为 $f(x)$ 在 $[1,+\infty)$ 上递增,所以 $f'(x)=\dfrac{ax-1}{ax^2}\geqslant 0$,即上式对 $x\in[1,+\infty)$ 恒成立。因为 $a\neq 0$,所以 $a>0$ 时有 $ax-1\geqslant 0$ 恒成立,即 $a\geqslant\left(\dfrac{1}{x}\right)_{\max},x\in[1,+\infty)$,即 $a\geqslant 1$。当 $a<0$ 时有 $ax-1\leqslant 0$ 恒成立,即 $a\leqslant\left(\dfrac{1}{x}\right)_{\min},x\in[1,+\infty)$,即 $a<0$。

综上所述,$a<0$ 或 $a\geqslant 1$。

(2)**证明**:当 $a=1$ 时,$f(x)=\dfrac{1-x}{x}+\ln x\geqslant f(1)=0$,即 $\ln x\geqslant\dfrac{x-1}{x}$,故 $\ln(x+1)\geqslant\dfrac{x}{1+x}$。

取 $x=\dfrac{1}{n}$,得 $\ln\left(1+\dfrac{1}{n}\right)>\dfrac{1}{n+1}$($n\in\mathbf{N},n\geqslant 2$),所以有 $\ln\left(1+\dfrac{1}{n-1}\right)>\dfrac{1}{n}$,$\ln\left(1+\dfrac{1}{n-2}\right)>\dfrac{1}{n-1},\cdots,\ln\left(1+\dfrac{1}{1}\right)>\dfrac{1}{2}$,将上述$(n-1)$个代数式相加得:$\ln\dfrac{2}{1}+\ln\dfrac{3}{2}+\cdots+\ln\dfrac{n}{n-1}\geqslant\dfrac{1}{2}+\dfrac{1}{3}+\cdots+\dfrac{1}{n}$,即 $\ln n>\dfrac{1}{2}+\dfrac{1}{3}+\cdots+\dfrac{1}{n}$。　　(﹡)

构造函数 $g(x)=\ln(x+1)-x,x\in(0,1)$,由 $g'(x)=\dfrac{1}{x+1}-1=-\dfrac{x}{x+1}\leqslant 0$ 得 $g(x)$ 在 $[0,1]$ 上单调递减。故 $g(x)<g(0)=0,0<x\leqslant 1$。

令 $x=\dfrac{1}{n}$,则 $\ln\left(1+\dfrac{1}{n}\right)<\dfrac{1}{n}$,从而 $\ln\left(1+\dfrac{1}{n-1}\right)<\dfrac{1}{n-1}$,$\ln\left(1+\dfrac{1}{n-2}\right)<\dfrac{1}{n-2},\cdots,$ $\ln\left(1+\dfrac{1}{1}\right)<\dfrac{1}{1}$,将$(n-1)$个不等式相加:$\ln\dfrac{2}{1}+\ln\dfrac{3}{2}+\cdots+\ln\dfrac{n}{n-1}<1+\dfrac{1}{2}+\cdots+\dfrac{1}{n-1}$,即 $\ln n<1+\dfrac{1}{2}+\cdots+\dfrac{1}{n-1}$。　　(﹡﹡)

综合(﹡)和(﹡﹡)命题得证。

习题 5.7

1.(1)**解**:当 $a=\dfrac{4}{5}$ 时,$f(x)=\dfrac{4}{5}x-\ln(1+x^2)$,$f'(x)=\dfrac{4}{5}-\dfrac{2x}{1+x^2}=\dfrac{4x^2-10x+4}{5(1+x^2)}$。

$x, f'(x), f(x)$ 变化如下表：

x	$\left(0, \dfrac{1}{2}\right)$	$\dfrac{1}{2}$	$\left(\dfrac{1}{2}, 2\right)$	2	$(2, +\infty)$
$f'(x)$	+	0	−	0	+
$f(x)$	↗	极大值	↘	极小值	↗

所以，$f_{\text{极大值}} = f\left(\dfrac{1}{2}\right) = \dfrac{2}{5} - \ln\dfrac{5}{4}$，$f_{\text{极小值}} = f(2) = \dfrac{8}{5} - \ln 5$。

(2)**分析**：不等式比较大小问题可化为取差大于零的问题。

证明：令 $g(x) = x - \ln(1 + x^2)$，$g'(x) = 1 - \dfrac{2x}{1 + x^2} = \dfrac{(x-1)^2}{x^2 + 1} \geqslant 0$，所以 $g(x)$ 在 $(0, +\infty)$ 上单调递增。从而 $g(x) > g(0) = 0$，故有 $\ln(1 + x^2) < x$。

(3)**证明**：由(2)知 $\ln(1 + x^2) < x$，$x \in (0, +\infty)$，令 $x = \dfrac{1}{n^2}$ 得：$\ln\left(1 + \dfrac{1}{n^4}\right) < \dfrac{1}{n^2}$。又 $\dfrac{1}{n^2} < \dfrac{1}{n(n-1)} = \dfrac{1}{n-1} - \dfrac{1}{n}$，所以 $\ln\left(1 + \dfrac{1}{2^4}\right) + \ln\left(1 + \dfrac{1}{3^4}\right) + \cdots + \ln\left(1 + \dfrac{1}{n^4}\right) < \left(1 - \dfrac{1}{2}\right) + \left(\dfrac{1}{2} - \dfrac{1}{3}\right) + \cdots + \left(\dfrac{1}{n-1} - \dfrac{1}{n}\right) = 1 - \dfrac{1}{n} < 1$，从而 $\left(1 + \dfrac{1}{2^4}\right)\left(1 + \dfrac{1}{3^4}\right) \cdots \left(1 + \dfrac{1}{n^4}\right) < \mathrm{e}$。

2. (1)**解**：$f'(x) = a - \dfrac{1}{x} = \dfrac{ax - 1}{x}$，当 $a > 0$ 时，由 $f'(x) < 0$ 得 $0 < x < \dfrac{1}{a}$，由 $f'(x) > 0$ 得 $x > \dfrac{1}{a}$，所以 $f(x)$ 在 $\left(0, \dfrac{1}{a}\right)$ 单调递减，在 $\left(\dfrac{1}{a}, +\infty\right)$ 单调递增，即 $f(x)$ 在 $x = \dfrac{1}{a}$ 处有极小值。

又当 $a \leqslant 0$ 时，$f'(x) < 0$，$x \in (0, +\infty)$，无极值。所以仅当 $a > 0$ 时，$f(x)$ 在 $(0, +\infty)$ 上有一个极值点。

(2)**分析**：对恒成立问题，分离参数是首选。

证明：因为函数 $f(x)$ 在 $x = 1$ 处取极值，所以 $a = 1$。由 $f(x) \geqslant bx - 2$ 得：$b \leqslant 1 + \dfrac{1}{x} - \dfrac{\ln x}{x}$。

令 $g(x) = 1 + \dfrac{1}{x} - \dfrac{\ln x}{x}$，可得 $g(x)$ 在 $(0, \mathrm{e}^2)$ 单调递减，在 $(\mathrm{e}^2, +\infty)$ 单调递增，所以 $g(x)_{\min} = g(\mathrm{e}^2) = 1 - \dfrac{1}{\mathrm{e}^2}$，即 $b \leqslant 1 - \dfrac{1}{\mathrm{e}^2}$。

(3)**证明**：要证 $\mathrm{e}^{x-y} > \dfrac{\ln(x+1)}{\ln(y+1)}$，即证 $\dfrac{\mathrm{e}^x}{\ln(x+1)} > \dfrac{\mathrm{e}^y}{\ln(y+1)}$，$x > y > \mathrm{e} - 1$。于是构造函数 $h(x) = \dfrac{\mathrm{e}^x}{\ln(x+1)}$，只需证明 $h(x)$ 在 $(\mathrm{e}-1, +\infty)$ 上是增函数即可。

因为 $h'(x) = \dfrac{\mathrm{e}^x\left[\ln(x+1) - \dfrac{1}{x+1}\right]}{\ln^2(x+1)}$，记 $Q(x) = \ln(x+1) - \dfrac{1}{x+1}$，显然 $Q(x)$ 在 $(\mathrm{e}-1, +\infty)$ 上单调递增，所以 $Q(x) > 1 - \dfrac{1}{\mathrm{e}} > 0$，即 $h'(x) > 0$，所以 $h(x)$ 在 $(\mathrm{e}-1, +\infty)$

上单调递增,即 $h(x) > h(y)$, $x > y > e-1$,进而 $e^{x-y} > \dfrac{\ln(x+1)}{\ln(y+1)}$。

3. (1)**解:** $f(x)$ 的定义域为 $(0, +\infty)$, $f'(x) = \dfrac{1}{x} - 2ax + (2-a) =$

$-\dfrac{(2x+1)(ax-1)}{x} = -\dfrac{2x+1}{x}(ax-1)$。若 $a \leqslant 0$,则 $f'(x) > 0$, $f(x)$ 在 $(0, +\infty)$ 递增;若

$a > 0$,则由 $ax-1=0$ 得 $x = \dfrac{1}{a}$。当 $x \in \left(0, \dfrac{1}{a}\right)$ 时, $f'(x) > 0$;当 $x \in \left(\dfrac{1}{a}, +\infty\right)$ 时,

$f'(x) < 0$。故当 $a > 0$ 时, $f(x)$ 在 $\left(0, \dfrac{1}{a}\right)$ 上单调递增,在 $\left(\dfrac{1}{a}, +\infty\right)$ 上单调递减。

(2)**证明:** 设 $g(x) = f\left(\dfrac{1}{a}+x\right) - f\left(\dfrac{1}{a}-x\right) = \ln\dfrac{1+ax}{1-ax} - 2ax$,则 $g'(x) = \dfrac{2a^3x^2}{1-a^2x^2}$。

当 $0 < x < \dfrac{1}{a}$ 时, $g'(x) > 0$,从而 $g(x) > g(0) = 0$,即 $0 < x < \dfrac{1}{a}$ 时, $f\left(\dfrac{1}{a}+x\right) >$

$f\left(\dfrac{1}{a}-x\right)$。

(3)**证明:** 不妨设 $A(x_1, 0)$, $B(x_2, 0)$, $0 < x_1 < x_2$,且 $0 < x_1 < \dfrac{1}{a} < x_2$。由(1)知,当

$a \leqslant 0$ 时, $f(x)$ 的图象与 x 轴至多有一个交点,所以 $a > 0$,且 $f'\left(\dfrac{1}{a}\right) = 0$。易知 $f'(x) > 0$,

$x \in \left(x_1, \dfrac{1}{a}\right)$; $f'(x) < 0$, $x \in \left(\dfrac{1}{a}, x_2\right)$。只需证明 $x_0 \in \left(\dfrac{1}{a}, x_2\right)$ 即可。

由(2)得 $f\left(\dfrac{2}{a}-x_1\right) = f\left(\dfrac{1}{a}+\left(\dfrac{1}{a}-x_1\right)\right) > f\left(\dfrac{1}{a}-\left(\dfrac{1}{a}-x_1\right)\right) = f(x_1) = 0 = f(x_2)$,

从而 $x_2 > \dfrac{2}{a} - x_1$。于是 $x_0 = \dfrac{x_1+x_2}{2} > \dfrac{1}{a}$,由(1)知, $f'(x_0) < 0$。

4. (1)**解:** $f'(x) = a - \dfrac{b}{x^2}$,则有 $\begin{cases} f(1) = a+b+c = 0 \\ f'(1) = a-b = 1 \end{cases}$,解之得 $\begin{cases} b = a-1 \\ c = 1-2a \end{cases}$。

(2)**解:** 由(1)知, $f(x) = ax + \dfrac{a-1}{x} + (1-2a)$。令 $g(x) = f(x) - \ln x = ax + \dfrac{a-1}{x} +$

$(1-2a) - \ln x$, $x \in [1, +\infty)$。因 为 $g(1) = 0$, $g'(x) = a - \dfrac{a-1}{x^2} - \dfrac{1}{x} =$

$\dfrac{a(x-1)\left(x - \dfrac{1-a}{a}\right)}{x^2}$。   ①

当 $\dfrac{1-a}{a} > 1$ 时,即 $0 < a < \dfrac{1}{2}$ 时,对于 $1 < x < \dfrac{1-a}{a}$ 的 x,有 $g'(x) < 0$,即 $g(x)$ 在

$\left[1, \dfrac{1-a}{a}\right]$ 上是减函数,从而有 $g(x) < g(1) = 0$,即 $f(x) < \ln x$,故 $f(x) \geqslant \ln x$ 在 $[1, +\infty]$

上不能恒成立。

② 当 $\dfrac{1-a}{a} \leqslant 1$ 时,即 $a \geqslant \dfrac{1}{2}$ 时,有 $g'(x) > 0$,即 $g(x)$ 在 $[1, +\infty)$ 上是增函数,从而

$g(x) \geqslant g(1) = 0$,即 $f(x) \geqslant \ln x$,故当 $x \geqslant 1$ 时有 $f(x) \geqslant \ln x$ 恒成立。

综上所述, a 的取值范围为 $\left[\dfrac{1}{2}, +\infty\right)$。

(3) **证明**：由（2）知，当 $a \geqslant \dfrac{1}{2}$ 时，有 $f(x) \geqslant \ln x (x \geqslant 1)$，令 $a = \dfrac{1}{2}$，则有

$f(x) = \dfrac{1}{2}\left(x - \dfrac{1}{x}\right) \geqslant \ln x, x \geqslant 1$，且当 $x > 1$ 时，有 $\dfrac{1}{2}\left(x - \dfrac{1}{x}\right) > \ln x$。令 $x = \dfrac{k+1}{k}$

$(k \in \mathbf{N}_+)$，则有 $\ln \dfrac{k+1}{k} < \dfrac{1}{2}\left(\dfrac{k+1}{k} - \dfrac{k}{k+1}\right)$，即 $\ln(k+1) - \ln k < \dfrac{1}{2}\left(\dfrac{1}{k} + \dfrac{1}{k+1}\right)$，取 $k = 1$，

$2, \cdots, n$，并把 n 个不等式相加得 $\ln(n+1) < \dfrac{1}{2} + \left(\dfrac{1}{2} + \dfrac{1}{3} + \cdots + \dfrac{1}{n}\right) + \dfrac{1}{2(n+1)}$，即

$1 + \dfrac{1}{2} + \dfrac{1}{3} + \cdots + \dfrac{1}{n} > \ln(n+1) + \dfrac{n}{2(n+1)}, n \in \mathbf{N}_+$。

习题 6.1

1. 解：（切化弦）由于 $1 + \sqrt{3}\tan 10° = \dfrac{\cos 10° + \sqrt{3}\sin 10°}{\cos 10°} = \dfrac{2\cos 50°}{\cos 10°}$，所以，原式 $=$

$\dfrac{\cos 40° + \sin 50° \dfrac{2\cos 50°}{\cos 10°}}{\sin 70°\sqrt{2\cos^2 20°}} = \dfrac{\cos 40° + \dfrac{\sin 100°}{\cos 10°}}{\sqrt{2}\cos^2 20°} = \dfrac{\cos 40° + 1}{\sqrt{2}\cos^2 20°} = \dfrac{2\cos^2 20°}{\sqrt{2}\cos^2 20°} = \sqrt{2}$。

2. 解：（1）由于 $x \in \left(\dfrac{\pi}{2}, \dfrac{3\pi}{4}\right)$，$x - \dfrac{\pi}{4} \in \left(\dfrac{\pi}{4}, \dfrac{\pi}{2}\right)$，所以 $\sin\left(x - \dfrac{\pi}{4}\right) = \dfrac{7\sqrt{2}}{10}$，从而

$\sin x = \sin\left\{\left(x - \dfrac{\pi}{4}\right) + \dfrac{\pi}{4}\right\} = \dfrac{4}{5}$。

（2）由于 $x \in \left(\dfrac{\pi}{2}, \dfrac{3\pi}{4}\right)$，所以 $\cos x = -\dfrac{3}{5}$，从而 $\sin 2x = 2\sin x\cos x = -\dfrac{24}{25}$。

又 $2x \in \left(\pi, \dfrac{3\pi}{2}\right)$，所以 $\cos 2x = -\dfrac{7}{25}$，所以 $\sin\left(2x + \dfrac{\pi}{3}\right) = -\dfrac{24 + 7\sqrt{3}}{50}$。

3. 解：（1）由于 $f(x) = 3\cos\omega x + \sqrt{3}\sin\omega x = 2\sqrt{3}\sin\left(\omega x + \dfrac{\pi}{3}\right)$，又正三角形 ABC 的高

为 $2\sqrt{3}$，所以 $BC = 4$，从而函数的周期为 $2 \times 4 = 8$，进而 $\omega = \dfrac{2\pi}{T} = \dfrac{\pi}{4}$，函数的值域为

$[-2\sqrt{3}, 2\sqrt{3}]$。

（2）由于 $f(x_0) = 2\sqrt{3}\sin\left(\dfrac{\pi}{4}x_0 + \dfrac{\pi}{3}\right) = \dfrac{8\sqrt{3}}{5}$，所以 $\sin\left(\dfrac{\pi}{4}x_0 + \dfrac{\pi}{3}\right) = \dfrac{4}{5}$，从而

$f(x_0 + 1) = 2\sqrt{3}\sin\left[\dfrac{\pi}{4}(x_0 + 1) + \dfrac{\pi}{3}\right] = 2\sqrt{3}\sin\left[\left(\dfrac{\pi}{4}x_0 + \dfrac{\pi}{3}\right) + \dfrac{\pi}{4}\right]$。

令 $\dfrac{\pi}{4}x_0 + \dfrac{\pi}{3} = t$，把它看作一个整体，由于 $x_0 \in \left(-\dfrac{10}{3}, \dfrac{2}{3}\right)$，$\dfrac{\pi}{4}x_0 + \dfrac{\pi}{3} \in$

$\left(-\dfrac{\pi}{2}, \dfrac{\pi}{2}\right)$，于是 $\cos\left(\dfrac{\pi}{4}x_0 + \dfrac{\pi}{3}\right) = \dfrac{3}{5}$，$f(x_0 + 1) = 2\sqrt{3}\left(\sin t\cos\dfrac{\pi}{4} + \cos t\sin\dfrac{\pi}{4}\right) = \dfrac{7\sqrt{6}}{5}$。

4. 解：由于 $\theta \in \left(\dfrac{\pi}{2}, \pi\right)$，$\tan\left(\theta + \dfrac{\pi}{4}\right) = \dfrac{1}{2}$，所以 $\tan\theta = -\dfrac{1}{3}$。

由 $\begin{cases} \dfrac{\sin\theta}{\cos\theta} = -\dfrac{1}{3} \\ \sin^2\theta + \cos^2\theta = 1 \end{cases}$ 得 $\sin\theta = \dfrac{1}{\sqrt{10}}, \cos\theta = -\dfrac{3}{\sqrt{10}}$。所以 $\sin\theta + \cos\theta = -\dfrac{\sqrt{10}}{5}$。

5. 解： 由 于 $f(x) = 2\sin\left(\dfrac{1}{3}x - \dfrac{\pi}{6}\right)$, $x \in \mathbf{R}$, 所 以 $f\left(3\alpha + \dfrac{\pi}{2}\right) =$

$2\sin\left[\dfrac{1}{3}\left(3\alpha + \dfrac{\pi}{2}\right) - \dfrac{\pi}{6}\right] = 2\sin\alpha = \dfrac{10}{13}$, 即 $\sin\alpha = \dfrac{5}{13}, \alpha \in \left[0, \dfrac{\pi}{2}\right]$, 所以 $\cos\alpha = \dfrac{12}{13}$。

同理, 由于 $\sin(3\beta + 2\pi) = 2\sin\left[\dfrac{1}{3}(3\beta + 2\pi) - \dfrac{\pi}{6}\right] = 2\sin\left(\beta + \dfrac{\pi}{2}\right) = 2\cos\beta = \dfrac{6}{5}$, 所以

$\cos\beta = \dfrac{3}{5}, \beta \in \left[0, \dfrac{\pi}{2}\right]$, 从而 $\sin\beta = \dfrac{4}{5}$。故 $\cos(\alpha + \beta) = \cos\alpha\cos\beta - \sin\alpha\sin\beta = \dfrac{16}{65}$。

习题 6.2

1. 解： 由 于 $y = \cos 2x = \sin\left(\dfrac{\pi}{2} + 2x\right) = \sin 2\left(x + \dfrac{\pi}{4}\right)$, $y = \sin\left(2x - \dfrac{\pi}{6}\right) =$

$\sin 2\left(x - \dfrac{\pi}{12}\right)$, 所以, 由 $y = \sin 2\left(x + \dfrac{\pi}{4}\right)$ 的图象向右平移 $\dfrac{\pi}{3}$, 可得到 $y = \sin 2\left(x - \dfrac{\pi}{12}\right)$ 的图

象。选(B)。

2. 解：(1)由图象知, $T = 2\left(\dfrac{11\pi}{12} - \dfrac{5\pi}{12}\right) = \pi$, 所以 $\omega = \dfrac{2\pi}{T} = 2$。又从图象知, $\left(\dfrac{5\pi}{12}, 0\right)$是

"五点法"画图的第三个点, 所以 $2 \times \dfrac{5\pi}{12} + \varphi = \pi$, 解之得 $\varphi = \dfrac{\pi}{6}$。

又 $(0, 1)$ 在图象上, 所以 $A\sin\dfrac{\pi}{6} = 1$, 解之得 $A = 2$。从而 $f(x) = 2\sin\left(2x + \dfrac{\pi}{6}\right)$。

（2）由 于 $y(x) = 2\sin\left\{2\left(x - \dfrac{\pi}{12}\right) + \dfrac{\pi}{6}\right\} - 2\sin\left\{2\left(x + \dfrac{\pi}{12}\right) + \dfrac{\pi}{6}\right\} = 2\sin 2x -$

$2\sin\left(2x + \dfrac{\pi}{3}\right) = \sin 2x - \sqrt{3}\cos 2x = 2\sin\left(2x - \dfrac{\pi}{3}\right)$, 又 $2k\pi - \dfrac{\pi}{2} \leqslant 2x - \dfrac{\pi}{3} \leqslant 2k\pi + \dfrac{\pi}{2}$, 所以

$k\pi - \dfrac{\pi}{12} \leqslant x \leqslant k\pi + \dfrac{5\pi}{12}, k \in \mathbf{Z}$, 从而函数的单调增区间是 $\left[k\pi - \dfrac{\pi}{12}, k\pi + \dfrac{5\pi}{12}\right], k \in \mathbf{Z}$。

3. 解：(1)由于 $f(x) = \sin^2\omega x + 2\sqrt{3}\sin\omega x\cos\omega x - \cos^2\omega x + \lambda = \sqrt{3}\sin 2\omega x - \cos 2\omega x + \lambda =$

$2\sin\left(2\omega x - \dfrac{\pi}{6}\right) + \lambda$, 该图象关于 $x = \pi$ 对称, 所以 $2\omega\pi - \dfrac{\pi}{6} = k\pi + \dfrac{\pi}{2}, k \in \mathbf{Z}$, 即 $\omega = \dfrac{k}{2} +$

$\dfrac{1}{3}, k \in \mathbf{Z}$。

又 $\omega \in \left(\dfrac{1}{2}, 1\right)$, 所以 $k = 1, \omega = \dfrac{5}{6}$, 进而 $f(x) = 2\sin\left(\dfrac{5}{3}x - \dfrac{\pi}{6}\right) + \lambda, T = \dfrac{2\pi}{\dfrac{5}{3}} = \dfrac{6\pi}{5}$。

（2）将点 $\left(\dfrac{\pi}{4}, 0\right)$ 代入函数, 得 $\lambda = -2\sin\left(\dfrac{5}{3} \times \dfrac{\pi}{4} - \dfrac{\pi}{6}\right) = -2\sin\dfrac{\pi}{4} = -\sqrt{2}$, 所以

$f(x) = 2\sin\left(\dfrac{5}{3}x - \dfrac{\pi}{6}\right) - \sqrt{2}$, 从而函数的值域为 $[-2 - \sqrt{2}, 2 - \sqrt{2}]$。

习题 6.3

1. 解： $\cos x$ 的最大、小值分别为 1、-1, 且 $a > 0$, 故 $a + b = 1$, $-a + b = -7$, 解之得

$a=4,b=-3$。从而 $a\cos x+b\sin x=4\cos x-3\sin x=5\cos(x+\varphi)$ 的最大值为 5。选(C)。

2. 解：由于 $y=1-\cos^2 x+a\cos x+\dfrac{5}{8}a-\dfrac{3}{2}=-\left(\cos x-\dfrac{a}{2}\right)^2+\dfrac{a^2}{4}+\dfrac{5}{8}a-\dfrac{1}{2}$，令 $t=\cos x,x\in\left[0,\dfrac{\pi}{2}\right]$，则 $t\in[0,1]$，所以 $y=-\left(t-\dfrac{a}{2}\right)^2+\dfrac{a^2}{4}+\dfrac{5}{8}a-\dfrac{1}{2},t\in[0,1]$，于是化为二次函数在定区间上（动轴）的最大值问题。

当 $\dfrac{a}{2}>1$ 即 $a>2,t=1$ 时，$y_{\max}=a+\dfrac{5}{8}a-\dfrac{3}{2}$，所以 $\dfrac{13}{8}a-\dfrac{3}{2}=1$，解之得 $a=\dfrac{20}{13}<2$（舍）；

当 $0\leqslant\dfrac{a}{2}\leqslant1$ 时，即 $0\leqslant a\leqslant2,t=\dfrac{a}{2}$ 时，$y_{\max}=\dfrac{a^2}{4}+\dfrac{5}{8}a-\dfrac{1}{2}$，所以 $\dfrac{a^2}{4}+\dfrac{5}{8}a-\dfrac{1}{2}=1$，解之得 $a=\dfrac{3}{2}$ 或 $a=-4$（舍）。

当 $\dfrac{a}{2}<0$ 即 $a<0,t=0$ 时，$y_{\max}=\dfrac{5}{8}a-\dfrac{1}{2}$，所以 $\dfrac{5}{8}a-\dfrac{1}{2}=1$，解之得 $a=\dfrac{12}{5}>0$（舍）。

综上所述，$a=\dfrac{3}{2}$。

3. 分析：本题可利用参数方程与二次函数。

解：设 $x=2\cos\theta,y=b\sin\theta$，则 $M=x^2+2y=4\cos^2\theta+2b\sin\theta=-4\sin^2\theta+2b\sin\theta+4=-4\left(\sin\theta-\dfrac{b}{4}\right)^2+4+\dfrac{b^2}{4}$，令 $t=\sin\theta$，则 $t\in[-1,1]$ 所以 $M=-4\left(t-\dfrac{b}{4}\right)^2+4+\dfrac{b^2}{4}$，$t\in[-1,1]$。

当 $0<\dfrac{b}{4}<1$ 即 $0<b<4,t=\dfrac{b}{4}$ 时，$M_{\max}=4+\dfrac{b^2}{4}$；当 $\dfrac{b}{4}\geqslant1$ 即 $b\geqslant4,t=1$ 时，$M_{\max}=2b$。

4. 解：由于 $y=\dfrac{2\tan^4 x}{1-\tan^2 x}$，$\dfrac{\pi}{4}<x<\dfrac{\pi}{2}$，所以 $\tan x>1$。令 $\tan^2 x-1=t>0$，则 $y=\dfrac{2(t+1)^2}{-t}=-2\left(t+\dfrac{1}{t}+2\right)$，所以 $t+\dfrac{1}{t}\geqslant2$，$t=1$ 时取等号。从而 $y\leqslant-8$，即 $y_{\max}=-8$。

5. 解：当 $\sin x=1$ 时，$f(x)=0$；当 $\sin x\neq1$ 时，$f(x)=-\dfrac{1}{\sqrt{1+y^2}}$，其中 $y=\dfrac{1-\cos x}{1-\sin x}$ 可以看成动点 $A(\sin x,\cos x)$ 与定点 $B(1,1)$ 构成的斜率，如图，易知 $y\geqslant0$，所以 $-1\leqslant f(x)<0$。

第5题答图

综上所述：$-1\leqslant f(x)\leqslant0$。选(B)。

6. 解：令 $t=\sin x+\cos x,t\in[-\sqrt{2},\sqrt{2}]$，则 $t^2=1+2\sin x\cos x$，$\sin x\cos x=\dfrac{t^2-1}{2}$。

所以 $f(x)=g(t)=\dfrac{1}{2}(t-1)^2-1,t\in[-\sqrt{2},\sqrt{2}]$（条件），从而 $f(x)_{\max}=g(-\sqrt{2})=\dfrac{1+2\sqrt{2}}{2}$，$f(x)_{\min}=g(1)=-1$。

7. 分析：根据题目特点，可用换元法。

解：由于 $y=2(1-\sin^2 x)+5\sin x-4=-2\sin^2 x+5\sin x-2$，又令 $\sin x=t,t\in[-1,1]$，则 $y=-2t^2+5t-2=-2\left(t-\dfrac{5}{4}\right)^2+\dfrac{9}{8},t\in[-1,1]$。当 $t=-1$ 时，$y_{\min}=-9$；当 $t=1$ 时，$y_{\max}=1$。所以函数的值域为 $[-9,1]$。

8.解：由于 $y=\dfrac{\sin^2 x+4\sin x+3}{\sin x+2}=\dfrac{(\sin x+2)^2-1}{\sin x+2}=\sin x+2-\dfrac{1}{\sin x+2}$，令 $\sin x+2=t$，则 $t\in[1,3]$，所以 $y=t-\dfrac{1}{t},t\in[1,3]$。

$y'=1+\dfrac{1}{t^2}>0$，故 $y=t-\dfrac{1}{t}$ 在 $[1,3]$ 上递增，从而 $t=1$ 时，$y_{\min}=0$，此时 $\sin x=-1$，$x\in\left[x\ \middle|\ x=2k\pi-\dfrac{\pi}{2},k\in\mathbf{Z}\right]$；$t=3$ 时，$y_{\max}=\dfrac{8}{3}$，此时 $\sin x=1,x\in\left[x\ \middle|\ x=2k\pi+\dfrac{\pi}{2},k\in\mathbf{Z}\right]$。

9.错解：由于 $y=1+\dfrac{1}{2}(\cos 2\alpha+\cos 2\beta)=1+\dfrac{1}{2}\{\cos[(\alpha+\beta)+(\alpha-\beta)]+\cos[(\alpha+\beta)-(\alpha-\beta)]\}=1+\cos(\alpha+\beta)\cos(\alpha-\beta)=1-\dfrac{1}{2}\cos(\alpha-\beta)$，又 $-1\leqslant\cos(\alpha-\beta)\leqslant1$，所以 $y_{\max}=\dfrac{3}{2},y_{\min}=\dfrac{1}{2}$。

原因分析：未考虑 $\cos(\alpha-\beta)$ 能否取到 ±1。

正解：由于 α,β 为锐角，且 $0<120°-\alpha=\beta<90°$，所以 $\alpha>30°$，即 $30°<\alpha<90°$。

同理 $30°<\beta<90°,-90°<-\beta<-30°,-60°<\alpha-\beta<60°$，所以 $\dfrac{1}{2}<\cos(\alpha-\beta)\leqslant1$。

从而，当 $\cos(\alpha-\beta)=1$ 时，即 $\alpha=\beta=60°$ 时，$y_{\min}=\dfrac{1}{2}$，最大值不存在。

习题 6.4

1.解：(1)由于 $\sin\dfrac{C}{2}=\dfrac{\sqrt{10}}{4}$，所以 $\cos C=1-2\sin^2\dfrac{C}{2}=-\dfrac{1}{4}$。

(2)由于 $\sin^2 A+\sin^2 B=\dfrac{13}{16}\sin^2 C$，由正弦定理得 $a^2+b^2=\dfrac{13}{16}c^2$。　　①

又由余弦定理得 $a^2+b^2=c^2+2ab\cos C$，将 $\cos C=-\dfrac{1}{4}$ 代入得 $ab=\dfrac{3}{8}c^2$。　　②

再由 $S_{\triangle ABC}=\dfrac{3\sqrt{15}}{4}=\dfrac{1}{2}ab\sin C$ 以及 $\sin C=\sqrt{1-\cos^2 C}=\dfrac{\sqrt{15}}{4}$，得 $ab=6$。　　③

由①,②,③得 $\begin{cases}a=2\\b=3\\c=4\end{cases}$ 或 $\begin{cases}a=3\\b=2\\c=4\end{cases}$。经检验，上述两组解均满足条件。

2.解：(1) $\sin^2\dfrac{B+C}{2}+\cos 2A=\dfrac{1}{2}[1-\cos(B+C)]+(2\cos^2 A-1)=\dfrac{1}{2}(1+\cos A)+(2\cos^2 A-1)=\dfrac{1}{2}\left(1+\dfrac{1}{3}\right)+\left(\dfrac{2}{9}-1\right)=-\dfrac{1}{9}$。

(2) $\dfrac{b^2+c^2-a^2}{2bc}=\cos A=\dfrac{1}{3}$，则 $\dfrac{2}{3}bc=b^2+c^2-a^2\geqslant 2bc-a^2$，即 $bc\leqslant\dfrac{3}{4}a^2$。

又 $a=\sqrt{3}$，所以 $bc\leqslant\dfrac{9}{4}$，当且仅当 $b=c=\dfrac{3}{2}$ 时，$bc=\dfrac{9}{4}$。故 bc 的最大值为 $\dfrac{9}{4}$。

3. 解：(1) 由于 $\overrightarrow{m}=(\sin B,1-\cos B)$ 与向量 $\overrightarrow{n}=(2,0)$ 所成角为 $\dfrac{\pi}{3}$，所以

$\dfrac{2\sin B}{2\sqrt{2-2\cos B}}=\dfrac{1}{2}$，解之得 $\cos B=-\dfrac{1}{2}$。又 $0<B<\pi$，所以 $B=\dfrac{2\pi}{3}$。

(2) 由 (1) $A+C=\dfrac{\pi}{3}$，可得 $\sin A+\sin C=\sin A+\sin\left(\dfrac{\pi}{3}-A\right)=\dfrac{1}{2}\sin A+\dfrac{\sqrt{3}}{2}\cos A=$

$\sin\left(A+\dfrac{\pi}{3}\right)$。又 $0<A<\dfrac{\pi}{3}$，所以 $\dfrac{\pi}{3}<A+\dfrac{\pi}{3}<\dfrac{2\pi}{3}$，故 $\sin\left(A+\dfrac{\pi}{3}\right)\in\left(\dfrac{\sqrt{3}}{2},1\right]$。进而得到

$\sin A+\sin C\in\left(\dfrac{\sqrt{3}}{2},1\right]$。

4. 解：(1) 由于 $\dfrac{\tan\dfrac{\pi}{4}+\tan\alpha}{1-\tan\dfrac{\pi}{4}\tan\alpha}=\dfrac{1}{2}$，所以 $\dfrac{1+\tan\alpha}{1-\tan\alpha}=\dfrac{1}{2}$，$\tan\alpha=-\dfrac{1}{3}$。

(2) $\dfrac{\sin 2\alpha-\cos^2\alpha}{1+\cos 2\alpha}=\dfrac{2\sin\alpha\cos\alpha-\cos^2\alpha}{2\cos^2\alpha}=\dfrac{2\sin\alpha-\cos\alpha}{2\cos\alpha}=\tan\alpha-\dfrac{1}{2}=-\dfrac{1}{3}-\dfrac{1}{2}=-\dfrac{5}{6}$。

5. 解：(1) 由正弦定理 $\sqrt{3}a=2c\sin A$ 可化为 $\sqrt{3}\sin A=2\sin C\sin A$，故 $\sin C=\dfrac{\sqrt{3}}{2}$。又

$\triangle ABC$ 为锐角三角形，所以 $C=\dfrac{\pi}{3}$。

(2) 因为 $c^2=a^2+b^2-2ab\cos C=(a+b)^2-2ab(1+\cos C)$，$c=\sqrt{7}$，$7=(a+b)^2-$

$2ab\left(1+\dfrac{1}{2}\right)=(a+b)^2-3ab$。又 $S_{\triangle ABC}=\dfrac{1}{2}ab\sin C=\dfrac{1}{2}ab\times\dfrac{\sqrt{3}}{2}=\dfrac{3\sqrt{3}}{2}$，所以 $ab=6$，从而

$(a+b)^2=25$，即 $a+b=5$。

6. 解：(1) 由正弦定理得到 $2a=c+2b\cos C$ 可化为：$2\sin A=\sin C+2\sin B\cos C$，所以

$2\sin(B+C)=2\sin B\cos C+2\cos B\sin C=\sin C+2\sin B\cos C$，故 $2\cos B\sin C=\sin C$，于是

$\cos B=\dfrac{1}{2}$，进而得到 $B=\dfrac{\pi}{3}$。

(2) 由正弦定理 $\dfrac{a}{\sin A}=\dfrac{b}{\sin B}=\dfrac{c}{\sin C}$，因为 $b=3$，$B=\dfrac{\pi}{3}$，所以 $a=2\sqrt{3}\sin A$，

$c=2\sqrt{3}\sin C$，即 $a+c=2\sqrt{3}(\sin A+\sin C)$。

又 $A+B+C=\pi$，$B=\dfrac{\pi}{3}$，$\triangle ABC$ 为锐角三角形，$C=\dfrac{2\pi}{3}-A$，$0<A<\dfrac{\pi}{2}$，$0<\dfrac{2\pi}{3}-A<$

$\dfrac{\pi}{2}$，所以 $\dfrac{\pi}{6}<A<\dfrac{\pi}{2}$。故 $a+c=2\sqrt{3}\left[\sin A+\sin\left(\dfrac{2\pi}{3}-A\right)\right]=2\sqrt{3}\left(\dfrac{3}{2}\sin A+\dfrac{\sqrt{3}}{2}\cos A\right)=$

$6\sin\left(A+\dfrac{\pi}{6}\right)$。

因为 $A\in\left(\dfrac{\pi}{6},\dfrac{\pi}{2}\right)$，所以 $A+\dfrac{\pi}{6}\in\left(\dfrac{\pi}{3},\dfrac{2\pi}{3}\right)$，则 $\sin\left(A+\dfrac{\pi}{6}\right)\in\left(\dfrac{\sqrt{3}}{2},1\right]$，于是 $a+c=$

$$6\sin\left(A+\frac{\pi}{6}\right)\in(3\sqrt{3},6]。$$

习题 7.1.1

1.分析:这个问题数字比较小,用树状图方式进行枚举计算起来方便。

解:用 A,B,C 表示甲、乙、丙,则可能的传递方式如下,即共有 6 种方式。

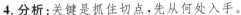
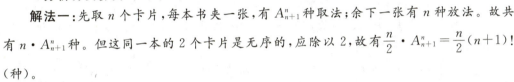

第 1 题答图

2.解:(1)分三步投,第一封信有 4 种,第二封 4 种,第三封 4 种,共有 4^3 种。(2)分三步投,第一封信有 4 种,第二封 3 种,第三封 2 种,共有 $4\times3\times2=24$ 种。

3.解:先随意排,不管 2,3 出现的次数,有 2^4 种。除掉全是 2 或全是 3 的各一种,共有 2^4-2 种。

4.分析:关键是抓住切点,先从何处入手。

解法一:先取 n 个卡片,每本书夹一张,有 A_{n+1}^n 种取法;余下一张有 n 种放法。故共有 $n\cdot A_{n+1}^n$ 种。但这同一本的 2 个卡片是无序的,应除以 2,故有 $\frac{n}{2}\cdot A_{n+1}^n=\frac{n}{2}(n+1)!$（种）。

解法二:先从 $n+1$ 张中选取 2 张放在一起,有 C_{n+1}^2 种取法。将这 2 张视为 1 张,与其余 $n-1$ 张一起分别放入 n 本书中,有 $n!$ 种放法,故共有 $C_{n+1}^2\cdot n!=\frac{n}{2}(n+1)!$（种）。

5.解:记符号题意的所有三角形的集合为 S。设给定的正十二边形的顶点依次为 $A_1,A_2,\cdots,A_{12}$,按三角形最短边长将 S 中的三角形分类。最短边长为 $|A_1A_2|$ 的三角形有 $\triangle A_1A_2A_3$,$\triangle A_1A_2A_4$,$\triangle A_1A_2A_5$,$\triangle A_1A_2A_6$,$\triangle A_1A_2A_7$;最短边长为 $|A_1A_3|$ 的三角形有 $\triangle A_1A_3A_5$,$\triangle A_1A_3A_6$,$\triangle A_1A_3A_7$,$\triangle A_1A_3A_8$;最短边长为 $|A_1A_4|$ 的三角形有 $\triangle A_1A_4A_7$,$\triangle A_1A_4A_8$;最短边长为 $|A_1A_5|$ 的三角形有 $\triangle A_1A_5A_9$。因此,共有 12 个不全等的三角形。

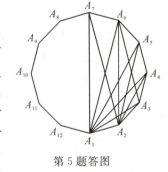

第 5 题答图

说明:枚举法求解问题的过程并不是简单地罗列,而是有逻辑的枚举过程,通过分类、分步等方式合理地分解完整的复杂问题,最后再合并得到结果。这一过程中,对问题的分析和转化大于例举,好的分类方式可以最大限度简化问题,做到不重复不遗漏,让枚举的难度大大降低。

此外,枚举法不但讲究方法,更讲究"表达",例如树状图的表现方式在某些题目中就能够让枚举的过程直观清晰,且又简化了全部完整枚举的繁琐书写。但枚举法也有局限性,当数字较大的时候枚举法就不适用,但在寻找解题思路时也可以先用枚举法。在运用枚举法的过程中,要避免只会用枚举法解题造成思维机械僵化、简单化的倾向,这就需要学生注重训练一题多解、改变视角。

习题 7.1.2

1. 分析:由于平行六面体的每个面有四条棱,这个面就有另外四个相对的侧面相连,而共有 4 种颜色,所以必然有两个相对的侧面是同色的。所以,可按一对相对的侧面上、下底是否同色分类。

第 1 题答图

解:若上下两个面同色,可从 4 种颜色中任选一种,有 C_4^1 种染法,其他 4 个面涂 2 色 $C_3^2 \times 2 = 6$ 种,涂 3 色 $C_3^3 \times 2 \times A_2^2 = 12$ 种(或 $A_3^3 \times 2$),共有 $4 \times (6+12) = 72$(种)。

若上、下底不同色,则上、下底有 $C_4^1 \cdot C_3^1$ 种涂法,其余四个面只能是相对的两个面同色,有 A_2^2 种涂法,共有 $C_4^1 \cdot C_3^1 \cdot A_2^2 = 24$(种)。

故共有 $72 + 24 = 96$(种)

2. 分析:首先涂有特殊要求的 3,5,7 方块,再处理其周围的方块,这样可分类清楚了。

解:3,5,7 同色,有 $C_3^1 = 3$(种)涂法。

其次考虑 1,2,4。按 2,4 是否同色分类。2,4 同色,则 1,2,4 有 $C_2^1 \cdot C_2^1 = 4$(种)。2,4 异色,则有 $A_2^2 \cdot C_1^1 = 2$(种)。

最后考虑 6,8,9。同上有 $4 + 2 = 6$(种)。故共有 $3 \times 6 \times 6 = 108$(种)涂法。

3. 分析:从一个顶点(例如 A)开始,按 A 两旁的点 B,E 是否同色分类,再讨论 C,D 就把问题理清了

解:先涂点 A,有 $C_3^1 = 3$(种)涂法,不妨设 A 已涂为红色,再考虑 B,E,当 B,E 同色时,有 $C_2^1 = 2$(种)涂法,不妨记 B,E 已涂黄色,则 C,D 的涂法有:C 红 D 绿 1 种,或 C 绿 D 红 1 种,即有 2 种。

当 B,E 不同色时,有 A_2^2(种)涂法,不妨设 B 为黄,E 为绿,则接下来 C 红 D 黄,或 C 绿 D 黄(或红),即有 3 种。

故共有 $C_3^1 \times (2 \times 2 + 2 \times 3) = 30$(种)涂法。

4. 分析:如图,根据题目要求 1,2,9 三个位置是固定的,而 3,4 是给定的,所以只需考虑 9 上方的 5,6,7,8 即可。

1	2	
3	4	
		9

第 4 题分析图

解:固定 1,2,9 如图。5,6,7,8 任意分两组分别放在 9 的上方和左方,有 $C_4^2 C_2^2$ 种填法,故共有 $C_4^2 C_2^2 = 6$ 种不同填法。

5. 分析:这是格图中的计数问题,关键还是分类。

解:先求线段。线段 AB 上的小线段共有 C_{m+1}^2 条,从而图中共有水平线段 $(n+1)C_{m+1}^2$ 条,同理,竖立线段共有 $(m+1)C_{n+1}^2$ 条,从而格子图中,共有线段

$$X(m,n)=(n+1)C_{m+1}^2+(m+1)C_{n+1}^2=\frac{1}{2}(n+1)(m+1)m+\frac{1}{2}(m+1)(n+1)n=$$

$$\frac{1}{2}(m+n)(m+1)(n+1)条。$$

再看矩形个数。由于矩形由 AB 与 BC 上的两条线段"相继生成"，故由乘法原理，格图中矩形数为 $J(m,n)=C_{m+1}^2\cdot C_{n+1}^2=\frac{1}{4}mn(m+1)(n+1)$（个）。

正方形个数就有点难，记正方形个数为 $Z(m,n)$，当 $m=1$ 时，易知 $Z(1,n)=n$。

同理 $Z(m,1)=m$。也容易看出，当 $m=n$ 时，有 $Z(m,n)=1^2+2^2+3^2+\cdots+m^2=\frac{1}{6}m(m+1)(2m+1)$。

对于一般情况，不妨设 $m\leqslant n$，则边长为 1 的有 mn 个；边长为 2 的有 $(m-1)(n-1)$ 个；边长为 3 的有 $(m-2)(n-2)$ 个；……；边长为 m 的有 $1\cdot(n-m+1)$ 个。

因此，$Z(m,n)=mn+(m-1)(n-1)+\cdots+1\cdot(n-m+1)=\sum_{i=1}^{m}i(n-m+i)=$

$$\sum_{i=1}^{m}[(n-m)i+i^2]=(n-m)\sum_{i=1}^{m}i+\sum_{i=1}^{m}i^2=(n-m)\frac{m(m+1)}{2}+\frac{1}{6}m(m+1)(2m+$$

$$1)=\frac{1}{6}m(m+1)(3n-m+1),(m\leqslant n)。$$

说明：上述推导过程中的关键是抓住通项。

6.分析：既然求最短路径，所以只能往上走或向右走，而不能向下走或走回头路。

解：记由 $O(0,0)$ 到达 $P(m,n)$ 的最短路径条数为 $L(m,n)$。则可以这样思考：一个人到达 (m,n)，他只能来自格点 $(m-1,n)$ 或 $(m,n-1)$，因此有：$L(m,n)=L(m-1,n)+L(m,n-1)$，　（*）

并且满足初始条件 $L(0,0)=L(0,n)=L(m,0)=1,m,n=1,2,\cdots$，以及 $L(m,n)=L(n,m)$（对称性）。我们具体计算如下：

$L(0,0)=1$，

$L(1,0)=1,L(0,1)=1$，

$L(2,0)=1,L(1,1)=2,L(0,2)=1$，

$L(3,0)=1,L(2,1)=3,L(1,2)=3,L(0,3)=1$，

$L(4,0)=1,L(3,1)=4,L(2,2)=6,L(1,3)=4,L(0,4)=1$，

……

这很像是贾宪三角形。

事实上，由 O 到 P 的最短路径是由 $m+n$ 个路段 $x_1x_2\cdots x_{m+n}$ 构成，其中 m 是横段 a，n 是竖段 b。在 $x_1x_2\cdots x_{m+n}$ 中，选出 m 个安排横段 a，剩下 b 个安排竖段 b，即得到一条路，这正是 $m+n$ 个元素中，每次选 m 个的组合，所以 $L(m,n)=C_{m+n}^m$。

7.分析：2×1 的矩形块涂色后为 ，它只能铺一黑一白，所以将缺角的正方形涂色后，看看黑白块的数目即可。

解：将缺角的正方形涂色如下：

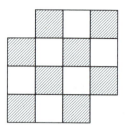

第 7 题答图

将 $2×1$ 的矩形块涂色如下: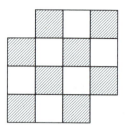

由于矩形块总是盖住一白一黑,假如能用 7 块矩形块铺好,则有 7 白 7 黑,但图中有 6 白 8 黑,矛盾。故不能铺满。

说明:这种染色法也是分类的变形。在染色问题中,很多问题看起来区别较大其实本质却一样,例如例题 7-10 的环形花园和习题 7.1.2 第 8 的田字图案在本质上就是相同的。可见在解题前,如果题目较为复杂,可以运用数学转化与化归中的低层次原则,先将题目中的原图形简化,变为更容易处理或观察的形式,再开始解题。

此外,染色问题只是一类问题的一种抽象和思考方式,并不局限于染色,其他表述方式的题目也可以用染色的思想来转化为图形问题进行解决,把抽象的排列组合问题用具体的图形表达。

8. 分析:切入点很重要,可先从 1 或 1,4 开始逐步向下分析。

解法一:先看 1 号块地,可任选一色,有 n 种涂法。再看 2,3 两块,当 2,3 同色时,有 $n-1$ 种涂法,从而 4 号块有 $n-1$ 种涂法,故此时共有 $n(n-1)(n-1)$ 种涂法;当 2,3 不同色时,有 $(n-1)(n-2)$ 种涂法,从而 4 号块有 $n-2$ 种涂法,故此时共有 $n(n-1)×(n-2)^2$ 种涂法。故共有 $n(n-1)[(n-1)+(n-2)^2]=n(n-1)(n^2-3n+3)$ 种。

解法二:先看 1,4 块地。当 1,4 同色时,可任选一色,有 n 种涂法。再看 2,3 两块,当 2,3 同色时,有 $n-1$ 种涂法;当 2,3 不同色时,有 $(n-1)(n-2)$ 种涂法,故此时有 $n(n-1)+n(n-1)(n-2)$ 种涂法。当 1,4 不同色时,有 $n(n-1)$ 种涂法。再看 2,3,当 2,3 同色时有 $n-2$ 种涂法;2,3 不同色时,有 $(n-2)(n-3)$ 种涂法,故此时有 $n(n-1)(n-2)+n(n-1)×(n-2)(n-3)$ 种涂法。故共有 $n(n-1)+n(n-1)(n-2)+n(n-1)(n-2)+n(n-1)(n-2)×(n-3)=n(n-1)(n^2-3n+3)$ 种。

说明:分类是求解这类问题的关键。

习题 7.1.3

1. 解:设 $a_1,a_2,a_3,a_4,a_5,a_6 \in \mathbf{N}$,且 $0 \leqslant a_i \leqslant 9, i=1,2,\cdots,6$,数字 $a_1a_2a_3a_4a_5a_6$ 是 $0 \sim 10^6$ 之间的正整数,则有 $a_1+a_2+a_3+a_4+a_5+a_6=10$,于是有其解个数为 $C_{10+6-1}^{6-1}=C_{15}^5$。

又 0 和 10^6 的各位数字之和显然不等于 10,所以 $0 \sim 10^6$ 之间共有 C_{15}^5 个整数,其各位数字之和为 10。

2. 解:设 $m=a_1+a_2+\cdots+a_n, a_i \in \mathbf{N}_+, i=1,2,\cdots,n$。其不同解的个数为 $C_{m-n+n-1}^{n-1}=C_{m-1}^{n-1}$。

3. 解：建立隔板模型。将 10 个相同的小球和 5 块隔板排成一行。左起第 i 块隔板左边的所有小球数即为数组中的 x_i，且 5 块隔板不能相邻，所以有 C_{11}^5 种不同排法，即满足要求的整数组共有 462 种。

习题 7.1.4

1. 分析：对于元素不相邻的排列，通常用插空法，先考虑不受限元素，再将不相邻元素插在前面元素排列的空档中。

解：(1) 因为除掉甲乙丙三个元素的全排列为 A_4^4；前面四个元素的空档有 5 个，将甲乙丙插入其中有 A_5^3 种排法，故共有 $A_4^4 \cdot A_5^3 = 1440$（种）。

(2) 将甲乙捆绑成 1 个，与戊、己、庚共 4 个元素，全排列；再将丙、丁插在上述的 5 个空档中，共有 $A_2^2 \cdot A_4^4 \cdot A_5^2 = 960$（种）。

(3) 当甲、乙、丙互不相邻时，有 $A_4^4 \cdot A_4^3 = 1440$（种）；当甲、丙相邻时，把甲、丙捆在一起，与乙一道在其与四人中插空，有 $A_2^2 \cdot A_4^4 \cdot A_5^2 = 960$（种），故共有 $1440 + 960 = 2400$（种）。

2. 分析：这是同元素排列问题，应先排相同元素（用组合数），再排其他元素。

解：先让 3 个"1"在 6 个位置中选 3 个（与次序无关）C_6^3，再让 2 个"2"在 3 个位置中选 2 个 C_3^2，剩下元素 3 再选一个，共有 $C_6^3 C_3^2 C_1^1 = 60$（种）。

3. 分析：这是求几个集合按要求各选出若干元素组成一组的计数方法的问题，选出的元素与次序无关。

解：(1) $C_5^1 C_8^4 = 350$（种）。(2) $C_2^2 C_{11}^3 = 165$（种）。

(3) 先任意选，排除无班长的即可：$C_{13}^5 - C_{11}^5 = 1287 - 462 = 825$（种）。

也可以分两类：只有 1 名队长和有两名队长 $C_2^1 C_{13}^4 + C_2^2 C_{13}^3 = 825$（种）。

(4) 分成三类：只有 2 名、1 名和没有。$C_5^2 C_8^3 + C_5^1 C_8^4 + C_8^5 = 791$（种）。

(5) 分成两类：女队长当选和男队长当选。$C_1^1 C_{12}^4 + C_1^1 C_4^1 C_7^3 + C_1^1 C_4^2 C_7^2 + C_1^1 C_4^3 C_7^1 + C_1^1 C_4^4 = 790$（种）。

说明：涉及"至多""至少"的问题常用排除法，即减法。

4. 分析：这是一个排列数反计算问题，要根据已知条件列出方程进行求解。

解：原有 n 个车站，需要 A_n^2 种车票；现有 $m+n$ 个车站，需要 A_{m+n}^2 个车票，由已知条件得：$A_{m+n}^2 - A_n^2 = 62$。即 $(m+n)(m+n-1) - n(n-1) = 62$。由于 m,n 为正整数，所以 $m(2n+m-1) = 62 = 31 \times 2$，从而 $m = 2, 2n+m-1 = 31$，即 $m = 2, n = 15$。

所以，原有 15 个车站，现在有 17 个车站。

5. 分析：这是排列数与具体函数的应用，既要对排列数有正确认识，又要对于对数的性质有正确认识。

解：1 不能作为底数，而 1 的对数只有一个值 0，在 2,3,4,7,9 中任取两个值作为指数和底数有 $A_5^2 = 20$ 个值，但 $\log_2 3 = \log_4 9$，$\log_2 4 = \log_3 9$，$\log_3 2 = \log_9 4$，$\log_4 2 = \log_9 3$，所以共有 $20 - 4 + 1 = 17$（个）。

6. 解：(1) 若任何三点不共线，可连成 $C_{11}^2 = 55$ 条直线。若有三个点共线，则连成直线减少 $C_3^2 - 1 = 2$ 条。若有四个点共线，则连成直线减少 $C_4^2 - 1 = 5$ 条。若有五个点共线，则连成直线减少 $C_5^2 - 1 = 9$ 条。而现在 11 条直线连成 48 条相异直线，所以有三个点共线和四个点共线各 1 条。

(2)所构成的三角形(三个不共线点构成一个):$C_{11}^3-(C_3^3+C_4^3)=160$(个)。

7.解:全排列共有 $A_5^5=60$ 种,由于 A 必须站在 B 的右边与 A 必须站在 B 的左边排列种数一样多,由对称性知,A 必须站在 B 的右边(可以不相邻)的排法有 30 种。

习题 7.2.1

1.解:点在直线上共有 $(1,3),(2,2),(3,1)$ 三种情况,故所求概率为 $\dfrac{3}{36}=\dfrac{1}{12}$。

2.解:(1)将 4 道甲类题依次编号为 $1,2,3,4$;2 道乙类题依次编号为 $5,6$。任取 2 道题,基本事件为 $(1,1),(1,2),(1,3),(1,4),(1,5),(1,6),(2,3),(2,4),(2,5),(2,6),(3,4),(3,5),(3,6),(4,5),(4,6),(5,6)$,共 15 个。或 $C_6^2=\dfrac{6\times5}{2\times1}=15$。所以,所求的概率为 $\dfrac{C_4^2}{15}=\dfrac{2}{5}$。

(2)所求的概率为 $\dfrac{C_4^1C_2^1}{C_6^2}=\dfrac{4\times2}{15}=\dfrac{8}{15}$。

3.解:所得直线共有 $\dfrac{1}{2}\times C_4^2\times C_4^2=18$ 对,相互垂直的有 5 对,故 $P=\dfrac{5}{18}$。

4.解:可能的选法共有 $C_4^1\times C_3^1=12$ 种。方程有实根,必须 $\Delta\geqslant0$,即 $a\geqslant b$。

共有 $(0,0),(1,0),(1,1),(2,0),(2,1),(2,2),(3,0),(3,1),(3,2)$ 9 种选法,故 $P=\dfrac{9}{12}=\dfrac{3}{4}$。

习题 7.2.2

1.解:硬币的中心落在阴影部分时,硬币不与任何平行线相碰,故所求概率为 $\dfrac{1}{3}$。

2.解:这就是"二人会面"问题,需建立坐标系。设两船到达时间分别为 x,y。

(1)由题意,$0\leqslant x<24,0\leqslant y<24,y-x>4$ 或 $x-y>4$,作出区域

$$\begin{cases}0\leqslant x<24\\0\leqslant y<24\\y-x>4 \text{ 或 } x-y>4\end{cases},$$

如图阴影部分,设"两船无需等待码头"为事件 A,则 $P(A)=\dfrac{2\times\frac{1}{2}\times20\times20}{24\times24}=\dfrac{25}{36}$。

(2)由题意,$0\leqslant x<24,0\leqslant y<24,y-x>4$ 或 $x-y>2$,可行域如图阴影部分。

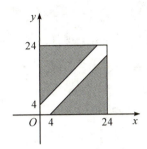

记"此条件下两船不需要等待码头空出"为事件 B,则 $P(B)=$

$\dfrac{\frac{1}{2}\times20\times20+\frac{1}{2}\times22\times22}{24\times24}=\dfrac{221}{288}$。

说明:线性规划问题将不等式转化为平面上的区域,不等式组则是这些区域的公共部分,这样,符合不等式组的情况就变成了直观的图形。在概率统计问题中,线性规划的题目通常是由总面积和公共部分的面积比值求得概率。在求最值的问题中,线性规划的题目会在区域端点的位置取到最大或最小值。

习题 7.2.3

1.解:0.2。

2.解:$\dfrac{1}{2}$。

3.解:(1)设 5 个工厂均选择星期日停电的事件为 A,则 $P(A)=\dfrac{1}{7^5}=\dfrac{1}{16807}$。

(2)设 5 个工厂选择的停电时间各不相同的事件为 B,则 $P(B)=\dfrac{A_7^5}{7^5}=\dfrac{360}{2401}$。

因为至少有两个工厂选择同一天停电的事件为 $\overline{B}$,所以 $P(\overline{B})=1-P(B)=1-\dfrac{360}{2401}=\dfrac{2041}{2401}$。

4.解:(1)设"取出 4 张卡片中,含有编号为 3 的卡片"为事件 A,则 $P(A)=$

$\dfrac{C_2^1 C_5^3+C_2^2 C_5^2}{C_7^4}=\dfrac{6}{7}$,也可用对立事件 $P(A)=1-\dfrac{C_5^4}{C_7^4}=\dfrac{6}{7}$。

(2)随机变量 X 的所有可能取值为 $1,2,3,4$。$P(X=1)=\dfrac{C_3^3}{C_7^4}=\dfrac{1}{35}$,$P(X=2)=\dfrac{C_4^3}{C_7^4}=$

$\dfrac{4}{35}$,$P(X=3)=\dfrac{C_5^3}{C_7^4}=\dfrac{2}{7}$,$P(X=4)=\dfrac{C_6^3}{C_7^4}=\dfrac{4}{7}$。

随机变量 X 的分布列为

X	1	2	3	4
P	$\dfrac{1}{35}$	$\dfrac{4}{35}$	$\dfrac{2}{7}$	$\dfrac{4}{7}$

随机变量 X 的数学期望 $E(X) = 1 \times \dfrac{1}{35} + 2 \times \dfrac{4}{35} + 3 \times \dfrac{2}{7} + 4 \times \dfrac{4}{7} = \dfrac{17}{5}$。

5. 解:(1)记"从袋中任意摸出 2 个球,至少得到 1 个白球"为事件 A,设袋中白球个数为 x,则 $P(A) = 1 - \dfrac{C_{10-x}^{2}}{C_{10}^{2}} = \dfrac{7}{9}$,$x = 5$。

(2)$P(X=k) = 1 - \dfrac{C_{5}^{k} C_{5}^{3-k}}{C_{10}^{3}}$,$k = 0, 1, 2, 3$。

可得分布列为

X	0	1	2	3
P	$\dfrac{1}{12}$	$\dfrac{5}{12}$	$\dfrac{5}{12}$	$\dfrac{1}{12}$

X 的数学期望 $E(X) = \dfrac{1}{12} \times 0 + \dfrac{5}{12} \times 1 + \dfrac{5}{12} \times 2 + \dfrac{1}{12} \times 3 = \dfrac{3}{2}$。

6. 解:(1)设"在 1 次游戏中摸出 i 个白球"为事件 A_i($i = 0, 1, 2, 3$),$P(A_3) = \dfrac{C_3^2 C_1^1 C_2^1}{C_5^2 C_3^2} = \dfrac{1}{5}$。设"1 次游戏获奖"为事件 B,则 $B = A_2 \bigcup A_3$,其中 A_2 与 A_3 互斥,又 $P(A_2) = \dfrac{C_3^2}{C_5^2 C_3^2} + \dfrac{C_3^1 C_1^1 C_2^1 C_2^1}{C_5^2 C_3^2} = \dfrac{1}{2}$,所以,$P(B) = P(A_2) + P(A_3) = \dfrac{1}{2} + \dfrac{1}{5} = \dfrac{7}{10}$。

(2)由题意,X 所有可能的取值 $0, 1, 2$。$P(X=0) = C_2^0 \left(1 - \dfrac{7}{10}\right)^2 = \dfrac{9}{100}$,$P(X=1) = C_2^1 \dfrac{7}{10} \left(1 - \dfrac{7}{10}\right)^1 = \dfrac{21}{50}$,$P(X=2) = C_2^2 \left(\dfrac{7}{10}\right)^2 = \dfrac{49}{100}$。

所以,X 的分布列为

X	0	1	2
P	$\dfrac{9}{100}$	$\dfrac{21}{50}$	$\dfrac{49}{100}$

X 的数学期望:$E(X) = 2 \times \dfrac{7}{10} = \dfrac{7}{5}$。

7. 解:(1)本题是二项分布。设"甲队分别以 $3:0, 3:1, 3:2$ 获胜"为事件 P_1, P_2, P_3,则 $P(P_1) = C_3^0 \left(\dfrac{2}{3}\right)^3 = \dfrac{8}{27}$,$P(P_2) = C_3^2 \left(\dfrac{2}{3}\right)^2 \cdot \dfrac{1}{3} \cdot \dfrac{2}{3} = \dfrac{8}{27}$,$P(P_3) = C_4^2 \left(\dfrac{2}{3}\right)^2 \left(\dfrac{1}{3}\right)^2 \cdot \dfrac{1}{2} = \dfrac{4}{27}$。

(2)X 可能的取值为 $3, 2, 1, 0$。

$X=3$:乙队 $3:0$ 或 $3:1$ 胜,$P(X=3) = C_3^3 \left(\dfrac{1}{3}\right)^3 + C_3^2 \left(\dfrac{1}{3}\right)^2 \cdot \dfrac{2}{3} \cdot \dfrac{1}{3} = \dfrac{1}{9}$;

$X=2$：乙队 $3:2$ 胜，$P(X=2)=C_4^2\left(\dfrac{1}{3}\right)^2\left(\dfrac{2}{3}\right)^2\cdot\dfrac{1}{2}=\dfrac{4}{27}$；

$X=1$：甲队以 $3:2$ 胜，$P(X=1)=P_3=C_4^2\left(\dfrac{2}{3}\right)^2\left(\dfrac{1}{3}\right)^2\cdot\dfrac{1}{2}=\dfrac{4}{27}$；

$X=0$：甲队以 $3:0$ 胜，$P(X=0)=P_1+P_2=\dfrac{16}{27}$。

X 分布列为：

X	3	2	1	0
P	$\dfrac{1}{9}$	$\dfrac{4}{27}$	$\dfrac{4}{27}$	$\dfrac{16}{27}$

X 的数学期望：$E(X)=3\times\dfrac{1}{9}+2\times\dfrac{4}{27}+1\times\dfrac{4}{27}+0\times\dfrac{16}{27}=\dfrac{7}{9}$。

8. 解：(1) x 可能值为：$0,2,3,5$，$P(x\leqslant3)=1-P(x=5)=1-\dfrac{2}{3}\times\dfrac{2}{5}=\dfrac{11}{15}$。

(2) 若都选择甲方案或乙方案，记中奖次数分别为 x_1,x_2，则累计得分的数学期望为 $E(2x_1)$，$E(3x_2)$。由已知：$x_1\sim B\left(2,\dfrac{2}{3}\right)$，$x_2\sim B\left(2,\dfrac{2}{5}\right)$，所以 $E(x_1)=2\times\dfrac{2}{3}=\dfrac{4}{3}$，

$E(x_2)=2\times\dfrac{2}{5}=\dfrac{4}{5}$，从而 $E(2x_1)=2\times\dfrac{4}{3}=\dfrac{8}{3}$，$E(3x_2)=3\times\dfrac{4}{5}=\dfrac{12}{5}$。

因为 $E(2x_1)>E(3x_2)$，所以选择甲方案抽奖时的数学期望大。

说明：$E(ax+b)>aE(x)+b$，$D(ax+b)>a^2D(x)$。

9. 解：(1) ξ 的分布列为

ξ	-2	1	2	6
P	0.02	0.1	0.25	0.63

(2) ξ 的数学期望为 $E(\xi)=6\times0.63+2\times0.25+1\times0.1+(-2)\times0.02=4.34$。

(3) 设技术革新后三、二等品率为 x,y，则 ξ 的分布列为

ξ	-2	1	2	6
P	0.01	x	y	0.7

$E(\xi)=6\times0.7+2y+x+(-2)\times0.01\geqslant4.73$，则 x,y 应满足：$x+y=0.29$，$x+2y\geqslant$ 0.55，从而 $x\leqslant0.03$。

习题 7.3

1. 分析：(1) 频繁使用手机的人数比非频繁使用手机的人数少 24 人，且样本容量为 100，可计算出频繁使用手机的人数和非频繁使用手机的人数，则可求表中 p,q 的值，可补全表中所缺数据；(2) 根据 2×2 列联表计算 K^2，与临界值比较后下结论。

解：(1) 因为频繁使用手机的人数比非频繁使用手机的人数少 24 人，而频繁使用手

机的人数与非频繁使用手机的人数之和为 100,所以频繁使用手机的人数为 38,非频繁使用手机的人数为 62,所以 $p=38-16=22,q=62-8=54$,补全表中所缺数据如下:

	非频繁使用手机	频繁使用手机	合计
颈椎病人数	8	22	30
非颈椎病人数	54	16	70
合计	62	38	100

(2)根据题意计算观测值为 $K^2=\dfrac{100\times(8\times16-54\times22)^2}{30\times70\times62\times38}\approx22.7>10.828$,所以有 99.9% 的把握确定"认为频繁使用手机对颈椎病有影响"。

2. 解:(1) 因为 $\overline{x}=\dfrac{60+50+40+30+20}{5}=40,\overline{y}=\dfrac{210+180+110+70+30}{5}=$ $120,x_1y_1+x_2y_2+x_3y_3+x_4y_4+x_5y_5=60\times210+50\times180+40\times110+30\times70+$ $20\times30=28700,x_1^2+x_2^2+x_3^2+x_4^2+x_5^2=60^2+50^2+40^2+30^2+20^2=9000$,所以 $\hat{b}=\dfrac{\sum_{i=1}^{5}x_iy_i-5\,\overline{x}\cdot\overline{y}}{\sum_{i=1}^{5}x_i^2-5\,\overline{x}^2}=\dfrac{28700-5\times40\times120}{9000-5\times40^2}=4.7,\hat{a}=\overline{y}-\hat{b}\,\overline{x}=120-4.7\times$ $40=-68$,得到线性回归方程为 $y=4.7x-68$。

(2)作出列联表如下:

	燃油汽车	新能源汽车	总计
城市甲	150	50	200
城市乙	500	100	600
总计	650	150	800

零假设为 H_0,选择新能源汽车与消费者所在城市独立,即两个城市选择新能源汽车的情况无差异,计算得 $\chi^2=\dfrac{800\times(150\times100-50\times500)^2}{200\times600\times650\times150}\approx6.838>6.635=x_{0.01}$,根据小概率值 $\alpha=0.01$ 的 χ^2 的独立性检验,没有充分证据推断 H_0 不成立,因此可以认为 H_0 成立,即有 99% 的把握确定"选择新能源汽车与消费者所在城市相关"。

习题 8.1

1. 解:设过该四边形 4 个顶点的二次曲线系方程为 $(x+3y-15)(x+5y)+\lambda(kx-y-6)y=0$,即 $x^2+(8+\lambda k)xy+(15-\lambda)y^2-15x-(75+6\lambda)y=0$。该方程表示圆,则 $\begin{cases}15-\lambda=1\\8+k\lambda=0\end{cases}$,解之得 $\begin{cases}\lambda=14\\k=-\dfrac{4}{7}\end{cases}$。所以,所求的圆的方程为 $x^2+y^2-15x-159y=0$。

2. 解:由 $A(1,-2),B(9,-6),C(4,4)$ 可得直线 AB 的方程为 $x+2y+3=0$,直线 BC 的方程为 $2x+y-12=0$,切线的方程为 $x-2y+4=0$,直线 CA 的方程为 $2x-y-4=0$,于是,可得二次曲线系方程为 $(x+2y+3)(x-2y+4)+\lambda(2x+y-12)(2x-y-4)=0$,

由 $\Delta=0+4(1+4\lambda)(4+\lambda)=0$ 得 $\lambda=-\dfrac{1}{4}$ 或 -4。

故所求的抛物线方程为 $y^2=4x$ 与 $x^2-9x+2y+12=0$。

3. 解：将 $P(4,3)$ 写为"点椭圆"方程 $(x-4)^2+n(y-3)^2=0(n>0,n\neq1)$，故所求的椭圆方程可改为 $\lambda[(x-4)^2+n(y-3)^2]+\mu(2x+y-11)=0$。取 $\lambda=1$，并将 P,Q 的坐标代入得 $n=\dfrac{1}{2},\mu=2$。故所求的椭圆方程为 $2(x-2)^2+(y-1)^2=12$。

4. 解：易知抛物线的焦点 F 与坐标原点重合，故直线 AB 的方程为 $y=\sqrt{3}\,x$。因此，A,B 两点的横坐标满足方程 $(\sqrt{3}\,x)^2=8(x+2)$，由此可得弦 AB 中点的横坐标 $x_0=\dfrac{4}{3}$，进而纵坐标 $y_0=\dfrac{4}{\sqrt{3}}$，从而中垂线方程为 $y-\dfrac{4}{\sqrt{3}}=-\dfrac{1}{\sqrt{3}}\left(x-\dfrac{4}{3}\right)$。

令 $y=0$，得点 P 的横坐标 $x=4+\dfrac{4}{3}=\dfrac{16}{3}$，即 $PF=\dfrac{16}{3}$。

5. 解：椭圆与双曲线有公共焦点，则 $m-n=2p$，即 $m+n=2(m-p)$。又由方程组

$$\begin{cases} \dfrac{x^2}{m}+\dfrac{y^2}{p}=1 \\[2mm] \dfrac{x^2}{n}-\dfrac{y^2}{p}=1 \end{cases}$$

得，$Q(x,y)$ 的坐标满足 $x^2=\dfrac{2mn}{m+n},y=\pm\dfrac{\sqrt{2}\,p}{\sqrt{m+n}}$。

又 $|F_1F_2|=2\sqrt{m-p}=2\sqrt{n+p}$，于是 $S_{\triangle QF_1F_2}=\dfrac{1}{2}\times2\sqrt{m-p}\times\dfrac{\sqrt{2}\,p}{\sqrt{m+n}}=p$。选（C）。

6. 解：由题意 $y^2=-2x^2+4x+6\geqslant0$，得 $-1\leqslant x\leqslant3$。在曲线 $2x^2+y^2=4x+6$ 上任取一点 $P(x,y)$，P 到原点的距离为 $d=\sqrt{x^2+y^2}=\sqrt{x^2-2x^2+4x+6}=\sqrt{-(x-2)^2+10}$。

因为 $-1\leqslant x\leqslant3$，所以 $1\leqslant d\leqslant\sqrt{10}$。当 $x=2$ 时，d 取最大值 $\sqrt{10}$，则 $M(2,\sqrt{6})$ 或 $M(2,-\sqrt{6})$；当 $x=-1$ 时，d 取最小值 1，则 $N(-1,0)$。

故 $|MN|=\sqrt{(2+1)^2+(\pm\sqrt{6})^2}=\sqrt{15}$。

习题 8.2

1. 解：因为 $y^2=4x$，所以 $p=2$，从而焦点 $F(1,0)$。由 $A(3,1)$ 引准线 $x=-1$ 的垂线，垂足为 Q。

由抛物线的定义知：$|AP|+|PF|=|AP|+|PQ|$，当 Q,P,A 三点共线的时候，取得最小值。此时 $(|AP|+|PF|)_{\min}=4$。将 $y=1$ 代入 $y^2=4x$ 得 $x=\dfrac{1}{4}$，所以 $P\left(\dfrac{1}{4},1\right)$ 即为所求。

2. 解：建立椭圆的参数方程，可设 $P(a\cos\theta,b\sin\theta)$，$\theta$ 为参

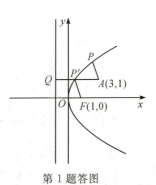

第1题答图

数,四边形 $OAPB$ 的面积 $S=S_{\triangle OPA}+S_{\triangle OBP}=\frac{1}{2}ab\sin\theta+\frac{1}{2}ba\cos\theta=\frac{1}{2}ab(\sin\theta+\cos\theta)=\frac{\sqrt{2}}{2}ab\sin\left(\theta+\frac{\pi}{4}\right)$。

当 $\sin\left(\theta+\frac{\pi}{4}\right)=1$,即 $\theta=\frac{\pi}{4}$ 时,四边形 $OAPB$ 的面积 S 最大,并有最大 $\frac{\sqrt{2}}{2}ab$,此时 P 点的坐标为 $\left(\frac{\sqrt{2}}{2}a,\frac{\sqrt{2}}{2}b\right)$。

3.解:(1)因为 $A(-6,0),F(4,0)$,设 $P(x,y)$,则 $\overrightarrow{AP}=(x+6,y),\overrightarrow{FP}=(x-4,y)$,又 $AP\perp PF$,所以 $(x+6)(x-4)+y^2=0$。将此式与 $\frac{x^2}{36}+\frac{y^2}{20}=1$ 联立得:$x=\frac{3}{2}$ 或 $x=-6$(舍)。于是得到 $y=\frac{5}{2}\sqrt{3}(y>0)$。所以点 $P\left(\frac{3}{2},\frac{5}{2}\sqrt{3}\right)$。

(2)AP 所在直线方程为 $x-\sqrt{3}y+6=0$。设 $M(m,0),-6\leqslant m\leqslant 6$,则 M 到直线 AP 的距离是 $\frac{m+6}{2}$。于是有 $\frac{m+6}{2}=6-m$,解之得 $m=2$。进而椭圆上的点 (x,y) 到 $M(2,0)$ 的距离 d 为:$d^2=(x-2)^2+y^2=x^2-4x+4+20-\frac{5}{9}x^2=\frac{4}{9}\left(x-\frac{9}{2}\right)^2+15$。

由于 $-6\leqslant m\leqslant 6$,所以当 $x=\frac{9}{2}$ 时,d 取最小值 $\sqrt{15}$。

4.解:(1)记椭圆的半焦距为 c,则 $e=\frac{c}{a}=\frac{\sqrt{6}}{3}$,$\sqrt{3}=a$,所以 $b=1,c=\sqrt{2}$。故椭圆方程为 $\frac{x^2}{3}+y^2=1$。

(2)设 $A(x_1,y_1),B(x_2,y_2)$,当 $AB\perp x$ 轴时,$|AB|=\sqrt{3}$。

当 AB 与 x 轴不垂直时,设直线 AB 的方程为 $y=kx+m$。由点到直线的距离公式:$\frac{|m|}{\sqrt{1+k^2}}=\frac{\sqrt{3}}{2}$,即 $m^2=\frac{3}{4}(k^2+1)$。把 $y=kx+m$ 代入椭圆方程:$(3k^2+1)x^2+6kmx+3m^2-3=0$。

由韦达定理:$x_1+x_2=\frac{-6km}{3k^2+1},x_1x_2=\frac{3(m^2-1)}{3k^2+1}$。所以 $|AB|^2=(1+k^2)(x_1-x_2)^2=(1+k^2)[(x_1+x_2)^2-4x_1x_2]=(1+k^2)\left[\frac{36k^2m^2}{(3k^2+1)^2}-\frac{12(m^2-1)}{3k^2+1}\right]=\frac{3(k^2+1)(9k^2+1)}{(3k^2+1)^2}=3+\frac{12k^2}{9k^4+6k^2+1}=3+\frac{12}{9k^2+6+\frac{1}{k^2}}(k\neq 0)\leqslant 3+\frac{12}{2\times 3+6}=4$,当且仅当 $9k^2=\frac{1}{k^2}$,即 $k=\pm\frac{\sqrt{3}}{3}$ 时"="成立。综上所述,$|AB|_{\max}=2$,此时 $S_{\triangle AOB}=\frac{1}{2}|AB|_{\max}\cdot\frac{\sqrt{3}}{2}=\frac{\sqrt{3}}{2}$。

5.解:(1)由已知得 $a=2,b=1$,从而 $c=\sqrt{a^2-b^2}=\sqrt{3}$。从而焦点坐标为 $(-\sqrt{3},0)$,$(\sqrt{3},0)$。离心率为 $e=\frac{c}{a}=\frac{\sqrt{3}}{2}$。

(2)由题意 $|m|\geqslant 1$。先考虑特殊情况,当 $m=1$ 时,切线 l 的方程 $x=1$,点 A,B 的坐

标分别为 $\left(1,\dfrac{\sqrt{3}}{2}\right),\left(1,-\dfrac{\sqrt{3}}{2}\right)$。此时，$|AB|=\sqrt{3}$；当 $m=-1$ 时，同理可得 $|AB|=\sqrt{3}$。

当 $|m|>1$ 时，设切线 l 的方程为：$y=k(x-m)$，由 $\begin{cases} y=k(x-m) \\ \dfrac{x^2}{4}+y^2=1 \end{cases}$ 得 $(1+4k^2)x^2-8k^2mx+4k^2m^2-4=0$。

再设 $A(x_1,y_1),B(x_2,y_2)$，则 $x_1+x_2=\dfrac{8k^2m}{1+4k^2}$，$x_1x_2=\dfrac{4k^2m^2-4}{1+4k^2}$。

又由 l 与圆 $x^2+y^2=1$ 相切得：$\dfrac{|km|}{\sqrt{k^2+1}}=1$，即 $m^2k^2=k^2+1$。所以 $|AB|=$

$\sqrt{(x_1-x_2)^2+(y_1-y_2)^2}=\sqrt{(1+k^2)\left[\dfrac{64k^4m^2}{(1+4k^2)^2}-\dfrac{4(4k^2m^2-4)}{1+4k^2}\right]}=\dfrac{4\sqrt{3}\,|m|}{m^2+3}=$

$\dfrac{4\sqrt{3}}{|m|+\dfrac{3}{|m|}}\leqslant 2,m\in(-\infty,-1]\cup[1,+\infty)$，且当 $m=\pm\sqrt{3}$ 时取"="。

综上所述，$|AB|$ 的最大值为 2。

6.解：（1）因为 $e=\dfrac{c}{a}=\dfrac{\sqrt{3}}{2}$，即 $\dfrac{a^2-b^2}{a^2}=\dfrac{3}{4}$，　①

又矩形 $ABCD$ 的面积为 8，故 $2b\cdot 2a=8$。　②

由①和②得 $a=2,b=1$。所以椭圆 M 的方程为 $\dfrac{x^2}{4}+y^2=1$。

（2）由 $\begin{cases} x^2+4y^2=4 \\ y=x+m \end{cases}$ 得：$5x^2+8mx+4m^2-4=0$。

设 $P(x_1,y_1),Q(x_2,y_2)$，则 $x_1+x_2=-\dfrac{8}{5}m$，$x_1x_2=\dfrac{4m^2-4}{5}$。再由 $\Delta=64m^2-20(4m^2-4)>0$ 得：$-\sqrt{5}<m<\sqrt{5}$。从而 $|PQ|=\sqrt{2}\times\sqrt{\left(-\dfrac{8}{5}m\right)^2-4\dfrac{4m^2-4}{5}}=\dfrac{4\sqrt{2}}{5}\sqrt{5-m^2}$。

当 l 过 A 点时，$m=1$；当 l 过 C 点时，$m=-1$。

当 $-\sqrt{5}<m<-1$ 时，有 $S(-m-1,-1),T(2,2+m)$。所以 $|ST|=\sqrt{2}(3+m)$，$\dfrac{|PQ|}{|ST|}=\dfrac{4}{5}\sqrt{\dfrac{5-m^2}{(3+m)^2}}=\dfrac{4}{5}\sqrt{-\dfrac{4}{t^2}+\dfrac{6}{t}-1}=\dfrac{4}{5}\sqrt{-\left(\dfrac{2}{t}-\dfrac{3}{2}\right)^2+\left(\dfrac{3}{2}\right)^2-1}$，$t=m+3$。

当 $\dfrac{2}{t}=\dfrac{3}{2}$，即 $t=\dfrac{4}{3}$ 时，$m=-\dfrac{5}{3}\in(-\sqrt{5},-1)$，此时 $\dfrac{|PQ|}{|ST|}$ 取得最大值 $\dfrac{2}{5}\sqrt{5}$。

由对称性，可知若 $1<m<\sqrt{5}$，则当 $m=\dfrac{5}{3}$ 时，此时 $\dfrac{|PQ|}{|ST|}$ 取得最大值 $\dfrac{2}{5}\sqrt{5}$。

当 $-1\leqslant m\leqslant 1$ 时，$|ST|=2\sqrt{2}$，$\dfrac{|PQ|}{|ST|}=\dfrac{2}{5}\sqrt{5-m^2}$，此时，当 $m=0$ 时，$\dfrac{|PQ|}{|ST|}$ 取得最大值 $\dfrac{2}{5}\sqrt{5}$。综上所述，当 $m=\pm\dfrac{5}{3},0$ 时，$\dfrac{|PQ|}{|ST|}$ 取得最大值 $\dfrac{2}{5}\sqrt{5}$。

习题 8.3

1. 解：（1）可设椭圆 C_2 的方程为 $\dfrac{y^2}{a^2}+\dfrac{x^2}{4}=1(a>2)$。因为 C_2 的离心率为 $\dfrac{\sqrt{3}}{2}$，则 $a=4$。故 C_2 的方程为：$\dfrac{y^2}{16}+\dfrac{x^2}{4}=1$。

（2）设 A、B 的坐标分别为 (x_A,y_A)，(x_B,y_B)。因为 $\overrightarrow{OB}=2\overrightarrow{OA}$，所以 O，A，B 共线且 A，B 不在 y 轴上，可设 AB 的方程为 $y=kx$。

由 $\begin{cases} y=kx \\ \dfrac{y^2}{16}+\dfrac{x^2}{4}=1 \end{cases}$ 得 $(4+k^2)x^2=16$，$x_B^2=\dfrac{16}{4+k^2}$。

由 $\begin{cases} y=kx \\ \dfrac{x^2}{4}+y^2=1 \end{cases}$ 得 $(1+4k^2)x^2=4$，$x_A^2=\dfrac{4}{1+4k^2}$，再由 $\overrightarrow{OB}=2\overrightarrow{OA}$ 得 $x_B^2=4x_A^2$，即

$\dfrac{16}{4+k^2}=\dfrac{16}{1+4k^2}$，$k=\pm1$。所以 AB 所在直线方程为 $y=x$ 或 $y=-x$。

2. 解：（1）因为 $F_1(\sqrt{a^2-2},0)$，$A\left(\dfrac{a^2}{\sqrt{a^2-2}},0\right)$，$\overrightarrow{OF_1}+2\overrightarrow{AF_1}=\vec{0}$，所以 $\sqrt{a^2-2}=2\left(\dfrac{a^2}{\sqrt{a^2-2}}-\sqrt{a^2-2}\right)$，从而 $a^2=6$。故椭圆 M 的方程为 $\dfrac{x^2}{6}+\dfrac{y^2}{2}=1$。

（2）圆 N 的圆心为 $N(0,2)$，从而 $\overrightarrow{PE}\cdot\overrightarrow{PF}=(\overrightarrow{NE}-\overrightarrow{NP})(\overrightarrow{NF}-\overrightarrow{NP})=(-\overrightarrow{NF}-\overrightarrow{NP})(\overrightarrow{NF}-\overrightarrow{NP})=\overrightarrow{NP}^2-\overrightarrow{NF}^2=\overrightarrow{NP}^2-1$。

再设 $P(x_0,y_0)$，则 $\dfrac{x_0^2}{6}+\dfrac{y_0^2}{2}=1$。因为 $\overrightarrow{NP}^2=x_0^2+(y_0-2)^2=-2(y_0+1)^2+12$，又 $y_0\in[-\sqrt{2},\sqrt{2}]$，所以当 $y_0=-1$ 时，$\overrightarrow{NP}^2$ 取得最大值 12。

即 $\overrightarrow{PE}\cdot\overrightarrow{PF}$ 的最大值为 11。

3. 解：由已知条件 $\overrightarrow{AM}=2\overrightarrow{AP}$，所以 P 为 MA 的中点。又 $\overrightarrow{NP}\cdot\overrightarrow{AM}=0$，从而 $NP\perp AM$。即 NP 为 AM 的垂直平分线。所以 $|NA|=|NM|$。

又 $|CN|+|NM|=$ 圆的半径 $=2\sqrt{2}$，所以 $|CN|+|NA|=2\sqrt{2}>2$。故动点 N 的轨迹是以 $C(-1,0)$，$A(1,0)$ 为焦点的椭圆，且 $2a=2\sqrt{2}$，$a=\sqrt{2}$，$c=1$，从而 $b=1$。即曲线 E 的方程为 $\dfrac{x^2}{2}+y^2=1$。

说明：本题利用了向量的几何意义。（1）不共线向量 $\overrightarrow{MA}$ 与 $\overrightarrow{MB}$，若 $\overrightarrow{MA}\cdot\overrightarrow{MB}=0$，则 $\angle AMB=90°$。（2）若给出 $\overrightarrow{PM}+\overrightarrow{PN}=\vec{0}$，则 P 是 MN 的中点。（3）若给出 $\overrightarrow{OA}+\overrightarrow{OB}$ 与 $\overrightarrow{OC}$ 共线，则 $\overrightarrow{OC}$ 与 $\overrightarrow{OM}$ 共线（其中 M 为 AB 中点）。（4）在 $\triangle ABC$ 中，若 $\overrightarrow{AD}=\dfrac{1}{2}(\overrightarrow{AB}+\overrightarrow{AC})$ 则 AD 为 $\triangle ABC$ 中 BC 边的中线。

4. 解：（1）因为 $a=2$，$b=1$，所以 $c=\sqrt{3}$，$F_1(-\sqrt{3},0)$，$F_2(\sqrt{3},0)$。

设 $P(x,y)$，则 $\overrightarrow{PF_1}=(-\sqrt{3}-x,-y)$，$\overrightarrow{PF_2}=(\sqrt{3}-x,-y)$。所以 $\overrightarrow{PF_1}\cdot\overrightarrow{PF_2}=x^2+$

$$y^2 - 3 = x^2 + 1 - \frac{x^2}{4} - 3 = \frac{1}{4}(3x^2 - 8)。$$

又 $x \in [-2, 2]$，所以当 $x = 0$ 时，即点 P 为椭圆短轴端点时，$\overrightarrow{PF_1} \cdot \overrightarrow{PF_2}$ 有最小值 -2。当 $x = \pm 2$ 时，即点 P 为椭圆长轴端点时，$\overrightarrow{PF_1} \cdot \overrightarrow{PF_2}$ 有最大值 1。

(2) 当 l 斜率不存在时，显然不满足条件。设直线 l 的方程为 $y = kx + 2$。

由 $\begin{cases} y = kx + 2 \\ \dfrac{x^2}{4} + y^2 = 1 \end{cases}$ 得 $\left(k^2 + \dfrac{1}{4}\right)x^2 + 4kx + 3 = 0$。由 $\Delta = 4k^2 - 3 > 0$ 得 $k < -\dfrac{\sqrt{3}}{2}$ 或 $k > \dfrac{\sqrt{3}}{2}$。

又 $x_1 + x_2 = -\dfrac{4k}{k^2 + \frac{1}{4}}$，$x_1 x_2 = \dfrac{3}{k^2 + \frac{1}{4}}$，因为 $\angle AOB$ 是锐角，所以 $\cos\angle AOB > 0$，即

$\overrightarrow{OA} \cdot \overrightarrow{OB} > 0$，亦即 $x_1 x_2 + y_1 y_2 > 0$。又 $y_1 y_2 = (kx_1 + 2)(kx_2 + 2) = k^2 x_1 x_2 + 2k(x_1 + x_2) + 4 = \dfrac{-k^2 + 1}{k^2 + \frac{1}{4}}$，所以 $\dfrac{3}{k^2 + \frac{1}{4}} + \dfrac{1 - k^2}{k^2 + \frac{1}{4}} > 0$，即 $k^2 < 4$，$-2 < k < 2$。综上所述，$k \in \left(-2, -\dfrac{\sqrt{3}}{2}\right) \cup$

$\left(\dfrac{\sqrt{3}}{2}, 2\right)$。

习题 8.4

1. 分析： 引入参数，将直线 PQ 的方程表示出来，从而确定直线所经过的定点。

证明： 设 OP 的方程为 $y = kx$，则 $OQ: y = -\dfrac{1}{k}x$。解 $\begin{cases} y = kx \\ y^2 = 2px \end{cases}$ 得到 $P\left(\dfrac{2p}{k^2}, \dfrac{2p}{k}\right)$；解

$\begin{cases} y = -\dfrac{1}{k}x \\ y^2 = 2px \end{cases}$ 得到 $Q(2pk^2, -2pk)$。所以 $l_{PQ}: y(1 - k^2) - kx + 2pk = 0$，即 $y(1 - k^2) -$

$k(x - 2p) = 0$，从而直线 l_{PQ} 过定点 $(2p, 0)$。

说明： 定点与参数变化无关，故 $x - 2p = 0$，此时 $y(1 - k^2) = 0$ 为变化量，则 $y = 0$。

2. 解法一： 所求直线不能垂直 x 轴，否则直线与双曲线仅有一个公共点，故可设直线方程为 $y = k(x - 1) + 1$，代入双曲线方程，并整理得：$(2 - k^2)x^2 + (2k^2 - 2k)x - k^2 + 2k - 3 = 0$。 （＊）

设 $Q_1(x_1, y_1)$，$Q_2(x_2, y_2)$，因为 m 不垂直于 x 轴，所以 $x_1 \neq x_2$，$2 - k^2 \neq 0$。

因为点 B 是线段 $Q_1 Q_2$ 的中点，所以 $\dfrac{x_1 + x_2}{2} = 1$，即 $\dfrac{k^2 - k}{k^2 - 2} = 1$，

解之得 $k = 2$，代入（＊）得 $2x^2 - 4x + 3 = 0$，其判别式 $\Delta = 16 - 4 \times 2 \times 3 < 0$，说明方程无实根，故直线 m 不存在。

解法二： 假设直线 m 存在，设 $Q_1(x_1, y_1)$，$Q_2(x_2, y_2)$。

因为 $B(1, 1)$ 是线段 $Q_1 Q_2$ 的中点，所以 $x_2 = 2 - x_1$，$y_2 = 2 - y_1$。

又点 Q_1，Q_2 在双曲线上，所以 $\begin{cases} x_1^2 - \dfrac{y_1^2}{2} = 1 & ① \\ (2 - x_1)^2 - \dfrac{1}{2}(2 - y_1)^2 = 1 & ② \end{cases}$。

由②−①，整理得 $y_1 = 2x_1 - 1$，代入①并整理得 $2x_1^2 - 4x_1 + 3 = 0$。

由于 $\Delta < 0$，这说明不存在实数 x_1, x_2 满足上述方程，故与直线 m 与双曲线有交点相矛盾，所以直线 m 不存在。

3. 分析：本题实质是两条动直线 AB 与 OM 的交点轨迹问题，根据条件 $OA \perp OB$，$OM \perp AB$。需设出关键点 A、B 的坐标。

解：设 $A(pt_1^2, 2pt_1)$，$B(pt_2^2, 2pt_2)$，则 $k_{OA} = \dfrac{2}{t_1}$，$k_{OB} = \dfrac{2}{t_2}$，$k_{AB} = \dfrac{2}{t_1 + t_2}$。

因为 $OA \perp OB$，所以 $k_{OA} \cdot k_{OB} = -1$，即 $t_1 \cdot t_2 = -4$，从而直线 AB 的方程为 $y - 2pt_1 = \dfrac{2}{t_1 + t_2}(x - pt_1^2)$，　　　　　　　　　①

所以直线 OM 的方程为 $y = -\dfrac{t_1 + t_2}{2}x$。　　　　　②

①×②，得 $(px)t_1^2 + (2py)t_1 - (x^2 + y^2) = 0$，　　　③

直线 AB 的方程还可得为 $y - 2pt_2 = \dfrac{2}{t_1 + t_2}(x - pt_2^2)$。　　④

②×④，得到 $(px)t_2^2 + (2py)t_2 - (x^2 + y^2) = 0$，　　　⑤

由③，⑤可知 t_1, t_2 是方程 $(px)t^2 + (2py)t - (x^2 + y^2) = 0$ 的两根，由根与系数关系可得 $t_1 t_2 = -\dfrac{-(x^2 + y^2)}{px}$，又 $t_1 t_2 = -4$，所以 $x^2 + y^2 - 4px = 0$。

由题意知，m 一定不是原点，故所求的方程 $x^2 + y^2 - 4px = 0$（原点除外）。

4. 解：(1) 由 $\begin{cases} y^2 = x \\ (x-4)^2 + y^2 = r^2 \end{cases}$ 消去 y 得 $x^2 - 7x + 16 - r^2 = 0$。　　　①

又 E 与 M 有四个交点的充要条件是①有两个不相等的正根 x_1, x_2，即

$$\begin{cases} \Delta = (-7)^2 - 4(16 - r^2) > 0 \\ x_1 + x_2 = 7 > 0 \\ x_1 x_2 = 16 - r^2 > 0 \end{cases}。$$

又 $r > 0$，所以 r 的取值范围为 $\left(\dfrac{\sqrt{15}}{2}, 4 \right)$。

(2) 不妨设 E 与 M 四个交点的坐标为 $A(x_1, \sqrt{x_1})$，$B(x_1, -\sqrt{x_1})$，$C(x_2, -\sqrt{x_2})$，$D(x_2, \sqrt{x_2})$，则直线 AC, BD 的方程分别为：$y - \sqrt{x_1} = \dfrac{-\sqrt{x_2} - \sqrt{x_1}}{x_2 - x_1}(x - x_1)$，

$y + \sqrt{x_1} = \dfrac{\sqrt{x_2} + \sqrt{x_1}}{x_2 - x_1}(x - x_1)$。以上方程联立，可解得 P 的坐标为 $(\sqrt{x_1 x_2}, 0)$。

设 $t = \sqrt{x_1 x_2}$，由 $t = \sqrt{16 - r^2}$ 及①知，$0 < t < \dfrac{7}{2}$。由于四边形 $ABCD$ 为等腰梯形，所以其面积 S 为：$S = \dfrac{1}{2}(2\sqrt{x_1} + 2\sqrt{x_2})(x_2 - x_1)$。

记 $f(t) = S^2 = (x_1 + x_2 + 2\sqrt{x_1 x_2})[(x_1 + x_2)^2 - 4x_1 x_2] = (7 + 2t)(49 - 4t^2) = (7 + 2t)^2(7 - 2t)$，$0 < t < \dfrac{7}{2}$。

又 $f'(t)=2(7+2t)(7-6t)$，令 $f'(t)=0$ 得 $t=\dfrac{7}{6}$，$t=-\dfrac{7}{2}$（舍）。

显然当 $0<t<\dfrac{7}{6}$ 时，$f'(t)>0$；当 $\dfrac{7}{6}<t<\dfrac{7}{2}$ 时，$f'(t)<0$，故当 $t=\dfrac{7}{6}$ 时 $f(t)$ 最大，即

四边形 $ABCD$ 面积最大。所求 P 点坐标为 $\left(\dfrac{7}{6},0\right)$。

5. (1)**解**：设 $B(x_1,y_1),D(x_2,y_2)$，则由 $\begin{cases}\dfrac{x_1^2}{a^2}-\dfrac{y_1^2}{b^2}=1\\[2mm]\dfrac{x_2^2}{a^2}-\dfrac{y_2^2}{b^2}=1\end{cases}$ 得 $\dfrac{x_1^2-x_2^2}{a^2}=\dfrac{y_1^2-y_2^2}{b^2}$。

又 BD 的中点为 $M(1,3)$，所以 $\dfrac{x_1-x_2}{a^2}=\dfrac{3(y_1-y_2)}{b^2}$，故 $k_{BD}=\dfrac{b^2}{3a^2}=1$。进而有

$e^2=\dfrac{c^2}{a^2}=\dfrac{a^2+b^2}{a^2}=\dfrac{a^2+3a^2}{a^2}=4$，从而 $e=2$。

(2)**证明**：C 的方程为 $\dfrac{x^2}{a^2}-\dfrac{y^2}{3a^2}=1(a>0)$，$F(2a,0)$，$A(a,0)$，$l:y=x+2$，以上两个方

程联立，消去 y 得：$2x^2-4x-3a^2-4=0$。

由韦达定理：$x_1+x_2=2,x_1x_2=-\dfrac{3a^2+4}{2}<0$。不妨设 $x_1<0,x_2>0$，则 $|BF|=$

$\sqrt{(x_1-2a)^2+y_1^2}=\sqrt{(x_1-2a)^2+3x_1^2-3a^2}=a-2x_1$，同理 $|DF|=2x_2-a$，从而

$|BF|\cdot|DF|=(a-2x_1)(2x_2-a)=-a^2+2a(x_1+x_2)-4x_1x_2=-a^2+2a\times2+$

$2(3a^2+4)=5a^2+4a+8=17$，所以 $a=1$ 或 $a=-\dfrac{9}{5}$（舍）。从而 $C:x^2-\dfrac{y^2}{3}=1$。

又 $\overrightarrow{AB}\cdot\overrightarrow{AD}=0$，即 $AB\perp AD$；而 M 为 BD 中点，从而 $Rt\triangle ABD$ 的外接圆以 M 为圆

心。因为 $x_M=x_A=1$，所以 $MA\perp x$ 轴。故过 A,B,D 三点的圆与 x 轴相切于 A 点。

习题 9.1

1.解：用倒序求和法。从结构上看 $\dfrac{1}{11}+\dfrac{10}{11}=1,\dfrac{2}{11}+\dfrac{9}{11}=1,\cdots$ 这样可以从函数式找规

律，所以 $f(x)+f(1-x)=\dfrac{4^x}{4^x+2}+\dfrac{4^{1-x}}{4^{1-x}+2}=\dfrac{4^x}{4^x+2}+\dfrac{4}{4+2\cdot4^x}=1$，从而 $2S=$

$2\times\left[f\left(\dfrac{1}{11}\right)+f\left(\dfrac{2}{11}\right)+\cdots+f\left(\dfrac{10}{11}\right)\right]=\left[f\left(\dfrac{1}{11}\right)+f\left(\dfrac{10}{11}\right)\right]+\left[f\left(\dfrac{2}{11}\right)+f\left(\dfrac{9}{11}\right)\right]+\cdots+$

$\left[f\left(\dfrac{10}{11}\right)+f\left(\dfrac{1}{11}\right)\right]=10$，即 $S=5$。

2.解：记 $\{a_n\}$ 的公差为 d，首项为 a_1，则有 $\begin{cases}a_1+4d=5\\[1mm]5a_1+\dfrac{5\times4}{2}d=15\end{cases}$，所以 $a_1=1,d=1$；从而

$a_n=n$。又 $\dfrac{1}{a_na_{n+1}}=\dfrac{1}{n(n+1)}$，用裂项法 $\dfrac{1}{a_na_{n+1}}=\dfrac{1}{n}-\dfrac{1}{n+1}$，$S_n=\left(1-\dfrac{1}{2}\right)+\left(\dfrac{1}{2}-\dfrac{1}{3}\right)+\cdots+$

$\left(\dfrac{1}{n}-\dfrac{1}{n+1}\right)=1-\dfrac{1}{n+1}=\dfrac{n}{n+1}$。

3. 解：凡通项中带 $(-1)^n$ 的，要注意分类讨论。当 $n=2k$ 时，$S_n=a_1+a_2+\cdots+a_{2k}=(a_1+a_2)+\cdots+(a_{2k-1}+a_{2k})=(5-1)+(13-9)+\cdots+[(7-8k)+(8k-3)]=4+4+\cdots+4=4k=2n$。当 $n=2k+1$ 时，$S_n=S_{2k+1}=S_{2k}+a_{2k+1}=4k-(8k+1)=-(4k+1)=-(2n-1)=1-2n$，所以 $S_n=\begin{cases}2n,n\text{ 为偶数}\\1-2n,n\text{ 为奇数}\end{cases}$。

4. 解：从递推关系入手探索规律。$a_1=1,a_2=2,a_3=-a_1=-1,a_4=-a_2=-2,\cdots$，发现 $\{a_n\}$ 有周期性，以 4 为周期，且有 $a_1+a_2+a_3+a_4=0$，所以有 $a_1+a_2+\cdots+a_{2022}=a_{2021}+a_{2022}=a_1+a_2=3$。

5. 解：函数 $f(x)$ 的导数为 $f'(x)=2x+b$，所以 $f'(1)=2+b=3,b=1$，从而 $f(x)=x^2+x$。又 $\dfrac{1}{f(n)}=\dfrac{1}{n(n+1)}=\dfrac{1}{n}-\dfrac{1}{n+1}$，从而 $S(2022)=\left(1-\dfrac{1}{2}\right)+\left(\dfrac{1}{2}-\dfrac{1}{3}\right)+\cdots+\left(\dfrac{1}{2022}-\dfrac{1}{2023}\right)=1-\dfrac{1}{2023}=\dfrac{2022}{2023}$。

6. 解：因为 $S_n=n^2-6n$，所以 $\{a_n\}$ 是等差数列，且首项 $a_1=-5$，公差 $d=2$，从而 $a_n=2n-7$。易知当 $n\leqslant3$ 时，$a_n<0$，$T_n=-S_n=6n-n^2$；$n>3$ 时，$a_n>0$，$T_n=-(a_1+a_2+a_3)+(a_4+a_5+\cdots+a_n)=a_1+a_2+\cdots+a_n-2S_3=n^2-6n+18$。所以 $T_n=\begin{cases}6n-n^2,1\leqslant n\leqslant3\\n^2-6n+18,n>3\end{cases}$。

习题 9.2

1. 解：想办法化归为等差数列。因为 $a_n=\dfrac{a_{n-1}}{3a_{n-1}+1}$，所以 $\dfrac{1}{a_n}-\dfrac{1}{a_{n-1}}=3$。令 $b_n=\dfrac{1}{a_n}$，即 $b_n-b_{n-1}=3$，且 $b_1=1$，所以 $\{b_n\}$ 是以 $b_1=1$ 为首项，公差为 3 的等差数列。

从而 $b_n=1+3(n-1)=3n-2$，即 $a_n=\dfrac{1}{3n-2}$。

说明：对形如 $a_n=\dfrac{ba_{n-1}}{ca_{n-1}+b}$ 的形式数列，取倒数后，均可化为 $\dfrac{1}{a_n}-\dfrac{1}{a_{n-1}}=\dfrac{c}{b}$。

2. 解：因为点 (a_n,a_{n+1}) 在函数 $f(x)=x^2+2x$ 的图象上，所以 $a_{n+1}=a_n^2+2a_n$，即 $a_{n+1}+1=(a_n+1)^2$，从而 $\lg(a_{n+1}+1)=2\lg(a_n+1)$。令 $b_n=\lg(a_n+1)$，则 $\dfrac{b_{n+1}}{b_n}=2$。由 $a_1=2$，得 $b_n=2^{n-1}\lg3$。所以 $a_n=3^{2^{n-1}}-1,n\in\mathbf{N}_+$。

说明：对形如 $a_n^m=ka_{n-1}^p$（m,k,p 为常数）的递推关系，可两边取对数，构造新的数列。

3. 解：当 $n\geqslant2$ 时，$\dfrac{1}{2}a_1+\dfrac{1}{2^2}a_2+\cdots+\dfrac{1}{2^{n-1}}a_{n-1}+\dfrac{1}{2^n}a_n=2n+5$，又 $\dfrac{1}{2}a_1+\dfrac{1}{2^2}a_2+\cdots+\dfrac{1}{2^{n-1}}a_{n-1}=2(n-1)+5$，两式相减可得 $\dfrac{1}{2^n}a_n=2$，即 $a_n=2^{n+1}$。又当 $n=1$ 时，$\dfrac{1}{2}a_1\neq2+5$，$a_1=14$，故 $a_n=\begin{cases}14,n=1\\2^{n+1},n\geqslant2\end{cases}$。

说明：凡给出 S_n 与 a_n 的关系或给出 S_n 与 a_n 的递推关系的，可采用上述技巧。

4. 解：遇到 $a_{n+1}=a_n+f(n)$ 型的递推公式，可用：$a_2-a_1=f(1),a_3-a_2=f(2)$，

$\cdots, a_n - a_{n-1} = f(n-1)$。累加得：$a_n = a_1 + \sum\limits_{k=1}^{n-1} f(k)$。

因为 $\{b_n\}$ 为等差数列，且 $b_3 = -2, b_{10} = 12$，所以 $b_n = 2n - 8$，从而 $a_{n+1} - a_n = 2n - 8$。由 $a_2 - a_1 = -6, a_3 - a_2 = -4, a_4 - a_3 = -2, \cdots, a_8 - a_7 = 6$。累加得：$a_8 - a_1 = 0$，即 $a_8 = a_1 = 3$。

5.解：(1)因为 $a_1 = 2, a_2 = 2 + 2c, a_3 = 2 + 3c$，且 a_1, a_2, a_3 成等比数列，所以 $(2+c)^2 = 2(2+3c)$，解得 $c = 0$ 或 2。当 $c = 0$ 时，$a_1 = a_2 = a_3$ 不合题意，舍去，故 $c = 2$。

(2)当 $n \geqslant 2$ 时，有 $a_2 - a_1 = 2 \times 1, a_3 - a_2 = 2 \times 2, \cdots, a_n - a_{n-1} = 2(n-1)$，累加得：$a_n - a_1 = 2[1 + 2 + \cdots + (n-1)] = n(n-1)$。又 $a_1 = 2$，所以 $a_n = 2 + n(n-1) = n^2 - n + 2$。(*)

当 $n = 1$ 时(*)也成立，所以 $a_n = n^2 - n + 2 (n \in \mathbf{N}_+)$。

6.解：对递推关系 $a_{n+1} = a_n \cdot f(n)$ 型，可化为 $\dfrac{a_{n+1}}{a_n} = f(n)$。利用 $\dfrac{a_2}{a_1} = f(1)$，$\dfrac{a_3}{a_2} = f(2), \cdots, \dfrac{a_{n+1}}{a_n} = f(n)$，相乘得 $a_n = a_1 \prod\limits_{k=1}^{n-1} f(n)$。

(1)由 $S_2 = \dfrac{4}{3} a_2$，即 $3(a_1 + a_2) = 4a_2$，得 $a_2 = 3a_1 = 3$。由 $S_3 = \dfrac{5}{3} a_3$，即 $3(a_1 + a_2 + a_3) = 5a_3$，得 $a_3 = \dfrac{3}{2}(a_1 + a_2) = 6$。

(2)$n \geqslant 2$ 时，$a_n = S_n - S_{n-1} = \dfrac{n+2}{3} a_n - \dfrac{n+1}{3} a_{n-1}$，即 $a_n = \dfrac{n+1}{n-1} a_{n-1}$，$\dfrac{a_n}{a_{n-1}} = \dfrac{n+1}{n-1}$，于是 $a_1 = 1, \dfrac{a_2}{a_1} = \dfrac{3}{1}, \dfrac{a_3}{a_2} = \dfrac{4}{2}, \cdots, \dfrac{a_n}{a_{n-1}} = \dfrac{n+1}{n-1}$。将上述各式子累乘：$a_n = \dfrac{n(n+1)}{2}$。(*)

因为(*)对 $n = 1$ 时也成立，故 $a_n = \dfrac{n(n+1)}{2}, n \in \mathbf{N}_+$。

7.解：由已知 $a_1 = a_2 = 1, a_3 = 2$，所以 $d = \dfrac{a_3}{a_2} - \dfrac{a_2}{a_1} = 1$。令 $b_n = \dfrac{a_{n+1}}{a_n}$，则有 $b_n - b_{n-1} = 1$ 且 $b_1 = 1$，从而 $b_n = n$，即 $\dfrac{a_{n+1}}{a_n} = n$，所以 $a_n = a_1 \cdot \dfrac{a_2}{a_1} \cdot \dfrac{a_3}{a_2} \cdots \dfrac{a_n}{a_{n-1}} = 1 \times 2 \times 3 \times (n-1) = (n-1)!$。

$\dfrac{a_{2022}}{a_{2020}} = 2021 \times 2020$，其个位数为 0。

8.(1)**证明：**令 $n = 1$，则有 $ba_1 - 2 = (b-1)a_1$，得 $a_1 = 2$。由已知 $ba_n - 2^n = (b-1)S_n$，$ba_{n+1} - 2^{n+1} = (b-1)S_{n+1}$，故有 $b(a_{n+1} - a_n) - 2^n = (b-1)a_{n+1}$，即 $a_{n+1} = ba_n + 2^n$。①

当 $b = 2$ 时，有 $a_{n+1} = 2a_n + 2^n$。所以 $\left\{\dfrac{a_{n+1}}{2^n}\right\}$ 是首项为 2，公差为 1 的等差数列。即 $\dfrac{a_n}{2^{n-1}} = 2 + (n-1)$。

又 $a_1 = 2, a_n = (n+1)2^{n-1}$，即 $a_n - n2^{n-1} = 2^{n-1}$，故 $\{a_n - n2^{n-1}\}$ 是首项为 1，公比为 2 的等比数列。

(2)**解：**当 $b \neq 2$ 时，令 $a_{n+2} - \alpha 2^{n+1} = b(a_n - \alpha 2^n)$，与①比较得：$\alpha = \dfrac{1}{2-b}$，即 $a_{n+1} -$

$\dfrac{1}{2-b}2^{n+1}=b\left(a_n-\dfrac{1}{2-b}2^n\right)$。又 $a_1-\dfrac{1}{2-b}\cdot 2=\dfrac{2(1-b)}{1-b}\neq 0(b\neq 1)$，故 $\left\{a_n-\dfrac{2^n}{2-b}\right\}$ 是首项

为 $\dfrac{2(1-b)}{2-b}$，公差为 b 的等比数列，从而 $a_n-\dfrac{1}{2-b}\cdot 2^n=\dfrac{2(1-b)}{2-b}b^{n-1}$。②

所以 $a_n=\dfrac{2^n+(2-2b)b^{n-1}}{2-b}$，$a_1=2$ 也满足此式。当 $b=1$ 时，②式也成立，所以 $a_n=$

$\begin{cases}(n+1)2^{n-1},b=2\\[2mm]\dfrac{2^n+(2-2b)b^{n-1}}{2-b},b\neq 2\end{cases}$。

习题 9.3

1. 解法一：因为 $a_1=S_1$，$a_i>0(1\leqslant i\leqslant n\in \mathbf{N}_+)$，所以 $S_i>0$，$1\leqslant i\leqslant n\in \mathbf{N}_+$。

由题设：$2S_1=a_1+\dfrac{1}{a_1}=S_1+\dfrac{1}{S_1}$，故 $S_1=a_1=1$。又 $a_n+\dfrac{1}{a_n}=2S_n$，所以 $a_n(2S_n-a_n)=$ 1。

又 $a_n=S_n-S_{n-1}(n\geqslant 2)$，所以有 $(S_n-S_{n-1})(S_n+S_{n-1})=1(n\geqslant 2)$，从而 $S_k^2-S_{k-1}^2=$ $1(2\leqslant k\leqslant n)$，进而得到 $\displaystyle\sum_{k=2}^{n}(S_k^2-S_{k-1}^2)=n-1$，即 $S_n^2-S_1^2=n-1$，所以 $S_n^2=S_1^2+$ $n-1=n-1+1=n$，从而 $a_n=S_n-S_{n-1}=\sqrt{n}-\sqrt{n-1}(n\geqslant 1)$。

解法二：由已知，因为 $a_i>0$，$S_i>0(1\leqslant i\leqslant n\in \mathbf{N}_+)$，$S_1=a_1>0$，所以当 $n=1$ 时，

$2S_1=a_1+\dfrac{1}{a_1}=S_1+\dfrac{1}{S_1}$，$S_1=a_1=1$，$2S_2=2(a_1+a_2)=2(1+a_2)=a_2+\dfrac{1}{a_2}$，从而得到

$a_2^2+2a_2-1=0$，$a_2=\sqrt{2}-1$（取正根），$2S_3=2(a_1+a_2+a_3)=2(\sqrt{2}+a_3)=a_3+\dfrac{1}{a_3}$，

$a_3=\sqrt{3}-\sqrt{2}$（取正根）。猜测：$a_n=\sqrt{n}-\sqrt{n-1}(n\geqslant 1)$。用数学归纳法证明之。

$n=1,2,3$ 时，命题显然成立。假设 $n=k\geqslant 2$ 时命题成立，而 $a_k=\sqrt{k}-\sqrt{k-1}$

$(k\geqslant 2)$，则 $n=k+1$ 时，$a_{k+1}=S_{k+1}-S_k=\dfrac{1}{2}\left[\left(a_{k+1}+\dfrac{1}{a_{k+1}}\right)-\left(a_k+\dfrac{1}{a_k}\right)\right]=$

$\dfrac{1}{2}\left[\left(a_{k+1}+\dfrac{1}{a_{k+1}}\right)-(\sqrt{k}-\sqrt{k-1}+\sqrt{k}+\sqrt{k-1})\right]$，$a_{k+1}^2+2\sqrt{k}a_{k+1}-1=0$，$a_{k+1}=$

$\sqrt{k+1}-\sqrt{k}$（取正根）。

即 $n=k+1$ 时命题成立，由数学归纳法知命题成立，对 $n\in \mathbf{N}_+$。

2. 解法一：设等差数列 $\{a_n\}$ 的公差为 d，可得通项为 $a_n=50(n-1)+20$。

又由 $S_1=\dfrac{3}{2}b_1-1=b_1$ 得 $b_1=2$。由 $S_n-S_{n-1}=\dfrac{3}{2}b_n-\dfrac{3}{2}b_{n-1}=b_n$ 得，$\dfrac{b_n}{b_{n-1}}=3$，

$\dfrac{b_n}{b_1}=3^{n-1}$，$b_n=2\cdot 3^{n-1}$。

由于 S_n 是一个递增数列，所以要证明存在一个最小正整数 N_0，使得 $m>n>N_0$ 时，

$S_m>a_n$ 恒成立，只需要证明存在 n_0，当 $n\geqslant n_0$ 时，$S_{n+1}>a_n$ 恒成立即可。因为 $S_{n+1}=$ $3^{n+1}-1$，$a_n=50n+20(n\in \mathbf{N}_+)$，所以当 $n=1$ 时，$S_2=8$，$a_1=20$，$S_2<a_1$；当 $n=2$ 时，$S_3=$

$26, a_2 = 70, S_3 < a_2$；当 $n=3$ 时，$S_4 = 80, a_3 = 120, S_4 < a_3$；当 $n=4$ 时，$S_5 = 242, a_4 = 170$，$S_5 > a_3$；当 $n=5$ 时，$S_6 = 728, a_5 = 220, S_6 > a_5$，猜想当 $n \geq 4$ 时，有 $S_{n+1} > a_n$。

为此构造辅助函数 $f(x) = 3^{x+1} - 1 - (50x - 30)$，$f'(x) = 3^{x+1} \ln 3 - 50$，当 $x > 3$ 时，$f'(x) > 3^4 \ln 3 - 50 > 3^4 - 50 > 0$，所以 $f(x)$ 在 $(3, +\infty)$ 上是增函数。故当 $n > 4$ 时，$f(n) > f(4)$。

又当 $n=4$ 时，$S_5 = 242, a_4 = 170, S_5 > a_4$ 已成立。从而存在一个最小正整数 $N_0 = 3$，使得 $m > n > N_0$ 时，$S_m > a_n$ 恒成立。

解法二：后半部分用数学归纳法。

(1) 当 $n=4$ 时，$S_5 = 242 > a_4 = 170$ 已成立。

(2) 假设 $n = k(n \geq 4)$ 时，$S_{k+1} > a_k$ 成立，即 $3^{k+1} - 1 > 50k - 30$。

从而 $n = k+1$ 时，$3^{k+2} - 1 = 3(3^{k+1} - 1) + 2 > 3(50k - 30) + 2 > 50(k+1) - 30$ $(k \geq 4)$，即 $n = k+1$ 时，不等式 $S_{n+1} > a_n$ 成立。由归纳原理，命题成立。

3. 解法一：由已知 $nS_{n+1} = (n+3)S_n (n \in \mathbf{N}_+)$，所以 $S_2 = 4S_1, 2S_3 = 5S_2, \cdots, (n-1)S_n = (n+2)S_{n-1} (n \geq 2)$，上面的式子两边分别相乘得：$1 \cdot 2 \cdot 3 \cdots (n-1)S_n = 4 \times 5 \times \cdots \times (n+2)S_1$，即 $S_n = \dfrac{n(n+1)(n+2)}{6} (n \geq 2)$。

又当 $n=1$ 时上式也成立，所以 $S_n = \dfrac{n(n+1)(n+2)}{6} (n \geq 1)$。

由已知 $a_1 + a_2 = 4a_1, a_1 = 1$，所以 $a_2 = 3$，又 $4a_2^2 = b_1 b_2, b_1 = 4$，所以 $b_2 = 9$。进一步推得 $a_3 = 6, b_3 = 16, a_4 = 10, b_4 = 25$。

猜测：$a_n = \dfrac{n(n+1)}{2}, b_n = (n+1)^2, n \in \mathbf{N}^*$。然后用数学归纳法证明之。（略）

解法二：$nS_{n+1} = (n+3)S_n$，$(n-1)S_n = (n+2)S_{n-1}$，$n(S_{n+1} - S_n) = (n+2)(S_n - S_{n-1})$，即 $na_{n+1} = (n+2)a_n, n \geq 2$。

取 $n = 2, 3, \cdots, n-1$ 并且相乘：$\displaystyle\prod_{k=2}^{n-1}(ka_{k+1}) = \prod_{k=2}^{n-1}[(k+2)a_k]$。所以 $(n-1)! a_n = \dfrac{(n+1)!}{6} a_2 (n \geq 3)$，$a_n = \dfrac{n(n+1)}{6} a_2 = \dfrac{n(n+1)}{2} (n \geq 3)$，$n = 1, 2$ 时上式也成立。

又 $b_{n+1} b_n = (2a_{n+1})^2 = (n+1)^2 (n+2)^2$，令 $x_n = \dfrac{b_n}{(n+1)^2}$，则有 $x_n x_{n+1} = 1$。

因为 $x_1 = 1$，所以有 $x_n = 1$，从而 $b_n = (n+1)^2, n \in \mathbf{N}_+$。

4. 解：因为 $a_2 + a_7 = a_3 + a_6$，所以 $a_3 a_6 = 55, a_3 + a_6 = 16$（技巧）。由一元二次方程根与系数的关系得 $a_3 = 5, a_6 = 11$（因为公差 $d > 0$），从而 $d = \dfrac{a_6 - a_3}{3} = 2, a_1 = a_3 - 2d = 1$。

当 $n=1$ 时，$b_1 = 2a_1 = 2$。当 $n \geq 2$ 时，因为 $a_n = \dfrac{b_1}{2} + \dfrac{b_2}{2^2} + \cdots + \dfrac{b_{n-1}}{2^{n-1}} + \dfrac{b_n}{2^n}$，从而 $a_{n-1} = \dfrac{b_1}{2} + \dfrac{b_2}{2^2} + \cdots + \dfrac{b_{n-1}}{2^{n-1}}$，所以 $a_n - a_{n-1} = \dfrac{b_n}{2^n}$，故 $b_n = 2^{n+1}$。从而得到 $b_n = \begin{cases} 2, & n=1 \\ 2^{n+1}, & n \geq 2 \end{cases}$，于是 $S_1 = b_1 = 2$。

当 $n \geq 2$ 时，$S_n = b_1 + \cdots + b_n = 2 + \dfrac{2^3(1 - 2^{n-1})}{1 - 2} = 2^{n+2} - 6$。该公式当 $n=1$ 时也成立，

故有 $S_n = 2^{n+2} - 6, n \in \mathbf{N}_+$。

5.解： 因为 $S_n = n^2 a_n, S_{n-1} = (n-1)^2 a_{n-1}$，所以 $a_n = n^2 a_n - (n-1)^2 a_{n-1}$，即 $(n^2-1)a_n = (n-1)^2 a_{n-1}$。

又 $a_n = \dfrac{a_n}{a_{n-1}} \cdot \dfrac{a_{n-1}}{a_{n-2}} \cdots \dfrac{a_2}{a_1} \cdot a_1 = \dfrac{n-1}{n+1} \cdot \dfrac{n-2}{n} \cdot \dfrac{n-3}{n-1} \cdots \dfrac{1}{3} \cdot \dfrac{1}{2}$，即

$a_n = \dfrac{1}{n(n+1)} = \dfrac{1}{n} - \dfrac{1}{n+1} (n \geqslant 1)$。从而 $S_n = a_1 + a_2 + \cdots + a_n = 1 - \dfrac{1}{n+1} = \dfrac{n}{n+1}$。

6.解： 因为 $n^3(n+2)a_{n+1} = (n+1)^3(n+2)a_n + n^2(n+1)^2$，所以 $\dfrac{a_{n+1}}{(n+1)^3} = \dfrac{a_n}{n^3} + \dfrac{1}{n(n+1)(n+2)} (n \geqslant 1)$。

令 $b_n = \dfrac{a_n}{n^3} (n \geqslant 1)$，则有 $b_n - b_{n-1} = \dfrac{1}{(n-1)n(n+1)} = \dfrac{1}{2}\left[\dfrac{1}{(n-1)n} - \dfrac{1}{n(n+1)}\right]$。

又 $b_n = (b_n - b_{n-1}) + (b_{n-1} - b_{n-2}) + \cdots + (b_2 - b_1) + b_1 = \dfrac{1}{2}\sum\limits_{k=2}^{n}\left[\dfrac{1}{(k-1)k} - \dfrac{1}{(k+1)k}\right] + b_1 = \dfrac{1}{2}\left[\dfrac{1}{1 \times 2} - \dfrac{1}{n(n+1)}\right] + 1 (n \geqslant 2)$。

当 $n = 1$ 时上式也满足，故 $a_n = n^3 b_n = n^3\left[\dfrac{5}{4} - \dfrac{1}{2n(n+1)}\right], n \geqslant 1$。

说明： 对 $a_{n+1} = a_n + f(x)$ 型，可用叠加法：$a_n - a_{n-1} = f(n-1), a_{n-1} - a_{n-2} = f(n-2), \cdots, a_2 - a_1 = f(1), a_n = a_1 + \sum\limits_{k=1}^{n-1} f(k)$。

7.证明： 因为 $a_1 = \dfrac{3}{5}, a_{n+1} = \dfrac{3a_n}{2a_n+1} (n \in \mathbf{N}_+)$，所以 $\dfrac{1}{a_{n+1}} = \dfrac{2}{3} + \dfrac{1}{3a_n}$。

由 $\dfrac{1}{a_{n+1}} - m = \dfrac{1}{3}\left(\dfrac{1}{a_n} - m\right)$ 可确定 $m = 1$。于是 $\dfrac{1}{a_n} - 1 = \dfrac{1}{3}\left(\dfrac{1}{a_{n-1}} - 1\right) = \dfrac{1}{3^2}\left(\dfrac{1}{a_{n-2}} - 1\right) = \cdots = \dfrac{1}{3^{n-1}}\left(\dfrac{1}{a_1} - 1\right) = \dfrac{1}{3^{n-1}}\left(\dfrac{5}{3} - 1\right)$，而 $a_n = \dfrac{3^n}{3^n + 2} < 1$，所以 $S_n = a_1 + a_1 + \cdots + a_n < 1 + 1 + \cdots + 1 = n$。

8.解： 因为 $S_{n+1} + S_{n-1} = 2S_n + 3 \times 2^{n-1}$，所以 $S_{n+1} - S_n = S_n - S_{n-1} + 3 \times 2^{n-1}$，即 $a_{n+1} - a_n = 3 \times 2^{n-1}$。从而 $a_n = (a_n - a_{n+1}) + (a_{n-1} - a_{n-2}) + \cdots + (a_2 - a_1) + a_1 = 3 \times 2^{n-3} + 3 \times 2^{n-5} + \cdots + 3 \times 2 + 1 = 2^{2n-1} - 1 (n \geqslant 2)$。

又当 $n = 1$ 时上式成立，故 $a_n = 2^{2n-1} - 1 (n \geqslant 1), b_n = n \cdot (2^{2n-1} - 1)$。

因为又 $S_n' = 1 \times 2 + 2 \times 2^3 + \cdots + (n-1) \cdot 2^{2n-3} + n \cdot 2^{2n-1} - (1 + 2 + 3 + \cdots + n)$，$2^2 S_n' = 1 \times 2^3 + 2 \times 2^5 + \cdots + (n-1) \cdot 2^{2n-1} + n \cdot 2^{2n+1} - 2^2(1+2+3+\cdots+n)$，两式相减得 $(1 - 2^2)S_n' = 2 + 2^3 + 2^5 + \cdots + 2^{2n-1} - n \cdot 2^{2n+1} - (1 - 2^2)\left(\dfrac{n(n+1)}{2}\right)$，所以

$S_n' = \dfrac{(3n-1)2^{2n+1} + 2}{9} - \dfrac{n(n+1)}{2}$。

习题 9.4

1.解： 设 $\{a_n\}$ 的首项为 a_1，公差为 d，则 $a_4 = a_1 + 3d = 15, S_5 = 5a_1 + 10d = 55$，所以

$a_1=3, d=4$。故 PQ 的斜率为 $\dfrac{a_4-a_3}{4-3}=\dfrac{d}{1}=4$。

2. 解： 因为 $y=x^n-x^{n+1}$，$y'=nx^{n-1}-(n+1)x^n=x^{n-1}[n-(n+1)x]$，所以 $y'\big|_{x=2}=-(n+2)2^{n-1}$，从而曲线在 $x=2$ 处即点 $(2,-2^n)$ 处的切线方程为 $y+2^n=-(n+2)2^{n-1}(x-2)$。

令 $x=0$ 得：$y=a_n=2(n+2)2^{n-1}-2^n=2^n(n+1)$，所以 $\dfrac{a_n}{n+1}=2^n$。于是 $\left\{\dfrac{a_n}{n+1}\right\}$ 的前 n 项和为 $\dfrac{2(1-2^n)}{1-2}=2^{n+1}-2$。

3. 解： 因为直线与 x,y 轴的交点分别为：$\left(\dfrac{\sqrt{2}}{n},0\right)$，$\left(0,\dfrac{\sqrt{2}}{n+1}\right)$，

第3题答图

所以 $S_n=\dfrac{1}{2}\cdot\dfrac{\sqrt{2}}{n}\cdot\dfrac{\sqrt{2}}{n+1}=\dfrac{1}{n(n+1)}=\dfrac{1}{n}-\dfrac{1}{n+1}$。故 $S_1+S_2+\cdots+S_{2008}=\left(1-\dfrac{1}{2}\right)+\left(\dfrac{1}{2}-\dfrac{1}{3}\right)+\cdots+\left(\dfrac{1}{2008}-\dfrac{1}{2009}\right)=1-\dfrac{1}{2009}=\dfrac{2008}{2009}$。选（D）。

4. 解：（1）设 $y=\dfrac{\sqrt{3}}{3}x$ 的倾斜角为 α，则 $\tan\alpha=\dfrac{\sqrt{3}}{3}$，从而 $\sin\alpha=\dfrac{1}{2}$。再设圆 C_n 的圆心为 $(x_n,0)$，半径为 r_n，由题意 $\dfrac{r_n}{x_n}=\sin\alpha=\dfrac{1}{2}$，所以 $x_n=2r_n$。同理 $x_{n+1}=2r_{n+1}$。

因为两相邻圆相外切，所以 $x_{n+1}-x_n=r_n+r_{n+1}$，即 $2r_{n+1}-2r_n=r_n+r_{n+1}$，$\dfrac{r_{n+1}}{r_n}=3$。所以 $\{r_n\}$ 是公比为 3 的等比数列。

（2）由（1）及 $r_1=1$ 知，$r_n=3^{n-1}$，$\dfrac{n}{r_n}=n\cdot3^{1-n}$。又 $S_n=1+2\cdot3^{-1}+3\cdot3^{-2}+\cdots+n\cdot3^{1-n}$，$\dfrac{1}{3}S_n=1\cdot3^{-1}+2\cdot3^{-2}+\cdots+(n-1)3^{1-n}+n\cdot3^{-n}$，故 $\dfrac{2}{3}S_n=1+3^{-1}+3^{-2}+\cdots+3^{1-n}-n\cdot3^{-n}$，所以 $S_n=\dfrac{9}{4}-\dfrac{1}{2}\left(n+\dfrac{3}{2}\right)3^{1-n}=\dfrac{9-(2n+3)3^{1-n}}{4}$。

5.（1）**证明：** 因为 $a=8,d=4$，所以 $A_1(8,4)$，$A_2(18,6)$，$A_3(32,8)$，从而 $k_{A_1A_2}=\dfrac{6-4}{18-8}=\dfrac{1}{5}$，$k_{A_2A_3}=\dfrac{8-6}{32-18}=\dfrac{1}{7}$。又 $k_{A_1A_2}\neq k_{A_2A_3}$，所以 A_1,A_2,A_3 不在同一直线上。

（2）**证明：** 顶点 A_n 的横坐标 $x_n=d+a_1+a_2+\cdots+a_{n-1}+\dfrac{1}{2}a_n=2(n+1)^2$，$A_n$ 的纵坐标 $y_n=\dfrac{1}{2}a_n=2(n+1)$。因为对任意的正整数 n，$A_n(x_n,y_n)$ 的坐标满足方程 $y^2=2x$，所以顶点 A_n 落在抛物线 $y^2=2x$ 上。

（3）**解：** 顶点 A_n 的坐标为：$x_n=d+a_1+a_2+\cdots+a_{n-1}+\dfrac{1}{2}a_n$，所以 $x_n=d+\dfrac{1}{2}a+(n-1)a+\dfrac{1}{2}(n-1)^2d$，$y_n=\dfrac{1}{2}[a+(n-1)d]$，消去 $n-1$ 可得：$x_n=\dfrac{2}{d}y_n^2+d+\dfrac{a(d-a)}{2d}$。

为使 A_n 落在 $y^2 = 2px$ 上，令 $\begin{cases} \dfrac{d}{2} = 2p \\ d + \dfrac{a(d-a)}{2d} = 0 \end{cases}$ ，解之得 $d = 4p$，$a = 8p$，所以 a,d 的关系是

$a = 2d$。

习题 9.5

1. 解: (1) 当 $x \in [n, n+1]$ $(n \in \mathbf{N}_+)$ 时，函数 $f(x) = x^2 + x$ 的值随 x 的增大而增大，则 $f(x)$ 的值域为 $[n^2 + n, n^2 + 3n + 2]$，所以 $g(n) = f(n+1) - f(n) + 1 = 2n + 3 (n \in \mathbf{N}_+)$。

(2) 因为 $a_n = \dfrac{2n^3 + 3n^2}{g(n)} = n^2$，①

当 n 为偶数时，$S_n = a_1 - a_2 + a_3 - a_4 + \cdots + a_{n-1} - a_n = (1^2 - 2^2) + (3^2 - 4^2) + \cdots + ((n-1)^2 - n^2) = -(3 + 7 + \cdots + (2n-1)) = -\dfrac{n(n+1)}{2}$。

② 当 n 为奇数时，$S_n = (a_1 - a_2) + (a_3 - a_4) + \cdots + (a_{n-2} - a_{n-1}) + a_n = S_{n-1} + a_n = -\dfrac{n(n-1)}{2} + n^2 = \dfrac{n(n+1)}{2}$。

所以，$S_n = (-1)^{n-1} \cdot \dfrac{n(n+1)}{2} (n \in \mathbf{N}_+)$。

(3) 由 $b_n = \dfrac{g(n)}{2^n}$ 得 $T_n = \dfrac{5}{2} + \dfrac{7}{2^2} + \cdots + \dfrac{2n+1}{2^{n-1}} + \dfrac{2n+3}{2^n}$。$(*)$

所以 $\dfrac{1}{2} T_n = \dfrac{5}{2^2} + \dfrac{7}{2^3} + \cdots + \dfrac{2n+1}{2^n} + \dfrac{2n+3}{2^{n+1}}$。$(**)$

$(*) - (**)$ 得 $\dfrac{1}{2} T_n = \left(\dfrac{5}{2} - \dfrac{2n+3}{2^{n+1}}\right) + \left(\dfrac{2}{2^2} + \dfrac{2}{2^3} + \cdots + \dfrac{2}{2^n}\right) = \dfrac{7}{2} - \dfrac{2n+5}{2^{n+1}}$，所以 $T_n = 7 - \dfrac{2n+5}{2^n}$。由 $T_n = 7 - \dfrac{2n+5}{2^n} < t, t \in \mathbf{Z}$ 可得，t 的最小值是 7。

2. 解: (1) 因为 $\overrightarrow{OM} = \dfrac{1}{2}(\overrightarrow{OA} + \overrightarrow{OB})$，所以 M 是 AB 的中点，设 $M(x, y)$，则由 $\dfrac{1}{2}(x_1 + x_2) = x = \dfrac{1}{2}$ 得 $x_1 + x_2 = 1$，所以 $x_1 = 1 - x_2$ 或 $x_2 = 1 - x_1$。从而 $y = \dfrac{1}{2}(y_1 + y_2) = \dfrac{1}{2}[f(x_1) + f(x_2)] = \dfrac{1}{2}\left(\dfrac{1}{2} + \log_2 \dfrac{x_1}{1 - x_1} + \dfrac{1}{2} + \log_2 \dfrac{x_2}{1 - x_2}\right) = \dfrac{1}{2}\left(1 + \log_2\left(\dfrac{x_1}{1 - x_1} \cdot \dfrac{x_2}{1 - x_2}\right)\right) = \dfrac{1}{2}\left(1 + \log_2 \dfrac{x_1}{x_2} \cdot \dfrac{x_2}{x_1}\right) = \dfrac{1}{2}$。

所以 M 点的纵坐标为定值 $\dfrac{1}{2}$。

(2) 由 (1) 知 $x_1 + x_2 = 1$，$f(x_1) + f(x_2) = y_1 + y_2 = 1$，$S_n = f\left(\dfrac{1}{n}\right) + f\left(\dfrac{2}{n}\right) + \cdots + f\left(\dfrac{n-1}{n}\right)$，又 $S_n = f\left(\dfrac{n-1}{n}\right) + f\left(\dfrac{n-2}{n}\right) + \cdots + f\left(\dfrac{1}{n}\right)$，所以 $2S_n = \left[f\left(\dfrac{1}{n}\right) + f\left(\dfrac{n-1}{n}\right)\right] + \cdots + \left[f\left(\dfrac{n-1}{n}\right) + f\left(\dfrac{1}{n}\right)\right] = \underbrace{1 + 1 + \cdots + 1}_{n-1 \text{个}}$，故 $S_n = \dfrac{n-1}{2} (n \geqslant 2, n \in \mathbf{N})$。

(3) 当 $n \geqslant 2$ 时，$a_n = \dfrac{1}{(S_n+1)(S_{n+1}+1)} = \dfrac{4}{(n+1)(n+2)} = 4\left(\dfrac{1}{n+1} - \dfrac{1}{n+2}\right)$，令 $T_n = a_1 + a_2 + \cdots + a_n$，所以 $T_n = \dfrac{2}{3} + 4\left[\left(\dfrac{1}{3} - \dfrac{1}{4}\right) + \left(\dfrac{1}{4} - \dfrac{1}{5}\right) + \cdots + \left(\dfrac{1}{n+1} - \dfrac{1}{n+2}\right)\right] = \dfrac{2}{3} + 4\left(\dfrac{1}{3} - \dfrac{1}{n+2}\right) = \dfrac{2n}{n+2}$。

由 $T_n > \lambda(S_{n+1}+1)$ 得 $\dfrac{2n}{n+2} > \lambda \cdot \dfrac{n+2}{2}$，故 $\lambda < \dfrac{4n}{(n+2)^2} = \dfrac{4n}{n^2+4n+4} = \dfrac{4}{\left(n+\dfrac{4}{n}\right)+4} \leqslant \dfrac{4}{4+4} = \dfrac{1}{2}$，故有 $\lambda < \dfrac{1}{2}$，即 $\lambda \in \left(-\infty, \dfrac{1}{2}\right)$。

3. (1)**证明：**因为 $(a_{n+1} - a_n) \cdot g(a_n) + f(a_n) = 0$，$f(a_n) = (a_n-1)^2$，$g(a_n) = 10(a_n-1)$，所以 $(a_{n+1} - a_n) \cdot 10(a_n-1) + (a_n-1)^2 = 0$，即 $(a_n-1)(10a_{n+1} - 9a_n - 1) = 0$。

又 $a_n \neq 1$，所以 $a_{n+1} = \dfrac{9}{10}a_n + \dfrac{1}{10}$。再由 $\dfrac{a_{n+1}-1}{a_n-1} = \dfrac{\dfrac{9}{10}a_n + \dfrac{1}{10} - 1}{a_n - 1} = \dfrac{9}{10}$，得到 $\{a_n - 1\}$ 是以 $a_1 - 1 = 2 - 1 = 1$ 为首项，公比为 $\dfrac{9}{10}$ 的等比数列。

(2)**解：**由 (1) 可知 $a_n - 1 = \left(\dfrac{9}{10}\right)^{n-1}$，$n \in \mathbf{N}_+$，所以 $b_n = \dfrac{9}{10}(n+2)(a_n-1) = (n+2)\left(\dfrac{9}{10}\right)^n$，从而 $\dfrac{b_{n+1}}{b_n} = \dfrac{(n+3)\left(\dfrac{9}{10}\right)^{n+1}}{(n+2)\left(\dfrac{9}{10}\right)^n} = \dfrac{9}{10}\left(1 + \dfrac{1}{n+2}\right)$。

当 $n=7$ 时，$\dfrac{b_8}{b_7} = 1$；当 $n < 7$ 时，$\dfrac{b_{n+1}}{b_n} > 1$；当 $n > 7$ 时，$\dfrac{b_{n+1}}{b_n} < 1$。所以 $n=7$ 或 $n=8$ 时，b_n 最大，最大值为 $b_7 = b_8 = \dfrac{9^8}{10^7}$。

(3)**解：**由 $\dfrac{t^m}{b_m} < \dfrac{t^{m+1}}{b_{m+1}}$ 得：$t^m\left[\dfrac{1}{m+2} - \dfrac{10t}{9(m+3)}\right] < 0$，对任意 $m \in \mathbf{N}_+$ 都成立。当 $t=0$ 时，上式不成立，故 $t=0$ 不合题意。当 $t<0$ 时，由 $\dfrac{1}{m+2} - \dfrac{10t}{9(m+3)} > 0$ 可知，$t^m < 0$，$m \in \mathbf{N}_+$。但当 m 为偶数时，$t^m > 0$，因此，$t<0$ 不合题意。当 $t>0$ 时，$t^m > 0$，所以 $\dfrac{1}{m+2} - \dfrac{10t}{9(m+3)} < 0$，所以 $t > \dfrac{9(m+3)}{10(m+2)}$，$m \in \mathbf{N}_+$。

设 $h(m) = \dfrac{9(m+3)}{10(m+2)}$，因为 $h(m+1) - h(m) = -\dfrac{9}{10} \cdot \dfrac{1}{(m+2)(m+3)} < 0$（用导数更好），所以，$h(1) > h(2) > \cdots > h(m)$，故 $h(m)$ 的最大值为 $h(1) = \dfrac{6}{5}$，从而实数 t 的取值范围为 $\left(\dfrac{6}{5}, +\infty\right)$。

4. **解：**(1)设 $f(x) = a\left(x - \dfrac{t+2}{2}\right)^2 - \dfrac{t^2}{4}$，因为 $f(1) = 0$，所以 $a\left(1 - \dfrac{t+2}{2}\right)^2 - \dfrac{t^2}{4} = 0$，故 $a=1$。于是 $f(x) = x^2 - (t+2)x + t + 1$。

(2)因为 $f(x)=(x-1)[x-(t+1)]$，代入已知等式得 $(x-1)[x-(t+1)]g(x)+$

$a_n x + b_n = x^{n+1}$。将 $x=1,x=t+1$ 分别代入上式得 $\begin{cases} a_n + b_n = 1 \\ (t+1)a_n + b_n = (t+1)n+1 \end{cases}$。

因为 $t \neq 0$，所以可得 $a_n = \dfrac{1}{t}[(t+1)^{n+1}-1], b_n = \dfrac{t+1}{t}[1-(t+1)^n]$。

(3)因为 $a_n + b_n = 1$，所以圆 C_n 的圆心 O_n 在直线 $x+y=1$ 上，于是 $|O_n O_{n+1}| =$

$\sqrt{(a_n - a_{n+1})^2 + (b_n - b_{n+1})^2} = \sqrt{2}|a_{n+1} - a_n| = \sqrt{2}(t+1)^{n+1}$。

又圆 C_n 与圆 C_{n+1} 外切，故 $r_n + r_{n+1} = |O_n O_{n+1}| = \sqrt{2}(t+1)^{n+1}$。

设 $\{r_n\}$ 的公比为 q，则 $r_n + q r_n = \sqrt{2}(t+1)^{n+1}, r_{n+1} + q r_{n+1} = \sqrt{2}(t+1)^{n+2}$。后式与前

式相除得 $q = \dfrac{r_{n+1}}{r_n} = t+1$。在由前式得 $r_n = \dfrac{\sqrt{2}(t+1)^{n+1}}{1+q} = \dfrac{\sqrt{2}(t+1)^{n+1}}{t+2}$。所以

$S_n = \pi(r_1^2 + r_2^2 + \cdots + r_n^2) = \dfrac{\pi r_1^2(q^{2n}-1)}{(q^2-1)} = \dfrac{2\pi(t+1)^4}{t(t+2)^3}[(t+1)^{2n}-1]$。

习题 9.6

1.解： 因为 $a_{n+1} = a_1 q^n$，$S_n = \dfrac{a_1(1-q^n)}{1-q}$，$S_{2n} = \dfrac{a_1(1-q^{2n})}{1-q}$，代入 T_n 得到 $T_n =$

$\dfrac{q^{2n}-17q^n+16}{(1-q)q^n}$。令 $q^n = t > 0$，则 $T_n = \dfrac{1}{1-\sqrt{2}} \cdot \dfrac{t^2-17t+16}{t} = \dfrac{1}{1-\sqrt{2}}\left(t+\dfrac{16}{t}-17\right)$，因为

$\dfrac{1}{1-\sqrt{2}} < 0$，所以 $T_n \leqslant \dfrac{1}{1-\sqrt{2}}(2\sqrt{16}-17)$。

当 $t = \dfrac{16}{t}$，即 $t^2 \leqslant q^{2n} = 16$，所以 $n=4$ 时 T_n 最大，故 $n_0 = 4$。

2.解： 设数列的公差为 d，$a_{n+1} = \alpha$，则 $S_n = a_{n+1} + a_{n+2} + \cdots + a_{2n+1} = (n+1)\alpha +$

$\dfrac{n(n+1)}{2}d$。

又 $M \geqslant a_1^2 + a_{n+1}^2 = (\alpha - nd)^2 + \alpha^2 = \dfrac{4}{10}\left(\alpha + \dfrac{nd}{2}\right)^2 + \dfrac{1}{10}(4\alpha - 3nd)^2 \geqslant \dfrac{4}{10}\left(\alpha + \dfrac{nd}{2}\right)^2 =$

$\dfrac{4}{10(n+1)^2}S_n^2$，所以 $S_n \leqslant \dfrac{\sqrt{10M}}{2}(n+1)$，$(\alpha - nd)^2 + \alpha^2 = M$。等号成立，当且仅当 $4\alpha - 3nd = 0$。

从而 $\alpha = \dfrac{3}{\sqrt{10}}\sqrt{M}, d = \dfrac{4}{\sqrt{10}} \cdot \dfrac{\sqrt{M}}{n}$，此时 $(S_n)_{\max} = \dfrac{\sqrt{10M}}{2}(n+1)$。

3.证明： 当 $n \geqslant 2$ 时。因为 $\dfrac{a_n}{n^2} = 1 + \dfrac{1}{2^2} + \dfrac{1}{3^2} + \cdots + \dfrac{1}{(n-1)^2}$。

又 $\dfrac{a_{n+1}}{(n+1)^2} = 1 + \dfrac{1}{2^2} + \dfrac{1}{3^2} + \cdots + \dfrac{1}{(n-1)^2} + \dfrac{1}{n^2} = \dfrac{a_n}{n^2} + \dfrac{1}{n^2} = \dfrac{a_n+1}{n^2}$，所以 $\dfrac{a_n+1}{a_{n+1}} =$

$\dfrac{n^2}{(n+1)^2}$ $(n \geqslant 2)$。当 $n=1$ 时，$1 + \dfrac{1}{a_1} = 2 < 4$ 成立。当 $n \geqslant 2$ 时，由于 $\displaystyle\prod_{k=1}^{n}\left(1+\dfrac{1}{a_k}\right) =$

$\left(1+\dfrac{1}{a_1}\right)\left(1+\dfrac{1}{a_2}\right)\cdots\left(1+\dfrac{1}{a_n}\right) = \dfrac{1+a_1}{a_1 a_2} \cdot \left(\dfrac{1+a_2}{a_3} \cdot \dfrac{1+a_3}{a_4} \cdot \cdots \cdot \dfrac{1+a_n}{a_{n+1}}\right) \cdot a_{n+1} = \dfrac{1+1}{1 \times 4} \cdot$

$$\left(\frac{2^2}{3^2} \cdot \frac{3^2}{4^2} \cdot \frac{4^2}{5^2} \cdot \cdots \cdot \frac{n^2}{(n+1)^2}\right) a_{n+1} = \frac{2}{4} \cdot \frac{2^2}{(n+1)^2} \cdot (n+1)^2 \left(1 + \frac{1}{2^2} + \cdots + \frac{1}{n^2}\right) =$$

$$2\left(1 + \frac{1}{2^2} + \frac{1}{3^2} + \cdots + \frac{1}{n^2}\right) < 2\left(1 + \frac{1}{1\times 2} + \frac{1}{2\times 3} + \cdots + \frac{1}{(n-1)\times n}\right) = 2\Big[1 +$$

$$\left(1 - \frac{1}{2}\right) + \left(\frac{1}{2} - \frac{1}{3}\right) + \left(\frac{1}{3} - \frac{1}{4}\right) + \cdots + \left(\frac{1}{n-1} - \frac{1}{n}\right)\Big] = 2\left(2 - \frac{1}{n}\right) < 4,\text{所以对任意}$$

$n \in \mathbf{N}_+$,命题成立。

4. **证明**:先求出 b_n,再求出 a_n 与 b_n 的关系,最后证明。

因为 $b_{n+1} = 2b_n + 1$,所以 $b_{n+1} + 1 = 2(b_n + 1)$,从而 $b_{n+1} + 1 = 2(b_n + 1) = 2^2(b_{n-2} + 1) = \cdots =$

$2^{n-1}(b_1 + 1) = 2^n$,故 $b_n = 2^n - 1, n \in \mathbf{N}_+$。又 $a_n = b_n\left(\frac{1}{b_1} + \frac{1}{b_2} + \frac{1}{b_3} + \cdots + \frac{1}{b_{n-1}}\right), n \geqslant 2$,

$n \in \mathbf{N}_+$,所以 $\frac{a_n}{b_n} = \frac{1}{b_1} + \frac{1}{b_2} + \cdots + \frac{1}{b_{n-1}}$,$\frac{a_{n+1}}{b_{n+1}} = \frac{1}{b_1} + \frac{1}{b_2} + \cdots + \frac{1}{b_n}$,于是 $\frac{a_{n+1}}{b_{n+1}} - \frac{a_n}{b_n} = \frac{1}{b_n}$,

$\frac{a_{n+1}}{b_{n+1}} = \frac{a_n + 1}{b_n}$,即 $\frac{a_n + 1}{a_{n+1}} = \frac{b_n}{b_{n+1}}$。

上式对 $n = 1$ 时也成立,故有 $\frac{a_n + 1}{a_{n+1}} = \frac{b_n}{b_{n+1}}, n \in \mathbf{N}_+$。

$$\prod_{k=1}^{n}\left(1 + \frac{1}{a_k}\right) = \prod_{k=1}^{n} \frac{1 + a_k}{a_k} = \frac{1}{a_1} \cdot \frac{1 + a_1}{a_2} \cdot \frac{1 + a_2}{a_3} \cdot \cdots \cdot \frac{1 + a_n}{a_{n+1}} \cdot a_{n+1} = \frac{2}{3} \cdot \frac{b_2}{b_3} \cdot \frac{b_3}{b_4} \cdot \cdots \cdot$$

$$\frac{b_n}{b_{n+1}} \cdot a_{n+1} = \frac{2}{3} \cdot \frac{b_2}{b_{n+1}} \cdot a_{n+1} = 2\frac{a_{n+1}}{b_{n+1}} = 2\left(\frac{1}{b_1} + \frac{1}{b_2} + \frac{1}{b_3} + \cdots + \frac{1}{b_n}\right) = 2\left(\frac{1}{1} + \frac{1}{3} + \right.$$

$$\left.\frac{1}{7} + \cdots + \frac{1}{2^n - 1}\right)。$$

当 $k \geqslant 2$ 时,$\frac{1}{2^k - 1} = \frac{2^{k+1} - 1}{(2^k - 1)(2^{k+1} - 1)} < \frac{2^{k+1}}{(2^k - 1)(2^{k+1} - 1)} = 2\left(\frac{1}{2^k - 1} - \right.$

$$\left.\frac{1}{2^{k+1} - 1}\right),\text{故} \prod_{k=1}^{n}\left(1 + \frac{1}{a_k}\right) < 2\Big[1 + 2\sum_{k=2}^{n}\left(\frac{1}{2^k - 1} - \frac{1}{2^{k+1} - 1}\right)\Big] = 2 + 4\left(\frac{1}{3} - \frac{1}{2^{n+1} - 1}\right) <$$

$\frac{10}{3}$。

5. **证明**:当 $n = 1$ 时,有 $a_1 = S_1 = 2a_1 - 1$,故 $a_1 = 1$。

当 $n = 2$ 时,有 $S_2 = a_1 + a_2 = 2a_2 + 1$,所以 $a_2 = 0$。

当 $n \geqslant 2$ 时,有 $a_n = S_n - S_{n-1} = 2(a_n - a_{n-1}) - 2(-1)^{n-1}$,即 $a_n = 2a_{n-1} + 2(-1)^{n-1}(n\geqslant 2)$。

引入参数 λ,令 $a_n + \lambda(-1)^n = 2(a_{n-1} + \lambda(-1)^{n-1})$,$\lambda = \frac{2}{3}$,即 $a_n + \frac{2}{3}(-1)^n =$

$2\Big[a_{n-1} + \frac{2}{3}(-1)^{n-1}\Big] = 2^2\Big[a_{n-2} + \frac{2}{3}(-1)^{n-2}\Big] = \cdots = 2^{n-1}\Big[a_1 + \frac{2}{3}(-1)\Big] = \frac{2^{n-1}}{3}$,故

$a_n = \frac{2^{n-1}}{3} - \frac{2}{3}(-1)^n, n \geqslant 2$。$n = 1$ 时也成立。

易知 $a_4 = 2$,当 $n \geqslant 3$,且 n 为奇数时,$\frac{1}{a_n} + \frac{1}{a_{n+1}} = \frac{3}{2}\left(\frac{1}{2^{n-2} + 1} + \frac{1}{2^{n-1} - 1}\right) = \frac{3}{2} \times$

$\frac{2^{n-2} + 2^{n-1}}{2^{2n-3} + 2^{n-1} - 2^{n-2} - 1} < \frac{3}{2} \cdot \frac{2^{n-2} + 2^{n-1}}{2^{2n-3}} = \frac{3}{2} \cdot \left(\frac{1}{2^{n-2}} + \frac{1}{2^{n-1}}\right)$,即 $\frac{1}{a_n} + \frac{1}{a_{n+1}} <$

$$\frac{3}{2} \cdot \left(\frac{1}{2^{n-2}} + \frac{1}{2^{n-1}}\right)。$$

当 $m > 4$ 为偶数时，$\dfrac{1}{a_4} + \dfrac{1}{a_5} + \cdots + \dfrac{1}{a_m} = \dfrac{1}{a_4} + \left(\dfrac{1}{a_5} + \dfrac{1}{a_6}\right) \cdots + \left(\dfrac{1}{a_{m-1}} + \dfrac{1}{a_m}\right) < \dfrac{1}{2} +$

$\dfrac{3}{2}\left(\dfrac{1}{2^3} + \dfrac{1}{2^4} + \cdots + \dfrac{1}{2^{m-2}}\right) = \dfrac{1}{2} + \dfrac{3}{2} \times \dfrac{1}{4} \times \left(1 - \dfrac{1}{2^{m-4}}\right) < \dfrac{1}{2} + \dfrac{3}{8} = \dfrac{7}{8}。$

当 $m > 4$ 为奇数时，$\dfrac{1}{a_4} + \dfrac{1}{a_5} + \cdots + \dfrac{1}{a_m} < \dfrac{1}{a_4} + \cdots + \dfrac{1}{a_{m+1}} < \dfrac{7}{8}。$

故对任意 $m > 4, m \in \mathbf{N}_+$，命题成立。

6. 证明： 用数学归纳法。

当 $n = 1$ 时，$a_0 = 1, a_1 = \dfrac{1}{2}a_0(4 - a_0) = \dfrac{3}{2}$，从而 $0 < a_0 = 1 < a_1 = \dfrac{3}{2} < 2$。

假设 $n = k$ 时，命题成立，即 $a_{k-1} < a_k < 2$，则当 $n = k+1$ 时，构造函数 $f(x) = \dfrac{1}{2}x(4-x)$，$x \in [0, 2]$，因为 $f'(x) = 2 - x > 0, x \in [0, 2]$，即 $f(x)$ 在 $[0, 2]$ 上单调递增，从而有 $f(a_{k-1}) < f(a_k) < f(2)$，即 $\dfrac{1}{2}a_{k-1}(4 - a_{k-1}) < \dfrac{1}{2}a_k(4 - a_k) < \dfrac{1}{2}(4-2) \times 2$，亦即 $a_k < a_{k+1} < 2$，所以 $n = k+1$ 时命题成立。综上所述命题成立，$n \in \mathbf{N}_+$。

说明： 也可用 $a_k - a_{k+1} = \dfrac{1}{2}a_{k-1}(4 - a_{k-1}) - \dfrac{1}{2}a_k(4 - a_k) = \dfrac{1}{2}(a_{k-1} - a_k)(4 - a_{k-1} - a_k)$。

7. 证明： 因为 $a_{n+1} = \dfrac{2a_n}{a_n + 1}(n \in \mathbf{N}_+)$，所以 $\dfrac{1}{a_{n+1}} = \dfrac{1}{2}\left(1 + \dfrac{1}{a_n}\right)$。

由 $\dfrac{1}{a_{n+1}} - m = \dfrac{1}{2}\left(\dfrac{1}{a_n} - m\right)$ 得 $m = 1$，又 $a_1 = 2$，于是 $\dfrac{1}{a_{n+1}} - 1 = \dfrac{1}{2}\left(\dfrac{1}{a_n} - 1\right) = \dfrac{1}{2^2}\left(\dfrac{1}{a_{n-1}} - 1\right) = \cdots = \dfrac{1}{2^n}\left(\dfrac{1}{a_1} - 1\right) = -\dfrac{1}{2^{n+1}}$，即 $a_n = \dfrac{2^n}{2^n - 1}(n \in \mathbf{N}_+)$。

又 $a_n(a_n - 1) = \dfrac{2^n}{(2^n - 1)^2} = \dfrac{2^n}{(2^n - 1)(2^n - 1)} < \dfrac{2^n}{(2^n - 1)(2^n - 2)} = \dfrac{2^{n-1}}{(2^n - 1)(2^{n-1} - 1)} = \dfrac{1}{2^{n-1} - 1} - \dfrac{1}{2^n - 1}(n \geq 2)$，$\displaystyle\sum_{i=1}^{n} a_i(a_i - 1) < \dfrac{2^1}{(2-1)^2} + \left(\dfrac{1}{2^1 - 1} - \dfrac{1}{2^2 - 1}\right) + \left(\dfrac{1}{2^2 - 1} - \dfrac{1}{2^3 - 1}\right) + \cdots + \left(\dfrac{1}{2^{n-1} - 1} - \dfrac{1}{2^n - 1}\right) = 2 + 2 - \dfrac{1}{2^n - 1} < 3。$

说明： 也可用 $a_n(a_n - 1) = \dfrac{2^n}{(2^n - 1)^2} < \dfrac{2^n}{(2^n - 1)(2^{n-1} - 1)} = \dfrac{1}{2}\left(\dfrac{1}{2^{n-1} - 1} - \dfrac{1}{2^n - 1}\right)$，$n \geq 2$。亦或用 $a_n(a_n - 1) = \dfrac{1}{2^n - 2 + \frac{1}{2^n}} < \dfrac{1}{2^n - 2} \leq \dfrac{1}{2^{n-1}}$，$n \geq 2$。

习题 10.1

1. 解： 因为 $\overrightarrow{BC} = \overrightarrow{AC} - \overrightarrow{AB}$，$\overrightarrow{AD} = \overrightarrow{AB} + \overrightarrow{BD} = \overrightarrow{AB} + \dfrac{1}{3}(\overrightarrow{AC} - \overrightarrow{AB}) = \dfrac{1}{3}\overrightarrow{AC} +$

$\frac{2}{3}\overrightarrow{AB}$，所以 $\overrightarrow{AD}\cdot\overrightarrow{BC}=\frac{1}{3}|\overrightarrow{AC}|^2+\frac{1}{3}\overrightarrow{AC}\cdot\overrightarrow{AB}-\frac{2}{3}|\overrightarrow{AB}|^2=\frac{1}{3}-\frac{8}{3}-\frac{1}{3}=-\frac{8}{3}$。

2.解：因为 $\overrightarrow{AB}=\overrightarrow{AM}+\overrightarrow{MB},\overrightarrow{AC}=\overrightarrow{AM}+\overrightarrow{MC}$，所以 $\overrightarrow{AB}\cdot\overrightarrow{AC}=$
$(\overrightarrow{AM}+\overrightarrow{MB})(\overrightarrow{AM}+\overrightarrow{MC})=\overrightarrow{AM}^2+\overrightarrow{AM}(\overrightarrow{MB}+\overrightarrow{MC})+\overrightarrow{MB}\cdot\overrightarrow{MC}=$
$9+0-25=-16$。

第 2 题答图

3.解：因为 $\overrightarrow{PQ}$ 与 $\overrightarrow{BC}$ 的夹角为 θ，其长度分别为 $2a,a$，想办法用 $\overrightarrow{PQ}$
和 $\overrightarrow{BC}$ 来表示 $\overrightarrow{BP}$ 与 $\overrightarrow{CQ}$，所以 $\overrightarrow{BP}=\overrightarrow{AP}-\overrightarrow{AB},\overrightarrow{CQ}=\overrightarrow{AQ}-\overrightarrow{AC}$。

从而 $\overrightarrow{BP}\cdot\overrightarrow{CQ}=(\overrightarrow{AP}-\overrightarrow{AB})\cdot(\overrightarrow{AQ}-\overrightarrow{AC})=\overrightarrow{AP}\cdot\overrightarrow{AQ}-\overrightarrow{AP}\cdot\overrightarrow{AC}-$
$\overrightarrow{AB}\cdot\overrightarrow{AQ}+\overrightarrow{AB}\cdot\overrightarrow{AC}$。

又 $AB\perp AC,\overrightarrow{AP}=-\overrightarrow{AQ}$，所以 $-a^2-\overrightarrow{AP}\cdot\overrightarrow{AC}+\overrightarrow{AB}\cdot\overrightarrow{AP}=-a^2+\overrightarrow{AP}(\overrightarrow{AB}-\overrightarrow{AC})=$
$-a^2+\overrightarrow{AP}\cdot\overrightarrow{BC}=-a^2+a^2\cos\theta$。

故当 $\cos\theta=1$ 时，即 $\theta=0$ 时，$\overrightarrow{BP}\cdot\overrightarrow{CQ}$ 最大，最大值为 0。

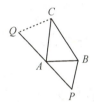

第 3 题答图

另解：也可以建系。如图设 $|AB|=c,|AC|=b$，则 $A(0,0)$，
$B(c,0),C(0,b),|PQ|=2a,|BC|=a$，设 $P(x,y)$，则 $Q(-x,-y)$，
所以 $\overrightarrow{BP}=(x-c,y),\overrightarrow{CQ}=(-x,-y-b),\overrightarrow{BC}=(-c,b),\overrightarrow{PQ}=$
$(-2x,-2y)$。从而 $\overrightarrow{BP}\cdot\overrightarrow{CQ}=(x-c)(-x)+y(-y-b)=$
$-(x^2+y^2)+cx-by$。

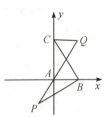

又 $\cos\theta=\dfrac{\overrightarrow{PQ}\cdot\overrightarrow{BC}}{|\overrightarrow{PQ}||\overrightarrow{BC}|}=\dfrac{cx-by}{a^2},cx-by=a^2\cos\theta$。

第 3 题另解答图

所以 $\overrightarrow{BP}\cdot\overrightarrow{CQ}=-a^2+a^2\cos\theta$。

当 $\cos\theta=1$ 时，即 $\theta=0$ 时，$\overrightarrow{BP}\cdot\overrightarrow{CQ}$ 最大，最大值为 0。

4.解：因为 $\overrightarrow{OB}+\overrightarrow{OC}=2\overrightarrow{OM}$，所以 $\overrightarrow{OA}\cdot(\overrightarrow{OB}+\overrightarrow{OC})=2\overrightarrow{OA}\cdot\overrightarrow{OM}=$
$2|\overrightarrow{OA}||\overrightarrow{OM}|\cos180°=-2|OA||OM|$。

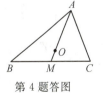

又 $|OA|+|OM|=2$，所以 $|\overrightarrow{OA}||\overrightarrow{OM}|\leqslant\left(\dfrac{|\overrightarrow{OA}|+|\overrightarrow{OM}|}{2}\right)^2=1$。

当且仅当 $|\overrightarrow{OA}|=|\overrightarrow{OM}|$ 时等号成立，故 $\overrightarrow{OA}\cdot(\overrightarrow{OB}+\overrightarrow{OC})\geqslant-2$。

第 4 题答图

5.解：由已知 $\overrightarrow{PB}\cdot(\overrightarrow{PA}-\overrightarrow{PC})=\overrightarrow{PB}\cdot\overrightarrow{CA}=0$，即 $PB\perp AC$。同理
有 $PA\perp BC,PC\perp AB$。所以 P 是 $\triangle ABC$ 的垂心。选(D)。

说明：若 $|\overrightarrow{OA}|=|\overrightarrow{OB}|=|\overrightarrow{OC}|$，则 O 为 $\triangle ABC$ 的外心。

若 $\overrightarrow{OA}+\overrightarrow{OB}+\overrightarrow{OC}=0$，则 O 为 $\triangle ABC$ 的重心(用 $\overrightarrow{AB}+\overrightarrow{BC}+\overrightarrow{CA}=0$ 证明)。

若 $\overrightarrow{OA}\cdot\overrightarrow{OB}=\overrightarrow{OB}\cdot\overrightarrow{OC}=\overrightarrow{OC}\cdot\overrightarrow{OA}$，则 O 为 $\triangle ABC$ 的垂心。

6.解：设 $\left|\dfrac{\overrightarrow{BM}}{\overrightarrow{BC}}\right|=\left|\dfrac{\overrightarrow{CN}}{\overrightarrow{CD}}\right|=\lambda,\overrightarrow{BM}=\lambda\overrightarrow{BC}=\lambda\overrightarrow{AD},\overrightarrow{DN}=(1-\lambda)\overrightarrow{DC}=(1-\lambda)\overrightarrow{AB}$，

$\overrightarrow{AM} \cdot \overrightarrow{AN} = (\overrightarrow{AB} + \overrightarrow{BM}) \cdot (\overrightarrow{AD} + \overrightarrow{DN}) = (\overrightarrow{AB} + \lambda\overrightarrow{AD})[\overrightarrow{AD} + (1-\lambda)\overrightarrow{AB}] = \overrightarrow{AB} \cdot \overrightarrow{AD} + (1-\lambda)\overrightarrow{AB}^2 + \lambda\overrightarrow{AD}^2 + \lambda(1-\lambda)\overrightarrow{AD} \cdot \overrightarrow{AB} = -\lambda^2 - 2\lambda + 5 (0 \leqslant \lambda \leqslant 1)$，结合二次函数图象知 $\overrightarrow{AM} \cdot \overrightarrow{AN}$ 的取值范围是 $[2,5]$。

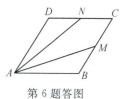

第6题答图

另解：也可以用建系的方法。

如图，以 A 为原点，AB 为 x 轴建立坐标系，则 $A(0,0)$，$B(2,0)$，$C\left(\dfrac{5}{2}, \dfrac{\sqrt{3}}{2}\right)$，$D\left(\dfrac{1}{2}, \dfrac{\sqrt{3}}{2}\right)$。设 $M\left(x_1, \sqrt{3}(x_1-2)\right)$，$N\left(x_2, \dfrac{\sqrt{3}}{2}\right)$。由已知条件 $2|\overrightarrow{BM}| = |\overrightarrow{CN}|$ 可得，代入坐标化简得：

第6题另解答图

$4x_1 + x_2 = \dfrac{21}{2}，x_2 = \dfrac{21}{2} - 4x_1$，所以 $\overrightarrow{AM} \cdot \overrightarrow{AN} = (x_1, \sqrt{3}(x_1-2)) \cdot \left(x_2, \dfrac{\sqrt{3}}{2}\right) = x_1\left(\dfrac{21}{2} - 4x_1\right) + \dfrac{3}{2}(x_1-2) = -4x_1^2 + 12x_1 - 3$，

$\left(x_1 \in \left[2, \dfrac{5}{2}\right]\right)$，由二次函数的图系统可知 $y = -4x_1^2 + 12x_1 - 3$ 在 $\left[2, \dfrac{5}{2}\right]$ 上是减函数，所以 $\overrightarrow{AM} \cdot \overrightarrow{AN}$ 的取值范围为 $[2,5]$。

7.解：因为 $\overrightarrow{AB} \cdot \overrightarrow{BC} + \overrightarrow{AB}^2 = 0$，所以 $\overrightarrow{AB}(\overrightarrow{BC} + \overrightarrow{AB}) = 0$，从而 $\overrightarrow{AB} \cdot \overrightarrow{AC} = 0$，即 $\overrightarrow{AB} \perp \overrightarrow{AC}$，选（A）。

8.解：由题意：$|OD| = \sqrt{|OA|^2 + |AD|^2} = 1$。$O$ 为 AB 中点，则 $\overrightarrow{PA} + \overrightarrow{PB} = 2\overrightarrow{PO}$。设 $|\overrightarrow{PD}| = x(0 \leqslant x \leqslant 1)$，则 $|\overrightarrow{PO}| = 1-x$，$(\overrightarrow{PA} + \overrightarrow{PB}) \cdot \overrightarrow{PD} = 2\overrightarrow{PO} \cdot \overrightarrow{PD} = 2|\overrightarrow{PO}||\overrightarrow{PD}|\cos 180° = -2x(1-x) = 2\left(x - \dfrac{1}{2}\right)^2 - \dfrac{1}{2} \geqslant -\dfrac{1}{2}$，即最小值为 $-\dfrac{1}{2}$。

第8题答图

也可建系。（略）

9.解：(1) 由 $\overrightarrow{OA} = (2,0)$，$\overrightarrow{OC} = (\cos\alpha, \sin\alpha)$，$|\overrightarrow{OA} + \overrightarrow{OC}| = \sqrt{7}$ 得：$\sqrt{(2-\cos\alpha)^2 + \sin^2\alpha} = \sqrt{7}$，化简得 $\cos\alpha = -\dfrac{1}{2}$，因为 $0 < \alpha < \pi$，故 $\sin\alpha = \dfrac{\sqrt{3}}{2}$，所以 $\overrightarrow{OC} = \left(-\dfrac{1}{2}, \dfrac{\sqrt{3}}{2}\right)$，$\overrightarrow{OB} = (0,2)$，于是 $\cos\langle\overrightarrow{OB}, \overrightarrow{OC}\rangle = \dfrac{\overrightarrow{OB} \cdot \overrightarrow{OC}}{|\overrightarrow{OB}||\overrightarrow{OC}|} = \dfrac{\sqrt{3}}{2}$。

又 $\langle\overrightarrow{OB}, \overrightarrow{OC}\rangle \in [0, \pi]$，所以 $\langle\overrightarrow{OB}, \overrightarrow{OC}\rangle = \dfrac{\pi}{6}$。

(2) 因为 $\overrightarrow{AC} = (\cos\alpha - 2, \sin\alpha)$，$\overrightarrow{BC} = (\cos\alpha, \sin\alpha - 2)$，由 $\overrightarrow{AC} \perp \overrightarrow{BC}$ 得：$(\cos\alpha - 2, \sin\alpha) \cdot (\cos\alpha, \sin\alpha - 2) = 0$，化简得：$\sin\alpha + \cos\alpha = \dfrac{1}{2}$。（＊）

两边平方得：$\dfrac{\sin^2\alpha + \cos^2\alpha + 2\sin\alpha\cos\alpha}{\sin^2\alpha + \cos^2\alpha} = \dfrac{1}{4}$，即 $\dfrac{\tan^2\alpha + 1 + 2\tan\alpha}{\tan^2\alpha + 1} = \dfrac{1}{4}$，化简得 $3\tan^2\alpha + 8\tan\alpha + 3 = 0$，解之得：$\tan\alpha = \dfrac{-4 \pm \sqrt{7}}{3}$。

又由（＊）知：$\sin\alpha\cos\alpha = -\dfrac{3}{8} < 0$，且 $0 < \alpha < \pi$，所以 $\dfrac{\pi}{2} < \alpha < \pi$，又 $|\sin\alpha| > |\cos\alpha|$，所以

$\tan\alpha = -\dfrac{4+\sqrt{7}}{3}$。

习题 10.2

1. 解：联想到引入角，然后利用数量积，用角表示 x, y，再求 $x+y$ 的最大值。

设 $\angle AOC = \alpha$，由 $\overrightarrow{OC} = x\overrightarrow{OA} + y\overrightarrow{OB}$ 可得 $\overrightarrow{OC} \cdot \overrightarrow{OA} = x\overrightarrow{OA} \cdot \overrightarrow{OA} + y\overrightarrow{OB} \cdot \overrightarrow{OA}$，

$\overrightarrow{OC} \cdot \overrightarrow{OB} = x\overrightarrow{OA} \cdot \overrightarrow{OB} + y\overrightarrow{OB} \cdot \overrightarrow{OB}$，即 $\cos\alpha = x - \dfrac{1}{2}y$，$\cos(120° - \alpha) = -\dfrac{1}{2}x + y$。

所以 $x+y = 2[\cos\alpha + \cos(120° - \alpha)] = \cos\alpha + \sqrt{3}\sin\alpha = 2\sin\left(\alpha + \dfrac{\pi}{6}\right) \leqslant 2$，从而 $x+y$ 的最大值为 2。

另解一：可以用建立直角坐标系的方法。以 O 为坐标原点，OA 为 x 轴，建立直角坐标系，则 $A(1,0)$，$B\left(-\dfrac{1}{2}, \dfrac{\sqrt{3}}{2}\right)$，再设 $C(\cos\alpha, \sin\alpha)$ $\left(\alpha \in \left[0, \dfrac{2\pi}{3}\right]\right)$。

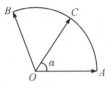

第 1 题另解一答图

由 $\overrightarrow{OC} = x\overrightarrow{OA} + y\overrightarrow{OB}$ 可得 $(\cos\alpha, \sin\alpha) = x(1,0) + y\left(-\dfrac{1}{2}, \dfrac{\sqrt{3}}{2}\right)$，

所以 $\cos\alpha = x - \dfrac{1}{2}$，$\sin\alpha = \dfrac{\sqrt{3}}{2}y$。

解之得 $x = \cos\alpha + \dfrac{\sqrt{3}}{3}\sin\alpha$，$y = \dfrac{2\sqrt{3}}{3}\sin\alpha$。

从而 $x+y = \cos\alpha + \sqrt{3}\sin\alpha = 2\sin\left(\alpha + \dfrac{\pi}{6}\right) \leqslant 2$，即 $x+y$ 的最大值为 2。

另解二：可联想到平面几何知识，借助正弦定理来求解。

设 $\angle AOC = \alpha$，过点 C 作 OB 的平行线交 OA 于点 D，过点 C 作 OA 的平行线交 OB 于点 E，由 $|\overrightarrow{OA}| = |\overrightarrow{OB}| = |\overrightarrow{OC}| = 1$ 及 $\overrightarrow{OC} = x\overrightarrow{OA} + y\overrightarrow{OB}$ 可知 $|OD| = x$，$|OE| = |OC| = y$。又 $\langle \overrightarrow{OA}, \overrightarrow{OB} \rangle = 120°$，在

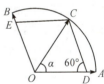

第 1 题另解二答图

$\triangle DOC$ 中，由正弦定理得 $\dfrac{1}{\sin 60°} = \dfrac{x}{\sin(120° - \alpha)} = \dfrac{y}{\sin\alpha}$，所以 $x = \cos\alpha + \dfrac{\sqrt{3}}{3}\sin\alpha$，$y = \dfrac{2\sqrt{3}}{3}\sin\alpha$。

从而 $x+y = \cos\alpha + \sqrt{3}\sin\alpha = 2\sin\left(\alpha + \dfrac{\pi}{6}\right) \leqslant 2$，即 $x+y$ 的最大值为 2。

2. (1) 证明：将 $\vec{a} - \vec{b}$ 用坐标表示，因为 $\vec{a} - \vec{b} = (\cos\alpha - \cos\beta, \sin\alpha - \sin\beta)$，所以 $|\vec{a} - \vec{b}|^2 = (\cos\alpha - \cos\beta)^2 + (\cos\alpha - \sin\beta)^2$，即 $2 - 2(\cos\alpha\cos\beta + \sin\alpha\sin\beta) = 2$，所以 $\cos\alpha\cos\beta + \sin\alpha\sin\beta = 0$，即 $\vec{a} \perp \vec{b}$。

(2) 解：由 $\vec{a} + \vec{b} = \vec{c}$ 得 $\cos\alpha + \cos\beta = 0$，$\sin\alpha + \sin\beta = 1$，两式两边平方相加得 $\cos(\alpha - \beta) = -\dfrac{1}{2}$。又因为 $0 < \beta < \alpha < \pi$，所以 $\alpha - \beta = \dfrac{2\pi}{3}$。从而有 $\sin\alpha + \sin\beta = \sin\left(\dfrac{2\pi}{3} + \beta\right) + \sin\beta =$

$\dfrac{\sqrt{3}}{2}\cos\beta-\dfrac{1}{2}\sin\beta+\sin\beta=\dfrac{\sqrt{3}}{2}\cos\beta+\dfrac{1}{2}\sin\beta=\sin\left(\dfrac{\pi}{3}+\beta\right)=1$，所以 $\dfrac{\pi}{3}+\beta=\dfrac{\pi}{2}$，得到 $\beta=\dfrac{\pi}{6}$，从而 $\alpha=\dfrac{5}{6}\pi$。

3. 解： 因为 $\overrightarrow{a},\overrightarrow{b}$ 是单位向量，$\overrightarrow{a}\cdot\overrightarrow{b}=0$，所以 $|\overrightarrow{a}+\overrightarrow{b}|=\sqrt{2}$。

又 $|\overrightarrow{c}-\overrightarrow{a}-\overrightarrow{b}|=|(\overrightarrow{a}+\overrightarrow{b})-\overrightarrow{c}|=1$，即一个模为 $\sqrt{2}$ 的向量与向量 $\overrightarrow{c}$ 之差的模为 1。所以 $\sqrt{2}-1\leqslant|\overrightarrow{c}|\leqslant\sqrt{2}+1$。

习题 10.3

1. 解： 设 $AC\cap BD=O$，因为 $\angle BAD=60^{\circ}$，$PA=AB=2$，所以 $BO=1$，$AO=OC=\sqrt{3}$。如图，以 O 为坐标原点，建立空间直角坐标系。则 $P(0,-\sqrt{3},2)$，$A(0,-\sqrt{3},0)$，$B(1,0,0)$，$C(0,\sqrt{3},0)$，所以 $\overrightarrow{PB}=(1,\sqrt{3},-2)$，$\overrightarrow{AC}=(0,2\sqrt{3},0)$。

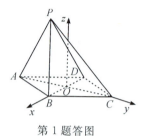

第 1 题答图

记 PB 与 AC 所成的角为 θ，则 $\cos\theta=\dfrac{|\overrightarrow{PB}\cdot\overrightarrow{AC}|}{|\overrightarrow{PB}||\overrightarrow{AC}|}=$

$\dfrac{6}{2\sqrt{2}\times2\sqrt{3}}=\dfrac{\sqrt{6}}{4}$。

即 PB 与 AC 所成角的余弦值为 $\dfrac{\sqrt{6}}{4}$。

说明： 由于两异面直线所成角 $\theta\in\left(0,\dfrac{\pi}{2}\right]$，所以 $\cos\theta=|\cos\alpha|=\dfrac{|\overrightarrow{a}\cdot\overrightarrow{b}|}{|\overrightarrow{a}||\overrightarrow{b}|}$，其中 α 为两直线 a,b 的方向向量 $\overrightarrow{a},\overrightarrow{b}$ 所成的角。

2. 解： 如图，作 $SO\perp BC$，垂足为 O，连接 AO。由侧面 $SBC\perp$ 底面 $ABCD$，得到 $SO\perp$ 底面 $ABCD$。由 $SA=SB$ 得 $OA=OB$，由 $\angle ABC=45^{\circ}$ 得 $\triangle ABO$ 为等腰直角三角形，从而 $OA\perp OB$。建立空间直角坐标系 $O-xyz$，则 $A(\sqrt{2},0,0)$，$B(0,\sqrt{2},0)$，$C(0,-\sqrt{2},0)$，$S(0,0,1)$，$D(\sqrt{2},-2\sqrt{2},0)$，从而 $\overrightarrow{DS}=(-\sqrt{2},2\sqrt{2},1)$，$\overrightarrow{SA}=(\sqrt{2},0,-1)$，$\overrightarrow{SB}=(0,\sqrt{2},-1)$。

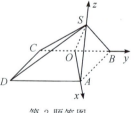

第 2 题答图

设平面 SAB 的法向量为 $\overrightarrow{n}=(x,y,z)$，则由 $\overrightarrow{n}\cdot\overrightarrow{SA}=\overrightarrow{n}\cdot\overrightarrow{SB}=0$ 得 $\sqrt{2}x-z=0$，$\sqrt{2}y-z=0$，令 $z=\sqrt{2}$ 得 $x=1$，$y=1$，即 $\overrightarrow{n}=(1,1,\sqrt{2})$。

设直线 SD 与平面 SAB 所成的角为 θ，则 $\sin\theta=|\cos\langle\overrightarrow{DS},\overrightarrow{n}\rangle|=\dfrac{|\overrightarrow{DS}\cdot\overrightarrow{n}|}{|\overrightarrow{DS}||\overrightarrow{n}|}=\dfrac{\sqrt{22}}{11}$。

故直线与平面所成角的正弦值为 $\dfrac{\sqrt{22}}{11}$。

说明： 求直线与平面所成的角，可以改成求直线的方向向量与平面的法向量所成角的余角。如图，设直线 l 的方向向量为 $\overrightarrow{l_1}$，平面 α 的法向量为 $\overrightarrow{n}$，l 与 α 所成角为 θ，则 $\langle\overrightarrow{l_1},\overrightarrow{n}\rangle+$

$\theta = \dfrac{\pi}{2}$ 或 $\langle \vec{l_1}, \vec{n} \rangle - \theta = \dfrac{\pi}{2}$，因为 $\theta \in \left[0, \dfrac{\pi}{2}\right]$，所以 $\sin\theta = |\cos\langle \vec{l_1}, \vec{n} \rangle| = \dfrac{|\vec{l_1} \cdot \vec{n}|}{|\vec{l_1}||\vec{n}|}$。

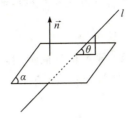

第 2 题说明图

3.解：(1) AE、AD、AP 两两垂直，以 A 为坐标原点，建立如图所示的空间直角坐标系 $A-xyz$。又 E，F 分别为 BC，PC 的中点，所以 $A(0,0,0)$，$B(\sqrt{3}, -1, 0)$，$C(\sqrt{3}, 1, 0)$，$D(0, 2, 0)$，$P(0, 0, 2)$，$E(\sqrt{3}, 0, 0)$，$F\left(\dfrac{\sqrt{3}}{2}, \dfrac{1}{2}, 1\right)$。

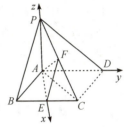

第 3(1) 题答图

设平面 AEF 的法向量为 $\vec{n} = (x, y, z)$，则 $\begin{cases} \vec{n} \cdot \overrightarrow{AE} = 0 \\ \vec{n} \cdot \overrightarrow{AF} = 0 \end{cases}$，又 $\overrightarrow{AE} = (\sqrt{3}, 0, 0)$，$\overrightarrow{AF} = \left(\dfrac{\sqrt{3}}{2}, \dfrac{1}{2}, 1\right)$。得 $\sqrt{3}\,x = 0$，$\dfrac{\sqrt{3}}{2}x + \dfrac{1}{2}y + z = 0$，令 $z = -1$，得到 $\vec{n} = (0, 2, -1)$。

因为 $BD \perp AC$，$BD \perp PA$，$PA \cap AC = A$，所以 $BD \perp$ 平面 PAC，故 $\overrightarrow{BD}$ 为平面 AFC 的法向量，又 $\overrightarrow{BD} = (-\sqrt{3}, 3, 0)$，故 $\cos\langle \vec{n}, \overrightarrow{BD} \rangle = \dfrac{\vec{n} \cdot \overrightarrow{BD}}{|\vec{n}||\overrightarrow{BD}|} = \dfrac{6}{\sqrt{5} \times 2\sqrt{3}} = \dfrac{\sqrt{15}}{5}$。

由图知所求二面角为锐角，所以二面角的余弦值为 $\dfrac{\sqrt{15}}{5}$。

(2) 以 O 为坐标原点，建立如图所示的空间直角坐标系 $O-xyz$，则 $A(0, -1, 0)$，$B(1, -1, 0)$，$C(1, 0, 0)$，$D(0, 1, 0)$，$P(0, 0, 1)$，从而 $\overrightarrow{CD} = (-1, 1, 0)$，$\overrightarrow{CP} = (-1, 0, 1)$。

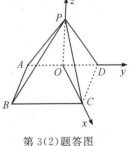

第 3(2) 题答图

设存在点 Q 到平面 PCD 的距离为 $\dfrac{\sqrt{3}}{2}$。记平面 PCD 的法向量 $\vec{n} = (x, y, z)$，则由 $\begin{cases} \vec{n} \cdot \overrightarrow{CD} = 0 \\ \vec{n} \cdot \overrightarrow{CP} = 0 \end{cases}$ 得 $\begin{cases} -x + y = 0 \\ -x + z = 0 \end{cases}$，即 $x = y = z$，取 $x = 1$ 得 $\vec{n} = (1, 1, 1)$。

设 $Q(0, y_1, 0)(-1 \leqslant y_1 \leqslant 1)$，则 $\overrightarrow{QD} = (0, 1-y_1, 0)$，由 Q 到平面 PCD 的距离为 $\dfrac{\sqrt{3}}{2}$ 得 $\dfrac{|\overrightarrow{QD} \cdot \vec{n}|}{|\vec{n}|} = \dfrac{\sqrt{3}}{2}$，即 $\dfrac{|1-y_1|}{\sqrt{3}} = \dfrac{\sqrt{3}}{2}$，解之得 $y_1 = -\dfrac{1}{2}$ 或 $y_1 = \dfrac{\sqrt{5}}{2}$（舍）。

此时 $|\overrightarrow{AQ}| = \dfrac{1}{2}$，$|\overrightarrow{QD}| = \dfrac{3}{2}$。

所以存在 Q 符合题意,此时 $\dfrac{AQ}{QD}=\dfrac{1}{3}$。

说明:(1)在平面 α 内,$\vec{a}\perp l,\vec{b}\perp l$,其方向如图,则二面角 $\alpha-l-\beta$ 的平面角的余弦值为 $\dfrac{\vec{a}\cdot\vec{b}}{|\vec{a}||\vec{b}|}$。

设 $\vec{n_1},\vec{n_2}$ 是二面角 $\alpha-l-\beta$ 的两个平面的法向量,其方向一个指向二面角内侧,另一个指向二面角外侧,则二面角 $\alpha-l-\beta$ 的余弦值为 $\dfrac{\vec{n_1}\cdot\vec{n_2}}{|\vec{n_1}||\vec{n_2}|}$。

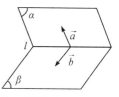

第 3 题说明(1)答图

(2)如图,平面 α 的法向量为 $\vec{n}$,点 Q 是平面 α 内的一点,点 P 是平面外的任一点,则点 P 到平面 α 的距离 d 等于向量 $\overrightarrow{PQ}$ 在 $\vec{n}$ 方向上的投影的绝对值,即 $d=|\overrightarrow{PO}|=|\overrightarrow{PQ}||\cos\langle\overrightarrow{PQ},\vec{n}\rangle|$ 或 $d=\dfrac{|\overrightarrow{PQ}\cdot\vec{n}|}{|\vec{n}|}$。

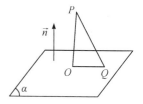

第 3 题说明(2)图

4.分析:利用点到平面距离的定义,作出点到平面的垂线,垂线段的长就是点到平面的距离。但此法比向量法复杂。

解:如图,取 AB 的中点 D,连接 CD,PD。

因为 $AP=BP$,所以 $PD\perp AB$。又因为 $AC=BC$,所以 $CD\perp AB$。又 $PD\cap CD=D$,所以 $AB\perp$ 平面 PCD。

因为 $AB\subset$ 平面 APB,所以平面 $PAB\perp$ 平面 PCD。

过 C 作 $CH\perp PD$,垂足为 H。因为平面 $PAB\cap$ 平面 $PCD=PD$,所以 $CH\perp$ 平面 APB。

即 CH 的长即为 C 到平面 APB 的距离。

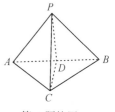

第 4 题答图

因为 $AB\perp$ 平面 PCD,$PC\subset$ 平面 PCD,所以 $AB\perp PC$。又 $PC\perp AC$,所以 $PC\perp$ 平面 ABC。

又 $CD\subset$ 平面 ABC,所以 $PC\perp CD$。在 $\text{Rt}\triangle PCD$ 中,$CD=\dfrac{1}{2}AB=\sqrt{2}$(直角三角形斜边长的中线),$PD=\dfrac{\sqrt{3}}{2}PB=\sqrt{6}$,所以 $PC=\sqrt{PD^2-CD^2}=2$。

所以 $CH=\dfrac{PC\cdot CD}{PD}=\dfrac{2\sqrt{3}}{3}$。(利用直角三角形面积公式)

5.解:以 C 为坐标原点,建立空间直角坐标系 $C-xyz$,如图,则 $A(2,0,0),B(0,2,0),D(0,0,1),E(1,1,1),A_1(2,0,2)$,从而 $\overrightarrow{DA}=(2,0,-1),\overrightarrow{DE}=(1,1,0)$。

设平面 AED 的法向量为 $\vec{n}=(x,y,z)$,由 $\vec{n}\perp\overrightarrow{DA},\vec{n}\perp\overrightarrow{DE}$ 得 $\begin{cases}2x-z=0\\x+y=0\end{cases}$,令 $x=1$ 得 $\begin{cases}x=1\\y=-1\\z=2\end{cases}$,即 $\vec{n}=(1,-1,2)$。

又 $\overrightarrow{DA_1}=(2,0,1)$,所以点 A_1 到平面 AED 的距离为

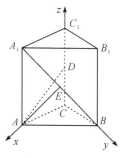

第 5 题答图

$$d = \frac{|\overrightarrow{DA} \cdot \vec{n}|}{|\vec{n}|} = \frac{4}{\sqrt{6}} = \frac{2\sqrt{6}}{3}。$$

说明：若 P 为平面 α 外一点，Q 为平面上任一点，则 P 到 α 的距离 $d = \frac{|\overrightarrow{PQ} \cdot \vec{n}|}{|\vec{n}|}$。

$(|\overrightarrow{PQ} \cdot \vec{n}| = ||\overrightarrow{PQ}| |\vec{n}| \cdot \cos\theta| = d \cdot |\vec{n}|)$

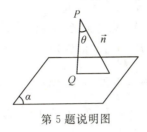

第 5 题说明图

习题 10.4

1. 解：如图建立空间直角坐标系，则 $B(0,4,0)$，$E(2,4,0)$，$F(4,2,0)$，$G(0,0,2)$，所以 $\overrightarrow{EF} = (2,-2,0)$，$\overrightarrow{GE}(2,4,-2)$，$\overrightarrow{BE}(2,0,0)$，设平面 GEF 的一个法向量为 $\vec{n} = (x,y,z)$，则由 $\begin{cases} \vec{n} \cdot \overrightarrow{EF} = 0 \\ \vec{n} \cdot \overrightarrow{GE} = 0 \end{cases}$ 得 $x - y = 0$，$x + 2y - z = 0$，即 $x = y$，$y = \frac{1}{3}z$，令 $z = 1$，则 $\vec{n} = \left(\frac{1}{3}, \frac{1}{3}, 1\right)$，所以点 B 到平面 GEF 的距离

$$d = ||\overrightarrow{BE}| \cdot \cos\theta| = \frac{|\overrightarrow{BE}||\vec{n} \cdot \overrightarrow{BE}|}{|\vec{n}| \cdot |\overrightarrow{BE}|} = \frac{2\sqrt{11}}{11}。$$

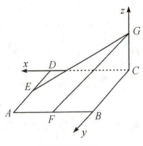

第 1 题答图

说明：在平面 α 上找一点 A，算出 $\overrightarrow{AB}$，求出 α 的法向量 $\vec{n}$，则 B 到 α 的距离为 $d = \frac{|\vec{n} \cdot \overrightarrow{AB}|}{|\vec{n}|}$。

2. (1)证明：设 $AC \cap BD = O$，以 O 为原点，OC 为 x 轴，OD 为 y 轴建立空间直角坐标系，如图。则 $A(-\sqrt{2},0,0)$，$C(\sqrt{2},0,0)$，$P(-\sqrt{2},0,2)$，并设 $B(0,-a,0)$。

由 $PE = 2EC$ 得 $E\left(\frac{\sqrt{2}}{3}, -a, \frac{2}{3}\right)$，所以 $\overrightarrow{PC} = (2\sqrt{2}, 0, -2)$，$\overrightarrow{BE} = \left(\frac{\sqrt{2}}{3}, a, \frac{2}{3}\right)$，$\overrightarrow{BD} = (0, 2a, 0)$，又 $\overrightarrow{PC} \cdot \overrightarrow{PE} = 0$，$\overrightarrow{PC} \cdot \overrightarrow{BD} = 0$，所以 $PC \perp PE$，$PC \perp BD$，$BE \cap BD$ 于 B，故 $PC \perp$ 平面 BED。

(2)解：设平面 PAB 的法向量为 $\vec{n} = (x,y,z)$，又 $\overrightarrow{AP} = (0,0,2)$，$\overrightarrow{AB} = (\sqrt{2}, -a, 0)$，由 $\vec{n} \cdot \overrightarrow{AP} = 0$，$\vec{n} \cdot \overrightarrow{AB} = 0$ 得 $\vec{n} = \left(1, \frac{\sqrt{2}}{a}, 0\right)$。设平面 PBC 的法向量为

$\vec{m}=(x,y,z)$，又 $\overrightarrow{BC}=(\sqrt{2},a,0)$，$\overrightarrow{CP}=(-2\sqrt{2},0,2)$，由 $\vec{m}\cdot\overrightarrow{BC}=0$，$\vec{m}\cdot\overrightarrow{CP}=0$ 得 $\vec{m}=$

$\left(1,-\dfrac{\sqrt{2}}{a},\sqrt{2}\right)$。由于二面角 $A-PB-C$ 为 $90°$，所以 $\vec{n}\cdot\vec{m}=0$，解得 $a=\sqrt{2}$。故 $\overrightarrow{PD}=$

$(\sqrt{2},\sqrt{2},-2)$，平面 PBC 的法向量 $\vec{m}=(1,-1,\sqrt{2})$。从而 PD 与平面 PBC 所成的角 θ：

$\sin\theta=|\cos\langle\overrightarrow{PD},\vec{m}\rangle|=\dfrac{|\overrightarrow{PD}\cdot\vec{m}|}{|\overrightarrow{PD}|\cdot|\vec{m}|}=\dfrac{1}{2}$，$\theta=\dfrac{\pi}{6}$。

3.分析：有些问题并不是一上来就建系的，需要先证明后建系。

(1)**证明**：连接 OC，因为 $\triangle ABD$ 和 $\triangle BCD$ 均为等边三角

形，O 为 BD 中点，所以 $AO\perp BD$，又因为 $AO=CO=\dfrac{\sqrt{3}}{2}AB=$

$\sqrt{3}$，$AC=\sqrt{6}$，所以 $AO^2+CO^2=AC^2$，所以 $AO\perp CO$，又

$DB\cap OC=O$，所以 $AO\perp$ 平面 BCD。

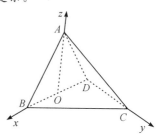

第3题答图

(2)**解**：如图，以 OB,OC,OA 为 x,y,z 轴建立空间直角

坐标系，则 $O(0,0,0)$，$B(1,0,0)$，$D(-1,0,0)$，$C(0,\sqrt{3},0)$，

$A(0,0,\sqrt{3})$。

由(1)知平面 BCD 的法向量为 $\overrightarrow{OA}=(0,0,\sqrt{3})$，设平面 ABC 的法向量为 $\vec{n}=(x,y,z)$，又

$\overrightarrow{BC}=(-1,\sqrt{3},0)$，$\overrightarrow{BA}=(-1,0,\sqrt{3})$，所以 $\vec{n}\cdot\overrightarrow{BC}=0$，$\vec{n}\cdot\overrightarrow{AB}=0$，即 $-x+\sqrt{3}y=0$，

$-x+\sqrt{3}z=0$。令 $x=\sqrt{3}$，则 $\vec{n}=(\sqrt{3},1,1)$，所以 $\cos\langle\overrightarrow{OA},\vec{n}\rangle=\dfrac{\overrightarrow{OA}\cdot\vec{n}}{|\overrightarrow{OA}|\cdot|\vec{n}|}=\dfrac{\sqrt{5}}{5}$，即二面

角 $A-BC-D$ 的余弦值为 $\dfrac{\sqrt{5}}{5}$。

(3)**解**：设平面 ACD 的法向量 $\vec{m}=(x,y,z)$，因为 $\overrightarrow{AC}=(0,\sqrt{3},-\sqrt{3})$，$\overrightarrow{CD}=(-1,$

$-\sqrt{3},0)$，所以 $\vec{m}\cdot\overrightarrow{AC}=0$，$\vec{m}\cdot\overrightarrow{CD}=0$，即 $\sqrt{3}y-\sqrt{3}z=0$，$-x-\sqrt{3}y=0$，令 $x=\sqrt{3}$，$\vec{m}=$

$(\sqrt{3},-1,-1)$，又，$d=\dfrac{|\vec{m}\cdot\overrightarrow{OD}|}{|\vec{m}|}=\dfrac{\sqrt{15}}{5}$，即 O 到平面 ACD 的距离为 $\dfrac{\sqrt{15}}{5}$。

4.分析：这是一道直线与直线、直线与平面的位置关系以及二面角、直线与平面所成

角的综合题。

(1)**证明**：如图，以 A 为坐标原点建立空间直角坐标

系，则 $A(0,0,0)$，$B(0,0,2)$，$C(1,0,1)$，$B_1(0,2,2)$，

$C_1(1,2,1)$，$E(0,1,0)$，于是 $\overrightarrow{B_1C_1}\cdot\overrightarrow{CE}=0$，所以 $B_1C_1\perp$

CE。

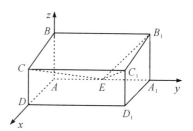

第4题答图

(2)**解**：$\overrightarrow{B_1C}=(1,-2,-1)$，设平面 B_1CE 的法向量

为 $\vec{m}=(x,y,z)$，则 $\vec{m}\cdot\overrightarrow{B_1C}=0$，$\vec{m}\cdot\overrightarrow{CE}=0$，从而 $x-$

$2y-z=0$，$-x+y-z=0$，消去 x 得 $y+2z=0$，令 $z=1$，

则 $\vec{m}=(-3,-2,1)$。又由(1)知 $B_1C_1\perp CE$，又 $CC_1\perp$

B_1C_1，故 $\overrightarrow{B_1C_1}=(1,0,-1)$ 为平面 CEC_1 的一个法向量。于是 $\cos\langle\vec{m},\overrightarrow{B_1C_1}\rangle=$

$\dfrac{\vec{m}\cdot\overrightarrow{B_1C_1}}{|\vec{m}|\cdot|\overrightarrow{B_1C_1}|}=\dfrac{-4}{\sqrt{14}\cdot\sqrt{2}}=-\dfrac{2\sqrt{7}}{7}$，所以 $\sin\langle\vec{m},\overrightarrow{B_1C_1}\rangle=\dfrac{\sqrt{21}}{7}$。即二面角 B_1-CE-C_1

的正弦值为 $\dfrac{\sqrt{21}}{7}$。

（3）因为 $\overrightarrow{AE}=(0,1,0)$，$\overrightarrow{EC_1}=(1,1,1)$，设 $\overrightarrow{EM}=\lambda\overrightarrow{EC}=(\lambda,\lambda,\lambda)$，$0\leqslant\lambda\leqslant1$，则有 $\overrightarrow{AM}=\overrightarrow{AE}+\overrightarrow{EM}=(\lambda,\lambda+1,\lambda)$，可取 $\overrightarrow{AB}=(0,0,2)$ 为平面 ADD_1A_1 的一个法向量，则：

$$\sin\theta=|\cos\langle\overrightarrow{AM},\overrightarrow{AB}\rangle|=\frac{|\overrightarrow{AM}\cdot\overrightarrow{AB}|}{|\overrightarrow{AM}|\cdot|\overrightarrow{AB}|}=\frac{2\lambda}{2\sqrt{\lambda^2+(\lambda+1)^2+\lambda^2}}=\frac{\lambda}{\sqrt{3\lambda^2+2\lambda+1}}=\frac{\sqrt{2}}{6}，解$$

得 $\lambda=\dfrac{1}{3}$，所以 $AM=\sqrt{2}$。

说明：动点在直线上时，将点用参数表示，并求出参数。

5. 解：如图，建立空间直角坐标系，其中 B 为坐标原点，以 BA 所在的直线为 x 轴，以 BB_1 所在的直线为 y 轴，根据题意可得点的坐标：$B(0,0,0)$，$A(2\sqrt{2},0,0)$，$C(\sqrt{2},$ $-\sqrt{2},\sqrt{5})$，$A_1(2\sqrt{2},2\sqrt{2},0)$，$B_1(0,2\sqrt{2},0)$，$C_1(\sqrt{2},\sqrt{2},\sqrt{5})$。

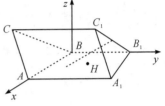

第5题答图

（1）$\overrightarrow{AC}=(-\sqrt{2},-\sqrt{2},\sqrt{5})$，$\overrightarrow{A_1B_1}=(-2\sqrt{2},0,0)$，所以 $\cos\langle\overrightarrow{AC},\overrightarrow{A_1B_1}\rangle=\dfrac{\overrightarrow{AC}\cdot\overrightarrow{A_1B_1}}{|\overrightarrow{AC}|\cdot|\overrightarrow{A_1B_1}|}=\dfrac{4}{3\times2\sqrt{2}}=\dfrac{\sqrt{2}}{3}$。

（2）$\overrightarrow{AA_1}=(0,2\sqrt{2},0)$，$\overrightarrow{A_1C_1}=(-\sqrt{2},-\sqrt{2},\sqrt{5})$，设平面 AA_1C 的法向量为 $\overrightarrow{m}=(x,y,z)$，则 $\begin{cases}\overrightarrow{m}\cdot\overrightarrow{A_1C_1}=0\\\overrightarrow{m}\cdot\overrightarrow{AA_1}=0\end{cases}$，即 $\begin{cases}-\sqrt{2}x-\sqrt{2}y+\sqrt{5}z=0\\2\sqrt{2}y=0\end{cases}$，令 $x=\sqrt{5}$，则 $y=0$，$z=\sqrt{2}$，$\overrightarrow{m}=(\sqrt{5},0,\sqrt{2})$。再设平面 $A_1B_1C_1$ 的法向量为 $\overrightarrow{n}=(a,b,c)$，则 $\begin{cases}\overrightarrow{n}\cdot\overrightarrow{A_1C_1}=0\\\overrightarrow{n}\cdot\overrightarrow{A_1B_1}=0\end{cases}$，即

$\begin{cases}-\sqrt{2}a-\sqrt{2}b+\sqrt{5}c=0\\-2\sqrt{2}x=0\end{cases}$，令 $b=\sqrt{5}$，则 $a=0$，$c=\sqrt{2}$，$\overrightarrow{n}=(0,\sqrt{5},\sqrt{2})$，于是 $\cos\langle\overrightarrow{m},\overrightarrow{n}\rangle=$

$\dfrac{\overrightarrow{m}\cdot\overrightarrow{n}}{|\overrightarrow{m}|\cdot|\overrightarrow{n}|}=\dfrac{2}{\sqrt{7}\times\sqrt{7}}=\dfrac{2}{7}$，即 $\sin\langle\overrightarrow{m},\overrightarrow{n}\rangle=\dfrac{3\sqrt{5}}{7}$，即二面角 $A-A_1C_1-B_1$ 的正弦值为 $\dfrac{3\sqrt{5}}{7}$。

（3）因为 N 为棱 B_1C_1 的中点，得到 $N\left(\dfrac{\sqrt{2}}{2},\dfrac{3\sqrt{2}}{2},\dfrac{\sqrt{5}}{2}\right)$，设 $M(p,q,0)$，则 $\overrightarrow{MN}=\left(\dfrac{\sqrt{2}}{2}-p,\dfrac{3\sqrt{2}}{2}-q,\dfrac{\sqrt{5}}{2}\right)$。因为 $MN\perp$ 平面 $A_1B_1C_1$，则 $\begin{cases}\overrightarrow{MN}\cdot\overrightarrow{A_1C_1}=0\\\overrightarrow{MN}\cdot\overrightarrow{A_1B_1}=0\end{cases}$，即

$\begin{cases}\left(\dfrac{\sqrt{2}}{2}-p\right)(-\sqrt{2})+\left(\dfrac{3\sqrt{2}}{2}-q\right)(-\sqrt{2})+\dfrac{\sqrt{5}}{2}\times\sqrt{5}=0\\\left(\dfrac{\sqrt{2}}{2}-p\right)(-2\sqrt{2})=0\end{cases}$，解之得 $p=\dfrac{\sqrt{2}}{2}$，$q=\dfrac{\sqrt{2}}{4}$，

$M=\left(\dfrac{\sqrt{2}}{2},\dfrac{\sqrt{2}}{4},0\right)$，$\overrightarrow{BM}=\left(\dfrac{\sqrt{2}}{2},\dfrac{\sqrt{2}}{4},0\right)$，$|\overrightarrow{BM}|=\dfrac{\sqrt{10}}{4}$。

6. 解：设正三棱台上下底面所在圆面的半径 r_1,r_2，所以 $2r_1=\dfrac{3\sqrt{3}}{\sin60°}$，$2r_2=\dfrac{4\sqrt{3}}{\sin60°}$，即 $r_1=3$，$r_2=4$，设球心到上下底面的距离分别为 d_1,d_2，球的半径为 R，所以 $d_1=\sqrt{R^2-9}$，

$d_2 = \sqrt{R^2 - 16}$，故 $|d_1 - d_2| = 1$ 或 $d_1 + d_2 = 1$，即 $|\sqrt{R^2 - 9} - \sqrt{R^2 - 16}| = 1$ 或 $\sqrt{R^2 - 9} + \sqrt{R^2 - 16} = 1$，解得 $R^2 = 25$ 符合题意，所以球的表面积为 $S = 4\pi R^2 = 100\pi$。选(A)。

7. 解：因为球的体积为 36π，所以球的半径 $R = 3$。设正四棱锥的底面边长为 $2a$，高为 h，则 $l^2 = 2a^2 + h^2, 3^2 = 2a^2 + (3-h)^2$，所以 $6h = l^2, 2a^2 = l^2 - h^2$。正四棱锥的体积 $V = \frac{1}{3}Sh = \frac{1}{3} \times 4a^2 \times h =$

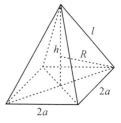

$\frac{2}{3} \times \left(l^2 - \frac{l^4}{36}\right) \times \frac{l^2}{6} = \frac{1}{9}\left(l^4 - \frac{l^6}{36}\right)$，故 $V' = \frac{1}{9}\left(4l^3 - \frac{l^5}{6}\right) = \frac{1}{9}l^3\left(\frac{24 - l^2}{6}\right)$。当 $3 \leq l \leq 2\sqrt{6}$ 时，$V' > 0$，当 $2\sqrt{6} < l \leq 3\sqrt{3}$ 时，$V' < 0$，

所以当 $l = 2\sqrt{6}$ 时，正四棱锥的体积 V 取最大值，最大值为 $\frac{64}{3}$。又 $l = 3$ 时，$V = \frac{27}{4}$，$l = 3\sqrt{3}$ 时，$V = \frac{81}{4}$，所以正四棱锥的体积 V 的最小值为 $\frac{27}{4}$，故正四棱锥体积的取值范围是 $\left[\frac{27}{4}, \frac{64}{3}\right]$。选(C)。

第 7 题答图

参考文献

[1] 波利亚. 怎样解题[M]. 阎育素,译. 北京:科学出版社,1982.

[2] 徐利治. 数学方法论[M]. 大连:大连理工大学出版社,2018.

[3] 徐利治. 数学方法论选讲[M]. 武汉:华中工学院出版社,1988.

[4] 史久一,朱梧槚. 化归与归纳·类比·联想[M]. 大连:大连工业大学出版社,2008.

[5] 韩祥临,王生飞,王星鑫,等. 数学概念之源[M]. 杭州:浙江大学出版社,2022.

[6] 希尔伯特. 数学问题[M]. 李文林,袁向东,编译. 大连:大连理工大学出版社,2009.

[7] 钱珮玲. 中学数学思想方法[M]. 北京:北京师范大学出版社,2010.

[8] 赵振威. 中学数学与逻辑[M]. 南京:江苏教育出版社,1992.

[9] 胡炳生. 解题思路与方法[M]. 合肥:安徽科学技术出版社,2000.

[10] 韩祥临. 数学的理性文化[M]. 北京:科学出版社,2019.

[11] 曹才翰. 中学数学教学概论[M]. 北京:北京师范大学出版社,1990.

[12] 陈振宣. 中学数学思维方法[M]. 上海:上海科技教育出版社,1988.

[13] 赵振威. 数学发现导论[M]. 合肥:安徽教育出版社,1993.

[14] 王新兵. 高中数学典型问题的教学思维[M]. 天津:天津社会科学院出版社,2014.

[15] 韩祥临,徐锋. 数学与人类文明[M]. 杭州:浙江大学出版社,2017.

[16] 张永辉. 高考数学典型全归纳[M]. 北京:清华大学出版社,2011.

[17] 甘志国. 数列与不等式[M]. 哈尔滨:哈尔滨工业大学出版社,2014.

[18] 汪晓勤,韩祥临. 中学数学中的数学史[M]. 北京:科学出版社,2003.

[19] 韩京俊. 初等不等式的证明方法[M]. 哈尔滨:哈尔滨工业大学出版社,2014.

[20] 沈文选. 初等数学解题研究[M]. 长沙:湖南科学技术出版社,1996.

[21] 戴再平. 数学习题理论[M]. 上海:上海教育出版社,1991.

[22] 葛军. 新编高中数学奥赛实用题典[M]. 南京:南京师范大学出版社,2005.

[23] 杨象富. 数学教学经验[M]. 杭州:浙江教育出版社,1991.

[24] 张奠宙,戴再平. 中学数学问题集[M]. 上海:华东师范大学出版社,1996.

[25] 陈传理,张同君. 竞赛数学教程[M]. 北京:高等教育出版社,2005.

[26] 单墫. 我怎样解题[M]. 哈尔滨:哈尔滨工业大学出版社,2013.

[27] 鲍建生,周超. 数学学习的心理基础与过程[M]. 上海:上海教育出版社,2012.

[28] 蔡亲鹏,陈建花. 数学教育学[M]. 杭州:浙江大学出版社,2008.

[29] 康纪权,邓鹏,汤强. 初等数学研究概论[M]. 北京:科学出版社,2010.

[30] 张奠宙,过伯祥,方均斌,等. 数学方法论稿[M]. 上海:上海教育出版社,2012.

[31] 董莉,佩捷. 300个最新世界著名数学智力趣题[M]. 哈尔滨:哈尔滨出版社,1995.

[32] 张广福,朱海涛. 初中数学提分新拐点[M]. 北京:光明日报出版社,2016.

〔33〕单墫.解题研究〔M〕.南京:南京师范大学出版社,2002.

〔34〕程新民.数学求异思维〔M〕.北京:新华出版社,2010.

〔35〕王志雄.数学美食城〔M〕.北京:民主与建设出版社,2000.

〔36〕约翰·P.丹吉洛,道格拉斯·B.韦斯特.优美的数学思维〔M〕.汪荣贵,孙毅,张桂芸,译.北京:北京机械工业出版社,2020.

〔37〕汪晓勤,韩祥临.中学数学中的数学史〔M〕.北京:科学出版社,2003.

〔38〕易南轩.数学美拾遗〔M〕.北京:科学出版社,2015.

〔39〕张景中.数学家的眼光〔M〕.北京:中国少年儿童出版社,2002.

〔40〕张景中.从数学教育到教育数学〔M〕.北京:中国少年儿童出版社,2005.

致 谢

　　本书在写作过程中，阅读和参考了大量中外有关原著和近人的论著，除了在文末所列的参考文献外，还有许多其他资料，书中的例子和习题大多选自相关文献以及历年高考或中考试卷，受篇幅所限不能在正文中一一标注或列举。在此谨表致谢！

　　湖州师范学院提供了资金支持。韩笑为本书的图片和文字处理做了大量有效的工作。王心宇，欧桥，2020 级研究生蔡璐、李慧琳、袁春红、张天姿，2021 级研究生陈昊玥、李芙莹、田淼，2022 级研究生赵曼琳、侯文娟、陈子渝、伍荣洁，2023 级研究生赵紫萱都做了大量的文字录入和图片处理工作，还阅读了部分手稿，提出了许多宝贵意见。浙江大学出版社编辑同志不辞辛苦，审稿编稿，极富成效。对上述人员以及所有关心支持本书出版的单位和个人一并表示深深的感谢！